大人

（四）

沈葦窗與《大人》雜誌

蔡登山

已故香港邵氏電影公司在台分公司總經理馬芳蹤說：「文化事業出版界，我最欽佩兩個人，一是台北《傳記文學》的社長劉紹唐兄，以單槍匹馬一個人的精力，把中國近代史的資料蒐集成庫，且絕不遜於此地的『歷史博物館』與大陸的『文史檔案館』。另一位就是香港《大成》的沈葦窗，《大成》是專門刊載藝文界的掌故與訊息，目前海峽兩岸包括海外，似乎還找不出第二本類似的刊物。」其實《大成》還有個前身就是《大人》雜誌，它創刊於一九七〇年五月十五日，至一九七三年十月十五日停刊，前後出了四十二期。一九七三年十二月一日《大成》緊接著創刊，至一九九五年九月沈葦窗病逝終刊，出了二百六十二期。兩個刊物合起來共三百零四期，前後有二十五年之久。它也是「一人公司」，香港作家古蒼梧說：「《大成》的業務，從編輯、校對到聯絡作者、郵寄訂戶，幾乎都由沈老一人包辦。每次我到龍記樓上《大成》編輯室送稿，總見到他孤單地在一堆堆雜誌與書刊中埋首工作，見我來了，便露出燦爛的笑容，跟我閒聊幾句，臉上毫無倦容。……」。當然可想見更早的《大人》的情況，亦是如此。

關於沈葦窗的生平資料不多，他是一九一八年十二月三十日出生，浙江省桐鄉烏鎮人。正如他自己說的：「我寫作至今，從未提過自己的家世。」只在〈記從兄沈泊塵〉一文中，他透露一些蛛絲馬跡：「祖父右亭公生子女九人，泊塵是三房長子，能毅、叔敖是他的胞弟。我父季璜公行九，娶我母徐太夫人，婚後居上海之台灣路，姪輩到上海求學，多住我家。我家兄弟都以『學』字排行，泊塵名學明，家兄吉誠名學謙，我名學孚。我生在台灣路，大約我出世未久，這位『明哥哥』便去世了！」沈泊塵卒於一九一九年，得年僅三十一歲。沈泊塵兄弟三人曾合辦《上海潑克》畫報，為中國漫畫報刊的始創者。作家陳定山就說：「上海報紙之有漫畫，始於沈泊塵。若黃文農、葉淺予、張光宇正宇兄弟，皆為後輩矣。」

沈葦窗畢業於上海中國醫學院，據香港的翁靈文說沈葦窗自滬來港後，雖投身出版事業，但也常應稔友們之請，望聞切問開個藥方，多能藥到病除。沈葦窗曾任香港麗的呼聲廣播有限公司金色電臺編導、電視國劇顧問。他的夫人莊元庸也一直在「麗的呼聲」工作，莊女士其實早在上海名氣就很大了，每天擁有十萬以上的聽眾，她口才好，聲音悅耳，有「電台之鶯」的雅號。後來在台灣的華視也工作過，我還看過她演出《星星知我心》的連續劇。

沈葦窗是崑曲大師徐凌雲的外甥，徐凌雲曾對寧波、永嘉、金華、北方諸崑劇，甚至京劇、灘簧、紹興大班等悉心研究，博採眾長。十八歲登臺，堅持長期練功不輟，生、旦、淨、末、丑各行兼演，「文武崑亂不擋」。後來又與俞粟廬、穆藕初等興辦蘇州崑劇傳習所，培養「傳」字輩一代崑劇藝人有功。沈葦窗說他自己：「少年時即好讀書，有集藏癖，年事漸長，更愛上了戲曲。其時崑曲日漸式微，但因我的舅父徐凌雲先生是崑曲大家，總算略窺門徑；還是和平劇接近的機會多，凡是夠得上年齡的名角，都締結了相當的友誼，搜羅有關平劇書籍更不遺餘力。」他後來將這些重要史料收藏，如《富連成三十年史》、《京戲近百年瑣記》、《清代燕都梨園史料》、《菊部叢譚》、《大戲考》等十二部珍貴或絕版史料，以「平劇史料叢刊」由劉紹唐的傳記文學社出版，嘉惠後學。

沈葦窗在上海時期，就在小報上寫文章。一九四〇年金雄白在上海創辦一份小型四開報紙，名為《海報》，當時寫稿的人可說是極一時之選，長期在《海報》撰稿的有陳定山、唐大郎、平襟亞、王小逸、包天笑、蔡夷白、吳綺緣、徐卓呆、鄭過宜、范煙橋、謝啼紅、朱鳳蔚、盧一方、沈葦窗、陳蝶衣、馮鳳三、柳絮、惲逸群等，女作家中，更有周鍊霞、陳小翠諸人。沈葦窗當年曾是金雄白辦報時的作者，沒想到幾十年後金雄白變成了是沈葦窗的作者。《大人》初創時期，就有一個非常壯觀堅強的撰稿人隊伍，這些人大多是大陸鼎革後，流寓在香港和臺灣的南下文人、名流和藝術家，大都是沈葦窗的舊識，也可見他在舊文化圈中人脈的廣博。

《大人》雜誌給這些人提供了一個發表文章的重要平臺，刊載了大量有價值的文章和重要的第一手史料。其中像被稱為「中醫才子」的陳存仁的兩本回憶錄《銀元時代生活史》、《抗戰時代生活史》，都先後在《大人》及《大成》上連載，而後才集結出書的。《銀元時代生活史》後來在一九七三年三月，由香港吳興記書報社出版，張大千題耑，沈葦窗撰序云：「一九七〇年五月，《大人》雜誌創刊，我承乏輯務，初時集稿不易，因而想到陳存仁兄，他經歷既豐，閱人亦多，能寫一手動人的文章，於是請他在百忙之中為《大人》撰稿，第一期他寫了一篇記章太炎老師，果然文筆生動，情趣盎然，大受讀者歡迎。存仁兄的文章，別具風格，而且都是一手資料，許多事情經他一寫，躍然紙上，如歷其境，如見其人，無形之中成為我們《大人》雜誌的一員大將。《銀元時代生活史》刊載以後，更是遐邇遍傳，每一段都富有人情味和親切感，存仁兄向有考證癖，凡是追本究源，文筆輕鬆，尤其餘事。綜觀全篇，包含著處世哲學、創業方法、心理衛生、生財之道，對讀者有很大的啟發性和鼓勵性，實在是老少咸宜的良好讀物。今當單行本問世，讀之更有一氣呵成之妙，存仁兄囑書數言，因誌所感，豈敢云序。」

再者在《大人》甚至後來的《大成》上，占有相當份量的，莫過於「掌故大家」高伯雨（高貞白、林熙）的文章了。一般說起「掌故」，無非是「名流之燕談，稗官之記錄」。但掌故大家瞿兌之對掌故學卻這麼認為：「通掌故之學者是能透徹歷史上各時期之政治內容，與夫政治社會各種制度之原委因果，以及其實際運用情狀。」而一個對掌故深有研究者，「則必須對於各時期之活動人物熟知其世襲淵源師友親族的各族關係與其活動之事實經過，而又有最重要之先決條件，就是對於許多重複參錯之瑣屑資料具有綜核之能力，存真去偽，由偽得真……」。能符合這個條件的掌故大家，可說是寥寥無幾，而高伯雨卻可當之無愧。高氏文章或長篇大論，或雋永隨筆，筆底波瀾，令人嘆服！難怪香港老報人羅孚（柳蘇）稱讚說：「對晚清及民國史事掌故甚熟，在南天不作第二人想。」而編輯家林道群也讚曰：「高伯雨一生為文自成一家，他的『隨筆』偏偏不如英國的essay，承繼的是中國的傳統，溶文史於一，人情練達，信筆寫人記事，俱是文學，文筆之中史識俯拾皆是。」這是高伯雨的高妙處，也是他獨步前人之處。

資深報人金雄白筆名「朱子家」，曾在《春秋》雜誌上連載《汪政權的開場與收場》而聞名。沈葦窗邀他在《大人》再寫了〈「海報」的開場與收場〉、〈委員長代表蔣伯誠〉、〈梁鴻志死前兩恨事〉、〈「入地獄」的陳彬龢〉、〈倚病榻，悼亡友〉、〈梁鴻志獄中遺書與遺詩〉等文，因大都是作者所親歷親聞，極具史料價值。一九七四年他的《記者生涯五十年》開始在《大成》雜誌第十期連載，迄於一九七七年六月的第四十三期為止，前後達兩年又十個月之久，共六十八章，幾近三十萬字。金雄白說：「七十餘年的歲月，一彈指耳，回念生平，真是如幻如夢如塵，在世變頻仍中，連建家毀家，且已記不清有多少次了，俱往矣！留此殘篇，用以自哀而自悼，笑罵自是由人，固不必待至身後。」

還有早期的老報人，著名雜誌《萬象》的第一任主編陳蝶衣，他後來來到香港，還是著名的電影編劇、流行歌曲之王。六十多年來，陳蝶衣光是歌詞的創作就有三千多首。人們尊稱他為「三千首」。周璇、鄧麗君、蔡琴、張惠妹……，中國流行音樂史上一代又一代的歌后們，都演唱過他寫的歌。他在《大人》除寫了〈一身去國八千里〉、〈舉家四遷記〉、〈我的編劇史〉、〈花窠素描〉等自身的回憶文章外，還有《銀海滄桑錄》的專欄，寫了有關張善琨、李祖永、林黛、王元龍、陳厚、胡蝶、阮玲玉、李麗華、周璇等人，所記多是外間少人知的資料。後來以《香港影壇秘錄》為名出版了。

曾經在上海淪陷時期，創刊《古今》雜誌，網羅諸多文人名士撰稿，使《古今》成為當時最暢銷也最具有份量的文史刊物的朱樸，一九四七年到了香港，早已成為一名書畫鑑賞家了，並以「省齋」為筆名撰文。沈葦窗說：「我草創《大人》雜誌，省齋每期為我寫稿，更提供許多書畫資料。那時，省齋在王寬誠的寫字樓供職，薪水甚少，但有一間寫字間卻很大，他每天下午到那裡去轉一轉，看看西報，主要的工作是為王寬誠鑑定書畫。」

當時已渡海來台的陳定山，是名小說家兼實業家天虛我生（陳蝶仙）的長子，他早年也寫小說，二十餘歲已在上海文壇成名了，他工書，擅畫，善詩文，有「江南才子」之譽。來台後長時期在報紙副刊及雜誌上寫稿，筆耕不輟，同時也為《大人》寫稿，陳定山因長居滬上，嫻熟上海灘中外掌故逸聞，一代人事興廢，古今梨園傳奇，信手拈來，皆成文章，乃開筆記小說之新局，老少咸宜，雅俗共賞。這些文章後來成為《春申舊聞》的部分篇章。

詩人易順鼎（實甫）之子，寫有《閒話揚州》引起揚州閒話的易君左，在一九四九年冬抵香江時，曾在鑽石山住過，當時那裡住有不少是國內逃避戰禍而抵港的知識份子，因此他寫有〈鑽石山頭小士多〉、〈記香港幾次文酒之會〉等文。更值得重視的是他寫的「文壇憶舊」，包括：〈我與郁達夫〉、〈曾琦與左舜生〉、〈詞人盧冀野〉、〈田漢和郭沫若〉。這些文章所寫的人物皆作者有過深交的文友，寫來自不同於一般的泛泛之論。可惜的是一九七二年易君左病逝台北，一九七二年四月十五日出版的《大人》刊出的〈田漢和郭沫若〉已註明是「遺作」了。

國民黨政要雷嘯岑，歷任南昌行營機要秘書、安徽省政府委員兼教育廳廳長、鄂豫皖三省總司令部秘書、湖北省第七區行政督察專員、重慶市教育局局長、《和平日報》社總主筆、《中央日報》社主筆。一九四九年七月去香港、任《香港時報》社總主筆。一九六〇年在港創辦《自由報》並受聘為香港德明書院新聞學系主任。他在《大人》以筆名「馬五」，寫有「政海人物面面觀」一系列文章。

他如，老報人胡憨珠長篇連載的〈申報與史量才〉，及當年曾在上海中文《大美晚報》供職的張志韓，所寫的〈血淚當年話報壇〉長文，都有珍貴的一手資料。

而沈葦窗自己也寫有〈葦窗談藝錄〉，談得較多的是京劇，這是他的本行。甚至《大人》每期有關京劇崑曲的文章，都佔有一定的比重，這也是這個雜誌的特色，同時也成為喜好京劇崑曲的讀者的重要收藏。沈葦窗的哥哥沈吉誠，在香港電影戲劇界、文化新聞界都相當吃得開，他在《大人》以「老吉」筆名，從第二期起寫有〈馬場三十年〉至第三十八期連載完畢，講的是香港的賽馬。在上世紀五〇年代，老吉的《馬經大全》，曾經風行一時。

《大人》每期約一百二十頁，用紙為重磅新聞，樸素大方。內頁和封底為名家畫作、法書或手跡，畫家有齊白石、吳湖帆、黃賓虹、張大千、溥心畬、傅抱石、關良、陳定山、黃君璧、吳作人、李可染、周鍊霞、梅蘭芳、宋美齡等。從第三期開始，每期都有四開彩色精印的銅版名家畫作或法書的插頁，精美絕倫。這些插頁除已列的上述部分畫家外，還有：邊壽民的蘆雁，新羅山人、虛谷的花鳥，沈石田、陸廉夫、吳伯滔、金拱北的山水，鄧石如、劉石庵、王文治的法書等。但由於這些插頁開本極大，採折疊方式，裝訂在雜誌的正中間，常為舊書店老闆取下，另外販售。此次復刻本，多期就沒有這些插頁，但在目錄中編有該插頁的頁碼，有時會有八頁之多，其實它是一張大畫折疊的頁碼，如今畫雖不見，但不影響內文，因該畫和內文是完全不相關的。在此聲明，希望讀者明瞭，不要以為雜誌有所「缺頁」是好。

這次能輯全整套雜誌而復刻，首先要感謝熱心協助，並提供收藏的師長好友：資深報人鑑賞家黃天才先生、收藏家董良彥（君博）先生、史料家秦賢次先生及香港的文史家方寬烈先生、學者作家盧瑋鑾（小思）女士。《大人》在臺灣流通極少，甚至國家圖書館都沒有收藏，筆者首先見到的是秦賢次兄已捐贈給中央研究院文哲研究所的部分雜誌，驚嘆之餘，才興起要收藏這份雜誌的念頭。但談何容易，歷經數載，找遍舊書攤才得不到四分之一之數。後經黃天才先生提供他的收藏，並熱心找到收藏家董良彥先生的珍貴收藏，董先生的十幾本雜誌品相極佳。在整理蒐集到手的四十二期雜誌，發現其中兩期有脫頁，於是藉著到香港開學術研討會之便，我和賢次兄又找到方寬烈先生及小思老師，經他們協助影印，補全了全套雜誌的內容。

我曾在二〇一〇年十月十七日香港的《蘋果日報》副刊寫有〈遲來的懷念〉一文，開頭說：「今年九月底，我到香港參加張愛玲誕辰九十週年國際學術研討會。十五年前的九月八日張愛玲被發現死在洛杉磯公寓，無人知曉，據推測她的死亡時間應該是九月二日或三日。而幾天之後的九月六日沈葦窗因食道癌在香港病逝。之所以將兩人並提，是他們都是『寂寞的告別』人世。正如作家穆欣欣所說的：『張愛玲走得孤寂而熱鬧。說孤寂，到底是她自己選擇的一種方式，待世人知曉，已是六七天之後；說熱鬧，是世人不甘，憐她愛她。她像中秋的月亮，走了之後，人間還得追望。比起張愛玲，另一個人走得更寂寞。起碼，他連最後的繁華都沒有。他是《大成》雜誌的主編沈葦窗先生。』是的，早在一九九三年，我籌拍張愛玲的紀錄片，次年還收到張愛玲的傳真信函。她故去之後《作家身影》紀錄片播出，之後我又寫了兩本關於她的書，並推薦李安導演拍她的〈色，戒〉。而對沈葦窗我至今無一字提及，這篇小文就算是遲來的懷念吧！」現在把這段文字轉錄於此，依舊是對他的懷念！

目錄

第十六期（一九七一年八月十五日）：

第十七期（一九七一年九月十五日）：

第十八期（一九七一年十月十五日）：

大人

論天下大事
談古今人物

第十五期

鳳姐圖

老舍題

關良畫

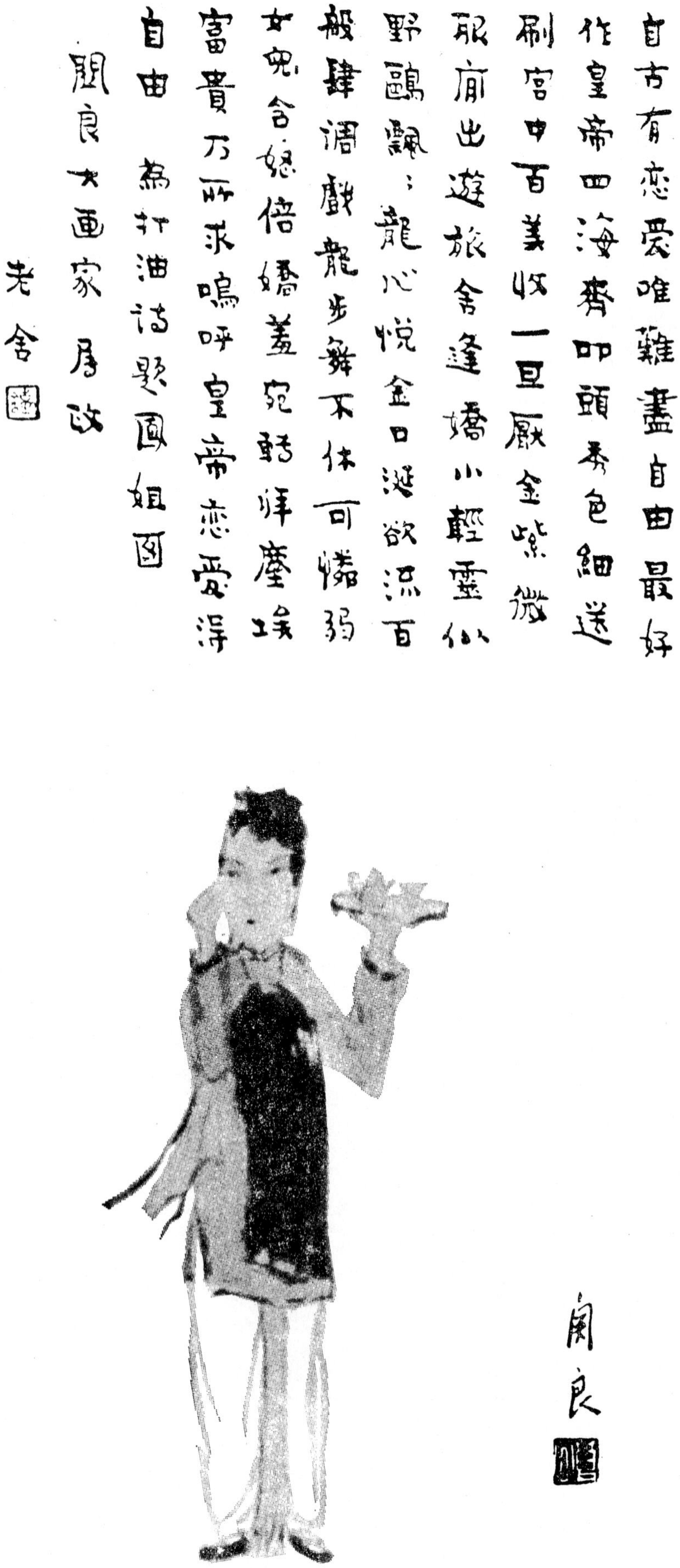
自古有戀愛唯難盡自由最好
作皇帝四海齊叩頭秀色細選
刷宮中百美收一旦厭金紫微
服扁出遊旅舍逢嬌小輕靈似
野鷗飄；龍心悅金口涎欲流百
般肆調戲龍步舞不休可憐弱
女兒含怨倍嬌羞寃轉拜塵埃
富貴乃所求嗚呼皇帝戀愛得
自由　為打油詩題鳳姐圖
關良大畫家　屬政
老舍
關良

大人 第十五期 目錄

一九七一年七月十五日出版

大人

每逢月之十五日出版

出版及發行者：大人出版社有限公司
督印人：王朝平
編輯者：大人雜誌編輯委員會
總編輯：沈葦窗
社址：九龍西洋菜街三號A 即彌敦道六一〇號後座
電話：K八五五七三〇
印刷者：立信印刷公司 九龍新蒲崗伍芳街緯綸大廈十一樓
總代理：吳興記書報社 香港租庇利街十一號二樓 電話：H四五〇五六一 H四五〇七六六
星馬代理：遠東文化事業有限公司 新加坡厦門街十九號 檳城香田仔街一七一號
泰國代理：集成圖書公司 曼谷耀華力路二三三號
越南代理：聯興書報社 越南堤岸新行街二十二號

其他地區代理：
澳門：可大文具店　漢城：汎亞書籍公社
亞庇：利民公司　寮國：永珍圖書公司
千里達：中華公司　斗湖：光明書店
菲律賓：華安書局　菲律賓：玲瓏書局
倫敦：東寶公司　紐約：友聯圖書公司
芝加哥：杏林春　紐約：友方圖書公司
波士頓：中西公司　洛杉磯：永安堂
三藩市：新生圖書公司　檀香山：大元公司
三藩市：益智圖書公司　三藩市：文化商店
加拿大：香港商店　加拿大：新國華公司

西安事變中宋子文所扮演的角色

——及其生平的軼聞遺事——

彬彬

閱本刊所載馬五先生撰寫的「西安事變與宋子文」，其中關於宋氏在事變中奔走斡旋的經過情形，語焉不詳。於今宋氏已是古人了，我不妨補述一些事實以饗讀者，且將其生平若干軼聞遺事併予叙次，使世人省識這位「皇親國戚」的眞面目，似非毫無意義也。

宋氏與張學良的深切交誼，導源於民國廿年（一九三一年）「九、一八」事變後的第二年。這時張少帥被國人謚爲「不抵抗主義者」，駐節北平，鬱鬱寡歡，而日本關東軍仍向錦州侵襲，內蒙方面亦頻傳烽烟之聲。宋氏以財政部長巡視平津，他在北平邀約張少帥同赴熱河看看當地情形，張不願去，說熱河都統奉軍老將湯玉麟最近向他索餉未遂，湯的幕中又有日本顧問，他若去了，恐有被扣的危險。於是，宋在北平閉門謝客兩天，籌措了二百萬元現金交給張少帥作軍餉，然後告訴張：「我跟湯老將無讎無怨，你帶些錢去發餉，我到熱河對他表示慰問，相信不會有什麽意外的事吧？」張祇好同行，結果湯老將熱忱接待，表示唯少帥命令是從。由是張學良對宋氏甚爲感紉，終成莫逆之交，張對中樞有什麽事項不便逕行申述的，皆託宋轉達關說，無不順遂。

西安事變發生時，宋氏適在廣州，聞訊趕至上海，跟孔祥熙夫人和蔣夫人等晤談此事，孔夫人說：「軍人搗亂莫非是要錢而已，子文可去西安問問他們，究竟需要多少錢？」宋謂事情恐怕沒有那麽簡單吧？表示不樂意去。蔣夫人即謂：「兄如不願去，就讓我去一趟」，宋答以「與其教你去，那不如我去較爲合適。」第二天，宋氏到達南京跟孔祥熙等當道諸公說明前情，孔亦贊成，但其他的要人皆認爲不會有結果，頗尼其行，但宋決計試入虎穴。他尋及剛從監禁中保釋出來的舊識——亦係楊虎城的老友——郭增愷（今在香港），一道前往西安，乃於事變後的第七天——即十二月十九日，乘坐專機到達洛陽，當夜下榻洛陽軍分校，旋接南京曾養甫長途電話，謂中樞決派黃紹雄赴太原，請閻錫山跟張學良楊虎城從事轉圜，比較妥當，希望宋莫再前往。宋詢郭意見？郭謂閻百川花樣很多，當年馮玉祥的前車可鑑（按指民十八年馮於隴海路戰敗後，退往晋境，曾被閻軟禁經年，再又放囘西安那囘事），與其讓閻從中玩弄，不如單刀直入，跟張楊談判之爲愈。宋亦謂：「我什麽事都敢做，既然出來了，只有向前，決不後退」。廿日從洛陽起飛，大雪紛紛，飛到潼關附近，駕駛員俯視西安外圍地面下戰壕蜿蜒極清晰，認爲形勢殊危險，曾寫一英文紙條遞給宋氏，告以大雪漫天，似不必冒險飛行，宋亦以英文答復云：「我願意冒此危險，你呢？」駕駛員祇好飛行到西安城外降落了。

宋氏一行在西安與張、楊周旋一天，知道張、楊兵諫目的，原不是如孔夫人宋藹齡所預料的，志在金錢，且對蔣委員長亦無加害之意。他們唯一要求就是停止剿共，一致抗日；同時改組政府，構成戰時內閣體系，且主張由宋氏担任行政院長，張、楊皆矢言决不保薦一名閣員，藉明心跡；又提議以胡宗南任軍政部長，陳立夫任教育部長。宋表示個人决不幹行政院長，以免外人懷疑我宋某暗通叛將，乘機獵取高位。張、楊謂宋若不同意他們的主張，事情就沒法解決，宋祇好說候與蔣委員長當面陳述，再作計議，實際是要先使蔣囘到南京再說，這是廿一日夜裏的事。宋準備次日飛返南京，當場張學良對郭增愷說：「我要寫封信給戴雨農，請他來西安一談，這封信拜託你帶交」，又說可讓蔣鼎文一同前往南京，宋氏忙答道：「信交給我帶去好了，蔣鼎文能同行更佳」。廿二日宋於臨行之前，再見蔣委員長報告一切，蔣當面交給他一件致何應欽的手令，內容是教何揮軍進入潼關，討伐叛逆，勿以個人（蔣自稱）的安全爲念。宋未說什麽，將手令拿入懷中，即與蔣鼎文、郭增愷乘坐飛機出發，到了半途，宋將手令取出撕破，從小窗中扔掉了！事後他告訴郭道：「如果進軍討伐，那我們此行不但是多餘的，而且成了危害領袖的罪人，怎麽使得呢？將來委員長若追究責任，由我個人承當好了。」

宋氏囘到南京後，旋與蔣夫人、戴雨農、郭增愷等再飛西安，蔣鼎文亦同行，事情已急轉直下，定於廿五日護送蔣委員長離陜。當張學良聲明隨駕赴京時，蔣即加阻止，然張决意同去，到達洛陽後，蔣又叮囑學良緩行四小時，候他到京稍加安排，蓋防南京各界人士於學良抵步時，或有不利於張的行動，足見蔣對張學良是愛護備至的。

蔣囘京數日後，即耑返溪口休息，南京方面除組織軍事法庭審判張學良外，對於西安事變的善後處置問題，擬訂了兩個方案：一是嚴申紀綱，明令討伐叛逆，仍由何應欽率同大軍入陜；一是設置西安行營，派顧祝同作主任，整理張、楊部隊，準備抗禦外侮；另改組陜西省政府，派孫蔚如爲主席，楊虎城出國考察。宋子文贊成第二案，他到溪口向蔣委員長力陳不可用兵的利害關係，主要理由認為過去只征勦一個叛亂之徒的共軍，即曠日持久，未奏全功，若再討伐三個叛徒，勞民傷財，不知伊於胡底？蔣公可其議，乃實施第二案。後來宋對朋友說：「我在西安事變中，消弭了兩次戰禍，亦不過避免三幾萬人的傷亡而已，別的並無所獲啊！」

南京組織軍法會審之初，國府明令特派李烈鈞為審判長，繼查李氏所叙的軍階為二級上將，而張學良亦係二級上將，軍人是講究階級服從的，於是，連夜由國府頒佈命令，晉陞李烈鈞為一級上將，藉符體制。筆者事後晤及李將軍，叩問他在審訊中，張學良的供詞如何？李笑謂：「沒有什麽特殊的內容，只是栽培我升了一級官階而已。」張被判處十年有期徒刑，旋由軍事委員長呈請國府，交由軍委會管束，而轟動一時的西安事變，纔告結束了。此時宋子文已不作財政部長，担任全國經濟建設委員會常務委員，蔣會擬將經委會改為委員長制，請宋氏担任委員長一席，表示與軍委會相埒，然宋婉辭之。他要辦「建設銀公司」，而人事上不能全權支配，亦就毫無成就。

宋氏原籍粵省海南島文昌縣，家貧寒，於民國初年取得江蘇省官費赴美留學，乃得力於其姊宋藹齡女士，蓋是時宋女士任大總統孫中山先生秘書，與蘇省當道有所往還也。宋在美學成歸國，曾服務於漢冶萍公司，傳說他跟上海閥閱之家的盛宣懷之女公子談過戀愛，以門第關係終於不諧。

越民國十二年，孫中山先生開府廣州，採行聯俄政策，聘俄人鮑羅廷為政治顧問，鮑不通華語，專講英語，遇事每與孫公面談，不用舌人，以免消息外漏。然孫公亦不能事無鉅細皆親自料理，若派遣國民黨員中諳英語的同志跟鮑顧問周旋，又恐不易保密，頗感困難，孫夫人宋慶齡建議召子文來粵予役，比較適當，孫公以為然。宋到廣州後，孫公頗嘉其能，未幾，派宋氏籌設中央銀行，受粵省財政廳長廖仲愷指導監督，宋的表現亦不錯，鮑顧問對宋多加讚許。迨民十五年北伐時，財政部長廖仲愷逝世，國府乃以宋氏承乏財政部長職位，是為宋氏嶄露頭角之始，時年不過三十，允屬少年得志。民十六年春革命軍佔領上海，宋由武漢東下赴滬，處理財政金融問題，道經九江，下榻當地海關監督張氏住宅，得識張氏女張樂怡，她是從教會學校畢業出來的，擅長英語，而宋氏對華語殊隔閡，彼此言談投契，卒締鴛盟。

當寧漢分裂，國共暗鬥之際，宋氏是站在武漢政府方面的，但對政治問題很少表示意見，他常對朋友說：「我對主義和理論都不懂，平時亦少讀黨政方面的文告宣言，只求努力於本職，把事體辦好就得了」。南京國府成立時，宋仍在武漢，寧漢政府合流之初，他亦未登仕版，他之重作馮婦，主持國府財政，是在宋家與蔣總司令聯姻後，從此一帆風順，蜚黃騰達，除財長一職外，又作過外交部長、聯合國成立大會的中國代表團團長、行政院長、廣州行營主任兼粵省主席等高官，位極人臣，聲勢煊赫。

宋氏的知識，完全是美式的，而且祗限於財政金融事宜，其他皆是隔行，尤其沒有玩政治的技能。例如他以出席聯合國成立大會的中國代表團團長，居於戰後四强之列的地位，然印度代表甘地夫人要求見他一面亦不可得。英國代表艾德里設席公宴中國代表，而宋氏不特拒不參加，且教其他諸同寅亦不必都去，僅由李璜、胡政之這兩位在野黨派人士前去敷衍一下，使艾德里大感羞慚。後來英、印之爭先承認毛共政權，就是艾德里與尼赫魯當政時期。對日抗戰結束伊始，宋氏以外交部長赴莫斯科商訂「中俄友好條約」，史太林堅持外蒙古獨立，決不讓步。宋囘至重慶，無可為計，他對着家屬說：「這條約我若照簽，後代子孫都要挨駡；若不簽，國家前途又不得了；我身為外交部長，不知如何是好？」他的外甥女孔令儀（孔祥熙的大女兒）適在座，即說道：「想做外交部長的人，有的是，舅舅既不願負責簽此條約，何不將部長職務辭去呢？」宋恍然曰：「幸有你這樣指點，解除了我的苦悶！」隨即具呈辭職，改由新任部長王世杰赴俄京簽

王世杰（右）與莫洛托夫（左）握手，中立者宋子文

約了事。

宋的治事作風，勇於負責，敢作敢爲，譬如他在財長任內成立稅警團，所用的軍官如温應星、孫立人等，都是美國西點軍校出身的，稅警團官兵的待遇，亦視國軍爲優厚，又將政府向德國購入的新式鎗械，先行裝備稅警，這樣違反國家功令的措施，別人是不敢作的。但宋氏自己作事固專擅，亦容許部屬向他看齊，他主持全國經濟建設委員會的時候，在西安設置「西北公路局」，歸該會設在西安的辦事處管理，公路局的唯一要務，就是修築由西安到蘭州的公路，局長許某用人過多，成績欠佳，每月賠累不少。宋氏託朋友介紹曾向午其人，接任局長之職。曾與宋素昧生平，先到上海謁宋請示，宋祇對曾說：「西北公路局有九十萬元的築路經費，另有一百萬元的購買車輛器材費，你趕快把路修好通車，先求不賠錢就得了。」別無他語，起身送客。曾局長到任後，大事裁員三分之二，各方函電紛致宋氏說項，要求保留某員某職，皆係顯要人員出面的，宋一概不理。既而西北公路局以南京經委會的表報和例行公文太多，躭誤緊要工作，請求該會「西北辦事處」設法補救，辦事處據情呈報宋氏核示，他立即答復「已飭主管人秦汾，今後暫行停止對西安公路局致送例行公文，亦不必對該局業務多所指示矣。」因此，西安公路經過曾向午專責整理兩個月後，不但自給自足，且有盈餘了。民國廿一年汪精衛作行政院長，張發奎將軍擬出洋考察，由政院給以名義，但考察費只有幾千元國幣，張頗爲失望，旋赴上海晤及宋氏，談到此事，宋順手遞給張將軍一紙條道：「蔣委員長送你五萬元考察費，請寫一張收據罷！」他對事對人的乾脆俐落作風，多類是也。

對日抗戰時期，國民參政員每次集會時，即有人發言攻擊孔、宋的財經措施，宋從不答辯，亦無怨言。後來他在行政院長任內，國民參政員傅斯年會以「這樣的宋子文應該下台了」爲題，在報紙上撰文指摘宋氏種種過失，他左右的幹部認爲非辯駁不可，宋謂：「我們該作的事，別人反對不了；不應該作的，或者做錯了的事，就不能禁止別人講話呀！」終置不問。然宋氏在政治上最無表現，亦可說幹得最差勁的，即爲行政院長階段。宋的才華祇可勝方面之任，却無爕理陰陽的智能，教他綰領庶政，統籌全局，是無異於將千斤重担加諸孱夫身上，未有不蹶竭的。所以，對日抗戰結束，政府還都之際，國庫原存有十二億美元的外滙，外加接收淪陷區的敵僞產業，爲數可驚，而宋氏在行政院長任內，很快就給消耗完了！假使他只作財政部長的話，當不致有此浪費情形吧？政治上所謂「量材器使」之說，確有道理，有的人只可小知而不能大受，有的是廊廟之器，非乘田委吏所能展其抱負，要在用人者知所鑑別而已。

宋辭去行政院長後，依然經營「建設銀公司」，因時局動盪不安，自然無從發展。繼奉政府最高當局面諭：以台灣與廣東兩省，對國家關係重大，擬重新佈署一番，囑宋氏擇其一省，負責主持軍民兩政。宋謂：「我是半個廣東人，願對桑梓建設有所盡力，藉補過去的缺失，於心稍安。」宋接任粤省主席兼廣州行營主任後，對前任省主席羅卓英的原有人員，少所更動，而在行營方面聘請了若干學有專長的人士爲顧問，優予待遇，如日後在台灣担任經濟部長、卓著政績的尹仲容，即係顧問之一。這些顧問們的俸祿開支，都是沒有預算的，加上其他的額外用度，每月需要三萬美金，皆由宋氏自掏腰包。他聘用許多專家學者的目的，是準備開發海南島之用的，並非裝點門面，只因戡亂軍事日趨不利，他的計劃無從實現了。但他臨去職時，在省庫積存了三千萬元港幣，交給後任，另外用飛機運銀元到上海交給中央銀行，計有二次，這算是他在廣東主持軍民兩政時期的成績。他交卸粤省主席暨行營主任後，先到香港，乘游艇由九龍渡海，在皇后碼頭登陸，歡迎的人自不少，瞧着他的胸前掛上國府過去頒給的勳章，閃耀奪目，大家引爲詫異，因爲他平日從不作此裝飾的。友好私下問他何以要掛勳章？他笑謂「這大概是我最後一次的官式行動了，所以要把國家的勳章亮一亮啊！」

宋氏之氣質及其知識，純粹是美式產物。美國舊時的一般政客，担任國家公職時，對自己應有的職守，皆能盡心力而爲之，亦不放過弄錢的機會，却不屑扒取小錢，宋氏亦復如是。譬如民國十八年他到美國經辦的「棉麥貸欵」，爲數頗鉅，國人咻然非議，認爲喪權，當時的立法院尤表反對，且指宋氏是在貪圖鉅額回扣，迹近貪污。但在西方——尤其是美國，貸欵經手人取得回扣，乃係公開的習慣，毫不足怪的。因而我們平時亦就很少聽說宋氏有利用權力機會，收受小錢的事情。

世人紛傳宋氏不識中文，也不會說中國話，一切都是用洋文，其實不然。宋固然不能說國語，但能講並不地道的上海話。他公餘得暇，喜閱莎士比亞的著作，另又請人對他講解「孟子」。他的夫人張樂怡絕不過問政治，更不干預政治上的人事，比較現代那些達官貴人的太太姨太太們，隨便干政薦人的情形，確屬難能可貴。所以宋氏每引以自豪，說中華民國政治人物的太太們，沒有一個像他的夫人這樣規矩的，其言固非虛飾之詞。宋之爲人，跟他做朋友很好，因爲他未沾染中國式的官僚惡習也。自大陸淪陷後，他領取的出國護照是普通平民用的，他要去美國，而香港的美國領事館不給他簽證，祇好先到巴黎，再託他的美國朋友哈里曼（民主黨政客，對日抗戰時曾在重慶駐過。）幫忙，纔得前往新大陸的。

宋之逝世，證明是腦充血而亡的。死之次日由醫生檢驗，解剖他的喉管，尚有一塊鷄肉存在，乃說他是被食物卡住喉管而致命者。人莫不有一死，如宋氏在幾秒鐘之內就離塵世，可說很幸運了。

在大動亂的時代中來去

馬五先生

我自從脫離學生生活，涉足政治社會到現在，數十年間，總是在大動亂的時代中打滾。舉凡北伐、清黨、勦共、抗日、戡亂，以及大陸總撤退之役，皆身歷其境，目擊其情，乃有若干印象極深刻的事項，縈徊腦際，未能忘懷。信手記述，大有前塵若夢、往事如烟之概。

流落上海初識王映霞

一九二六年冬間，我從蘇俄回到上海時，投宿西藏路一品香旅社，因為身穿列寧裝，頭戴鴨舌帽，又携有俄國出版的中國各行省詳細地圖，旅社老闆認為我是危險人物，怕受連累，馬上對我下逐客令，教我「搬場」說是南京「孫聯帥」——蘇督孫傳芳——已跟滬上公共租界當局簽有協定，允許孫隨時派兵進入租界捉拿革命黨，我不宜住在屬於公共租界地段的一品香旅社，最好搬到法租界去，旋經友人介紹我暫行卜居法租界鈞福里一個劉億德醫務所樓上的亭子間。我對上海很生疏，害怕白天出門時眞被孫聯帥捉去，當晚即找到國民黨老同志皖人張秋白（西山會議派）領我去會晤本黨同志楊虎（嘯天），請他設法保護，他說不要緊，在三天之內出門之時，把第一顆鈕扣鬆開，再將右手的袖口翻起來，只要不走出租界以外，如遇危難，會有人來援救的，三天後，可再來商量云。我如法泡製，竟然未曾遇到任何危難。

在上海住了兩個月，報載革命軍已打到了武漢，急想南行赴漢，可是缺乏路費，告貸無門，行不得也！繼而每日兩餐的費用亦感支絀了，把隨身的一只老手錶送進當舖，祗值大洋兩元五角，此外別無長物可以抵押，最後只剩有兩角錢，而且是香港的銀幣，在上海僅有廣東人開設的百貨公司可使用，別處是不接受的。乃步行至先施公司買得兩大塊麵包帶回寓所，聊以充飢，又恐消化得太快，整天睡着不動，喝些開水以增加熱度。房東太太是蘇州人，見我整日高臥未起，登樓詢問我「阿是有啥格毛病？」她要劉醫師給我看看，我忙答只是有點頭痛，休息一下就好了，不必吃藥的。如此經過了兩天，餓得精疲力竭，忽見報紙消息，李烈鈞先生到了上海，住在滄州飯店，急忙前往晉謁乞援，他給我大洋百元，涸鮒幸得濡沫，又活躍了。

消遣是每夕常到「大世界」聽羣芳會唱，順便則花幾毛錢賭賭「詩謎」，在詩謎攤上得遇日本留學時的老友四川人李劍華，他跟一位浙江省立衢州女子師範的教員孫君，合住在法租界某弄堂的一層樓上，而後來名聞遐邇的王映霞女士亦寄居孫家，她原是衢州女師附小的主任，因革命軍進佔浙東，女師先放假，她就隨同孫氏夫婦來滬避難，我因李、孫二位關係，得識王女士。一夕，孫、李二君約我吃飯，王女士在座，她善飲，一瓶白蘭地喝了十來杯，毫無醉意，我為之暗暗吃驚。她見我滴酒不沾，提議罰我唱段京戲，我被迫無奈，瞎唱了「今夜晚前後廳燈光明亮」這幾句二簧搖板的「硃砂痣」戲詞，她亦從箱子裏取出一支洞簫來，對客吹奏了一曲，頗為悅耳。嗣後我常到李家閒談，她亦樂於參加，李君曾用日本話勸我跟她做朋友，我笑謂：怕她喝醉了酒會打人！王女士問我們講的什麼事？我說是談李君跟日本太太離婚問題，蓋李君此時正與日婦談判離異，王女士自然相信不疑也。

王映霞花信年華

過了些日子，某午我在李家便餐後，王女士拿着洞簫走過來聊天，郁達夫適來訪晤孫君，臨去時進入李氏書房，見着王女士，即用杭州話跟她交談了很久，又以日語對李君和我說道：「我非常迷戀着她！」我倆驟然對達夫勸進，以後郁王二人常常一道外出游玩，不久，有情人果成眷屬，達夫且將王映霞女士寫給他的一封情書拿出來給我們看，一篇語體文寫得纏綿悱惻，內容是勸達夫不必跟鄉下黃臉婆離婚，說愛情是無條件的。我們都替達夫祝福，認為他幾生修得有此賢婦，幸福必卜無窮，達夫為映霞寫了許多讚美詩，且築風雨茅廬於杭州，詎知後來竟未能偕老，殊出意外。

從武漢倉皇逃到南昌

一九二七年三月，我喬裝日本人，用「春本俊三」化名，乘日輪離滬前往漢口，因隨身帶有國民政府上海政治分會負責人蔡元培、鈕永建先生致武漢國民黨中央黨部的文件，害怕輪船經過南京下關停泊時，被孫傳芳搜查到，不能不防備也。一到武漢，只見共產黨勢力猖獗，武裝工人糾查隊隨時在市街上捉拿所謂反革命分子。我原本要回湖南家鄉省親的，但許多來自長沙的老鄉勸我切莫回去，說省主席兼革命軍前敵總指揮唐生智的老太爺，在長沙受到共黨侮辱，唐生智亦無可如何呢！我問是怎麽回事？對曰：某天唐老太爺穿着長衫在街市行走，工人糾查隊指爲腐化分子，並知他是唐主席的父親，只將他的長衫撕破，警告以後不許再穿這種土豪劣紳服裝，致干未便。唐老太爺回去告訴兒子唐主席，說他身爲革命軍總指揮兼省長，乃使老子無端受此奇辱，豈有此理！唐生智答謂這是什麽時代？老人家的頭腦若不改造，兒子亦保障不了啦！老太爺聞之大爲氣憤，即將自己的公館改名爲「暫是我廬」，他對人說：我這房屋將來一定會被沒收的，現在暫歸我住住而已。共幹李立三的父親，在湖南家鄉以惡霸罪名被共黨殺了，李立三還要對衆聲稱「該殺！」張國燾這時亦在長沙，聞得李父被殺消息後，曾與林伯渠等人到李立三住所表示慰問，說是「令尊雖然有些頑固，亦罪不至死。」立三乃以激越的語氣答道：「是啊，他們硬要殺他嘛！」這是國燾於十多年前，在香港向我談過的往事，我笑謂國燾說：這可見李立三的思想亦未搞通，還有些人性殘存着呢！

我既不敢回湖南，只好流落在武漢，這時老友周佛海在武漢軍分校担任政治總教官，我常過武昌他的家裏去，每見有許多左派分子在周宅出入，對佛海太太楊淑慧亂開玩笑，楊氏的頭腦并不如共黨那樣前進，憎惡共黨分子的輕薄言行，曾經當着我在場，大聲告訴佛海道：「你再要跟這些傢伙搞在一起，我就非跟你離婚不可！」後來佛海終於逃出了赤都武漢，多少受有太太一些影響。

我在漢口寄居本黨老同志凌鐵庵家，曾與當時聲勢喧赫的所謂「中央黨政聯席會議」主席徐謙（季龍）見面，他問我願做什麽工作？我看武漢那種赤化情形，不敢領教，答言擬回鄉一行再說。未幾，偶在馬路上遇着原在日本相識的鄂人馬念一——又名馬哲民——此人係跨黨份子，在東京常常爲着國民黨問題跟我爭論不已，彼此思想是對立的。所以，我祗向他頷首爲禮，并未多談即分手了。過了幾天，我從外面回到凌家，據說有武裝工人糾查隊四名，到凌家查詢是否有某人（指出我的姓名）住在這兒？我聞訊大驚，料定這是馬念一告密而然，前途凶多吉少，即奮夜坐船到九江，轉赴南昌投奔李烈鈞先生處，此時李是江西省主席，他派我以秘書職務。可是，南昌社會上亦充溢着赤化氣氛，共黨頭目朱德担任南昌公安局長，市面上工人糾查隊橫行無忌。某日我在一家書店裏購買文具，忽有五六個南昌女子師範的學生走進來，大聲問店員：「有不有第三種水？」這是張競生刊行的性史之一，而女師學生公然揚聲索購，肆無忌憚，令我駭然稱奇。另有個英國籍的共黨份子，名叫湯姆斯者，在南昌召集羣衆大開講演會，我去參加過一次，他所講的盡是些口號式的宣傳濫調，在台上亂跳亂蹦一陣而已，不知所謂，但羣衆在共黨導演下，鼓掌歡呼若狂。

這時候，蔣總司令已在南京開始清黨工作，武漢方面對江西李主席竭力爭取，曾由譚延闓密函李氏，勸他莫跟南京合作，李復書謂「凡事之不近人情者，皆非烈鈞所願聞也。」這信是由我繕寫的，譚的來信亦由我保存着。後來譚氏又到南京作國府主席，李先生把譚氏這封原函親自退還給他，譚甚感慰，老輩風範，固自不同。

李烈鈞被迫離開江西

李烈鈞不願與武漢政府合作，汪精衛即下令改組江西省政府，免去李氏的主席職位，而以革命軍第三軍軍長朱培德繼任。朱是李氏過去雲南講武堂訓練出來的學生，畢業後即隨李氏担任滇軍下級軍官，經李逐漸提拔，升至軍長，乃乘機攫奪恩師的政治高位，毫不客氣。有一夕，朱來南昌（他的軍部駐在九江）面晤李氏，就商交接事宜，我在隔室聽到李氏以憤激語氣告朱云：「你來接任，我當然贊成，却不能讓共產黨把我的桑梓搞得民不聊生，這責任你無可諉卸，我尅日即東下赴滬，希望你好自爲之」。朱只答：「南昌行營所屬部隊的皮帶我亦不會要一根，請老師放心。」李又說：「部隊與我無關，我是希望你莫使共產黨在江西胡鬧！」朱默然。後來毛共在瑞金一帶盤據發展，經中樞五次圍勦，消耗了國庫的銀元四億元，人民生命財產損失不計其數，這就是朱培德治贛的政績，李與朱的師生關係，亦從此斷絕了！我準備隨李主席東下的先一日下午，曾在南昌行營內被朱培德的滇軍扣留到深夜，既不訊問，亦不給飲食，

李烈鈞

最後我以冒充左傾前進的言論，說服了一個「連黨代表」——守衛行營的滇軍——倖免於難，次日，江西教育廳長程天放被暴民捉去游街，全城秩序騷然，我隨李主席急從贛東陸行轉赴杭州，李於出發時對我說：「我若不是顧慮自己家鄉的關係，今天就要對這般暴民打它個落花流水！」他行至上饒即患咯血症，情形很嚴重，我致電南京蔣總司令報告，蔣派遣醫師隨帶西藥趕來上饒治療，幸告痊癒。

　李氏在杭州休息了兩個月才到達南京，這時南京國府已開始組織，蔣總司令請李氏籌設參謀部或軍政部，李皆婉謝，繼乃推李為國府常務委員，我被任為秘書，在機要室服務。國民黨南京市黨部首先成立，由段錫朋主持一切，實行黨員重新登記，規定任何人皆須親到市黨部接受甄別，絕無例外，李烈鈞、蔡元培、譚延闓等要人，亦得到黨部填表并經過口試，革命精神很旺盛。譚延闓在口試時，一位主考的青年同志問他：「譚同志，你是本黨的左派還是右派？」弄得譚氏很尷尬，只答道「本黨是沒有派別的！」這是我在場目擊的事實。既而南京市黨部要召集黨員大會，正式選舉執監委員，各方人士競選很激烈。中央組織部幹事黃宇人是黃埔軍校第四期畢業生，他教當時旅居南京的黃埔學生七百多人全部去登記，取得了選舉權，進而控制選票，谷正綱在會場因爭論選舉問題，竟發生全武行，他一氣之下離開南京，投入汪精衛的改組派去了。

政潮迭起　革命軍變質

　南京黨政工作正在蓬勃開展之際，革命軍總司令蔣先生忽於八月初旬通電辭職去國，各方震驚。原在中央主持黨政事務的胡漢民、吳稚暉、戴傳賢一般元老重臣，亦先後告退離京。只有李烈鈞先生未走，我建議他不妨赴上海觀看風色，他不接納，理由是蔣先生採此重大行動之前，他懵然不知情，即是未把他當作眞朋友看待，頗有擺老前輩資格的心情，實係一大失策。蔣一走，革命軍各軍長如程潛、李宗仁、朱培德等，即聯袂來到南京，而上海的西山會議派諸公亦相率入京，武漢的國民政府同時宣告寧漢合流。大家決定在南京新設「黨政聯席會議」，推李烈鈞為主席，另組「軍事委員會」，推程潛為主席，李宗仁、馮玉祥、閻錫山都是常務委員。又設置「特別委員會」代行中央黨部職權，由蔡元培主持，準備召開第三次全國代表大會，情形很熱烈，局面也頗恢宏。旋因汪精衛失意之故，他嗾使武漢唐生智和廣州張發奎，先後通電指斥「特別委員會」係非法組織，實行兵諫，而自命為「護黨救國軍」，國民黨又從此內鬨不已，種下了以後長期動亂的因素，如民國十八年李濟琛之被圈禁，民十九年胡漢民之被幽囚，皆源於此，恰給中共以坐大竊發的機會，可痛孰甚！

　當革命軍由嶺南進入長江流域後，由於國民黨內部意志不統一，共產黨又害怕國民革命運動迅速成功，從中搗亂破壞之故，革命軍大本營對於北洋軍閥殘存的軍隊，乃大開招降納叛之門，來者不拒，革命武力的質與量皆起了突變作用，而與孫中山先生遺教所指示「革命武力須與民眾結合一致，成為民眾的武力」這項宗旨，大異其趣。迨南京國民政府成立，許多北洋軍閥治下的政客官僚，相率改穿中山裝，臨時找人介紹加入國民黨，又源源滲入國府治下，甚有先作國府大官或國民黨部要員然後補行入黨手續者，社會上乃有「軍事北伐，政治南伐」的民謠流傳着，而革命的黨與政，皆隨之變質了！於是一場大革命的結果，即等於新瓶裝上舊酒，換換商標而已，實與國民革命的意義和目的，逈不相侔，對全國人民的實際生活和社會生計，沒有絲毫裨益。我認為這是革命運動最大的失策，亦是國民政府終於喪失大陸統治權的基本因素所在，其他皆係無關宏旨的枝節問題。後世睿智的歷史家，必能洞燭其因果律，作出正確論斷吧！

馮玉祥到南京怪現象

　一九二八年（民十七年）春三月，馮玉祥初入南京，聲勢甚盛，黨政要人趨迎恐後。孔祥熙置酒國府大禮堂讌勞馮氏，由京中諸文武大員作陪，席間孔氏稱讚馮革命應勳備至，詎馮答詞大罵南京官場生活腐化，不功以盛筵欵待他，指為有違革命精神。座中袞袞諸公面面相覷，不歡而散。馮曾乘卡車，衣土布軍服，與衛士雜坐往謁胡漢民先生，入門不給名片，對閽人但謂「我姓馮」，閽人以為老粗之流，命在院中等候，馮踞胡氏會客室門前石磴上良久，胡送客出見馮，急遜謝延之上座，馮頗譏刺胡府的官僚習氣，胡不解所謂，迨馮別去後，詢悉前情，乃深惡馮氏矯揉造作，不近人情，兩人從此積不相能。既而行政院初設立，以譚延闓為院長，馮任副院長，譚的親信幹部呂苾籌為秘書長，呂氏常年着長袍馬褂，緊絲褲帶，兩旒下垂，露出寸許，馮視為腐敗裝束，不以為然。呂在辦公室每脫去長袍，馮見及呂的褲帶垂旒，即誚言道：「秘書長的褲帶好漂亮呀！」呂亦昂然答曰：「報告副院長，我自幼即着此類本國服裝，已經漂亮幾十年了！」馮自討沒趣，莫可如何也。馮又赴南京金陵大學物理系報名作旁聽生，專聽

馮玉祥

化學課程，表示好學不倦，一日乘汽車赴金大受課，途中忽有槍彈擊來，幸未受傷，洎是乃裹足不前。馮在南京約莫住了兩個月，他那些怪誕不經的言行表演，傳遍九城，成爲街談巷議的話柄，頗不利於衆口。

南京夫子廟前的秦淮河，素稱名勝，我一九二七年（民十六年）初到南京，急約朋友往游秦淮河，滿以爲風景絕佳，大可流連，誰知乃是一泓污水，淤泥壅塞，不能流通，河畔娼寮櫛比，時有媼嫗持馬桶蹲河邊冲洗，臭氣散溢游艇間，令人不勝掃興。曾有日本友人松室孝良，偕同幾個本國青年學生，於一九二八年夏初，慕秦淮河盛名，特來金陵游覽，挽余嚮導，比至河畔，他們要看「秦淮畫舫」，我託言革命時代，不作興有此物了，他們甚感失望。至於夫子廟的建築殊宏偉，但內部盡被卜筮星相的攤位佔領着，廣場上多是江湖賣藝者充塞於其間，實在不像樣。一九二九年冬，我和衡陽李况松（勁）世丈遊罷夫子廟歸來，很想撰副對聯，刻板掛在夫子廟內，况老說：「我有一副集句聯語，你看可用否？」聯曰：

王孫似可留，駐馬銜盃，無情最是臺城柳；
夫子何爲者，傷麟怨道，隔江猶唱後庭花。

我讀罷大爲欣賞，不敢再着一辭。後來說與金陵才子詞人盧前（季野）先生聽，他却認爲太煞風景，後亦未曾鐫板懸出。南京名爲新中國的首都，却無一點新的建設，國府在南京奠立了許多年，也有市政府，連下水道亦始終缺如，每逢大雨，全城多成澤國，小工程如疏濬秦淮河淤泥，直到卅八年國府退出南京，亦沒人顧及，而水電之殘缺不全，更係常事。這樣的行政效能，若說可以博得人民的向心力，維持政權於不墜，其可得乎？

毛澤東會作出國之想

一九三二年夏間，中共勢力蔓延到湖北、河南、安徽邊境，尤以湖北方面的情形更嚴重，距離武漢不遠的查家墩飛機場，亦常被共軍進襲破壞。蔣委員長乃在武漢設置「豫鄂皖三省勦總」，親自坐鎮主持其事。這時我恰在武漢公幹，於偶然的機會中，得識總部秘書長楊永泰先生，他一見如故，簽請蔣總司令致電南京內政部，因我是該部參事，調我到總部秘書處服務。我第一次參加總部紀念週，蔣主席講演勦共問題，認爲湖北境內的共禍特別深鉅，實係地方各級文武官吏太不中用所致，他說話的心情很激動，曾謂：「中國俗語說『天上九頭鳥，地下湖北佬』，你們湖北人應該大家爭氣，不讓共黨猖獗才是。」此時武漢綏靖主任何成濬，黨政處副處長耿伯釗(正處長是張羣)、監察處長張難先這些鄂籍大員皆在座，聞之頗爲尷尬。次日耿伯釗即遞呈辭職，呈文到秘書處由我拆閱登記，原文第一句就說：「伯釗不幸，生爲湖北人」云云，我不禁大笑，即交楊秘書長核辦，他命我將原呈送還耿氏，請他不必介意。我走到耿寓，同盟會老黨人李書城（筱垣）與耿合租一椽西式樓房，我說明來意，耿未作聲，李則大發脾氣，說蔣公侮辱了湖北人，表示憤憤不平。旋經楊秘書長跟耿、李懇談，始告無事，這是政治上一段有趣的插曲，可發一噱，大陸淪陷時，耿、李皆投靠毛共了。

在一九三四年國軍對江西共軍實行五次圍勦之前，據聞毛澤東曾經密函國府監察院副院長湘人覃振，表示願意出國，但須國府給以名義，請覃氏代爲進行，而終不諧。這消息確否未可知，然吾友彭昭賢（君頤）於邵力子作陝西省府主席時，担任民政廳長，一九五〇年彭在香港對我說出一段有關毛共的故事：一九三四年某日，邵力子邀約彭氏赴西安郊外游憩，兩人在一大樹下坐談，邵說毛澤東有信託他轉呈南京蔣公，他深恐招致誤會，邵早年曾參加共黨，後在上海民國日報刊登過脫離共黨組織的啓事，擬請彭昭賢將毛函密送南京。彭謂：「這是關係重大的極機密事件，不好給第三者知道的。若再教我（彭自稱）這第三者送去此信，似有未妥吧？」邵默然，以後這信是否轉達到了南京，彭亦始終未曾過問了。即此可以反証毛澤東當年確有知難而退、希望保全首領以沒的意思，他今天却以劉少奇當年在湖南被捕時，答應湘省當局，以後永不回湘鬧事，作爲釋放的條件，認爲是劉少奇叛黨投降的重大罪惡，實在沒有道理。

重來武漢所見二三事

我在三省勦總服務時，住在漢口法租界「中央飯店」，一夕大雨中，總部楊秘書長來電話，說次晨九時蔣總司令要召見我，我問有何事需要面諭？他說「大概要你去安徽省作教育廳長，你可準備對答」。第二天晋謁時，蔣公諭云：「你過去曾在安徽辦過教育（民十六年我受任皖省府委員兼教育廳長），現在派你再去幹這項工作，你覺得有把握嗎？」我謹敬對曰：「教育事業是百年大計，不是立刻就可以見效的，把握二字却不敢說」。過了一星期，國府明令派葉元龍爲皖省教育廳長，楊秘書長頗詫異，疑我對答失體，我把上述情形報告他，他啞然道：「原來如此。委員長經常指揮軍人，每給某個軍官一種任務時，即問他有無把握？你說把握二字不敢講，雖係謙詞，他却認爲你自覺能力不行呢！」我謂：「皖主席劉鎮華是著名的北洋軍閥，我若到安徽作事，一定跟他搞不好，不去也罷。」楊笑道：「你弄錯了！劉係北京法政專校（後改國立法政大學）和我同班同學的文人出身，并非老粗啊！」我纔知道這位北洋「鎮嵩軍總司令」鎮威將軍，原來是學法律的，殊非始料所及。

蔣公坐鎮武漢時，武漢警備司令葉蓬於四郊衝要地點，興築碉堡，每一座碉堡的名稱，皆用蔣委員長平日的語錄詞句，如「安內」、「攘外」、「復興」、「新生活」等等，他又提倡於稠人廣衆集會之際，凡有說及「蔣委員長」時，全體預會人士應一致起立，撞响皮鞋後跟致敬。他這項表示對領袖忠貞的作風，誰也無異議，一時普遍流行，蔚成風氣。可是，到了對日抗戰時期，葉蓬却是首先投降敵寇，官居顯要的「前漢」人物——當年一般參加敵偽政權的人，依其時間先後，分爲「前漢」與「後漢」二類——可見眞正的忠貞人士，平日決不作表面効忠的言行，而在危難關頭，却有所作爲，表示其凜然不屈的志節，文天祥，史可法在國運未陷於艱困時，謇謇諤諤，保持份際，何嘗對人表示着忠烈姿態呢？今日在大陸上高呼「毛主席萬歲」的降虜貳臣，多屬當年狂响皮鞋後跟之輩，以貌取人的禍害，豈勝言哉！

蔣（右）毛（左）舉杯在重慶（一九四五）

毛澤東在渝高呼萬歲

一九三五年春，中共在國軍五次圍勦之下，無法支持，準備由江西突圍流竄，蔣委員長早已料到有此一着，曾分電湘、粵、桂各省當局，派隊扼要堵截，勿任逃脫遠颺。然各省當局皆以保境自安爲職志，只要共軍不竄入本省內，即不出擊，大部共軍經過粵湘邊境，并未發生戰鬥，祇在廣西賓陽一帶，被桂省民團予以截擊，損失了幾千人而已。原在大別山麓的徐向前一股，是由紫荊關竄入四川的通南巴一帶；原在鄂西與湘西打游擊的賀龍一股，則由湖北鄖陽山區竄赴貴州。是歲冬臘，共軍主力由朱德劉伯承率領，竄到川黔邊境的土城，曾被川軍包圍攻擊，受創甚鉅，乃向劉湘表示決不進擾川境，劉湘一面令飭前線川軍網開一面，讓共軍有逃生之路，另派川省老軍官鍾體乾赴前線跟朱劉談判，據說還贈送了朱劉一筆錢，條件就是趕快離開川省。證以一九五〇年賀龍劉伯承竊據巴蜀後，對鍾體乾特別優待，且給以政治職位的情形，上述各點，似可徵信。此時我奉檄入川，駐在成都，曾晤及在土城與共軍大戰的川軍郭勳祺旅長，他以此役的戰功，旋即升爲師長，談到作戰經過，他亦不否認對共軍網開一面的事實呢！昔人歐陽修論史事有言：「雖曰天命，豈非人事哉」！觀此信然！

一九四五年秋初，日本宣告無條件投降後，毛澤東由美國駐華大使赫爾利保証安全，從延安來到重慶，與蔣主席協商國事。某日，監察院副院長覃振，在重慶市內張家花園私宅約宴毛澤東，陪客有左舜生和我等五六人，宴會時間定在下午六時，然毛於四時即到了覃府，他私詢覃副院長云；「理老（覃氏號種鳴），你看我能生還延安否？」覃謂「你放心，蔣先生不會爲難你的！」這是理老事後告訴我們的，他認爲即此証明毛澤東的胆子并不大，相予拊掌。宴會後，主人與舜生和我幾個湖南騾子，跟毛在苑中談天，舜生對毛說：中國經過了八年抗戰，人民創鉅痛深，需要休養生息，希望共黨不要繼續反對國民政府，保持和平生活爲上。毛答言：「舜老，我是替湖南人出氣呀！湖南人在北伐與抗戰之役中，流血流汗最多，然在政治上文不入閣，武不封疆，太不公道吧？」毛以我們都是湖南人，故意作此煽動性的言論，旨在掩飾其釀亂的罪惡行爲，我們只好笑笑，不贊一詞。後來毛在國民參政員歡迎會席上，曾聲言「和爲貴」，并高呼「擁護蔣委員長」，「蔣委員長萬歲」的口號，乃係有所爲而發的假動作。因爲這天毛在參政會應酬時，他的汽車讓廖承志（廖仲愷之子）坐到外面去活動之際，有人向着汽車開槍，周恩來與毛同在參政會，即將此項消息告訴了毛，毛認爲這是有人對他行刺，不禁胆戰心寒，纔有此高呼擁護的表演，內心裏還是害怕不能生還延安啊！

湘人易禮容與毛澤東同時畢業於湖南省立第一師範，亦係中共的老黨員。易在對日抗戰之前，投降了國民黨，曾在上海担任青年學生組訓工作，是潘公展的得力幹部。毛到重慶時住在張治中家裏，易禮容是「中國勞動協會」秘書長。他秘密勾通張治中的副官，代爲傳遞一紙要求見面的私信給毛，毛欣然答應，他一見到毛，即以驚惶詞色說道：「你怎麽貿然身入虎穴？好危險，趕快設法離開吧！」對毛表示着格外關切愛護之意，毛頻頻點首。易在重慶常來我家聊天，這是他親口告訴我的經過情形。大陸淪陷後，易未出來，迨「文化革命」惡作劇演出，毛共對於過去曾向國民政府自首，或被捕後寫過脫離共黨的悔過書的黨徒，一律清算鬥爭，毫無寬假，唯易禮容安然無恙，大概就是毛念在當年易氏在重慶對他表示愛護的那點情誼呢！湘人章士釗（行嚴）亦有同樣的情形，他投靠毛朝後，曾在所謂「全國人民政協會議」中，談到官吏貪污問題，認爲「物必自腐而後蟲生」，官吏若不願意受賄瀆職，別人亦就無法迫使其貪污的。不料共幹們指章氏的說法違悖了唯物辯証法則，是資產階級的反革命思想，嗾使一些「民盟」份子由王崑崙帶頭，每星期舉行鬥爭會，要章氏出席答辯。章不勝煩擾，撰寫了一篇答辯書，題名「辨惑篇」，準備在「光明日報」發表，先送給毛看，意在試探毛對此事的觀感如何。毛看過後語章云：「你那個總題目太客氣了，可改爲正謬篇」，此言一經傳播，共幹們對章的鬥爭會即收場了。紅衛兵之亂作，章氏更害怕有被揪出鬥爭的危險，他又染有阿芙蓉癖，罪惡更加一等，只好向毛告饒，毛教他搬進醫院去住，倖免於難，因爲醫院與科學研究機構是不許紅衛兵去鬥爭的。章氏於一九二三、四年間担任北洋政府教育總長時，毛正在北大圖書館作小職員，因其丈人楊昌濟之介紹，得識章氏，章對毛甚贊許，也曾經資助其生活費，所以毛對章亦另眼看待。有人問毛，章某原係舊社會的腐敗官僚，何必對他客氣呢？毛謂：「這種高齡的文人，活不了多久了，亦沒有禍害『人民』的能力了，不妨讓他苟延殘喘罷！」這是旅居海外而與章氏通消息的人說出來的掌故。

長沙大火慘案的眞相

在對日抗戰中期，長沙發生大火慘案，中外震驚，長沙警備司令酆悌，中央憲兵團長兼省會警察局長文仲孚，因此明正典刑，世人對於大火案的眞正原因，多不瞭解，言人人殊，實則湘省主席張治中應負完全責任。原來所謂「焦土抗戰」的原則，是中樞早已決定的。當日軍大舉進犯湘中之際，湘省府曾擬訂焦土抗戰實施步驟，規定俟敵人到達距長沙廿餘華里的「新河」時，即將長沙付之一炬，先由治安機構飭令全市居民，按戶儲備洋油，候命行事。詎知屆時情報錯誤，以訛傳訛，日軍方抵達距長沙二百里外的「新牆河」，而省垣誤認爲「新河」，立即傳令全城市民放火，乃構成這次的慘劇，然情報之所以不確實，張治中實不能辭其咎。蓋湖南係屬於第九戰區，省府應受戰區司令長官節制指揮，當時第九戰區司令長官陳誠，長官部設在長沙。張治中自恃資歷高於陳，所受最高當局的寵信亦不下於陳，平時對戰區司令長官部若即若離，彼此間的關係幷不融洽。然司令長官部對前線戰事消息，自較省府靈通而正確，在省府實行放火之前，亦曾向長官部參謀處詢問「敵人是否已到達新河？」對方答以「不清楚」，於是，慘案即倉皇發作了！大火發生後，張治中已逃赴湘潭縣。可見放火命令幷非當地負治安責任的首長隨便下達的，然結果張治中無事，而長沙警備司令與警察局長被斬以徇，此即湘人所以有「兩顆人頭萬古寃」的聯語流行也。這項內幕情節，迄今尚無人揭出，筆者乃順便紀述於此，以明眞象。

赫爾利（右）毛澤東（中）張治中（左）

馬歇爾來華與民主潮

一九四五年秋初，日本宣告無條件投降消息傳播後，住在重慶的所謂「民主人士」十餘名，由黃炎培帶頭，聯袂走到上清寺國民政府後面的坡上，高呼「蔣主席萬歲」者再，聲震屋瓦，熱烈非常。既而美總統特使馬歇爾來到重慶，調解國共爭端，就以黃炎培爲首的這羣「民主人士」，又相率奔走於馬使之門，大告其洋狀，說國府當局如何不民主，如何壓迫民主運動，而馬歇爾亦就在國府大禮堂演說時，公然謾罵中國的「反動份子」，暗指主持國民黨務的陳果夫與立夫兄弟。我甚感羞憤，即聯合十幾個無黨派的朋友共同署名，在報紙上發表「敬告民主人士」的文章，警告他們要顧全國體與民族人格，不要奉戴馬特使有如法國派駐北非的「高級行政專員」然，向他濫告洋狀，不惜引狼入室，搗亂家務。這文章，中央日報、大公報、掃蕩報這些大報皆拒絕刊登，只有成舍我的「世界日報」全文刊出，而且排在第二版的重要新聞欄內，可見當時輿論界之不爭氣的景象如此！

馬歇爾既以調解國共之爭的關係，倡言民主、統一、和平之說，於是乎所謂民主人士如章乃器、黃炎培之流，紛紛組織政黨以與執政的國民黨分庭抗禮。我和一些在野的國民黨朋友說笑，主張咱們亦不妨另組一個新黨，跟共產黨以及各個號稱爲民主黨派的政團進行鬥爭，免得美國佬指摘我國一黨專政。大家表示贊成，先由我向國民黨組織部長陳立夫先生說明內容，請他置若圈聞，讓我們試試看，他亦同意。於是，乃由笑談化爲實際行動，參加這新黨發起人的，計有留英學生皖人張德鎏、桂林「立報」暨重慶「客觀」雜誌創辦人皖人張稚琴、全國中醫師公會理事長浙人鄭曼青、該會秘書長湘人覃勤、南京「國魂書店」主持人蘇人安若定、工商界人士浙人樓兆念、教育界人士川人吳小康和我，以我的住宅爲集會地點。經過了幾次會議後，決定新黨取名「中國勞動黨」，將要跟共產黨較量高下，其志不小。當時「中國勞動協會」秘書長易禮容聞訊願來參加，我們認爲他曾是老共人物，婉詞謝絕了。「勞協」理事長朱學範是我的老友，我請他出來領導這新黨，他約定等到新黨正式成立時，再行加入。

中國知識份子有一種傳統惡習，祇要有三五成員的政治團體，內部必然爲爭奪領袖地位而大鬧家務，不惜殺鷄聚會，打狗散場。我爲着消弭這種隱患，於第二次籌備會議中即聲明：「本人永遠願作會議紀錄的書記，將來本黨正式成立了，我亦希望只作秘書，連中委名義亦不要」。意在暗示大家莫演爭奪領導權的醜劇，大家表示贊許。既而我和張德鎏二人，把新黨的組織規程與宣言擬好通過了，且在大公報刊登「中國勞動黨」訂期成立的啓事，藉資宣傳，而內部爭奪領袖地位的惡作劇，以安若定爲主角，陸續上演了。我很氣憤，也很灰心，深知中國知識份子的劣根性沒法改造，將來不知道還要鬧出幾多的笑話來！乃將收存着的一大堆會議紀錄和文件，拿到門外一概燒掉，向大家聲明我退出新黨，請大家今後另找地方開會，莫再光臨寒舍。此時住在重慶的外省人皆急於還都或遄返家鄉，安若定先赴南京，掛出「中國勞動黨辦事處」招牌，大事招搖，但其餘各個發起人紛紛四散，他那獨腳戲亦就唱不成，所謂「中國勞動黨」從此曇花一現，渺無踪影了。後來我回到南京，安若定又來找我舊話重提，我嗤之以鼻，請他「勿溷乃公」！他瞧着我生活困頓，挽我赴吳淞口「海事學校」作教務主任，月給白米三十石——因幣值逐日低落，改用實物待遇——說是可在學校繼續進行組黨工作，我笑却之，他垂頭喪氣而去。職是之故，一九四九——五一年之間，我違難香港，對於流寓海隅的中國知識份子羣起搞第三勢力，紛紛組織政團的玩藝，亦決不過問，料定是有始無終，徒亂人意而已。就是那些美國人在背後支持的「中國知識份子救濟協會」，我也不屑報名登記，這是後話，暫且不提。

國府既準備還都南京，許多外省人歸心似箭，但交通工具很缺乏，有錢亦買不到，各人祇有四出尋找門路，對象是政府的有力機構。吾友張稚琴兄（現居香港）跟當時的軍政部長陳誠相識，他常在軍政部行走，目的是尋求交通工具，因而與軍政部參事劉某——是陳部長的親信幹部，湖北人——多所接洽。一天稚琴對我說，軍部那位劉參事通奇門遁甲術，他預言中國還要大亂，將來在中國出頭的人，必係三楚人士。我問「三楚」是指那些地區？答言湘鄂二省以及贛皖邊境，都屬「三楚」疆域。我把這項預言告訴當時住在渝市的衡陽世丈李兕松，彼此揣測今後湘鄂二省籍在政治軍事上擁有相當力量的人物，誰可能出頭呢？談來談去，得不到結論，我倆乃計劃先行組織「三楚學社」，網羅湘鄂二省的青年人士，籌些經費在上海辦個刊物，闡揚三楚文物，看看此中有無出頭的英雄豪傑？我們始終未曾想到毛澤東這個湖南人會有出頭之日，但軍部那位劉參事的預言居然說中了，不亦怪哉！

抗戰勝利後政治經濟

對日抗戰結束時，俞鴻鈞出任財政部長，下車伊始的第一項新猷，即將後方民衆在半年以前，向中央銀行繳欵定購的黃金儲蓄，強制尅扣兩成歸公，理由是民衆盈利太厚了！此不特自毁政府信用，且昧於古訓「藏富於民」的義理，只是以聚歛爲能事，弄得口「悲」載道，大失民心，認爲政府對外抗戰勝利了，還要無理的搜刮民財，豈是爲政之道？第二項新猷，就是謬採中央銀行副總裁陳行的私見，將法幣與汪政權的中儲券兌換率，定爲二百與一之比，而京津滬一帶的物價爲之騰躍不已，終至不可收拾。據周佛海在南京老虎橋監獄中對我談及此事經過說：日本投降後，中樞首先到達上海的人是杜月笙、錢新之、戴雨農，他們跟周研究法幣與僞幣的比率問題，周主張最好是二十元折兌一元，最多亦不要超過五十對一，即可保証淪陷區的物價穩定如常，然財政部竟顢頇從事，任意爲之。這件事關係國計民生前途極其深鉅，後來戡亂之失敗，大陸終告淪陷的基本因素，即在是也。國府還都南京時的國庫尚存有外滙十二億美元，加上接收淪陷區的敵僞產業，爲數不少，然政府始終未能控制物價，公營事業且隨時帶頭漲價，幣值逐日低落不已，主管財政當局之低能無知，寧非可驚之至！俞鴻鈞後來到了台灣，且貴爲行政院長，我始終看不出他在政治上有何建樹？

吾友張國燾，曾任中共駐莫斯科代表有年，回國後担任共軍第四方面軍（徐向前部）的政委，資歷高於毛澤東，一九三五年他與徐向前率領「紅四方面軍」由鄂北竄入四川後，因與毛澤東意見不合，在川另設中共黨部，開除過毛的黨籍，毛亦在貴州遵義開除張的黨籍，彼此鬧得很僵。後來回到延安，四方面軍改編了，他出任共黨設置的「甘青寧邊區政府」主席，由於毛澤東不忘宿怨，對他不斷的清算鬥爭之故，他於一九三九年代表共方與國府代表蔣鼎文祭奠黃帝陵墓時，隨着蔣鼎文到武漢輸誠國府，我方却未曾好好地器使他。對日抗戰復員後，他受任爲江西善後救濟分署署長，很想乘機敬恭桑梓——張是江西人——有所作爲。救濟分署長依法參加省府會議，某次會議中，建設廳提出義務徵工案，國燾說：經過抗戰八年，老百姓太苦了，徵工是可以的，却須按勞付酬，省庫若無力負担這項工資，可

張國燾

由救濟分署支給之。然提案人乃以譏諷口吻答道：「義務徵工是軍事委員會早已頒訂的法令，張署長過去在延安，不知道國府的法制，所以表示反對。」結果還是實行義務徵工，張甚氣憤，不久即掛冠而去，在上海創刊「創進雜誌」，從事思想反共工作。此時中央宣傳部對京滬各種民營報刊，每月皆分別配給有白報紙，唯獨對「創進雜誌」靳而不予。我聞之頗感不平，致書中宣部長黃少谷說項，這纔開始對「創進雜誌」配給白報紙，然局勢已告緊張，未幾大陸即告淪陷了！張從上海播遷台灣，擬在台北復刊「創進雜誌」，曾斥資在北投頂屋一椽作久居計，正當鳩工庀材進行修理中，忽有懸掛上校領章的軍人二名前來查詢何人佔此房屋？張告以係本人用金條向業主頂來的，該軍人聲稱他們早已租了此屋，命張迅即停工，否則諸多未便，張仍與之理論，詎對方謂：「你原是共產黨要角，今天又想到台北來共我們的產嗎？」張氣極，馬上携同家小前來香港，從此與台灣沒有來往了。國燾在港向我敍述這段經過情形時，餘怒猶未息呢！咱們政府對於網羅人才，跟敵人從事政治鬥爭的技術，實在太不行了，夫復何言！

對日抗戰結束後，咱們政府有兩項政治措施，給全國人民的印象最壞。一是各機關在淪陷區的接收工作，眞是「刼收」，搞得天怒人怨，戾氣充溢，後來政府雖派遣大員，分途考查接收事宜，結果官官相衛，毫無下文。假使當時把那些「刼收」罪惡昭著的貪官汚吏，擇尤予以嚴懲，未始不能挽回已失的人心，而使政風爲之丕變。二是所謂「重慶人」在淪陷區查究通敵叛國的漢奸人物，株連瓜蔓，細大不蠲，政治、軍事漢奸之外，尚有文化漢奸、經濟漢奸這類名目。汪精衛的一個司機在南京開設飯館營生，亦遭到淸算之災。周佛海之妻楊淑慧三次被捕，勒索財貨，最後迫得曾經自殺未遂，纔告恢復自由。二次大戰時，法國淪陷後，亦有「維琪政府」僞政權出現，然戰後的法國政府，對維琪政府的僞元首貝當，亦僅是判處徒刑而已，其他文武人員概置不問，爲着維護紀綱，申儆全民，懲處罪魁足矣。反觀我國的作法，豈是求治之道？當時有人在上海大公報發表文章，討論懲治漢奸問題，主張從寬處理。文內假定全國被追究的漢奸人物爲五十萬名，每名有直系親屬五人，另有關係密切的親戚朋友五人，合共起來就有五百萬人皆對政府不滿，甚至仇視，是不啻製造五百萬個反側之徒，無形中在社會進行反動勾當，實在得不償失，大乖政理。可惜這種諍言未受重視，迄今思之，曷勝感慨！三是未能穩定金融，控制物價，以致幣值變動不居，愈趨愈下，各大都市間乃盛行囤聚居奇的惡劣風氣。一般軍中的經理人員，每月終在南京領得全部餉項，即向市場作投機買賣，經過一個月的時間，獲利倍蓰後，再對軍中發餉，然幣值已降低不止一倍了。我有弟弟當時在國軍某師部作少校參謀，部隊駐在南京對岸浦口，他領得的月薪，只夠買紅吉士香烟十包而已。因此，全國經濟界除却原有的「官僚資本」與「豪門資本」而外，又產生了一種「經理資本」，成爲國家的三大害！此時共產黨利用美國特使馬歇爾强迫國共和談的機會，積極釀亂，打打談談，然政府乃漫無計畫的盲目裁軍，使許多官佐頓告失業，激起了被裁軍人羣集中山陵演出「哭陵」的一幕悲劇，影响軍心甚鉅，共黨即乘機煽惑，唯恐天下不亂。我在漢口看到共黨散佈的一張傳單，內容是：「不要吵，不要鬧，老×不要老毛要，白軍是上尉，紅軍升少校，武漢來報名，延安來報到。」既而政府又在各地設立「軍官總部」，把被裁的軍人分別收容，却不濟事了！

復員的經濟與軍隊情形如此，政治情況更糟，主要就是所謂「黨團之爭」。同是信仰一個主義、奉戴一個領袖的國民黨與青年團，相互排擠傾軋，有如生死寃家，而以準備實施憲政的各種民意代表選舉提名一事，鬥爭最爲激烈。中樞時而頒佈法令，規定凡屬未經中央提名的候選人，雖當選亦無效；時又聲明當選人以得票多寡爲準則，不受提名限制；因而在南京鬧出抬棺材游行請願，或到內政部住宿不走，或在報紙上留書聲言自殺的種種笑話來，裏因就是由於黨團鬥爭的關係，在中樞享有發言權的人們，各依其黨或團的利害觀點，主張互異，此亦一是非，彼亦一是非，這那兒是國運興隆的氣象呢？

土崩瓦解的種種現象

我是所謂「重慶人」之中，復員到南京最遲的，原因是窮得沒法購買飛機票，輪船由政府徵用，普通人是不能搭乘的。嗣由南京「和平日報社」給我兩張飛機票，纔帶同家小回到金陵，担任和平日報總主筆，初住報社宿舍中，後搬到市中心區中山東路該報發行部樓上。不到一年的時間，局勢日趨惡化，一夕天色將曙，忽聞中山東路鎗聲砰然，人聲嘈雜，以爲發生兵變了，急往門外察看，有武裝警察和憲兵各一羣，夥同大堆老百姓，聚集在農民銀行大門前，爭吵喧囂，互不相下，乃至放鎗，爲的是爭奪靠近銀行大門口那塊空地，待其開門時捷足先入。蓋此時幣值狂跌，政府規定民衆每天自上午八時到十二時，每人可向國家銀行購買黃金一兩。於是，憲警雙方各雇用一批羣衆，於黎明前趕赴銀行門口佔位置，因而發生火併了！這時是民國卅七年（一九四八年）冬臘月間，皇皇首都已呈現着一片無政府狀態，大局分崩析離之勢已成。適逢和平日報改組，我急將家小送往重慶，自己轉赴上海，暫在中央日報服務，以待噩運之來臨。我買的京滬夜快車頭等臥車票，走到下關車站內，列車兩旁佈着鐵絲網，車裏黑暗無光，我大聲呼喊「上車啊！」乃有車上的茶役下來查看我手中的車票，纔撥開障礙物，讓我登上火車。據說，近日常有軍人携帶妻孥來坐「霸王車」，無可理喻，不得不預防也。我心想，大局絕無希望了！

在上海住了兩個月，大上海保衞戰已開始，而政府又鬧政潮，代總統李宗仁在南京向毛共乞和，行政院長孫科在廣州倡言反共到底，既而孫氏下台，由何應欽繼任。此時行政院在上海設有辦事處，我想託該處拍電報給在廣州的行政院秘書長黃少谷，親赴該處交涉。詎入門只見樓上下擠滿了人，有大聲叫罵的，有拍桌動怒的，有譁然哄笑的，還有吹口哨的、蹬地板的，奇形怪狀，莫可究詰，根本就不知道誰個是辦事人員？祇好嗒然告退，在途中暗自思量：幼時讀舊書中「土崩瓦解」之句，不甚了然，今日完全領悟了！旅居滬上期間，老上司賀耀組竭力勸我不必南走粵港，說是共黨來了，亦需要人才幫忙，我笑笑而已。已故老友周佛海妻楊淑慧暨其子周幼海，更慫恿我留在上海不要走，楊氏且爲我設計，教我改穿她家藏佛海的袍褂，暫到舊時曾作佛海部屬、現在小沙渡路開店營商的某某店舖樓上隱居，共產黨來了，她母子二人可以保証我的安全。我對曰：「漫說大嫂保不了我的險，就是毛澤東亦不能保証我的安全」。不久，我悄然南下到廣州，對楊氏告別之禮亦缺如也。

依神道設教流亡香港

一九四九年夏間，上海宣告淪陷了，廣州人心惶惶，政府準備遷往重慶，我感到前途茫茫，不知稅駕何所？旋接西昌省主席兼警備司令賀國光先生暨其參謀長王夢雄兄來電，請我前去西昌，繼又來信說明隨便我願做什麼官職皆可，且謂我若要作警備副司令亦行。他們知道我的家小已在重慶，正好先到巴蜀携眷進入西昌，甚爲方便，但此時另有人又約我到香港辦報，何去何從，一時沒法決定，正在煩悶中，適粵省國大代表賴少魂君過訪，說廣州對岸河南鎮上設有乩壇很靈驗，邀我同去叩問休咎。我平日雖不相信神道設教之說，然在窮途厄運的徬徨關頭，也就姑且去嘗試一下。到達乩壇後，按照執事者指示，我用一張草紙，秘密疾書問題於其中——即問今後以何方投止爲妥——先向神壇叩首膜拜，焚化所寫的紙。少頃即見空懸着的乩筆自動旋轉不已，然後在沙盤上寫字答復我的問題，只有「東行爲佳」四字，別無他語。我詢問賴君：「東行」是指那些方向？他說，依照廣州的位置看，香港台灣都是東方。回到旅館再三考慮結果，決計違難香港，復電西昌朋友婉謝盛意。假使當時我前往西昌，後來縱然能夠逃生，亦不知要歷盡多少的苦難呢！這是我有生以來，第一次信從神道設教的紀錄，居然有益。老聃有言：「衆妙之門，玄之又玄」，其斯之謂歟？

知識份子的形形色色

一九四九年七月，我由廣州來到香港，即入新創立的國民黨機關報——「香港時報」——主持筆政。這時候，美國一面聲明一筆勾消援華政策，一面發表對華外交關係白皮書，指摘吾國政府貪汚低能，同時下令撤退在台灣的美國僑民，揚言台灣旦夕間即將陷落，海內外人心皇皇，公認爲國民政府決無前途了。我的表弟胡君原是南京「和平日報」總社的總經理，此時在湖南未出來，他聽說我在香港主持報紙言論，寫信來問我究竟替誰說話？意思是勸我莫再爲國民黨作無益的掙扎。我復書告以此時此事，祇有替自己的國民黨効力，義無返顧。每天除撰寫社評外，另用眞姓名在報上寫專欄文章，從事反共運動。曾有個素以國民黨爲衣食父母，過去在大陸上作官不歇的現任立法委員某（姑隱其名），亦落難在港，他以香港時報星期論文的稿費頗高，寫了一篇討論國際問題的文章，署以「時學」筆名，交我發表，我因星期論文規定要署眞姓名的，乃於筆名之上加注他的姓氏。詎文章刋出後，他對我大興問罪之師，說他的家眷尚在大陸上，我把他的姓氏標出來，將使他的家小遭到不測之禍，太不夠朋友了！此時我忍無可忍，即答道：「你那筆名幷不像蔣總統或李代總統的別甫那樣响亮，人所共知，何必如此緊張呢？老兄既怕共黨加害你的眷屬，最好登報辭去立法委員，否則比在報上寫文章的禍事更大。鄙人的全家老幼皆在大陸，然我在報上常用眞姓名發表文字，我決非有意陷害你啊！既然害怕，以後即不必惠賜大作了。」彼此弄得很不愉快。還有個由國民黨提名獲選的立委亦在香港，我把香港時報專人送給他一份，他再三拒絕收受，聲言「沒有此人」，等到美國派遣第七艦隊協防台灣海峽後，他急忙進入台灣，又在蔣總裁面前表演忠貞姿態，聲言本黨在海外的宣傳工作不夠積極，應該加强力量云云，間接對「香港時報」表示不滿了。是時由大陸上逃來海隅的知識份子，有如過江之鯽，濟濟蹌蹌，無可估計。一九四九年雙十節國慶前夕，我和前任上海同濟大學校長丁文淵先生商量，擬聯合在香港的舊時各大學校長暨教授，共同發表一項慶祝雙十節宣言，且請曾任北大校長某公領銜，藉壯聲勢，詎某公斷然拒絕，避之若浼。迨第七艦隊東來後，某公又捷足登進台灣，担任美金待遇的國府官職了！來自大陸的政治難民愈聚愈多，而香港政府此時亦未禁止市民作政治活動，又有個美國巡廻大使吉塞普正在香港策動中國人士搞「第三勢力」，於是，所謂「座談會」乃風起雲湧，多以反對國府爲主旨。我和丁文淵先生參加過一次由左舜生先生召集的座談會，有個國立政治大學畢業後、曾奉國府派往歐美各國担任外交官職有年的某某亦在座，他以很嚴肅的姿態發言道：「我此生唯一的憾事，就是進錯了學校，是在國民黨辦的政大出身的！」言下頗表懺悔之意，我們只對他笑笑而已。散會出來，丁先生向我大罵某某不是東西！我說，這原係政治塲中習見之事，你不能跟勢利小人講道義節操，見怪不怪，其怪自敗呀！

從一九四九——五三年之間，在香港到處可以聽聞咒罵國民黨之聲。我對於非國民黨，或者是國民黨而未曾幹過黨政工作的人士謾罵之言，總是感覺慚愧，國民黨當政幾十年，把大陸淪喪了，累及許多無辜的同胞受苦受難，還不該罵嗎？但對於一般以國民黨起家的所謂忠實同志，亦以「漢人學得胡人語，爭上城頭罵漢人」的醜態，逢人攻訐國民黨，甚感冒火，不惜當面駁詰。

一個特別突出的人物

從大陸淪陷這場天翻地覆的大動亂之中，對於現代中國知識份子——特別是在黨政軍各方面活躍的人士——立身行己的風格，形形色色，嘆爲觀止矣。除却甘心投共或未能逃出大陸者，由共黨控制玩弄，演出許多悲喜劇，令人不忍卒睹外，流亡到海隅的各色人等，在自由生活環境之下，其所表現的言行，亦復多采多姿。有的行己有恥，不愧屋漏；有的冥行暗索，難見天日；有的暮四朝三，忘其所以；好像一座萬花筒，五彩繽紛，不勝省覽，其中最突出的人物，殆莫過於中途投降共黨的衛立煌了。

他原是迭總師干、卓著戰績的一員大將，一九三二年他把共產黨在安徽境內建立的根據地「金家寨」一鼓蕩平，政府特改該地名爲「立煌縣」以紀其功。對日抗戰中期，他担任遠征軍總司令，更是名利兼收，美國方面每月津貼遠征軍的餉項，爲數殊屬可觀。大陸淪陷前夕，政府認爲他在東北司令長官任內措置乖方，予以撤職查辦，交由粵省主席兼廣州行營主任宋子文看管，於廣州撤守後，恢復自由，舉家流寓香港，住在九龍郊區，生活自然優裕。他不甘寂寞，曾斥資經營工商業，雖有損失，固屬無妨，但他作出一些可笑的事情，膾炙人口。

衛立煌

港九的宅第中，夏季多甲蟲，衛惡其不潔，設法消除淨盡。繼聞人言，消除甲蟲必有失財之患，他又向外面搜購甲蟲來家飼養，聽其蕃殖。他擁有成叠的美鈔盈箱，庋藏日久，鈔票上的油漬起了融化作用互相沾着，不易撕開，乃集妻孥於一室，以熨斗逐次電熨，使每張鈔票得以分離曬乾。這是他的大女兒——即趙滋蕃夫人——曾在香港刊物上揭出過的事實。他擁有這麽多的金錢，却演出一幕因財失義的趣劇，貽譏社會。閩人何競武，曾任國民革命軍總部副官長暨平漢鐵路局長，煊赫一時，與衛氏係貧賤之交，誼同昆季。一九二九年（民十八年）衛在軍中作下級軍官時，由何氏薦舉，擢任爲蚌埠警備司令，從此受知當道，飛黃騰達。大陸淪陷後，何氏退居台灣，亦與衛常通音問。大概是一九五三年左右吧？何氏來香港觀光，抵步即派人送信給衛，相約次晨趨訪，衛逆臆何此來，或係向他借錢，屆時乃外出作尹邢之避，何不疑有詐，改赴衛設置在香港中環的寫字間，剛入電梯中，見衛亦在，即與招呼，然衛表情殊淡漠，迨電梯升至三樓，衛即走出，何知道衛的公司係在五樓，以爲他或許有事暫時躭擱，自己逕到五樓候之。不料何一出電梯，即見衛步行登上五樓，迎面而來，狀頗忸怩。於是，何領悟到衛之所以半途走出電梯，乃在避開自己——他認爲何必不知其寫字間在五樓——即拂袖而去，直奔當時在港作寓公的老友熊式輝家，將上述情形逐一縷述，大罵衛俊如（立煌別號）忘恩負義，不是東西。熊加以勸慰，定次日約衛與何來寓便餐，當面解釋，免滋誤會。迨何與衛在熊宅晤面時，何歷數過去在政治上幫助衛發展的種種情節，詢衛有無其事？此番來港旅行，順便拜會數十年的患難朋友，何以視同陌路之人，屢事趨避？是否怕我借錢而表示這種醜態？衛當塲無辭以對，只言適染微恙，別無他意。最後何聲言：「我算交錯了你這位朋友，請從此絕！」不待餐叙而告退了。隨後何與筆者晤談此項經過，猶憤憤不平，謂擬寫小册子宣佈衛的若干醜事，我再三解譬，認爲不必使親者所痛仇者所快。現時何、衛二人皆已作古了，我述這段故事的用意，是在証明現代的一般顯貴人物多半不學無術，經不起時代考驗的，豈特衛一人而已？唯衛以血債滿身的「階級敵人」，歸爲降虜而得保全首領以沒，殆係獻金贖刑的結果，所謂悖入悖出是也。

我在大動亂的時代中來去的里程碑，到香港算是終點了，茲篇所紀旅途上的雪泥鴻爪，亦就可以告一段落。然時代的動亂方興未艾，我既不能離羣索居，遺世而獨立生活，則見聞所及，儘多可述者。吾舌尚在，我筆猶存，欲知後事如何，且聽下回分解罷！

（全文完）

紅樓夢的新觀點和新材料

潘重規

潘重規先生是香港中文大學新亞書院中文系主任，除音韻學、文字學等外，復從事研究「紅樓夢」，為海內外著名的紅學專家。在潘先生的導引之下，該院選讀「紅樓夢」一課的同學成立了「紅樓夢研究小組」，開過兩次「紅樓夢研究展覽會」，並出版了八期「紅樓夢研究專刊」，本文為潘先生研究「紅樓夢」的最近作品。

任何文學作品，必定有構製這作品的主旨。要了解作品的主旨，首先要了解作者和作者所處的時代背景。縱然是一首小詩，一個燈謎，作者的身世不同，時代的環境不同，它表達的意志情感便截然不同。即如乾隆年間文字獄裏的徐述夔，他的「一柱樓詩集」有一首詠正德杯的詩，其中兩句是「大明天子重相見，且把壺兒擱半邊。」如果不知道徐述夔是處在滿清控制下的漢族文人，我們能夠說他是有意將「壺兒」影射「胡兒」嗎？我們敢斷定他是在發洩反抗滿清的意志情感嗎？再舉我見聞中的一個實例，當中日戰爭，我國勝利之後，我到上海暨南大學担任教授。當時，江蘇北部為共黨紅軍佔領，有些從紅軍區逃到上海來的知識份子，他們告訴我，在農曆新年，紅軍區競猜燈謎，有一個燈謎，謎面是「日本投降」，射古人名一。當時有小學教師猜是「屈原」，因為日本投降，是屈服於原子彈的威力，所以大家都認為很對。但是紅軍出謎的人却說不對，他們認為日本投降，是依賴蘇聯的武力，因此，謎底應該是「蘇武」。由此可知任何作品，均須視其時代背景以及作者處境，方能找出它的中心思想。最簡短的文學作品如燈謎，尚有它的主旨，洋洋數十萬言的「紅樓夢」，難道沒有它的主旨嗎？要明白「紅樓夢」的主旨，自然需要了解「紅樓夢」作者所處的時代背景，纔能確定研究「紅樓夢」的正確觀點。

談到研究「紅樓夢」的正確觀點，不能不推溯到蔡元培、胡適之二位先生。在此以前，儘管「紅樓夢」的讀者極衆，只是自由欣賞，很少認眞研究。就算稱「紅」學專家或「紅」迷的，也無非像金聖嘆批評「西廂」、「水滸」，很少像胡適之先生考證版本，辨別眞僞，用歷史考證方法來考證舊小說。這種方法，也可說是清儒治經的方法。還有，對「紅樓夢」一門學問，進入公開論辯，像漢儒爭古文今文的是非，宋明儒爭朱學陸學的異同，也可說從他兩位開始。自從民國六年（公元一九一七）九月，蔡先生發表了「石頭記索隱」一書，引起了海內外學人的注意，不斷的創立新觀點，發現新材料，紅學纔邁步進入了嶄新的時代。

關於蔡胡二氏的論戰，胡先生可謂獲得全勝，例如他指摘蔡氏考定劉姥姥是湯潛庵，說：

最妙的是第六回鳳姐給劉老老二十兩銀子，蔡先生說是影湯斌死後，徐乾學賻送二十金；又第四十二回鳳姐又送劉老老八兩銀子，蔡先生說這是影湯斌死後惟遺俸銀八兩。這八兩有了下落了，那二十兩也有了下落了。但是第四十二回王夫人還送了劉老老兩包銀子，每包五十兩，共是一百兩，這一百兩可就沒

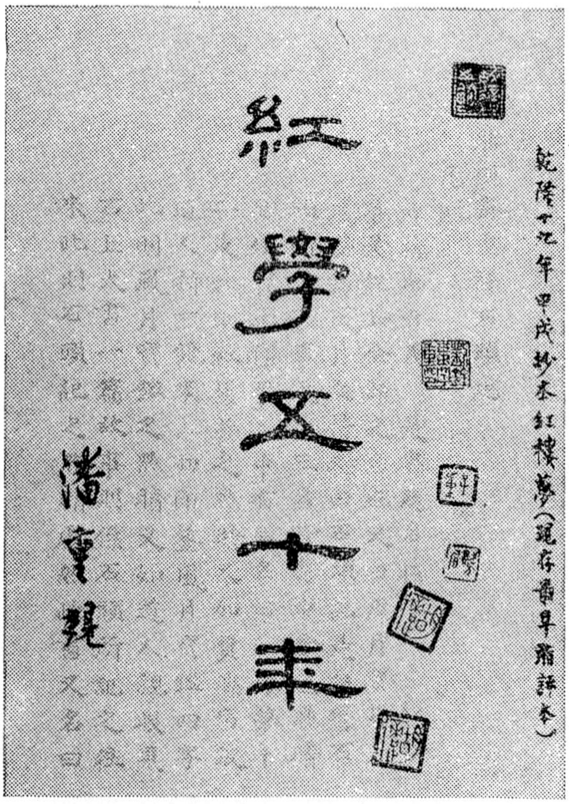

香港中文大學新亞書院中文系為本文作者出版的「紅學五十年」

有下落了。因為湯斌一生的事實沒有一件可恰合這一百兩銀子的，所以這一百兩雖然比那二十八兩更重要，到底沒有索隱的價值！這種完全任意的去取，實在沒有道理，故我說蔡先生的石頭記索隱也還是一種很牽強的附會。（見「胡適文存」卷三「紅樓夢考証」）

像這一類的辯詰，胡先生駁斥得痛快極了。因此博得一般學者的信從。魯迅的「小說史畧」，乃至日本歐美人，差不多整個世界談「紅樓夢」的，全部採用了胡先生的學說，從民國十年到民國四十年，可以說得上是「定於一尊」的「胡適時代」。胡先生的結論是：

一·「紅樓夢」前八十回的作者是曹雪芹；

二·「紅樓夢」後四十回是高鶚所偽造；

三·「紅樓夢」是一部隱去真事的自敍傳，裏面的甄賈兩寶玉，即是曹雪芹的化身，甄賈兩府即是當日曹家的影子。

程偉元刋本「紅樓夢」插圖之一　石頭

我讀完「紅樓夢」一書，在舉世風從胡先生的說法的時期，我對胡先生的學說抱深切的懷疑。第一，胡先生攻擊蔡氏是穿鑿附會笨猜謎索隱式的紅學。我認為「紅樓夢是曹雪芹自叙傳」的說法，仍然是個猜謎的方法。胡先生考證出曹雪芹的父親曹頫是曹寅的次子，「氏族通譜」上稱曹頫為員外郎。「紅樓夢」的賈政，也是次子，也是員外郎，因此推定賈政即影曹頫，賈寶玉即是曹雪芹，這依然是猜謎的方法。而且「石頭記」第三十七回有賈政任學差之說；第七十一回又有「賈政回京覆命，因是學差，故不敢先到家中」之語。員外郎的官職，遠不及學政之高貴清華，遍查清代史料，從無曹頫任學差之事。照胡先生駁斥蔡先生的考據，廕生員外郎的分量，如果相當八兩二十兩的話，那學政確要值一百兩銀子了。那又和劉老老影湯潛庵有何分別呢？胡先生又斷定賈府便是曹家，這也與「紅樓夢」內容不合。試看「紅樓夢」全書，一方面對於賈府的描寫，着意鋪排成帝王的氣派，如秦可卿的出喪（第十三回），史太君的作壽（第七十一回）這在曹家如何附會得上？另一方面「紅樓夢」的作者對於賈府的惡意仇視，時時流露於字裏行間，焦大、柳湘蓮的當面辱罵，尤三姐託夢時的從旁控訴（戚本第六十九回），在在都表現作者對賈府的痛恨。如果作者是曹雪芹，他為什麼要詆毀他列祖列宗如此不堪呢？可見「自叙傳」的說法是不能成立的。第二，胡先生認為後四十回是高鶚偽造。他考證說：「程序說先得二十餘卷，後又在鼓担上得十餘卷，此話便是作偽的鐵證，因為世間沒有這樣奇巧的事！」照胡先生的說法，世間奇巧的事，便是作偽的鐵證，這是根本不合邏輯的推論，所以我不敢承認胡先生的說法。我曾經舉出曾國藩、莫友芝翻刻胡克家本「通鑑」一樁事實。當他們開工之後，聽說胡刻版片還在鄱陽，就把它賣來，只存二百零七卷，缺了後面八十餘卷。天下事可也眞巧，他們書局刻的版片，剛剛從最末一卷倒刻上來，又剛剛刻到缺板為止，恰恰對頭，混然相接。世間居然有「世間沒有這樣奇巧的事！」胡先生為什麼硬要說「到了乾隆五十六年至五十七年之間，高鶚和程偉元串通起來，把高鶚續作的四十回同曹雪芹的原本八十回合併起來，用活字排成一本，又加上一篇序，說是幾年之中搜集起來的原書全稿」呢！（語見重印乾隆壬子本「紅樓夢」序）所以從證據和邏輯上，我認為對「高鶚偽作」的判案，是不能成立的。當年胡先生和許多學術界的朋友曾對我紛紛指摘，但是我反求諸心，我的看法並沒有絲毫的動搖。我只是心口相語，要解決此一問題，必須在八十回抄本新材料之外，再發現百二十回抄本，纔有解決的希望。此一希望，期之十年百年，能否及身見到，眞是渺茫得很！不料前幾年在在香港，竟看到一九六三年中華書局影印新發現的「乾隆抄本百廿回紅樓夢稿」。根據這一部重要的新材料，高鶚偽造後四十回這一疑案，纔算獲得明確的判決，現在大概不會有人再主張是高鶚偽造的了。第三，「紅樓夢」是什麼人作的？自從「紅樓夢」問世以來，這個問題，一直成為一個猜不透的謎。當初排版印行「紅樓夢」的高鶚、程小泉，他們在序言中提到「紅樓夢」的作者時，只說道：「『石頭記』是此書原名，作者相傳不一，究未知出自何人？惟書中記雪岑曹先生刪改數過。」以高、程與雪芹時地之近，當時對於此書的作者已經傳說紛紜，撲朔迷離，莫衷一是。最後的結論，只是說「究未知出自何人」？可見此書作者諱莫如深，纔會有此現象發生。胡適之先生發現了庚辰本脂硯齋重評「石頭記」的新材料以後，斬釘截鐵的斷定「紅樓夢」的作者是曹雪芹。我們看胡適近著第一集跋乾隆庚辰本脂硯齋重評「石頭記」抄本有下面一段話：

此本有一處註語最可証明是無疑的「紅樓夢」的作者。第五十二回末頁晴雯補裘時：「只聽自鳴鐘已敲了四下。」下有雙行小註云：「按四下乃寅正初刻。寅此樣寫法，避諱也。雪芹是曹寅的孫子，所以避諱「寅」字。此註各本皆已刪去，賴有此本獨存，使我們知道此書作者確是曹的孫子。

看了胡氏這段話，似乎「紅樓夢」作者確是曹雪芹了！但是我們看脂評本第廿六回薛蟠對寶玉說看見一張落欵「庚黃」的好畫時，却有下面的一段描繪：

寶玉聽說，心下猜疑道，古今字畫也都見過些，那裏有個庚黃！想了半天，不覺笑將起來，命人取過筆來，在手心裏寫了兩個字，又問薛蟠道：「你看真了是庚黃？」薛蟠道：「怎麽看不真！」寶玉將手一撒與他看道：「別是這兩個字罷！其實與庚黃相去不遠。」衆人都看時，原來是唐寅兩個字。都笑道：「想必是這兩字，大爺一時眼花了也未可知。」薛蟠只覺沒意思，笑道：「誰知他糖銀果銀！」

這一段話把寅字又寫又說，又是手犯，又是嘴犯，如果說避諱的寫法，作者便是曹雪芹，那不避諱的寫法，作者就斷不是曹雪芹了。由此可知近人斷定「紅樓夢」作者是曹雪芹的說法，不能算定論。現在流行的坊本「紅樓夢」，署名曹雪芹、高鶚爲作者，這是書局出版商後加的，原始的「紅樓夢」是從來沒有作者的署名的。

現在要談到我個人的觀點。我認爲「紅樓夢」作者所處的時代，是漢族受制於滿清的時代，一般經過亡國慘痛的文人，懷着反清復明的意志，在清初異族統治之下，禁網重重，文字之獄，叫人悲憤塡膺，透不過氣來。作者懷抱着無限苦心，無窮熱淚，憑空構造一部言情小說，借兒女深情，寫成一部用隱語寓亡國隱痛的隱書，保存民族興亡的史實，傳達蘊積的沉哀，想衝破查禁焚坑的網羅，告訴失去了自由的並世異時的無數同胞，指示他們趨向自救的光明大道。所以一開始便說：『此卷第一回也。作者自云：「曾歷過一番夢幻之後，故將眞事隱去而借通靈說此『石頭記』一書也。」接着又說：「其間離合悲歡，興衰際遇，俱是按跡循踪，不敢稍加穿鑿，至失其眞。只願世人當那醉餘睡醒之時，或避世消愁之際，把此一玩，不但是洗舊翻新，却亦省了些壽命筋力，不更去謀虛逐妄了。」』中國文人習慣用夢幻代表興亡，這是作者向讀者說明他是經過亡國之後，用隱語暗藏一段沉痛的眞事，所以雖將眞事隱去，但仍是「不敢稍加穿鑿，至失其眞。」在這樣艱苦環境之下，眞事尚要隱去，作者的眞姓名自然不敢暴露了，這便是「紅樓夢」不知何人所作的眞原因。由於「紅樓夢」作者處在異族嚴密監視之下，作者滿腔熱血，他既不能明說，又不甘心不說；他所說的既怕人知道，又怕人不知道。我們試將第一回文字，反覆玩味，自然會感觸到作者悽婉沉鬱的心懷，和民族興亡的血淚，流露在字裏行間！我在未了解「紅樓夢」運用隱語涵義以前，我對於「紅樓夢」的文辭意義，發現許多疑問和矛盾。等到了解隱語涵義以後，便發現「紅樓夢」的作者不可能是旗人曹雪芹。近十年來，研究「紅樓夢」的人士，拼命找尋曹雪芹的資料，截至目前，所得的資料，並不能證明曹雪芹是「紅樓夢」的作者。照胡適之先生的說法，既說「紅樓夢」是一部隱去眞事的自

紅樓夢西湖景之一　琉璃世界白雪紅梅

叙，又說賈寶玉即是曹雪芹，賈府即是曹家；那麽「紅樓夢」只能算是一部「隱去眞名的自叙」了。我的看法則是寶玉代表傳國璽，代表政權，甄賈即是眞假，政權在漢族手中則爲眞，政權在異族手中則爲假。林黛玉影射明朝，薛寶釵影射清室，林薛爭取寶玉即是明清爭取政權。林薛的得失即是明清的興亡。賈府指斥僞朝，賈政指斥僞政。所以我的結論是：「紅樓夢」確是一部運用隱語抒寫亡國隱痛的隱書，作者的意志是反清復明。

越劇「紅樓夢」徐玉蘭（寶玉）王文娟（黛玉）合演

書中對賈府隨時施以無情的攻擊，罵他爬灰養小叔，即是攻擊文太后下嫁多爾袞的醜行。我們試想，以一個倫理觀念極重的中華民族，把統治我們的清皇室禽獸穢行揭發出來，此一宣傳，將激起反清的力量該多麽大！作者又在書中反覆指點眞假，既有賈（假）寶玉，又有甄（眞）寶玉，眞假兩寶玉，面目雖是一般；不過，政權在本族手裏就是眞，政權在異族手裏便成僞。因此清朝是僞，明朝就是眞。眞的必然會復興，僞的註定要失敗。作者從寶玉口中會發出一番議論說：除明明德無書（見第十九回）。這分明是作者嚴肅的表明態度，明朝才是正統，能明瞭明朝之德，便不可出仕僞朝，因此他極力抨擊讀書上進的是國賊祿蠹（第十九、第卅六回）。否則以寶玉的爲人，他最欣賞的書應該是「西廂記」、「牡丹亭」，爲什麽最崇拜的會是「大學」？就算他最崇拜「大學」，爲什麽不說「除大學外無書」，而偏要說「除明明德無書」！這能叫人不聯想到文字獄中丁文彬所說「大明取明明德的意思」的「革命術語」嗎？

胡適之先生認爲我用隱語諧音拆字的方法去探求「紅樓夢」書中隱藏的意義，是穿鑿附會猜笨謎的方法。其實中國文字這類的隱藏藝術，源遠流長，而且深入到各階層各類型的人物；同時這種種文字上隱藏藝術，早經成爲富有民族思想的中國人用做表達意志的共同工具。尤其是在清初這一段時期，無論是文人學者，江湖豪俠，凡懷抱反抗異族的志士，都是利用「隱語式」的工具在異族控制下秘密活動，這是黑暗時代的自然趨勢。「紅樓夢」正是這黑暗時代的產品，自然會運用當時人共同使用彼此默契的革命術語，不過「紅樓夢」作者用心更深，運用得更巧妙罷了。我們翻開清初文字獄的檔案，便看出那時候的知識份子在異族統治下的憤恨情緒和反抗事實。他們組織同志和宣洩感情全是用「隱語式」的文字作工具，和「紅樓夢」作者運用的技巧如出一轍。所以我解釋「紅樓夢」爲朱樓夢，有本書眞眞國女子「昨夜朱樓夢」的詩句。和殷寶山岫亭草夢記「紅乃朱也」（見清代文字獄檔案）一類算不清的材料作證。我解釋「風月寶鑑」爲「明清寶鑑」，有呂留良「清風雖細難吹我，明月何嘗不照人」，和徐述夔「明朝期振翮，一舉去清都」（見清代文字獄檔案）詩可以作證。我解釋寶玉說「除明明德無書」暗指明朝之德，有丁文彬供詞「大明是明明德的意思」（見清代文字獄檔案）爲證。其他「猢猻」斥指胡兒，夢幻寄慨興亡，莫不有史實的印證與支持。我們探索「紅樓夢」隱語的方法，正是清初諸帝辦理文字獄的方法。我們如說清初諸帝是穿鑿附會，不獨清帝心中不服，即被殺戮的民族義士更將含恨於九泉了！

不過由於「紅樓夢」的隱語，文字獄的紀錄，推測出來的涵義都不是作者和罹難人的自白，也不能起當時人證於地下，所以除非熟悉清初情勢及中國文字技巧的人，很難取得一般人的共信。想不到我前幾年暑假旅游韓國，披閱朝鮮李朝時期的著述，居然獲得相當充份的人證物證。原來朝鮮李朝受明太祖始封，歷代蒙受明朝恩厚，故明亡百餘年，朝鮮士人的著述，還是遵奉明朝的正朔。如朝鮮正祖時的使清名臣朴趾源的「熱河日記」，其渡江錄首題：「後三庚子，我聖上四年（清乾隆四十五年）六月二十四日辛未。」前面有一段小序說：

曷爲後三庚子？計行程陰晴，將來以係月日也。曷稱後？崇禎紀元後也。曷稱三庚子？崇禎紀元後三周庚子也。曷不稱崇禎？將渡江，故諱之。曷諱之？江以外，清人也。天下皆奉清正朔，故不敢稱崇禎也。曷私稱崇禎？皇明，中華也，吾初受命之上國也。崇禎十七年，毅宗烈皇帝殉社稷，明室亡，于今百四十餘年，曷至今稱之？清人入主中國，而先王之制度變而爲胡。環東土數千里，畫江而爲國，獨守先王之制度，是明明室猶存於鴨水以東也。雖力不足以攘除戎狄，肅清中原，以光復先王之舊，然皆能尊崇禎以存中國也。崇禎百五十六年癸卯冽上外史題。

朝鮮人崇奉明朝正朔，明亡一百四十餘年，還用崇禎的年號，正與南明唐王亡後，顧亭林的文詩，仍用隆武的年號，不過不敢顯稱隆武，却用「東武」的隱語來代替，處在異族牢籠之中，也不敢說明，只好留與後人猜測。朴趾源奉使入清，到了滿清範圍之內，不敢稱崇禎，便隱稱「後三庚子」，回到朝鮮之後，便說明反清宗明之意，又公然題「崇禎百五十六年」。因爲朝鮮與滿清到底是兩個國家，所以他可以自己說明自己的隱語；顧亭林詩中的隱語，他和他同時人都沒有機會說明，這是他們比朝鮮人的遭遇更不幸，只有寄望後世人替他解說。我們試看「紅樓夢」的作者，從來不肯標出大清的年號，大清的國都，這便是不肯低頭臣服異族權力的表示。然而面對現實的問題，執筆寫作，又如何能跳出時空圈子之外呢？因此他在「石頭記」緣起中口口聲聲說無朝代年紀可考，偏又反覆申明是自己的事實。我明細看全書提到時間朝代處，從沒有大清字樣；敘述元明時代人物，竟說成「近日倪雲林、唐伯虎、祝枝山」（第二回）。我們看了書中所記，彷彿是明朝人物的口吻，令人興「不知有清」之感。這種不肯承認清朝正朔而又不能公開用明朝正朔的心情，正如同朴趾源寫渡江集時一樣。不過朴趾源返回本國之後，可以說明自己的本衷；「紅樓夢」的作者，便只有飲恨吞聲，期望並時異世的讀者了解他的苦心了！普通人往往直覺地認爲「紅樓夢」出現時期，已經到了乾隆中葉。那時候，正當清朝國勢隆盛，漢族已被統治一百多年，那裏還會有反清復明的思想。那時候的中國人處在天羅地網之中，沒有發表反清言論的自由，我們現在也不能喚起那時候的中國人於地下，來傾訴他們的心聲。我們今天眞無法得到直接的人證物證，可是，現在我們幸運的看到了與「紅樓夢」流傳出現同一時期的朝鮮人的著作，他們表露了他們的心聲，他們顯示出那時候朝鮮人和中國人都懷抱着强烈的反清復明的思想。我們試畧述幾段朝鮮人的著述作證：

我東人士初逢自燕還者，必問曰：「君行第一壯觀何物也？」上士則揪然易容而言曰：「都無可觀。」「何謂都無可觀？」曰：「皇帝也剃髮，將相大臣百官也剃髮，士庶人也剃髮，雖功德侔殷周，富強邁秦漢，自生民以來，未有剃髮之天子也。雖有陸隴其、李光地之學問，魏禧、汪琬、王士澂之文章，顧炎武、朱彝尊之博識，一剃髮，則胡虜也。胡虜則犬羊也，吾於犬羊也何觀焉！」此第一等義理也。談曰默然，四座肅穆。（朴趾源馹汛隨筆序）余問：「呂晚村文集有無？」彭搖手，言：「沒有。」又曰：「文集有板，近來皆不存矣。」余曰：「婦人衣服不變明制乎？」彭曰：「然。」（洪德保「吳彭問答」）

蘭公曰：「場戲有何好處？」余曰：「不經之戲，然竊有取焉。」蘭公曰：「取何事？」余笑而不答。蘭公曰：「復見漢官威儀。」即塗抹之，余笑而領之。又曰：「余入中國地方之大，風物之盛，事事可喜，件件稱好，獨剃頭之法，看來抑塞。吾輩居在海外小邦，坐井觀天，其事可哀，惟保存頭髮，爲大快樂事。」兩生相顧無語。蘭公曰：「江外有一友，嘗戲着優人帽帶，爲拜跪狀，一坐爲之鬨堂。」余曰：「其人之情感矣！想來令人傷心。」又曰：「十年前，關東一知縣，過東使，引入內堂，借着帽帶，與其妻相對而泣。東國至今傳而悲之。」力闇垂首黙然。蘭公嘆曰：「好個知縣！」又曰：「苟有此心，何不棄官去。」又曰：「此亦甚不易，吾輩所不能，何敢責人。」皆愀然良久。（洪德保「乾淨筆談」）

余曰：「中國之剃頭變服，淪陷之慘，甚於金元時，爲中國不勝哀涕！」兩生皆相顧無言。（「乾淨筆談」）

京劇「紅樓夢」之「俊襲人」自右至左姜妙香（寶玉）魏蓮芳、梅蘭芳（襲人）姚玉芙攝于北京中和戲院台上

蘭公曰：「清陰先生集有幾卷？（規案：朝鮮金尚憲著，當明末時。）」余曰：二十卷。清陰文章學術爲東方大儒，鼎革後，避世不仕，十年拘於瀋陽，終不屈而歸。」又曰：「清陰歸隱於嶺南鶴駕山中，與清陰同歸者亦多。又有世族四家隱於太白山中，時人號爲四皓。其一，鄙宗人也，有詩曰：『大明天地無客家，太白山中有髮僧』云。」力闇看畢，轉身而坐，再三諷誦，頗有愴感之色。（「乾淨筆談」。）

以上提到的「吳彭問答」、「乾淨筆談」、朝鮮使臣洪德保所著的「湛軒燕記」的幾篇談話紀錄。他會寫中國文，却不會說中國話，到了北京，遇到中國知識份子，用筆交談，「吳彭問答」是和翰林院檢討吳湘、潘彭冠的筆談。「乾淨筆談」是和嚴力闇、潘蘭公諸人的筆談。題然處在異族淫威之下，彼此心心相印，無論是中國人，抑或是朝鮮人，都流露出最强烈的反清復明的思想，這是最珍貴最確實的當時當地最可靠的紀錄，是最能顯現「紅樓夢」時代民族思想的新材料。我們看，朝鮮人對漢族女子，能夠保持明代衣制，感到驚喜；對漢族男子被迫剃髮，認爲是莫大的恥辱。「紅樓夢」說：「女兒是水作的骨肉，男人是泥作的骨肉。我見了女兒，我便清爽；見了男子，便濁臭逼人！」（第二回賈寶玉語）試問，保存故國衣冠，這是多麽尊貴，多麽清爽！剃去頭頂四周毛髮，拖着一條豚尾，這是多麽濁臭逼人！由此看來，「紅樓夢」特別推崇女子，正因爲女子纔是眞正的中國人；「紅樓夢」的女子至上主義，原來就是民族至上主義。這是滿清控制下的漢族人的眞正心理。那時候朝鮮人的著述，便是我們的見證。由於當時遺民對明朝悼念之深，他們眞切的情感，不知不覺的，時時流露於隱語隱事之中，如朴趾源「熱河日記」卷十的鵠汀筆談，有一段紀錄說：

亨山曰：「痴欲煎膠粘日月。」是時，日已暮，炕内沉沉，故已喚燭矣。余曰：「不須人間費膏燭，雙懸日月照乾坤。」鵠汀搖手，又墨抹「雙懸日月」，蓋日月雙書則爲明字。余曰：偶對粘膠句而「雙懸日月」，頗諱之也。

又「熱河日記」卷四關内程史云：

余居白門時，崇禎紀元後一百三十七年三周甲申也。三月十九日，乃懷宗烈皇帝殉社稷之日。鄉先生與同閈冠童數十人詣城西宋氏之僦屋，拜尤庵宋先生之遺像，出貂裘撫之，慷慨有流涕者。還至城下，扼腕西向而呼曰：「胡！」鄉先生爲旅酬，設薇蕨之菜。時禁酒，以蜜水代酒，盛畫磁盆，盆之欵識曰：「大明成化年製。」旅酬者必俯首視盆中，爲不忘春秋之義也。

由這些事實看來，那時候處在滿清控制之下的人們，不論是中國人，是朝鮮人，凡懷抱反清復明的志士，都能利用「隱語式」的工具在異族控制下秘密活動。這在黑暗時代鐵幕當中，是自然的趨勢。「紅樓夢」作者正是順應時代潮流，靈活巧妙的運用黑暗時代表達意志的工具，寫成一部代表民族呼聲的隱書。我們如果不了解「紅樓夢」黑暗時代的民族心理，那我們將無法摸索到黑暗時期偉大作品「紅樓夢」的眞意！

齊白石談紅樓夢

·張次溪·

……齊白石說：「看小說，只要懂的裏頭的意思，何必專在版本方面去鑽牛角尖。講究版本，和看字畫開口便說宋元，一樣是裝門面的話，未必眞正是行家。」……

藝術大師齊白石老先生，在他生前，嘗和我談論過曹雪芹家世和「紅樓夢」作品，他老人家認爲「曹賈合一」的說法是可以相信的。他的見解，完全是繼承過去清末人的舊說，却不是受了五四以後「新紅學」的影響。

那還是在民國二十年辛未（公元一九三一）的夏天，齊白石在北京我家張園，住了些日子。我家張園，原是前明崇禎間袁崇煥督師的故居，在左安門內新西里三號。這地方雖稍荒僻，風景却很幽秀，雖在城市，大有山林的意趣，附近有法塔寺、萬柳堂、夕照寺、臥佛寺等名勝。齊白石住在張園時候，附近的名勝，他同先君和我都曾去遊覽過。有一天傍晚，我們游了臥佛寺回來，坐在院子裏納凉，我談起早先聽沈太侔先生說過：相傳「紅樓夢」作者曹雪芹在家道中落之後，一度曾在臥佛寺裏住過。所以到了秋天，齊白石同我專誠去該寺尋訪曹雪芹遺跡，遍問廟裏廟外一帶的老住戶，都瞠目無所知，得不到任何一點可靠的資料，只得廢然而返。

此後，我們有時談起曹雪芹的家世和「紅樓夢」來了。我那時對於「紅樓夢」的看法，也有點疑心曹雪芹是在寫他的自傳，但還覺得內中很多可疑的地方。他老人家却毫無懷疑地肯定下來，並且舉出了許多他認爲可靠的傳說，和他自己的見解。

「雲山翰墨冰雪聰明」八字篆文，傳為曹雪芹所書，署名空空道人。

首先，大觀園的地址問題。齊白石認爲大觀園應該是在南京，袁子才說隨園就是大觀園遺址，是可以想信的。因爲曹家在南京，做了數十年的「織造」，有一所規模相當宏麗的園子，當然不成什麽問題，雍正五年（公元一七二七）曹雪芹的父親曹頫革了職，第二年被抄了家，所有家產，都由皇帝賞給了繼任「織造」隋赫德、曹頫在南京的園子，隋赫德改名爲隋園，袁子才買到手後，又改稱隨園，這是很清楚的沿革。曹家被抄後遷回北京，在那個「官官相護」的時代，未必就貧無立錐，說不定在北京另有一個園子，但可斷言，北京的園子，決不能比南京的園子宏麗。抄家時，曹雪芹年紀雖還很小，但總聽到老人們回憶在南京時的生活狀況，所以在寫「紅樓夢」時，就把南京的園子作爲大觀園的藍本了。

曹雪芹中年後，貧居西郊，久爲人所公認。在我家所藏「鷦鷯庵雜詩」中，有一首「贈曹雪芹」的詩中可見其梗概。詩云：「滿徑蓬蒿老不華，舉家食粥酒常賒。衡門僻巷愁今雨，廢館頹樓夢舊家。司業青錢留客醉，步兵白眼向人斜，何人肯與猪肝食，日望西山餐暮霞。」詩內說「舉家食粥酒常賒」，雪芹那時處境的艱窘，可以想見。詩內還有「滿徑蓬蒿」和「衡門僻巷」等話，也可知雪芹居處的卑陋。但他住在西郊的什麽地方呢？有人說是香山「健銳營」，有人說是藍靛廠「火器營」，至今還沒有考證出一個確實地址。齊白石當年讀了敦誠的詩，因見詩中的「衡門僻巷」，認爲雪芹那時是住在城內。我問他：「詩末的日望西山，應作何解？」他說：「天氣晴朗的時候，北京城內，在空曠地方，何嘗不能看見西山。」他的話，似乎很有理由，但敦誠這首詩，作於乾隆二十六年辛巳（公元一七六一），在雪芹死前的兩年；雪芹死於西郊是無疑的，敦誠作此詩時，雪芹不可能還住在城內了。

曹雪芹晚年的生活是很悽慘的，這是相當可靠的事實。據齊白石所知道的：落到這個地步，並不是完全出於抄家的結果。他說：「曹頫生有三個兒子，雪芹行二，有一兄一弟，長兄早亡，留下一個姪子，這就是「紅樓夢」裏賈政這一支

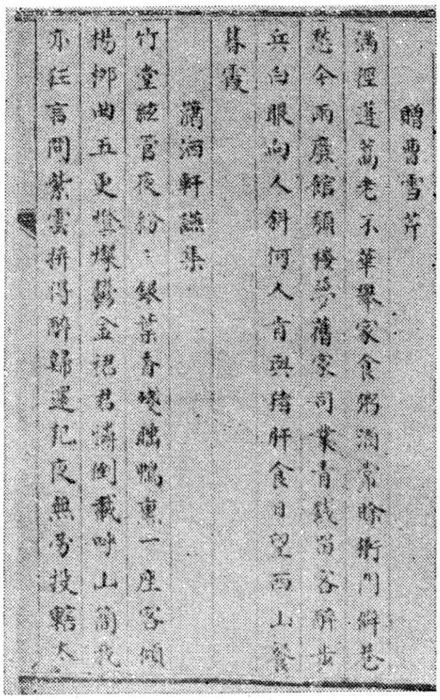

贈曹雪芹

滿徑蓬蒿老不華，舉家食粥酒常賒。衡門僻巷愁今雨，廢館頹樓夢舊家。司業青錢留客醉，步兵白眼向人斜。何人肯與豬肝食，日望西山餐暮霞。

鷦鷯軒[illegible]集

竹堂經雪夜紛紛[illegible]

敦誠贈曹雪芹詩

。抄家固然是大傷元氣，後來又經過另一場變故，多少再受了點影響，但還不致於一敗塗地。只因曹雪芹生長膏腴，不懂節儉過日子，生性又極高傲，不事生產，經不起坐吃山空，最後就一貧如洗，窮困而死。但是曹家的長房和三房，仍維持小康局面，只有雪芹這一房，算是家敗人亡的了。」他還說：「曹雪芹的兄弟，也並不像賈環這樣的蠢目豺聲，下流無恥。看了『紅樓夢』裏賈蘭和賈環的描寫，大概曹雪芹對於長房是友于無間的，而對于三房却不免有點芥蒂了。」他這段話，說是前清光緒二十九癸卯（公元一九〇三）他在西安、和樊樊山等閒聊時，聽到樊樊山那裏一位旗籍幕友所說的。

有人考證：曹雪芹的原配亡故，繼娶的是一位姓李的寡居表妹。曹雪芹的祖母姓李，這位表妹，也許是他祖母的娘家姪孫女，和史湘雲跟賈母的關係是相同的。這個傳說，原是根據「續閱微草堂筆記」所載的而來。齊白石當年也曾談起這件事，他說：「這位姓李的寡居表妹，嫁給曹雪芹後，沒有多久，雪芹死了，她又居了孀，伶仃孤苦，在人家幫傭爲生。」齊白石又說「曹雪芹早年，家裏確有像襲人這樣的丫頭，後來配給一個唱戲的，雪芹落魄後，她曾不斷的賙濟過。有人因爲這丫頭能夠念舊，造出了蔣玉函完璧歸趙，花襲人破鏡重圓的一段佳話。」他說這也是他在西安聽到旗籍朋友說的。

齊白石出身於貧家，少時寒苦，在他外祖父的蒙館裏，讀了不到一年的書，就輟學了。他自已發奮用功，砍柴牧牛的時候，不忘讀書寫字，做木匠後，一有閒暇，仍是手不釋卷。他後來繪畫刻印的藝術，在國內外享了大名，詩文也能自成家數，不同凡響，都是他一輩子勤學苦練，自已用功的結果。我國的古典小說，他老人家看過的眞不算少，有幾種著名的傑作，他還不止看過一遍。以「紅樓夢」而論，據他說，他看了已不下十幾遍。他對我說過：「『紅樓夢』眞是一部了不起的大手筆，書裏頭那麼多人，每個人的品性各不相同，而且描寫得這樣細膩深刻，愈看愈有味兒，怪不的有很多人着了迷。說句實話，我也迷過一陣子。」他又說：「我第一次看到這部書，已在三十歲左右了，那時我窮得很，哪有餘錢買閒書，是向我的朋友王仲言那裏借來看的。到三十五歲那年，我到湘潭縣城裏，給人家畫像，在一個舊貨店裏，買到一部半新不太舊的石印本。那時上海的洋版書，出版的很多，同時我還買了一部舊的『三國演義』，也是石印的。這兩部書，前面都有插圖，名目叫做繡像小說，我都照樣畫了一遍，民國六年丁巳（公元一九一七）家鄉兵亂時失去了。我問他：「曹雪芹作了八十回，書未完成就死了，後四十回是高鶚續的，你看寫的怎麼樣？」他說：「後四十回續的倒也並不壞，只是比前八十回畧嫌鬆懈點。」我還和他談論「紅樓夢」的幾個本子，請他評判優劣，他說：「看小說，只要懂的裏頭的意思，何必專在版本方面去鑽牛角尖，講究版本，和看字畫開口便說宋元，一樣是裝門面的話，未必眞正是行家。」他這話，未嘗沒有理由，但他對「紅樓夢」，總仍沿襲了清代人「曹賈合一」的傳統說法，這不能不說是他的偏見。

弔曹雪芹故居　齊白石

風枝飄葉向疎欄，夢斷紅樓月半殘，
舉火稱奇居冷巷，寺門蕭瑟短檠寒。

張次溪

都護墳園草半漫，紅樓夢斷寺門寒。
千秋絕艷冰霜筆，留與人間帶淚看。
廢剎衹餘殿角鴟，百年剝落叩殘碑，
金身冷臥詞人渺，倦鳥歸棲耐凍枝。
半生未展入時眉，隔世今償歧路悲。
地下吟魂應一笑，有人爲賦闡幽詩。
少耽詩酒花中醉，晚寄荒村一飯難，
雋語百年消歇盡，才名一日九州刋。
荒園頹壁市南街，廢址難尋玉篆牌，
往事一場金粉夢，黃泉憶否斷瑤釵。

她与他 是一對知心良伴……

精工表 帝后型 Diamatic

更是一對表中佳偶

新潮流之高貴設計 劃時代的超值產品

SEIKO

精工表服務中心

九龍尖沙咀疏利士巴利道星光行三樓西座

電話：K-六七二〇八一至五

GA 38

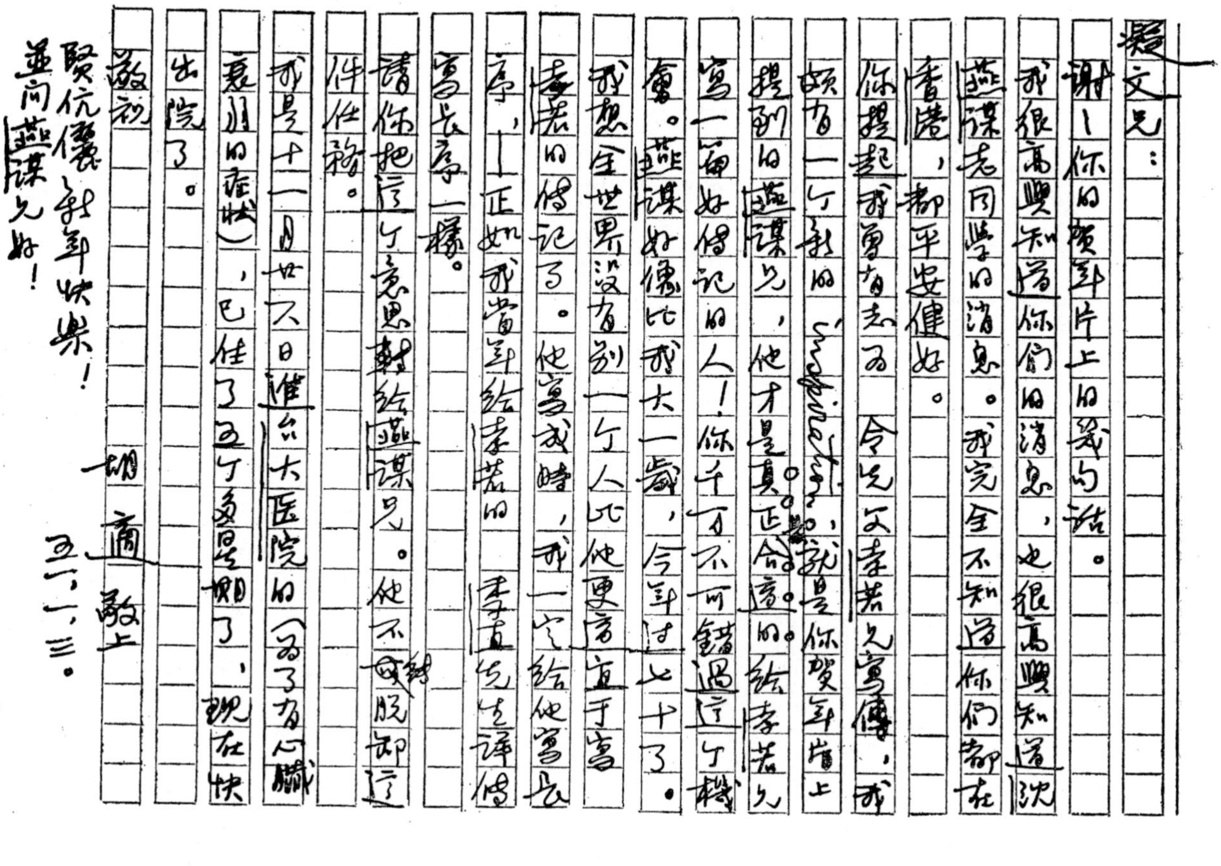
凝文兄：
謝〃你的賀年片上的幾句話。
我很高興知道你們的消息，也很高興知道沈
燕謀老同學的消息。我完全不知道你們都在
香港，都平安健好。
你提起我曾有志為 令先君季若先生寫傳，我
頗有一个新的 suggestion，就是你賀年片上
提到的燕謀兄，他才是真正合適的給季若先
寫一部好傳記的人！你千万不可錯過這个機
會。燕謀好像比我大一歲，今年也七十了。
我想全世界沒有別一个人比他更適宜于寫
季若的傳記了。他寫成時，我一定給他寫長
序，一正如我當年給季若的季直先生評傳
寫長序一樣。
請你把這个意思轉給燕謀兄。他不可脫卸這
件任務。
我是十一月廿八日進台大醫院的（為了有心臟
衰弱的症狀），已住了五个多星期了，現在快
出院了。
敬祝
賢伉儷新年快樂！
並問燕謀兄好！
胡適 敬上
五一，一，三。

胡適之致本文作者的親筆信札

本文作者張凝文先生，名融武，為南通張季直先生文孫，張孝若先生之令郎，與沈燕謀先生具有三世交誼。

沈燕謀小傳

張凝文

（華僑日報六月三十日訊）本港新亞書院校董，南通沈燕謀老先生，早年攻讀美國威斯康辛大學，畢業後，回國任安徽大學教授，旋受知於張季直先生，任爲秘書，而大生滬事務所主任，大生第一、第三兩紡織公司經理，南通紡織學院院長。與胡適之、蘇曼殊交稱莫逆，曼殊全集中有關先生記載甚多，爲滬上著名藏書家。一九四八年來港，由新亞書院聘爲校董，兼任圖書館長，平生學貫中西，書法翁同龢、張季直，爲人珍視。前晚上午三時，以心臟病逝本港，享壽八十一歲。哲嗣幼子君揚、君壽隨侍在側。愛子穀臣聞耗，由英倫搭機返港奔喪，定期在九龍殯儀館治喪。沈先生生前服務教育實業界，門生故舊，遍海內外，一朝溘逝，老成凋謝，聞者惜之。

沈燕謀兄之令祖敬夫公當年不惜出賣家鄉良田數萬頃，得欵數十萬兩，悉購先祖季直公所創立之大生紗廠股票，並任職於大生紗廠，親力親爲，可謂與吾張氏有深切淵源者。

燕謀兄之父鹿岑却是位少年公子老封君。當年先祖曾語先君孝若云：「燕謀憨直，一如其祖，希望你能得到他的幫助，而你也能如我之善待其祖然。」燕謀由美國留學回國，任職於吾蘇唐家閘小學，曾赴海門長樂鎮扶海垞謁見先祖，先祖認爲他雖游學歸來，絕無趾高氣揚之狀，待人彬彬有禮，作事認眞不苟，乃可用之才，故即聘任之爲大生三廠經理。燕謀竭盡心力於三廠事務，井井有條。

抗戰之後，陳保初推薦燕謀主持大生紗廠上海總事務所，燕謀操持一切事務，備極辛勞。大生股東大會獨對燕謀之工作效能，加以賞識，於抗戰勝利、日本投降後，經大會通過以大生紗廠名義贈予五萬元，俾其往英美遊歷，考察紡織業，更進一步。

一九四八年，燕謀長子孟平在港經營上海進出口行，營業稱盛，孟平奉父來港，俾晨夕定省。燕謀抵港未久，即創辦新亞書院，與錢賓四（穆）先生相知以心，錢任新亞書院院長，即任沈爲新亞書院圖書館館長，燕謀將其半生珍藏搜集之書籍，全部贈與新亞書院，搜更

葦窗吾兄先生左右
惠書承寄「大人」九期六種收到，弟於十三期
讀履川先生論書及海藏成就，反復再三
以長於書道者談書，自非常人可及。畏友生
上海曾得影印寐叟書札四巨冊，又得其所
作聯屏，以為絕非近代同輩所可及。惜及大
人前提到此公者，追詢及之，茲承寄示其
何可言
尊編諸冊每涉日常細事，所略知而不明其人之
究竟者，得此參考致獲益良多。承
詢新亞書庫，本以當年賓四先生創校特重
漢文，繼以研究所竊以私意建議偏重舊
書，亦幸二十年前大陸來書富而價賤，短短
之年得線裝書五六萬冊，惜主校款者某
博士並限制，原計中斷。若舉今日校藏論
價，何止高出十百倍，為德不終，稍有愧悵痛心
承 屬一節，殊不欲以半截故事上塵
清睞也。幸諒之。復請
著安　弟燕謀再拜 五月廿六日

沈燕謀先生致本刊編者函札

羅善本，不遺餘力。

燕謀兄爲人小心謹愼，語不妄發，我曾屢請之爲先君寫傳，即胡適之先生也稱之爲眞正合適的人，但他謙謙如也，始終未肯着筆，畢生唯以新亞書院爲終身事業對象。身體異常康健，對妻兒關懷體貼，家務縱煩瑣，夫婦安心料理，互相分工，相敬相親，數十年如一日。

燕謀兄之後半生，工作不停於手，讀書不離於口，獨自往來港九各地，雖覺辛勞，從無怨言。

一九七一年六月廿八日凌晨，突覺心臟疼痛，於送往醫院途中逝世，享壽八十一歲。七月一日上午十一時至下午一時於九龍殯儀館辭靈，隨即出殯，吾扶其靈不覺熱淚沾襟，其爲人軒直磊落，曾爲保留先祖手寫日記，僕僕港臺之間，卷帙浩繁，影印傳世，至今德之。當日曾懇其爲先君作傳，而今乃由我執筆爲燕謀兄傳，並輓以聯曰：

義不帝秦，高陸元龜空寄夢；
慚繩祖武，嗇園祕笈賴傳銘。

附胡適之先生致作者原函如後：

凝文兄：

謝謝你的賀年片上的幾句話。

我很高興知道你們的消息，也很高興知道沈燕謀老同學的消息。我完全不知道你們都在香港，都平安健好。

你提起我曾有志爲 令先父孝若寫傳，我頗有一個新的**Inspiration**。就是你賀年片上提到的燕謀兄，他才是眞正合適的給孝若兄寫一篇好傳記的人！你千萬不可錯過這個機會。燕謀好像比我大一歲，今年過七十了。

我想全世界沒有別一個人比他更適宜于寫孝若的傳記了。他寫成時，我一定給他寫長序——正如我當年給孝若的季直先生詳傳寫長序一樣。

請你把這個意思轉給燕謀兄。他不能脫卸這件任務。

我是十一月廿六日進台大醫院的（爲了有心臟衰弱的症狀），已住了五個多星期了，現在快出院了。

敬祝

賢伉儷新年快樂！

並問燕謀兄好！

胡適 敬上
五一，一，三。

大八小路

垃圾法庭

明年三月清潔運動開始，本港將設垃圾法庭。門口堆積垃圾最多者，罰其戶主自費旅行星加坡考察一月。

津津有味

據說，未來報紙，閱後可當食物，體育版是排骨味，娛樂版是甜食味。然則香港報紙的小說版，必多鹹濕味。

我的娛樂

對於我，每一次馬票或獎券開彩是一種娛樂。其趣味，不在中獎與否，而在查對中獎號碼時的那種奇妙心情。

夫妻恩愛

夫婦兩人合用支票簿一本，以聯合簽名方式出之。稱之爲互相信任固可，稱之爲互相不信任，亦無不可。

風雅的花名

某甲有齊人之福，但妻妾二人紅杏出牆，各有情夫一名。此君早年留學日本，乃有人爲其起一花名曰：「雙妻龜太郎」。

不設防論

由軍事觀點出發，澳門爲一不設防城市。但到澳門去的遊客，却帶着一個無法設防的銀包。

「雙層」問題

本港建築雙層道路，目前尚難辦到。至於若干家庭中的雙層舖位，也一時尚難撤銷。

物遇其主

的士司機中獎，獲得汽車一輛，有「紅粉贈佳人」，「寶劍贈烈士」之妙。筆者運氣欠佳，失落鋼筆不知其數，連原子筆也沒有檢到過一支。

紅顏之外

香烟之外，口紅亦能引致癌症。語云：「紅顏薄命」，紅唇當然也一樣可以致命。

未來港督

未來港督，有人認爲可能由華人担任。——這是指二十六年以後？還是二十六年以內？

决不寃枉

八十八歲的義大利人，做了七十一年的扒手，最近初次失手被捕。寄語法官，判以無期徒刑，亦不爲過。

敬妻舉例

美國一醫生，隱名發表妙論，認爲一夫一妻，違反自然。他之所以隱名，是爲了對太太表示尊敬。

骨之軟硬

印度高僧表演軟骨術，觀者稱絕。事實上，這個社會裏，人們的骨頭，又嫌軟的太多，硬的太少。

解釋明白

法庭上青年供稱，書店中偷竊「字典」，乃因「肚餓」。——字典上解釋得十分清楚，爲肚餓而偷竊，仍屬犯法。

幸非香港

加里福尼亞一州，每年共失竊汽車七萬五千輛。此事如果在香港發生，則香港將根本沒有汽車。

破壞之難

江湖牙醫收費，拔牙貴於鑲牙。所以離婚的開支，往往也比結婚更大。

健康稅與疾病稅

美國部份醫院，徵收健康稅。本港部份醫院，醫生收費過高，等於在徵收「疾病稅」。

鼻子的用處

跑狗跑馬勝負先後，最後决定於狗馬的鼻子。人工美容有「隆準」一項，當初實在尚未想到還有這個用處。

攝影統計

游泳池畔，舉行名媛攝影。大抵衣服穿得愈少者，愈受拍友歡迎，照片也往往拍得愈多。

·上官大夫·

泰京曼谷游

·上官大夫·

曼谷和星馬的標準時間相差半小時，我的班機下午六時由檳城起飛兩小時，到廊曼機塲時，曼谷時間才七點半，無形中賺了半小時。曼谷和香港的標準時間，相差一小時，曼谷的七點半等於香港八點半，香港實行夏令時間後，時鐘又撥快了一小時，所以在香港的十點，等於曼谷八點，從香港飛抵曼谷足足可賺兩小時。

曼谷是我舊遊之地

曼谷是我舊遊之地，一九四九年十二月至一九五〇年十一月之間我參加創辦「星暹日報」、「星泰晚報」工作，足足住了十一個月，過了三個「新年」，陽曆新年、陰曆新年和泰國新年各一。那時報社有膳宿供應，我爲了方便起見，在一面通耀華力路一面通石龍軍路的一條巷子裏另稅一屋，以爲下榻之所，自營伙食，所以對於當地的生活情形風俗習慣等等頗有所知。此次重去，歷時廿年有餘，世事滄桑，當然變化甚巨，不敢仍以識途老馬自居。

常在港泰兩地之間往還的人說，到曼谷去，必須有「適當」的「人」接機，移民和海關人員檢查護照簽証與行李時，必須熟性而能隨機應變，否則動輒得咎。最容易招致的災禍是移民人員把你的護照暫時代爲保存，叫你「明天」去移民局領回，令你一頭霧水，而不說明理由何在。於是你可能明天跑移民局，後天再跑，連日奔波於旅館與移民局之間，而使其他許多要辦的事都受到影响。結果仍是向他說好話，賠不是，於是有一個人出來調解幫忙，破費了事。

泰國旅遊業方面，有一項特殊生意，便是爲到泰國去的旅客「担保」，「担保」的任務包括接機，以及代爲向有關人員打交道，代價視當事人「身份」、勾留久暫及經濟情形而定。旅行泰國簽証居留時間，普通爲一兩個月，但可以在「曼谷」由担保人辦理延期手續，每延期一次，再付担保費一筆，有人連付五年六年，不足爲奇。

我此次赴泰，志在重蒞舊地，遊覽訪友。簽証書上所塡担保人是當地某華文報紙負責人，我在行前未有向任何人通知時日，因爲根本不欲勞動他人前來接機。通過移民局時，移民局人員問我在曼谷逗留多久？答曰：「决不超過五天。」他看我簽証居留日期爲「兩個月」，而我祗要「五天」，頗以爲奇。又問我以前曾否到過曼谷，我答二十年前在此住過一年，於是領首微笑，揮手令去。

我腦中的曼谷機塲是二十年前的一片荒涼，現在展開在面前的却是一片燈光燦爛，氣勢壯闊。步出海關檢查室，不知東南西北，唯一的打算是找一輛車，送我去Rama酒店。機塲無的士，但有專做旅客生意的大轎車，單程送市區收泰幣八十，合美金四元。時屆夜晚，空車不多，我與一對美國夫婦和一個日本遊客，同坐一車，每人收費二十四銖，機塲離市區達廿五公里，車有冷氣，穩快舒適，不可謂昂。

從機塲啓行，有一條筆直大道直通市區，一路平坦寬闊，光亮熱鬧，具有大都市的氣派。記得以前這條公路，直透荒郊，寂寞清冷，少見行人，現在一路車水馬龍，燈光照耀，與前大不相同。一九五〇年時，曼谷人口八十萬，現在已經增加到二百二十萬，一切情形自然不同。

車行雖速，廿五公里的距離，仍需一段時間，我在車中，一路仔細左右張望，心裏想能否看到一些舊時痕跡，因爲我既在這裏住過一年，不無憶念，但竟一無所見，變化之鉅，誠出意外。

車至Rama酒店，照例是辦理登記手續入室小休。吳占美兄是一個月前接到我信知我將有曼谷之行的唯一人，但不知我何時到達。一進旅館房，我便搖了一個電話去「星暹」，他不在，無從聯絡。手頭所有的另外一個電話號碼是公主酒店的鑽石酒家主人，那是晚飯時間，老板正在忙，接到我電話，便派車來接我。

到了那邊，方知公主酒店離Rama原來很近，二十年前新開幕時，我還曾去參加過它的鷄尾酒會。記得那是在四丕耶，門前有電車路，但是現在連一點影子也看不出來，直到跑進酒店大門纔略有依稀模糊的印象。那時曼谷酒店極少，我去時太平洋酒店正值新開，我就住在太平洋，該旅店現已陳舊落伍，退居三五流之間。當時兩家暹羅人辦的大酒店一家是「蘇里亞農」，一家是「那打納可辛」，都在五馬路，因離報社不遠，常去進餐。公主酒店最新也最漂亮，有後來居上之勢，今則新型旅館到處皆是，公主已退爲三流的舊式酒店了。

目前曼谷酒店，富麗堂皇者確實不少，我住的Rama酒店，屬希爾頓旗下，單人房美金十四元，小費加一，捐稅加百分之八，也算是一級酒店。曼谷酒店不下十五六家之多，但是「杜薛達尼」於半年前開幕後，又以其偉大場面壓倒一切，相形之下，若非其他各酒店因之降格而爲二級，便是這家「杜薛達尼」，應自成一格，晋爲特級。杜薛達尼位居是隆路大十字口，面對銅像及崙披尼公園，建築雄偉，氣派豪華，爲星馬一帶所未見，以香港而言，祗有半島差堪比擬，而設備新穎，亦爲半島所不及。

這次重臨曼谷，時隔多年，一種人地生疏的感覺，竟與廿年前第一次初蒞斯土時不相上下，因此使我重溫了當年舊夢。

觀光各處直至深宵

從檳城到曼谷的客機上，事實上已吃過晚飯，但鑽石主人既把我接到鑽石，自然非要請我在店裏再吃一頓晚飯以盡地主之誼不可，並且立刻接通了一個電話讓我與另一位多年好友吳君通話。這位吳君是香港老友，十幾年前去了曼谷，後來同香港時見過一次，不通音訊者甚久，但知近況頗佳。今年三月中他到過香港，打過電話到我家裏，聽說我去星馬泰旅行，以爲這樣彼此一來一往，見面機會必已失諸交臂。返泰後就詢於占美，他只知我將赴泰國而不知何日可到，那晚忽然接到鑽石酒家主人的電話，大出意外，當於半小時內趕至，暢談別後，當晚即由其權充响導，陪同觀光各處，全部節目由其一人安排，至夜半三時方行話別。這是我這次旅行中睡得最遲的一晚，而此例一開，接連幾個晚上也就無晚不遲，一若非此不足盡興者，而曼谷生活與夜市面爲星加坡所不及，也由此可以証明。

最先到的地方是紅門酒吧，我向不喝酒，不帶我去觀光夜總會而帶我到酒吧，頗覺意外，原來他的目的是要我看看一位老友張碩人的太太，她在那裏担任管帳。當年我在曼谷時，那位張先生是在教書，寫得一手好雜文，與我以文字交而常相會晤。在我最初住在報社而未租屋別居時，見我不慣報社伙食，曾不止一次和他太太把家裏所煑的紅燒鷄與紅炆蹄膀等上海家常菜送來報社，使我與同事朱先生得以大快朶頤，這是我作客曼谷期間值得憶念的事情之一。張君本人後來專攻掌紋之學，名重一時，近數年來每來到香港，必作良晤，他那位蘇州太太則自暹京別後未有再見，不料這次竟見面而不識其人，眞有點不好意思。

第二天清早六點，一張免費報紙已自酒店房門下端隙縫裏塞了進來，和其他各地一樣，那是一張英文報，星馬各地都是「海峽時報」，曼谷則爲「曼谷郵報」，這是各地觀光酒店例有的免費贈閱，其特價收費辦法，報館當局與酒店另有安排。

我一面看「曼谷郵報」，一面吩咐茶房把當地的主要華文報紙全部買來。泰國華文報紙之多，居東南亞第一位，泰國政府對報紙的控制與出版法例，嚴於香港，不像香港祗要繳保証金萬元即可出版，同時規定督印人須有泰國國籍，對總編輯之學歷資格亦有多項限制，非張三李四均可充任，同時對華文報紙的言論立場，監督之嚴，亦在泰報與英文報紙之上。曼谷主要的華文日報目前有四，資格以「星暹」爲最老，銷數亦最大，它與「星檳日報」「星洲日報」同爲星加坡星系報紙之一員，却與本港星島日晚報則已完全分家。

該報創刊於一九四九年冬，其時胡文虎、胡好父子均尚在世，星加坡的星洲日報和香港星島

泰國玉佛寺

雲石寺前的舞蹈會

日報同屬星系報業有限公司一個系統之下，星暹初創時，胡文虎邀當地客屬僑領郭實秋參加投資，由郭任社長，其後逐漸變化，郭實秋之股權由星加坡胡氏家屬購回，終且與香港之星系報紙劃分，各自爲政。

我是「星暹」舊人，因此閱報時另有一份特別感情。該報形式內容，與二十年前相比，進步甚多，但我無法了解，它的政治立場，何以與屬於同一系統的「星洲」相差如此之鉅？副刊「人間」之名，當年爲我所取，至今未改，對我不無親切之感。至於我的隨筆專欄「三寶殿」，當年係我於訪遊曼谷「三寶宮」之後見有「三寶殿」而借用作爲篇名者，返港後移刊香港「星島晚報」將近二十年，這次有機會看到星暹日報與星泰晚報，不免聯想及之，但重遊「三寶宮」之機會，則不可得矣。

在逗留曼谷的幾天時間內，爲了想多了解一些泰國各方面的情形，我不僅看遍了當地所有的中英文日報，並且着實化了些工夫，深入研究其資金來源，言論立場，與人事關係。但這些都屬於報紙專業性質，此處不贅。

當年我在曼谷時，與「星暹」分庭抗禮之華文大報有一「中原報」，停刊已久。左派報紙本有一「全民報」，也早經查封。目前左傾言論之報紙全部絕跡，唯近來反共論調，亦不若前時尖銳強硬。華文報紙售價每份泰幣一元半，折合港幣四角有零，據我所見，東南亞各地的報紙，仍以香港爲最廉。

以前，本港出版的星島日晚報，頗受當地華僑歡迎，現已禁止入口，因爲曾經有過不利泰國當局的言論。

重訪星暹不勝滄桑

由於我與「星暹」有過賓主之誼，所以此番抵谷，所以早將訪問該報以及與當年老友把晤話舊，列爲主要項目之一。報社已經遷址，據說與當年石龍軍路一七七號舊址相距非遙，我驅車到達，入門後竟不識一人。當年郭實秋先生已故，蘇濟川先生已離，楊麗生先生去了婆羅洲，而時在上午，胡夢洲與吳占美二位先生尚未到。第一個和我接談的副經理鍾星叙君，我和他尚屬初見，接着會晤了廿年前的舊同事黃生發和江屏兩君，他們兩人像在分別担任交際和總務主任之職。報館而有交際主任，大概爲曼谷所獨有，他的責任是和政府人員以及泰人社會各方面打交道，必須泰語熟諳，交遊廣濶。胡夢洲兄以前主持福州星閩日報及永安堂業務，我和他係在香港廣州永安堂相見，却未曾同事。他於我小坐不久後到來，他本是温文爾雅的一位君子，彬彬有禮，神氣風貌和從前完全一樣。

當年在曼谷時，與報社時相往還的，還有一位宗兄范敏卿先生，那時是永安堂經理，我們時常同往小酌，共打小牌，在我離開曼谷的二十年間，他是每年必寄聖誕卡與我相互問好的唯一人。去年我沒有收到他的賀年卡，我寫信告訴他將去曼谷，也沒有回音。他於卸去永安堂職務後，自營標準運動器材公司，店址在是隆路，到曼谷的第二天早晨，吳君陪我往訪，不見其人，亦不見其店，心中暗呼不妙，但仍不肯往壞處着想，問了胡夢洲兄方知他眞已故世，心中不免爲之沉重。

夢洲兄邀中午便飯，我以有約在先，只能允於飯後重來與占美兄等會晤再作小遊，下午與晚上的節目他們已胸有成竹，我則利用中午飯後的一段時間會晤了另外一位在西貢做事而家居曼谷的美國朋友。

下午三時餘重去「星暹」，占美兄一馬當先，陪同我與夢洲兄等共作採風訪俗之遊，又以尙有其他約會，節目未能直落，約於晚間八時在酒店候車來迎，同去 Honey 夜總會。

Honey Club是當地最大的中國式夜總會，占美兄是股東之一，外來友好，常於該處設宴招待。當地時髦人物，亦以此爲高級社交場所，非去不可，依我看來，頗有點像以前香港的天宮夜總會。那晚本是占美自己作東，適遇泰京印刷同業公會理事長鄧槪勝君大張盛筵，便把占美和他的朋友一起拉到了他的席面，致令占美反主爲賓，我則成了不速之客。這是一次相當熱鬧的聚會，一廳兩圍，菜色表演，均夠水準。席上遇泰國實業部葉振夫君，萍水相逢，我們以國語交談，兜了一個大圈子，才知道我們兩人都是上海人，而且是上海徐家滙的小同鄉，而今竟在南天客地的曼谷相晤，可謂有緣。

華文教育今不如昔

泰國華僑社會的華文教育，和從前比起來，亦有今不如昔之感。目前曼谷和呑里祗有華文小學四十五間，學生三萬餘人。華文中學只有四間，夜校也祗有四間，而且規定日校必須於黃昏後上課。一個讀完華文小學的學生，所得到的學識微不足道。多數馬上面臨升學無門的困難，於是不得已改進泰文學校或英語學校。有些家長，就索性讓兒女一開始就受泰文教育，這種情形以前也有，但不若近來嚴重。

留心一些觀察我發現當地華人之能講泰語者，比例遠較舊時爲多，以前所謂「華僑」對泰國語文，能聽能講者尙多，能讀能寫者甚少，現在却大爲增加。年青一代的華裔，甚至閱讀泰文報刊多於中文，而英文的流行也在日廣，與之相反的是泰國人講潮州話的却日少一日，二十年前，懂得潮州話和國語的，似可在曼谷市內通行無阻，現在却不然，因爲泰人對中國語文已不肯遷就，一樣在曼谷社會生活，無論購物、坐車，不會泰語總免不了吃虧幾分。表面上看，泰國的華僑社會仍舊相當富庶繁榮，其實中國人的日子，祗有比以前難過，受氣機會亦多。窮人是不用說了，就算是老板階級，他們在社會上差稱小康，但權勢全無，對官場和特殊階級，畏之如虎，自然而然的陷於一種「人爲刀俎，我爲魚肉」的局面，義不容辭的成爲「滴油」的最佳對象。

一方面華文教育受抑制，另一方面，泰國政府也在盡力避免採用中文，明顯地見諸事實者如街道名稱，泰文之外，路牌上間有英文，但絕無中文，無線電廣播中也一直在排斥華語節目，可是「時代曲」在曼谷仍舊相當流行，因爲對於這種軟綿綿的靡靡之音，中泰人士都一視同仁的加以熱烈歡迎。

泰國民族愛好音樂

泰國人是一個愛好音樂的民族，泰王蒲眉蓬本身爲一作曲家，且能玩奏多種樂器，皇后詩麗吉美艷和藹，彈得一手好鋼琴，且有最美麗的皇后之稱，泰王所作名曲「雨絲」流行數十年而不衰，街頭巷尾，隨時可聞。我至今也仍保存着一張當年從曼谷帶回來的「雨絲」唱片，講到國語時代曲，我又另有一番記憶。

一九四九年我初到曼谷時，電台廣播節目中，國語時代曲十分流行。有一次在繁華戲院看什麽歌舞表演，發現唱時代曲者乃爲泰國歌星，唱來字正腔圓，一如國人，而事實上他們都不識華文，不諳國語，原來他們都是從唱片中學來。但這已是多年前的舊事，近十年來，泰國爲了保護本國的唱片業，竭力提倡他們自己的現代歌曲，國語時代曲的流行，隨之大爲減低。

泰國的現代歌曲，西方色彩甚濃，背景音樂也已現代化，與原始泰歌大爲不同。目前泰國最暢銷的唱片，是那些具有狂熱和充滿快樂氣氛的曲調的現代泰國歌曲，一部份係自外國電影的樂曲中改變過來。這種狂熱的歌曲，符合了泰國社會各方面正在急速轉變中的泰人生活。但這並不是說這股新音樂的力量，已把建築在舊文化基礎上的古樂摧毀，泰國的唱片公司並非完全停止那節拍緩慢的原始泰國樂曲唱片的製作，可是數量上大爲減少。

時至今日，音樂在泰國人民生活中，佔着重要位置，無論城市鄉村，從早到晚，隨時可以聽到隨風飄來的狂熱歌聲，在這種情形之下，香港出品的國語時代曲唱片的暢銷大不如前。但因歡迎者仍有其人，公共娛樂場所，時代曲的歌聲依然可聞，不過和四十年代末期與五十年代初期相比，則已大爲式微。直到近一兩年，台灣的時代曲歌星，成羣結隊絡繹不絕的遠征香港以及南洋各地以來，國語時代曲纔好像重呈了中興氣象。

暹羅國技泰國拳擊

泰國人的民族性相當特殊，他們一方面酷嗜音樂歌唱，一方面又勇狠好鬥，關於後者可以從他們對於拳鬥的狂熱上面看得出來。觀光泰國的旅客，以參觀泰國拳擊是重要節目之一，而泰國人也相當自負的說：此乃暹羅國技。

曼谷有專爲賽拳而建之鬥拳場，每星期必有兩三次賽事上演，終年不歇。拳師以比賽爲樂事，民衆也喜歡欣賞，我在曼谷時曾看拳賽不下五六次，至今仍覺其盛況不減。

泰國拳與中國拳頗有不同，數年前有過泰國

泰王蒲眉蓬愛好音樂，本身為一作曲家

泰后詩麗吉，有最美麗的皇后之稱

拳師一批六十人到港澳表演，其毋多人曾獲泰皇頒賜勳章的名拳手，當時曾携有一份用英文寫成的泰國拳簡史，說來頗爲詳盡。泰國式拳擊，是中古時代用戈矛矢上戰塲時所發明的空手自衛與攻擊術，是軍中戰術之一，所以拳擊動作毫無限制，不獨手腳可以兼施，也可以用手肘與膝頭去攻擊敵人的要害。西曆一五六〇時，由泰王那利宣傳授後世。據說當時泰國與緬甸交戰，泰皇被擄，緬甸人因知其人擅拳術，便下令泰皇與該國之拳藝高深的武士搏鬥，並應允他如能獲勝，便恢復他的自由，放其囘國，結果是那利宣皇大勝緬甸勇士，因而獲釋囘家，其時泰國尚名暹羅。

泰王歸國後，即將拳術授諸國人，是爲「暹羅拳」的開始，以後即成爲暹羅國術，名震遐邇。但泰國拳也直到二百年前「虎皇」蒲楚蘇在位時，才眞正普及民間。那時的暹羅男人，無論老幼，都愛習拳術，賽時必有特爲比賽而奏的音樂拍和。泰國東北部民風最兇悍之處的青年，一聽到拳賽的樂聲，便不禁自動手舞足蹈地打起拳來，這個風氣養成了性愛武鬥的習慣。

現代的泰拳比賽，勝者可獲獎金，但爲數不巨，他們賽拳，並不爲錢，而是以聞喝采之聲爲榮爲樂。

泰國拳師登台比武必須以一繩子環繞頭上，然後稽首禱告，祈求勝利，此種儀式相當隆重，並用音樂員演奏出戰樂曲，鼓笛齊鳴。同時他們迷信亦甚，例如賽前忌與女性握手，擂台的繩索也不能被婦女觸及，而婦女則崇拜拳師有若英雄，這種風俗也反映了泰國自古以來重男輕女的傳統習慣。

泰拳比賽拳脚並用

參加競賽的兩個拳師，規定分穿紅或藍褲，俾便識別，下體須戴上保護器，以資保護，遇有中途脫掉，拳賽便須暫停，待競賽者步入擂台側之屛風後重新戴妥，方可繼續比賽，至於所戴手套，重量最少四安士，但最多不得超過六安士。

賽拳者的體重，也有劃一規定，計蠅量級爲一一二磅，雛量級一一八磅，羽量級一二六磅，輕量級一三五磅，沉量級一四七磅，中量級一六〇磅，重量級一七五磅以上。

泰國拳賽，可用腳踢，但規定拳師必須赤足，因爲攻擊對方時不須限於頭部和腹，差不多身體任何一部份都是攻擊對象，野蠻者甚至可以口咬人。從純正體育立場觀之，此種比賽動作野蠻，喪生失事，時有所聞，我奇怪他們全國人民，何以對之如此狂熱。

泰拳每塲比賽以五個囘合爲限，每個囘合時限爲三分鐘，每個囘合終結後可休息兩分鐘。

凡擊中，踢中，或用肘，用膝撞中對方，或以任何行動使對方能力削弱而不犯規者，均可得分。每個囘合中，任何一方獲得五分者，即作戰勝，統計五個囘合得分最高者爲勝方。

倘當某一拳賽者退敗，跪倒或挺立而不能繼續拳賽時，由公証人數至第十聲即作敗論。凡被擊出擂台之外者，由公証人數至第十聲而未能及時返囘台上者，亦作失敗論。

每塲拳賽，須由一名公証人與數名裁判員主持，公證人在擂台之上，裁判員在擂台之下，公證人具最高權威，作出決定後不能更改。

曼谷物價高過各地

泰國通貨，英文稱 Tickle，華語稱「銖」，（報紙往往排爲「鉄」字），泰語讀 Baht，其價值爲一元美金的二十分之一，星加坡幣的六分之一，港幣的三分之一。照理曼谷物價，應該比星加坡和香港都便宜，事實上却大爲不然。泰國內地物價生活，至今爲止確仍廉宜，但近年以來農村中人湧入都市謀生者日衆，乃使都市生活費用，步步上漲。至於遊客消費和洋貨之價格高昂，則更跡近奢侈。據我看來，曼谷一切旅客消費約較港星兩地高出百分之二十，舶來品價格則較港星兩地約高百分之五十。

我在曼谷，酒家與夜總會消費均由他人埋單，所費若干，未便詳問，僅臨走前一天的皇冠酒樓的一頓中午茶由我作東。在座十人，叫了四碟冷盆鹵味，其餘都是粉飯麵點，帳來泰幣四百元正，付以廿元美鈔一紙，另予泰幣四十元爲小賬，合共港幣一百五十元，如在香港該數大致不會超過港幣百元，也就是說約莫貴了百分之五十。不過皇冠的中午茶市，有歌星多人，輪流點唱中西名曲，因此多少也有了點夜總會味道，取費畧高，不足怪也。

曼谷各式酒樓餐室，多至不能勝數，其中有

一美麗園 Merry Land 餐廳，不能不特別一提。美麗園地近崙披尼公園，小小一座獨立花園洋房，由印人司閽，客廳佈置，頗有家庭風味，專售京滬名菜。菜色不多，但風格與普通酒樓不同，北京填鴨尤爲著名，由女主人親自下厨庖製奉客。顧客頗多泰國軍政要人，曾兩次蒙召入宮，爲泰皇與后烤鴨，英國查爾士王子上次抵泰，慕名而往，貴賓留名冊上，有其親筆簽名及讚詞。我應邀留言，不敢落筆，結果寫了"Nice to Remember"一語。

填鴨本身雖非眞的來自北京，但烘烤及刀批工夫，確甚到家，售價泰幣一百二十元，和香港的樂宮樓、豪華樓不相上下，倒是貨眞價實，十分道地。

美麗園的營業時間，亦頗特殊，它只設午市和晚市，沒有早市，也沒有下午點心市和宵夜市，下午三時至七時休息，十時以後亦休息，禮拜天則全日休息。即使平日，去前最好也先以電話定座。

當年我在曼谷，當地主要市區交通工具爲巴士電車，而以三輪車最爲方便。的士雖然也有，但爲數極少，須往的士站召喚。最妙的是電車，車身狹小，形同玩具，沿途多爲單軌，行駛極慢，等待交車時間甚多，司機售票，常趁此機會或去小便或飲咖啡。軌道不設於道路中央而設於行人道之旁，任何一輛三輪車可以爲了搭客上落而停在電車軌道上面數分鐘之久，把電車去路阻塞，不以爲忤。電車車廂亦有頭等二等之分，但設備完全相同，只是用兩塊寫有「頭等」、「二等」字樣的木板來劃分，頭等在前，二等在後，到了終站，機車不必掉頭，而「頭等」與「二等」，也祇要把木板前後對掉一下就可以重新劃分，其妙無比。

現在曼谷電車經全部廢除，三輪車亦告淘汰，的士數量大增。巴士路線號碼達百餘條，令外來生客，無所適從。我每經一地，至少必搭公共汽車一次，藉以明瞭當地巴士情況，這次我也從 Rama 酒店門口的巴士站搭到崙披尼公園，票價五角，如坐的士，則需十元。

留下兩個不良印象

我對於曼谷絕無偏見，且常以「舊遊之地」目之，但第一晚它就給了我兩個不良印象。其一得自酒店，Rama 爲第一流酒店，但其熱水喉所開出來的水從來不熱，此種情形爲以前在星加坡、吉隆坡、檳城各地所住任何酒店所絕無；其二得自的士——曼谷的士亦係計程收費，但搭客上車司機即以布袋將整個咪錶套沒，使其不爲搭客所見，而收費若干則由司機自行決定，或者於上車時先行議價講妥。這種情形下，絕無疑問的是吃虧的必然是搭客，尤以華僑及不通泰語爲然，而警方或交通當局，對此都採取放任態度。

崙披尼公園是我這次舊地重遊所看到還遺留着舊時形象的兩處地方之一，另一處是新高亭戲院，印象較深的是崙披尼公園，尤以園中的露天餐廳爲然。我喜歡在那露天的晴空之下，美麗的燈光掩映與露天樂隊的伴奏之中吃晚餐，進冷飲，隨之以消磨大半個黃昏，而後於南國的無邊夜色中坐三輪車歸去，如今想來，也祇賸下一絲淡淡的記憶，恍惚若夢。

此次重遊崙披尼公園，時在白晝，隻身獨行，心情完全不同，我只是像途經該處的一個雲遊野僧，加快腳步，匆匆而過，沒有稍爲躑躅，半分留戀，以十分鐘時間，走出了這個舊日夢境。可惜的是也曾在此拍了幾張照片，返港冲洗，却發現就是曼谷這一捲膠片全部漏光，一無所見。

泰國百姓壓倒華僑

泰國人口三千餘萬，中國人約佔十分之一，而曼谷人口二百二十萬，中國人約佔三分之一，但二十年前曼谷人口八十萬時，中國人約佔半數，比率較今爲高。

二十年前住在泰國的中國人，均稱「華僑」，其中一部份已爲華裔泰人，但他們對於這一點向來不加深究。

第二次大戰結束後，中國列爲五强之一，國際地位隨之提高，與美蘇英法一字並肩。住在泰國的中國人，爲了重視及爭取中國人的身份常充份表示其爲「華僑」。事實上也的確有過一個時期，泰國華僑特別受到尊重，但爲時未久，祖國情勢大變，政府威信低落，「華僑」兩字不再吃香，甚至於有一部份人，自願放棄其爲中國人之權利而自願爲泰國人，這種情形二十年來未有大變。事實上，中泰血統混合，由來已久，非僅辨別不易，實亦無此必要，而「泰人」與「華人」，其重要處也只在法律方面而已。

以目前情形而言，不問血統如何，做「泰人」在許多地方要比做「華僑」方便甚多，特別是在居住、置業、經商等日常生活方面。所以以前許多人必須聲明其爲華僑而不肯自稱「泰人」，而現在則恰巧相反，許多人寧可自承爲「泰人」而不作「華僑」。有些人，因身爲「華僑」而欲取得泰人權益，爲此而所化的金錢與所遭受其他的損失不知多少。

使今日泰國尙能維持其現有局面的，原因也有好幾個：其一，美國尙未決定全部退出東南亞，寮國與高棉兩國政府續在苦撑之中，減少了共黨對泰國的直接壓力；泰國現有的兵力，足以應付國內動亂，近萬美國空軍的駐守，對泰國士氣有相當的鼓勵作用；其二，泰國是一個佛教國家，人民思想與共產主義格格不入；其三，泰國華僑華裔共約三百五十萬人，與九倍於此數的泰國人相處尙佳，他們在社會經濟方面担任着相當重重要的角色，參加居住國的各種建設，並能與泰族人士和睦相處。他們久居斯土，對於地方上的事情，出錢出力，無分彼此，就把它當作自己祖國一樣，所以大部份泰人與華人都有好感，進而結爲使內部安定的一種力量。

PEACOCK

再記幾次香港詩酒之會

易君左

花影紅入鞦韆

從九龍出發還飄着一陣雨，輕車疾馳將近沙田，淡白色的層雲裏已露出幾線嫩翠的天容，那是雨過天青的徵兆，一帶葱秀而微潤的山麓正向遊客含笑而招手。

車子靜靜的停在公路旁邊，我們跨過鐵路，慢慢的走進西林寺。

這一座廟宇建在山麓，利用山嶺的形勢迂迴曲折而層叠，樹林的綠陰像山外大海一般的碧沉沉。我們來這裏雖已深秋，但這裏不會有秋天，一株桃花隱約在山坳中忽然怒放，山上草坪裏盪漾着一架鞦韆，亞熱帶的林木花草爭妍鬥媚般滋長而繁茂，整個樓臺殿閣籠罩着一片青光，點綴在白雲間的水榭小亭，顯出她們婀娜的身段，給遊客們以輕盈嫵媚的靈感。

招飲的主人名小說家傑克（黃天石）夫婦和西林寺的方丈浣青禪師，笑嘻嘻的出來迎接我們了。明窗淨几，碧海青山，這位老和尚泡了一壺碧蘿春的名茶，端着小酒杯敬客，意態殷勤。傑克先生用他的獨霸天南的寫小說的手法，處理這半日遊程，輕鬆而有趣，讓朋友們盡量閑散，盡情歡樂。他用詩人的綵筆，畫家的畫板，歌者的珠喉，大自然的恩愛，人間的友情，和禪門的哲理，交織而成這一張美麗的秋遊節目表。

傑克同老和尚引導我們登山眺望，一層一層轉折，老僧的笑靨，遊子的情絲，把桃花羞答的不敢抬頭，只暗中窺我們一眼。由于主人的精誠，使秋行春令，小鳥恢復了歌唱，大佛飛舞着長眉。當名攝影家高嶺梅先生從一處普洱樹下斜攝遊人合影時，最饒風趣的林靄民先生要傑克先生端坐在那塊鋪滿翠苔的大石上，左邊坐一賢淑的夫人，右邊坐一蒼老的和尚，笑着說：「這就叫做色即是空。」擅寫小說的歐陽天（鄺蔭泉）先生深思默默，閒睇悠悠，似乎在發掘這崇山峻嶺茂林修竹古寺疎鐘白雲碧氣的遙天岑寂裏，有沒有像他筆底委宛精微所描寫的人世間的悲歡離合俯仰浮沉？人同此心，心同此境，境同此景；景與境合，境與心合，心與景合。這樣，轉出了一重山，一重海，一重天，一重雲。這樣，更轉出了一重心，一重魂，一重影，一重夢。

傑克先生和浣青和尚是二十餘年方外之交，一席佳肴，三分葷，七分素，美酒芬芳，園蔬鮮嫩，而尤難得的是自由自在無拘無束放浪形骸，寄情山水，偸半日閒，聚千秋樂。有婦人焉，九人而已。微斯人也，其誰與歸？於是談笑之間，有說：亦空亦色，有說：亦仙亦佛，有說：亦葷亦素，有說：亦俗亦雅。進一意境，則是：即空即色，即仙即佛，即葷即素，即俗即雅。再進一意境，則是：無人無我，非眞非幻，如烟如霧，疑雨疑雲。

小樓一角，我幽幽的和鄭水心先生聯吟，我們在遊樂中，忘情不了人世的悽寒和乾坤的板蕩，我們也無從抑制自己荒漠的心情和清癯的形影。酒闌燈灺，詩已聯成。金典戎、賈訥夫兩先生的高歌「捉放」，猶縈耳際。溫文爾雅的唐碧川先生向老和尚合十辭別的情懷，表現了我們這一隊偸閑的遊人是怎樣依戀靜寂的郊原和清涼的秋夜。

屐痕嵌綠，帽影鑲紅，更深深的謝了主人的高誼隆情，詩心畫意。

西林雅集，自左至右，浣青、傑克伉儷、鄺蔭泉、賈訥夫、鄭水心、易君左。

輕車駛向九龍，已是萬家燈火。在海影蒼茫山影蒼茫和霧影微茫燈影微茫裏，我想起了與水心聯句的那首詩，詩題是：辛卯深秋，黃天石伉儷邀飲沙田西林寺，四山葱翠，而桃花忽開，羣以戲鞦韆爲樂，入暮始返九龍。同遊者：林靄民、賈訥夫、高嶺梅、金典戎、唐碧川、鄺蔭泉、鄭水心、諸友，余與水心聯句：濕雲飛盡見沙田（鄭），海色山容分外妍。古寺碧陰搖殿閣（易），桃花紅影入鞦韆。是眞是幻秋如夢（鄭），爲佛爲儒客欲仙。一嘯諸天香四散（易），禪房今夕不知年（鄭）。

這次清遊，是以香港星島日報同人爲主體。林靄民當時任星島日報社長，賈訥夫任星系報業公司秘書兼星島日報主筆，唐碧川任星島晚報總編輯，鄺蔭泉任星島晚報副刊主編，黃天石則經常在星晚寫小說，其中金典戎爲名軍事評論家，也常在星島日報寫稿。我在當時已是星島日報兩個副刊的主編。只有鄭水心和高嶺梅兩位是特約的遊侶，以詩人及攝影家出現。

春寒更帶酒寒

是一個初春的清晨，昨宵的宿雨尚濕遍原野，天雲黯淡得像凍墨，凄冷的風從高山後面襲來，我纔領悟到「料峭春寒」這一句辭藻。也許這是香港一年中最冷的一天，然而也是最難得的一天。有幾位常常帶着畫意詩情的好朋友，便決定踐約去沙田探梅，而邀我同去了。

梅花，是我們中國的國花。在這冷寂的海角天涯，難得還有幾株寒梅的開放；尤其在這温暖的南國，只有相思的紅豆，火熱的木棉，很不容易尋到那斷橋頭、淺水邊、有一枝兩枝梅蕚。若在江南，正是賞梅的季節了。我曾遊遍鄧尉、孤山、超山、梅園，那些梅花的勝境，那不僅是欣賞國花，而且是頂戴我們的國魂。菊花只可傲霜，而梅花却可孕雪，可惜天南無雪，玉鱗銀甲的飛舞，綠螘紅爐的風味，難以復求，幸喜沙田晦思園的寒梅已放消息，傳到我們這海天一角，天香縹緲，未入名園，早已沁入心脾了。

同行中一批僱了一輛「的士」，從九龍加連威老道出發。這次是我來香港後作第一次的郊遊。郊區的景色也看得出是一些冬景，木葉稀，草色黃，任你碧綠的海水，翠黛修蛾的遊姬，也不能掩蓋過冬末春初的蕭瑟，然而樹杪草根已萌芽了春情，看不見鴉，却有黃雀白鷗自在飛躍。車行不到半小時便抵沙田。這是一個富有新興氣象的小鎮，隔着鐵路不遠，一座別墅般的重疊樓臺，那就是西林禪寺了。

入西林寺，却未遇着一個和尚，只一老媼出迎。重堂複奧，佈置整潔，古香古色的中國字畫遍懸，電燈電扇沙發的廳堂裏，眞不知人間是何世紀？另一批朋友坐自備小轎車到了，在西林寺會合，品茗清談移時，然後同登晦思園。

晦思園地址高懸一峯之上，拾級而登，雖相當高而且陡，但並不費力。爬過峨眉山和華山的我，特別感着非常輕鬆。入園一望，梅花已半殘了，落英滿地，如鋪白雪，然而冷香猶充滿人間。晦思園的主人月溪老和尚已下山，由一位李君殷勤招待，出示詩篇，指點風水，而我却不關心這些，只幽幽的撫着梅枝，靜觀山海，頓覺俗慮全消，萬緣清靜。也許在這片刻間，是我到香港以來第一次的安寧。

看了梅花後，轉過屋角，爬上山巔，欣賞那一條飛瀑。泉共三疊，有些像廬山的三疊泉，具體而微，夭矯清癯的姿態又有點像黃山的人字瀑。同行中的浙江朋友看了就想起雁宕的龍湫，四川朋友看了就想起巴縣的飛雪巖。聽說新界其他地方許多名瀑，不知比晦思園這條飛泉如何？

梅花代表香，瀑布象徵力。這世界太惡濁，太癱瘓。看了梅花和飛泉，便覺大自然仍擁有它的光輝，而我們這個殘破的人間竟一天一天黯淡。我們一行無言的下山，別了寒梅，明春再見。

到山下一家菜館午餐。酒意甫微醺，詩情即煥發，於是發起聯吟，合成五言排律一首。「茶味兼詩味，春寒帶酒寒」，大家都覺得沙田之遊，縱梅花飄零也值得留戀，何況探梅一定要衝寒？而「因風忽抱凌虛想，墮地猶存絕代姿」，縱使梅花落盡，也是一片超卓的氣象，何況還留了一半兒給我們欣賞呢？

我們的「沙田探梅聯句」是：昨夜雨瀟瀟（雪松），詩心怒似潮（君左）。曉來同蠟屐（桐庵），林際直干霄（瘦鶴）。野寺雲初散（水心），沙田草未凋（君左）。一堤金鎖合（水心），滿地玉鱗飄（雪松）。鶴守香猶在（瘦鶴），仙癯影欲消（樹聲）。巖泉飛瀑布（瘦鶴），溪石架危橋（雪松）。獅象相呼近（水心），龜蛇入望遙（桐庵）。海天供嘯傲（瘦鶴），水竹競招邀（思寧）。莫道春寒重（君左），還欣酒興饒（水心）。孤山花正發（君左），何日共歸橈（雪松）？

詩中的雪松即熊式輝（天翼）先生，瘦鶴即張維翰（蒓漚）先生，思寧即阮毅成先生，現在都在臺灣。

我的「沙田探梅」一首七律也不妨記在這裏，我在香港常常應朋友之請寫這首詩：海靜沙明抱小巒，詩清人瘦帶春寒。孤僧已別斜陽寺，野艇猶留宿雨竿。樹正臨風飛彩幔，花如飄雪墊蒲團。當年鄧尉遊千遍，零落今朝半日歡。

游沙田入差館

和暖的春光中，偶然邀幾位朋友到郊外清遊，多吸收點陽光和新鮮的空氣，看看海水和雲影，還有那淡淡的山色，應該是良辰美景中的賞心樂事了。

在九龍近郊，沙田幾乎是我們常遊的地方。那一次是沙田桃苑酒家的主人請客，同去的是梁寒操先生和他的夫人黎劍虹女士，陳方（芷町）先生，林靄民先生，賈訥夫先生，金重聲先生，爲着梁太太同行，內子熊芳也奉陪了。

當我們的汽車駛近沙田市上時，發現與以前的情形不大一樣，馬路上只留着一個出入口，有幾個警察在那裏執行檢查的任務；輪到我們的車，警察把車後廂打開一看，空無一物，一揚手，車過去了。

那時還不過下午五點鐘，我們覺得時間還早，便去遊附近一座尼姑庵。我坐着訥夫自己開的那輛車，訥夫一時迷路，停車問問警察，那知不問則已，一問就問出麻煩來了。那警察要查看派司，偏偏訥夫忘記帶出來。不由分說，上來了一個警察像押解般的指揮我們的車一直爬到上山坡的差館（警察局）。我看這差館居高臨下，沙田全景在望，風水也好。一座嶄新的大厦雜植各種花木，我簡直疑心是一座富翁别墅。我看見大門外站着幾個婦女在哭哭啼啼，其情形之嚴重，當然比我們的車未帶執照厲害得多。訥夫隨警察入差館後，大概被查問了一下，也就出來了，仍然駕車駛下坡來，會合我們的另一輛車，開到一處曠野，下車步行，經過有名的香火勝地的車公廟，轉入一座尼庵。同行諸友中有問起剛才上差館的情形，說：「好！君左又有詩了，題目是：遊沙田入差館有感。」

到達尼庵要經過一座相當長而瘦的懸橋。這尼姑庵有兩特色：第一是打掃得乾淨，第二是花木繁茂。客堂中懸有胡文虎胡文豹兩先生的照片，聽說兩胡先生也信佛教，多所施捨，那座長橋便是胡文虎捐建的。

黃昏踱過清郊，回到桃苑菜館。在梁寒操、林靄民兩先生即席揮毫後，便開始歡宴。參加歡宴的還有陳幹卿、周本敬、梁佛一、幾位高中詩鐘前茅的詩人。

桃苑拿出了拿手名菜，菜單是：鹽焗鷄、生魚卷、脆皮鷄、野鷄卷、鱸魚窩、釀豆腐、清蒸龍蝦、紅燒水魚、燉乳鴿、油泡帶子、八珍扒鷄、蠔油菜心。飲酒三巡，金重聲先生還表演了一套小戲法，博得過路的人都鼓掌起來。這人生，應該是像菜那般美，酒那般香，也應該看穿一點像魔術般那麽幻。

我畢竟因爲入差館掃了一點興再做不出詩來，只幽幽的站在一旁欣賞兩位大畫家的揮毫。梁先生寫贈桃苑的是特挑了七四老人賀方仁先生的那一聯：「桃熟菜香郊外酒，苑幽館潔嶺東肴」。林先生則選書第五名健廬即陳幹卿先生的一聯：「桃宴杯浮春色綠，苑遊燈映夜光紅。」我想：大家在休假日，到沙田去遊遊，順便吃點小東西，倒很舒服的。當心的是：有車的别忘記帶派司，無車的别忘記帶身份證。大概我若下次再遊沙田，只要不再進差館，詩興當如泉湧了。

原來這次宴會是别開生面的，我所主編的星島日報海天一角副刊與沙田桃苑菜館主人楊少英先生合作，出一個詩鐘題目爲「桃苑」二字一唱，請梁先生、林社長、賈主筆爲評判員，並約前六名參加桃苑特備的一座酒席，其餘另有獎品。這一來，文人們打打小牙祭而且受到尊敬，菜館本身也是一宗最有效的宣傳，比在報上登廣告還要好。

不久，我又和朱省齋、魏希文、鄧中龍諸友到桃苑吃了一次，賦詩以贈：天涯海角亂離年，訪勝探幽意悄然。僧忽化爲雲影去，客全忘却俗緣牽。遠山淡墨襄陽畫，流水香花太白篇。桃苑酒家風味美，郊遊最好是沙田。

我寫這首詩贈桃苑後，桃苑的生意興隆起來了。郊遊進餐的人，先看懸在壁上的我這首詩，然後點菜。一如往年我題贈常熟虞山的王四酒家。王四酒家在虞山山麓，鄰近唐詩人常建所詠名詩之破山寺。我的詩是：名山最愛是才人，心未能空尙有亭，王四酒家風味好：黃鷄白酒嫩菠青。以後遊虞山的，專選王四酒家切油鷄，炒菠菜下酒。

沙田遊客一年比一年多，這固然是都市的人們已發掘出來這塊清幽瑰麗的樂土，也可以看出時代動盪和人心煩悶的反映，一年比一年更尖銳化了。人生越是煩囂，越愛清靜；越是苦悶，越追歡樂，越是迫于現實，越願馳于幻想。有錢的花幾個錢遊遊山水，覺得總比嫖賭清高；無錢的積幾個錢打打牙祭，覺得總比穿衣實在。於是乎沙田這個地方是最合乎一般人的需要了。

融融舊雨新雨

民國四十三年（甲午·一九五四年）七月十八日，香港名醫兼詩人周懷璋先生約我們去遊清漪島，俗呼青衣島，在島上周醫生的蝶廬别墅裏舉行了一次詩酒盛會。

清漪島這個名字已夠美麗了，距荃灣很近，很多人到那裏去遊水；而它之所以出名，却是由於香港的「天體會」常在那裏舉行。所謂天體會，就是裸體運動。據說世界各國都有這種運動。香港的裸體運動則常以清漪島上一處叫做鑊底灣的無人海灣爲場所，男男女女一絲不掛的舉行日光浴，原來是在沙田大圍村的香粉寮，由於遊人多，不大方便，才改到清漪島，香港政府從來不加以取締。

那天去遊之前，正值熊天翼先生從曼谷飛來香港轉赴台北。我清晨從九龍渡海到北角，同鄭水心、南宮搏，到中安台訪熊先生。我說：「今天上午我們就要到清漪島去了。」熊先生笑一笑，問：「是不是參加天體運動？」可見清漪島這名兒是多少帶着幾分神秘的色彩。

我們坐着周醫生預備的專輪，由電器道那座零亂的碼頭出海。同遊的詩人畫家們很多，除水心和南宮搏外，尙有李景康及夫人、陳孝威及夫人、熊潤桐、曾希頴、梁藥山、嚴既澄、陳荆鴻、杜衡、曾履川、劉太希、許菊初、鮑少遊、趙尊嶽、容宜燕、盛獻三、張紉詩、張谷雛、王秀友等諸位，擠滿了一船。

我以爲清漪島是一個小島呢，原來是一個大島，比長洲還要大兩倍，最高處有一千零八十五英尺。全島以接近荃灣那個東北角爲最繁盛，有船廠、灰窰、小市集、别墅，其餘就是鄉村景色，有稻田、菓園、菜畦等。周醫生那座紅牆别墅，掩映青峯綠蔭之間，遠望如仙山樓閣，縹緲清幽，還沒有上去已令人嚮往了。

由山前盤級登蝶廬，最值得留戀的一處是一棵大榕樹下面。古木濃陰，涼風拂拂，坐在樹下，靜靜的對着幾重山，幾重海，幾重雲影，幾片風帆，早已忘却了炎威火炙的溽暑，身心一片清涼，也早已忘却了爭奪紛擾的世局，魂靈澈底靜寂。蒼松翠竹，環抱多情；小蝶幽花，偎依有致。我寫了一首詞，調寄踏莎行，叠水心原韻：傍紫薇花，撫蒼松樹，高臺仙蝶飛來去；輕帆一片幾重山？白雲碧海深深處。　幽似重簾，靜如三鼓，天南沸熱全無苦；清漪島上盡詩人，融融舊雨兼新雨。

我們又作了詩鐘：蝶廬，鶴頂格。我記得的幾聯是：蝶迷莊叟知身幻，廬結陶公避世喧。蝶衣晒日雙飛慣，廬舍迷雲獨望遙。（鳳坡）蝶夢漆園參哲理，廬名人境寫新詩。（水心）蝶繭布貽陳獨漉，廬山謠詠李青蓮。（荆鴻）蝶爲黃花霜裏活，廬環綠水月中開。（紉詩）蝶是仙踪芳草碧，廬爲小築遠峯青。蝶僅一飛春未老，廬經三顧鼎終分。（君左）不是自己說自己，最後我的一聯實在其他諸聯之上。

最親愛的七索

我住九龍城時期（民四十），大約有一年多，常到香港中安台熊雪松（式輝）先生的寓所作詩鐘的雅集，幾乎每週一次。熊先生和夫人備美酒嘉肴，欵待殷勤。我們也沒有什麽「社」的組織，不像往年故都的寒山詩社，而是純粹集約幾位好朋友談談天，敲敲詩鐘，做做詩，消遣而已。後來我們還集印成了「海角鐘聲」第一二集小冊子，由鄭水心先生編成，卷頭有小言：「海角棲遲，又淹日月，心波自蕩，時有清音，固不知其非笑之爲非笑也。然而山經入詠，猶紀義熙之年；天樂重聞，空憶貞元之士：則其含綿邈而吐滂沛，豈得已哉！豈得已哉！辛卯仲冬，鄭水心編後識。」內容除詩鐘外，尚有詩及竹枝詞。

我現在把我當時在中安台所做的詩鐘，擇要寫出一部份。詩鐘雖是我國詩人的一種文字遊戲，却很富有文學上的技巧。

當時我做的詩鐘舉例如次：拈向、燕頷格，即分嵌第二字：花拈一笑融空色，路向三叉辨正歧。偶拈險韻思奇句，閒向清溪覓晚晴。幽別、蜂腰格，即分嵌第四字：花因人別香彌遠，鳥以林幽語更清。南夜、鶴膝格，即分嵌第五字：蓬萊宮闕南山對，織女機絲夜月虛。（按此聯爲顚倒杜詩秋興原句，出自我的別裁，我自己也覺得最自然可喜。）重九、雲泥格，即分嵌上下字：奔秦重耳存三晋，懷楚靈均賦九歌。阮熊、蟬聯格，即上句嵌第七字與下句嵌第一字：清談誤晋哀諸阮，熊夢興周美一姜。張李陳、碎錦格，即將此三字任嵌入兩句中：上表陳情嘉李密，捧圖獻地恥張松。一枝梅，鼎峙格，即將此三字分嵌兩句中成鼎峙形：梅花幾樹斜橋一，竹葉千枝小屋雙。恢復中原、西施，分詠格：志士渡江興晋室，佳人傾國詔吳宮。一旅猶能興大夏，五湖祗合伴陶朱。僧、妓，分詠格：坐關面壁如枯木，墮溷飄茵似落花。任敎攀折臺前柳，且自推敲月下門。花瓶、曾國藩，分詠格：幾朶揷來添畫意，一生註定寫家書。烟碟，中醫、分詠格：蔕盡空留灰一寸，神專恰扣脈三分。王嬙、北平，分詠格：樓閣清光三海冠，琵琶冷怨一心知。虎、岳飛，分詠格：畫爾不成翻類犬，字之曰舉並稱鵬。千秋俎豆同關羽，畢世仇讎是武松。蘇軾、琴，分詠格：清音易逗人新寡，濁酒能謀婦久藏。茶、周瑜，分詠格：問誰妙計安天下，錫爾嘉名曰雨前。勁敵一生操與亮，閒情三友酒和烟。項羽、合詠格，即兩句同詠一人或一事：關中霸業餘心影，垓下悲歌剩尾聲。龍舟、麥克阿瑟，分詠格：江流金鼓端陽節，島國旌旗太上皇。

民國四十一年八月，我由衙前圍道移家侯王道，仍然在九龍城。搬入侯王道以後，和梁均默先生往來的時機就多了。這時，熊天翼先生已經舉家入臺，贈與我幾件大木器如衣櫃之類，徒使我見景傷情。熊先生離港後，我們的詩酒雅集就移到九龍天文台道一座高樓的頂樓梁先生的寓所了。梁先生好客，愛朋友和熊先生一樣，因此我們常常在他家裏集會，吟詩最多，也打詩鐘，而且有時打打小牌玩。打牌的時候，規定五個人，一個人做夢，即在做夢時吟詩，「竹林四賢」則專心打牌，輪到做夢時再做詩，五圈完畢而五個人的詩也完成了，正所謂雅中帶俗，俗不傷雅。當時大家戲取一名稱，叫做「夢中吟」。不打牌的則儘可大做其詩。朋友們的情感非常融洽，放浪形迹，毫無拘束。有抽英國烟的，也有抽美國烟的；有打老張牌的，也有打新張牌的：所以我們當時笑着說：「烟分英美帝，牌打老新張。」每次集會，都在下午，晚餐相當豐富，採用聚餐方式。詩交卷於飯前，牌續打於飯後。不打牌的，吃過晚飯後，抹抹油嘴便離開了。

梁先生有時到侯王道我的家裏，聊聊天，交換詩稿，或打小牌玩玩。有一位名作家的老友，姑隱其名，也有時參加我們的「方城之戲」，可是他打牌時的性格與平時兩樣。有一次，他胡一張七索嵌張的清一色索子，沒有胡下來，他從牌堆裏找出了那一張七索，一手緊緊的抓住，歪着頭，放在牙齒裏緊緊的咬，表示深惡痛恨的樣子，惹得大家都笑起來了。他的牙齒也眞厲害，那張七索竟被咬碎了一小角。他旋即連連說：「對不起！對不起！」可是這副牌不中用了。我記得周遊子先生有幾次打牌都自摸七索胡大牌，周遊子把七索緊貼頰邊，笑嘻嘻的說：「我最親愛的七索」！比起那位名作家的「最可恨的七索」！氣氛完全不同。

看來我到香港最初幾年，做詩固然多，打牌也不少。梁先生到我家來的目的，除交換詩稿和打牌後，因爲他是廣東人，講究滋補，爲的是吃香肉（狗肉），恰好附近九龍寨有一家專賣狗肉的很出名，便叫女傭去端來熱烘烘的一斛，吃得滿頭是汗。像這些稀稀鬆鬆的影子，算來又快一二十年了。

觀物之生

黃君璧題

國畫大師黃君璧題邊壽民畫花卉魚鳥圖卷

黃君璧題：邊壽民圖卷

·震齋·

清邊壽民畫花卉魚鳥圖卷，全卷分爲八節，首節畫黑牡丹，題曰：

「一池墨汁貌花王，不辨花香與墨香，最憶前年好清興，寫生十日住誰莊？」

次節畫藕，詞曰：

「採蓮人至，恁携來，玉腕一般香潔。素手金刀時落處，道是鮫宮鏤雪。回首西風，香零紅亂，冷徹相思骨。玲瓏片片，問誰搗破瑤月？只爲幾縷柔絲，牽情南浦，種就閒根節。秋水凝神花葬魄，一段空明撰結。皓齒初嘗，數聲清脆，早解相如渴。移來玉井，爲君重長新茁。」

調寄百字令，百字令在詞牌中又名念奴嬌，詞句適符百字之數，故名。第三節畫虞美人，題曰：

「可憐垓下英雄盡，碧血青燐是此花。」

第四節畫其最擅長之蘆雁，詩曰：

「相伴蘆花與荻花，水雲深處便爲家，不知人世求安宅，樂土何曾異泛槎。」

第五節畫瓶梅，題曰：

「澹絕病中寫早梅，寂寥無伴最先開，直教香色難尋索，一現虛宜倦子來。」

第六節畫鱖魚，詩曰：

「春漲江南楊柳灣，鱖魚潑刺碧溪間，不知可是湘江種，也帶湘妃淚竹斑。」

第七節畫瓶菊，詩曰：

「幾株雪白幾株黃，分取籬邊帶曉霜，老去看花圖自在，盆栽瓶插過重陽。」

卷末畫水仙花，殿以一文曰：

「水僊以秣陵者爲佳，他處花高尺許，早開香薄，過冬輒敗。秣陵入秋時，於光福山中覓其根之最大者，立冬洗淨，排列木盆內，以碎石實其根之隙，移暴日中。微潤，以水茁其芽，芽長寸餘，日曬而不渥。常使欲花之意，盤桓鬱怒而不得發，故葉肥短而花遲，高出葉上，十月盡猶作擁腫含胎態；然香心勃勃，玩之味乃更長，天不使才人早遇而每置豪傑後時，或者廣陵人養花之意也。」

斯畫既具生機，題跋復多含蓄，嶺南國畫大師黃君璧爲題耑曰：「觀物之生」，良有以也。

原畫後有吳興周庚題詩三絕：「荻蘆深處敞書堂，幾度携笻趁夕陽，高大門庭尋未得，空餘雁影落橫塘。花果禽魚墨色鮮，詩詞題詠亦清姸，笑它白苧邨桑者，論畫何曾子細研。葦間畫卷等牛腰，大册縱橫趣亦繞，四十八年成一夢，烟云過眼那堪招。」跋曰：「余三度寄居淮上，遷徙靡定，賃近卜居法輪寺巷之北，與葦間書屋遺址，僅隔一牛鳴地，暇輒策杖徘徊，嚮往靡已。按頤公畫雁之外，花果禽魚雜品，無不精妙，皆有一種醇古之氣，沁人心脾。署題亦詞翰均美，雅與畫合。第觀此卷，益足徵信，洵爲淮上二百年來第一高手，『畫徵錄』中僅載其善於畫雁，殊未盡也。回憶戊子之夏，余爲仁和項氏作緣，購得葦間書屋圖大卷册各一，圖畫題詠，幾及百家，乾隆名賢，羅列殆盡，最爲巨觀，今率成三絕，書於此卷之尾，並綴數言，聊以紀事。歲在丙子十月望日壽甓老人吳興周庚七十七歲書。」按周庚，浙之吳興人，清嘉慶間名士，精鑑書畫，丙子在嘉慶二十一年（一八一六），所云四十八年前之戊子夏乃指乾隆三十三年（一七六八），距今且二百餘年矣。

一池墨汁貌苍王不
辨花香与墨气最
憶前年好清眞寫
生十日住誰莊
葦間壽民

採蓮人玉恁
攜來玉腕一
般香潔素
手金刀時落雾
道是鮫宮鏤雪回
首西风香零红亂
冷徹相思骨玲瓏
片〻问谁搗破瑤
月 只為幾縷柔丝
牽情南浦種就间
根節秋水凝神
花蕤魄一段空明
撰结皓齒初嘗數聲

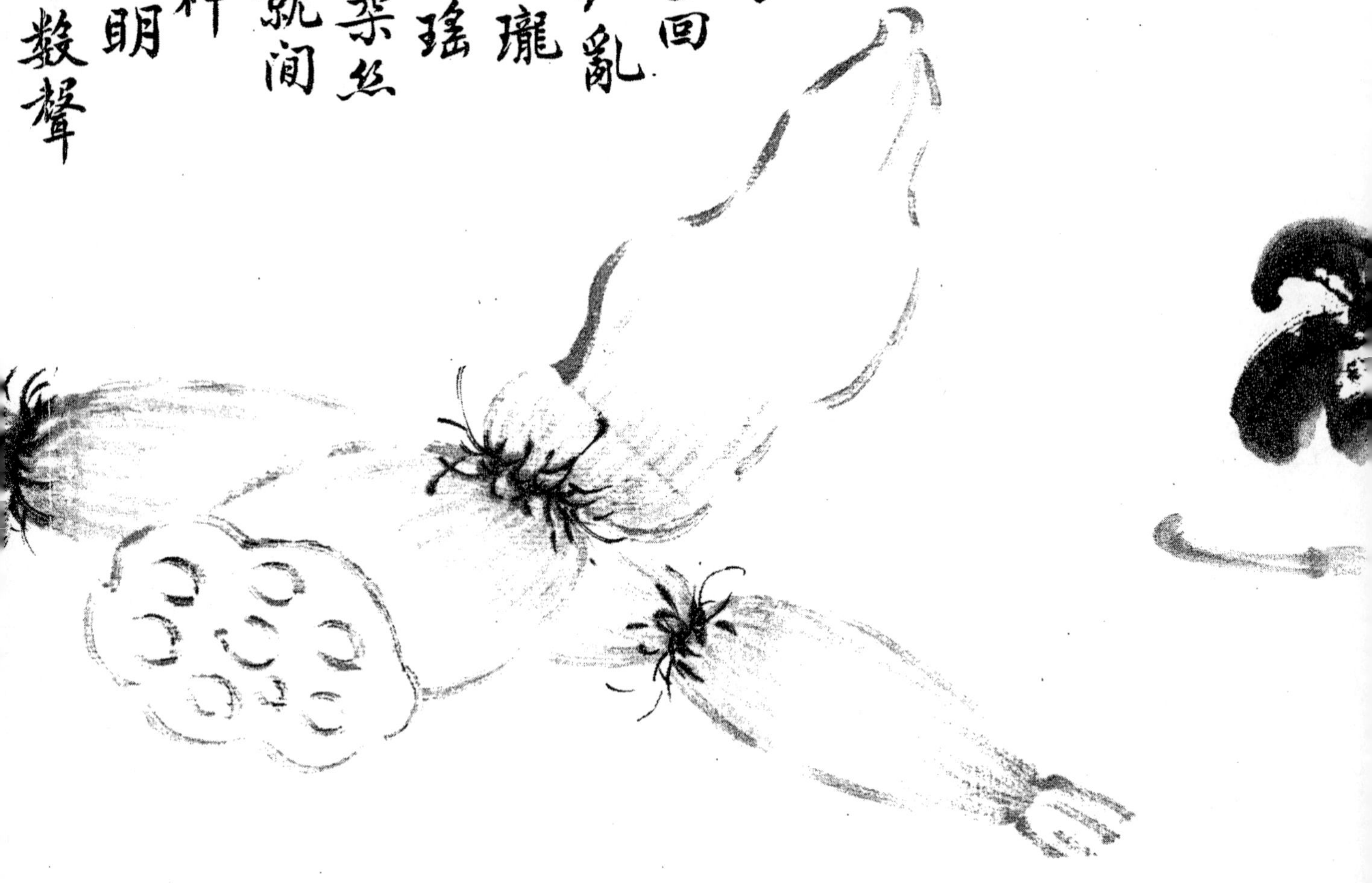

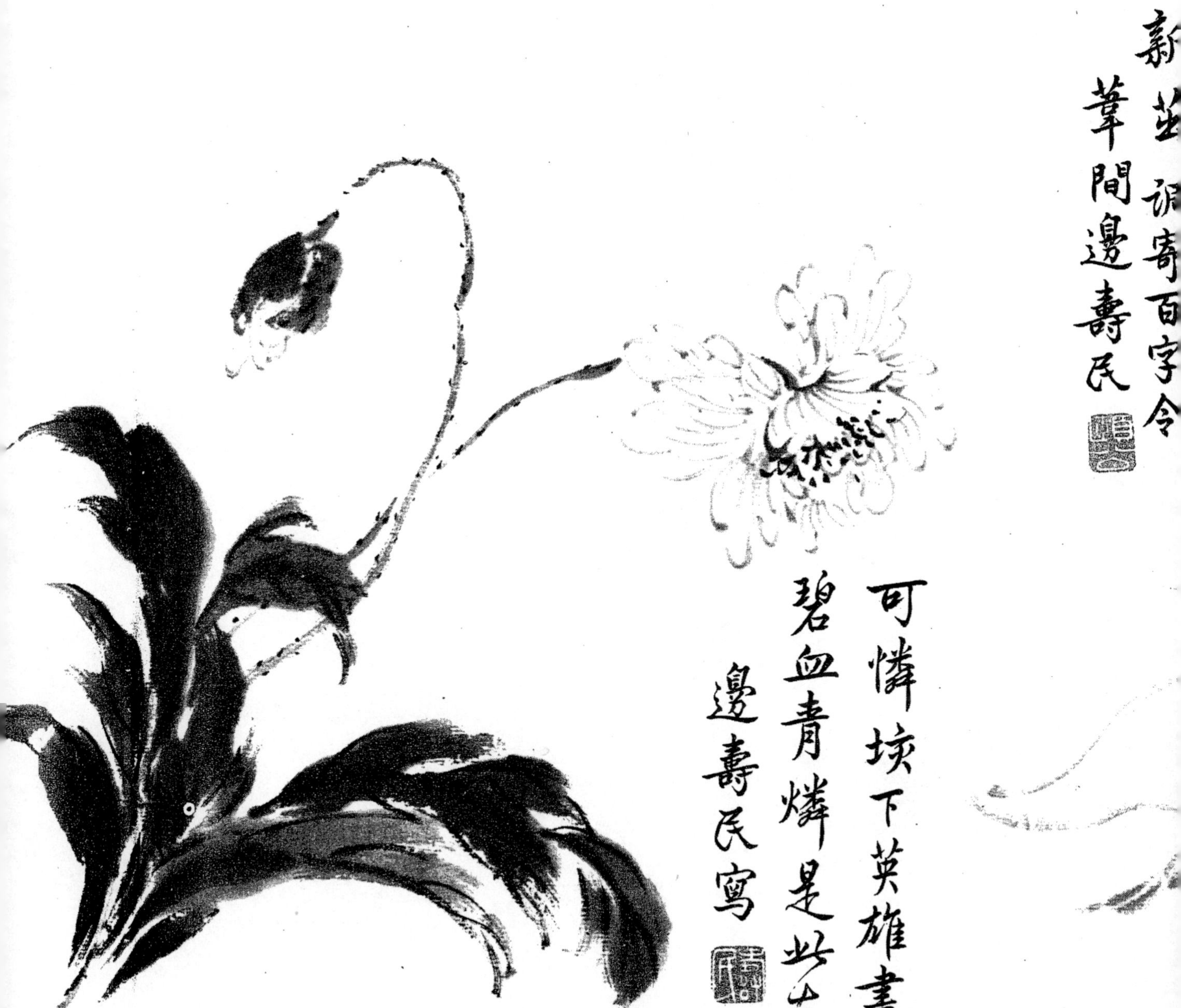
詞寄百字令
葦間邊壽民
可憐垓下英雄盡
碧血青燐是此花
邊壽民寫

清

清　邊壽民畫花卉魚鳥圖　定齋

滄絶瓶中寫早
梅寒寥為伴
最先開直教香
色難尋索一現
虛空儕子來
華間居士

華陽居士
春漲江南楊柳灣鱖魚潑
刺碧波間不知可是湘江種
也帶湘妃淚竹斑 壽民

幾株雪白
幾株黄
分取籬
邊帶曉
霜老去
看花圖
自在盆栽
瓶插過
重陽
邊壽民

水僊以秣陵者為佳他處花高尺許早開香
薄過冬輒敗秣陵入秋時於光福山中覓其根之
最大者立冬洗淨排列木盆内以碎石實其根之
隙移暴日中微潤以水茁其芽〻長寸餘日曬而
不濕常使欲花之意盤桓鬱怒而不得㤀故
葉肥短而花遲高出葉上十月盡然作擁腫
含胎態然香心勃〻玩之 味乃更長天不使
才人早遇而每置宜豪桀 爰詩哉者黄〻麦參

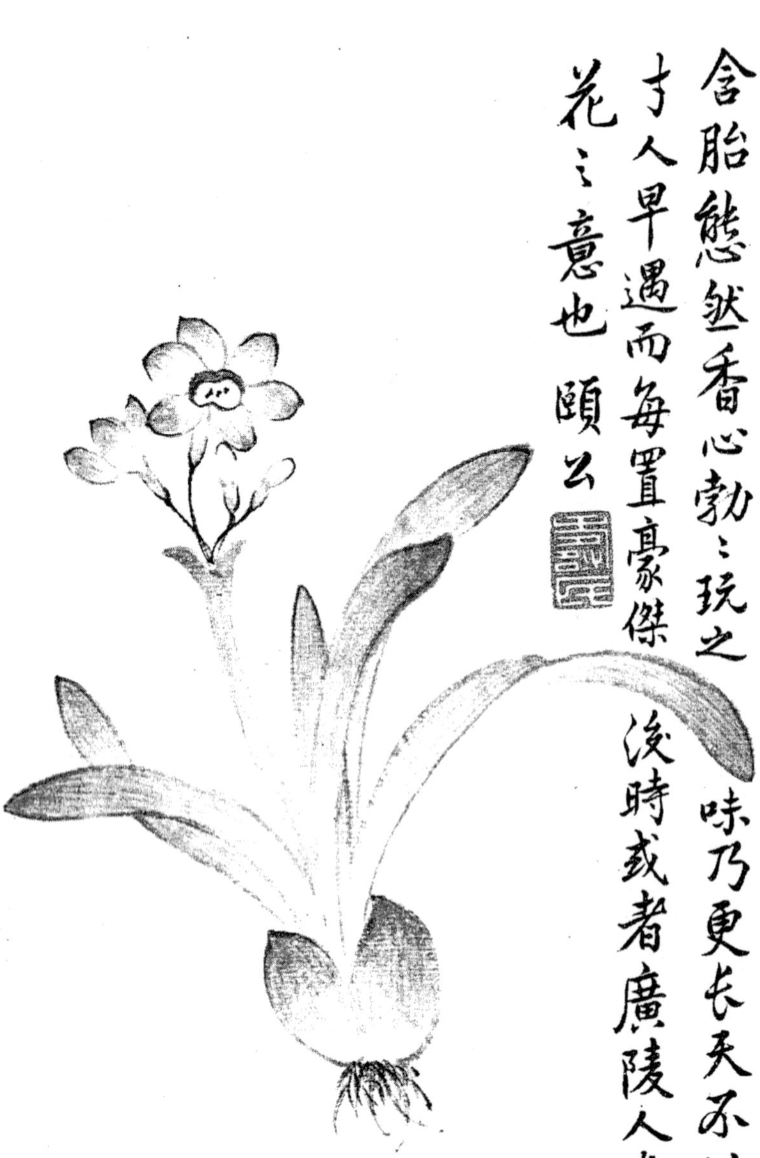

不溼常使欲花之意盤桓鬱怒而不得發故葉肥短而花遲高出葉上十月盡然作擁腫含胎態慾香心勃勃玩之味乃更長天不使才人早遇而每置豪傑後時或者廣陵人養花之意也　頤公

邊壽民畫雁

道載文

雁，候鳥也，為我國常見的飛禽，每年往還於南北，翱翔天宇，佈陣而行，飛則相呼，宿則相聚，棲止偕樂，聯羣為伍，刷翎紅蓼之灘，接翅白蘋之浦，月下呼羣，風前流響，是以每易引起遊子思鄉之情與懷遠之思。曹子建詩有：「孤雁飛南遊，過庭常哀吟，翹思慕遠人，願欲託遺音，形影復不見，翩翩傷我心。」之句。漢書本傳說：「漢蘇武使匈奴不屈，徙居北海上牧羊，後匈奴與漢和親，漢求武等，匈奴詭言武死，常惠教漢使者謂單于，言天子射上林中，得雁，足有係帛書，言武等在某澤中，使者如惠言讓單于，單于驚謝。」故後人言書信多用雁足的典故，王僧孺有詩：「尺素在魚腸，寸心憑雁足。」便是用此典。

雁羣夜宿，頗似軍營，夜間派有警戒哨，以察動靜，遇有其他動物侵犯，則鳴叫示警，俗稱之為「雁奴」是也，其飛行時，則如行軍佈陣，整然有序，謂之「雁行」，又因其行列如字，故亦稱為「雁字」。劉僎詩「八月書空雁字聯」，陳陶詩「列國山河分雁字」，都是詠此。

雁之鳴聲最動人心弦，古今騷人墨客每多吟詠之，描寫雁聲最動人的書是馬致遠的「漢宮秋」第三折，他描寫漢元帝於昭君北去之後，獨宿不眠之夜，聽秋雁悽切之聲，而引起懷念憶舊之情，是中國文學史上不朽的名作。

中國詩畫素來是互通的，所謂「畫為無聲詩，詩為有聲畫。」所以凡是詩詞題材，多為畫人喜於描繪的，詩有描寫鴻雁的篇章，畫家也同樣以筆墨描繪之。

五代時，花鳥大家黃荃有「飛雁」之作，蘇東坡全集卷六曾記：「黃荃畫飛雁，頭足皆展，飛鳥縮頭則展足，縮足則展頭，無全展者，驗之信然。」這是蘇東坡對於黃荃畫雁的紀載。

米南宮「畫史」云：

「濮王宗漢，作蘆雁有佳思，余題詩曰：『偃蹇汀眠雁，蕭梢風觸蘆，京塵方滿眼，速為喚花奴。』又曰：『野趣分苕水，風光剪鑑湖，塵中不作惡，為有鄴公圖。』」

米南宮也有蘆雁圖傳世，元王惲有跋米元章蘆雁圖詩：「西風萬里下衡陽，水宿雲飛固自雙，似為叫羣心事苦，不教相映睡秋江。」

邊壽民，字頤公，號葦間居士，山陽秀才，善畫潑墨蘆雁，聞名江淮，是清代蘆雁畫家中最負聲譽的一人，他為了要將蘆雁畫好特別移居湖濱，結蘆葦間，以便觀察雁的生活習性，他所畫的雁，栩栩如生，舉凡鴻雁的飛、鳴、食、宿、浮、潛、翻、翔，無不維妙維肖。他的畫雁以大筆赭墨揮寫出來，創造出他獨特的風格，在渾厚中饒有風骨，成為一代大家。宋元以降，畫雁大致以工筆為主，宋人刻劃，元人漸有寫意，明人畫雁則以宋元為依歸，至清則大致分為山陽、常熟、金谿三派，以常熟派為巨擘，蓋因常熟花鳥畫在清朝一向人材輩出，惜畫風失之纖弱，至邊壽民出，以寫生手法，大筆揮灑，遂成為主流，從此畫雁，都宗山陽，如張子祥等畫雁，都是學邊壽民的。

古人云：「外師造化，中得心源。」所謂師造化者，是對自然之觀察，所謂得心源者，則是思考的工夫。畫雁則必先觀察其真實生活形態，同時要思慮如何將它畫於紙上，如果心中無雁，或是根本不知雁之生活習性，如何能將雁畫好？昔陳宏善畫馬，榮遇一時，明皇令韓幹師之，幹曰：臣自有師，今陛下御廐皆臣師也。相傳唐明皇御廐飼馬四十萬匹，韓幹以四十萬匹良馬為寫畫對象，無怪他成為畫馬能手，畫雁的方法亦然如此。

西·南·采·風·錄

·呂大呂·

三十多年前的廣東廣西，成立了一個「西南政府」，和南京的中央政府對抗。爲什麽明明廣東廣西，却會稱爲「西南」？大概兩粤是在全國的西南，本是座西南向東北開張，便因以爲名了。當時刮起了一陣西南風，不少大人小事，小人大事，大大小小的人，大大小小的事有足一述者。這裏把當時西南政府時代所知所聞，就記憶所及寫點出來。包括軍政界、新聞界、藝術界和工商界，地點包括省城香港，兼收並蓄。

三十四字社團名

國父孫中山逝世後一個長時期，凡機關社團學校，無不高懸總理遺像。每逢開會，或紀念週，必須唸總理遺囑及向遺像行三鞠躬禮。時有部份基督教徒於福建組織一會，對向總理遺像行三鞠躬禮一事力加反對。其後且遍設各地分會，廣州一分會，規模尤大，門前懸牌，大書會名其上，其會名之長，佔字之多，眞堪稱爲空前絕後。全文爲「中華民國全國基督教徒對向總理遺像行三鞠躬禮認爲不合運動委員會廣州分會」，共計三十四字。過其門者見之，無不失笑，僉以爲此社團名，如果要一口氣讀出來，可能讀到氣爲之絕。

社會局長偷玉佛

廣州第一位社會局長伍伯良，爲革命元勳伍漢持之哲嗣。社會局政不簡而宦囊淸。伍任職期內，頗多建樹，人以爲好官，惟一事丟盡官威，乃爲偷玉佛是也。伍好攷古，然以鶴俸所入有限，未能多事搜購。嘗於市之大新街一玉器店中覩一玉佛，愛不忍釋。問價甚昂，無法可購，惟每日一臨其店，摩挲賞玩一番而已。店中人以伍爲社會局長，每來輒招待。伍遂於一日，乘店伴不覺，以玉佛置其衣袋中而出，蓋欲購不得而又愛之彌深，乃出之以貪念，不辭一偷，不料爲一件所發覺，告之其他各件，當即追至門外，從其衣袋中搜回，伍滿面羞慚而去。此事當即哄傳，咸謂社會局長偷玉佛，然報章則不敢予以發表。時老報人鄧羽公于廣州辦「羽公報」，以敢言稱。而其揭發秘事每能別出機抒，使人一望而知其所言何事，所指何人而爲法律所不能繩者。伍伯良偷玉佛之事既傳，鄧羽公即爲文刋「羽公報」，題爲「伍百一艮玉佛被偸記」。讀者一見，卽知此「伍百一艮」爲「伍伯良」，蓋「伍百」即爲「伍伯」，而「一艮」，乃爲「艮」字上加一點，當爲「良」字也。

英文謎面作燈謎

廣州市第一次之國貨展覽會于「西瓜園」作爲期一月之展覽，參展單位頗多，有藥油店於其攤位中作燈謎助興。廣州市花地孤兒院，每年春初，例有春節遊樂會，亦例有謎壇，主其事者爲一班擅長此道之老師宿儒。是年謎壇停辦，一班「燈伯」，投閒置散，知國貨展覽會一藥油店於其攤位設燈謎，遂不製謎而爲猜謎，羣相擁至。彼輩浸潤此道已久，而藥油店主持燈政者大都爲一羣少年讀書子弟，所製謎當逃不過其掌上。往往燈謎貼出，墨瀋未乾，即爲彼輩射中，伸手領獎品。派出獎品多尚不成問題，不能多製謎貼出，使到燈謎壇上空空如也，認爲未免恥辱。查知此輩老師宿儒，無非一肚子舊文學，當不懂英文，乃別出蹊徑以英文爲謎面，製成兩則燈謎，附獎品無數。一稱爲「謎胆」，又稱爲「燈胆」。果然懸出以後，閱兩星期仍無人射得。此一班「燈伯」只有對之垂涎欲滴而已。記其燈謎，一爲英文「Dog」字，射四子三句，不連。謎底爲「如神在，吾何以觀之哉？冋也！」原因「Dog」爲狗，而倒寫爲「God」，則解作神。故有此謎底，頗傳神。另一則爲「Mile」，亦射四子三句，不連。謎底爲「我叩其兩端，而有斯疾也，其無後乎？」原因此一謎面首尾兩端爲一個「M」字與一個「E」字，二字合之作我解。餘下之「IL」若多一「L」則爲「ILL」作疾病解，但少一「L」，以此射「而有斯疾也，其無後乎」？雖未免穿鑿附會，亦算頗妙。

靚君少鳳靚君南

三十多年前，粤劇爲黃金時代，從前每演粤劇，例不作宣傳，後始見之，然亦無非印戲刋、貼街招而已。時薛覺先演新劇，有一塲戲，由薛反串。劇刋大書「特煩薛君覺先反串」，此劇大收旺台之效，同業中人以爲其劇刋中稱薛覺先爲「薛君覺先」屬新奇而妙，可能此劇之賣座，與此有關，乃羣率效之。最先見之于「人壽年」班之劇刋。「人壽年」之台柱爲「靚少鳳」與「千里駒」，於是此劇刋乃大書特書「靚君少鳳千里駒主演」，見者大笑。是年演「大集會」，一收山老倌名「靚南」者，以「雙人頭賣武」一劇著，「大集會」中由其表演賣武一塲戲。劇刋亦大書「靚君南主演」，人謂薛覺先爲「粤劇祭酒」，其一舉手一投足，無不起作用，不圖其一句「薛君覺先」亦得大家仿效。

張發奎太子烟絲

張發奎將軍常招新聞界中人飲，席中亦常有風雅事，或聯吟，或作詩鐘，頗多逸興。一次，座客中有吸烟斗者，爲老牌太子牌烟絲。時座客方倡爲詩鐘，未得題。吸烟斗者即指太子牌烟絲及張發奎，曰何不以此爲題？一客先交卷，視之，乃爲「大王尊號人人敬；太子老牌個個知」。蓋張發奎有大王之號，一個奎字分成大王二字。

李宗仁馬靴避蚊

廣西軍人都穿布鞋，惟李宗仁為例外，着長統馬靴。嘗有人詢之李妻郭德潔，郭笑曰：無他避蚊蚋耳！廣西多蚊，信手抓來，皆是飛蚊。

國父逝世後二事

國父孫中山先生逝世，凡社團機關皆懸總理遺像以示尊崇。像之上有橫額，為「精神不死」四字。左為「革命尚未成功」，右為「同志仍須努力」以伴其遺像。時廣州大南路，有設檔售「生魚葛菜湯」者。粵人每好飲涼茶，此則非藥，其性亦涼，可清熱也。檔主人別開生面，於檔口中懸一橫額，橫額所書，為「精神不死」四字。蓋借總理遺像上橫額一語，以喻其所用之生魚。俗有「生魚無死日」之諺，本甚妙，不料為黨部中人見之，以為對總理大不敬，予以拘捕，終罪名成立，罰鍰始已。另一事則為當時廣州長堤明珠影院，所放影皆為西片，每逢開演，例有人為講解，稱此為解畫，亦稱其人為解畫員。此輩每多插科打諢以博人一笑。一日，影片中有大盜落網，入獄時，對黨徒有所囑咐，解畫員即引用總理遺像左右二語曰：「革命尚未成功，同志仍須努力！」語出，觀衆莫不大笑。事為黨部中人所悉，即使警局拘之，結局乃不僅罰鍰，且將其人捉將官裏去云。

佛山報紙廣州印

廣東三大縣為「南番順」，南即南海，番即番禺，順即順德。南海縣府所在地為佛山鎮，乃全國四大鎮之一，文物薈粹，商業鼎盛，有報名「南海日報」，為縣府所辦，主其事者為縣長所委派。某年，新縣長接事，以梁寬為南海日報社長，梁曾於上海執律師業，年前曾經躍香港報壇，今移居美國。其人多才多智，接任後，發現南海日報銷紙不多，細查原因，以電訊新聞並無向電訊社買稿，即買亦不能及時送到，而又須俟諸翌日，與其如此，歷來遂都俟廣州報紙來佛山時，從「省報」剪稿，故電訊版所刊電訊例必遲於廣州各報一日，市民每日閱報，遂皆為廣州報紙是尚。梁于此乃得一計，設編輯部於廣州，即晚編稿，便即晚於廣州排印，午夜印畢，僱人以報紙星夜循廣三鐵路行返佛山，運入南海日報社中，凌晨發紙。遂使南海日報與廣州各報之電訊皆在同日刊出，並非明日黃花。此法一行，市人皆以為南海日報大革新，能與廣州各報看齊，銷紙額漲，成績斐然，而不知梁實在廣州編印也。此法之妙，在星夜僱人沿鐵路以報紙運抵佛山，故能使佛山人不察。蓋佛山與廣州唯一之交通線為廣三鐵路火車，而火車則係並無開夜班者，故不虞其詐也，後梁於港中活躍報壇時，有「大炮寬」之名，亦正見其鬼才為不可及耳。

專醫生意如三春

西南政府時，曾禁止醫生刊登廣告，為人醫性病。性病俗稱「花柳病」，廣告中因不許出現「花柳」二字，即新聞稿中亦不得出現「花柳」等字眼。又醫生亦不能公開刊登廣告為人醫腎病，此類醫生甚以為苦，久之，醫生廣告中乃有妙文。其一為「專醫生意如三春」，其二為「專醫賢病」。前者為商場中常用之春聯，即「生意如三春花柳；財源似萬里江河」是也。於是人遂知為「專醫生意如三春」者，乃專醫花柳矣。後者則以「腎」字加一撇一點而成為「賢」字，人亦會意，皆妙文妙事也。

二對零作余寄萍

名作家怡紅生，其眞姓名為余寄萍，著作等身外，復為編輯，歷有年所。一次，港聞發生重要事，編稿正為此而忙。忽聞電話生於接聽電話時，大呼「余寄萍」，即擲筆往聽。電話生為之愕然，謂並無君之電話。問何以頃間大呼「余寄萍」？電話生又力辯其無，方以為奇。電話生始恍然悟，蓋頃間有讀者來電話問球賽結果，電話生大聲答以「二對零」，此語與「余寄萍」之音頗近，乃有此誤會耳，余為之失笑而去。後電話生語人，即使為余寄萍之電話，彼亦斷不會如此無禮貌，大呼「余寄萍」而必為「余寄萍先生」，余君特編稿太忙，神經過度緊張所致耳。

李漢魂採耳受騙

前廣東省政府主席，今居美國之李漢魂將軍，最喜採耳。李有「聾公」之稱，以患重聽也。李所以聾，人謂其為其多採耳之故，亦可信。李之採耳，除自己以「耳挖」為挖耳外，日常每僱髮匠至其邸中為其採耳。若干年前之髮匠，固善此技者。一般有採耳癮之人，概喜採耳者採得其「耳屑」（俗稱耳屎）置其面前。此一習慣，人莫不如是。李對此癮更甚，然李日日採耳，安得有如許多耳屑？以是髮匠採不出耳屑放置其面前，即感不悅，且以為此髮匠之技術不佳，多所詬病。時有一髮匠熟諗李之心理，機謀獨運以博李之喜悅。其法，取竹竿破之，于竹竿中取竿膜，然後裂之作粒狀，暗置手中，每為李採耳，即自手中取竹膜，以小鉗夾之，取置李前。每採耳率皆有五六片，李遂大悅，以為此髮匠採耳技術之精良，殆非他人所可及，每次皆重賞之且一日不可無此君焉。

挖耳　豐子愷畫

MG5
HAIR TONIC
SHISEIDO 5 FL. OZ
MG5

申報與史量才

望平街憶舊

胡憨珠

史量才自從得了齊燮元送給他一座華屋之後，又做了五洲大藥房的股東，認股五萬元，幾年之間，獲利十倍之鉅，而他這五萬元股本，還是拿廣告費來抵賬的。此後因信交事業風起云湧，使申報廣告收入增加，一年之間，獲利四十餘萬。其後又獲識南洋歸僑黃奕柱，全權委託史量才創設中南銀行，於是史量才又從出版家兼任銀行家了。

世俗流傳的命運之說，慨自近代的那些維新人物者出，力斥命運之說爲迷信，爲玄虛，爲荒謬，甚至爲無稽的讕言。但是世人們有時所逢際遇的升騰沒落，所幹事業的興替得失，却實令人有不能不信之概。觀於史量才經營申報的近十年來過程中，困厄屢經，艱難迭遭。可是他每逢到險象萬狀，走投無路之時，自會有人援手相助，化險爲夷，難關安渡。正合上了「貴人相助」的那句話，而這句那是命運之說中的口頭禪，爲命理學家學術詞語的語彙。也許是他的命運關係，雖有貴人相助，但始終未到通達展眉的境地，及至史量才收回合夥議單，統一申報主權以後，這才該說是他的命轉運來，從此漸入佳境。且不說他別的事情，譬如以這次黃炎培替他帶來了齊燮元所餽贈一所地產房屋的新居，就是最眞實的一個發財例証。不過一般的命理學家對於發財一事的批判，有「正財」與「偏財」之分，有「直財」與「橫財」之別。若嚴格論之，對於齊燮元這注的特殊餽贈，當屬於偏財之列。實則史量才一生的命宮所註，運多偏財，細數他偏財所獲，爲數不貲，只是財來財去，難以積聚而已。惟有於民國九年的冬季起，他的命運才開始進入大發正財的命宮，其來勢之旺，彷彿如春潮的洶湧澎湃。是以從此以後，凡他所投資的所有新老商業，無不反蝕爲盈的賺錢獲利，足証世俗命運之說，未可視爲全部無稽。

史量才交進正運，所發正財的開端第一注，就是他投資於五洲大藥房的股額五萬元。恰於是年該五洲大藥房的股票，突然宣佈有驚人的大漲，就票面的股額每股漲到有十倍之多。因此，他所擁有的財產數額，平白增加了五十萬元的數字紀錄。最使史量才感到無比驚奇的高興和快樂，那是他對五洲大藥房實爲不名一文的投資，這五十萬元的利益所有權無異白手得來。原來開設在四馬路河南路間的這家五洲大藥房，爲寧波人項松茂所經營，項松茂原始所經營的業務爲五金賣買生意，嗣他因見五金商業每歲所獲的利潤遠不及西藥業的豐厚衆多，於是遂改營西藥業務。當時五洲大藥房的店址，即在英租界四馬路老巡捕房對門，係一層樓的兩間店面房子。及後五洲大藥房大發其達，大賺其錢，終於買下這塊附近的地產，翻造成爲五層樓的五洲大樓。仍以該大樓的地面層闢作五洲大藥房的門市營業部及部份樓宇自用以外，餘皆出租爲商業樓宇。此即項松茂成爲商界名人成功史的一頁。

其實當時五洲大藥房的發達賺大錢，並不在於賣買西藥，而在於製造「五洲固本肥皂」發行。料不想這種家常日用品的肥皂，却帶給他鉅大無比的財富，但不過這是在項松茂意想之內的事。因爲以發行肥皂發跡起家的原先於二十餘年前已有了兩個外國人，第一個就是英國人白克爾，其次的一個却是德國人。白克爾所經營的是祥茂洋行，發行的肥皂名叫「祥茂肥皂」，任買辦的就是廣東人陳炳謙。這家祥茂洋行雖是運銷肥皂來上海的第一家，但該洋行始終不在上海設廠製造，所銷的祥茂肥皂槪由英國一家肥皂製造廠定製運銷。只因他發見中國人的洗滌衣服，一向祗用皂莢不用肥皂，他就是運銷肥皂來華的第一人。所以白克爾的發財數字之大，擁有地產之多，只要想到上海有一條「白克路」的路名。該路就是由他捐給英租界工部局建築馬路的路基地皮，所以獲得把他的名字，作爲路名永留紀念與選任他爲工部局董事會的主席董事。（筆者按：上海白克路的路名牌子，英文爲「BURKILL」的全名字樣，中文則譯成爲「白克」兩字，却沒有「爾」字的尾音）。

繼祥茂肥皂之後，在全中國所推銷的即爲固本肥皂。這種固本肥皂就是那個德國人當年垂涎於祥茂洋行大班白克爾的白手起家，成了大富翁，故特來上海，作大規模的投資，在徐家滙方面傍近李公祠處，購置地皮，建造廠屋，製造固本肥皂發行。當該德國人來上海時，隨帶同來的祇有一名奧國人的製造肥皂工程師，所有全廠工作人員，都是就地取材式的，僱用了中國人。所以後來產生了能製造肥皂的華籍工程師人材，這都是固本肥皂出身的工人，也是由該奧國籍工程師所教成功的人材。不過當時他們製造固本肥皂一切的機器設備，主要原料，如椰子油、燒碱、松香脂、香草油等等，都從德國裝運而來。所以固本肥皂的出品，不論它本質的凝固耐用，去垢的滌除力强。總之，舉凡祥茂肥皂的各種優點，固本肥皂無不備具，甚至有些部份的品質方面，反而稍稍超勝過之。例如肥皂的整體色澤，祥茂肥皂在煑熬全部原料時，所加放黃色素的黃粉，分量較重。而固本肥皂則反是，是以令購買人對之，自有那種「一塊晶瑩固本皂，遙看淺黃近却無」的美感。因此固本肥皂在全中國各地作大量的產銷，確實使祥茂肥皂的推銷方面，受到敵對的打擊。即此一點，亦可以說是英德兩國的世代商業競爭，也正合了我國「同行是冤家」的那句老話。但這個主辦固本肥皂廠的德國人，經過十餘年的辛勞經營，却也發了大財。

五洲積欠申報廣告費

到了民國三年，歐洲方面突然爆發第一次世界大戰的驚人消息，這大戰爆發的導火線，雖說是因爲奧國太子斐迪南夫婦，於是年六月同遊巴斯尼亞的首府薩喇基服地方，遭該國塞爾維亞人的暗殺有以致之。而實際原因的最後結果，則爲德國要與英國較量國力，冀圖逞雄稱霸於歐洲國家的野心。原來奧國因王子之死，興師向巴斯尼亞問罪，詎料俄國挺身而出，硬要包庇塞爾維亞人。於是德奧兩國組成同盟聯軍，要向莫斯科進軍，但必須要假道於比國。詎料比國堅持中立國的精神，拒絕假道，遂被同盟軍一舉而下比國。這比國原與法國爲唇齒之邦，於是引出英、法、日、俄等協約國與之作戰。中國因係參加協約國家的行列，故亦隨之對德宣戰。是以援引國際法例，關於德奧兩國在華的所有財產一律予以沒收充公。兩國居留在華的所有人民，一律限期離境，遣送回國。倘有逾期不走之人，一經查獲發見，概行拘送集中營安置，失去自由行動，此項國際法例所定交戰國家，雙方處理對待敵國的人民和財產，都是一例看待的。

上海固本肥皂廠的德籍廠主，與奧籍的製皂工程師，自難例外。據傳說這家德商固本肥皂的廠址牌號與機器設備，全部爲五洲大藥房主人項松茂所購得。大概這筆投資固本肥皂廠的代價數字，相當巨大，相信不會有分期繳欵的優待條件吧！要知五洲大藥房在那期間，雖是一家歲有盈餘的西藥商號。但終因他的營業資本，挪移運用於製造「五洲固本肥皂」的新事業方面，生產尚無，開支浩繁，因此五洲大藥房的經濟狀況，非僅發現捉襟見肘的窘態，而且日有牽蘿補屋的煩惱。便也因此積欠申報館的廣告費不少，始終無法按月結賬時能交付出一點廣告費。可是申報館在當時的經濟環境，也並不如何的寬裕舒適，同樣的日處於張羅籌措之中。此事直接最感困難的即是申報經理張竹坪，因爲他把廣告與銷報兩項所得，於維持本館的一切開支之餘，還要拔還一些舊日欠債。

所以張竹坪常爲五洲大藥房的廣告費積欠太多，與討收不得的問題，和史量才研商對策應付。據說張竹坪所定最厲害的對策，那是一邊對該藥房所送登的廣告，拒絕發刊登載。另一邊向會審公堂進行追討之訴，好讓公堂承審法官作出仲裁還債的清理辦法，這兩種對策以前者較優於後者。因爲張竹坪非常瞭解五洲大藥房對申報的廣告，已有不得不登的趨勢，若拒刊廣告的壓力所施，自會交出錢來的。原來該藥房所配製的成藥出品，却有多種，就中以一種「自來血」最爲全國人所信奉愛用，有此一說久服此藥大有轉弱爲强的功效，而以貧血之人服用以後，其功效尤爲顯著。雖偏僻地區所在，亦有多人馳函郵購，總計這一項自來血的發行，爲數不少。只因申報以出版年日久遠的歷史關係，它的定戶讀者，可說在中國境內的邊縣僻邑，幾有無遠弗屆的情形。縱然每個地區的申報定戶爲數寥寥無幾，可是讀者皆爲富有的高層社會份子。此輩人士不但是申報的讀者對象，也是自來血的用戶對象，此爲五洲大藥房對申報的廣告實有不得不刊登的苦衷。

但是史量才對於張竹坪所提出這兩項建議，都予以堅決的反對，他力勸張竹坪千萬施行不得，認爲這兩項建議無異是靈驗的刀傷藥，俗語說得對：刀傷藥雖好，總以不用爲妙。史量才基於這點觀念，所以他强調着說：「五洲大藥房可說是我們申報廣告客戶中的一家好客戶，他們的廣告尺寸地位登得那麼大，而刊登的次數日期又是登得這麼多。如果爲了積欠廣告費因收討不得，便拒刊廣告，進行訴訟。這兩種都是要不得的對策，於事未必生效，反而徒增惡感。在我的意識和主張，對於五洲藥房的廣告照常刊登，所欠的廣告費不必追討。每到月底，我們祇要送去一張廣告結單，作爲通知，就算完事。須知道經營報業與經營其他商業的方法，完全不同，一般的說辦理出版報紙的業務，無不以銷報與廣告，爲相輔而行的兩條生命線，但是我的觀感，總覺得有關業務的收入重心，還在廣告方面。」

「所以一向以來我對廣告客戶，總是萬分尊重，就因爲廣告客戶才屬我們申報的支持者，所以我對廣告客戶都有好感的。在這些年來我看你的廣告日報表，五洲藥房是刊登申報廣告最多的客戶。因此覺得千萬不能與他結怨，祇有修好是完善辦法，因爲我們申報實在不能失去這家藥房的廣告。如果沒有了他這份廣告的話，申報固然失却版樣的美觀，也失却廣告的熱鬧，至於減少收入猶其餘事。所以我認爲寧願給五洲積欠廣告費，不願沒有五洲這家的廣告客戶，他實在對我們申報的關係太大太深。雖然，我知道我們報館極迫切的需要這筆廣告費應用，但索取不到也是枉然。倒不如我們的需要應用欵項，還是讓我們自己來籌措較爲妥當。俗諺所謂『借來的食米可能等着落鍋，討來的食米却不能等着落鍋的』。這說明人世間的借債容易討債難就是如此。」

據說當時史量才還對張竹坪說：「五洲大藥房是一家賺錢的藥房，對我們這筆廣告費豈會有長欠不還之理，只因項松茂投資於他製造肥皂的新事業方面，數字太大，唯一希望祗要他的新事業成功，有一天他們的五洲固本肥皂大量產銷，不但挽回了國家經濟的頹勢，也塞沒了國民金錢外流的漏巵。而且同時，還帶給他發大財的機會，前程如錦，無可限量，項松茂决不是個長貧之人呢。」史量才有超人的聰明睿智，並且他又是熱中於創辦事業旋起旋伏的過來人。深知道事業在初創時期，對於資金運用方面總難得有應付裕如的安樂日子可過，就是他本人當前主持申報也感覺到有難於從心所欲同樣情形，所以他對項松茂特別同情，不願爲了逼討廣告費，以致困擾他的情緒。

不過項松茂是個深明世故，通達人情的一代商業人傑。對於申報的廣告費，按月只見致送賬單，從不派人前去收欵，他的內心早已瞭解這是申報館對他所放的交情，自然對申報館的總經理史量才，深深感到他的高情厚誼。所以後來他自己計算下積欠申報廣告費，已到達五萬元的實價之數，分文未付，實感慚愧。因爲上海當年自有華文報紙出版以來，對於廣告的刊例所定，祗有藥房、書舖、戲館這三種商業廣告，所定折扣，特別鉅大。報業中人名這種廣告，叫做「拼版廣告」。其實這三種商業廣告的眞實取費，比之一般的拼版廣告，都要便宜。以取費的數目如此微小，而積欠數字的如此鉅大，這就可以想知五洲大藥房對申報所登廣告的尺寸之大，與次數之多了。

項松茂自然覺得過意不去，所以有一天他親自到申報館專誠探望史量才。當兩人見面以後，他就說：「史先生，我們五洲藥房積欠申報館的廣告費，數目實在太大，在我計算之下，實數已經超出五萬元大關。可是在這些日子過程中，從未見貴報館派收賬員前來追收過，我知道，這都是你史先生對兄弟作着大力的支持和幫助，實不相瞞，我把五洲的流動資本以及向至親好友張羅得來的現金，都投資到製造五洲固本肥皂方面去了。如果依照固本肥皂的原式原樣材料，從事製造，本來早已可以生產發行。但不過這樣做法，完全失去兄弟的願望和意義，因爲全部原料，沒有一樣不是來自國外。即使製成出品，只是加工複製，賺取一些手工錢而已。對我的願望目的，未能達到，還有什麽意義可言呢？因此上，把生產和發行兩個問題，便壓制下來。因爲兄弟所發的心願，想要採用國產原料，認爲多一樣是一樣，多一種是一種，但國產的原料竟無一物可以取代。例如製造肥皂凝固體的主要材料，而運用也最多的那是椰子油。本想採用國產的桕子油來代替椰子油，誰知同樣的植物子油，製成肥皂以後，却感覺得它凝固體的堅硬力量，國產的桕子油還不及舶來品椰子油的優勝，難作代替品物。便也因此沒法把五洲固本肥皂提前生產，及時發行。但是一念及我們五洲藥房積欠貴報的廣告費，若是之久且鉅，正教我既感且愧，難於自己。」史量才不讓項松茂再說下去，急忙截住他的話接口道：「松茂先生，你的思想很正確，志願偉大，正教小弟我聽得五體投地，敬佩之極。要知人生的事業成功，必須要歷經波折而後有成，波折越多，成功越大。松茂先生，請你不必要爲了我們申報的一點廣告費，增多思慮，分散心神。我知道的，松茂先生是一位今之君子，遵重商業的道德，總認爲積欠不理是件可恥之事，於心不安。我想這樣吧，就把五萬元的廣告費，以小弟的名義，投資在你那裏。不管成敗利鈍，也不計盈虧損益，小弟一切唯命是從，决無二言。至於辦理手續方面，我們雙方祗要各在賬冊上邊，轉一筆賬，交換一張收據，就算完事。這不但大家在賬面上都好看，而且從此，松茂先生你也可以安心向你的新事業作努力的進行。」史量才就是這樣的不名一文錢，在五洲大藥房做了五萬元投資的股東老闆。

信交風潮中獨佔大利

不過話得說回來，此時的「五洲固本肥皂」，項松茂尚在遍採國產的原料，從事研究試驗中，猶未生產出品。所以史量才慷而慨之的，即以申報廣告費，雙方轉賬，作爲他向五洲大藥房投資。這不是他的投機取巧，而實是他的智慧昇華，盤算精明。其理由依據，却有三點可說：一、是他深怕項松茂認爲積欠申報的廣告費太多，自動削減刊登次數。這對於申報營業收入的廣告項下，就要受到減少數字的實際影響。惟有使項松茂解除積欠的心理威脅，那他發刊廣告，仍復舊觀，一切如常。（二）是他知道項松茂在商業界中，係一位不世出的人才，有心要和他交結知己朋友。但是朋友交成知己，非要經過患難不可，否則只是酒肉朋友而已。今日之項松茂雖未淪處在患難困境，可是他手頭的流動資本，全已投入於製造肥皂的新事業中，以致周轉失靈，債台高築，現在輕易把申報五萬元的積欠威脅，替他予以掃除消滅，對他不無助力。（三）是他覺得既然索取不得的積欠盈賬，還是作爲投資，比較合算可靠。因爲五洲是一家年年獲利，歲歲賺錢的藥房，平日要想參加認股，非輕容易。現在趁此示惠結好之際，落得提出轉賬投資的要求，這不是他的智慧昇華與盤算精明麽？

果然不出史量才所料，項松茂立即答應，雙方快速的辦理換文手續，就算完事。原來當時的五洲大藥房，還是獨資經營，所以項松茂可以自由處理、便宜行事。後來五洲固本肥皂研究試驗成功，需要大量生產，更需要大量的資金應用。於是，遂把五洲大藥房整體擴大，改爲有限公司的組織，這樣的一經組織變更，史量才所投資的金額到了民國十七年，他的五萬元股票價值，高昇有十倍之鉅。讀上海商業興替史，有關於肥皂業的記載。畧云「絡續成立之國貨肥皂廠日多，加入奮鬥，挽回漏巵不少。其中以民國十年成立之五洲固本皂藥廠爲規模最大云云。」其實此項記錄，係根據上一年度的營業報告而來，於是該廠成立的日期，遂變成了民國十年。詎料是年恰恰與史量才的命宮交進正財之年相符合。一般的說者謂五洲固本肥皂廠產銷兩好的賺錢喜訊，却成爲助長史量才交運發財的大大聲勢；其實猶不止此，他在這年上兩處事業却共發了八十多萬元的大財。

第一處的發財事業，當然是史量才基本事業的申報，因爲在這年申報的年終揭算，共計淨賺了四十餘萬元的純利。第二處的發財事業，那是他全權主持所創辦的中南銀行，却又獲得了四十餘萬元的紅利。有了這兩處事業的進益，對於他歷年間來在早期逆境所遭的種種損耗虧蝕。以及後來有關於申報館的購地建樓，裝置機器等等，擴充計劃所需，總要負担着八十餘萬元的赤字債額，至此全部清償，一掃而空。準此以觀，俗諺所謂「人生事業的興替得失，祇能與命爭，不能與氣爭」，確屬至理名言。當史量才未曾交進正運的時候，申報館所度的生活日子，大有過了一關又一關之概。任憑張竹坪經理的才幹超羣，肯負責任，對於申報的營業方面，每天總是打叠精神，運盡方法，整日爲廣告銷報的兩大問題，努力工作，辛勞奔波。但充其極每月只能盈餘五、六千元而已，想要拔還按月規定的一些舊債，都不可能。

怎爲申報於民國十年的這一年間，竟會有一舉而盈餘四十餘萬元，這不是件特出的奇蹟麽？說來這該歸之於宿命論者的「老闆的交運，連之夥計也有福了」那兩句命運註定之說。原來在這年間，正是上海社會間所稱「信交風潮」方在開端發展的甫起之時。所謂「信」即是信託公司，據調查相繼開設的通易、通商、中易等共六家之數，其創立之目的，大都注重於投機事業。所謂「交」即是交易所，因爲在這年中信託公司與交易所這兩種新興的企業，正似春雲的乍展。在當時實不能使人否認這兩種新興企業的興起，於表面上確實帶來英租界中各種商業的一片繁榮景象，而以各消費事業和娛樂事業爲最。不知塵世間有「大利所在，人爭趨之」的那兩句自然定例之言。爲日無多，信託公司與交易所紛紛的爭相發起，組織成立，尤以後者之盛，與組織之多。其種類和數額，遠遠超勝於前者，幾於市面所賣買經營的商業物品，無不有交易所的組織發起。

終於因各商業物品的交易所成立太多關係，於是，遂造成「信交風潮」的商業社會大災禍。有的交易所因內部組織不健全而告中道夭折，有的交易所因鬧着人事奪權糾紛而終止散場，更有的是因資本湊集不齊，後繼無力而不能成立。因此，場面展開，怕板未曾的有之，裝修未完、宜佈散場亦有之。不過依據當年的統計紀錄，還是如期開市，正式開拍的交易所，較爲衆多。但是最後結果，蝕本的多於賺錢，交運的少於倒霉。及至終極，除掉紗布、豆麥、証券、金業等幾家物品交易所以外，其餘的紛紛宣佈停拍歇業，關門清理。於是上海社會間爲之產生可怕的這個「信交風潮」名詞，而在此風潮裏不知多少有錢人家爲之毀家蕩產，也不知有多少溫飽之家，弄到啼飢呼寒。唯一的於信交風潮中，帶來發財的大喜慶機會，占得大利的祇有一份報業，堪稱一枝獨秀。蓋任何一家交易所自發起組織，宣告成立之日開始。舉凡成立通告，徵求經紀，招考人員，定期開市等等，無不要在各報刊登廣告，以昭愼重。

及至最後，不幸而宣告停業，關門清理，還得要刊「清理廣告」方休。這可以說交易所的開場與收場，其間每一件大事都要向各報刊登廣告的，而交易所所刊廣告的地位尺寸，又多又大。所以說只要翻閱交易所的一本蝕本賬，化之於各報的廣告費，最低限度要佔到三分之一或四分之一。而各報所定的廣告刊例，折扣之小，當以申（報）新（聞報）兩報爲最。如此這般，申新兩報於是並分春色，各得其所。此即申報在是年乃有四十餘萬元盈餘的奇蹟出現了。其實當時信託公司與交易所所發刊於各報的廣告數量，太多太大，遂有海天廣告公司老闆陳海天其人。因由他每日經手所發的交易所廣告頗多，爲要多分一杯羹，便斥資辦了一份名叫「市場公報」。挽酒友多人延請得鄧糞翁（按即後來的名書家鄧散木）主持編輯部全部事宜，這份兩張對開的報紙，不論版樣與內容。着實給他編排得有聲有色，多采多姿，認爲是張有前途的報紙。惜乎數月以後，信交風潮一起，即告停版。相信望平街的報業史上找不出這份市場公報的報紙名，更無人說得出主編的爲鄧散木其人。

送財入門來的黃奕柱

史量才命運中注定所應得的財富，不祇是他於是年在「信交風潮」中所收獲得各交易所的廣告費。同時在這一年上，還有另一注的巨大財富，送給他實收享有。其數額之大，却與他得諸申報各交易所的廣告費收入數字，不相上下，也是四十餘萬元。這筆財富究竟是什麽名義？從那裏來的呢？就是得之於他親手所策劃，勞盡心力，而創辦起來的中南銀行的代價酬報。但是他創辦中南銀行的資本從那裏來的呀？說來眞的有些類似「天方夜談」書中所記載的故事一般。據說有一天，當史量才在申報館視事時，突然接得一個操不純粹國語的異地人電話。據他在電話機中自己說他是姓黃名奕柱，最近來自南洋的新加坡埠岸。他的祖籍原爲福建省的閩南地方，在年輕時代，就背井離鄉，遠去國外的新加坡經商。只因一向客居以來，就函寄上海定有一份申報，從事閱覽，數十年來，未曾間斷。覺得祇有申報的立論公正，報導翔實，爲我們這班遠適異域，久客他鄉的遊子，認爲至好無上的精神食糧，幾有不可一日無申報的熱愛深戀那種觀念。

這個南洋老華僑黃奕柱，神情興奮。還在電話機上强調着說：「自從時入民國以來，是我以讀者的身份觀察，覺得申報外形的版樣印刷，內容的文字記述，無日不在改良進步中。而以近年來申報的改進成績美好爲尤甚，經詳予探聽之下，方知那是你史量才先生在主持辦理，這正使我對於你史先生的桀桀大才，引起無限的崇敬。頗想一識韓荊州，以慰我此生的願望，所以此刻在冒昧之中，先通電話。意欲與尊駕約定，在於一刻鐘之內，兄弟便親到貴報館，專誠訪謁你史先生。這是兄弟仰慕尊駕的能名，特地遠從海外回來，實是一片至誠的圖謀把晤，請弗見拒」云云。史量才當時接聽得這樣的一個突如其來的電話，自然感覺既驚奇，又歡喜，足以自慰與自豪。認爲人生一世，對於出版事業，實屬可爲，想我史某人因爲經辦了申報關係，漫說我的大名垂宇宙，簡直大名傳海外了。

不過史量才同時，對於這位南洋老華僑黃奕柱，不無覺得他是世間難得的一個有心人。所以在電話機上，以極禮貌的語氣言詞。慌忙不迭的向他回說：「黃先生，千萬請你老人家不要輕舉玉趾，枉顧敝館。這使我萬萬不敢當，不如請你老人家告訴現寓所在地方。以便恭趨晋謁，因爲你是海外遠客，我是海上居停，那有遠客下訪居停之理。」史量才的爲人，他若有意要交結他心上所喜愛，而認爲有利用助力之處的一個朋友，便自有他一種吸引力量。能於言詞笑貌，在俄頃之間，心志相孚，得成知己。且使人與之爲友如飲醇醪，有不覺自醉之感，這點就是他爲人的最大本領。

此次史量才對黃奕柱，祇在電話機上一經接觸，便即以極有禮貌的言詞相周旋，這不知是佛說所謂前生的因緣關係吧？還是他福至心靈，認定他是位送財上門來的財神。但看他在電話機上一番的言詞情意，何等的親切動人，怎不使黃奕柱由衷的心悅臣服，覺得史量才實爲祖國中所遇一位大大的好人。雖然，黃奕柱告訴他眼前所寓爲南京路的東亞旅社，可是他還是堅决而固執看要親到申報館來先行拜會。其理由以便雙方容易辨清面貌，聽清語音，庶不致有誤認陽貨爲孔子的錯誤事情發現。所以最後結果，仍然由黃奕柱先到申報館去拜會史量才。當兩人見面以後，雙方自有一番眞情實意的親切談話。尤其是史量才的口才便給，善於詞令。對於黃奕柱所提出詢問之話，不管是某一事件，或者是某一問題，他無不有條有理的答覆得頭頭是道，解釋得清清楚楚，眞教黃奕柱聽得佩服到五體投地，大有相見恨晚之感。

因此，黃奕柱和史量才兩人傾心交談，最後終於黃奕柱談說出他此來上海，心想創辦一所銀行之話。史量才雖非銀錢業出身的人物，但他於十年以前，曾經斥資開辦過兩家半的錢莊。亦曾爲自己兩家半錢莊業務的別調頭寸，耗盡心力，深得此中三昧。至於銀行業務雖沒有親手經營過，但從清末年代開始，他就在西藏路上狄楚青所開設民影照相館樓上的「影樓」俱樂部裏。即與徐寄廎、蔣抑之、盛竹書等這班銀行朋友，時相過從，常聚一起。尤其在近十年來的時日過程中，於社交應酬場裏，認識了宋漢章、張公權、傅筱庵、秦潤卿、錢新之、孫衡甫等等這班銀行界、錢莊業的權威人物。因此對於經營銀行業務有關的事業之話，聽也聽得多了，倒是耳熟能詳，毫不感到陌生。是以黃奕柱談話到他投資，想開設銀行之事時，史量才就滔滔不絕的談說出經營銀行業務的得失利弊之話來，最最使黃奕柱聽得有實獲我心之感的言詞，便是他竭力主張，不要開辦平平常常的小銀行。若要開辦的話，非要發行鈔票的大銀行不可。

因爲發行在民間社會的鈔票，對於「水火盜賊」的四大不幸遭遇中。鈔票的受着燬滅蝕沒的災禍最大，損耗最多，其事實也最廣泛。要知這種民衆的財富之失，即爲銀行的財富之得，此種話誠爲如衆所知淺膚易明之談。但經出於史量才的口，入於黃奕柱的耳，便覺得開設發行鈔票的銀行實爲天下發財的第一事業，就因爲有了這一次的暢談關係，黃奕柱就認爲史量才實是少有出見的辦理銀行第一位高手。便即取出一張五百萬元的外國支票，雙手捧給史量才收受，託他全權辦理開設有鈔票發行權的一家銀行。同時，他還交給史量才一張預先打好銀行屋宇的圖樣，並且一再叮囑，如果建築，必定要依照這張圖則建築，因爲這是一家英國最有名的老銀行房屋圖樣。

據黃奕柱對史量才說：「當他年輕時代，爲了活命生存，被飢寒衣食所策驅。壓迫他只得遠投南洋新加坡去經商工作，艱辛萬狀，一言難盡。自從在英國出版的書報上，看見這家銀行建築物的攝影圖片之後，覺得它巍巍峨峨，氣象萬千，於是把這家銀行建築物的整體圖片，裁剪下來，藏佩身邊。並且私下發了宏願，立了堅志，日後若有發達之日，我必要開設一家銀行。而銀行屋宇的建築，定必照此式樣，方不辜負我這個人。所以從此之後，工作辛勞到疲不能興時，只要取出這幀圖片一看。立即自會振作起精神體力，重復從事工作，這樣克勤克儉，數十年努力不息。如今稍有成就，便想了我心願，遂我初志，決定開設一家銀行。只因臆想着我國古老相傳那兩句『樹高千丈，落葉歸根』的名言，因此遂把資金移投到上海地方來經營。對於銀行牌號也早已取定爲『中南』兩字，表示含有這是中國一個南洋華僑歸來祖國所創辦的事業涵義之意。」

黃奕柱最後把預先在新加坡繪就銀行房屋的建築藍圖，遞交給史量才時。鄭重其事着說：「史先生，我把開辦中南銀行之事，全部拜託了你，任由你全權主持處理。是我決不顧問一事，也不介紹一人，以期事權統一，免生掣肘左右的弊病。不過對你祗有一事要求，就是中南銀行房屋，必定要依照此張的圖樣建築，因爲此事有關我本人志願的歷史關係」云云。後來史量才固然也遵照黃奕柱之命辦理，絲毫不走樣子，所以他在介於江西路與四川路之間的九江路上，購地建造中南銀行屋宇。高大的銀行門前的白石平台上，列有四枝粗大可兩人環抱圍拱的白石圓柱，以支持整座數層樓屋前邊部分的重力。更顯出中南銀行門面外貌的形勢巍峨，氣象輪奐，令人引起特殊的觀感。有誰知它那是仿自英國一家老銀行的建築物，這却是上海銀行界中有歷史性的一則掌故呢。

未忘受恩借機圖報答

史量才既然接受黃奕柱的囑託，全權主持創辦中南銀行。不但所有大小行員都歸他延邀派僱，指派職位，量材任用。連之銀行的總經理，銀行董事會的董事長，這兩個最高級職位的人員，也歸他延聘承担。原來史量才不願自居高位，恐怕引起傍人們的嫉妒，祗掛了不爲人重視一個普通董事的名義。但其實他操有極大的實權，大有代替黃奕柱任中南銀行的老闆之概。就因爲他大權在握，同時還掌執着延聘最高級職員的任用權衡。於是，便忖想着何不趁此大好機會，對以往曾受過他們恩惠的人，應該施以報答。這是如淮陰以千金報漂母的一飯之恩，所謂「大丈夫當如是耶」的稱快事情。當下史量才默計自己此生中所受到幫助提挈的恩德之大之多的，莫過於黃公續、伯惠父子，而以黃公續爲尤甚。如今公續先生他早已離開塵世，欲報無從，可是知遇之感，情何能已。惟有施報於他的後人黃伯惠，亦足以慰泉下人於地下。

因此，史量才便去尋訪黃伯惠，告訴他說：「中南銀行籌備開業，大部事情，已經籌備就緒。只是時到目前，尙有一事不曾定局，就是担任中南銀行的總經理一職之人，猶未聘定。伯惠弟，我想你從外國留學回來，忽忽之間已有數載，還未曾看見你在上海經營一業，幹做一事。你的抱負未露，你的長才未展，這未免有負你跋涉海外，勤勉所學之感。爲此，我想請你幫忙，承担此職，只要任做幾年中南銀行的總經理之後，藉此實踐習練，相信你自會增長不少商業的知識和經歷，這對你也是一個極好的機會。所以我說伯惠弟，你將來有天，想要發展抱負，自創基業的話，那就有老練而深切的經驗閱歷了。」如果換了別人，有這樣一步登天的美好際遇，一出場就任銀行總經理的高級職位。別說有史量才躬親上門邀請，就是百般鑽謀，千樣追求，也不爲過。但是黃伯惠對之，却毫不動容，亦不介意，更沒有一點欣喜的神情流露，只是對史量才淡淡地回說：「史先生，我曩年到英國去求學，所學的不是銀行管理學呀。如今承蒙你史先生不棄，要我去担任銀行總經理，那不是『造屋請了箍桶匠』麼？俗語說得好：『隔行如隔山，所學非所用』，我自相信決不會有較好的成績做出來的，這不是幫你的忙，相反的，可能祗會越幫越忙吧？」

史量才忙說：「這怕它什麼呢，伯惠弟，你儘管放大了胆，篤篤定定的向總經理位置坐上去就是。關於行中比較重大的事件，有我在那裏，自會從旁替你解決一切的爲難問題。行中比較小的事件，各部都有主任負責，多爲一般的例行公事。况且這班主任階級的行員，全經我縝密遴選之後，延邀得來的佳材人物。他們對銀行業務不但般般瞭解，而且件件精通。在你手下有這班各部主任，做你得力的助手，還怕什麼，儘管安心做你的總經理好了。」黃伯惠對史量才敦勸他出任中南銀行的總經理之話，始終不感興趣。但又不敢得罪他，只得對史量才回說：「史先生，請你給我一二天的考慮機會，好嗎？」這是黃伯惠所施的一個緩兵之計，史量才不便再事相强，只得答應三天考慮機會的要求。誰知三天過後，黃伯惠也不想與史量才見面回話，恐被留住再行苦勸不休。便打一電話給史量才，在電話機上回說：「史先生，是我一再考慮，總覺得這個銀行總經理的職位太高，責任太大。恕我不敢貿然任做，唯恐將來發生有虧職守的事情，只有懇請相辭，辜負你史先生的一番栽培厚誼了。」

黃伯惠作出了這樣的堅決表示，在理對於史量才方面，當然無其他說話可說的了。但史量才於第二天親自再去黃家，專誠探訪黃伯惠的母夫人，詳告種切。並且一再要請黃公續夫人嚴促黃伯惠答應去就職。

傳說中黃公續夫人果於來朝，把黃伯惠自書房中傳喚進去問話，埋怨他何以不接受史先生的好意。要你去任做中南銀行的總經理，你却堅決拒絕，表示不願任做，究竟爲了什麼緣故？難道說這銀行的職業，還不高尙麼？總經理的職位，還認爲低小麼？我且問你需要那一行的職業，方始樂於遷就，那一種的職位，才肯願於任當。儘可坦白率直地據實的講說出來，讓我聽聽你的觀點所及，到底正確不正確。據說當時黃伯惠答對他母太夫人之話，非常微妙相當滑稽。說他個人的個性，天賦所禀，對任何一種的行業都無所謂。唯有銀行一業，自會產生有一種格格不入的憎惡感。因爲幹做銀行這門行業的業中人，無不在銀鈔上邊打主意，錙銖必較，絲毫必爭。偏是我的生性，又對銀鈔不大重視，如果任做銀行總經理之後，一班窮朋友向我掉頭寸，你教我如何應付？借給他們吧，他們沒有抵押品，不借給他們吧，豈不要被他們笑我枉爲坐在這銀行總經理座上，不如推掉了倒還干淨。（十五）

大人一笑

張學良致函張大千

張岳軍、張學良、張大千交稱莫逆，世稱三張。最近張學良從台灣寓書張大千，勸張大千保重身體，函中有兩句最精警，曰：「命交給上帝，病交給醫生。」大千從之。最近，美國可以居大千居士寓所有兩次盛會，一次在六月二十日，座上有此次由台赴美探視大千的張目寒、「特級校對」陣夢因、陶鵬飛教授伉儷等。一次在七月十三日，歡送周彤華總領事。大千親自點菜配色，自書菜單，並有小序。大千從張岳軍、張漢卿二公之言，並曰：「自己不能吃，看別人吃也是一種享受！」備見風趣！

李會超群妙談吃麪

烹飪專家李會超羣女士，最近赴紐西蘭作烹飪示範，她說：「紐西蘭人對中菜尚無深刻認識，他們對中菜的觀感，祇知道吃麪和雲吞麪。他們把麪稱作長麪，把雲吞麪名爲短麪，紐西蘭人認爲長麪和短麪就是標準的中國食品；並且把中國醬油稱爲萬能調味汁，令人啼笑皆非！」李會超羣在紐西蘭五星期，並在電視公開表演中國烹飪，收到無數來信，使紐西蘭人對中菜的觀感一變，作恍然大悟狀；但對於長麪短麪，依舊未能忘情。

徐卓呆奉送林黛玉

滑稽家徐卓呆逝世迄今，十年於茲，他素有笑匠之號，抗戰前在上海辦「現世報」。上海人和人開玩笑，名爲「吃豆腐」，他在報上特闢豆腐專欄，極幽默諷刺之能事。該報長年定戶，俱有贈品，第一次按戶餽贈蝦仁豆腐羹一碗，第二次按戶送名種金魚，第三次送數十年前上海名妓四大金剛之一林黛玉照片一張，乃有「徐卓呆奉送林黛玉」之笑話。

鄭板橋奈何可奈何

清代「揚州八怪」之一的鄭板橋，與邊壽民是並時人物，他有許多佳話，流傳後世。某次，有位姓陶的友人生日，鄭去賀壽，恰值大雨傾盆。板橋一到，主人立即捧出文房四寶，請他寫幾幾句詩文，板橋不加推辭，援筆書「奈何」兩字，賀客不解其意，板橋續書「奈何」兩字，主人大惑不解，板橋再書「可奈何」三字，其時不惟賓客不安，主人大爲掃興，板橋又書「奈何」二字，滿堂大譁！其時板橋振筆如飛，一氣呵成，寫曰：「……今日雨滂沱，滂沱雨祝陶公壽，壽比滂沱雨更多！」

·下官·

馬場三十年

老吉

上期講到日本人佔領香港時期，香港賽馬愈跑愈見馬少，連兩匹馬上陣競賽的場合都有，所以我養的一匹從不出場的小馬「富吉」，也要上陣。這一匹澳洲小馬，雖祇出戰一次却為我署施小計，跑第二而贏了錢。後來，佐佐木少校好不容易弄到十六匹日本馬，竟能在美軍大炸太平洋時期，由水路運到了香港。因而，日本馬也加入香港競馬會，可惜祇此一批，永不再續，因為戰事日益吃緊，日軍節節敗退，所以第一次日本馬到港，也是第末次日本馬到港也。

日本人佔領香港時期賽馬，跑了兩年左右，（昭和十七年五月即一九四二年開始，跑到昭和十九年年底止），跑來跑去，就是留在香港這四百多匹澳洲馬和中國馬，再加上十六匹日本馬；實在當時運到了十七匹，不過其中有一匹在運到香港後死了，所以祇有十六匹，因而祇有少沒有多，當然賣少見少了。

昭和十八年亦即一九四三年的四月十八日，香港競馬會慶祝一週年紀念；其實未夠一年，這一天賽馬，特別節目增加了一場「澳洲馬冠軍賽週年杯」與一場「中國馬冠軍週年杯」，前者路程一哩二五，後者路程一哩一七一碼。

這時候，「壽星」馬主仍是我和內子，但「民望」馬主則因洪仲豪已退出而將他名下的部份，轉讓李士華兄和一位日本商人浮田正光先生；這位浮田先生是一位典型的日本商人，他經營的是運輸業，為人和藹可親，一點都沒有自認為日本人不得了的神氣，而馬主在馬簿上的名字，也由洪仲豪、沈吉誠改為「正吉」，意思就是「正」是正光（浮田的名字），「吉」字含有「士」字，便是李士華，而「吉」字當然是我了。

中國馬冠軍賽週年杯是排在第二場，而且是紅牌生賽，當時出馬我記得有七匹，參加的馬名是「飛霜」、「母獅」、「松竹」、「壽星」、「秋景」、「北斗」、「東亞」，而我的「金鷄」因腳疾未有上塲。

「壽星」逢出紅牌生賽，不是李世華便是劉榮；劉兄當時還兼做馬房醫生，這一次因李兄要騎「北斗」，所以「壽星」便由劉榮兄執轡。

「壽星」是重口馬，在賽前的早晨，馬伕漢口老王便對我講，「壽星」昨晚大唱歌，今天一定能贏馬，我聽了這個「貼士」，當然抱了滿懷熱望。

至於「民望」在這一場「冠軍賽週年杯」上陣，在出賽的前一晚，却害苦了我了。

賽馬日是星期日，星期六早晨，當然是最後試跑，由謝文玖老弟跳六化郎，時間很不錯。當時我與李士華兄，認為大有勝望，李兄更到浮田的寫字間去，報告這個好消息，同時還請他星期日到馬塲來預備拉馬頭兼領杯。

不料在星期六的下午，管馬房的范阿根，急匆匆的到我家裏來，說「民望」在上午溜馬時，發覺牠的左肩有多少不靈活，（英文名字叫Stiff），請我上馬房去看一看，他這一句話，却把我嚇壞了！

當然我們立即出門乘單車尾；當時沒有汽車，電車還嫌它慢，惟有乘單車尾最快。趕到了山光道山村道口，便急急忙忙跑進了馬房。

刁家堅早已在那裏等我了。

我當即關照小馬伕，將「民望」拉出馬房，在馬房外面的小沙圈溜給我看，果然左肩因屈了筋，而行走時有小小蹀步不開的模樣。

在無辦法中，也要想出辦法來，在「民望」再被牽進馬廐之後，我便與刁家堅及范阿根兩人，商量如何可以臨時將「民望」醫好而在明天爭奪這具「冠軍杯」。

刁家堅以俄羅斯英文對我講，祇有用熱水敷馬肩部份，然後再用强力的止神經痠痛藥「客浦疏林」（Capsolin）來大力抹擦，（按：此藥是一種油膏，治風濕、神經痛之用），然後看能否成功，如果仍舊不能暫時醫得好，祇有屆時放棄出賽了。

在臨時祇有一個方法之外，其他亦並無別法可以立刻生効，不比現在，可以立即打針，當時醫人的藥品都缺乏，更談不到醫馬的針藥了，我那有不希望能醫好牠而出賽之意，於是立即拿出軍票，關照小馬伕去買柴炭和風爐，預備當夜由兩三點鐘，開始煲水醫「民望」。

這一個壞消息，我並不通知李士華兄和浮田正光，因為對他們講了也沒有用，反而令他們担心，這又何必呢。

當晚我在食過晚飯之後，立即步行上馬房，先在刁家堅宿舍中坐談，因為那時候是在戰爭時期，燈火管制，一過十點，街道中不准行人，除非有憲兵隊的特別派司，亦即通行證，否則撞到憲兵，格殺不論，所以我不能不一早先到刁家堅家中，以便看馬伕們對「民望」用熱水敷治。

在十二點多時，我們一同到馬廐中的一共有

郭子猷馬上雄姿

六個人，那是刁家堅、范阿根、「民望」的馬伕、另外兩個專管燒柴火煲滾水的人與我自己。

到了兩點鐘，將「民望」拉在馬廐的中間通道，由左肩到馬頸部份，用一張大絨氈子包緊，等煲水在微滾的時候，便用大奶粉的鐵罐將水慢慢由氈內左肩處一點一點的倒下去。

如此一煲一煲的倒，約摸倒了五六煲滾水，令到「民望」的左肩熱極，然後，拉去絨氈，再用「客浦疏林」，（這是戰前的存貨，因爲各馬房都時時用得到，所以每一個馬房都有存貨的），由左肩一路擦到左大腿處，然後再用氈包好左肩部，再用熱水來熱敷，又倒了五六煲熱水，再擦藥，如此做法，一共做了六七次，已經是天光五六點鐘了。

於是乎將「民望」牽出沙圈，由小馬伕拉着牠行圈，刁家堅細心觀察，已見牠步行時左肩部沒有毛病，如此又步行了約十分鐘，便將「民望」再配上馬鞍，然後由刁家堅親自上馬踱步，踱了幾十步，已看不出什麼毛病，然後再加快走花蹄，也不見有毛病，刁家堅跳下馬來對我說：「不要緊了，到時一定可以上陣爭杯了。」

直到此時，我心頭方纔放下一塊大石，於是乎拖着疲倦的腳步，回家中休息，這時候已差不多近八點鐘了，我在回家之前，在馬房辦事處中，打了一個電話到馬塲中，找到了謝文玖老弟，關照他「民望」決定上陣，由他執轡，謝老弟並不知道「民望」有事，電話中還問我何以多此一個電話，這一下，令我自己都發笑起來，眞是多此一舉。

我睡了約有三個鐘頭，再打電話給李士華將「民望」左肩有小小不妥而由我們化了一晚的時間已經醫好無事，請他放心，並關照浮田正光屆時一定要到馬場，因爲也希望他能拉到那一塲賽事的頭馬也。

那一天賽馬，算是香港競馬會的一件大事，在第二塲中國馬冠軍賽，我們的「壽星」，由劉榮執轡，一開閘便衝出領前，一路順利領到了終點，贏得無驚無險，我們兩夫妻分拉頭馬，謝文玖也一同走進大門，後來我們更在何甘棠四叔手中，得到一具紀念性的銀杯，他老人家是馬會主席，（當時稱呼是理事長），我在上文，早已提過了。

好事不出門，惡事傳千里，「民望」左肩不妥，那裏瞞得過馬房中人呢，因而在第五塲尚未開賽以前，已有很多朋友來問我：「民望」到底如何？我便對他們說：如果眞的不妥，我那裏會令牠上陣呢，可是儘管我這樣講，他們還是將信將疑，連李士華兄也有多少胆小而不敢下重注。

當時，大家都知道「民望」是長途，照計這一次一哩二五，應該是第一大熱門纔對，大約因爲發生了肩部不妥的消息，大熱門變成韋耀章兄騎的「藍鳥」，這是已故大馬主林俊璋先生的寶駒，而「民望」則是第二熱門。

這一塲賽事，有七駒上陣，第三熱門是郭子猷老弟騎的「青山」，而第四熱門則是招基繁老弟騎的「勝利」。

韋耀章兄是老師傅，又是謝文玖的老師，他騎馬非但鞍轡穩陣，加上算計時間頗準，當然，這一塲賽事，「藍鳥」的假想敵，必然是「民望」了。

老韋知道「民望」是前半哩路不十分快的馬，而且也知道謝文玖的鞍轡並不能算得超特，因而他便採用了將「藍鳥」出閘網後搶進內欄而放頭的辦法，預備在頭三哩路程，將「民望」放離，他也知道「民望」有轉養和醫院灣外避的惡習，這一點在老韋來說，因爲他的轡皮緊，可以控制到「民望」未必會外避，但謝文玖的轡皮鬆，一定不能在轉直路灣時控制到不外避的程度，老韋老謀深算，他看準了「民望」與謝文玖的弱點，他便對症發藥了。

「民望」在頭半哩路，當然包尾，追到上山時，謝文玖用力催動，慢熟馬見馬過馬，由包尾追到第二，但與放頭的「藍鳥」仍舊相差有四五個馬位。

追到轉直路時，「藍鳥」沿欄轉進，這時候「民望」忽然大大外避，這一個外避，令我在廂房中連馬都看不見，祇見到一頂紅帽子。

這時候的「藍鳥」依舊絕馳，而「民望」這一外避，至少吃虧了十個馬位。

直路上但見紅帽子一路如飛而上，一路追到終點，竟然在外擋還贏了「藍鳥」三個馬位。

我右手打秒表，一看時間，竟是廿四秒正，在當時跑一哩二五而末段有廿四秒功夫，眞正是難得之至了。

我高興得不得了，飛身快跑，跑到拉頭馬的沙圈處，但見李士華兄和浮田正光早已站在那裏了。

當然很多人向我道賀，何五叔還向我說「民望」太好，「民望」太好。

刁家堅將馬牽進沙圈，等第二的「藍鳥」，第三的「青山」，第四的「勝利」一齊牽了進來，我便請得浮田與士華拉頭馬馬頭進大門。

就在一進會員席大門時，「民望」忽然一個虎跳，竟將馬嚼口咬爲兩截，謝文玖幾乎跌下馬來。

馬匹能咬斷嚼口，眞是千年難見之事，當時場面大亂，刁家堅立即將拉馬的繩子把「民望」的頭和頸箍實，然後由他和小馬伕，慢慢將馬牽了進馬房，因此我們連頭馬都拉不成了。

頒杯之時，仍是何五叔主持，由浮田、士兄與我三人領獎，可是這杯我們却送給浮田作爲紀念。隔了一個星期，我們假座香港大酒店餐廳，請了一餐晚飯，當然除了我們幾個馬主夫婦之外，謝文玖夫婦以及馬會主要人物，都是我們的上賓。

賽後，韋耀章老兄對我說：賽時他知道祇有「民望」可以打倒「藍鳥」，所以他一路放頭自己做工夫，但在終點前十碼，他祇見左邊有一匹馬追上來，騎師穿的是紅衫在外邊似飛而上，他知道一定是「民望」，可是牠不是在跑，而簡直是在跳，「民望」眞是好馬。可是老韋的意見認爲「民望」不應該如此外避，不應該出閘網如此慢，同時並建議下一次第一班馬的路程是六化郎短途，他希望能騎一次，不知可以不可以？老韋的提議，我那有不讚成之理，當時便找謝老弟和他說明，文玖聽說師傅要騎「民望」，當然不會反對，於是「民望」的下一次賽程，便由韋耀章執轡，結果如何，我慢慢再寫出來。

「民望」贏了這一仗馬王賽後，當然聲威大盛，可是刁家堅暗中對我說，這一回「谷」得太盡了，否則決不會連嚼口都咬斷之理，他的私見，認爲「民望」此賽，一定對肩部傷勢有增無減，不過因正當年富力强之際，暫時還不會發作，將來如何，他不敢担保。老刁有眼光，後來再過了四五個月，「民望」果然舊病復發，變成不能上陣，這是後話，暫且不提。

現在，我要講一下人人皆知而能在馬場紅了幾乎卅年的長春樹郭子猷老弟了。

郭子猷老弟，我在一九四零年已經看見他是紅牌生了，當年他的英文名字是「堅尼夫郭」（Kenneth Kwok），我還依稀記得他上陣之時，還帶了一副平光的金絲眼鏡哩。

郭子猷是在日本出世的，大約六七歲的時候，才由他父母帶同他來到香港，因而他的日本話講得相當好，他在香港受教育之後，當然英文也不錯。

他爲人非常樂天，對騎馬有特別嗜好，因而他對香港馬會也特別有親切感。講句迷信話，大約老天爺知道他中意騎馬，所以特別的賦與他一種騎馬的天才，何況他身材短小，更特別適合騎澳洲馬，否則，他怎能在香港馬場「風頭」一出能出了幾近三十年呢。

郭仔（我因爲從前叫慣他郭仔，恕我現在仍舊這樣叫他，其實，他也是五十歲的人了，講句笑話，應該叫老郭了），生成一副騎師身材，而且對騎馬有特別的悟性，日本人到了香港，佐佐木要復興馬會，胡伯明、葉鉅英等當時担起復興馬會重任者，知道郭仔的日本話，講得幾乎像日本人一樣，那有不把他拉進馬會之理，佐佐木少校與郭仔一談，便認爲郭子猷可以担任馬會的顧問和通譯的資格。因爲對馬會的一切，無論何五叔、胡伯明或葉鉅英他們幾巨頭，都不能與佐佐木直接講話，祇有郭仔，一開口便是日本話，可以和佐佐木隨便談話，這樣一來，郭仔在馬會中，搖身一變，便成爲最得佐佐木信任的人物了。

郭仔爲人，非常爽快，而且有一些小孩子脾氣平時不同人多講話，因而人家當他架子大得很，其實他爲人隨便得很，和他一熟便可以知道他的爲人。這一點，鄭中樞老兄（本港鉅商，也是馬主），知道得最最清楚，所可惜的，他對「理財」這方面，不大高明，因而爲他管理財產的人，便佔了大大的便宜，反轉來講，大大吃虧的，當然是郭仔本人了。

郭仔當時還是紅牌生，因他的身材、手力、檔勁都非常合於騎馬，加上了本身又愛好騎馬，所以日本人佔領香港時代，他上陣的機會多極，也因此之故，他不到三四個月，便畢業而轉人黑牌。

郭子猷在一九四二年，已是黑牌大師傅，在這時候起以後的一年半中，不知道贏了多少場頭馬，並且也是第一流的大騎師。可是到一九四七年香港賽馬會開始復賽，却對日本人時代畢業的騎師不認賬，於是乎郭仔再要掛起紅牌生的招牌上陣，（那時候郭仔的英文名牌，不用 Kenneth Kwok 而祇用 K. Kwok 這個英文名，一直用到了現在）。試想，以郭仔在日本人時代的風頭，而到英國人時代再以紅牌生資格上陣，可說是天下笑話，（但是事實上香港賽馬會不能不如此做，不要說郭仔，還有一個現在退休了十多年的當年與郭仔齊名的招基繁，也一樣要再算作紅牌生上陣），在香港的馬迷們，不少都知道郭仔當時的騎藝，因而郭仔由四七年到四八年中便畢業升了黑牌。（各位注意，當年的紅牌生並不像現在幾乎每一天賽馬第一場是紅牌生，而未贏過頭馬的紅牌生，還有五磅可減，在紅牌生與黑牌大師傅同賽的場合，又有減三磅，減五磅與減七磅之分。當年是：除非這一場賽事，規定紅牌生有減磅權利，紅牌生與黑牌大師傅一同上陣，紅牌生方有五磅可減，否則，紅牌生一樣受不到減磅的便宜，而且紅牌生同賽的場合，極少極少，因而當年的紅牌生想贏滿十場頭馬畢業成爲黑牌大師傅，便沒有現在這樣容易了。）

郭子猷在一九四七年香港賽馬會恢復賽馬之後，起初的四個月（由一月至四月）並無機會上陣，原因是香港賽馬會對在日本人的競馬會時上過場的騎師，先要審查資格，（在當時做過競馬會職員的從此不批準出賽，胡伯明與葉鉅英兩位便未能再賽馬，至於郭子猷，因爲查到他雖在馬會做傳譯，却並不受薪，所以從一九四七年五月起，仍準他以紅牌生資格上陣），所以，郭仔到是年五月十日第六次特別賽馬第二場，D班馬一哩，方纔能上陣，他騎的馬叫做「金輪」（Gold Wheel），剛剛這一場賽事，紅牌生有讓五磅之利，郭仔便受讓五磅，這一場賽事，鄧文華的「兎絲」（Tootsie）跑第一，鶴文（Hodgman）（已逝世好多年了）的「召船旗」（BluePeter）跑第二，而郭仔則跑第三，後來「兎絲」被控「橫越」，董事會研究屬實，將牠罰去頭馬，變成「召船旗」第一而「金輪」升上第二，這是當年的D班馬，也即是現在的第八九班馬，因爲當時仍沿戰前舊例，馬匹祇分爲A、B、C、D四班也。

是日，跟着第六場，郭仔又出C班馬的一哩二五長路，六駒上陣，他騎「小燕」（Canary），以大半乘敗於法蘭茜司（Francis）的「飛箭」這一場賽事，紅牌生無五磅可減，郭仔吃虧不少。

郭仔再出第七場，爆了一個驚人的大大冷門，這一場賽事B班馬一哩，一共有八駒上陣，這一場賽事，大熱門是畢浩清的「快跑」，二熱門是招基繁的「好彩」，郭仔騎的叫做陽光（Sunshine），（也即是後來令鄧文華君撞死的這匹惡馬），因爲此馬脾氣不好，無人肯騎，郭仔藝高人胆大騎牠出賽，負磅一三八，是同場與「好彩」一樣最輕的馬匹，不料「陽光」一出就放頭，憑輕磅之利，一路放到終點，直路上雖然有郭子猷在從前時代與他競爭得最厲害的招基繁君駕「好彩」和他力鬥，郭仔的「陽光」仍以一頸之先贏了頭馬，獨彩票祇售出七百廿四張，於是派彩多至一百四十二元一角正。這個數目，在現在似乎覺得並不出奇，可是在當年，因爲初恢復賽馬，售票並不十分踴躍，便算十分可觀的了。

一九五一年郭子猷獲得紀念銀盤

我寫這一事出來的原因，是因爲這是郭子猷在英國人恢復香港賽馬而他第一次贏馬便爆出了一個大大冷門，是值得紀念的，郭仔到現在，贏出的頭馬太多了，不知道他還記得這一次值得紀念的頭馬嗎？

戰後郭仔第二次贏頭馬，是在此賽隔了兩個星期的五月廿四日「聖靈降臨節」賽馬第一天的第七場，由D班馬跑一哩一七一碼，紅牌生獲得讓磅，郭仔再騎他第一次跑第二的「金輪」上陣，這一場馬，祇有四駒參加，可是除了鶴文一位大師傅之外，其餘三人，都是紅牌生，郭仔之外，一位是招基繁，另一位便是李世華兄。

這一次「金輪」是第一大熱門了，在獨贏彩票總數一萬五千五百八十九張票中，佔了一萬零零七十四張，結果「金輪」以四乘易勝招基繁的「敵對證人」，可是，獨彩祇派六元七角，和上一次他贏出了「陽光」，成了一個强烈的對比。

郭子猷在一九四七年度，由五月到六月這短短的一個多月中，一共上陣十三次，計得頭馬兩次，二馬三次，三馬一次，落第七次，成績可以算得不錯了。

一九四八年，從一月到五月，郭子猷當然更露光芒了，他共得頭馬九次，二馬十三次，（本來應該有十四次的，因爲在週年大賽第三天，（一九四八一月二十日），他騎故楊永康老兄名下的新馬「青天」（Bluesky）上陣，這一匹馬有怕馬脾氣，在初出跑六化郎路程時，出閘包尾，窮追，中途與別的馬碰撞，結果跑得了第二，却爲馬會董事控告，將第二罰去，（這一場的頭馬是鄧文華的「長勝」，三馬是祁葛利的「北極」，結果罰去「雲天」，「北極」升二馬，鶴文騎的「狐狸王子」由第四升爲第三），三馬十次，這時候郭仔雖已露鋒芒，但騎師冠軍尚未輪得到，因爲那時候老師傅很多，第一名輪到阿圖茂君，在一九四七年度，共得頭馬十六次、二馬八次、三馬八次，落第廿七次，第二名則是紐門君（J. C. Newman）共得頭馬十一次，二馬七次，三馬十次，落第廿次，第三名爲鶴文君，共得頭馬九次，二馬十次，三馬九次，落第廿一次。郭仔究竟初出，對外國馬主的馬匹，請他上陣的比較少一些，但一出已能大爆冷門而再贏大熱門，他的騎術當然爲一班外國馬主所逐步步的注意了，因而達到了一九四九年，保亨（J. Pote-Hunt）以十九次頭馬得到騎師冠軍，郭仔與梅倫（H. Maitland）以各以十五次頭馬佔得第二名，到一九五一年，郭仔就實授冠軍騎師了。（十四）

謹防小手

·大方·

筆者在上期本刊，曾寫了一篇關於騙子的文字，題名「老千世界」，並專誠去看了一次李翰祥編導的「騙術奇談」，藉資借鏡。但所得結果，旣沒有什麽新的發現，遂也沒有什麽良好收穫，片中所有取材，同於所謂舊瓶裝了新酒，同時也表演得頗爲含糊，舉一個例子來說：小媳婦騙取掌櫃者一錠銀子的故事，脫胎於舊筆記「夜雨秋燈錄」小癩子一則，書中叙述有巨騙功成身退，將宣告洗手，他的兒子小癩子，才智甚高，願繼父業。老騙子要試試小癩子的才能，對他說：「我坐在客廳中，你如果能騙我走出門外，便顯得你本領很大，可以繼承父業。」小騙立答道：「這樣子我辦不到，但你如在門外，我一定可以將你騙進廳裏，」老騙不信，便隨他走出了門外，問他「如何將我騙進廳內？」小騙子笑道：「你原說要騙出門外，現在不是已騙出門外了嗎？」老騙聽了哈哈大笑，認爲他兒子的才智果然青出於藍，便允許他繼承父業。當地有一個商店掌櫃聞其能，便和小癩子打賭，拿一錠元寶放在櫃上，掌櫃從傍親身監視，聲明小癩子如能將元寶騙走，銀子即歸小癩子所有決不追究，小癩子欣然離去。隔不好久，有一個漂亮的少婦前來，那是小癩子的妻子，手裏挽着一個木桶，桶裏裝滿了漿洗衣裳的麵糊，小媳婦和掌櫃是認識的，她表示生平沒有見過這麽大的銀子，要取來看看，掌櫃自然不能拒絕，不想小媳婦在把玩時，一時失手，將元寶跌入木桶中，急忙取出來時，元寶上已沾滿了麵糊，急忙用手巾拂拭乾淨，道歉而別。接着小癩子到來，說明銀子已經取去，掌櫃驚問理由，原來小癩子在木桶中藏了一錠假銀子，眞銀跌入桶內，由麵糊掩護之下，乘便掉了包，這樣便顯得合乎情理。影片中，祇寫銀子被騙，如何騙法，却未道出原委，這雖然可免抄襲之嫌，但在手法交待方面，似覺有些牽强。

另一節，出賣長指甲事件，似乎脫胎於三十六計中的「欲擒故縱」，「上海黑幕大觀」嘗有這樣一則記載：當時上海還流行制錢，康熙錢之外，更有一種寬永錢最爲名貴。某次，忽然有一家舊貨攤，願以五錢一枚，大量搜購寬永錢，於是家裏有寬永錢的人，都搜集了掃數賣出，市上寬永錢愈來愈少，那家舊貨攤標價每個寬永錢，提高到値普通錢十文，貪得朋友，以爲這事有利可圖，便四出大量搜購，及至積得一大批，再去賣給那舊貨攤時，舊貨攤早已人去樓空。事後纔知，他們所搜購到的寬永錢，都是那舊貨攤賣出來的，貪得朋友便中了他們所謂欲擒故縱之計。「騙術奇談」，加以變化，由長指甲代替了寬永錢，仍脫不了舊瓶新酒的窠臼。

「騙術奇談」的故事，雖然沒有什麽新橋，但李翰祥畢竟不失爲一個聰明絕頂的人物，他運用輕微的資本，和化腐臭爲神奇的故事，騙了觀衆大批的錢，可稱此中高手。

總而言之，老千技倆，不過如此，除了貪得的人上當外，連電影中的「騙術奇談」也翻不出什麽新鮮花樣。筆者於是由「老千世界」另寫一種奇異職業，名爲「謹防小手」。本來，老千之與小手，雖非同行，但性質却有相似之點。老千大部份運用計謀，必要時也用技術，使人上當；小手原則上需用技術，而必要時也得用計謀，故老千小手，可說是一種姊妹行的職業，而本篇所述，也可說是老千世界的姊妹作了。

空空妙手並非扒手祖先

「小手」，那是廣東人口內的名詞，上海人則一向稱爲「扒手」，文言文稱爲「祛篋」，又稱「摸袋竊」，還有一個專門性的「掱」字，亦即所謂三隻手。他們的祖師爺是何人？發源於何代？沒書本可供查考，一般人稱「扒手」之神乎其技者，謂之「妙手空空」。但根據記載，空空兒是唐代的著名劍客，與女俠紅線齊名。他並不是「扒手」，後人稱神偷爲妙手空空，不過借用妙手二字而已。扒手之在上海，習慣上有地段，有組織，也有規例，每一地段，必有一個領袖，遇扒手「獵獲財物」，必需交與領袖保管，以七日爲限，七日之後，如無人提出交涉，始可出售分贓，七日之內，如經有關方面提出追究，領袖應將獵得贓物，交還失主，不過提出一些酬勞，以貼補獵獲者的損失。由此而論，古代風俗是値得稱道的，「扒手」已是很下流的職業，但幫規森嚴，亦可謂之盜亦有道。

做案重智取襲擊乃下乘

高明的「扒手」雖以技巧熟練取勝，但主要關鍵，還是重在智取，硬施襲擊，乃屬下材，因之「扒手」之與騙子，實有其殊途同歸之處。他們做案，大都利用智謀，設法迷惑對方神志，分散對方的注意力，然後再配合熟練的方法下手，事後會令失主怎麽也想不起在何時出了庇漏，這纔是上乘高手。

記得我們居留上海的時期，西裝還未普遍，最流行的是中裝。每屆冬令，漂亮人士，喜歡內穿白紡綢的短衫，綢質夾襖，外穿襯絨長袍，長袍外再穿馬褂，馬褂外更加上一件馬褲呢大衣。而所用錢包，多數放在短夾襖的袋內，自以爲外邊有着兩三重防禦線，袋內皮包，可以萬無一失，却不知他們這一種打扮，不啻告訴了扒手，錢包必然藏在短襖的袋中，短襖便成爲他們下手目標，於是運用技術與智謀的雙重配合，乘機下手，往往得奏膚功。失者回到家裏時，發現短襖割開一縫，銀包已不翼而飛，這情形尤其使到初蒞上海的人，目瞪口呆，想不通扒手是從何下手的？

有一個時期，筆者常去派克路的卡爾登戲院看話劇，該院經理周翼華，是相識老友，樓上除經理室外，更有一個空房，作爲朋友們唱戲打牌之用，題名翼樓，筆者也是其間常客。一天，忽然另一朋友毛子佩，氣急敗壞地跑上來，大叫他的銀包不見了，而他的裝束，也是一般人那樣的長袍短襖，外罩馬褲呢大衣，短襖割開一縫，銀包便在縫中溜走，他認爲必是在戲院的附近遭到扒竊，便託周翼華設法澈查。上海習慣，稱戲院旅館等職業，謂之「油炒飯」，大凡吃油炒飯的人，和九流三教必有往還，周翼華自不例外。於是由他去找到當地的「扒手」頭子，要他三天內答覆，但三天後的答案，那頭子表示，當地弟兄，並沒有做過這件案子，要毛子佩仔細想想，一定是在其他地方被竊。經毛再三思索後，想起在愛多亞路的共舞台門首，曾一度乘過公共汽車，可能在那地方被竊。那時共舞台老板是張善琨，經理是周劍星，於是毛便尋到張善琨，轉託周劍星查問，果然發現係東新橋地段「扒手」所竊，結果得以物歸原主。張善琨對於此舉，還向當地扒手領袖大興問罪之師，要他約束手下，不可在共舞台附近一帶做案，但這事很難辦到，經過數度磋商，達成協議，今後扒手們不得在共舞台門口做案，但如散戲出來的看客，一跨過馬路，即便不屬於共舞台範圍以內，扒手們便可隨便活動了。這一協議，無疑是扒手領袖們給予張善琨的一種面子，可證在數十年前，扒手雖是一種下流職業，却也頗講交情，至於眼前的小手，便一些也不講什麽道義了。

扒手領袖暢談摸竊經過

自從經過那一段糾紛，筆者認識了派克路一帶的「扒手」領袖，一天，他又到「卡爾登」來飲茶，我們覺得扒手能在三重的防禦物以內，偷去皮夾，可謂神乎其技，要求他透露一些「扒手」出術的詳情，他情不可却，便帶笑敍述了如下一段事件。

他說：扒手既非神仙，也不是魔術師，絕不能將你袋中的錢物，變到自己的袋內，尤其是像毛君那樣外穿大衣、內穿袍子的人，更難下手，但事實上居然得手，則需利用時間，地點，和環境上的過程，乘虛而入，雙管齊下，纔可達到目的，倒也不是簡單的事。

他說：扒手做案，也以上述那種對象爲最難，凡向這種人下手，非單獨所能辦到，必需兩三個同黨服侍一個，地點大都是巴士站，時間最好是散戲之際，因爲散戲時，上車的人總是很擠，可以乘機下手，主要關鍵是凡屬身穿長袍大褸的人，行動一定比較累贅，每逢上車之際，自己必定要將下擺拉高一些，以免登車時，其袍角爲自己或別人所踏住，在這個時候，扒手早已認清對象，當你登車時，兩三個同黨也隨着登車，在車門口一擠，把你夾在中間，夾得你像「總會三文治」一樣，於是你的下擺會上升得更高，即在此際，其間一位空空妙手，施展一招「葉底偷桃」手法，用特製的制錢；或者極薄的利刃，探臂袴間，輕輕一割，你的銀包便落入了他的手中，扒手即告功成身退，但也有割得不巧，銀包落在地上的，自有他們的同黨負善後責任，檢拾而去。因之，當這位失主奮勇登車，覓得坐位，喘息未定時，銀包早已不翼而飛了云云。我們聽了這位領袖之言，始恍然大悟，何以身穿長袍大褸之客，也會遇到扒手的原因，但上述還是數十年前的事，扒手下手較難，目前香港環境不同，巴士中乘客擁擠，下手的機會，自然要比過去方便多了。

李翰祥拉洋片出騙術賺大錢

在上述一幕過程中，此中人謂之「探囊取寶」，所用利器，過去是一枚磨得極鋒利的制錢，現下制錢早已絕迹，因之，凡屬三十歲左右的人，大都沒有見過，目下則改用保安刀片，以代替了制錢，在扒竊羣中，技術上能達探囊取寶階段者，足稱其間高手，因爲扒手雖然安排同黨，利用機會，但那個主持取寶的人，需以兩指夾住一枚小小刀片，深入他人衫底，引刀一割，割得又要不輕不重，恰到好處，畢竟不是容易之事，因之，上述手法，允推扒手中的第一流，以下所述，便祇屬於第二三流的人物了。

不要塌眼藥提防美人計

過去上海精於世故的人，時常告誡子弟，上下舟車，不要爭先恐後，寧可緩慢一些，以防意外。但這辦法在香港行不通，香港巴士一天到晚都是人潮擁擠，你如果動作慢吞吞，便永遠上不了車。是以在香港乘車，經常要小心謹愼，提高警覺，比較之下，電車比巴士來得安全，因爲電車循軌道而行，去勢穩定，獲得坐位後，扒手便無從出術，巴士行走顚波性很大，在你推我擠或車身傾側之際，扒手便容易乘機搗亂，同時，扒竊業中也有女性，她們都打扮得很漂亮，當和你接近之際，她或者向你暗送秋波，或者向你故作親近，事實是在動你銀包的腦筋，當你感到渾淘淘時，她的同黨已乘虛而入，你爲了眼睛吃雪糕，便輕易地中了美人計了。

伍子胥把關檀木頭告狀

在最近的一個月內，筆者本身親歷了兩樁扒手事件，一次，筆者由九龍金馬倫道站乘巴士赴尖沙咀車站，乘客很擠，筆者站在車頭附近，當巴士開動後，一人忽向窗口外吐了一口痰，唾沫迎風四散，濺到身邊另一乘客身上，被濺者破口大罵，吐痰者不服，兩人便吵起來，引起一陣騷動，筆者恐遭波及，便踏上了二層的扶梯，不久，巴士停於美麗都大厦站口，乘客紛紛下車，兩個爭吵的人也下車走了。這時忽然有人大呼「小手」，說袋裏的鈔票不見了，但有許多人已經下車，無法追究，祇有自認晦氣，至此筆者始恍然大悟，那吐痰和被濺的人，本是同黨，借這一塲騷動，來分散別人的注意力，以便乘機下手，果然有人墮其術中，不過這一方式，也祇是扒竊中的陳舊手法。

記得筆者少年時，嘗看到舊筆記中有一段扒手趣事，一個鄉下佬進城，身邊帶着錢袋，爲兩個扒手跟踪，但鄉下佬用手按住錢包，無法出術，不久扒手的老師到來，用術語問得手了麽？答以尚未，問何故？答稱「伍子胥把關」，老師便提醒他們道：「檀木頭告狀」可矣，扒手會意，便由一個人走近鄉下佬向他身上吐了一口痰，接着急忙上前道歉，自承無心之過，並出手帕，替他拭拂乾凈，經過這樣一陣搗亂，鄉下佬未免要將兩手放開，比及那人離去，鄉下佬的錢包也已失竊，這就是所謂「檀木頭告狀」的意義。本是老到不能再老的扒竊手法，誰又想到用諸於七十年代的今日香港，居然也能收效。何謂檀木頭？原來檀者，痰也。

另有一次，筆者自旺角乘十三號巴士赴新蒲崗，車中曾和一人互爭坐位，但爲筆者搶得。不久，聞附近有爭吵聲，一人聲言失竊九十元，指身旁一人爲扒手，他人亦無法勸阻，及第二站，兩人下車自行解決，筆者初不介意，待到新蒲崗，始發現自己西裝褲之小袋邊亦被割開一縫，幸而內藏鈔票無恙，恍然係在爭座時被人做了手腳，也驚異於港九在巴士上活動的扒手數量之多。

滬幫扒手來自十萬大山

筆者因在短短期間，親歷二事，曾以目前之扒手情形，詢諸於一相識的巴士售票員，據答稱：目前九龍一區，專靠巴士生活的扒手，男女老幼不下千人，售票員見得多了，對若輩也都依稀相識，但事不關己，不便袒護乘客，祇知目前「扒手」，屬於上海幫的也很多，而上海幫扒手，則大都系出於「十萬大山」。

售票員之言，是頗有根據的。回憶在十餘年前，報間刊載一個滬籍扒手，因窃鋼筆而落網，供出是十萬大山幫的幫友。十萬大山在何處？他們的組織如何？眼前已很難考證，不過根據這位落網扒手的記述，因窃鋼筆而失手，他的技術也不夠高明，祇是此中的二三流脚色而已。

談到窃鋼筆，更是一種陳舊手法，有的是兩人合作，你走在路上，有人和你迎面一撞，你停步小立，背後一人便在你肩後將鋼筆抽取而去，有的是迎面一人假作在看報紙，故意和你相撞，他是有心計算，一撞之際，報紙邊緣，已插入你的袋口，一聲「騷來」，彼此就分道揚鑣，却不知你的鋼筆已爲他的報紙邊緣挑去，等你察覺，祇有徒呼負負。不過上述手法，至今已不適於用，因爲目前人們對名貴一些的鋼筆，已不再別在襟上，而都安放在內衣之間，扒手想施手術，亦不再像往日的方便了。

世界各國都有扒竊高手

扒手這一行，不知創始於何時，降及今茲，世界各國都有精於此道的人士發現。十餘年前，嘗有一位奧國籍的扒手大王，在香港北角的天宮夜總會公開表演，他扒取別人腕上的手錶，輕而易舉，甚至可以扒取別人身上所穿的上裝，因有「扒手博士」之號。他的見解，也認爲扒竊之道，首在分散失主的注意力而乘機下手，所以心理攻勢比技術作用更爲重要，不愧扒手博士的至理名言。又世界著名都市，推意國的羅馬扒手最多，由於羅馬富於名勝，長期吸引了大量遊客，同時也吸引了各地的扒窃高手，集合其間，向外來遊客埋手，認爲容易有豐富收穫，除了羅馬之外，便要輪到日本的東京，和此地的香港，而香港今日扒手案件之多，可能更較羅馬、日本爲甚。謹防小手，別無他法，祇有自己在出門和登車時節，隨時提高警覺之心，以減少扒手的光顧。

君臣鬥

(單口相聲)

劉寶瑞是早年畢業於侯寶林的一位著名相聲演員，這段「君臣鬥」是經過他改編的一個民間故事。

·劉寶瑞·

十冬臘月大雪降，
老兩口子爭熱炕，
老頭要在炕頭睡，
老婆就不讓、不讓、偏不讓。
老頭說：「是我拾的柴。」
老婆說：「還是我燒的炕。」
老頭拿起掏灰耙，
老婆操起來赶麵杖，
老兩口子乒當乒當打到大天亮，
結果，誰也沒有撈着睡熱炕。

「爭熱炕」詩一首。

你看我這學問不錯吧！爲什麽我有這麽大的學問呢？因爲我的姓好，我姓劉。過去姓劉的，淨是漏臉的：漢代芒碭山斬蛇起義的劉邦，東漢中興的劉秀，三國的劉備，都姓劉。最不好了，「法門寺」裏還有個劉媒婆兒哪！這是說笑話。不管你姓什麽，好人總是好人，有學問的人，姓什麽也是有學問。

在清代乾隆年間，有個劉墉、劉石庵，這個人當過左都御史、右都御史、漢中堂文華殿大學士，你瞧他就有學問。那位說：你別說了，我知道。劉墉不就是劉羅鍋嗎？你這一說，可就錯了，這劉墉並非是羅鍋。因爲清朝的制度，是六根不全的人不能當官，他那麽大官，哪能是羅鍋呀！

那麽，爲什麽都管他叫劉羅鍋呢？也有來源，因爲皇上封他爲羅鍋。正封的，封官有封羅鍋的嗎？也不是眞正封的，是他跟皇上討的。你說了半天，倒底是怎麽回事呢？因爲劉墉念書念的，有點水蛇腰，有一天他上殿見皇上，在品級台上一跪，皇上一瞧，順嘴說了一句：

「劉墉，你這麽一跪着，不就成了羅鍋了嗎？」

劉墉磕頭：「謝主龍恩。」

「你謝什麽恩哪？」

「謝萬歲封我爲羅鍋。」

皇上說：「封你羅鍋有什麽用呀？」

「有用，臣我每年多關兩萬兩銀子俸祿。」這是怎麽回事呢？清代有個規矩，皇上親口封一個字，每年多得一萬兩銀子。在劉墉那時候，誰也沒趕上；光緒年間的西太后，她就趕上了。西太后每年要拿十六萬兩的胭粉銀，那麽多銀子的粉，還不把人埋起來？沒有辦法，這是清朝的制度，已經封她十六個字了，就是：「慈禧端佑康頤昭豫莊誠壽恭欽獻崇熙」。一個字一萬，十六個字，十六萬兩銀子。

劉墉「羅鍋」這兩個字值兩萬銀子。皇上一聽，是這麽回事情啊，心說：「我有錢，也犯不上這麽花呀！」皇上要跟他爭辯：「劉墉，朕並非封你羅鍋，我就這麽一比方說着玩兒。」

劉墉說「萬歲，君無戲言，你說的話不能不算，如果這句不算，以後你說的話全不算。」

皇上說：「算！」你想皇上說了話不算，那不就反了嗎！算是算了，皇上每年得多花兩萬兩銀子，心裏挺不舒服。可巧這是個熱天，下午皇上要到北海納涼，那時候皇上到哪兒去，都帶着劉墉，因爲他有學問，問一知十，對答如流。

到了北海，皇上就在漪瀾堂長廊子底下凉快，望着太液池澄清的碧水，又回頭一看劉墉，想起早晨這兩萬兩銀子的事來了。心說：「無論如何也得想個辦法，把羅鍋這倆字取消，不然，一年兩萬，十年二十萬，他要活個百兒八十歲，我得花多少錢哪！」回頭就叫劉墉：

「劉墉。」

「臣在。」

「君叫臣死，臣要不死是爲什麽？」

劉墉說：「那爲不忠。」

「父要子亡，子要不亡呢？」

「那爲不孝。」

「既然如此，我是君，你是臣，我叫你死，你死去吧！」

你說這怎麽辦？那時候叫你死你要不死，那歸抗旨不遵，是死罪；你要遵旨，也活不了。劉墉眞有兩下子，眼珠一轉說：「臣，候旨。」皇上說：「你候什麽旨？我叫你死，你就死去得啦！」劉墉說：「萬歲，你說讓我死，你還沒有說讓我怎麽死呢！」——他讓皇上給出主意。

皇上一想，既然叫你死了，出主意就出主意，說：「前面就是太液池，一丈多深的水哪，跳下去就死了，你跳下去吧！」

「臣領旨！」

劉墉說完這句話，就奔太液池去了。皇上瞧着，心說：「你要眞跳下去，我趕緊派人打撈上來，我就說：朕傳旨叫你死，你沒死了，我這就是抗旨，得啦，現在你也不用死了，乾脆把「羅鍋」倆字取消吧！」——得！兩萬銀子沒了。劉墉心裏明白，慢慢地朝太液池那邊磨蹭，幹嗎呀？他這兒想主意哪。

劉墉到了太液池邊沒有跳，直眉瞪眼地衝水裏鞠了三個躬，他又回來了，來到皇上跟前：

「臣劉墉交旨。」

皇上差點把鼻子氣歪了。

「你交什麼旨啊？我讓你死，死了才算交旨哪，沒往水裏跳，你又回來了，這怎麼算交旨呢？」

「萬歲！」劉墉說，「臣我剛要跳，水裏有一個人把我給攔住了，跟我說了兩句話，讓我來問問您，問完了我再跳去。」

皇上直奇怪，說：「水裏有一個人？是誰呀？」劉墉說：「是屈原。」——這個屈原是列國時候人，他是楚國上大夫，讓無道昏君逼迫的，跳汨羅江死了。乾隆當然知道這件事情。他說：「屈原跟你說什麼來着？」

「他跟臣說了這麼兩句話：『我遇昏君該當死；君逢明主應當回。』屈原遇見無道昏君，逼得跳水死了，說我劉墉啊，遇到您是位明主，我不應當死，我還是應當回來。我主萬歲，臣我還死不死了？」

皇上說：「……那你就別死了！我叫你死了，我成昏君啦！好，你活着氣我吧！」皇上心裏想：嘿！羅鍋兩個字，兩萬兩銀子，我還差點落個昏君。一定得想辦法，把這兩萬兩銀子取消。

皇上從漪瀾堂上龍舟渡到了對面五龍亭，要看看小西天，然後到萬佛樓上進御膳。一進門，看見院子裏擺着兩桶馬蘭，皇上心裏一動，想拿這個找劉墉的毛病，用手一指：

「劉愛卿，這兩桶是什麼花草？」

劉墉要順口一說是「馬蘭」，皇上就找上碴兒了。什麼叫馬蘭哪？做這麼大的官，說話這麼俗氣，降級罰俸，先把羅鍋這倆個字取消，兩萬兩銀子吹了。劉墉也機靈，用手指着一桶馬蘭說：

「萬歲若問，此乃一桶萬年青，冬夏老是那顏色。」

「卿家，何為一桶萬年青？」

劉墉說：「我主大清江山一統，這就叫『一桶（統）萬年青。』」

皇上一聽這句話就高興，這馬屁把他拍舒服了。皇上說：「好！」一伸大拇指——皇上的大拇指上戴着一個班指，這是西洋進貢來的，價值連城。這個班指是真綠，比如說桌子上鋪着一塊紅毡子，把班指摘下來放在上面，這毡子能變成綠的；一盆涼水，把班指放在水盆裏，這盆水也能變成綠的。這麼說吧，皇上戴着這個班指，站在北京前門樓子上，一挑大拇指，能綠到上海去。也沒那麼綠！反正是夠綠的就是了。

乾隆皇帝編纂四庫全書之文淵閣

皇上說「好一桶萬年青！劉墉，朕賞你一個班指戴。」

皇上說着，把班指摘下來就給劉墉。其實皇上哪兒那麼好心眼兒，他是拿這班指找碴兒，劉墉要順手接過來一戴，這叫欺君之罪——我是君，你是臣，我的東西剛摘下來，你就戴上？欺君之罪，雖然不殺，羅鍋倆字也得取消。劉墉也明白呀，他說：

「臣謝主龍恩。」

「不用謝恩了，你戴上吧！」

劉墉說：「臣我不敢戴。」皇上說：「不戴！你是不要啊？」君臣鬥智麼，你要說不要，打你個抗旨不遵，兩萬兩銀子還得取消。劉墉也說得好：「萬歲既賞給為臣，為臣焉敢不要。」

「要，你不戴上？」

「戴上，我為欺君之罪；可不要又為抗旨不遵。」

皇上心說他比我還明白？

「那你怎麼着好哪？」

「萬歲賜與為臣的班指，臣我不敢戴，我交給我手下的從人，捎回原籍山東省青州府諸城縣，供在我們祖宗堂內。」

皇上一聽：得！這班指完啦！沒法子，往裏走吧！一進佛殿，上邊供着一尊佛像，就是那個大肚子彌陀佛。皇上心裏頭一動，用手一指這佛像：

「劉愛卿，上面供着這是什麼佛？」

劉墉要順嘴說是大肚子彌陀佛，皇上就算找着碴兒啦，佛爺就佛爺得了，幹嗎還大肚子？做這麼大的官，說話這麼俗氣，降級罰俸，「羅鍋」倆字取消，兩萬兩銀子不給了，乾脆班指也拿回來吧！得！這下子全完了。

劉墉心裏有數，趕緊回答：「萬歲若問，此乃一尊喜佛像。」這話說的對，彌陀佛那個像老是那麼笑咪咪的。皇上一聽他說的這詞兒好，一提佛像又問了一句：

「爲何他見朕笑？」

「此乃佛見佛笑。」

這馬屁一拍，就給皇上拍喜歡了。怎麼呢？在清代的時候，皇上都稱佛爺，康熙佛爺、乾隆佛爺，一直到光緒年間，西太后還稱老佛爺哪！這是他說乾隆也是佛爺，供着的佛像也是佛爺。佛爺見佛爺笑，他在接駕歡迎你哪。那皇上還不高興麼！「好！好一個佛見佛笑，好！」皇上一挑大拇指：「喲！班指沒啦！那什麼……劉愛卿，朕要賞你一個馬掛穿。」八團龍的馬掛，現打身上脫下來，就遞給劉墉了，劉墉還是捎回山東諸城供在祖先堂以內。

劉墉剛把馬掛收下，皇上眞夠損的，往旁邊一斜身，讓劉墉跟那個佛像對了面啦，皇上用手一指：「劉愛卿，爲何彌陀佛他見你也笑哪？」

這回可麻煩了，他隨口再一答「佛見佛笑」，啊！你也成皇上啦？欺君之罪，東西都收回來，推出午門開刀問斬，連「羅鍋」倆字都不用取消了，人都死了，當然也就不給錢了。劉墉眼珠一轉，趕緊回答：

「萬歲，他見您笑，是佛爺見佛爺笑，接駕哪；他見我笑，他說人家是皇上，你在旁邊算幹嗎的！難道說你不害羞嗎？他笑爲臣不修道，就是他在那兒嘲笑我哪。」

皇上一聽：好哇！只顧他嘲笑你了，我這班指沒回來，馬掛又進去了。往裏走吧！

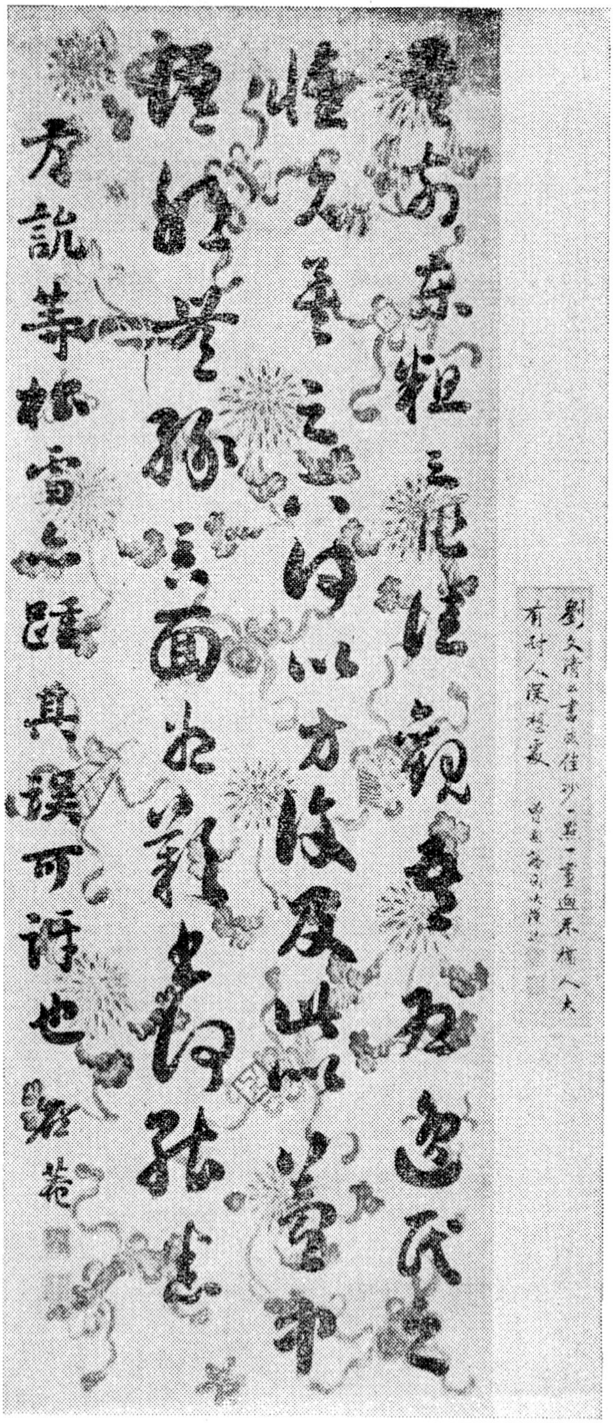

劉墉（石庵）書法真蹟　曾國藩題跋

皇上要上萬佛樓上進御膳，剛一邁步上樓梯，劉墉說：「萬歲上樓，臣給你念句吉祥話兒，念您步步登高。」皇上一聽，你還繞惑我哪！

「好！好一個步步登高，劉墉，朕賞你一個夾袍穿。」當時把袍脫下來遞給劉墉了。劉墉還是捎回山東原籍，供在祖先堂內——把夾袍也收下了。

皇上到樓上沒吃飯，繞了個彎兒又下來了，來到樓梯這兒不往下走，回頭問劉墉：

「劉愛卿，現在朕要下樓了，你再給我念句吉祥話兒。」

這回可麻煩了，上樓念「步步登高」，下樓你怎麼說啊？「步步登矮」、「步步落空」、「步步下溜」、「一步不如一步」，說哪句也活不了。劉墉腦筋也眞快。

「是，念您，『後背倒比前背高』。」

皇上高興了：「哎呀！現在我是皇上，我的後輩兒孫比我還要高！」其實皇上想錯了，劉墉沒說皇上的後輩兒孫比他高，是說皇上下樓的時候，他的後背比前背高。那意思就是這「羅鍋」呀，你也有那麼點啦！皇上沒明白這意思，還高興哪：「好！好一個後輩倒比前輩高！劉愛卿，朕再賞你一個小掛兒穿。」把小掛兒脫下來給他了，要不怎麼皇上光着膀子下樓了哪！

Milady
德國製
玉女型首飾·每種十元起
大人公司有售

銀海滄桑錄

「人言可畏」阮玲玉

蝶衣

自殺合同　不祥預兆

阮玲玉，是電影史上著名的悲劇演員。在她的私生活裏，也同樣是一位悲劇人物。

她初登銀幕，主演的影片是「掛名夫妻」；她自己的婚姻，從初嫁張達民到再嫁唐季珊，也都是掛名夫妻，並未正式舉行過婚禮。

民國二十四年的三八婦女節，阮玲玉爲了逃避訟事的糾葛，留下了「人言可畏」的遺言而服毒自殺。奇怪的是：她曾在民國十八年參加過一部影片的拍攝工作，片名就叫做「自殺合同」。

在中國電影史上，第一名自殺的是艾霞，她死於民國二十三年，留下的沉痛之遺言曰：「黑暗的電影圈！」

阮玲玉死於次一年，是爲了愛情而犧牲的第二個女明星。無疑地，她也是「自殺女明星」的前輩。

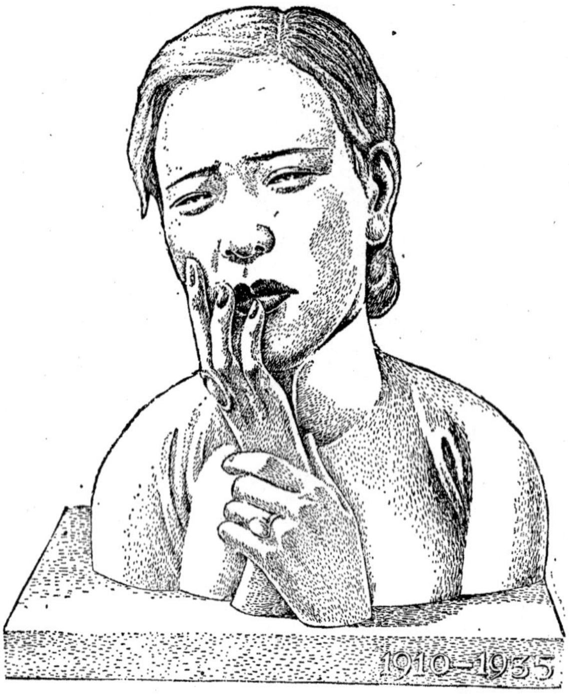

悲劇人物阮玲玉　丁聰作

當阮玲玉的第一位情侶張達民，與第二位情侶唐季珊纏訟的時期，有關她與張、唐之間的桃色新聞，被當時的影劇刊物視作大好資料，「阮玲玉遠避香港」以及「阮玲玉白廝子秘聞」一類的記載不斷出現，字裏行間極盡繪影繪聲之能事，因之市井街坊與茶樓酒肆等公衆場合的好事之徒，無不拾取此項混淆視聽的新聞，作爲說短道長的話題。

「人言可畏」再加上身處於訟案夾縫之中，阮玲玉無法解除精神上的痛苦，終於仰藥而死，在電影史上寫下了可悲的一頁。

小名鳳根　母爲傭婦

阮玲玉，祖籍廣東省香山縣（民國十七年，西曆一九二八年改爲中山縣。）左步頭鄉，清宣統元年（歲己酉，即西曆一九一〇年。）四月二十六日誕生於上海朱家木橋祥安里，小名鳳根。

父阮用榮，號帝朝，任職於上海浦東亞細亞火油棧的機器部。母何氏，於二十五歲的那一年生下玲玉。

民國四年（西曆一九一五年），阮玲玉六歲，全家由浦東的亞細亞火油棧工人住宅遷居到上海北四川路武昌路同仁里。

阮用榮積勞成疾，何氏經人引薦，入張姓人家當女傭，靠着一些微薄的工資，作爲調治丈夫疾病的醫藥費；但阮用榮終於病入膏肓，不治去世，遺下妻女，成了寡鵠孤女。

何氏料理罷丈夫的喪事之後，繼續在張家當女傭，玲玉則寄養在何氏的義姊家裏。次年張家准何氏把女兒帶在身邊，玲玉便也住到了張家。

這個張家，就是後來阮玲玉的第一任情侶張達民的老家。

張家是個大家庭，張家兄弟共有十一人之多，其中較爲人所習知的是張晴浦、惠民、慧冲、達民四兄弟。惠民、慧冲、達民是同一母親，此外都是同父異母。

在排行中，張達民是老七。

關於初戀　說法分歧

關於阮玲玉與張達民的結合，有兩種不同的傳說。

其一見之於公孫魯所著的「中國電影史話」第二集，有如下的記述：

民國十四年（西曆一九二五年），阮玲玉十六歲，在崇德女中就讀。童年時期的青梅竹馬之侶張達民，開始追求阮玲玉。

不久，玲玉輟學，與張達民結爲夫婦，同居於北四川路的鴻慶坊。

其時，張家已家道中落，達民是位公子哥兒，不事生產。玲玉投考明星影片公司，幸被錄取，榮任「掛名夫妻」一片的女主角。男主角是黃君甫與龔稼農，導演是卜萬蒼。

民國十六年遷居海寧路，她母親領養了一個

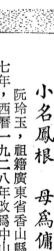

被棄的女孩子，取名小玉，算作是玲玉的義女。

玲玉在這一年主演了「俠鳳奇緣」一片，第二女主角是毛劍佩，男主角是鄭逸生，由鄭正秋導演。

民國十七年主演「洛陽橋」，男主角是朱飛，由張石川導演。接着又與胡蝶、朱飛聯合主演「白雲塔」，是年阮玲玉是十九歲。

她與張達民的感情，這時已有了裂痕，兩年之中分居三次，玲玉曾服安眠藥自殺，送福民醫院急救後，得以復甦。經親友調解，再與張達民同居。

以上，指出了阮玲玉與張達民的結合，是在她進入電影界之前。

從影以後　賀者踵門

另一種說法，則見之於張彧弛所作的「阮玲玉的愛與恨」一文，原載台北出版的「中外雜誌」第八卷第三期。

這位張彧弛先生，當年曾是阮玲玉的鄰居。阮玲玉考入明星公司，主演「掛名夫妻」的消息傳開之後，左鄰右舍成羣結隊的跑到阮家去道賀，張彧弛也是踵門道賀者之一，他在文中有如下的描寫：

『……當然，趁此機會我也參加了道賀的行列。這是我第一次，也是最後一次進入阮玲玉的香閨，她們家住的房子不壞，可是兩母女只租了其中很小的一間，室內陳設簡單，一牀一桌一椅，如此而已！兩母女僅有的幾件衣裳，都用鐵釘掛在牆上。阮玲玉的母親一臉病容，嘴角掛着怯怯的笑，對於擠進擠出的道賀者，簡直不知如何應付纔好。因爲房裏沒有地方請客人坐，而且很顯然的茶水也不夠。阮玲玉呢？她默默的坐在牀側，依然儘低着頭，憂思忡忡，好像眼前的熱鬧情景，跟她完全無關；當上了電影明星，就跟找到了普遍工作一般。』

以上，是親歷其境的記述，應該是第一手的資料。而且，原文還記下了當時聽到的如下一番問答：

鄰居問：「妳是怎樣去拍影戲的？」

玲玉答：「考的。」

鄰居問：「妳怎樣曉得去考的？」

玲玉答：「看報。」

鄰居問：「當明星有幾多錢一個月？」

玲玉答：「還不知道。」

由於上述的情況可以知道：當時並沒有張達民同居在一起，而僅是何氏與阮玲玉母女二人相依爲命。

阮玲玉的特寫鏡頭

汽車接送　情郎出現

張達民之出現，根據張彧弛的記述，是遠在阮玲玉陸續拍過了「俠鳳奇緣」「洛陽橋」「白雲塔」以後的事。

張彧弛文中提及當年目覩張達民出現，有「我是最先發現這件大事的人，鐵的事實，令我震驚到幾乎爲之昏眩的程度」之緊張自供。

原文記述阮玲玉與張達民的交往經過，情況如下：

『那一天，我清清楚楚的看見，阮玲玉從一部私家車中鑽身出來，她畧帶不安的低着頭，飛快的向左右兩面看一眼，然後，就像逃跑似的奔入她家。

我被眼前的景象驚呆了！以至於那部私家車上坐的什麼人，以及它在何時開走？我都渾然毫無所覺。接着，從那一天開始，那部在當年上海都得算是豪華珍品的私家車，就不時的在我們附近露面。而且，由於我決心窺伺，居然也被我看到了車上的另外一位，那正是大名鼎鼎的富家公子張達民。

張達民也是廣東人，當年不過二十多歲，他們那座豪華的府邸，也在我們的附近。張達民的父親在上海經商多年，發了不少的財，在當年就已經有了將近百萬元的身家。張達民幾兄弟，一個個都是席豐履厚，養尊處優的公子哥兒，一個個都有自備汽車，健僕俊童，平時一擲千金，了無吝色。在上海遊樂場合，高級社交圈裏，正是無人不知、無人不曉的濶少。（中畧）

張達民外貌帥，鈔票麥克麥克，又有自己駕駛的私家汽車，和顯赫的身世，優雅的風度和談吐，以及追求異性的高明手段，當年不過二十歲的阮玲玉，當然很難避過他的猛烈攻勢，起先是送她回家，其後按時接送，漸漸的張達民被阮玲玉帶到了家裏，親熱的喊她母親爲「伯母」。』

阮玲玉演「神女」，合演者章志直

矛盾傳說　獲得統一

這第一手的資料，說明了張達民在追求阮玲玉之時，經常以汽車接送，該是無可置疑的事實。但，這却與「中國電影史話」的記載完全不符。

此一矛盾，直到筆者訪問了當年明星影片公司的攝影師董克毅之後，纔獲得解決。

董克毅前輩證明：阮玲玉在投身電影圈之前，確已與張達民有了戀情，但二人並未結婚，因之也不住在一起。

張或弛之看到張達民出現，該是阮玲玉已與其母遷居於海寧路的時候。因爲張家的住宅也是在海寧路，這一點是與張或弛的記述符合的。

至於直到阮玲玉成了電影明星之後，纔看到張達民以汽車接送，可能中間有一段時期，恰當二人分居的階段。而張達民之重復出現，則正是二人言歸于好的當口。

因之，張或弛的記述雖是親眼目覩的第一手資料，但他却不知阮母何氏曾是張家的女傭，也不知阮玲玉與張達民早在童年時期即已認識，有過一段少爺與丫環的戀情，因而有登堂認母的想當然耳之猜測。

比對之下，「中國電影史話」的記載，是較爲可靠的。

滬戰發生　避難來港

此外，關於阮玲玉的從影過程，「中國電影史話」在述及她「再與張達民同居」之後，尚有較爲具體的如下記叙：

民國十七年，阮玲玉在明星影片公司拍完了「白雲塔」以後，即轉投大中華百合影片公司，主演「珍珠冠」「劫後孤鴻」「情慾寶鑑」三片。

次年，連續担任「銀幕之花」「婦人心」「九龍山」諸片的女主角。

是年冬，又改投聯華影業公司，曾跟隨外景隊去往北平，拍攝「故都春夢」及「自殺合同」；前者由羅明佑編劇，孫瑜導演，林楚楚、王瑞麟主演，並無阮玲玉的戲，她只是隨隊觀摩性質；後者則拍了部份外景即半途而廢，不曾再拍下去。

民國十九年，阮玲玉先後主演「野草閒花」「戀愛與義務」及「一剪梅」三片；曾到廣州攝取「一剪梅」的外景。

民國二十年，主演「桃花泣血記」「玉堂春」。此年，張達民得阮玲玉之推薦，獲任上海光華大戲院經理。

次年，「一二八」事變發生，阮玲玉離滬避難，到了香港，旋赴澳門居住，至四月間又重回上海，向聯華影業公司報到。

由卜萬蒼導演，阮玲玉、林楚楚、陳燕燕、金燄主演的「續故都春夢」及「三個摩登女性」；費穆導演，阮玲玉、金燄主演的「城市之夜」；孫瑜導演，阮玲玉、黎莉莉、袁叢美、談瑛主演的「小玩意」；鄭基鐸導演，阮玲玉、張翼、何非光主演的「再會吧上海」；費穆導演，阮玲玉、高占非、黎鏗主演的「香雪海」；吳永剛導演，阮玲玉、黎鏗主演的「神女」；蔡楚生導演，阮玲玉、鄭君里、王乃東主演的「新女性」，都是阮玲玉重回上海以後的作品。

感情破裂　協議分居

阮玲玉與張達民之間，感情時好時壞，正式破裂則是在民國二十二年即西曆一九三三年，也就是胡蝶膺選爲「電影皇后」的一年。

在阮玲玉回到上海，先後主演「續故都春夢」「三個摩登女性」的期間，張達民已辭去光華大戲院經理之職，由阮玲玉推薦到聯華影業公司董事長何東那裏去，當上了「瑞安輪」的買辦。

民國二十二年的四月，張達民聽到了有關阮玲玉的流言，放棄了「瑞安輪」買辦的職務，由福建趕回上海，與阮玲玉發生了一場極尖銳的衝突。後經伍澄宇律師居間調停，終於辦妥了離異手續，雙方簽字，正式分居；但由於阮玲玉的思想保守，害怕張揚，這一件事對外並未宣佈。

此後，阮玲玉成了「中國茶葉公司」經理唐季珊的情婦，唐季珊出入社交酬酢之場，經常臂挽着這位著名的銀幕悲旦，與賓客們相周旋；他們的由戀愛而同居，成爲一項公開的事實。

但，張達民與阮玲玉之間的糾葛，却並未因離異而終結。張達民眼看着自己的愛侶投入了他人懷抱，心中忿忿不平，唯一的洩憤方法便是向阮玲玉找麻煩；這與張達民經濟情況的不佳，當然也有很大的關連。

從民國二十一年四月由澳門回到上海，阮玲玉會數度遷居。

起先，她住在靜安別墅，旋遷居於蒲石路餘得坊，十二月又遷居於餘慶坊，次年再遷大勝胡同。張達民由福建回到上海，與阮玲玉辦理離異手續，就在她住在大勝胡同的時候。

到了民國二十三年，又遷居於沁園村。這樣的遷徙不定，不外是爲了逃避張達民的糾纏；她的內心之痛苦，也就由此可知。

整頓風氣　遭受歧視

二十年代的上海電影界，風氣還相當保守。阮玲玉所隸屬的聯華影業公司，曾於民國二十三年間以「整頓影壇風氣」爲口號，此一口號本爲針對演員們亂攪男女關係而發。不幸的是阮玲玉恰於此際，捲入了三角的漩渦，公司當局不知道她與張達民已辦過離異手續，對於她的與唐季珊同居一事，遂亦深致不滿。那時雖還沒有「鬥爭」「清算」一類的名詞，但無形中已將阮玲玉列爲歧視的對象。

因之，在阮玲玉主演過「香雪海」「再會吧上海」「神女」「新女性」四片之後，公司方面鑑於她心神不屬，便暫時將她「冷藏」起來，不再派戲給她主演，使她的銀色生命再度遇到了挫折。

到了民國二十四年，聯華影業公司主持人纔逐漸瞭解阮玲玉的處境，爲了寄予同情，方始宣告解凍，繼續請她主演「國風」一片；但片未攝製完成，阮玲玉便自殺身亡了。

報名應徵　幸被錄取

阮玲玉在人世間，只活了短短的二十六年。泣血桃花，命薄如紙；自殺之訊傳出後，聞者無不同聲悲悼，認爲是電影界的一大損失。

她的由投考而躍登銀幕，也有一些經歷和不少珍屑可記。

民國十五年的初春季節，明星影片公司籌備拍攝「掛名夫妻」一片，曾在報上刊登招請女主角的廣告。當天就有一位淡妝素服的少女，由她的母親陪同着，進入明星影片公司導演科的辦公室，含羞帶怯地報名應徵。

當時在場者，有「掛名夫妻」的導演卜萬蒼，助理導演湯傑，攝影師董克毅，劇務兼場記葉良德。

這一位少女，是報名應徵的第一人。導演卜萬蒼見她在清秀脫俗之中兼具有憂鬱的氣質，對她已特別注意。但在當時不過循例畧問她的家庭情況及個人旨趣，並未正式舉行口試。

這個少女在留下了她的姓名地址之後，即偕母離去。

她之被錄取，是在第二次經過決定性的面試之後。負責主考的卜萬蒼見她應對得體，直覺地認爲她是一個「難得的悲劇演員」，於是她便幸運地給選中了。

這一位少女，就是乳名鳳根的阮玲玉。

初上鏡頭　手足無措

阮玲玉雖被錄取，一步登天地當上了「掛名夫妻」的女主角，但究因未經訓練，初次上鏡之日不免有些怯場，以致險些功虧一簣，失去了登上銀幕的大好機會。

阮玲玉拍「新女性」，坐者導演蔡楚生

關於「掛名夫妻」正式開拍的經過，前輩名演員兼「掛名夫妻」男主角之一的龔稼農，在他所著的「從影回憶錄」一書中，對當時情況曾有如下的記述：

『記得開拍的第一天，第一場戲是阮玲玉和她的胖子丈夫黃君甫在客廳裏閒談的戲。如以經驗豐富的演員來演，那是輕而易舉的事。可是初臨攝影場的阮玲玉，却僵得手足無措，以後連續幾場戲都是如此。導演卜萬蒼幾乎懷疑自己看走了眼，氣得宣佈停拍，準備另換角色。就在此時，湯傑忽然靈機一動，建議先拍胖子丈夫黃君甫死後，阮玲玉在靈前披蔴守孝一場，以激發她的情感；並願先指導排演至成熟爲止。卜導演接受了此一建議，也是抱着再試試看的心情。畢竟阮玲玉是個具有大智慧的人，這一次戲試排幾次以後，正式開拍的成績，使卜導演高興得竟把劇本拋在高空，大呼天才！』

（未完，待續）

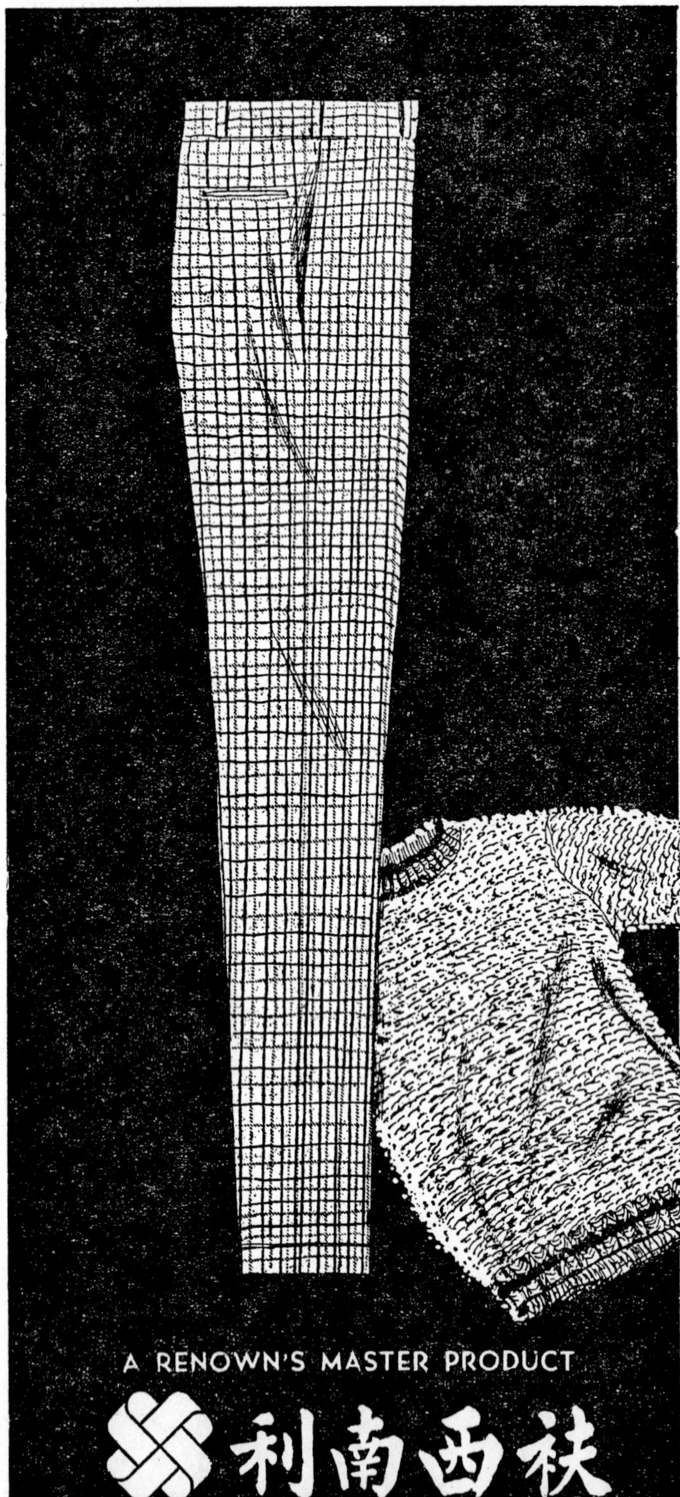

大人合訂本

精裝每冊十二元

（一九七〇年第一期至第八期）

九龍旺角彌敦道六一〇號

香港銅鑼灣怡和街一號 大人公司文具部

香港租庇利街十一號二樓 吳興記書報社

有售

專輯

「銀元時代」生活史

—六十年來的物價追想—

陳存仁

我繼續寫述銀元時代的盛衰起伏，仍以本人生活上體驗到的事情，一件件的寫出來。

銀元的重量，每元是白銀七錢三分，要是有一百銀元的交易，重量即達七十三兩，這是不可能帶在身邊，因此市面上大宗交易都用錢莊的莊票，後來鈔票也通行起來了。

可是銀行與錢莊的庫存，仍以白銀爲本位。一切用銀元作爲流動品，往來結算只是使用銀元，所以每天一清早在銀行錢莊薈集之區，可以見到行莊的老司務（即工役）背上負着一個黃籐巴斗，漆上了錢莊名稱的黑字，裏面盛着銀元，互相遞解。數目大的要用特製的鐵框厚木箱解欵，鈔票就沒有這種麻煩。好在解銀元的木箱既笨又重，必需兩人才抬得動，搶劫是不可能的，況且那時治安比較良好，在銀行和錢莊區的警衛也極嚴密，盜劫絕少發生，搶巴斗的事偶或有之，劫銀箱的事簡直不曾聽見過。

銀元放在身邊，鏘鏘有聲，而且白花花的色澤更是炫眼，所以舊時個人攜帶大量銀元，容易發生事故，俗語所謂「財不露白」，「白」字即指白銀製成的銀元而言。

鈔票輕而易於攜帶，不易惹人注目，於是鈔票的通行越來越旺，使用大量銀元的機會日漸減少，大抵十元以下的往來，都用銀元，十元以上的則用鈔票。鈔票分一元、五元、十元、五十元四種，百元鈔票我沒有見過。

現在已不容易見到從前的銀元，目下香港的一元硬幣，輪廓比較舊時的銀元小上一圈，厚度也薄一些些。因爲銀元是九八純銀鑄成，僅百分之二是其他金屬，所以硬度比了百分之百的純銀還要硬。當時銀元也有假的，是滲和銅質或鉛質製成的，精明的人都懂得辨別的方法，祗要拿一塊錢敲另一塊錢的邊緣，眞的鏘鏘有聲，假的會發出木木然的啞啞聲。

還有一種含銅質極少的假銀元，祗要以兩手指夾在銀元中心，用口唇向銀元邊際一吹，眞的銀元就會發出很輕微而悠長的「殷」一般的銀笛聲，假的就沒有，銀錢業的從業員，在年少學業時，就要練習辨認銀色和各種版樣，以及辨別響聲，版樣名稱約有二十多種，辨別大批銀元的眞假，要敏捷。要是不懂得這些技術，就會吃進「夾銅洋鈿」，令人懊喪不已。

銀元的排列安放，有一定的規格，有一塊板叫做「銀元板」，是一塊板上彫出十行半圓形的凹穴，每一行可以放五十元，廿行就是一千元，這是銀行錢莊和大商行中所必備的工具。

點數銀元又有一種技術，是憑兩隻手，右手祗拿一塊銀元，左手拿成叠銀元。左手大拇指陸續把銀元推出，右手就循次的一塊一塊的敲响銀元的邊，一面敲一面聽，聽到聲音不好的，即刻把那一塊錢剔出，於是再敲再數，一五、一十、十五、二十的唱着數下去，一百塊錢，不到一分鐘就把鑑別的工作做好了。

小商店，出入較少，凡是有一塊錢交易，伙計們首先把這一塊錢向厚木的櫃面上一擲，聲音清脆的就收了下去，聲音有一些木木然的，就要請客人換一塊，所以辨別銀元的眞假，也是一般人的普通常識。

富家地室　窖藏銀元

在我年幼時鈔票早已流行，但是老一輩的人，總是重視銀元，對鈔票是不信任的，認爲鈔票祗是一張「紙」，而銀元是眞正的銀子，尤其是外國銀行的鈔票，中國人吃過兩次苦頭，一次是第一次世界大戰德國的馬克票，一次是帝俄末代的盧布票，所以對外國鈔票絕不重視。有許多大戶人家及一般舊家，家中都密藏一些銀元，少的有一兩百元，多的上千上萬，並不希奇。藏銀的地方叫作「地窖」，這些地窖往往連子女都不知道在那裏？所以從前想發財的人，口頭上不是說：「希望你中馬票」，而是說：「希望你掘到藏」。至今逢到新正初五財神日，要把猪豚的臟腸作爲供品，因爲「臟」字與「藏」字同音，討一個好口彩。

在我八歲那年，親眼看見過「掘藏」的一幕，這是我畢生不能忘懷的。

一天，我的姑丈逝世，人人知道他是一個富商，當然身後一定有分家涉訟的風波發生，送殯之後，過了三天，果然四伯父關照我說：「阿沅，明天一早我和你到城隍廟去賭咒。」我問：「爲啥」？四伯父說：「明天我要和你一起去，你要賭一個咒，明天見到的事永遠不告訴人，你去不去？」我說：「去！」次日清晨六點鐘就到城隍廟，向城隍菩薩賭了一個咒，並默禱說：「我今天見到的事，如果講給別人聽，一生一世罰我頭痛」，這種城隍廟中的賭咒，從前認爲是一件大事，要比現在這裏的宣誓儀式還要隆重。

睹咒完畢之後，四伯父和我各坐人力車一輛，飛馳到露香園姑母家，當時內內外外還是一片喪家景色，姑母和表兄等早在迎候，大家都叫我的伯父為「娘舅」。原來這天是掘藏和分家的日子，從前沒有什麽律師，凡是分家都由舅父來執行，所以當時有一句口頭禪，叫作：「父死之後，除却娘舅無大人」。而他們的娘舅中以四伯父年紀最長，為人也公正，所以請他來主持這件事情。祇見他們三三五五的作着耳語，也不知道他們講些什麽。到中午因為家裏做着佛事，所以大家吃素，並且循次跪拜叩頭，下午六時又匆匆忙忙吃了一餐，主要吃定勝糕，這個「勝」字是預祝高升的意思。吃完之後，所有婢僕跟着和尚到寺院中去守夜拜懺。家中僅留下清一色的自家人，於是在死者神像面前一個個焚香叩頭，姑母號啕大哭，姑丈還有一位很能幹的姨太太，也恭恭敬敬向四伯父叩了一個頭說：「舅老爺你應該要說話了。」四伯父就從從容容的說：「姐丈病重時祇說了一句話：『東西放在書房畫箱底下。』說了這句話之後，已是奄奄一息，並伸出兩個手指說着『二十』兩字，這二十兩字是什麽意思？」當時據估計，大概是地窖之中，有二十隻瓦缸。於是全體到書房中去，那時早已準備好了鏟鑿等鐵器，先把書房中的畫箱搬開。畫箱是很厚很重的樟木大箱，用朱紅漆推光的，尺度比書房門還濶，想是早年僱工在書房裏製造的，想要搬出書房門都難。

畫箱是一連四個大木箱疊起來的，第一箱是字軸，第二第三箱是畫軸，第四箱是用康熙銅錢串成一把一把的劍，劍的長度五尺，每一把劍是一千個康熙錢紮成的，所以十分沉重。每搬一個箱子要四個人合作才能移動，這都是從前防偷竊避盜劫之法。

四個大箱子搬開之後，下邊的地板已呈酥爛，所以很容易把它掘開，下邊竟是一塊極大的像水泥般的石板，我伯父說：這是糯米和石灰拌成的凝土，於是由長子動鏟，幾個子女一同幫着忙，花了很多時刻和氣力才把凝土打爛，下面現出八個缸，於是大家通力合作，費了九牛二虎之力，才把缸一個一個搬出，每一隻缸裏面貯存銀元一千枚，和銀元寶一對，銀元寶是用桑皮紙包裹的，桑皮紙已近乎糜爛成灰的程度，上面寫着「同治幾年藏」和「光緒幾年藏」字樣。我年紀很小，看到這種情況，祇有屏息凝神，全屋子都聽不到什麽聲息。

八個缸掘出來之後，姑母就說：「這八個缸，我也參與其事，他臨終怎麽說二十、二十呢？」四伯父說：「你出嫁的時候是塡房身份，可能在他的前妻時代還有十二缸，所以他說二十呢？」大家聽了這話，於是再向四週繼續搜索，花了一個多鐘點一些沒有結果。四伯父說：「爽性往下掘，再試試看。」大約再掘下幾尺，果然打破了一隻缸，銀元的鏘鏘之聲，清脆入耳。於是又花了好多時間，陸續把缸掘出，一點之下，果然是十二隻，連前共計二十隻，每隻內藏銀元一千和銀元寶一對。

姑母見到這些缸，不斷的流淚說「我家開了幾家醬園當舖，現在倒的倒了，燒的燒了，幸虧他一生省吃儉用，才留下這二萬銀元。」說畢，大家都陪着流淚。

這時已經深夜，大家請舅父說句話，四伯父躊躇了好久，才把如何分配的辦法說出來，當然兒子每人一份，女兒照規矩祇給一些嫁粧而是沒有份頭分的，但是四伯父主張女兒也各分半份，姨太太也分一份，姑母也分一份。首先跪在地下的是兩個女兒和姨太太，繼而幾個兒子也跪下來表示同意。姑母極大方的說：「四哥你分得好公道，我完全同意。」接着向兒子說，現在向舅父叩過頭之後，以後不准再有一句話，兒子們個個唯唯稱是。

姑母說：「依照舊時的規矩，主持分家的舅父，應該也分一份。」四伯父連說：「不必了，不必了。」大表兄就說：「我們大家已分了銀元，剩下來的四十隻元寶，應該孝敬四舅父。」四伯父强而後可，說：「四十個銀元寶，我和你們母親各得一半，而其中有一個元寶要給阿沅的。」因為有我在場目擊其事，要我保守這個秘密，而且還有要我做下一代的證人之意。這一個元寶相等於陰曆十二月廿三日送灶君老爺上天供的糖元寶一樣，是因為糖元寶又甜又黏，含有封住嘴巴的意思。

民間銀樓鑄的圓錠

我得到了這個元寶，把玩不忍釋手，但與書上看到的兩耳又厚又圓的元寶完全不同。原來元寶有好幾種，一種是官方鑄的叫作「元寶」，民間銀樓鑄的叫作「圓錠」，中心是很飽和的圓形，上面有很細的環紋。還有一種叫「方錠」，是一塊方形的白銀，中心也是凸起有細緻的紋，兩耳都是很薄的。我拿到的一隻是圓錠十兩重，上面也有細紋，所以稱作紋銀。我把圓錠玩了很久，四伯父說：「交給我代你保管，小孩子拿來拿去是要闖窮禍的。」

待到分配完畢，時已接近天亮，許多婢僕還在寺院裏守夜，於是大家動手急急忙忙把泥土碎石和壞地板丟棄

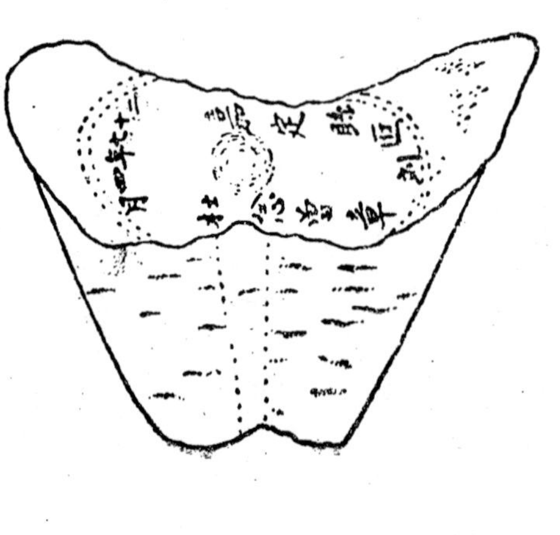
官方所鑄的元寶

花園中，仍舊把畫箱照原樣放回原處，大表姐已經預備好飯菜一桌，紹酒兩壺，請大家來吃分家的這一餐，名作「和氣酒」，又稱「興隆酒」，其時我已經倦得倒下來了。

地窖中埋藏銀元的風氣家家都是如此，不過數目和方式不同。城裏人如此，鄉下人更普遍。因爲銀元的價值，是經久不變，而且藏在地下，可以以防止搶劫、火災、水災。祗因從前救火的設備簡陋之極，一燒就是幾百間屋，貯藏鈔票危險極多，而窖藏銀元就沒有這種顧慮。

後來，抗戰開始前有一個時期，銀元收歸國有，祗有鈔票可以通用，但是「法令儘管是法令」，各戶人家窖藏的銀元還是不肯拿出來，直到勝利之後，紙幣崩潰，老百姓對什麽幣都不相信，大家把窖藏的銀元搬出來，不但上海有數千銀元攤，連各省各縣各市各鄉村，都是銀元的世界，這就是說明民間平素窖藏銀元的習慣，是根深蒂固的。

師門八月　突遭波折

我跟隨丁甘仁老師寫方的時節，最初我仍住在南市，一清早步行到英租界，沿途經過中西名醫的診所，當時有幾個醫生早晨七時已經開診，夏應堂門診六角六（即小洋六角銅元六枚），殷受田門診四角四，唯有平喬路上的張驤雲（即張聾髯）門診取費二角二。西醫陳一龍、莊德、臧伯庸收費都是小洋捌角。

這種觀察，對我將來開業很有幫助，看他們如何應付病家？如何診療處方？各有千秋，最有趣的是張聾髯，早晨六時，滿屋子滿天井都是傷寒發熱的病人，都由家人用籐椅舖板抬來的，他家裏的天井極大，裏面有許多出賣各式點心和粥品的小販，專門供應給陪伴者的家屬吃的。

這時張聾髯年紀已很老，他有兩個兒子，兩個孫子幫着料理，一天要看到二三百號，後來我和他們相熟之後，才知道張聾髯的門診雖然收二角二，但是有人祗給幾個銅元，他也一樣替他們看病。

張聾髯家用祗許用銅元，銀角子丟在一隻空火油箱中。所謂「火油箱」，就是裝五加侖汽油的方形鉛皮箱，倒油的時候不過打兩個洞，可將全部汽油倒出。張家就利用這種空箱，打一個像銀角子的小口，每天陸續把銀角子丟下去，只能放進，無法拿出，積滿一箱就送到密室中，子孫要搬都搬不動，搶劫偸竊都不怕的。

丁甘仁老師的門診是一元二角，每天看到一百號左右，是全上海診金最貴的一人。（按後來安徽王仲奇、北京陸仲安到上海開診，門診取費二元四元，但是每天求診的人不過一二十人。）

丁甘仁老師因爲有嗜好，門診時間定早晨九時起，診所就在白克路珊家園，有時延遲到九時半才開始，我必然先到診所等候。有一天我遲到了十分鐘，別的師兄就湊上去寫方，丁老師一邊

孟河名醫丁甘仁遺影

唱藥方，師兄一邊寫方，那位師兄因爲聽不懂他的常州土話，緊張太甚，落筆躊躇，丁師面有不悅之色，便問「陳某人怎麽不來？」一會兒我到了，丁老師問我：「你家住在那裏？」我說：「住在南市，相距此地有五里路，是步行來的。」丁師在那天門診完畢之後，吩咐管家的掛號先生說：「明天起讓陳師兄住到這裏來。」指定一個小房間使用。這小房間就在弄堂底，中間有一個橫額，是吳昌碩寫的「留有餘地」四字，我很高興，因爲我知道這個房間，要五年以上的老師兄才有資格居住，我一下子就住進去，別的師兄都有不豫之色，我這時才知道一個人立身處世，最初會受到同窗的歧視，將來會受到同業的嫉妒，必須要做一種聯絡工作，即是近世所謂打開公共關係。

我那時節每月有固定的收入二十餘元，我就劃出四分之一作爲交際費，四分之一作服裝費，其餘一半作爲儲蓄，我把這些交際費請了四位老師兄到新世界遊樂場去玩了一次，門券是每人小洋一角。裏面有許多吃食的攤檔，我又花了幾毛錢，買了許多鹹的甜的東西，抓在手裏大家邊吃邊玩，盡歡而散，於是我才能安安逸逸的住進這間小屋中。

這時節黃磋玖（楚九）辦九福公司，將發行「百齡機」藥丸，先期把面額一千元的股票送給八位中西名醫，並選爲董事。中醫祗有丁甘仁老師名望最大，所以特送一份。丁老師接受之後，交給他的第二位哲嗣仲英先生，要他代表出席董事會，並將開會通知書由我送到四馬路中和里仲英先生處。

仲英先生和藹可親，豁達豪爽，是出名的好好先生，他望了我一眼就說：「我也有診務在身，那有空閑去開會？由你代表就算了。」我當即答應，其時我覺得仲英先生雅量寬宏，醫術湛深，後來我又正式再拜仲英先生爲師。

我到黃楚九那邊去開會，那時節他的住宅知

足盧還沒有造好，開會的地點就在龍門路黃楚九眼科醫院。在這裏我又認識了顏福慶、莊德，以及他的女婿臧伯庸、曾煥堂等，我叨陪末座，居然有時也發表幾句話，黃楚九對我側目而視。開會完畢之後必然有一席很豐富的宴席，由粵榮館杏花樓承辦，我一問價錢，每席是二十四元，不禁吃了一驚。席間還有遊藝節目，因爲黃氏那時早已開辦大世界遊樂塲，凡是新請來戲曲或雜技的藝員，必然先在黃氏宴會中露面試藝，因此在知足盧落成之後，我認識不少京劇方面的名角，如孟小冬、瀟湘雲、粉菊花等，都是年輕貌美艷光四射的。

我這時漸漸重視儀表，以四塊幾角做了一件白色的熟羅長衫，兩塊幾角做了一件黑色的鐵線紗馬褂，二元四角做一身方格紡綢短衫褲，頭上戴了一頂小結子瓜皮帽，足上穿了一雙白底緞鞋，在當時是很時髦的。穿西裝的人百不得一，如果穿西裝，都是吃洋行飯的，被人譏爲「假洋鬼子」或「洋行小鬼」。

許多同學身上的零用錢，每月不過一二塊錢，所以比較起來，我就好像寬裕得多。爲了他們對我的歧視，我常請他們上小食館吃東西。

一次，甘仁老師給我一個紅紙包，裏面有十塊錢，他說：「我有一個老朋友洞庭山人席筱杷，要經銷一種日本戒烟藥，叫作『啞支那』，你替他做一份仿單，兩張廣告，這十塊錢是送給你的。」我當晚即將稿件擬就，次晨就交代清楚。

隔幾天，「啞支那」的廣告已經刊出，轟動一時，原來好多癮君子早已知道「啞支那」這種藥，本來是秘密出售，現在換了一個新名詞，專銷中國。這種藥品，名目雖是戒烟藥，其實是鴉片的代癮劑，吃了之後，不但過癮，而且還有一股杏仁的香味，每包一元可服五天。他在三馬路畫錦里設了一個門市部，生意好極，席筱杷頓時成爲新興富翁。

甘仁老師的第三個兒子名叫涵人，比我大七歲，烟癮很深，長孫濟萬，比我大四歲，都在中醫專門學校讀書，是比我高一班的同學，兩人聽到「啞支那」發財的事，知道仿單是我做的，硬生生的指我也是股東之一，堅決要我讓出一些股份。我對天立誓，祗承認代擬廣告稿，不承認是股東，雙方爭到面紅耳赤，我弄得沒有辦法，祗有陪他們去見席筱杷。到了「啞支那」的門市部，祗見人頭湧湧，門庭若市，一個個拿着一塊錢，或兩塊錢，夥計們把銀元擲在枱上一驗，聲音不錯，立刻丟到後面很大的籐製「巴斗」中，再一看內部有四個巴斗，都裝滿了銀元，我們看得發呆。席筱杷問明了我們來意，他當即聲明說：「存仁弟是沒有股份的，既然兩位世交光降，大家應該香香手。」隨手就在巴斗中掏出銀元，每人送二十元，各人拿到這二十塊錢，都喜出望外，祗有涵人心中還不滿意，硬要索取「啞支那」十盒，席氏說「日本進來的貨色，祗有四十大箱，看來幾天就要賣完，我要應付門市，不如再送各位五塊錢吧！」

後來才知道「啞支那」是用嗎啡製的，妙就妙在有股杏仁香味，吃了之後，十分頂癮，可是這家發行所被同業告發，說是高等毒品，因此僅做了二十幾天生意，捕房即加封閉，但是那四十箱「啞支那」早已銷空，席筱杷上下打點，捉去了一個小伙計，就銷案無事。

在黃楚九處，我又認識了孫玉聲（別署海上漱石生）和劉山農（天台山農），孫漱石是世交，特別對我親熱，他是大世界遊樂塲出版的「大世界報」主編，他送了兩張長券，從此我憑券出入大世界，無需購買門票了。

大世界遊樂塲中，那時盛行詩謎攤，是文人雅士薈集之處，其中陸澹盦、惲鐵樵都是教過我國文的，此外還認識了何鐵珊、王西神、夏亦鳳、張橫海、陳夔龍等名流，又在茶座上認識文學家兼實業家的陳蝶仙（天虛我生），他是名士而講求理財實務的。

那時節上海中醫坐汽車的很少，丁甘仁老師坐的是一輛福特蓬車，我和他的司機攪得很熟，一天丁老師叫我到南市同仁輔元堂接洽事情，我坐了他的車去辦理。先一日大雨，南市地勢較低，發生了水患，我就順道坐了車去探望我的母親，那時我家住在王信義浜一個舊宅中，從前汽車都是很高的，坐在汽車上威風十足，到門口時，好像衣錦榮歸，鄰居的小孩都圍着來看，無限羨慕，連摸一下車門都感到快樂。進門見到水深及膝，到了樓上，母親正在發愁，見了我說：「爲了貪圖房租每月祗付十二元，但是現在這種舊房子，一下雨，常常水深數尺，水退之後，成年累月的潮濕和霉氣，實在不能再住下去了！」我說：「再隔幾年，我一定會請你搬到夷塲上去的。」我母親才展顏微笑。

接着我說：「今天我坐汽車來，專誠接你老人家到夷塲上去玩一宵。」母親說：「也好」。於是叫弟妹和鄰居小孩四五人穿好衣衫，坐上汽車飛馳向租界而去。

那時節的汽車，鳴笛全是用皮球形的喇叭，開進鬧市時，司機不斷的用手揸皮球，發出一種叭叭之聲，所以當時的小孩子，都叫汽車爲「叭叭車」。我們先到四馬路大西洋西餐館吃西餐，每客是小洋六角，小兒還可以一客分成兩份。母親非常高興，飲了三杯酒，深深的透了一口大氣。接着我帶大家去「大世界遊樂塲」，進門時我手執兩張長期門票，向立在守閘處的總稽查「鬧天宮福生」一揚，這個徐福生很機警地一揮手，由我領了大隊小孩浩浩蕩蕩的免費進去。

小孩們一進門先看「哈哈鏡」，個個看到開懷大樂，我母親却覺得很不適宜，對我說：「阿沉，這種地方，一個人學壞容易，學好難，你現在在此不費分文直進直出，担心你遇到壞朋友壞女人，我眞嚇煞哉！」我說：「放心，任何壞環境改變不了我的個性。」母親聽了我的話，似乎放心些，於是大家很快樂的玩了一晚，玩畢，我

當年上海的大出喪行列

叫了一輛出差汽車。所謂出差汽車，即等於此地的「的士」，直送到遙遠南市，車價由大世界到南市是一元二角。

我在丁甘仁老師處寫方，正是中醫專門學校的實習時期，原想隨從二年，以增學識，不料這一年上海大疫，許多醫生都病倒了，而各處善堂求診的病人，增加了兩三倍。丁甘仁老師也突然患上了濕温傷寒重症，那時他的哲嗣仲英師祇得停診侍候，仲英師待我很好，他說南市廣益善堂缺一個醫生，我就派你去應診，不過是臨時性的，爲期大約三個月，月薪是二十四元，於是我就即日赴任，這是我未畢業而就做醫生的第一次。

丁甘仁老師臥病一個月，竟撒手西歸，享年五十九歲。這麽一來，對我的刺激很大，廣益善堂門診祇做一個上午，下午我就到丁家去幫忙做各項事務工作。

丁公甘仁是上海第一名紅醫生，小說家朱瘦菊（別署海上說夢人）著的「歇浦潮」小說中，形容丁公是一位千萬富翁。在交易所風潮中，晶報發表過一個消息，說是：「名醫丁甘仁一夜之間，投機虧折百多萬。」其實這類消息都是言之過甚，實際上，丁公謝世後，檢點家財，祇有珊家園一所住宅，是朱斗文賣給他的，當時價錢是六萬四千元，還有一所在登賢里的房屋，是自己建築的，花了二萬六千元，在銀行現欵僅一萬餘元，繼室歐陽夫人有現金十餘萬，此外在他家鄉常州有田五千畝，他的財富祇此而已。如此看來，一個人要積一些錢是不容易的。

從前上海人還有一種風氣，有錢的人逝世之後，一定要舉行一次盛大的出殯儀式，上海人稱作「大出喪」。最盛大的是盛杏蓀、周扶九二人的出喪，不但全上海市民萬人空巷的去觀看，連四鄉的人都遠道趕來參與其盛。

丁家的出喪，當然也不能過份簡陋，但是所費浩大，譬如上海孤兒院送一隊樂隊，就要捐一千元，諸如此類，所費不貲，因此這次出殯，就限定不能過份舖張。

我在這次喪事中，日以繼夜的幫忙，我祇想在出喪行列中，要騎一匹「頂馬」，所謂頂馬，是排在靈轎之前的一匹白馬，照例應該由女婿騎的，但是丁公那時沒有女婿，又因我担任「排道子」的職務，所以就騎上了馬，一路行來，自己覺得威風凛凛，英武不可一世。

喪事終結之後，我見到丁仲英師對治病的功夫眞有一套，而做人之道，更是值得崇拜，所以我就要求繼續師事仲英先生，他並不受我贄金就頷首答應了。

記得清代名醫葉天士有一個故事，他生平拜過十七個老師。我這時計算一下，要是將國學老師再加上醫藥老師，恰好也是十七位。但是我對仲英師追隨最久，獲得不少臨床知識，可以說是我唯一的業師。

轉從仲師　備受優遇

我到了丁仲英老師家裏，與他的長子濟華同居一室，是住在四馬路中和里的馬棚樓上，所謂馬棚樓，舊時是置放馬車的，馬車淘汰之後，改放汽車一輛，上面就變了一間很寬大的居室，這時他們對我相當優待。

還有一件好事情，仲英師除了自己診病之外，大門口還有一間小房間，由學生們代診貧苦的病人，限定在早晨七時至九時，對他們不但施診，而且還贈藥，以看到九時爲止，逾時不再接受貧苦病人，以免擾亂正常業務。仲英師就派我担任這件事，一方面也增加我許多臨床經驗。

這間小室，不但有一張寫字枱，而且還有一架電話。從前一個電話月費六元，可是頂費大得驚人，所以能在寫字枱旁有一副電話，眞是足以自豪。（按舊時上海的電話，都是掛在牆上，用時先要用手搖一陣，然後拿起聽筒，向接線小姐報明要打號數，號數上面還有一個區名，分中央、東、南、西、北五區。）我有了這個電話之後便利不少，因爲從前接洽事情，都靠兩條腿走來走去，現在有了電話可以減少許多往返跋涉。

一清早做施診給藥的工作，貧苦病家有好多患重病的，我一一加以處理，手揮目送，應付裕如，因此，學識大進。其中有一部份病者實在是吸毒的乞丐，從前吸毒是不犯法的，所以並不加以歧視，他們的病都由脫癮而起，丁家備有一種用鴉片烟混合製成的止痛丸止瀉丸，祇要給他們三粒藥丸，就可以諸病全消，因此來的人很多。我在這裏就學到一種本領，一看他們的面貌和脈象，即刻可以知道是有毒癮在身，有許多寒士，不承認吃烟，但是經我一看，他就無所遁形了。

我向來一早起身，工作是不停的，越是忙碌精神越是旺盛，從來不生病，唯一的嗜好就是看電影，小的時候，小南門通俗電影院是我常去的，座券大人收銅元十二枚，小童收六枚，影片全是默片，並沒有銀幕，祇是設一張白幔而已。在白幔後面放着五排椅子，坐這種座位看戲，祇納半費，可是映出來的畫面和字句都是相反的，我坐這種位子，所費不過銅元三枚。後來進一步到西門方浜橋共和大戲院去看電影，座券小洋一角，所看的多是有連續性的偵探長片。全部戲最少有二十四本，每隔一星期換一次片，每次祇四本。我還記得所有影片都是「寶蓮歷險記」、「寶蓮奪寶記」、「血手印」之類。

後來卓別靈（此間簡稱差利）影片問世，都是一兩本的短片。相隔二三年，羅克（此間稱神經六）相繼出品，也是短片，觀衆歡迎有如瘋狂一般。後來格雷菲斯導演，麗琳蓋許主演的「賴婚」上映，我特地從南市趕到北四川路虬江路上海大戲院來看，門券爲小洋四角，這是電影映演整本戲的開始。

後來北京大戲院開幕，我的戲癮更深。待到愛多亞路南京大戲院開幕，票價已收小洋六角，這個座價維持了很長久，足見銀元的價值，對外滙的滙率很久很久沒有波動。我在丁家常常陪同老同學和老師的子女們去看電影，和他們的關係打得很好。

由那個時節起，每天晚上，我已不能常到姚公鶴老師家去，因了電話的便利，自己有一班朋友，到了傍晚，約三約四，都會集在我的辦公室中。我歡喜和文藝界中人交往，邵洵美也是一個領袖，他爲人很慷慨，每晚往往由他作東道，因此認識了張光宇、張振宇、胡伯翔、胡伯洲等，還有兩個外國女記者，一位史沫特萊，就是後來寫「宋氏三姐妹」出名的。一位史諾 EDGAR SNOW 後來逃到延安爲毛澤東寫文章的。這兩位女性都會飲幾杯酒，我以六塊錢購一瓶常納華克威士忌酒，一飲之後，都是放浪得很。

仲英師對我的工作相當滿意，有許多特別的事情，總是交我去辦。那時國民軍還未到上海，孫傳芳是五省總司令，委任丁文江爲淞滬督辦，即是上海市市長的胚胎組織，丁文江勵精圖治，一派新的手法，成立一個淞滬衛生局。上任之初，發表中西醫都要登記，全上海的西醫都急起來了，中醫界也個個皺起眉頭來，好像大禍臨頭一般。上海本來有一個「中醫學會」，會所在南市石皮弄，原由丁甘仁老師當會長，甘仁師逝世後，由仲英師繼任會長，衛生局派來一個科長拜訪仲英師，那時恰巧門診繁忙，科長是徽州人，呢呢喃喃不知講些什麽，仲英師就說明天我派我的學生陳存仁到貴局來回拜，詳細情形你和他研究好了。

本文作者業師今在美國的名醫丁仲英

當時衛生局設在南市毛家衖一個舊式巨宅中，我到了那邊先見科長，後見局長胡鴻基，胡氏對中西醫登記茫無頭緒，我說要是實行考試的話，這件事是行不通的，因爲好多老醫生開業已數十年，要是考試不及格，連民衆都會反對的。胡鴻基就提出凡是開業五年以上的，先發執照，其他不足五年的醫生和新開業的人留到後來再行考試，我說「好」，便鞠躬而退。

我回來後，把經過報告老師，他說：「這件事一定有許多麻煩，由你去辦吧，遇到爲難的事，我再出面斡旋。」於是我就幫同中醫學會書記印發通告，收集履歷表和照片，報名參加的有九百多人，其餘還有兩個中醫團體，也如法泡製，三本會員册，送到衛生局那邊，衛生局審查了三個月，剔除三十幾位著名的江湖醫生之外，全體發給中國有史以來的第一批「醫士執照」。

這件事實行之時，中醫學會照章收入會費每人二元，年費一元，有許多老會員已積欠會費十年八年的一樣清繳，因此中醫學會多了一筆大錢，否則的話，會中收支不夠，仲英師每年要貼一百多元，因此我在丁家也算立了些微功。

同時我知道衛生局經費極有限，全局人員祇得八名，科長薪水爲三十元，一個小書記的月薪祇得八元，自從發給醫生執照之後，經費大爲富裕，全體都加了薪。

仲英師門口掛了幾個招牌，如上海中醫學會辦事處、廣益中醫院辦事處、廣仁善堂辦事處、尚志山房經租處等，實際上都是利用老師的診所地點適中，交通便利，作爲接洽事務的場所，來往的人並不多，本來沒有一個專人駐守，一切都由我應付。

有一天，我忽發奇想，對丁老師說：「我想

辦一張醫學常識性的報，叫做『康健報』，也想掛一塊招牌，未知你能允許否？」丁老師說：「你儘管去辦，掛招牌是沒有問題的。」那知道診所中有一位掛號先生，實際上等於總管家，他見到我的形勢一天一天壯大起來，大爲嫉妒。我摸到他的心理，到北京路去花了六塊錢，買一隻銀箱（此間稱夾萬）送給他，那位掛號先生十分歡喜，特別是身上掛了一隻銀箱鎖匙，更是威風無比，從此他對我的事就不反對了。

不料，還有一個是老師的老娘舅，長年寄食師門，連鴉片都由老師免費供應，他對我也極爲妒忌，極力反對辦報，說「報紙上要是登錯一張藥方，會弄出人命來的。」仲英師笑而不言。

老娘舅接着又說：「聽說某人家裏的鴉片，全是雲南大土，你有沒有辦法弄幾個泡來試試？」」我說：「那便當得很」。隔了一天，我拿了一個烟罐，裏面裝滿了烟泡，老娘舅一聞這股香味，笑逐顏開，從此他再也不反對我辦報的事了。

妓院風光　別有天地

正在籌備「康健報」時期，忽然接到朱斗文來電話說：「我的侄子阿挺服毒自殺，已送入仁濟醫院，你和他是同班同學，又是結拜弟兄，你該到醫院去探望他一下，因爲他的神經有些毛病，非你們年輕人去勸慰他不可。」我聽完了這個電話，立刻到麥家圈仁濟醫院去，他住的是頭等病房，房中擠滿了全家的親友，個個暗暗飲泣，我一看阿挺，已經洗過胃，生命沒有危險，但是兩目直視，滿口胡言亂語，完全變了一個神經病人，什麽人都認不出，甚至連他自己母親也不認識，我連叫幾聲，毫無反應，我想這是痴癲症（即電擊性神經分裂症），服藥未必有效，我在他的後腦部份，重重用手指力壓幾下，祗見他喔的一聲喊起痛來，同時吐了一大陣，神志畧爲清醒，叫我一聲：「小阿哥」，但是對他母親仍是認不清，朱伯母一邊流淚，一邊說你們是結拜兄弟，這一次要全仗你的大力了，我想盡了種種辦法逗引他，他終是胡言亂語，不知講些什麽話？大約到近天亮的時候，阿挺漸漸清醒，大哭一塲之後，說：「我受了肖紅老四的騙，騙去我許多錢，現在她移情別戀，我一定要和她拼個死活，請你替我去評評理，我討不到肖紅老四，我這一條命也不要了。」他的母親一看到兒子清醒過來，非常快樂，說：「陳先生，你和他是要好弟兄，我家一枝單傳，希望你好好的勸勸他。」不久，朱斗文也來了，頓足長嘆向我說：「所有妓院的房屋，十有其八是我家的產業，現在我的侄子在妓院中呑生鴉片烟，幸虧自殺未成，否則這段新聞鬧出去，台就坍得大了。現在他雖已清醒，可是他對肖紅老四還是執迷不悟，你們倆人差不多年齡，容易勸慰，我把這件事拜託你了。」

七天之後，阿挺的神經漸漸正常，身體也復元了，出院時拉着我就要到愛多亞路「易廬」肖紅老四家去，我對妓院的情况，完全外行，一進妓院，門口的相幫高呼客來，我們上了樓去，在房間坐下，幾個鶯鶯燕燕把他包圍起來，爲他特地佈置一間精美的小房間，供阿挺作爲養息之所，朱斗文也來了，對老鴇說：「這位陳先生，你們叫他陳大少，一切事由陳大少照料他，所有賬欵都歸我付」。說罷之後，立即離去，連我想說一句話也來不及。

我在妓院中，大家都十二分恭維我，口口聲聲「陳大少」，我聽了之後，覺得怪難受的，片刻之間，端出四隻銀碟裝的水菓，中間另有一隻很大的糖果盤。四碟水果一碟是暹羅文旦，連皮都全部剝光，晶瑩光潔；一碟是花旗橘子（即金山橙），一碟是山東牛奶葡萄，一碟是西瓜子。我對四種水果中的花旗橘子，其時還沒有嚐到過味道，正想動手去拿，旁邊一個如花似玉的姑娘，用她纖纖玉手已送到我嘴邊，我先嘗試了一些，結果把全碟花旗橘子都吃光了。

阿挺見到我這般模樣，不禁笑了起來說：「小阿哥，你到這裏來，也應該嘗嘗滋味，向例我們追求一個女人是千難萬難的，唯有到這裏來，男人最威風，女人是百般遷就的，我祇恨的是肖紅老四，我出全力捧她成爲『花國大總統』，現在她的潤戶頭多得很，竟然把我一腳踢開，今天我要找她來算賬，見到了非把她一刀戮死了不可。」說時兩眼凶光突起，就拿起一把水果刀緊緊的握在手中，一房間的姑娘們，人人花容失色，

正在這時，樓梯上一陣腳步聲，幾個姑娘擁出了一個雍容華貴的絕色美人，即是肖紅。

阿挺見到肖紅，妒火中燒，怒目而視，殺氣騰騰，肖紅不慌不忙，輕輕鬆鬆的對阿挺講了幾

當年上海北里的鶯鶯燕燕羣

句極婉轉溫柔的話，祗見阿挺頓時態度就軟了下來，那把水果刀早已不知去向，嘆了一口氣對肖紅說：「我條性命險乎送在妳手中。」說完這句話，兩個人像扭股兒糖一般的扭在一起，阿挺一派神經現象，竟隨風而逝。

肖紅本是廣東人，但能說一口軟而且糯的蘇州話，個性溫柔，不過膚色稍爲黑了一些，可是她一顰一笑，實在有傾國傾城的媚態，當晚就備了一桌菜來，作爲替阿挺消氣壓驚。

那時，肖紅堂差忙得不得了，一忽兒就不見了，阿挺又咆哮如雷，我在旁加以規勸。我說：「這個女子，你是不配的！你究竟年輕，她只當你是一個小孩子，世故人情，你比她差上十萬八千里，而且你的前程似錦，在她眼裏看來，最多當你是一個小弟弟。雖然你是一個世家子弟，我勸你要堅堅決決的死了這條心！」阿挺聽了我的話，呆了一陣說：「你的話雖有道理，但是我總少不了她。」我說：「以後和她做個朋友也就算了。」阿挺很忠厚，竟垂首默然無言。

我們一邊吃一邊談，飲的是六塊半一瓶斧頭牌三星拔蘭地，吸的是茄力克香烟，這是當時最高的享受，兩人飲了三杯酒後，我說：「你不如另找一個對象」。阿挺就叫了一個雲蘭閣，把自殺殉情的意圖完全打消了。

當年妓女坐包車出堂差　胡考作

當時妓女出堂差，坐的都是裝有乾電燈的鋼絲包車，唯有肖紅是第一個有自備汽車出堂差，大約隔了一個半鐘頭，她回來了，見了這個情況，她也笑起來說：「一個客人不做一個小姐，一個小姐也不做一個客人，你這樣才對。」肖紅這樣說，阿挺也作會心的微笑，當着肖紅的面，答應送雲蘭閣鑽戒一隻，翠鐲一個。肖紅很大方的對雲蘭閣說：「儂快點謝謝朱大少」，一些沒有醋意。

第二天阿挺要我請客，我堅執不肯，阿挺說：「書獃子，堂子裏的規矩完全不懂，祗要你答應請客，主人是不用花錢的。」原來上海妓院的規矩，請一次客要發十張八張請帖，由每一位客人付出三塊錢「買票」，還要拉兩枱麻雀，每人坐下來，頭錢要抽盈家的三分一。做主人的是一個錢不需要花的，主人難就難在請客人，還有一點凡是客人來，坐汽車的要給一塊錢轎飯票，坐包車的給四角錢轎飯票，妓院中一席精緻船菜，成本祗花十二元，所以一夕所得，剩餘還是不多。但是豪客，一定要請雙枱，或雙雙枱，所謂雙枱，買票、麻雀的輸盈，也是加倍。雙枱買票每位六元，雙雙枱買票是每位十二元。

阿挺叫我請客，我說：「我那裏來的客人？」正在這時，朱斗文有電話來說：「今晚由我請客」。阿挺說：「不對的，應該由存仁小阿哥請客。」朱斗文說：「好，我們兩人出面，全部客人由我帶來。」他這樣一說，我就輕鬆下來。

華燈初上，客來如雲，當時的紳商巨富，早已坐滿了兩桌麻雀，待到筵席一開，每一個客人都叫兩三個小姐陪座，唱戲的唱戲，唱小調的唱小調，大家吃得醉醺醺，這班客人都是豪客，平時要見他們都不容易，但是在這種場合，大家親熱得猶如弟兄一般，因此我才知道妓院是生意人最好的交際場合，有許多大生意都在妓院中三言兩語講成的，所以逛窰子，吃花酒，算不得是嫖，好多人一切生意，都到生意浪來談，這「生意浪」三字，即是指妓院。客人如此講，妓女也是如此講，口頭絕不提「妓院」兩字的。

這一場請客，方式很特別，菜餚並非由妓院中代辦，是向四家著名菜館點的特製菜，四隻冷盆是由八仙橋「湖南菜館」做的，四個熱炒是川菜館「陶樂春」做的，烤鴨和蜜餞山東棗是由「梁園」做的，白汁排翅和蜜炙火腿，是「鴻運樓」做的。四面送到依次上菜，每一道菜都是精品，吃得大家津津有味，我心裏正在奇怪，怎麽不見客人買票，我只邀了一位朋友是望平街上有名的廣告大王鄭耀南，他也是預備來買票的。還有一位「晶報」主筆余大雄是朱斗文邀來的，朱斗文說：「今天吃的是便飯，由主人請客，不需要買票的」。我對余大雄來參加，暗暗有些詫異，因爲其餘的客人都是富商巨賈，這班人見到報人都是有些怕的，爲什麽朱斗文又約他來呢？席散之後，朱斗文對本家說：「今天我很高興，席賞二百元」。本家聽到這個數目，開心得跳起來，就拉長了嗓子，高聲喊說「朱大少席賞二百元」，一時由內室傳至外面，外邊也接着喊說「謝謝朱大少」，又接着樓底下也一齊喊起來，一路喊到大門口。這種喊法，是妓院中的規矩，我初次聽到，心裏眞要笑出來。

阿挺挾着雲蘭閣到另外一個小房間中傾談，朱斗文拉着我說：「你慢慢走，我有話和你談。」於是朱斗文橫在烟坑上，我也橫在他的對面，一時許許多多小先生（即雛妓）爬在朱斗文身旁，像一羣猴子纏繞一般，敲背的敲背，搥腿的搥腿，揑脚的揑脚，笑謔之聲不絕於耳。朱斗文本是上海的豪富，這時他穿了一身格子紡綢上下裝，左手指上戴了一隻鑽戒，右手指上戴了一個翡翠戒，當時上海濶老們到妓院中，總是戴鑽戒和翡翠戒的。他三筒鴉片一抽，口袋中一隻「打簧錶」，叮叮噹噹的響起來，這是早年報時的名錶，每到一個鐘點，它就會自動報時，我還是初次見到。我說：「這個表讓我看一看」，朱斗文就把錶除下，錶的下面還拖着兩個翡翠垂梗，這錶的牌子，是「漢密爾敦」，是當時最有名的手錶，我看了愛不忍釋，朱斗文說：「你既歡喜，我就連翡翠梗一起送給你吧。」我說：「無功不能受祿，斷斷不敢接受。」

朱斗文擯除一羣小先生說：「這一次你把阿挺說服，移情於雲蘭閣，連神經都正常了，你的功勞眞是了不得，因爲那天阿挺在羣玉坊肖紅的乾娘房中，猛吞一罐生鴉片，毒發初步，直僵僵由救生車抬出去，整個羣玉坊都轟動了，堂子裏的人傳話最快，都說阿挺已經吞生鴉片烟死了，特別是肖紅當選花國大總統之後，大家都嫉妒得很，阿挺的媽媽趕到妓院中號啕大哭，開口第一句罵肖紅是「掃帚星」，「晶報」還算顧全我的面子，祇寫了一段方框小稿，叫作「掃帚星花國大總統」。這件事差不多上海社會有許多人都知道，有些人還認爲我的地產，租給人家經營妓院，這是報應。所以我今天特地約一桌人來吃飯，是含有闢謠作用，我約余大雄來，讓他看看阿挺既沒有死，而且神經完全正常。所以這個打簧錶，是我甘心情願送你的，你還是受了吧！」

我堅決不肯接受，朱斗文說：「那末你以後無論要做什麽事，我一定全力幫忙。」（按當時上海鑽石價値最高，但是舊時鑽石叫做老克丁，稜角是沒有的，現在香港的都是新克丁，稜角有一百四十四個以上。如今鑽石大約漲了一千多倍，而翡翠玉石，大約漲了五千倍，在我寫這篇燕文前二月，恰好香港舉行珠寶展覽會，我看到有一隻翡翠的馬鞍戒，訂價是五十萬元，照我看來，還比不上當年朱斗文那個翡翠戒的濃度、光度、和重量。）

朱斗文接着說：「你還要陪阿挺一個時期，恐怕他的病還要復發。」我說：「這一點我不敢應允，因爲我正在籌備辦『康健報』，那裏有空閒再到這裏來。」朱斗文說：「你辦『康健報』要不要本錢？」我說：「本錢有限，倒是拕廣告維持經常開支很困難。」朱斗文說：「我再請一桌花酒，約中西藥業中人，包起你的廣告也就算了。」我心裏想這種事最費唇舌，斷斷沒有如此容易。

隔了三天，朱斗文果然又大請客，約的是黃楚九、袁鶴松、周邦俊、陳楚湘、雷顯之等。鄭耀南聽到這個消息，早由他的商業廣告公司預備了八份廣告合同，他說：「我也要做些生意，合同簽下之後，畧取佣金，由我代你把廣告稿收集，每月廣告費歸我來收。這種廣告，老板即使簽字，底下的人有種種阻礙，你是不會應付的。」我說：「好極」。

筵席一開，客人翩然而來，每一個人叫了二三個妓女，歌聲琴聲齊作，我心想在這種情況之下，怎樣會把我的事講得好，不料朱斗文祇輕輕鬆鬆的三五句話，把我要辦「康健報」請大家登一些廣告的事說明。大家齊聲說：「這個沒有問題」。朱斗文就拿出合約，他們拿起來看也不看上面的數目，就簽了字。

這天黃楚九沒有到，因爲黃氏新建的「知足廬」落成不久，黃太太定了一個規矩，黃氏和朋友可以召妓到知足廬，但不許黃楚九再進妓院。朱斗文對我說：「黃楚九的一份，由我移樽就教。」又隔了兩天，他帶了一個福建厨子，到知足廬去借地請客。

知足廬地處愛多亞路，是三層樓，黃氏的家眷住在三樓，二樓是烟坑和打牌之所，地下的大廳是專供宴客用的。朱斗文和我等到了那邊，對黃楚九輕輕講了幾句話，黃說：「陳存仁本來是相識的」。再一看每期廣告一格，計費四元，全年五十二期，共計二百元，他也不說一句話，就在合同上簽了字。鄭耀南在旁看得呆了，他爲我細細一算，八份合約，一年可收一千六百元。他說：「存仁兄！你的『康健報』出五年也用不完這些錢，這般收穫，令人羨然。」

肖紅老四在上海已成了名，舉止比一般明星還濶，有一天，她在百忙中，拉着我到後房中談天，起初對我說了一片好話，接着送我四雙綉花拖鞋，我老是不肯受。肖紅含笑帶嗔操着軟糯蘇州話說：「你這個人呀！戇是戇得來，別人在我身上用千把洋鈿，我不過逢到端午節送他一雙綉花拖鞋。現在末，爲了阿挺險些乎害煞我，笑舞台已經排好一齣戲，叫作什麽『花國大總統掃帚星』，眞當我是掃帚星，這一齣戲一做之後，我那能再做人呢！一定要自殺給大家看，你不受我的拖鞋，觸足我霉頭哉！」我說：「好，我受你就是。」

舊時妓院中人，滿口講的是吉利話，名爲「口彩」。肖紅把拖鞋排在桌上，向我解釋，鞋面綉的是梅、蘭、竹、菊，表示四季常春。角上有一個小字，是「羊」字，表示肖紅的生肖和標記；鞋頭是淺紅、深紅、紫紅、和深紫四色，代表肖紅的紅字，這四雙鞋祝我將來紅到發紫，還爽爽快快的問我將來要不要「紅到發紫」？我才祇得受下。

我受過了拖鞋禮物，我說：「我也要捧捧你的，你有沒有着色的照片？由我轉送給幾個辦畫報的朋友去做封面。」肖紅頓時笑得兩眼祇剩一條線，說：「我明天打電話約你，一同到大馬路寶記照相館去拍照。」那時五彩照還沒有發明，寶記的着色照片是有名的。

次日，肖紅竟然坐了一輛開蓬的順風牌汽車，到我處來，幸虧他叫一個穿着白號衣的車伕來叫我，我覺得這事情張揚開來太糟糕，但是突如其來身不由主，一下子就坐上她的汽車，經過四馬路望平街一帶，大家都認識花國大總統肖紅，認識我的人還少。可是終於消息傳到我四伯父那裏。一天，下午八時，四伯父親自找到我住處馬棚樓來，那時我還未歸家，他很氣惱的苦候着，等到深夜十二時，我喝得醉醺醺的回來，四伯父一見到我，兩眼含淚說：「阿沅，你眞是大變了，這樣下去，十年窗下都是白費，眼見你墮落即在目前。」我一點也不解釋經過，當面立一個誓說：「明天起再也不到這種地方去了」。

從此以後，阿挺橫請豎請我都不去，有事情商量則到榮館中傾談。後來阿挺赴美國，今成富商，聲名藉藉，到香港來總是找我。肖紅是廣東人，亦在香港久居，開口都操廣東語，蘇州話只當不懂，前事一句都不承認，她已嫁得一個大商人，歸宿很好，年齡亦有六十多歲了。

報紙出版　風行一時

我在仲英師家一年後，公餘之暇，每天總有二三個人請我看病，當然都是親戚和朋友，有些送錢，有些不給錢，這個情形，老師毫不介意，但是別人看了，認爲是「飯店門前擺粥檔」，怪不好意思。因此我决定向老師說明要自己設立診所，兼辦「康健報」，老師一口應允，於是我就想到辦報以望平街爲最適當，診所以南京路（俗稱大馬路）爲最相宜，於是我就找到一個兩全其美的場所，在望平街南京路轉角柏林花紙行和心心照相館二樓，經租的是哈同洋行，我拿了王一亭的介紹信去見他們的總管姬覺彌，姬一口應允並且說：「這個二樓房租收你每月五十元，一切小費押租都不收，但是這個房屋的原有承租人，要三個月之後才遷出。」我說：「好」。

於是我積極籌備「康健報」的事，去見丁福保先生討論一切，他對出版方面是極有經驗的。丁福保聽見我有八張常年廣告合約，認爲是奇蹟，他說：「這個報紙，既是週刊，每期一大張，排工每期十二元餘，印刷費每千不過四元，每一令白報紙可印一千張，用日本紙市價不過二元四角，用瑞典紙也祇需兩元五角，所以這份報紙可以賺到很多錢。但是有一個要點，內容要很豐富而很有趣味，否則，醫藥常識的報紙，沒有多少人要看，有一句名言：「學無術不行，術無學不久」。所以裏面的文字，必需要打破舊例，另創一格才是。」

我說：「我已經預備把醫學常識文字用極通俗的筆調寫出來，陰陽五行絕對不提，古來艱澀的文句也不用，絕不抄襲舊書，更不抄襲西醫文稿，每篇自出機杼，每期十多篇稿子，共計約一萬字，開始我準備全部自己寫。」

丁福保說：「不對的，你的稿件儘管寫，要有十個著名醫家幫同撰寫，才有號召力，否則是銷不出去的。」我說：「你這意見好極了，第一個就要請你老先生捧場，每期寫一篇。」他一口答應，可是其他九個醫家就不容易找了，因爲好多老醫生祇會看病，不會寫稿，於是兩人就苦苦的想對象。

結果，想到了丁仲英老師，謝利恒老師，惲鐵樵先生，俞鴻賓先生，秦伯未先生，陸士諤先生，章次公兄等，再想也就想不出來了。

我靈機一動，想出非醫界中人有一位聶雲台（總商會會長，曾國藩外孫）老年退休，常寫養生文章，可以請他幫忙。還有一位向愷然（別署平江不肖生，寫留東外史及江湖奇俠傳出名的），他會引用驗方以小說的筆調來寫的。還有姚公鶴老師，生平多病，可以請他寫各種疾病的療養經過；再有一人是吳鑑泉，可以寫太極拳提倡强身的稿件。

丁福保說：「夠了，夠了，這張報紙出來，定然轟動一時，虧你想得出，我生平做事『箭無虛發』，而你却有很大的衝力，眞所謂『另有一隻弓』。但是你要注意一件事，好稿子不容易得到，你應先準備十期稿子，否則，出版之後，還有許多瑣屑的事，沒有時間再來拉稿子的。」

計議既定，我等不到遷入望平街，就把第一期樣報印了出來，仲英師看後連聲說好，我就徵求老師的意見，可否暫借老師的診所做發行所，老師說：「儘管你去用就是了。」於是「康健報」就正式出版，當天望平街發出五千份，一銷而空。報販頭子蔣順卿來說：「你這報可以銷到一萬份以外」。我就叫印刷所連夜添印，第一期實銷一萬四千份，售價每張銅元二枚（即二十文），批發價爲十二文，我一算下來，這些報紙全部銷去，即使沒有廣告，都已有錢賺了。（按：當時報紙銷路，新聞報日銷十五萬，申報時報在伯仲之間，都超過十萬。此外晶報銷七萬份，鄒韜奮辦的生活銷六萬，我辦康健報輪到第十位。）

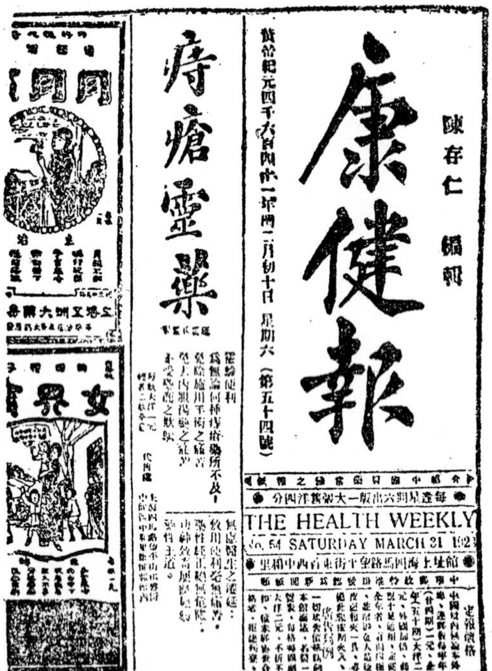

作者早年在上海編輯的康健報　唐駝題簽

第一期出報後，果然雜務叢集，有好多人來訂閱全年，當時我未經過精密計算，就以外埠人作爲訂閱的對象，全年連郵費收二元。我初想本埠定戶是不會有的，誰知道有錢的人怕每期零買費事，情願着人來付錢訂閱全年，並且說要用牛皮紙袋包寄，認爲這種報紙是值得保存的。

從前新聞報的廣告價格最昂，報頭旁的封面長行每行一元四角，我居然以十行地位在新聞報登了一張廣告，並要求排字房替我排在報頭之旁第一條。

從前新聞報館排字房，是在舊屋底層

，還是三和土泥地，裏面除了機器之外，樣樣都是舊東西，廣告的編排，由排字房的頭目擅自處理，我和他們打了交道，送了十包大英牌香烟（即現在此地的紅錫包）給排字房頭腦，他就一口答應。

廣告登出後，外埠定戶信如雪片飛來，於是我又登申報廣告，當時新聞報的廣告效力較大，申報的廣告地區較遠，連陝西的平凉、新疆的伊犂都有訂戶來。

從前郵局對郵件的收費，上海平信是一分，本外埠印刷品是半分，但是對大量報紙，有特別優待，重量以格蘭姆計算，大約一磅重的報紙寄費不過五分，這是表示提倡文化之意。這兩種寄費的距離，相差得很多，可是要享受這個優待辦法，每月至少要有五百磅以上的寄件爲起點。

我因爲每份報紙寄出去要花半分大洋郵費，實際上與一張報的售價差不多，所以一定要研究一個辦法出來，先向郵局聲請認爲「新聞紙類」，其次是如何能取得論磅寄費大宗郵件的資格。

那時節一切事情我都親力親爲，先向京滬、滬杭兩路各縣電話局索取電話簿，抄錄電話簿上的商店住宅地址贈送報紙。一天，我正在抄得精疲力盡時，秦伯未和鄧鈍鐵兩人來訪，拉着我要

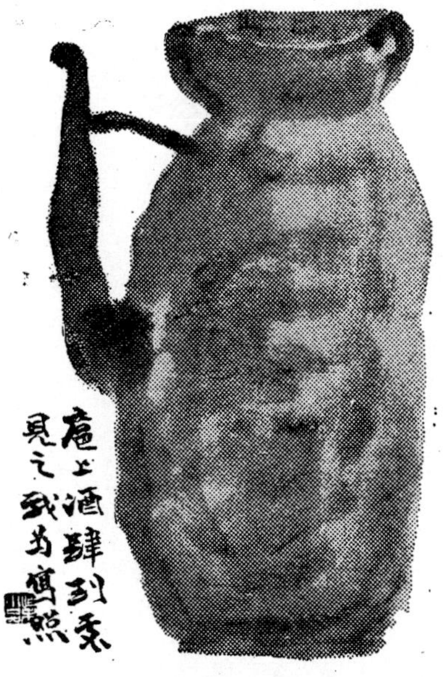

錫酒壺　秦伯未作

到高長興去飲酒，高長興是當時上海一家有名專門供應紹興酒的酒舖。考究飲好酒的人，常到那裏去浮一大白，這時米價已比從前高得多，酒是米做的，所以酒價也跟着漲起來，花彫每斤賣到二角九分，酒壺都是錫製的，每壺是半斤。

鈍鐵催着我，我一味寫信封，伯未等得不耐煩，見到桌上筆墨俱全，拉起筆來就畫了一個「酒壺」（見圖），鈍鐵說：「快些走，快些走！」我回說：「沒有空，我要連抄十幾個深宵，才能了事。」鈍鐵說：「我現在受僱於華安合羣保險公司，也是抄寫這些東西，受了他們月薪三十五元。辦公時間常無公可辦，讓我把你這些電話簿帶到公司裏去，明天起祇要花三天時間，就可以替你抄好。」我聽了他的話，心想這是不可能的，既然他說肯抄，不妨就給他拿去。

次日晚間，鄧鈍鐵來電話說三萬多個地址全部抄好，我對他的運筆如飛，實在欽佩之至，後來鄧鈍鐵改名「糞翁」，以書法馳譽海上，每次開展覽會，賣出大小書件數百件，收入往往達到八九千元，這是一個怪人，後來墮機喪生的王植波，就是他的學生。

我有了許多地址之後，將報紙上的廣告完全刪去，全排文字，印成樣報，這批樣報，竟然招攬到千多份訂戶。但是電話名冊收集有限，我又以大洋四毫買一本郵政章程，細細研究，發覺其中有一種隨信附送印刷品的辦法，對我的推銷一定有效，所以就添印樣報數萬份，照章納費，交給他們隨信附送，這一來，就取得大宗郵件計費的優待。而寄出的樣報，每一百份便有三五個訂戶，因此訂戶的紀錄直線上升，第一個階段，訂戶達到八千份，每份收銀元二元，我頓時擁有一萬幾千元現欵，在當時可以算得小康了。

望平街的新診所，如期可以遷入，我把它裝修一新，這座轉角上的房子，還有一個圓頂，上面可以扯旗。那時節上海有一個有名的測字先生，叫作「小糊塗」，他女兒是學醫的，因此和我很相熟，他爲我揀了星期一可以遷居的日子，我那裏能等，在星期日前夜就搬遷各項書籍文件一個人住了進去，掛起牌來，次日開始診病。

向來我在四馬路老師家中，每天總有二三個人來找我看病，門診收四角四十文，我遷入望平街，門診收費改爲一元二角，在遷移之前，預先約定幾個老病家到我新診所來撐撐場面，不料當天就吃了一個大鴨蛋，到了晚上入睡之時，祇聽見人說四馬路大火燒，交通都截斷了，我也無心去探聽究竟。次日一早我走到四馬路，祇見數十條滅火喉，都集中在西中和里，原來是中西藥房起火，我老師的診所已被波及，燒到一片平地，我尋到丁師暫住之處去安慰了他一番，丁師向來大度樂觀，面無戚容，說：「你昨天搬出，當天晚上就起火，如果你遲遲不搬出，可能還燒不起來呢。」師生兩人笑了一陣。

回來之時，我細細一想，要是聽了「小糊塗」的話，這天不搬出，那就要燒掉我貯存的六千元郵票，（按：從前外埠訂報多以郵票代銀，但是收了郵票，往往一時賣不掉的。）還有一件大事，如果燒去了八千個定報戶的地址，那就無從稽考，有報無處寄，失盡信用，茲事便體大了。

開業十餘天，差不多天天吃鴨蛋，同學們來訪問我，都說：「你的門診收費訂得太貴」，我也有些後悔。不料有一個出售「小小豆腐乾」而起家的陳萬運，開辦了三友實業社，職工有五百多人，他來訪問我說：「我們全體職工由公司請你做常年醫生，月薪訂五十元」。我一口應允，因爲這樣一來，房租就有着落，而且天天有人上門，氣氛就不同了。

遵奉慈命　盛宴親友

以後，每天總有一兩個到三五個病人到診，心裏就安定下來，這時我用了一個掛號職員，薪水每月六元，還買了一部鋼絲包車，車伕薪金每月八元，從前的鋼絲包車黑漆膠輪，走動時鋼絲

閃閃生光，這是我從小就懷有這種志願。第一天叫車伕接我的母親來，母親開心得笑起來，她到了我的診所中，居然有二三個病人等着，她老人家連吃三筒水烟並說：「我家沉寂已久，你竟然在夷場上設這麼大的診所，應該像像樣樣的請一次開業酒，多年的老親戚要闔家請來叙一叙，這不但門楣生光，而且日後可能會介紹許多病人來。」我說：「遵命。」

我就開了一張名單，已有四百多親友，於是我就到二馬路太和園訂了四十桌酒，四伯父知道了這個消息，非常高興，又開了兩席世交的名字，其中有一位是當過國務總理的孫寶琦，還有兩位太史公，一位是葉柏皐（爾愷），一位是沈淇泉（衛），都是名翰林，名單上有了這幾位前輩，我覺得很是光榮。

四伯父還對我說：「我沒有兒子，你是知道的，歷年來我心目中最關心的是你，想要你做我的立嗣子，不知你的母親同意不同意？」我說：「這是沒有問題的」。四伯父接着就說：「到了那天，應該要有兩個儀式，第一是正式向仲英老師叩頭謝師，補送贄金二百元。第二由我宣佈你已經立嗣給我，以後改口呼我做爸爸。」我說：「完全照辦」。

當時上海的菜館，場面都不太大，很少有可以一次開數十席的地方，因此太和園就在廳前大天井中，搭起凉棚來，張燈結彩，還有執事讚禮的人，同時還請了一班吹鼓手（俗稱小堂名），道賀的客人一進門，就吹打起來，氣氛十分熱鬧，當時上海名流陸伯鴻，對我很器重，由他辦的普益習藝所送來一班軍樂隊，賓客齊集之後，由軍樂隊奏樂，在樂聲悠揚中，舉行雙重儀式。

仲英老師笑到合不攏嘴來，四伯父殷勤招待客人，還由執事高唱定位入席的儀式，丁老師應坐首席，但是他推却得很厲害，堅決要讓孫寶琦坐首席，因爲他老人家官職最高，董康也幫着拉孫寶琦坐下；還有兩位太史公和章太炎師姚公鶴師等，分坐各席首座，當時上海十大名醫，全體都到，共坐滿了四十五席。筵席費每桌十二元，連了酒水小賬，以及吹打執事車飯茶担等：共化了六百元左右。

我母親招待許多女客笑逐顏開，興緻勃勃，認爲是我大展鴻圖的開始，並且偷偷的對我說：『要是你有一個女友，今天訂婚，那末更加令我高興了。』

我對那天的情況，一切都滿意，就是有一個初戀成熟的女友，我等了整晚她仍沒有來，這位女友是在中西女塾寄宿讀書的，每兩個星期只回家一次，我曾經徵求她的同意，所以特地揀在他休假的日子舉行這次宴會，料不到她屆時竟然爽約，其中實在有無限的『隱痛』，祗是爲了她的弟弟有濃厚的『財富觀念』，百端撓阻，深深的刺傷了我的自尊心。

（二）

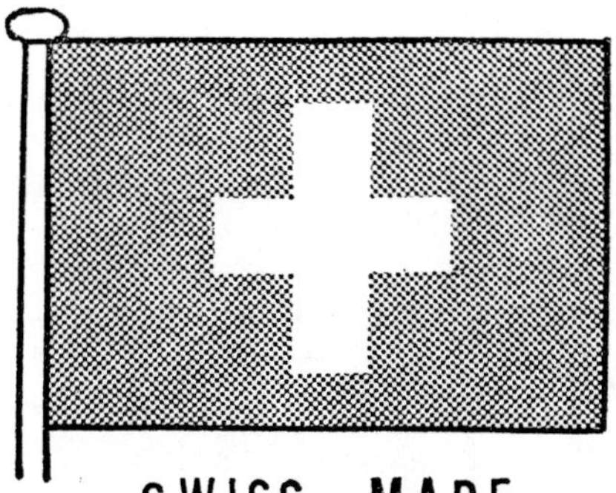

本刊已向香港政府登記

定價每冊港幣壹元

大人

論天下大事
談古今人物

第十六期

梅蘭芳刺虎圖

梅蘭芳逝世十周年紀念（最後一次經香港飛日本贈送友朋的簽名照片）

梅蘭芳 一九五六年夏第三次訪日

1894—1961

大人

第十六期 目錄

一九七一年八月十五日出版

大人

每逢月之十五日出版

出版及發行者：大人出版社有限公司
督印人：王朝平
編輯者：大人雜誌編輯委員會
總編輯：沈葦窗
社址：九龍西洋菜街三號A
即彌敦道六一〇號後座
電話：K八五五七三〇
印刷者：立信印刷公司
九龍新蒲崗伍芳街緯綸大厦十一樓
總代理：吳興記書報社
香港租庇利街十一號二樓
電話：H四五〇五六一　H四五〇七六六
星馬代理：遠東文化事業有限公司
新加坡厦門街十九號
檳城杳田仔街一七一號
泰國代理：集成圖書公司
曼谷耀華力路二三三號
越南代理：聯興書報社
越南堤岸新行街二十二號
其他地區代理：
澳門：可大文具店　漢城：汎亞書籍公社
亞庇：利民公司　寮國：永珍圖書公司
千里達：中華公司　斗湖：光明書店
菲律賓：華安書局　菲律賓：玲瓏書局
倫敦：東寶公司　紐約：友聯圖書公司
芝加哥：杏林春　紐約：友方圖書公司
波士頓：中西公司　洛杉磯：永安堂
三藩市：新生圖書公司　檀香山：大元公司
三藩市：益智圖書公司　三藩市：文化商店
加拿大：香港商店　加拿大：新國華公司

少年游

——紀十六歲時青城山之結伴探幽——

李璜

我在七十歲以後，漸次發現老年人的記憶力上一個特異之點，就是間中回憶起少年時之所閱讀，還在腦海，之所經歷，歷歷如繪，而偏偏對於昨日所見所約之事，容易遺忘，眼前所見之人，分明極熟，而一時反道不出他的名號來。我想，這或者是因老年生理的退化，以致腦神經的反映力失去敏感。然而在腦子裏的儲藏庫，有的是像圖書館中一捲一捲的感光軟片，一經燈影，便可以逐次照射幕上，令人回味。故我有詩一聯是：「閒中歲月多懷舊，夢裏河山未忍忘」，豈特未忍忘，簡直是莫能忘也。其中令我最難忘的昔遊，要算是十六歲時所登臨的家鄉成都之西八十里外的青城諸山。

青城山為四川西部橫斷山脈的第一列，岷山山脈的首峯，其次一列則為邛崍山脈，首峯便是峨眉山，故青城、峨眉皆峯巒拱列，谿谷遠達，號稱神山，為人愛惜。因之自昔杜甫即有詩云：「自為青城客，不唾青城地，為愛丈人峯，丹梯近幽意。」相傳，黃帝曾封青城為「五岳丈人」，故此山又名丈人山。道家稱此山為海內十大洞天之第五洞天，號曰：寶仙九室之洞天，歷代道教名流張道陵、范長生、孫思邈、杜光庭等皆曾隱修青城，故道家神話遺蹟，在青城山中特多。

青城山既距成都甚近，少年時以足力半日即到山腳，後來公路行車，則只三小時。我雖是一個流浪子，自十八歲後離家出走，去上海讀書，後赴法國留學，一生甚少寧居家園，但偶一回成都，則未有不去青城一遊者。特別是初秋天氣，在成都登高西望，即在天邊隱約可見一抹雲山，挹着爽氣，以招游人。故在我記憶所及，一九四一年八月曾攜長子去青城之常道觀中休憩一週；次年八月又偕左舜生、夏濤聲諸友登青城第一峯，得晤張大千、易君左諸兄於上清宮。就在臨到共軍已逼近川省，我明知逃亡在即，尚捨不得這青城游踪，而同老妻在靈巖寺住了五日，為老妻指點少年時之所經過，是已在一九四九年中秋節前幾日。不過像這幾次的游山，只能算是小游，稍稍領略一下鳥響林靜，蛩繁露滋，遠望霞光明滅，近玩樹色淺深，以聊遣逸情與詩意而已。因為腳力早非少時，只有坐對景色，向同游的妻或友閒談當我十六歲時之結伴探幽，以為笑樂。茲值長夏無俚，再應大人雜誌編者之約，為之細說一番。

靈巖寺

說起少年時候的青城之游，必須先從靈巖寺開頭。因為靈巖寺是灌縣西門外右側最近的一個大廟，距城不過六七里，但出城不遠，一經北指，便要往上跋山，山的斜路雖不甚陡，然而走到寺門，高度已比縣城高至九百公尺。不過往上走並不費力，一步一步的上，都有紅石鋪的梯坎，梯坎橫長丈許，每坎高度不過五寸，兩旁栽滿松竹，因之綠蔭在抱，鳴蟬在耳，企步輕鬆，我們這班少年們都是一氣走到寺門，並不需要停息的。我們當時之所以用靈巖寺為集中宿食之所，固然其地已有高岩可攀，岩下有泉水可飲，廟雖不大，兩廊新修，且因成都西人傳教士每年必至山寺避暑兩月，廟中設備比之他處整潔，臭虫早已絕跡，蚊蚋也較少了。西方人常所居地，必先設法改善其環境，不惜小費，優待鄉農，為之在寺側除野草，去積水，種西紅柿（此間稱番茄），養洋乳牛，且出價既高，而西人一至，則山下蔬果也時有人担上山來，於是凡百漸備，而賓至如歸了。但洋人所寓居流連之所，當時風習守舊（時為宣統三年西曆一九一一），成都人來游山者便不願在此寺住下。只有我們這班畧通英文的青年學生，要想練習英語，愛與這班洋鬼子混在一起。也因為與這班洋鬼子混在一起，才被其領導把整個青城山逐峯逐谿的去跋涉到了；動以兩三日程翻山越嶺，一直走過羊子嶺，走出灌縣北境，而入於汶川縣，看到了相傳大禹王生育娃兒的地方有「啓呱呱啼處」那一塊具有神話意味的古碑。

洋人的游山與中國文人的游法不同，一尚動，一尚靜；前者是冒險兼體操的，硬是要跋個夠，後者是詩人或畫家的，只是賞玩山嵐雲岫，或細雨幽花。我十六歲時，剛從成都英法文官學堂畢業，被同學楊无垢與另一位華西中學的學生郝尚德所邀，自城裏隨着傳教士加拿大人花師姐與繆牧師一同出發，大家手提着換洗衣物便開步走，半日委佗，並不辛苦，就直抵靈巖寺的寺門。道士習知這個舊曆七月半後，年年來避暑的熟客必來，大殿與兩廊房舍都打掃得干干淨淨。洋人自己弄飯吃，我們學生則一聽道士安排，粗茶淡飯，倒也可口。洋人初來，整理他們的舊居，修造烤做麪包的爐灶，而我們於次日起，即在寺前

大千居士筆下的青城山（註一）

寺後跑過不停。靈巖寺雖無古蹟可尋，然而大殿之左有高巖趐出廟頂，登上巖頂俯視，則灌縣城已歷歷在目，巖下有池，清泉注入其中，清可見底，種有蓮花。我最愛寺前一大排直立入雲的楠木樹，樹下綠草如茵，引起我大大午睡了幾塲。大殿之右有廣塲平敞，似爲洋人所特闢用以作球戲者。三日之後又到了兩個洋人，皆加拿大籍，下午他們合起來便在塲中踢起脚球來了。繆牧師似有一點地質學知識，他踢球休息時間，爲我們言，川西垻子，沃野千里，在若干萬年前，似是一個大湖沼。而青城山低處，即是湖岸。他說時，立在廣塲邊斷岩處，用手掘出小而厚的蚌殼出來，爲之証明；並指示出若干小草，如鳳尾草、野慈姑之類，皆水草而非山產也。後來我們果然到處挖得蚌殼不少，有些都已成爲化石。

在靈巖寺玩了五天（中間我三人曾奔下山到灌縣城裏吃了一頓油大而回），洋人通知我們，十日後，便要開始跋山，有兩日來回程的，有四日來回程的，他們要多烤麫包點心，以作旅中乾糧，他們叫我們也去準備一些隨身食物，以便覓不得飯食時，半途充飢。他們並勸我們去比較中國游客多的天師洞先玩兩日，那裏可見中國道教的一些神話遺蹟，而且香火甚盛，善男信女，大是鬧熱。

天師洞

天師洞又稱常道觀，爲青城山有名道院，地在靈巖寺之右三里許，但較靈巖寺爲高，約在海拔千尺左右。天師洞不但林木茂盛，觀宇宏壯，而道士可以「掛單」（鄉人稱游方僧入住十方叢林受施曰掛單），游客可以長住（成都學生之療養肺病者常來此久居），不但空氣佳且因此觀有肉食可以供客也），故常道觀中聚居道俗時至二百餘人，臨時游侶，尙不在內；然並不感到煩囂，究竟人至山林古寺，都入於一種靜穆境界，何況天師洞處處皆有奇蹟可玩，耳目是應接不暇的。

一入常道觀，左有銀杏兩株，幹古蔭廣，云是千年老樹，右則桂樹一株，也甚大，時已初花，香溢院中，即此已足引人入勝。前殿供老子，並不及成都青羊宮「一氣三清」之龕廣像大。然而前殿之右有一長三丈，高一丈，深亦一丈之洞宇，中塑張天師橫凭斜倚之像，塞滿洞中，並無藥爐丹竈，其脚側橫放長劍，塑狀古雅而無笨重氣，似非匠工，惜洞高及殿頂，不許攀登，未加細察。洞像之右，橫列建有樓閣一排，下爲客廳，上作客室。樓閣前面即前殿下敞院，後面則飛來椅坐臨深澗，深及數丈，流水淙淙有聲。最引客人驚奇者則澗外一石，壁立如削，削面平整，自澗底而上，廣約兩丈，高過屋頂，名曰：劍劈石。相傳張天師在洞中修練時，忽現蛟蛇，天師舉劍斬之，一劍便將此石劈成壁立之平面云。

劍劈石爲神話奇蹟之雄瑰者，還有小玩意稱神奇者，則爲刻漏泉。刻漏泉在後殿之右側山石脚下，呈半圓形石盂狀，似特在石壁上鑿出者。盂後壁上刻有從上而下自子時至亥時的十二時辰。小道士指點我們，說是每一時辰，盂中之水，便會漏去一格，可以作爲計時之用。但我當時年少，沒有這種忍耐力去實驗其言之確否。小道士又引導我們三個好奇的年青游客，自後殿左側進入，翻上一重山坡，即發現一個平臺，去看道士們演習武術。武俠小說常稱尙武名家中有青城派，事實未必是眞的。然而我十六歲時所見的青城道士的武術，確有幾手。如以掌擊重磚，四磚立爲之兩斷；以腹受拳擊，而擊者被觸至仰跌地上，觀者固喝彩，但尙不足爲奇；我當日所奇者爲壁虎功，即以赤手赤脚爬壁直上，可以上到兩丈多高。此種工夫却可以去做飛賊。還有一種叫作「參武禪」的道士，打坐草間，入定之後，忽然

大千居士筆下的天師洞一名常道觀

起立，力大無窮，手舉石凳，左拋右接，與人格鬥，皆被其打倒。打完又復盤坐如初。據小道士言，參武禪者猶在夢中，打死人都不負責任的。但未知眞在夢中否？

這種小道士好像今日旅游中的導游人，他並不懂青城山石的雅趣，而總是向游客眩其觀中的奇蹟、奇人與奇事。這頗適合我當時年少的口味，後此游青城，我便不理這種小導游，他也得不到我的小賞錢了。我當時曾問小道士，這些習武的，是不是由觀中老道教出來的？他說：不是。常道觀中本門教士，並不習武，這些習武者多係外來的游方道人。常道觀的工夫，乃是講究採藥錬丹，他們的觀主，則現正錬金丹，以求服食之後，長生不老以至飛升成爲神仙。小道士並未騙我，我在三十年後（辛己——一九四一）也是秋初，再來游時，常道觀的老觀主，聞錬成金丹，早已飛升，飛升時，全身發黑，腹脹如鼓，係想中了汞毒。

赤城霞

青城山又名赤城山，我當時年少，尙未知有此名。忽然得見赤城，又幸遇朝霞燦爛，照射赤城，展出生平所罕見之自然奇境，令人目眩神癡，至今已六十年，還感到光耀腦海，眞是幸事。按陸放翁游青城，有句曰「看遍人間兩赤城」，自註云：「青城山一名赤城，而天台山之赤城，乃余舊游也」。

原來，我們當時三人被小道士引導在常道觀廟前廟後，跑上幾趟，已是黃昏時候，雖然眼底神奇，覺得好玩，但並未能盡游興，相約明晨早起，要去深入後山，涉險探幽一番。晚飯後有山鳥飛過院頭，已看不清鳥羽色別，但聞其啼聲甚厲，有如擊柝，梆梆兩響，聲徹一院。道士便說：知更鳥叫大家安寢了。安寢之前，我三人相約明日起，要從後殿右邊那一圓洞門，上書「別有洞天」的小路鑽了出去，循溯澗水，盡情跋涉，以探此峯的究竟。因來時側望，常道觀無非在山峯之腰，而峯巒實高揷雲表也。

早起在廟門買了幾個實心甜餅（成都人呼爲「混糖鍋魁」，即大餅烤時加上紅糖，可作干糧），手提一把有木環的鑌鐵茶壺，各人腰懸一個鑌鐵飯碗，背上衣包，內有電筒，皆花師姐所贈，囑我們在山中不可亂喝生水，渴時須檢柴以茶壺盛水煑滾後飲之。裹束既定，我們即從圓洞門竄出，果然沿谿上行，行不里許，便別有洞天了！原來劍劈石下深澗，即流自此間亂石縱橫、兩面峭壁之谿谷中。谿邊上行右側，不知何時修建有路，岩石懸籐，間以幽篁，不見日光，蒼苔滿徑，路滑難行。於此時聞清香，乃岩壁野生的春蘭所放，香雖略遜秋蕙，然花多而色淡雅，亦不愧爲幽谷佳人。蘭每在岩陰叢草中突出數十葉，其下則岩腳時見白海棠，甚爲茂密，葉大花肥。我彼時已讀過了紅樓夢，到此始覺曹雪芹少見多怪。因爲在山石腳下長出，終年不見日光的秋海棠，自然褪去紅粉，形成淡粧了。左賞佳卉，右挹清流，溯谿而行，忘路遠近，偶遇一二來者，無非採藥人歸，背負藥籃，手握籐杖，腳上鐵釘欆鞋，滿黏苔蘚。詢之多是十餘里外翻過赤城來者；到山始聞赤城二字，但並未加以注意。時已過午，饑腹雷鳴；早起在觀中所吃三大碗干飯，早已歸於無何有之鄉。急覓流泉，擬聚柴枝，做石灶煑水，以便飽吃甜餅。但沿谿上行，雖仍聞水聲，並未見水。天似久未雨，澗深而流細，路在峽上，急切無法下至澗中取水。又行一句餘鐘，始至畧爲平朗之處，路旁岩石，微向後撤，顯出一片斜坡，縱長約有畝餘，有一茅屋人家，種玉蜀黍（川人呼爲玉麥此間稱粟米）於其間，開有小路，可以下澗。我們三個少年爲之歡呼，相牽而下，斜徑約四十餘梯，始至澗底，見一大盤石伸在流水之上。於是登上盤石，以三小石塊爲灶，聚枯枝其中燃之，然後以繩繫水壺墜下取水，煑好滾水，洗淨鐵碗，飽食甜餅，大喝開水之後，疲極，仰天而臥，須臾即一齊睡去，那知這一睡倒也舒適不過，然而大禍臨頭，幾乎淹死而被山洪衝走至於大河之中。

緣人在山中，尤其峽內，前山雲起雨降，人是看不見的，這只有樵子仰視鳶飛所打的圈子，可以測知。夏秋之交，本應多雨，而我們來青城三數日幸未遇雨。那知不來則已，山雨一來則勢如注，山洪立刻暴發，有如巨浸，挾木石滾滾而下。幸得我們下深澗時，爲茅屋門前老翁所見，一經黑雲飛過山頭，雷電交加，他便知不妙，跑到澗邊來高叫我們上來。其時我們已被雷聲驚醒，因澗底雷聲，特別響亮。我們立刻往上跑，雨已大至，跑到澗邊，囘顧盤石，早已滅頂，跑至茅屋門前，全身打濕，鐵碗也跑落一個，楊同學還想去澗中找尋，老翁說：「先生們，萬不能再下去，溪水立刻要升高兩丈，鐵碗送與龍王爺去裝飯罷！」果然大雨不停的下，山洪滾滾而來，洶涌澎湃，巨吼與雷聲相應，勢頗驚人。

我們都脫下短衫來亮起，以爲亮干之後，雨停即奔返天師洞。茅屋老翁一看天色，便道：「雨還有得下，你們三位囘不去了啊！這樣大雨，囘程三十多里，左有山泥下墜，右有澗水淹路，危險得狠啊！」我們看了剛才一幕盤石滅頂的驚險鏡頭，只好聽老翁的話，乖乖坐在門前寬木長凳上不動，但坐到下午六點多鐘，肚皮又餓了。老翁夫婦兩人，吃玉麥麪糊爲生，室無別物可以餉客，我們看上了他家的鷄母，取出銀元一枚，要主人買一隻來煑與我們做晚餐。他倆初不敢受此厚價，我們認爲三人要打擾一宿兩餐，這是應該的。於是兩老歡天喜地的收了這一枚平素不易賺到的龍洋，立即與我們去殺鷄爲黍了。飯後已是八點多鐘，倦極欲眠。茅屋只有兩間房，主人讓客睡牀，但我們用電筒一照，床上雖有蚊帳，但床下便是猪圈，一個大肥猪正在打鼾，這樣的上下牀，又豈容元龍高臥其上！再三道謝主人，聲稱過於打擾，於心不安，於是將門外長凳抬進屋來，一人睡棹子，兩人睡長凳，尙容伸足，一枕黑甜，蚊子是咬我們不醒的。

一夢覺來，天近黎明，奇蹟出現了！老郝忽然驚叫，怎麽滿窗紅影，一定窗外大火，齊起出門一看，對面岩壁經初升朝陽一照，變成紫色，好似歪詩上「夕陽反照桃花岸」的模樣。我們大爲贊美。老翁正在門前掃地，笑道：「前進半里，向左一轉灣，那裏的火燒天才更好看呢。」我們信之，披起帶來的羊毛衫，便往前跑，路轉山迴，忽現峽門，一線中通，深入里許，爲一高山所擋住，山形高高低低，遠望恰如雉堞，山頭本來便是紅色岩石挺立幾重，而經東升朝陽，照射上去，霞光萬道，夾着雲彩往來其間，反影忽紫忽朱，有如靈鳳飛翔，火龍上下，氣象萬千，不可方物，我們三少年驚嘆之至，爲之高呼，爲之久立至於日上三竿始返。——是即灌縣縣志上所稱之赤城霞是。

大面山

自赤城峽外返別老翁，又吃了兩老所趕製的玉麥饝饝後，飽食而行，氣壯神怡，一直囘到靈巖寺，始過中午。次日休息一日，便同四個洋人，一行七衆，以花師姐爲領隊，先以兩日程，去游大面山。花師姐雖然是四十歲上的女洋人，但隊中以她青城山游的經驗最富。她來成都服務教會已二十年，游青城此爲第九次，健步且耐勞苦，故跋山能終日不倦，或前行，或後殿，照料游伴，俾勿失腳。因花師姐熟習青城諸山途徑，平易險阻，一一預先知曉。

大面山又名趙公山，正對着灌縣西門，有如照壁，面對此壁却甚大，因稱大面。山腳有財神廟，香火甚盛，財神相傳姓趙名公明，山名趙公，亦即由此。我們並未晉謁財神，因自靈巖寺左平行而往趙公山，一去即在山陽半腰，羊腸小徑，或明或暗，邐迤而行，隨時可見灌縣城郭以及離堆與二王廟，歷歷皆在腳下望中展出。洋人跋山，其志只在一個「跋」字，藉以鍛鍊體力，並無意於探求古蹟，又以其宗教成見，對於神仙故事，也不發生興趣。不過避去香客往來大道，而專去走小徑，爬險坡，登高岩，入深洞，其間也可以隨時發現世外高人所創設的洞府幽居。譬如我們一行，在大面山腰曲曲折折的走了半日，午後我們在小廟中吃了飯後（這類小廟是大廟的腳廟，等於大商店的分支店，爲大廟管理山產，且便利游人，故也可以借宿買飯，不過比較簡陋，我們滿不在乎花幾個銅子吃一餐，而洋人則在殿中自食其夾肉麵包，只要滾水而已），又往上翻過一座山嶺，已有海拔一千三四百尺之高，在曲徑中忽然鑽入一個洞府，値得一記。

在峩眉山的和尙閉關，大抵在山中行人罕至之地搭蓋茅蓬，一缽一蒲團外，別無長物，日食所需，有小和尙遠道送來。我們在峩眉後山便能瞥見此類茅蓬，游客不敢行近，免擾禪定。而青城山的道士修鍊，則比較和尙要講究得多。道士以化緣所得，來在佳山幽處修建洞府。是或張道陵、范長生等名流遺風，因之青城山的古寺院，皆必有洞府遺蹟。我們在這裏發現的洞府，並非古蹟，以鑿痕論，似乎新開不及十數年者。因之草樹並未封門，入其中，則石床石几甚潔，丹竈藥爐皆具，我們一行便由花師姐去取泉水，由繆牧師就丹竈加柴燒茶，大家取出干糧，藉作打尖。我在休息時間，於洞府門側看見壁上有石刻長律一首，道：

「忙忙收拾舊袈裟，檢點行裝日已斜。
袖拂白雲離洞口，肩挑明月走天涯。
可憐枝上新啼鳥，難捨籬邊舊種花。
吩咐犬貓隨我去，不須流落俗人家。」

詩後又刻有數十字云：「甲辰之春，來游青城，偶然至此仙屋，見壁間留題，境幽深而趣逍遙，是可記也，遂爲之勒石洞門」。下欵署「雲鵠」二字。按甲辰爲光緒三十年（一九〇四），雲鵠則都人士無有不識之黃雲鵠觀察。黃於清末在川歷任府道，曾署理藩台；善書，尤喜寫榜額，大筆如椽，求者輒應，故在成都之名勝如江樓、草堂、武侯祠、青羊宮等處，無不有黃雲鵠之四字榜書，爲游人之所欣賞，於是觀察之名乃顯於書法，都人士皆能道之。——我後於一九二五在武昌大學教書，與音韻學家黃侃先生同事，知其生於成都，乃黃觀察之子，今之新亞書院潘重規教授，乃其孫女壻。因之我近來有時與重規先生午茶談天，輒憶及少時所見得觀察此詩，我認爲詩不一定爲仙家留題，或即觀察故弄玄虛耳。

近黃昏時，我們跋上嶺頭，越過山陰，又往下行見有小溪，水聲潺潺，一徑松竹，中有修整之瓦屋數間，趨至屋門，榜曰「白雲精舍」。一連狗吠聲中，有人出視，即高叫：「花師姐來了！」我們隨行在後，甚爲詫異，此間乃有與洋女相識者！時一老婦年近七十出迎。我們一行，得入精舍，兩面囘廊，皆有欄杆，歷階而上，正廳三間，右爲客堂，竹床籐椅，案供蘭菊，清潔之至！堂後有玻窗，可以遠望雲山，近接溪流。堂前細竹爲籬，蔭以幽篁，滿院綠雲，中建小池，臥蓮正在發花，下游金魚，旁有石凳。我們三人在喝夠新茶，食了米花糕、（川人喜炒糯米加花生胡桃紅糖粘成糖糕享客），即出客堂，坐小凳上，訊問老僕少婦以究竟。據云，主人爲灌縣有名袍哥侯寶齋大爺之寡嫂。侯家富有，自不待言，建此別墅，也是常事，因川西垻子有錢有勢的人，向來愛玩這一套的。少婦言：「主人叫作淨雲居士，每年夏秋，必來精舍住上五個多月。侯大爺也年年來避暑一次，住數日；有時且偕同縣大老爺來問候居士起居。」我們始知這位老婦的來頭不小，故爾這樣講究。又問：花師姐何以與你們如是熟落？云：「花師姐在六年前中秋節前游此山附近，遇大雨，曾被招待一宿；次年又來，贈主人一個『三方亮』鐘，甚爲精緻，主人喜之，因是相約來山必至此一游」云云。我們憂慮夜宿何處，則僕婦指點左面廊外客房數間，鋪帳均備，無客也每日必加打掃，務求清潔，因縣中偶有雅士或者紳商持侯大爺的介紹信，來此借住幾天。但主人甚少出而招待，不像對花師姐一行之來那樣客氣。

我們三人要出精舍到溪邊去走走，老僕說是有老虎常來，天一黑便須囘家。我們大笑，認爲是在駭小孩子。少婦道：「少爺們，不要大意啊！前天半夜，老虎還來過，拿尾巴敲門，駭得我們把頭往被窠裏鑽咧！」我們更是大笑。老僕便引我們出外去看老虎屙的大屎。果然在不遠道旁有獸糞一堆，中間還斜出牛皮一段，牛毛森森的。我們立刻折返精舍，晚飯已具。一色素菜，特別精潔，洋人也吃得津津有味。我們三人獨據一盤辣豆瓣醬烹的素鷄，就各自送下了三大碗飯。

早起，豆花飯已備。家製豆花，頗費工力，又要推豆磨漿，又要除渣熬乳，還須用鹽酸點之，令其凝結得恰到好處，塊頭要嫩，但須乘得住筷子一夾而不崩潰落水。凡此足令老僕少婦夜來無睡了。豆花飯之出色當行，是在調料要齊要好，除豉油、蔴油、辣椒油、醬、醋、生葱、鹽、糖而外，尚少不得花生泥與冬菜末之類。凡此，山中主人一一均備得有，眞成都人所稱讚之「便家」也。我常恨每游青城，玩得好而吃得不好，我又不有大千居士那樣濶綽，游山還拖着廚子一道，所以我至今不忘大面山中這一頓豆花飯。

白龍池

「上山容易下山難」這句話，至少在我跋山走小路的經驗中認爲相當確切的。因爲大路比較平坦，尤其青城山的大路坡坎都用石板鋪過的。但洋人偏偏要走小路才過癮。我們一行別過侯家別墅，就在大面山的山陰專揀小路下行；下斜坡，蹭腿費腳力，非用手棍掙着不可。但在此山山陰，可以遠望羊子嶺外的山，一重比一重高，最高的一層峯上，暑天仍有積雪，晴空中，遠看峯巒雪影，甚爲清楚。花師姐說：「我們囘去休息兩天，便再爬羊子嶺，翻過去，在白龍池去看水怪啊。」我們當時不知水怪爲何，後來身臨其境，始弄清楚，而且確實遠遠瞧見這個水怪的出沒。

原來白龍池本是官府禁地，游人甚少得到，不過洋人就可以亂闖，道士貪圖小利，官府也不敢過問的。——這是四川省專管水利的龍茂道要來求雨的地方。四川省除了一總督三使司（藩台稱布政使司，臬台稱按察使司，學台稱提學使司），還有幾個各有專司的道台，如鹽茶道與龍茂道是。龍茂道名雖專司水利，其實坐吃俸祿：對於成都府內屬十六個縣，所謂川西垻子的水利，當然有辦法的。因有秦太守李冰的遺規，老照着「深淘灘，低築堰，遇灣切角，逢正抽心」這十四個字的科學方式去做，包不會出問題；年年由一定的人工，按照一定的辦法，他只每年春天到灌縣都江堰去開堰放水好了。因之這十六縣的農夫都會算準那一天河水溝水就會先後到他們各自的田畝裏來。不過中國只出了一個敝同宗李大工程師，他是不靠天吃飯，而要手握天行的，以後水利方面便沒有產生這樣偉大的實驗科學家了。於是川西沿着府屬的四面高地，便沒有發明高地灌漑的法子，一遇天旱，縣官百姓都無辦法，只有派代表帶着紙帽子進成都城內，直奔龍茂道的衙門去報災求救。這位道台大人平日無事可做，吃得腦滿腸肥的，至此，他立即照例答應老百姓去親自求雨。於是人夫轎馬，抬起了他，邐迤入山。到白龍池來進了香，用一個淨瓶在池裏裝一瓶水；又打道囘轉成都，招搖過市的用四個人抬起這個放水瓶的亭子囘到衙門。公事已畢，就只看天公作美不作美了。

白龍池裏有條白龍，會興雲降雨，大抵成都人皆信此說。據花師姐言，她前年會同一位德國籍好研究生物學的牧師去白龍池考察過，確乎他們在夜午月上時遠遠望見池中有物，泳水而行，似爲一條大魚。但怪物全身未露出水面，其背部與頭部均曾偶然浮出，以遠距離推測之，背有西餐桌面大小，頭亦不小於圓桌面。德國牧師認爲體形頗似河馬，但河馬是熱帶產，怎樣會到此溫帶山中？因之成爲疑案。這一次繆牧師帶有很好的望遠鏡來，趁着八月十五前後，來再探察這個水怪。

赴白龍池，要攀過羊子嶺，比大面山當然更高更爲吃力，因之我們一行回到靈巖寺，休息兩日，雇請了兩個樵人引路兼做腳伕，背着花師姐等人的帳蓬，下山向西北行，經過離堆，踏過索橋，然後往上跋。一直跋到黃昏，始到羊子嶺上的小廟中借宿一夜。次早翻下嶺來，入於汶川縣城，午飯後稍憩，又穿城而走上左側山徑。漸至人煙稀少處，忽然望見山中池水，樵人指點，說快到白龍池，我三人大爲欣然，因爲跋涉了一天有半的山路，我們少年人都已感到腿力疲之，但花師姐一直向前，令我們不好意思軟勁。不過到了汶川縣境，風物漸變，與川西壩子不同，山中高樹漸稀，多是灌木，而隨時見有羊群。且氣候已似深秋，夜來風寒霧重，令人有塞外關山之感了。

一行九人在午後四時許到了白龍寺，道士出迎，接待甚周，請上坐，泡好茶，都在小廟左側一高閣上。閣臨池邊，但池水尙遠在二十丈外，聞初夏水漲時可抵閣下。白龍池廣約二百畝，水色深碧，觀其山環四面，皆作斜坡，則池底勢呈鍋狀，水必不淺。我們三人吃了茶點，即覓小道士，訊問今天夜月升時能見白龍出水否？小道士點頭；我們要竄出閣下柵門去池邊上，則爲小道士所阻，指寺門告示，有嚴禁進入池邊字樣，我們問他何故？小道士說：「龍要乘人不備，飛上來，把人吞了去，羊兒闖入，隨時被吞的。」花師姐或者也聽了道士囑咐，下閣來叫我們上去，不許亂跑。閣爲長方形，地板清潔，閣之兩頭皆有客房，而中供一龍王牌位，香案之頂，懸一橫榜，刻有四大金字曰：「雲霓在望」，仍爲黃雲鵠觀察所書。花師姐叫我們去客房先睡一下，以便夜半看水怪。

睡起，月已上升，時爲陰曆八月十六，飯罷，大家凭坐閣前飛來椅上，兩眼注瞰池水，好像白龍立刻可以飛出水中。繆牧師則用望遠鏡，看說：「一有動態，在何處他都看得比較清楚，他會告訴大家方向的。」等了兩點鐘，眼睛已有倦態，月又時時被過雲所遮，漸感失望。繆牧師忽然叫道：「對面池左陰處水在動了！」我們一齊向左面看去，水確已有圓圈泳痕，但並無物，似大魚在水下吹泡一樣。未幾圓圈移向池中心，果然如花師姐所說，黑色的背樑出現水面了。偶然雲退月出，月照黑背，顯出反光，看得清楚是紫灰色，而有毛與否，據繆牧師的望遠鏡中指示，說是有毛。這足証明不一定是大魚。花師姐問：是不是像鱷魚？繆答不像。我們年青人的眼睛比他們的銳敏，我們都認爲像水獺皮那樣，但世間上那會有這樣大的水獺。目前所露出水面的背樑，都已有五六尺長，兩尺多寬。我們爭着說明。繆牧師禁止出聲，說：「背樑前面在動，頭快伸出來，便可判爲何物了。」於是大家屏息以待，見水怪之頭乃扁圓形，向水面露出了大半，似乎在搖頭模樣，繆牧師高叫：「一定是河馬無疑，那裏有甚麽白龍啊！」即以望遠鏡遞與同行傳觀。但可惜傳到我們三人時，水怪之頭已不見了！

因爲大家眼倦，無法再看，紛紛議論起來。繆說：「河馬是兩棲動物，必定要上岸來的。道士天天守着，豈有未曾看見之理。既然小道士說是會吞羊兒，則必是水怪上岸來吞的，羊兒是不會下水的啊！」繆主張明早去追問道士（其時道士老小俱已下閣早睡去了），但花師姐畢竟是一個「中國通」，她不贊成。她說：「道士就靠白龍迷信吃飯，一旦証明池裏不是夭矯的飛龍，而是笨拙的河馬，不單是道士丟飯碗，就連龍茂道也沒有好戲可唱了啊！」次早，我們吃了道士的精潔早餐，花師姐給了道士兩個銀元，我們一行便沿來路，踏上歸程。但一路之上，大家總想不透這個河馬何以會獨留此山池中。此物從何而來？何以有這長久的生命？——總之，這水怪終究還是一個謎！

（註一）泯江自西而來，索橋橫跨兩岸，索橋前面山上的那座道觀是二王廟舊址。從索橋沿江而下，即爲灌縣。由灌縣遠望，羣山聳翠，壯若城廓，圍繞青空，那就是四大名山之一的青城山。

青城山有三十六峯，周圍千里，有七十二洞，一百八十景之勝。

創造歷史新頁的：「神秘大使」基辛格

•牛歇爾•

基辛格秘密抵達大陸，以「世界和平」爲目標，安排了尼克遜訪問中國大陸和毛澤東的會晤，創社會主義國家與資本主義國家歷史新頁，消息傳出，舉世震動，反應不一。全球報章對此一新聞，報導不厭求詳，本文作者搜集各方資料，將其行期、航程、詐病種種經過，以及其在大陸之五日行踪、晤見人物、會談空氣、暨其生平作一綜合性之報導。

白宮外交事務專家，美國國家安全總統助理亨利．基辛格於七月一日離開華盛頓，七月四日離開西貢，途經曼谷新德里，七月八日下午抵達巴基斯坦之伊斯倫斯巴，與巴基斯坦總統雅加汗會談半小時後，行程忽有突然之變更。

聲東擊西　行踪秘密

初傳基辛格係往巴基斯坦風景優美之山地加里小住一日，一面渡假，一面工作，這是基辛格失踪六十四小時以前的唯一消息。

七月九日，巴基斯坦政府發表一項公報，畧謂基辛格因身體不適，將在加里多住一天。由於記者之不斷探詢，美國駐巴一大使館館員稱，已有醫生一名派往加里診治。記者疑之，問其何以不赴伊斯倫斯巴附有冷氣設備之現代化醫院就醫，而住於山地偏僻、醫療不便之區，所得之答覆爲：「基辛格不欲以其個人小事勞師動衆。」

記者對於此一說法，雖然不免心生疑竇，但仍以爲基辛格是去了東巴基斯坦與東巴政府官員會晤而不疑有他。

事實上，基辛格並未去東巴基斯坦，而是去了與伊斯倫斯巴相距僅七哩的勞華本地的飛機場，在那裏登上巴基斯坦國家航空公司一架七〇七波音客機，直飛中國大陸，事前一切嚴守秘密，連飛機上的工作人員也不知道他是誰？只以爲是一個特別的英國商人。至今爲止，中共尚無長程航機可以作不斷直飛於大陸與巴基斯坦之間，故兩地空運，都由巴基斯坦國家航空公司担任，但因貨客數量無常，班機亦不定期，所以基辛格可以在神不知鬼不覺中，悄然登機而去。

隨基辛格同行者，計有三人，一爲他的重要下屬之一約翰韓德祺，熟悉遠東事務而精通華語；二爲他的特別助理雲士頓勞特；三爲熟悉東南亞事務的外交官員李察聖斯。與基辛格同行到達巴基斯坦的其他隨員則全部留在原處，他們和別人一樣，同樣被瞞在鼓裏，以爲基辛格是小病，希望他們的「上司」，早日「康復」。

飛機着陸　有人迎迓

七月九日中午，基辛格及其隨行三人於中國故都郊外一久已廢棄不用的飛機場着陸，爲首歡迎者是軍委會副主席葉劍英及外交部高級官員二人。另一人爲「美國問題專家」黃華，他本來已要去加拿大履任他首任大使的新職，因爲基辛格之來而展延了他底行期。一行數人，當即趨車往郊區某地湖畔一美麗別墅，共進午餐。餐爲中式，菜色極豐，席上諸人，均用筷子，惟獨基辛格獨用刀叉。下午四時，周恩來抵達，長談開始。晚飯時，基周二人於長桌相對而坐，邊吃邊談，直至深夜。

談話坦白　氣氛優美

基辛格携有文件一卷，內有尼克遜總統、羅傑士國務卿和基辛格本人親筆所草各種文稿。事前並未訂定議程，尼克遜之訪問中國大陸僅爲所討論的問題之一。談話中，基辛格措詞十分小心，華人二名，其中一人係在美國出生，一人曾留學哈

神秘大使的行程

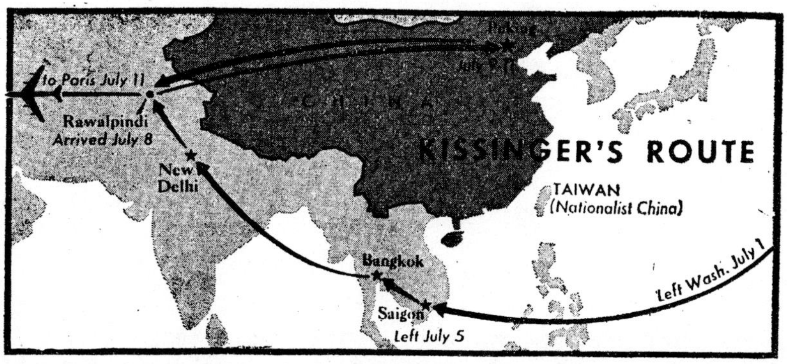

佛，為周恩來担任繙譯。但此乃官樣文章，且似多此一舉，因為周恩來本人英語不僅極為流利，且常能為兩人改正錯誤。但是他仍舊樂於採用繙譯，因為這樣可以給他時間從容構思，使他可以省却筆錄而出口成章。

次日七月十日，基辛格一行被邀游覽故宮。當日下午，於人民大會堂繼續晤談，這第二次和第一次會談一樣，延續達八小時之久。

據悉，此次會晤接待，中共方面的態度，極禮貌客氣之至，鮮用尖銳的外交辭令，全部過程，像是兩家大公司在談一宗對於雙方都有利益的大生意，氣氛優美，無以復加。

當日晚餐後，基辛格等與中共方面會同決定公報內容。次日星期日，雙方作最後一次會談，並舉行餞別午餐。基辛格一行於下午一時離去，面部表情愉快，充份表現其此行成功。當他返抵華盛頓時，有人發覺這個常遭胃病磨折的外交事務與設計專家，這次至少增加了五磅體重。

以上是基辛格秘密前往中國大陸和周恩來晤談經過，下面是筆者根據各方面的資料，描述基辛格是怎樣一個人物？

每日辦公十五小時

基辛格在尼克遜的身畔，職位雖非極高，性質却十分重要。當尼克遜總統在宣佈基辛格的任命時，曾表示過：他希望基辛格能重視長期性和創造性的思想，不要兢兢於太多時間化在眼前的問題上。因此，基辛格除會相當致力於日常的決策外，其工作方針悉以總統的指示為依歸。在大約數十位專家的協助下，他每天須以十二至十五小時的時間，沉浸於無數情報和需要特加注意的文件報告中；甚至連星期六和星期日都沒有例外。

除了上述的主要工作外，基辛格又兼任政府部際政策設計會議的主席，由他先行估定各部長的主張和建議，以後轉呈總統考慮。同時他又須抽出時間和外國官員和外交家們以及記者和學者們經常商討，以便了解各方面的看法，並彙列這些意見可能產生的後果，俾總統採擇時有所依據。在基辛格的見解中，各種在表面上看來似乎是互不相關的國際問題，實上際是互相關聯和互相發生影響的，如果取其一而捨其餘，必將會影響至全局，這就是他之所以認為必須週詳注意各方面意見的理由所在。

學問淵博影響鉅大

與總統其餘各位密切的同僚，如國務卿羅傑士和總檢察長密切爾等不同，基辛格在開始担任現職以前，和尼克遜並不十分熟悉。他們第一次會面，是在一九六七年十二月間的事。在此以前，他已寫成關於外交史、軍事戰畧和國際關係的書籍多本，他在學問方面的淵博是無可置疑的，尼克遜讀過而不勝讚賞的「核子武器和外交政策」一書，便是基辛格的成名之作。

基辛格是一位國際知名的學者，外貌普通，他的身材和體重均屬中等，捲髮修剪得齊及耳根，戴一副牛角框的眼鏡，講話時聲調緩慢，但帶有濃重的德國口音。他意志堅强而敏感，是一位既不願過份趨於理想主義，也不願過份現實的中庸學者。從他的演說和文章中，可以充份証明他是一個致力於世界秩序的思想家。

總統倚重非同尋常

基辛格又曾於一九六五年寫了一本書，題為「苦惱中的伙伴」，他在這本書內說：「我國政治家有責任明白表示，我們雖時常準備進行談判，但所談判的必須是嚴肅、詳細而具體的問題。」這話似較尼克遜總統經常所稱，我們需要一個協商時代的說法，更具有一種先見之明。同時他也曾說過，美國在世界事務上的目標，乃是「建立一種道義上的一致，以便能造成一個創造性而不是破壞性的多元世界」，這意見又是與尼克遜的觀念完全一致的。

漫畫家筆下的基辛格

正因此故，他才能獲得尼克遜的充份信任。何況他在白宮內的辦公室和尼克遜的辦公室又祇有數步之隔，他倆每天平均有九十分鐘的會晤——晨間會談三十至四十五分鐘，以檢討過去一天內外交政策的發展；下午再繼續會談數次，以商討當天的例行事務。他之所以成為美國外交政策上最具影響力的顧問之一，理由實在太多，而像安排尼克遜與中共首要會晤的重要工作，更是非由他一手經辦不可了。

黑髮之王，唯我獨尊！
美國製
超力美的黑髮乳
新配方
SUPER-YOUTHAIR
加强有效成份·收效更快！
能使衰老枯萎白髮
回復健康青春黑髮
• 無酸無臭
絕不退色
• 兼能去頭皮
止頭痕，男女合用
NO MORE GRAY HAIR
NEW! IMPROVED! MEDICATED!
Super-Youthair
Liquid Hair Dressing For Men and Women
STRONGER THAN YOUTHAIR
New Exclusive Formula:
Medicated To Stop Dandruff and Itch While It Keeps Hair Younger And Darker Looking.
WILL NOT WASH OUT!
LANOLIZED-NON ALCOHOLIC
MAJESTIC DRUG CO INC
721 EAST 136 ST.
BRONX, N. Y 10454 U.S.A
FL. OZ.
總代理：
聯大葯業化粧有限公司
香港九龍漢口道42號三樓
電話：K-661725·661819

大八小語

何必太準

九龍啓德機場新鐘，三千年祇差一秒。

任何航空公司班機遲到五分鐘或十分鐘，不算遲到。

最佳交換

男女表示愛情，有的交換靈感，有的交換肉體。

痴情男女於離別之前交換牙刷，每晨刷牙，如吻其人。

大驚小怪

台灣物資局倉庫，遺失物資一百五十噸。以此相喩，我兄日前遺失新欵墨水筆一支，何足大驚小怪？

英國若有總統

英國民意測驗，菲臘親王受人愛戴，竟在女王之上。

所以英國如果改變君主政體，菲臘親王可能當選總統。

一千五百元

酒樓點心師傅，月薪高至一千五百元。

吃他點心的貴客們，却未必有一千五百元的入息。

鼻子第一

跑狗名次勝負，以狗鼻爲最後標準。

婦女人工美容亦以改造鼻子爲先決條件。

小大由之

分欄廣告徵求伴侶，自表身份曰：「大工廠之小股東。」

若係小工廠之大股東，亦可同樣有效。

負債原因

男子被控欠欵，法庭上辯稱原告婦人手上所戴金戒，亦爲該男子所購贈。

對了，這正是他所以對她欠債原因之一。

先生須知

法律規定，教師對於女學生，不可施以任何體罰。

推而廣之：太太可拉先生領帶，先生不可扯太太頭髮。

男女不同

調查所得，考試作弊，男生多於女生。

心理學家判斷，這不是男生不知自重，而是女生缺乏勇氣。

最快稿費

香港共有文盲八十萬，寫信佬月入一千五百元。

稿費多少姑且弗論，他們的稿費即寫即取，却是事實。

狗與弟弟

英國一幼童，以狗換弟弟。

澳門跑狗場，祇要狗，不要弟弟。

醫生之言

醫生說：都市中人，必須多吃菜蔬。

蓋人之吃菜，與牛之吃草，其理相同。

三蛇五蛇

三蛇羮，據說可治肺病。

假使三蛇可治肺病第三期，五蛇當可醫治肺病第五期。

女權高漲

香港尼姑，多於和尚四倍。

所以觀音生日與天后寶誕，香火亦較釋迦牟尼誕與浴佛節爲盛。

「房」的重要

東京購車，須先證明已有「車房」。

本港結婚，應先證明已有「新房」。

物極必反

舊道德束縛我們的上代，謂之禮教吃人。

我們下一代無所不爲，他們是人吃禮教。

妨碍交通

美國脫衣舞孃被控，謂其以胸脯六十吋爲號召，表演下流。

「表演下流」，乃屬有傷風化，至於六十吋的胸部則可以「違章建築」、「妨礙交通」論罪。

適得其反

女人用乳罩，目的不在設防。

而敵人一見，却馬上就知道，要塞在此。

警察何用

教堂發生糾紛，牧師扭教友同上警署。

上帝不能解決的事情，警察解決得了嗎？

減肥與避孕

美國餐店中之「減肥餐」，營業甚佳。

大酒店中，應有「避孕房」之設備。

光復滋味

八月三十日放假一天，紀念本港光復。

必須曾在淪陷期間生活過的人，方能眞正領略光復滋味。

·上官大夫·

巴蜀心影

馬五先生

讀者紛紛來函，詢問「馬五先生」的尊姓大名，恰巧本文中作者亦不諱言姓雷，並蒙借刊他以往的戎裝照片鑄版刊登，原來他就是旅港名報人雷嘯岑先生。

我自從民國九年（一九二〇年）離開家鄉——湖南嘉禾縣——到於今，歷時五十年之中，只在民國卅年冬月由重慶遄返故里省親一行，旋即離鄉背井，始終未曾回湖南住過一百天。生平足迹所及，國內疆域除却陝、甘、寧、青暨新疆一帶以外，內外蒙古都旅遊過，而以居留四川的時間最久——共計十年——視爲第二故鄉。自離開大陸，遶難香港雖有廿餘年，但不若巴蜀之親切而值得憶念。良以香港一地，五方雜處，市儈氣習甚重，人情如紙薄，同是一椽樓宇間的隣居，出入相視若陌路之人，彼此不知姓甚名誰，雖鷄鳴犬吠之聲相聞，而老死不相往來，人與人之間，笑貧不笑娼，認錢不認人，路上發生刼案，行人視若無覩，趨避不遑。處於這種冷酷的社會中，更令我嬸懷巴蜀的風土人情，夢寐難忘。

四川堂倌說笑話

我於民國廿四年秋，奉軍事委員會秘書長楊永泰先生電召入川，舟行至川東萬縣，登岸拍發電報致重慶友人，見電報局的收據上註明收電地點爲「巴縣」，認爲地址弄錯了，跟執事者大起交涉，經他解釋巴縣即古重慶後，自慚沒有史地知識，不覺赧顏，眞所謂「一物不知，儒者所恥」也。這時國軍已入川，楊秘書長隨蔣委員長駐節成都，我和財政部派來四川于役的幾位人士，同乘自備汽車赴成都，中途住宿隆昌縣某鎮上的旅店內，晚飯後跟店裏一個夥計（川諺叫作么師）閒談，他居然大談其國際情形，什麼「法西斯蒂」、「托派」等名詞，脫口而出，我很詫異，詳詢他的身世，小學畢業後，也讀過一年初中，是附近榮縣人，因家寒輟學，權以傭保營生。我讚許他青年有爲，他笑謂：「幹我們這行職業的沒有啥子前途，將來祇好是若有便船，起旱還鄉而已」。我大笑道：「既坐船，又說起旱還鄉，未免笑話吧！」他說：「你們初來四川，不知道四川流傳的笑話。」於是，他申述有個在外面充當茶館伙計的，寫信回家云：

「離家三載，思家三黃，（指中藥黃芩、黃連、黃柏，皆苦味也）衣雲帶竹，（言衣服破爛有如雲片，腰帶斷了一再打結，有如竹節）帽海鞋蘆。（言博士帽邊沿皆破爛了，有如大海無邊，鞋子破得足趾露出如生薑狀）求得一官，其名曰堂，（伙計又名堂官）日行百里，不出戶房，（伙計不斷地在屋內走來走去，替客人端茶送水，奔走不歇）若有便船，起旱回鄉。」（沒有錢搭船，給船主拉逆水行舟的縴繩而還鄉）。

聽他說罷，我笑不可仰，證明四川人擺龍門陣的天才，冠絕全國，無出其右。

政治教官揹洋鎗

到達成都後，奉派爲四川縣政人員訓練所政治教官，主講「機關管理法」和民團與保甲編組問題。這時我剛從湖北作了三年行政督察專員兼保安司令卸任下來，憑着實際的事實經驗來講述這兩項課程，似尚言之有物，爲諸生所樂聞。縣訓所的組織與管理，都採軍事化，教職員一律跟學員從事軍訓，黎明即起，赴東校場接受軍事式教練，我從未受過軍訓，此番無可例外，每晨揹着槍站立在頭排，旋進旋退，倒亦有趣。全體學員對我很表歡迎而親切，他們受訓三個月結業後，即由省府分別派任爲各縣縣長或科長秘書職務，我主講了兩期政治課程，共計及門弟子不下三百人，後來他們都在各州邑担負行政工作，見着我總是聲聲「雷老師」不歇，甚表尊敬，比較一般大學畢業生一出校門，便視教師如路人的態度，判若霄壤，我亦曾在大學校教過課，此中況味，體驗頗深也。

更易廳長起政潮

越民國廿五年春間，中央軍事委員會重慶行營召集川黔兩省行政會議，指派我參加，在會中講述民團與保甲編組問題，事畢，行營主任顧墨三（祝同）將軍，約我在行營服務，錫以少將參議名位，我答應俟成都縣訓所結束後，再來就職。是年六月，縣訓所辦理完畢，而四川省劉湘主席聘我爲省府高等顧問，厚其俸給，

民國廿五年三月，在四川縣訓所教職員軍事操練場中，自右起第三人荷槍者卽本文作者

懇切挽留，未便絕裾而去。未幾，川省府與中樞爲着更換民政教育兩廳長問題，突起政潮，情形殊嚴重。事緣中樞密電劉主席，指民政廳長王又庸（江西人）教育廳長李爲綸（四川人）行爲不檢，應予撤職，明令以羅貢華蔣志澄繼任，而劉主席抗言王李二人絕無此事，請予收回成命。旋中央寄來照片二幀，影出王橫陳臥榻之上，吸食鴉片，李擁一娼妓，作狎邪狀，認爲證據確鑿，有忝官常。然劉主席仍不服，復電南京謂係他人揑造誣陷，理由是：此等私人秘密而又甚不名譽之行爲，必於密室行事，外人焉得攝影呢？且以清末袁世凱因與岑春煊有隙，乃密囑上海道蔡乃煌，將梁啓超與岑二人的相片拚湊一起，復印成帙，呈報慈禧太后，指係岑勾結康有爲黨的證據，藉以傾陷政敵的史事爲例，振振有詞，彼此僵持，大有決裂之勢。嗣經鄂省主席楊永泰從中斡旋，讓新任教育廳長蔣志澄卽入川就職，民政廳長王又庸於兩個月後，自動呈請辭職，一塲風波，纔告平息。我覩茲情況，深恐劉主席與中央將來難免失和，我原是中央方面的人，不好相處，乃決計回重慶行營工作了。

報社主筆 惹禍殃

「七、七事變」發生後，中央別動總隊長康澤，將其原在南京創辦的「中國日報」機器運至重慶，刋行「西南日報」，每月經費由行營支給，顧主任派我兼該報總主筆，由於文字關係，於民國廿六年間，先後鬧過兩次亂子：一次是在市面上見到重慶地方法院法警，常用手鐐、足銬牽着被傳訊的老百姓，招搖過市，我和主筆鄭學稼君不以爲然，撰文抨擊法院蹂躪人權，行爲野蠻，有損法治國家的信譽，一連刋佈了兩篇社論，很得社會同情。法院乃以「妨害公務」罪名，對我倆和社長提起公訴，我們索性一不做，二不休，更在報上刋登啓事，盼各界人士檢舉地方法院一切非法行爲，列舉事實，送由西南日報陸續披露。同時，在報上聲明我和鄭君暨社長汪觀之皆在軍事機關任有職務，具備着軍人身份，普通法院依法不能傳訊我們的，警告重慶地方法院檢察官不要知法犯法，自尋煩惱。這樣一來，法院卽不敢對我們發出傳票，而法警任意凌辱訴訟當事人的醜惡作風，從此亦就少見了。一次是在蘇俄十月革命紀念日，我撰文表示慶祝，文中提到十月革命時，紅軍統帥托洛斯基的戰功。此時中共的「新華日報」已在重慶出版，對我這篇文字猛烈攻擊，指爲妨礙「中蘇邦交」——此時蘇俄援助我抗日——破壞全國統一抗戰的聯合陣線，且加我以「托匪漢奸」惡名。於是，我在報上再發佈專欄文字，舉出蘇俄十月革命的軍事勝利，皆由托洛斯基專責作戰，以及當年列寧稱讚托洛斯基的言論等事實，痛予反駁，對方纔掩旗息鼓，不復罵陣。但西南日報後來還是由蘇俄駐華大使盧幹滋出面，向我政府抗議，而中央宣傳部長邵力子表面息事寧人，暗中推波助瀾，終於宣告停刋了。

師長太太 捧旦角

巴蜀自民國肇建以來，廿餘年間皆在軍人割據戰亂之中，迨民廿五年中央軍入川，統一川省軍民兩政，交由劉湘主持，局面得告安定。但社會上一些舊有的習俗，仍然存在。如民廿五年冬，國軍大將薛岳、周運元自前線來成都小憩，一日，他倆便裝在市街閒步，擬入某理髮店整容，店門前有一川軍衛兵加以阻止，說是某師長太太在店內洗頭髮，別人不許進去，薛

民國廿五年四月作者在成都四川縣政人員訓練所留影

周兩位大將只好一笑置之，不說甚麼而別去了。住在成都的川軍將領眷屬，閒來無事，對平劇演員每結黨狂捧，構成敵對情勢。民廿四年冬臘，我到成都春熙路的「春熙大舞台」聽平劇，前十排的座位皆不可得，繼見許多濃粧豔服的婦女陸續蒞止，後面跟隨着腰掛盒子砲的士兵，都坐在前十排的位置上。迨那掛頭牌的所謂名角一出場，這邊廂的婦女觀衆鼓掌高呼「要得嘛！」那邊廂的女眷們即大叫「要不得，滾進去！」隨即彼此詈罵，全場秩序騷然。我害怕她們的衛士開槍決鬥，殃及池魚，起身要走，同座的川籍觀客笑道：「先生，不要緊，她們鬧慣了的，沒得事的！」據說捧演員的粥粥羣雌之中，以曾任劉文輝部的張師長太太爲翹楚，對日抗戰時期，「山東省立劇院」王泊生領導的學生赴成都演出時，旦角趙榮琛曾經失踪三日，就是被那位張師長太太請去「說戲」的。婦女如此捧角成風，男人亦復不免，某次我和成都商業場兩位北方商人，同赴春熙舞台聽戲，有個新從漢口來的女演員是唱鬚生的，玩藝兒實在不行，但她在台上每唱一句，台下叫好之聲大作，我同座的北方朋友輕聲說：「這有甚麼好呢？」座前一位川籍觀衆，即回頭向着我們道：「這樣的角色在成都就算不錯了，你再要說不好，格老子就不答應你！」其勢洶洶，銳不可當，我們立即抽身退席，以避其鋒。

聲律啓蒙學方言

在三四十年前，國內交通不發達，各省區的文化與商旅交流頗疏，因而皆不免存有區域觀念，對外來人多所歧視，唯有四川人的排外思想比較微薄。蓋四川經過張獻忠之亂後，被殺戮的人雖未至絕種，然殘餘生靈已不多了，清代雍正、乾隆朝，曾經將湖廣各地區的人民，大量向巴蜀徙移，所以，現代四川人的原籍，十九都是屬於別省區的，川人排外思想之淡薄，實基於此。而巴蜀社會的「袍哥」風氣流行，亦與其祖先的移民生活大有關係。吾國習俗，對於別省區人士的稱謂，總不免帶些調侃或奚落的意味，如稱我們湖南人爲「騾子」，山東河南人爲「侉子」，天津人爲「衛嘴子」，蘇州人爲「蘇空頭」，杭州人爲「杭鐵頭」，廣東人稱別省人爲「外江佬」等等，祇有四川人稱呼外省人爲「下江人」，並不含調侃奚落之意，完全是就地理形勢而言，比較今日香港人稱呼國內各省區人士爲「上海人」的意義尤爲正確。我初到四川，聽人稱呼我是「下江人」，頗感刺耳，嗣經當地朋友解釋，纔了然於懷，乃決意要學習四川話，在成都問計於友人何廼仁，他是四川西充縣人，法國留學生，人亦詼諧有趣，他教我到坊間買一本川省名士劉師亮撰的「新聲律啓蒙」，細心閱讀，即可無師自通。我省覽後，果然不錯，內容盡是用四川俗語寫的，如「么師對伙計，朗格對怎麼，燙毛子要袍哥」，「話不投機比打卦，事皆無謂亂彈琴」之類，應有盡有。後來我說的四川話，雖然朦不了四川人，然其他的各省朋友初識者，皆認爲我是四川人呢！

文化界兩大怪人

四川文化界有兩個著名的怪人，都是新聞記者出身，一爲創立「厚黑學」的李宗吾，富順縣人，他在報上寫文章，一認定自古迄今創造大事業的英雄豪傑，必須具備着心黑如煤炭，臉厚如城牆的本領，如其黑而光亮，厚而堅硬，則其成就亦更偉大。他指出歷代帝王將相的史事，逐一證明所說的眞理，使人不能不相信他的說法，他以「厚黑教主」自命，要與孔子耶穌分庭抗禮。我想像他一定是個怪模怪樣的人，其實不然。民廿七年夏間，我奉重慶行營顧主任派任爲自流井鹽場燃料材料統制專員，李宗吾爲避日寇空襲，亦駐在自流井，我託人介紹跟他見面，他答謂：「某人是作官的，若向我施展厚黑學，便係班門弄斧，大可不必。」朋友說明我是書生，並非官僚份子，他欣然唔談，乃知道他原係清末四川高等學堂師範教育出身的，曾作過川省府的科長，恂恂儒雅，毫無怪狀，我倆談得很投契。另一位怪人就是撰作「新聲律啓蒙」的劉師亮，內江縣人，他經常在成都「新新新聞」副刊上寫些諷世文字，嬉笑怒罵，各盡其妙。對日抗戰發生後，川康綏靖主任兼省主席劉湘統領十餘萬大軍，遲遲未出師赴前線作戰，劉師亮在報上寫了篇「三不出師記」，內容敘述三個拜師學藝的人，期滿後仍不願「出師」自營生計。一是學唱旦角的戲子，別人問他拜師期滿了，爲何不出師？他說，自己的技藝太不行，出去演唱決無前途，只能在家裏瞎唱一陣。二是學剃頭的，感覺自己的手藝拙劣，不敢出師，祇好在自己家裏人的頭上亂刮罷了。三是學編籮筐的，本領太差，不能出師，否則「編」不成玩意了。「編」是川諺，即設法玩弄他人，無中生有之意。這些話完全譏刺劉湘不出師抗日，劉聞悉大怒，將他拘押究處。未幾，劉湘以第七戰區司令長官率衆出川抗戰了，臨行在成都郊外鳳凰山機場登機時，他的參謀長傅常（眞吾）在機旁送行，劉氏囘首語之云：「眞吾，你回去告訴劉師亮那小子，老子今天出師了！」旋將劉師亮省釋不究，這可見劉湘尚有不爲已甚的雅量。不久，劉湘病逝武漢，成都各界舉行盛大的追悼會，劉師亮送一輓聯，上聯是「中華民國萬歲萬萬歲」，下聯爲「劉故主席千古」，不特平仄失調，字數亦不相稱，上聯九個字，下聯祇得六個字，有人對劉師亮說：「你那輓聯上下語句皆不相對」，他答謂：「劉故主席怎麽對得起中華民國呢？」可謂謔而且虐矣！

大鹽商 永不見面

自流井鹽區分爲東西兩場，東場叫作「自井」，西場名爲「貢井」，統稱爲「自貢市」。從鹽井裏掏出來的鹽滷，用煤炭火熬成鹽塊，是烏黑色，鹽味甚濃厚，多銷行於貴州境暨巴蜀諸偏僻地區。再將鹽塊煉成細粒的白色食鹽，銷路遍及兩湖及皖贛各省，粵鹽非其敵也。既而發掘得火井——即地下噴起的天然瓦斯，晝夜不歇的供應煑鹽之用，一火井可以供應若干的鍋灶，節省煤炭消耗，減低製鹽的成本很大。所以，一個鹽商如果掘得一口火井，即坐以致富，一生不愁衣食了。

自流井有最豪富的鹽商一家，主人姓王，名德三，他擁有許多滷井和火井。此人性情很古怪，絕對不跟官場中人來往，川軍軍長王纘緒兼任自流井鹽務局長時，因爲王德三拒不相見，即將他的鹽井予以查封，他亡命別處，決不妥協。對日抗戰時，我担任自流井鹽場材料燃料統制專員，他亦與我作尹邢之避面。適馮玉祥到自流井勸募愛國捐，王德三還是置之不理，馮乃於黃昏時分，乘王正在一榻横陳，吞雲吐霧之際，用廣播器置於王住宅的窗前，大聲演講抗日救國的道理，講過兩次之後，王德三即派人送交馮玉祥法幣幾千萬元的捐欵，然仍不願與馮晤談。設在當地的中央財政部鹽務管理局，對於食鹽的製造與運銷事宜，直接管理，不稍寬假，王德三在業務上循規蹈矩，不敢違誤，就是不肯跟鹽官見面，經常派代表與鹽官周旋。他有若干妻妾子女，外人亦不知道，其怪誕不經，有如此者！

下江人 抬高物價

對日抗戰初期，武漢尚未撤守之前，中央已決定遷都重慶，外省人陸續違難巴蜀者，日益增加，但以風俗習慣不同之故，亦引起若干無謂的誤會，首先就是「下江人」這一稱謂的爭執。民廿七年春間，我從重慶乘民生公司小火輪赴北碚時，一位外省的女客人，聽到侍應生說了一句「下江人」，她就氣虎虎地詰問誰是下江人？大興問罪之師。那侍應生很有訓練，和顏悅色的說是基於長江地形的關係，凡住在夔府以下的就是長江下游的人，並無別意，那女客依然不服，旁邊許多川籍乘客相率微笑，無人搭腔。我挺身向女客說明我是外省人，然後解釋「下江人」這名詞並無惡意的道理，她纔悻悻然不作聲了。這時重慶市面上雖然法幣流通，但地方銀行發行的輔幣，以及舊時地方鑄造的一枚當二十文的大銅元照樣使用。這些輔幣與法幣和銀元的兌換率，却與外省不同，例如在京滬一帶通行的當制錢十文的舊銅元，一塊現洋只換得一百五十枚而已，然在四川，便可換加倍的大銅元，外省人初到四川，不明行情，主婦們在市面上購買日用品和食物，每因輔幣的換算關係而付出了高價錢。又如四川出產的「廣柑」，是改良種，形狀色澤與所謂花旗橘子差不多，本省人在重慶臨江門河邊購買，一元現洋可買到兩百多枚，在市內亦可買到百餘枚，但外省人不知實情，在市面的水菓攤上，以一塊錢買得四五十枚，便認爲便宜極了，因爲京滬一帶的花旗橘，一元錢僅能購得五六枚而已。職是之故，外省人慢慢地把事實弄明白後，乃指說四川人欺騙外省人，而四川人又說下江人隨便把物價抬高了，彼此嘖有煩言，實係外省人不知入境問俗所致也。

避空襲 發生慘劇

日機空襲重慶，肇始於民國廿七年三月間，只在朝天門江邊投下了兩枚小型炸彈，損害甚微，市民對於空襲原無經驗，對之乃無所懼。市長蔣志澄令飭各街道居民開闢火巷，誰也不願拆去一片屋宇，相率置之不理。等到是年五月三四兩天，敵機狂炸重慶之後，蔣市長因此去職，市民生命財產的損失亦不貲，於是大家知道空襲之可怕，紛紛避居鄉間，迨賀國光接任渝市市長，遍拆民居，擴建馬路，亦就沒有人反對了。可見古人所謂「民可與樂成，而不可與慮始」之說，確有至理存焉。重慶是座石城，防空洞到處可造，而且很安全，某次敵機來襲時，我躲在市內「美豐銀行」的地下室，敵人在市區投下千磅重的炸彈若干枚，我們在地下室並未覺得有所震動，其堅固可知。民國廿九年夏，英國政府曾派遣專家來重慶考查我們這種非科學的防空設備，以資借鏡。詎料英國考查團剛離開咱們這戰時首都，而震驚中外的重慶大隧道因空襲所致的大慘案乃告發生，喪失生命一萬多人，眞是慘絕人寰啊！

重慶對於空襲的信號，素有規定，一聞敵機進入川境消息，防空司令部即懸出一個紅球於高空，謂之預行警報；敵機臨空之際，加懸一球，是爲緊急警報；迨第一批敵機投彈退去後，即減少一球，暫不解除警報，以防敵機再來。在此頃刻間，人民可從防空洞內走出來透透空氣，却不許遠離。是日，敵機第一批投彈後，照例減懸一球，原來站在大隧道入口附近地點的人，即相率走到洞外觀望，其他的人亦跟着往外走，未及五分鐘，第二批敵機又來了。站在洞外維持秩序的憲兵，急忙驅迫那些出來的人倉皇回到隧道內，但裏面的大堆人並不知道敵機再來，以爲警報解除了，依然向外行進，而外面的人又向裏面衝去，彼此誤會詰責，馴致爭吵打鬥，一萬多人互相擁擠糾纏，其中有倒在地下被踐踏的，亦有昏厥不醒人事的，洞內又無通風設備，空氣因之稀薄而敵機連續作疲勞轟炸不已。於是，整個大隧道中的萬餘人，乃全部窒息而死了！事後研究禍因，是那憲兵過於張皇，迫使洞外羣衆作衝鋒式的往裏面走，以致召此大禍。慘案發生後，政府一面處理善後事宜，一面明令將防空司令劉峙撤職查辦，即由中央黨部組織軍法會審，以吳鐵城爲審判長，其餘五六位會審員，都是黨政要人，平日與劉峙都熟識。當劉峙到案受審之際，堂上照例問被告叫何名字？是某省人？劉很詫異的答道：「啊！我的名字和籍貫，難道你們還不曉得嗎？」態度頗示憤激。退堂後，他急往軍政部謁見何應欽部長，凄然謂：「我若有罪，請部長槍斃我，我不願受官僚份子的侮辱。」旋經何解說，這是法庭訊問筆錄上應有的例行紀載，不宜誤會，劉的氣憤纔告消散。

經過這場慘案後，重慶各個公私的防空洞內，乃添置通風器，以防萬一。市內有幾條街巷的人家，重門深鎖，累月不見人煙，原來挨家挨戶的男婦大小，俱已在大隧道中殉難了，可哀孰甚，可痛又孰甚哉！

重爲馮婦 作社長

我於民國廿八年春間，應新任川省主席王纘緒邀約，由重慶赴成都，以省府顧問身份，助王主席料理一些非例行的政務。成都「華西日報」是省府機關報，創立年代已久，由省府編譯室主任王白與兼任社長職務。當時各家報紙皆在第一張的騎縫中間，經常刊出「抗戰必勝，建國必成」這兩句標語，成爲固定的宣傳口號，校對人員看慣了不甚留意省察。詎料某日「華西日報」刊出這兩句標語，竟變成「抗戰必敗，建國不成」，在成都看報的人尚未發覺，然航空報清早已寄到重慶了，中央宣傳部閱及後，即以長途電話通知王主席，認爲該報必有匪諜潛伏，要嚴究負責的社長。這亂子非同小可，王主席即下令將社長王白與撤職查辦，派我接任。我對該報內容完全隔膜，再三表示遜謝，而王主席謂：「你是中央來的人，你若不幹，再難物色相當人士，那就祇有停刊之一途，可是，省府的顏面未免太難堪了！」無論如何教我勉爲其難，我只好戰戰兢兢的承其乏，每天的社評皆親自撰寫，以防發生問題。大樣亦親自校閱纔付印，經過了一年，幸未隕越，然最後還是闖下了一場不大不小的禍事，宣告辭職。原因是王主席於民國廿九年夏乞假出川抗戰，主席職務由蔣委員長兼理，派賀國光爲省府秘書長，代行主席職務。是時中央對川滇黔各省出產的鴉片，規定嗣後不許在國內販賣，由政府統購收存，專事外銷，更不許繼續種植這類毒品。川省收購存在政府所設倉庫中的鴉片，爲數甚鉅，價値約爲法幣三四億元。但四川省參議會反對中央這項政策，一致決議要求將所有收購的鴉片，交由該會定期燒燬之，且發出分致中央暨各縣的通電，誓言必期實行。這時我兼任「四川禁煙督辦公署」秘書室主任，行政院特派張靜愚爲督辦署第一處處長，他是財政部的高級幹部人員，我問他們以川省議會的主張，中央是否接納？他說何能接納，決不考慮。於是，我就在「華西日報」寫一篇專文，駁斥省議會的決議，認爲在此對外抗戰多年，國家財政極端困難之秋，乃主張將幾億法幣代價的外銷品付之一炬，未免近於「胡鬧」！川省的紳權素來鴟張，此文見報後，各議員大爲鼓噪，指我駡他們「胡鬧」，這還了得？登時推出代表四人到省府晃代主席賀國光，非將我嚴加處分不可。賀氏是個好好先生，既不能認定我的言論有錯誤，亦不敢開罪那般地方「紳糧」，勸我向他們當面道歉，我固然不願意，而對方亦認爲光是道歉尙不足以蔽其辜，另要我在報上特登啓事悔過，方肯罷休，我當然拒絕。如此僵持了一週，對方喧囂不已，賀氏私下對我說：「委員長對四川這塊大後方根據地的政策是安定第一，遇事多所遷就，你應該體會領袖的意旨，勉自謙抑，顧全大局纔是。」我說：「請省府免去我的社長的職務，以息衆怒可也。」賀又以免職處分似乎太嚴重了，因爲我的言論並不錯，就是不該用「胡鬧」二字，教我不妨在報上登一啓事，自認用辭失敬就得了。我一面遵辦，同時呈辭社長職務，風波乃告止息。

鬼話連篇 跑警報

成都是一片平原，掘地三尺即冒水，對於防空設備，不像重慶那麼容易建造，一聞敵機來襲，人民祇好紛紛向城外疏散躱避，叫「跑警報」。防空司令部接得敵機進入川境的消息，飭令市面站崗的警察手持小黃旗一面，市民即奔走相告曰：「預行了！預行了」相率携其細軟，四出避難。在窮年累月的跑警報之中，發生過許多意想不到的事情，有些且很奇特，若非目擊親歷，殊難置信也。戰時疏散在成都華西壩的齊魯大學，有一川東梁山縣的女生，於夜間就寢時忽遇鬼祟，說是有鬼來跟她談話，要求伸寃，她駭怕極了，把頭部縮入被蓋內，不敢答言，但鬼怪每夜必來，不堪其擾。事聞於一些男同學，他們約同五六人，於女生就寢後，蹲在女生床位近處的窗外，故作咳嗽聲音，藉壯女生胆量，教她大胆問那鬼怪有何寃情？屆時女生又遇鬼怪，還是不敢仰視，把頭縮入衾內，然後詢問有何寃情呢？鬼謂他是二十年前被人害死的，這仇人現在成都，明天下午有警報，請女生於解除警報後，不忙囘到學校，站在躱警報的原處，察看同路的人羣中，走在最後的一人，便是鬼的仇家云。次日果有敵機來襲，女生和一般同學照樣跑警報，敵機既逸去，審視最後走囘市內的一個老頭兒，乃是齊魯大學的門房（四川人），大家很詫異，却不便對他談鬼怪的事，但是夜那女生即不見鬼祟了。學生們紛紛議論，教職員聞之，認爲該女生有神經病，曾由心理學教員跟她作過幾次談話，看他是否有失戀情事？又致函該生家長，查詢該生在家時曾否受過甚麼大刺激？所得結果皆不是。於是，乃向華西壩一帶居民中之年長者，調查齊魯大學這個門房的身世如何？據說，此人於廿年前是在成都縣衙門當偵緝隊長的，經他幹掉的歹徒很不少，近廿年來已改行了，未聞其作過甚麼壞事，學校當局自不能對那老頭兒門房說這鬼怪情形，亦不能藉故予以解雇，然該女生即自動休學囘家去了。事後我問過齊大校長劉傳經，究竟該女生是否眞有鬼祟？劉將上述經過告訴我，說是在此科學昌明時代，沒有証據的鬼怪之談，學校固不便認眞過問，但事情却不是虛構的，這是民國廿八年夏間的事。

日軍俘虜譯兵法

對日抗戰中期，成都有兩種特殊的外國人住在着，一是吾國遠征軍在緬甸戰役中解救了被圍困的英軍後，有二十多名英國的陸空戰士，送來成都休養。這些盟軍的行動當然很自由，他們却不常外出，偶爾到市上遊覽，總是低着頭行進，並無趾高氣揚的意態，充分表現着傳統的「紳士」派頭。一是拘囚在成都寧夏街的二十多個日寇空軍俘虜，他們大多數是由前線解來的，其中有個姓山下的空軍少佐，號稱爲日本空軍四大天王之一，他是在駕機空襲成都時，被我空軍健兒擊敗，跳傘下地而俘獲的。另有個姓森本的空軍教官，是在廣州駛機出發戰地，因飛機發生故障，降落到我軍防地被俘的。某日，我特赴寧夏街拘留所參觀，瞧見俘虜們有的手執斧斤製造小器物，有的下圍棋，那「四大天王」之一的山下少佐，却坐在房裏用英文翻譯我國的「孫子兵法」，我告訴他，孫子兵法的文字極深奧，不易徹底瞭解，何不改譯「三民主義」呢？他微笑而不置答。繼晤森本教官，他在言談中表現着儒雅的風度。他說，他原是日本「大森空軍學校」的教官，戰時被派來中國戰區服務，因飛機失事，被我軍俘虜了。我問他對這次世界大戰有何感想？他黯然答曰：「你是日本留學生，知道日本的軍人法規，凡被敵人俘虜而猶生還的，便須切腹自殺。本人今後如不死，亦只好作世界的流浪人了，還有甚麼感想可談呢？」我安慰他幾句話，即辭別而歸。這些俘虜，每天規定「放風」一次，派人領導他們到城外曠地散步，某次放風時，他們竟集體實行逃亡，結果當然跑不掉，都被捉回來，交由軍委會成都行轅訊辦。行轅軍法處長劉壽朋告訴我，其中有兩名是日本早稻田大學畢業的，「早大」是我的母校，我跟這兩名俘虜有先後同學之誼，乃於某夕正式審訊時，特往旁聽，法官問一俘虜道：「你們想逃到那裏才好呢？」他答謂：「假使法官是我的話，你想逃到那裏才好呢？」蓋謂其目的仍是要逃回日軍地區，說話的便係「早大」畢業生，名字我忘了。

增加烟價見財神

我担任四川禁烟督辦公署秘書室主任時，川省的鴉片商販之流，以政府規定收購的烟價每兩法幣三元六角，殊不夠本，請求每兩增加一角錢，督署派我赴重慶向財政部接洽。此時財政部長是孔祥熙，他兼代行政院長，我從未見過他，祇好先跟財次鄒琳商量，鄒謂茲事體大，非由部長裁定不可。於是，由鄒次長向孔部長報告，說我因公來渝，有事求見，孔約定次日在政院接見我，屆時我走入院長辦公室的長形走廊中，遠遠瞧着孔氏身穿長袍馬褂，頭戴瓜皮小帽，體格魁梧，坐在辦公桌上批閱公文。我把來意說明後，他問已跟鄒次長談過否？答以鄒次長知道此事，但他未便作主，要請院長裁定。孔即和顏悅色吩咐道：「你去告訴鄒次長，說我完全同意，即予照辦可也」。想不到三言兩語就把問題解決，殊出意外。等我回到成都後，那些烟商們挽請「川康綏靖公署」副官長黃瑾懷出面招宴我，表示感謝，準備買一部汽車或者一座房屋送給我，我笑謂：「這樣就是貪污的證據確鑿，我唯有靜候槍決而已。」他們都是些袍哥大爺，川諺叫作「舵把子」，認爲我幫了他們的大忙，毫無表示，未免太對不起我了，我說：候我將來窮困的時候，再向你們求助就是。後來我於民國卅三年卸任重慶市教育局長後，賦閒了兩年，幾成餓莩，迫不獲已，致函黃瑾懷告以眼前窮乏之情況，那些煙商果然分別寄錢接濟我這窮朋友，這便是袍哥的風格，也唯有在四川社會中，纔足以語此啊！

前倨後恭一道士

巴蜀的袍哥講義氣，重然諾，但有出家的道士竟十分勢利者，不亦怪哉！民國廿九年夏，我帶同家小由成都赴青城山避暑兼躲空襲警報，入住山腰建構宏偉的天師洞，以房間太小，不能增置床位，請主持道士換一較大的住室，他說已經客滿，沒辦法，一口拒絕。過了兩天，忽有人挑着一担食品來，內有白米和雞魚肉數事，聲稱係灌縣縣長某某聞悉「雷老師」住在青城山，該山離縣城不遠，特爲送這些食品給老師，詢問道士以「雷老師」安在？洞內住客姓雷的只有我一人，道士急忙請我點收食品，並謂今天有客人走了，剩下一間大房屋，請我馬上搬進去，又將自製的臘肉兩大塊送給我，我心裏鄙薄其勢利，峻拒不受，他苦苦哀求非接納不可。這種趨炎附勢的情形，原係政治場中常有的，不料出家人亦復如是，可哂也已。當年我在四川無論到那一州縣去行腳，雖不帶分文旅費，亦不虞有行不得也之嘆，因爲各地方行政機關，皆有「縣訓所」的學員担任主管或科秘職務，他們對我都不錯，師生風義盎然，這亦只有在巴蜀纔可以深切的體驗到。

巴蜀物產浩穰，人口繁庶，在八年對日抗戰中，犧牲最大，貢獻最多，如米糧、食鹽、藥材這些不可或缺的資源，假使沒有四川作大後方，如何得了呢？

即就參預戰爭的人力而論，川軍在前線的部隊亦爲各省之冠，集團軍總司令兼軍長李其相，軍長楊幹才，師長王銘章、饒國華，皆先後戰死沙場，爲國殉職，而司令長官劉湘亦係在前線積勞病故的，死傷的士兵更不知其數，且沒有一個投降敵僞方面的官兵。當時四川流行一句新名詞，叫作「打國戰」，意思是認爲過去若干年來的軍閥割據內鬨，只是爲個人的權利而戰，對日抗戰纔是爲國家生存而戰的，應該萬衆一心，唯力是視。所以那些戰死沙場的高級將領家屬，決不向政府要求撫恤，表示「死國」是義所應爾，凡此種種，都說明了四川人確實對得起國家民族，應予大書特書的！

陳散原其人其詩其字

曾克耑

提起這位清末唯一詩壇泰斗——陳散原先生，想來不只是一般學術界詩人名士應該還記得着他，我恐怕稍爲留心當世人物的人，也不會把他忘掉的。他的詩和古文是做得那樣好，能夠用舊詩的格律來寫新時代新思想，色彩是那樣的調和，句子是那樣的古雅，配合是那樣的適當，恐怕不只是前人所無，也恐怕是後來難乎爲繼的。但你絕不會想到他生平關於衣服飲食起居的一舉一動，眞會令你失笑。雖然小事會令人發笑，但他老人家立身處世的大節，對于國家政治的好壞，世界潮流的演變，他却看得清楚，一點都不胡塗，都不馬虎，不是一般清末遺老們所能趕得上的。我特地要寫這篇文字却還有個原因，一方面要把這位詩壇泰斗的私生活和他的遠大眼光寫出來，見得他不僅僅是在詩裏討生活的人，如果只拿作詩來說，他作詩的淵源，也恐怕有些人不大理會。我是從崇拜他到極點的人和他的女兒處聽來的材料，當然比較可靠，而我和他還有一段私交的關係，更不能不在這文裏叙述一下。

陳先生諱三立，江西義寧州人，光緒丙戌科進士，吏部主事。他的老太爺右銘先生曾做過湖南巡撫，很有名氣，因爲參與變法被清廷罷黜，他也和他老太爺同作變法運動，所以也把他吏部主事革了職。他本是一個貴公子而兼名士，所以清末也就有人把他和瀏陽譚嗣同、廬江吳彥復、豐順丁惠康稱爲晚清四公子。這四位公子，當然因爲他們的老太爺都是當時比較有名氣的達官貴人，而他們自己也都是有學問有才幹的學者詩人名士而兼有興復國家抱負的志士，所以爲一般人所稱誦。他是丙戌科進士，我的祖父伯厚公也是那科的進士，所以便有會榜同年的關係。我祖父因紀念他的祖母，繪有西山永慕圖曾請他題了一首五古，所以又有了文字的因緣。我祖父草字學懷素，晚年住北京，我幼年却在成都。我祖父寫家信都是寫草字，我因爲好奇，且小孩富於摹仿性，寄去的信，也是草字連篇。可憐我那時那裏懂得如何的寫草字，不過胡草亂草而已，以爲這一下子可得到我祖父的獎許，那知道却碰了一個大釘子！我祖父寫回信時很嚴厲的教訓我說：「小孩子楷書沒有寫好，那裏可以寫草字？並且草字也有章法的，不能在紙上打圈打滾這樣草的。」我得到這個教訓，字還是要草，便到處找草字帖來學，不過無法的使他有法罷了。我二十歲到了北京，見了祖父，他老人家劈頭就給我一個棒喝，說道：「你喜歡寫草字，是不是叫別人不懂，才算你的本領呢？我以爲字寫得叫人不懂不算本領，要詩做來叫人看不懂，那才算本領。」我是一個倔强的孩子，當時便問道：「甚麽人的詩好到叫人不懂呢？」我祖父不慌不忙在書架上取了一部散原精舍詩給我，並且說道：「只有我同年散原先生的詩，便是一般人看不懂的好詩，但如果能看懂了，便知道這是近代的唯一詩人，不能有第二個人，你拿去看看罷！」我接了過來，便細細去讀。好在我小時四書讀過半部，文學上的普通知識，和普通典故，也大概畧畧知道，所以讀來並不十分困難；並且他所感詠的時事，也都是我經歷過的，所以比較讀得更有味，可以說在我廿歲左右不會作詩的時候，散原精舍的七律，我是大半能背誦得出的。後來學會做詩，曾在廿五六歲時候做了一篇七百字的長七古寄去請教，散原老人回信，大大的加以獎許，使我得了極大的感奮。後來我在南京和北京見過他老人家兩次，他那時已是八十開外的人，住在他女婿俞大維家裏，對我這個年再侄的求見，還扶着手杖十分高興的從樓上下來接見我。他說話雖然不多，但是那一種仁慈和靄態度，一點架子沒有，一點火氣沒有，簡直像小孩一般的可愛。古人所說的「不失赤子之心」、「如坐春風之中」，恐怕只有這兩句話才可以形容他的性情、精神、意態、氣象，叫你見了眞要與之俱化了。我生平見的名人可不少，但可以說再沒有比散原先生更能使我感動的。

蘆溝橋事變發生，他還在北京住，因爲年老，又感於國家的被侵畧，和無聊的人對于他的麻煩，他本來是上了年紀的人，加上刺激便一憤而死。那時我正在漢口得着他逝世的消息，會寫一付輓聯輓他，現在不避醜劣，姑且寫在下面，句子雖不好，也可表現他的處境和我的感慨，總想寫幾首輓詩，因爲事忙，心緒不好，這種詩又不可隨便亂寫的，所以遲遲至今，還是一字寫不出。但我發願最後必定要作成以報答我做詩的第一個啓蒙老師。我的輓句是：

垂老迫興亡，巨手風騷，哀郢懷沙同此憤；
微文荷推挹，悲歌江漢，抗韓蹈杜欲何成。

上聯是寫事，是寫他身世，不用加註解的，下聯就非畧加說明不可，因爲我曾把刻好的詩集寄去請他批評，他的評語裏有「抗韓蹈杜」的話，所以我把這意思加在裏面。

這一代文學宗師雖已離開我們一天遠一天，但他的精神學術在在都足以做我們做人做詩的模範，是永垂不朽的。但我在後面所寫這位老先生穿衣洗臉幾樁趣事，却萬萬不可以當作模範去學的，如果學了，便要弄到笑話百出了。

他本是一個貴公子，在我們中國舊時習慣，大概做了大少爺，那他一舉一動，都有人伺候，恐怕除了吃飯睡覺說話讀書不必要人幫忙外，其餘的一切事，都是男女傭僕去做的。這也不能單怪散原先生，但看他的舉動，眞有不能不令人發笑的。聽說他從小的時候，所有洗臉穿衣等事，都有老媽和丫頭去做，臉是要別人替他洗，衣是要別人替他穿，他自己是毫無辦法去自洗自穿的。當他結婚第二天早晨，原來伺候他的老媽，以爲少爺已結婚了，當然有他的新少奶奶替他洗臉，所以就沒有替他洗。那知道從前的新娘子，那有現在開通，也是十分矜持的，那裏好意思第二天早晨便羞人答答的替新郎洗臉呢？弄到最後，還是他的丈母娘看了老媽不來，新娘不動手，新姑爺的臉是不能不洗的，只好自己出馬，來爲這位新女婿大洗其臉了。這是他的外孫女兒告訴我的，當然不會假的。

又有一次他覺得整天渾身不舒服，不知道是身體上出了毛病，還是衣服穿多了，但他却沒有這念頭和這本領來解衣磅礴一番，去找找是甚麽原因出來，到了晚上睡覺的時候，有人把他衣服脫下，才知道是一隻小棉襖的袖子未曾穿上。你想一隻棉袖子未曾穿好塞在肩和腋的旁邊，那裏能夠舒適呢？

在中國舊式房屋的建造，多半是有若干進的，這也是爲了大家庭設想。一個人有了幾個兒子，討了媳婦，便每一個小家庭住一進，這也是適應那種環境來設計建造的。但是這種房子，每進房間大小，都是一式一樣，甚至連陳設布置也沒有區別的。散原先生兄弟二人，弟名三畏，也娶了親。有一天他老先生出門送客，回來時候，不知怎樣走錯了，一直跑到乃弟的房間裏，隨便在床上躺下。這位詩人不知是在覓詩或心想別的事，竟毫無所覺，等到他弟弟走進房來叫了他，他才惶恐不安的翻身起來，跑到自己房裏去。照從前時代禮節來講，大伯子豈可隨便跑到弟媳婦床上去躺的？不料這位大詩人却鬧了這樣一次笑話！

散原老人陳三立（一八五三——一九三七）

散老雖是江西人，但他在南京住的時候最久，他住的地方叫四條巷，一所舊式洋房，他也常常到上海去玩，但是上海到南京的距離和火車的票價，他老人家是不知道的。有一天他想到上海去，便向朋友借來往盤川，他朋友問他道：「你要借多少錢？」他說：「大概幾百元。」朋友又問他：「幾百元作甚麽用呢？」他說：「不過上海南京來往車費而已。」朋友又問他：「南京到上海火車票價來回是多少錢你知道麽？」他答說：「我不知道。」後來他朋友才告訴他說：「頭等不過十一元，二等七元，三等四元。」他這才明白來往一次用不着這許多錢，他朋友借給他幾十元錢便把這事辦了。

「春牛首，秋棲霞」這兩句話不是南京遊覽的地方和季節嗎？詩人好遊，他是詩人，當然也不例外。有一次他許多朋友約他去遊棲霞，原來遊棲霞有兩條路，一條是在下關坐船由水路去，一條是由下關乘火車去，但如果住在南京城裏去，必定要先到下關。他們便水乎陸乎的討論行程，但由城裏到下關這一段路，是不能不經過的。他老先生便又發出問題，應該怎樣到下關？他的朋友們便說當然乘小火車去。這句話又使他發楞了半天說：「城裏那會鑽出火車來呢？這眞奇了。」他的一夥朋友向他說：「下關有一條小火車到南城，是經過你住的四條巷的，難道你不知道嗎？整天火車汽笛响，難道你沒有聽到嗎？」他却不慌不忙的回答道：「靜聽不聞雷霆之聲，熟視不覩泰山之形。」這兩句是他在引莊子，大概此老一心在尋詩覓句，所以連門外每天嗚嗚大叫的火車汽笛聲，他都不會聽見。他一生離不了傭僕服侍，所以他的錢常常被當差老媽或偸或騙，不知弄去多少。他生平賣文，也賣不少的錢，但他對于錢的保管運用，却完全不內行，又加以被傭僕偸騙，所以他晚年常常弄到買早點燒餅的錢都沒有。

我曾把這情形對先師陳石遺先生說：「散原先生連洗臉穿衣都弄不好，這怎麽能做變法運動呢？」石遺先生正襟危坐的答我道：「你不要看輕散原小事弄不清楚，你要知道他對于國家大事，他看得十分清楚呢。我每同他說某人詩好，某人文好，某人學問好，他事隔十年二十年都還記得很清楚，你能批評他胡塗嗎？鄭蘇戡小事事事精明，但對于大的事便胡塗了，那裏能及散原呢？」我聽了這教訓，再把散老的行爲細細一看，我們老夫子的批評，是一點不錯的。清末民初，有許多不夠做遺老的也要充作遺老，一面在公府支顧問的津貼，一面又在清皇室領俸給的，大有人在。你看散老會擺過遺老架子麽？在他詩裏，儘管是念亂傷亡，但沒有一般遺老那樣頑固，他只有遺民的哀痛却不裝作遺老的口吻。我在民廿五年在北京看他的時候，和他討論時局和政府措施，他都能見到大處，並不像一般遺老的看法。他對于國家民族的復興，是寄有絕大希望的；他對于外族的侵凌，是絕端痛恨的，惜乎抗戰勝利，這老詩人已不及見了，只有等他子孫在家祭時候來告稟乃翁了。

我們別以爲他老先生對于吃飯穿衣事弄不清楚，也許這點就是他詩能成功的因素之一，莊子上說過：「用志不紛，乃凝於神。」他是專心在做詩上面用功夫，所以連穿衣洗臉都不去留心，甚至火車頭整天在他寓所旁邊嗚嗚的叫，老先生也置若罔聞，這便是用志不紛，所以他的詩可以到凝於神的地步。我們如果學一種學問、一種技術，能像他對于所學的東西以外，不聞不問，那也就差不多快要成功了。

我談到散原老人的詩學六朝，有人必認爲奇怪，但如讀了我下面所寫的，是會覺得更奇怪的。我上面不是講過我家和散老有年誼嗎？在抗戰中期我在重慶認識了俞大維，他的太太，便是散老的九小姐新午，詩是家學淵源，不用說是很好的了。那知道她有一天對我說道：「一般人都以爲我老人家做宋詩；他誠然是做宋詩，但是他老人家早年還學過龔定庵，這是一般人所不知道的。他早年的詩稿在杭州丟了，不然，我到可以給你看，就知道他早年學定庵的淵源痕迹了。」我聽了這話大爲驚異，以爲散原豈屑學定庵，如果不是他小姐對我說的，我那裏能相信。後來翻開他的詩集一看，所有絕句，在空靈縹渺裏面，都含有沈摯悱惻的感想，有定庵的靈思奇想，却沒有定庵的陰陽怪氣，這也是散老能學定庵而不爲定庵所範圍的好處。現在姑舉絕句幾首在下面，來證明他小姐所說是不錯的，不過良工不示人以璞罷了。

王木齋見過話海上舊游四首錄二

翠篦壓鬢絳敷唇，宛宛游龍萬態新，偏映酒杯餘此老，按歌聲裏究天人。

玲瓏山閣賸嬌嗔，費盡才華賦洛神，多謝相知不忠厚，妝臺留看海揚塵。

題馬湘蘭翠袖佳人圖

已絕朱絃不自持，鬢低蒼玉兩三枝，襪塵一點鴉銜老，地老天荒更憶誰？

題美人對鏡圖

脈脈情思婀娜身，蟠天際海爲誰顰？青鸞飄盡黃鶯寂，留得花前共命人。

我們從上面四首詩看來，那一種空靈縹渺的地方，不能不說是他和定庵相近。他女兒九小姐所說的話是不錯的，但他那種沈摯悱惻的地方，便是定庵所沒有的，這是散原勝過一切詩人的地方。他所說的絳敷唇不就是塗口紅嗎？他能寫出嬌嗔，能體會到脈脈情思，這位老詩人，正是興復不淺，不然，那能夠描寫這樣入神呢？

散原老人最擅長運用新名詞，我們讀了他的詩，才知道此老本事的確大，思想的確新，一般人說的用舊瓶裝新酒，他老人家是用得太純熟入化了，現在姑舉兩首全首的在後面，請諸君嘗嘗這酒味如何：

讀侯官嚴氏所譯社會通詮

悲哉天化之歷史，蟊於穹宙寧避此！圖騰遞入軍國期，三世低昂見表裏，我有聖人傳作尸，功成者退惡可欺？蛻形凭影視鑪捶，持向神州呼籲之。

讀侯官嚴氏所譯羣己權界論

自有天地初，莽莽靈頑界，既久挺人羣，萬治孕變怪，聖哲亦何爲？扶生拔凋瘵。其義彌亭毒，日[illegible]吾國奮三古，網紀匪狡獪；侵尋狃糟粕[illegible]天閼縛制之，視息偷以憊。卓彼[illegible]砭懦而發蒙，爲我斧天械[illegible]；萌芽新道德，取足[illegible]揚爲皦日光，[illegible]此大[illegible]一喂，[illegible]，餘痛託紹介。

上面[illegible]，都是用舊詩的風調，寫新的思想，並加上他的見解，他敢[illegible]「天化」「歷史」「圖騰」「軍國」「新道德」「紹介」這一類新名詞，但讀來只覺其新其雅，並不覺得礙眼討厭，這便是我所說做詩人「本領」和安放的「位置」問題了。

我另外舉出散老人在詩中運用的新名詞如後：

擷取「太和魂」，佐以萬金藥，曰「舉國皆兵」，曰「無人不學」。

張氏營「實業」，「農商」炫區內，范氏專「教育」，空拳辦茲事。

我欲騎鯨戲「三島」，橫刀「獨立」問「風潮」。

世變已成「三等國」，吾徒猶擗一家言。

歌泣已開「新世界」，神仙眞謫小蓬萊。

昨逢里老詰「蒙學」，爲問「朝廷變法」無？

你看他用新名詞如自治呀，獨立呀，那樣純熟，放在舊詩裏面，祇覺其新，不覺其礙眼，這就是此老的本領。

散老的兒子，眞是個個都好。最著名的是老大陳師曾先生，名衡恪，

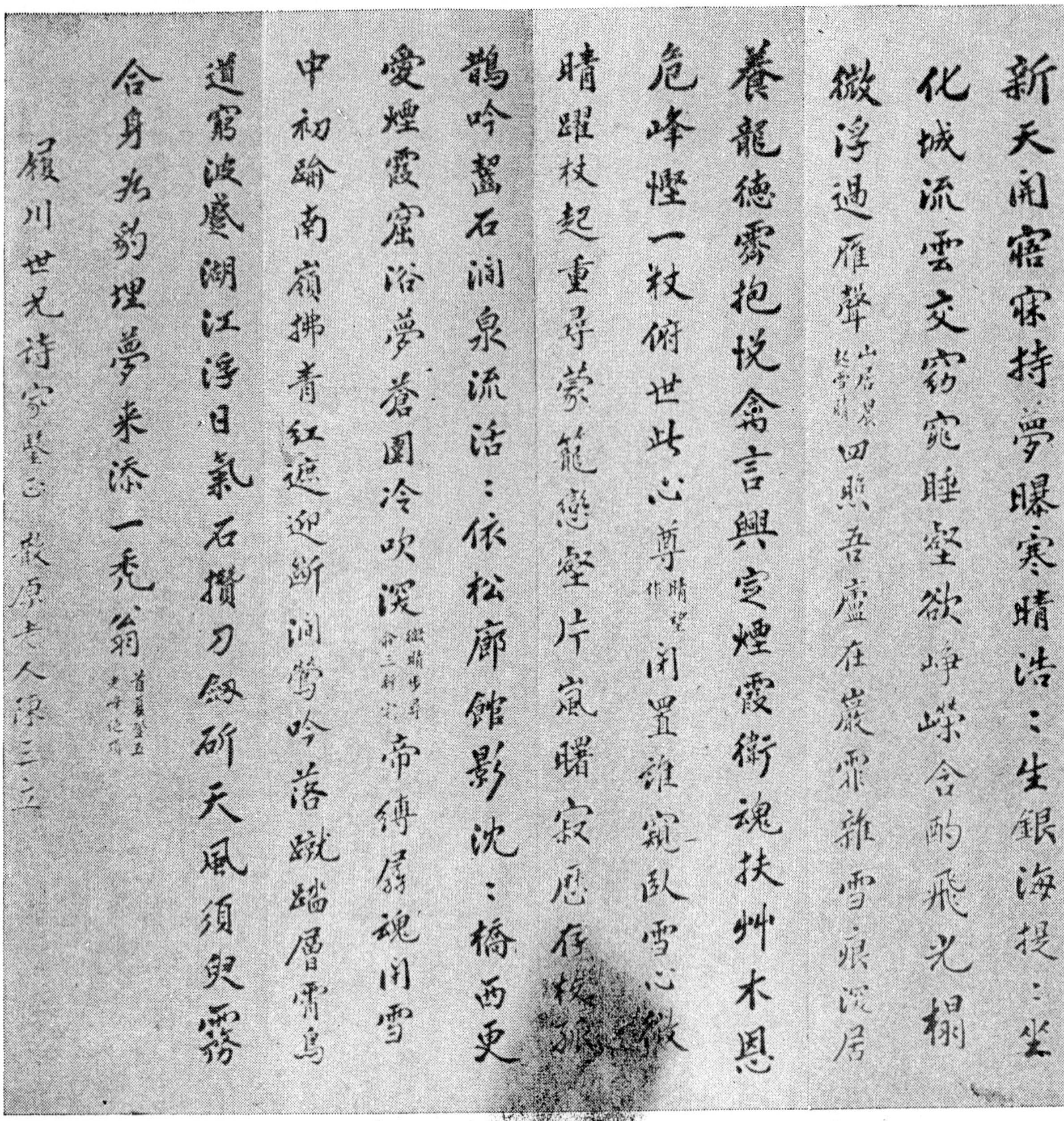

散原老人詩書屏條　作者珍藏

他是遊學日本的，范肯堂先生的女婿。他的書畫、金石篆刻，是當世有名的，但做詩却不是家學，和他老子面目不同。老六名寅恪，精英德及中亞細亞文字，對于唐代史研究尤熟，著書甚多，晚年在廣州大學任教，雙目失明，已在前年冬逝世。老七號彥通，詩詞都做得好，和我最熟。他曾對我說，他老太爺續集裏面的應酬詩，大半是他代筆的，附帶記在這裏，也可以作將來攷證散老詩的一個掌故。

散原先生以詩出名了幾十年，而他的古文由後漢書入手，做得嚴重密栗，也足以名家。至于他老先生的字，則不中繩墨，所以他能夠中進士，却不能夠點翰林，就是因他的字太差，以他三件本領來說，當然是詩第一、文第二、字第三，而他對他親故却偏要說：我字第一、文第二、詩第三，他為甚麼要這樣講呢？我想他是超出了一般人的見解。談到寫字這門藝術，在中國藝術界相傳的說法看來，是有兩條路的，第一條路是技巧，第二條路是韻味，一個知名書家如王羲之父子、褚河南都是兩者皆有，技巧既精，韻味又好，那是太完美了，若兩者之中缺了一門，我們寧肯要韻味，而不要技巧，因為技巧是人為的，韻味是天賦的啊！以散原先生的字而論，關于技巧方面，是談不上，但他是曾寫過魏碑的人，雖下筆不能中規中矩，然而以他學問上的修養，詩歌的大名之下，憑他一筆古樸鈍拙的姿態，是人所萬不能及的，近代寫北碑最好的是沈寐叟，因為他技巧韻味都有，第二位便不能不算散原先生了，因為他技巧雖差一點，而那一種樸茂古雅，以拙見長的風味，是任何書家所學不到的，他之自命字第一，別有見解。他老年戒吟詩，但不戒寫字，我不知道代友人找他寫了許多屏聯，他是有求必應、從不擋駕的。

勝利之初在香港

・范基平・

八月中，有兩個重要的日子，一個是「八一三」，一個「八一四」。

一九三七年八月十三日，離「七七」蘆溝橋事件爆發後一個月零六天，其時華北戰事方殷，規模雖不甚大，但全國人心，極度不安。同年八月十三日，日軍大舉進犯上海閘北，加强了我國對日不再讓步的決心，這場「八一三」滬戰終於成爲了我國對日全面抗戰前奏，戰爭規模，大爲擴大，並於太平洋之戰爆發後，與第二次世界大戰合流，直至勝利到來。

八一三滬戰爆發消息傳來時，我正在上海一家出版社任職，第一個消息是日軍進攻閘北八字橋，第二個消息是銀行限制提欵數目，第三個消息是公共租界萬國商團準備出動，封鎖租界邊境。消息愈來愈緊，我以家居華租交界邊緣，諸多不便，立刻回家準備遷居，暫求苟安。

當天下午我便在法租界皮少耐路找到了房子，第二天絜携細軟立即遷居，同日晚上，華租交界處即告封鎖，由全副武裝的萬國商團駐守。

就是八一三的第二天，我空軍健兒頻頻出動，轟炸泊於黃埔江中的日本海軍旗艦「出雲號」。日艦上的高射炮砰砰之聲不絕，入晚，高射炮彈的火花在仲夏夜的晴空中迸發閃爆，蔚爲奇觀。由於黃浦江江面太狹，江中船舶太多而又位處租界，我空軍未敢輕率投彈以免造成國際糾紛，但他們在高射炮火網交織之中，翻騰飛躍的英勇表現，已經獲得了數百萬市民的無限掌聲，其後爲紀念此日，即定「八一四」爲「空軍節」，屈指算來，已是卅四年前的舊事。戰事延續，我於「八一三」後一個半月全家遷港，戰後向郵局申請信箱，號碼「八一四」，也算是爲我留了個小小的紀念。

我國抗戰係與第二次大戰同時結束，日本宣佈正式投降，年份是一九四五年，離「八一三」滬戰爆發共八年，日子是「八月十四日」，去發動滬戰的八月十三日僅一日，日期之巧，冥冥之中，似有異數。

一九四五年秋天，我住在重慶張家花園（永安堂原址），八月十四那天晚上九時左右，忽聞街頭爆竹之聲大作，起初以爲又是在甚麽地方來了一次「我軍大捷」。開門出去，奔上觀音岩，人聲鼎沸，迥異尋常，羣衆在路上狂奔歡躍，高呼「日本投降」。這是多年來的一個夢想，但因其突然而來，竟然有點不敢輕信，立刻打電話向新民報一問，果然確有其事，一時高興得禁不住流下眼淚，三腳二步的奔下石級，回家把喜訊告訴妻子，因爲此訊意味着戰時生活即將結束，即可回到香港，重新安居樂業。

我底故鄉在上海，但於八一三滬戰爆發之後即已全家南下抵港定居。到桂林重慶，是太平洋戰爭香港淪陷之後直接從香港去的。勝利消息到來時，我在新民報、永安堂、星島畫報三處工作，事前胡好與我有約，抗戰結束，立即同返港穗，第一件事是改組被日本軍報導部改名的「香島日報」，第二件事是儘早創刊「星穗日報」，那意思是我必須先到廣州、香港從事復員工作，然後再去上海重晤濶別多年的親友。聽到日軍投降消息那天晚上，由於心情興奮，當然無法好睡，第二天，胡好一早就到張家花園，和我計劃復員事宜，我也就在當天向新民報提出了辭呈。

由於「勝利」來得過於突然，大家對於迎接此一大事，都感覺到有點措手不及。誰都想早一天回到舊居之地，但是由於缺乏交通工具，以及原有各事必須另作安排或結束，誰都不能想走就走，所以有些人等了半年，有些人拖了一年兩年才成行。我們是復員心急，以最高速度半個月的時間，辦理了重慶方面一切事務的結束與移交，於九月初以卡車一輛專程啓行。其時空運尚未恢復，政府雖有專機，也都直飛受降所在地的芷江與首都南京，却沒有一架飛香港，所以只好乘卡車自海棠溪出發，一車四人，馬司機之外，便是胡好和我與馮景祥穿過貴州全省而抵廣西容縣，改由民船載運卡車，經由水路抵達梧州，然後再由小輪拖駁到達廣州。

卡車從重慶經由水陸兩路，曉行夜宿，頗爲費時。到廣州上岸下車，即至長堤永安堂大厦，第一個發現是二三兩樓已被新一軍政治部所借，主管人員姓張。他曉得我們的來歷，即以茶烟招待，並且吩咐打掃四樓各房，以供我們下榻，儼若主人。寒暄了一會，胡好即單刀直入，說要到樓下機房裏看看那架從未啓用的捲筒印報機。這是一次令人失望的訪問，因爲我們理想中以爲大概可以保持完整無損的捲筒機，早已損壞不堪，零件盡失，不能使用。廣州淪陷，遠在香港之前，新一軍進駐省城，也爲時未久，這筆爛帳自然只好算在日軍頭上。

其時廣州香港之間交通未復，我們只得小住以待。隔了沒有幾天，省港水路開始通航，我們總算十分運氣，沒有趕搭第一水的「海珠丸」，因爲該船在航行來港中途觸雷爆炸沉沒，造成巨大死亡，我們如果置身船上，便可能永遠不再見到香港。

我們搭第二水省港輪來香港，船於傍晚駛至三角碼頭停泊，就在踏上香港土地的一剎那，我心頭有說不出的感慨萬千。凸出於萬千感慨之上的是一種深深的傷感，這種傷感，只有日軍攻佔香港後，港九兩地第一次非正式恢復渡海交通，我從九龍公衆四方街海邊，搭乘木船抵港探視雙親，第一步踏上海邊電車道旁的馬路時的感覺，與之畧有相似。

上岸時已近黃昏，電車軌道上沒有電車，各處燈光灰黯，路上行人稀少，市況蕭條，眞所謂一片刧後景象，第一天晚上我即在陸海通旅店投宿，約定次日會晤。

第二天一早起來，馬司機以車來迎，同去報社，決定將「香島日報」立即停刊，整頓人事，改革版面，使星島日報於雙十國慶節及時復刊，記得第一天的社論題目叫作「歸來語」，裏面提到了我們在重慶出版「星島畫報」，便是爲復刊「星島日報」預作準備。

這時的香港，雖在白天，行人和傍晚一樣寥寥無幾，沒有巴士，更沒有的士，用以代步的是以三輪貨車改裝的三輪客車以及單車尾。晚上許多街道沒有街燈，灣仔道近莊士頓道處便是其中之一，街邊堆滿了鐵絲網，它們曾刺破過我兩條長褲。

戰爭結束，復員開始，從重慶到廣州，再從廣州到香港，對於此一階段，抗戰後方軍民，淪陷區居民，以及香港市民有三個不同的名稱：那便是「勝利」「和平」與「光復」，三個名稱代表三種不同的立場。三個地區人民的心情如何不同，我們不難從「勝利」「和平」「光復」這幾個名稱的字義上看得出來。

港幣早已恢復流通，並且一直在上漲，十月初國幣一萬元只可換到港幣百元。那時香港物價之高至足驚人，尤以洋貨爲然，由於許多東西濶別已久，廿四元一磅的谷咕，九塊錢一罐的花奶，我們也無法加以抗拒。至於四十元一條的尼龍褲帶，一百五十元一對的「玻璃」絲襪，六十元一支的原子筆，三百元一對的五十一型，因爲聞名已久，見所未見，也不得不大破慳囊。其中最最令我痛心難忘的是回到香港所做的第一套西裝，連工包料，化了我港幣一千二百元之鉅。

比諸洋貨，食物是比較便宜的，但是一般人因爲收入少，還是進不起茶樓酒家，爲此，港府在許多地方開設了「經濟飯店」。據我所知，這種飯店，灣仔就有兩家，一家是在修頓球場內，一家是在大道東與灣仔道口的灣仔街市內，普通的麵飯點心，兩塊錢可以吃飽。

由於糧食和日用品來源不足，港府對一部份民生必需施物品配給，包括米、木柴、食油、白糖，有時還配給到剩餘的軍用糧食包，裏面有餅乾，朱古力，奶粉，香烟，蚊蟲藥水等等。配給證只有「米證」一張，全家人口的姓名年齡都登記在內，憑此米證，任何其他配給物品都有權利享受，後又派發一種木柴證，只有牛油是港府對報社中人的特殊優待。沒有配給的物資則由政府限定其售價，這就是沿傳至今的所謂「公價」的由來。

最便宜的是房租，那當然是人口少的緣故。勝利——香港稱爲光復——伊始，港九人口不足六十萬，而且增加得較爲遲緩，我在報社附近租了一層灣仔道上最好的樓宇，面積一千呎，三房一廳有騎樓，每月租金一百五十元，由業主的親戚一位某女士介紹，鞋金三百元。

細看戰後香港，香港似乎與以前無大不同，不過到處看到炸光的爛屋，使香港顯得有點襤褸消瘦。高羅士打茶廳與「聰明人」咖啡室外表無恙，其實它們在過去的幾年間早已換上了日本招牌成爲華人的禁區，光復之後才重新恢復舊名。

其時舞塲寥寥無幾，但是日本人佔領時代遺留下來的响導社却着實不少，大部集中於石塘咀一帶。爲日稍久，香港逐漸復甦，酒家也跟着繁榮起來，女招待更爲盛極一時。石塘咀的妓女可以出局到大同、金龍，不過酒家廳房裏的貴妃榻上已不見鴉片。這時電車巴士逐漸恢復，單車尾及三輪車先後淘汰，不久出現的士，但初期全港只黃的士公司一家擁車六輛，初時電話只有五個字位，黃的士的號碼二〇〇〇〇至今未忘。又隔了一個時候，離港居民，陸續歸來，物資湧至，居民生活才漸復常態。

香港方面，日軍宣佈投降的日子也是八月十四日，投降儀式則於八月三十日舉行。我在香港，前後凡住三十年，日軍攻署香港時，我在香港，香港「光復」後，我也是復員頗早的一人。日軍佔領香港凡三年零八個月，我底兩大遺憾是，香港陷落之初，沒有看到日軍的入城式，香港光復時，又沒有看到日軍投降和英軍受降儀式。

接受香港日軍投降的，有中、美、英、加四國代表，但國軍部隊並未久駐即轉赴東北了。

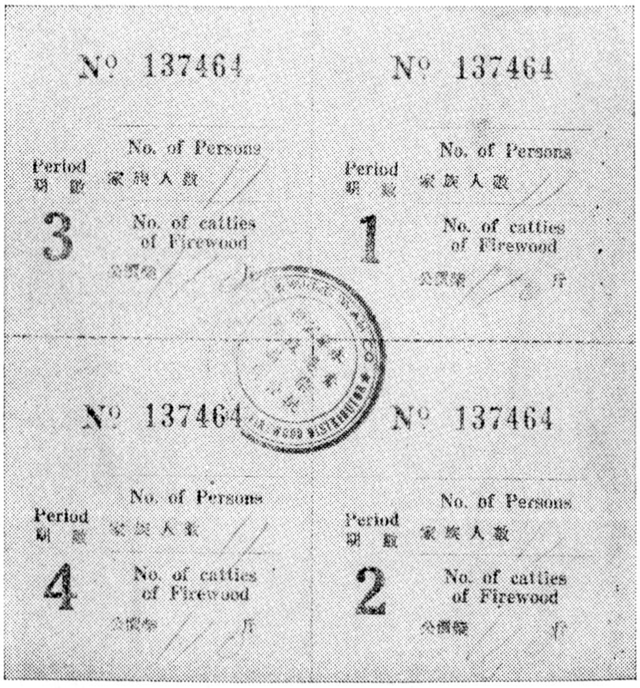

成爲歷史陳跡的木柴配給證

SPRINGMAID Bedspreads Bed-Sheets Pillow-Cases & Towels
SPRINGMAID FABRICS
SPRINGMAID
床單・床冚
枕袋・毛巾
大人公司有售

五十年前的上海交易所

・過來漢・

香港交易所風起雲湧，現在已有四家之多，方興未艾。本篇描述五十年前的上海交易所情況，大有「翻手爲雲，覆手爲雨」之妙，以昔喻今，可作「洋場交易所滄桑史」看也。

在今日，「交易所」這個名詞，已經婦孺皆知的了，但於去今五十餘年以前，在中國的商業界中極少數人能聽得見這個商業組織名詞。雖然，回溯上海之有交易所的組織，始於清代光緒十七年西商所組織的「上海股份公所」（Shanghai Sharebrokers Association），亦即是俗稱爲「西商証券掮客公會」的便是，已具有交易所的雛型，不過只是有其實而無其名。及至光緒三十年，西商又有組織上海証券交易所的動議，此一動議延至來歲始告正式成立，定名爲「上海衆業公所」（Shanghai Stock Exchange）。繼西商組織之後而起的，則有日商先後二次組織交易所。第一次宣統二年，由日人聯合中、美兩國資本家共同發起組織，但結果未曾實現。直到民國七年的冬季，另有一家「上海取引所股份有限公司」，前來上海籌備竣事，即行開幕營業。該「取引所」的所址在近於江西路轉角間的福州路上。

據說該取引所係獲得日本政府所特許設立的，其營業種類則以經理証券，棉花、棉紗等爲交易物品。縱觀歷年間該所的營業紀錄，初期尚稱熱鬧，因爲有班中國的業中人前去做交易，半是爲好奇心所驅使。兩年以後，該所營業逐漸下降，終於一蹶不振，於民國十六年一月宣告掩旗息鼓，自動關門清理。爲什麽有這種趨勢情況呢？原來上海一班商業聞人如虞洽卿、聞蘭亭等，有鑒於日本人所組織「上海取引所」的成立以後。一般中國商人喜嗜經營賭博性的投機商業者，趨之若鶩，委託該所固定經紀人代爲賣買。要知這賣空買空的期貨或現貨交易，無異賭博場中的賭攤、賭牌九，而在取引所方面對經紀人交易的賣出買進，都有規定數額收取若干的利益佣金及手續費。這樣，實類於賭場場主的抽頭漁利，其行爲性質，都是一模一樣的。由此以觀，這日本取引所的組織，可說是東洋文明國家的一種商業文明賭博。

所以當時虞洽卿、聞蘭亭等，認爲東西文明國家的科學文化或許爲中國所不及。但對於文明賭博的文化，實覺中國不落人後，遠遠超勝於東洋任何一個國家之上。如今大批所抽之頭，平白被日本人「取引所」所收取，自然使一班深具愛國心的同胞大起反感。遂與趙林士、周佩箴、沈潤挹、盛丕華、郭外峯等，乃有「華商上海証券物品交易所」的組織發起。以期堵塞漏巵，挽回利權，乃於民國八年的秋季，設籌備處於二洋涇橋北堍，亦即是愛多亞路、四川路的轉角間。及至來歲（民國九年）二月一日舉行成立大會，定在七月一日開業。資本總額爲五百萬元，全數繳足，以董事會爲該所最高行政機構，主席董事即爲虞洽卿。原定交易所物品七種計爲（一）各種有價証券，（二）棉花，（三）棉紗，（四）布疋，（五）金銀，（六）糧食油類，（七）皮毛。不過當時雖定交易所物品爲七種，但第五、六、七的三種物品，却始終未及上該所的市場開拍交易。

當年當時的「華商上海証券物品交易所」，挾其這樣的雄厚資本，與多種的交易物品。針對日商的「上海取引所股份有限公司」，展開商戰形勢，自然有一種先聲奪人之概，自然該取引所的業務，受到重大打擊和嚴重威脅。更因証券物品交易所的經紀人都是華籍，不像取引所的經紀人那是華日參半的，這對拉攏客戶就有力量長短的分歧。本來取引所業務的客戶對象，都屬愛好投機事業的一班中國人士，自証券交易所開業，都被交易所的經紀人吸引去了。此所以該日商取引所的業務，日趨下降，一蹶不振，終於宣告停歇爲止。雖然，証券物品交易所的創立，原本爲抵制日方的取引所而起，是以發起組織，徵集股東，凡參加之人無不以純粹的華人爲限，凡非華人皆在拒絕擯棄之例。料不想經過嚴格的審查甄別以後，在比較擁有相當大數額股權的股東之中，竟有一名「李茂如」其人，視其姓名，察其形貌，聆其語言，觀其舉動，純然是個中國人，有

舊時上海的交易所

今日香港的交易所

誰知他是日本人呢，此爲証券物品交易所中所發生的一件滑稽有趣之事，也是一件非常諷刺之事。不過經人發覺檢舉，李茂如已經做証券物品交易所的股東闆老有年了。

華商上海証券物品交易所的股東老闆中，竟會發現改名換姓的日本人李茂如，此事不但該所董事主席虞洽卿懵然罔覺，即其他董事亦無一人知曉。當檢舉李茂如的文件遞到虞氏手上時，看了爲之大驚失色，反映出他內心的駭異而惶急。連連操他寧波的三北地方鄉音，神色緊急地說：「柴話啦，李茂如是個日本人，介相貌柴急煞，敎阿拉柴弄弄呢！」在當時交易所的內部情形，鬧得確屬相當緊張，後來不知對這位冒認爲中國籍的李茂如之股東身份問題如何處理解決，但終使証券物品交易所內部激起的風潮，得以遏阻下去，平安無事，渡過難關，這點不能不說是阿拉虞洽老的一點顏色。不過虞氏的道行雖屬高深，但只能排難，却不能解紛，原來証券物品交易所於開業以後的不久，內部的証券部份經紀人方面，却發生分裂歧見。有一部份的經紀人主張，要有他們自己行業的獨立交易所，如今與別業共處一起買賣，未免有寄人籬下之感。另有一部份的經紀人主張，抱着隨遇而安的宗旨，認爲只要有買賣可做，利益可得，何必再要另起爐灶。

當時這兩派經紀人的意見鬧得很激烈，雖經虞洽老的一再調解，絲毫無效果。終於有「上海華商証券交易股份有限公司」分立的局面出現，該公司係改組舊有的「上海股票商業公會」作基礎而成就，就在民國九年十一月宣佈成立，着手籌備。於次年五月二十日開業，所址在九江路二十九號，對經紀人的牌號增至八十號之多。交易所的業務，以買賣國內公債爲主要物品，一時與証券物品交易所大有分庭抗禮的情勢，而繁榮熱鬧似乎過之。就因爲有兩個經營同樣業務的商業機構，遙相對立分峙，後來却發生一件趣事，事由於「一二八」中日事變以後，宋子文繼黃漢樑後，重任財政部長時。當時「上海証券交易所」，與「上海証券物品交易所」各據市場，同時開拍國內公債。市場兩處，各拍各價，難免價格互有高低上落之弊。有一次，同樣一種公債，前者的市場拍得價高，後者的市場拍得價低。事爲宋部長所知，於盛怒之下，竟令後者的証券物品交易所停業。準此以觀，覺得每個行業的交易所市場，如果受政府統制管理的話。對市場設置，實是可一而不可再的，否則難免會發生同一品物，而不同拍價的弊病。

就因爲証券交易所的分枝出去自成獨立市場，結果形勢極好。於是，繼續其後而創設獨立的交易所，有榮宗敬、穆藕初等所發起的紗布業。有施善畦、徐補蓀等所發起的金業。有榮宗敬、顧履桂等所發起的麪粉業等等。其行業品類的龐雜，其交易市場的衆多，正使人有目迷五色，指難屈計之概。但不過儘管規模的大大小小，也無論資本的虛虛實實，所有交易所，却有一點的共同突出之處，那即是成立開業的年時，都在這民國十年之中，所不同的只是日月的先後遲早而已。及至黃楚九所發起的「日夜交易所」開業，此時交易所的氣勢，已屬盛極之後，從此時起，交易所倒閉的有之，收歇的有之，眞正的是其興也勃，其亡也忽。一時造成上海社會歷史上所謂「信交風潮」的大災禍，大概經此風潮冲洗以後，所遺留倖存的交易所，尙有六、七家之數。其興替存沒的比例，約佔五分之一，如果對此次交易所風潮的災禍，作追根溯源的考查，可說是日本的取引所所導引出來的吧？

圖片的右上角是舊時上海的証券交易所股票開拍時的情形，買進手掌向內，賣出手掌向外，直至另一經紀人亦伸手表示，即作爲成交論，在不明眞相的人看來，好像他們在打架似的。

乾坤雙洞奇又奇

易君左

了不起的人物

江蘇的宜興在歷史上產生了一個了不起的人物，那就是晉朝有名「除三害」的周處。這是一個家喻戶曉最富教育意義的故事。周處少孤，膂力過人，縱情私慾，是一個標準的市井不良少年。鄉里父老人士，聽見周處的名字就魂飛魄散，把他看做地方上一大禍害，和南山裏的猛虎、長橋下的毒蛟，認爲「三害」。周處聽到輿論的斥責與民心的怨恨，乃決定改過自新，殺虎斬蛟，從頭做人，于是宜興的「三害」都除掉了。後來他到東吳拜陸雲爲師，勵志行善，仕吳爲東觀左丞；到了晉朝，遷任新平太守，撫和戎狄，使叛羌歸附，在雍州建立了大功。朝廷召爲御史中丞，凡所糾劾，不避權貴。齊萬年反，奉命西征，力戰而死，謚孝，著有「風土記」等書。後世稱爲孝侯，因爲他又是一個有名的孝子。綜觀周處一生，實在是「浪子回頭金不換」的榜樣，所以傳爲千古美談。

除周處外，宜興在明朝又產生了一個偉大的人物，那就是盧象昇，明朝天啓年間的進士，能騎射，善治兵，也是一位文武全才。盧象昇少年時就有大志，以天下國家爲己任。崇禎時，流寇猖狂，他奉命征討，戰功最偉。官至兵部尚書。清兵南下，又奉命抵抗，不幸在山西一役，力戰陣亡，福王時謚忠烈。到清朝還尊重他的忠勇，改謚忠肅，並把他的遺作彙編成書，名爲「忠肅集」。

想不到千百載以下，近代的宜興又產生了一個特立獨行奇拔高古的另一典型人物——簡翁、儲南強。二十餘年來，儲南強消息茫然，生死莫卜。如果他還健在，已是八九十高齡的老人了。我在抗戰勝利還都以後還見過他一兩面，以後時局漸漸逆轉，我在上海又接到他一封信，從此不通音問了。上海將撤退的前夕，我傷時憂國，懷念故交，曾寫了一首「懷友」詩，這個朋友即指儲簡翁，因爲我們是忘年之交。這首詩是：

「戰火紅于血，湖山剩此翁，
孤身雙洞隱，數載一函通。
海靜心靜難，雲濃淚更濃；
何緣隨杖履，天地兩迷濛。」

儲簡翁是我的朋友中一個極富傳奇性而且神秘性最濃厚的特型人物。我認識他並不太早，在民國二十一年到二十六年我服務江蘇住在鎮江的時期，開始與他訂交，而且常相來往。他的一生事業說來很簡單：既不像他的先賢周處的改過自新，也不像盧象昇的抵禦外侮，而是他集中他一身的智力才力和毅力以及他一家的財力物力和人力，開闢了宜興兩個最著名的古洞——善卷洞與庚桑洞，我稱這兩個洞爲「乾坤雙洞」，表示由衷的讚佩。這兩個古洞本來不太大，有了簡翁便越鑿越大；本來不太深，有了簡翁便越鑿越深；本來不太出名，有了簡翁便越來越出名。宜興不過是江南彈丸之地，有了簡翁開闢出來的這兩個大古洞，便一躍而成爲中國乃至全世界觀光的聖地，千千萬萬的旅客一年到頭不斷的去遊覽，替宜興帶來了無比的繁榮。請看：儲南強只是一個人，最多只是他的一家，他並不是什麼百萬富翁千萬富翁，但他傾家蕩產，典盡賣絕，獻身于地方建設事業。由于他這種犧牲奮鬥大公無私的偉大精神，雖然表現在事業上的只是區區兩個洞府，但其感召人心和鼓舞社會風氣的作用是無與倫比的。他獨往獨來如雲間的孤雁，時隱時現如天上的神龍，開闢這兩個古洞如同盤古開天闢地和上帝創造世界那樣的吃力，那樣的雄心和毅力，替人類安排了享受與欣賞，在這一點上，試問古今中外能有幾人？

山水古蹟名勝

宜興在歷史上能夠產生一些特殊的人物，可能與地理因素有關，即所謂「地靈人傑」。這個地方的自然風景是太美麗了。宋朝的蘇東坡一到宜興就想住下來，因爲最欣賞陽羨的美景，陽羨是宜興的古名。東坡在陽羨買田傳爲千古佳話，可是田雖然買了，却沒有住下來，原因是買的田發生了糾葛，而且還打了官司。我過去由于儲簡翁的邀請，曾去宜興五六次之多，也想摹做東坡的故事，買點田產，以便在老年和簡翁隱居于此，却未能如願。東坡還有錢買田，我沒有錢買田，相反，我在湖南故鄉的田都賣給人了。

宜興的山水，象徵江南一帶的秀色。最著名的山就是南山，也就是周處打死猛虎的那個南山。南山雖不太高，但一股蒼鬱的氣象，撲人眉宇。山中叢林茂盛，古木參天。有幾座小型的廟，供奉周處神位，也有周處塑像。周處由不良青年變爲好人楷模，由土豪惡霸成爲仁人志士，在充滿勇猛剛毅性格的塑像上可以表達幾分地方藝術的色彩。我們進入南山深處，仰見幾株合抱的松杉，高崗亂石，野葛荒藤，相傳即周處殺虎的所在。

宜興又是一個水鄉，有幾個連串一起大大小小的湖，宜興人不叫做湖而叫做「氿」，這個字只有宜興的「字典」上才有的。最著名的兩個湖是東氿與西氿，湖水澄清，帆影參差，人如嵌鏡裏，船似入花叢。記得有一次遊宜興，那是民國二十三年五月十六至十九日。一天，儲簡翁約我們遊湖，船上備了酒菜，正在欣賞湖上美景，忽然天色變了，一會兒，大風雨，大雷電，湖水飛濤，濺濕我們的衣裳，船身也簸盪起來，像是要翻沉的樣子，我們幾個客人都有點驚，但是簡翁神色自若，談笑如常，若無其事；他談到最高興的時候，一個大哈哈，高亢響亮，奇怪！風雨全收，雷電頓息，湖面顯現一片晴光，微波瀲瀲，明麗如畫。難道面前端坐的這位長者眞是仙人嗎？我們都有點奇。

山水之外，宜興還有幾處古蹟，那就是周處的祠堂、盧象昇的祠堂和周處斬蛟的長橋。

周處的祠堂俗稱周孝侯廟，廟內塑有巨型的周處泥像，戎裝跨馬，神采奕奕，金碧輝煌，香火甚盛，足見宜興人民崇拜這位英雄。祠廟面積廣大，院宇重疊，可惜已近荒蕪，大部份改爲京班戲園。我們遊時，還沒有開鑼，遊人不多，一片清寂。我當時口占一詩：

謁廟淒涼弔國殤，斬蛟射虎禦齊羌，
如何千載馨香後，人世悠悠變劇場？

眞不勝感慨之至。

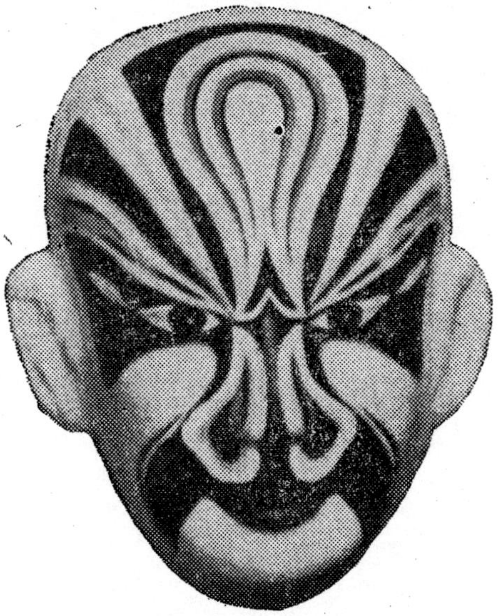

名演員裘盛戎手摹周處臉譜

盧象昇的祠堂俗稱盧忠肅廟，廟內忠肅公的塑像比周孝侯的稍小，沒有騎馬，但英姿雄發，也表現雕塑藝術的優秀，香火則不及周祠。我也有一首詩憑弔：

四箭三刀蒿水橋，將軍百戰威名高，
同來拜謁盧忠肅，猶聽畿南父老號。

盧象昇以蒿水一戰震驚全國，四箭三刀，殺死清兵無算，雖殉難成仁，但清廷爲表示尊重，替他在地方建立專祠。當盧象昇戰死的驚耗傳到京師，市郊父老，號啕如喪考妣，可見他的威名之大與感人之深。

周處斬蛟的長橋，在宜興市中心區，是一座圓拱的大石橋，橋下一條大溪，洪流奔激，水色昏濁，像一條小黃河。相傳這條溪內，自古盛產毒蛟，騰波而出，捲食人畜，爲地方一大禍害，與南山吃人畜的猛虎及橫行霸道的周處，被稱爲「三害」，但自從周處斬蛟以後，這條溪水便漸漸寧靜下來，以後便無蛟患了。

我們觀光宜興，遊湖時繫纜上岸，到了一處，也與歷史人物有關，經過徐舍、臨津一帶，許多姓宗的都是南宋民族英雄宗澤宗忠簡公的後裔，而且多服務于教育界。宗澤是岳飛的老師，浙江義烏人，其後裔一支即在宜興。宗澤臨死時猶三呼渡河，志在反攻復國，死後由岳飛親自扶柩，葬在鎮江東門外，年久失修。到民國二十二年，才由江蘇教育廳修理一新，而發起重修宗墓，在實際上是由我主持。

宜興是魚米之鄉，盛產稻菽。湖中的魚，種類繁多，味鮮肉嫩。鄉間種植的蔬菜尤其出名，以芫荽爲大宗，差不多各類菜肴，都放些芫荽作爲香料。我國江南一帶是農業出產品最豐饒的區域，宜興和常熟更是風景最優美的名城，不過這兩縣不在京滬鐵路線兩旁，不通火車，只能坐公路汽車前往，交通不太便利，却也正因爲在江南腹地，民風能保持一種純樸的美德。

十見與十不見

順序的寫下去吧，讓我來介紹儲南強這個奇人和他的一個奇女，然後再介紹名震天下的宜興雙洞。

下面有一個「十見、十不見」的名單，就可以知道簡翁是怎樣的一個奇人。原來，當我到宜興初次拜訪簡翁，走到他家的門口，那是一座古老的大院宇，在宜興縣城一條靜靜的巷子裏，幾扇大門全用黑漆塗着，正中兩扇嵌着古色古香的兩個大銅環，抬頭一望，那黑漆門上貼着洒金朱紅箋的兩排列大紙條，全用濃墨寫着正楷的大字，上面一排寫的是「十見」，下面一排寫的是「十不見」。

十見：
一、接見專家學者
二、接見高人雅士
三、接見詩人畫家
四、接見青年學子
五、接見僧尼羽士
六、接見英雄好漢
七、接見老農苦工
八、接見貞婦淑女
九、接見孤兒寡婦
十、接見回頭浪子

十不見：
一、達官貴人不見
二、豪門巨室不見
三、富商大賈不見
四、貪官污吏不見
五、土豪劣紳不見
六、小人僞善不見
七、三姑六婆不見
八、巫卜星相不見
九、妖姬艷女不見
十、奸臣逆子不見

簡翁說得出做得到，不見的硬是不見，要見的一定見。從外面而來的無論中外人士，你不想去看看這位奇人則已，如果想去看看，一定要經過事前約定的手續，通過他的考慮，但這只限于他的家，至于遊覽宜興雙洞的人太多，當然不在此限；而且雙洞是公共的勝地，對于遊客，他也無權加以約束。舉一個例子：我當時服務江蘇省教育廳，教育廳同事到宜興去看簡翁的他都歡迎，獨不歡迎教育廳長，因爲廳長在他眼中是大官之一。當時教育廳長是周佛海，周佛海邀我遊宜興並擬訪問簡翁的家，經我事前函商，簡翁回信說：「周先生若以經濟學者身份惠臨寒舍，無任歡迎；若以廳長大人榮銜，乞恕鄙人難以奉候。」結果周佛海特地印了一份「日本帝國大學經濟學士」的單銜名片，同我前往，然後賓主盡歡。

世人對簡翁這種古怪執拗的性格也有加以批評的，認爲太不合人情，有些過份；甚至于說他由于以前競選江蘇省議會議長沒有成功，在政壇上留下了失敗的痕迹，于是把滿腔孤憤，反撥出來，而對他加以原諒。但就我所知，簡翁在政壇上也曾留下一些彪炳的治績，那就是在南通張謇最紅的時代，簡翁接受張謇的禮聘，出任南通模範縣第一任縣長，南通各項輝煌的建設事業以及古蹟風景名勝的整理，全是簡翁心血的結晶。南通的萬株楊柳，聞名于世，也是簡翁任內一手植成的。一個人的性格可能遭受生活環境的影響，但簡翁的嫉惡如仇和從善如流，正是他的天性的顯現。

至于我和簡翁的訂交是出于偶然，在佛家說也許是一種因緣。在我尚未與簡翁見面而初遊庚桑洞時，小憩朝陽道院，此間景物特美，清泉滿巖，大樹合抱，老道士饗我以嫩筍鮮湯，得慰長途飢渴。我忽然靈機一閃，坐在石凳上以片紙寫詩一首，託一小道士送給已來洞中的「洞主」即簡翁。那首七律是：

長庚跌宕接輿狂，天遣芒鞋踏八荒。
絕似東坡遊北固，却從西氿訪南強。
男兒最愛江山美，遠客能增洞府光。
嫩筍鮮湯慰飢渴，甘泉大樹抱朝陽。

一會兒功夫，我遠遠望見一個人披雲穿霧而來，將近身旁，我起立一看，但見這個人身裁中等而體力結實，面色紅潤而蒼老，斑鬢微鬚，眼光烱烱有神，穿着一件布袍，手裏拿着一束紙卷，腳下踏着一雙怪鞋，後來才知道是一雙鐵鞋，而疾步如飛，向前奔進，這不是儲簡翁是誰呢！寒喧以後，簡翁知道是我，又知道我的父親即實甫公，便笑嘻嘻的和我緊緊的握手，就坐在濃蔭下傾談，一開口便高唱我的詩句，聲宏如鐘，空谷回響。又哈哈大笑道：「男兒最愛江山美，遠客能增洞府光，好詩呀好詩！」又說：「君左先生：你的詩眞有父風，佩服佩服！」坐談移時，便親作嚮導，帶我更遊善卷洞。我與簡翁同在洞內的善卷寺休息，簡翁拂拭筆硯，再囑我寫一詩，于是即席呈正。他讀了我這首詩，熱情的表示讚美，連連拱手說：「不敢當！不敢當！」因爲我的詩中有兩句是：「大業畢生惟二洞，高名今世已千秋！」後來我把這兩句寫成一副長聯，送給簡翁留爲訂交的紀念，許多朋友都說這兩句詩是儲南强一生的定評。全詩也不妨記在這裏：

山容忽霽我來遊，仙境無如此地幽。
大業畢生惟二洞，高名今世已千秋。
烹泉僧講靈蛇現，畫石人將巨象鈎，
一樣巢由棲隱地，楚天遼闊不勝愁。

如前所述，簡翁以畢生的心力精力和一家的人力財力辛辛苦苦開闢宜興的兩個古洞，公開任人遊覽，不收分毫費用，所爲何來？曾有許多人人問他，我也問過他，他只是淡淡的一笑，不作任何回答。偏有一些宜興本地人士乃至宜興以外人士竟說這兩個古洞不應開闢，一經開闢反失天眞，甚至于有加罪簡翁的，說他損害了自然之美。曾有許多同情他的人問他，我也問過他，他也只是淡淡的一笑，不作任何回答。我讀李白詩：「問余何事棲碧川？笑而不答心自閑，桃花流水窅然去，別有天地非人間。」妙就妙在這「笑而不答」，實則下面兩句就是一種「無言的答詞」。落花水面皆成文章，桃花流水窅然自去，這裏面就有最高的境界和最清麗的影子，李白早已在二千年前替二千年後的儲南强作答詞了。

簡翁的生活和行踪都是無定型的。他一家擁有刻苦、勤勞、節約的傳統美德，他自己常常飽一頓，餓一頓，除以全力經營雙洞外，復以其餘力餘資救災濟貧，安老撫幼，贊助地方的社會事業。他在家的時候很少，大部份往來棲息于雙洞之間。有些時他一人或者帶着唯一的愛女雲遊四海，遍訪名山大川和幽巖古洞，時出時沒，或隱或現，飄飄然去，飄飄然來，沒有一定的行止，不留絲毫的痕迹。他不僅穿着一雙鐵鞋，而且睡着一個鐵枕，鍛鍊成銅筋鐵骨，屹立如銅牆鐵壁，衝破了生老病死的難關，滌淨了貪嗔癡愛的俗累。他曾親切的告訴我：他一生最大的安慰，乃在與洞中的諸仙佛作心靈上的團契，以及與洞中的白蘿仙女清談並唱和。我初次在庚桑洞看見他手中所拿的一卷紙，便是他和白蘿仙女唱和的詩稿。他對我說有時聽到仙女的聲音，也有時見到仙女的影像，唱和的詩稿則是由扶乩而來，積久已成巨帙，可惜那些詩我當時沒有抄下來。他又對我說過曾與洞中諸仙佛面坐參禪，以心印心，以魂招魂，享受天人合一的靈修。這些離奇古怪的境界，是一般人絕對不可能相信的，然而天地之大，何所不包？造化之妙，何所不能？簡翁之所以奇，也就奇在這裏；凡人之所以俗，也就俗在這裏。

如今我再談談簡翁唯一的愛女——儲能子。

能子無所不能

簡翁的家庭簡單，只一妻一女相伴。夫人端莊賢淑，相夫教女，主持家務，是一位最能瞭解丈夫和最能幫助丈夫的大家閨範名門淑女。她深深的知道自己的丈夫不是一個平凡的人物，爲完成丈夫一生的事業，把自己儲蓄的金銀珠寶和名貴首飾衣物一齊貢獻，協助丈夫開闢雙洞，不但毫無怨言，而且由衷贊助，並向娘家及親友各處募集巨欵，全部用在雙洞上面。單說把雙洞鑿大鑿深的工程費用，其龐大的數字已屬可驚，再加上洞中洞外的整理與寺廟菴觀的興建，亭臺樓閣的點綴，各種設備的裝璜，耗資實在無可限量。而夫婦之間，愈老而情愛愈篤，相親相敬，如兄如妹。雙雙儷影，有時遨遊于高巖白雲間，有時靜坐于小圃幽花裏。

簡翁夫婦所生唯一的掌上珠，芳名能子。爲什麽叫「能子」？即「無所不能」的意思。能子能詩、能文、能書、能畫、能琴、能劍、能騎、能射、能歌、能舞、能刺繡、能烹飪、等等，眞是無所不能，所以叫做「能子」。不僅如此，她能對父母極盡孝道，能協助父親經營雙洞，能親操斧畚帶領築洞工人，能輸財仗義扶救窮困殘弱，能登山越嶺如履平地，能開荒闢野如老圃園丁。但是她不經雙親的認可，不經自己的同意，决不輕見生疏的人士。她的行踪也像她的父親一樣是迷離恍惚的：有時潛千巖萬壑之間，有時躍千峯萬巘之上，有時藏深閨垂簾之下，有時顯華堂明燈之前。許多華胄貴介公子哥兒慕能子之名想一瞻顏色的，那簡直是「癩蝦蟆想吃天鵝肉」，前生無緣，今生休見，來生休想。也有自命爲英俊瀟灑的才子託良媒以自荐，等于「夫子門前賣孝經」，一回婉辭，二回擋駕，三回痛罵。

古人以「德言容工」來衡量女性。言與工包括于才，容即貌，實際上是德、才、貌，德居第一，正像另一衡量男性的標準：「立德、立功、立言」，德亦居第一。德功言是男子的三不朽，德才貌是女子的三不朽。我國古代有德的女子以賢后賢妃爲較多記載，民間有特殊表現的女性如緹縈救父、木蘭從軍，同樣傳爲千古美談，但以女性言，究不如才與貌之膾炙人口。才女如漢朝的班昭、蔡琰、蘇蕙，晋朝的左芬、謝道韞，六朝的鮑令暉，唐朝的上官婉兒，宋朝的李淸照、朱淑眞等。美女如春秋的西施，漢朝的王嬙、趙飛燕，唐朝的楊太眞等。從我國史籍上看，女性兼具才貌的實不可多得，而近代的儲能子竟能兼之。

我在簡翁家中初見能子時，能子才十七歲，到今天，如果能子還健在，也是五十多歲了。這二十餘年來，宜興儲氏一家的動態，包括簡翁父女夫婦的一切消息，茫然不知，但就過去我與他們一家的交遊，不能不認爲簡翁是一個奇人而能子是一個奇女。

就我過去的印象，青春的能子是一副圓圓的臉龐，一雙睫毛很長亮晶晶黑黝黝的眼睛，皮膚嫩白，細眉修髯，身裁窈窕，修長適度，有古美人的典型，也有點像今天的洋娃娃，她的衣飾並不華麗，有時穿長裙，有時穿短裙。她不像大家閨範的高傲，也不像名門少女的矜持，却帶了幾分鄉村姑娘的純樸和幾分青年女生的天眞。

當我第二次見能子時，簡翁正在家裏欵待一批他所歡迎的嘉賓，實際上以我爲主客。這是一個初春之夜，儲家大客廳裏高懸着幾盞紅紙大燈籠，壁爐裏火光熊熊，每人的臉紅紅的盪漾着象徵幾分溫情的微熱，而能子奉父命開始舞劍舞刀了。這是一次難逢的場面，使我永不能忘。我回到鎮江，一口氣寫了兩首長歌：一首是「乾坤雙洞歌」，表揚宜興雙洞的幽深宏偉，和簡翁慘澹經營；一首是「明珠寶劍歌」，描寫能子的聰明美麗和風韻以及她的舞術的精妙。自從這兩首長歌刊載在南京中央日報後，宜興雙洞和儲氏父女的聲名風靡了江南，雙洞遊客絡繹于途。必須先提一點，當我第二次遊宜興時，正值敵寇霸佔我國的東北，驚耗傳到江南，人人髮指。在我遊宜興的兩首長歌和一束小詩中，充滿了國恨與邊愁。因之在「明珠寶劍歌」中激勵能子不要以普通的奇女終其身，要獻身國族做一個轟轟烈烈的愛國的奇女。這首長歌中有一段是：

關山淪陷生靈苦，頭顱飛作探戈舞，
誰爲介子斬樓蘭？不見夫人戰桴鼓。
女兒應作國干城，一聲叱咤風雲生，
班昭恨未使西域，秋瑾亡命赴東瀛。
願君挽救人間運，願君珍重如花鬢，
推翻暴敵固金甌，鏟去強權揮白刃。

這正和我贈簡翁的另一首詩感慨相同：

我慕翁如五柳陶，時危尚憶霍驃姚，
男兒未許閒身手，萬里風雲看寶刀。

在全詩之前，「明珠寶劍歌」還有小序一段，也說明了我寫詩時的眞心眞意。原詩太長不必全錄，這段小序却有記下來的必要：「余既遊宜興庚桑善卷二洞，歎爲生平未遇之奇，返晤簡翁，言火光、鏡影、泉聲爲水洞三大仙境，簡翁大悅，復高歌余所贈之詩。其時華堂明燈，僧尼俗雜陳，各忘其趣，聽翁吟詩，掌聲如雷。翁乃命其愛女能子女士，出與客爲禮，擊劍舞刀，並授諸女居士以拳術，而致拳拳之悃于余。聞諸人言：非其客，簡翁不歡；非其才，能子不舞。僕潦倒朱塵，忽逢青睞。感儲門父女之意，既爲乾坤雙洞歌以彰所遊之幽，復作明珠寶劍歌以誌所遇之奇。嗟乎！關山淪陷，中原已有風聲鶴唳之驚；志士悲愴，午夜如聞寶匣龍泉之嘯：豈僅傳一奇女而已哉！」

在「明珠寶劍歌」中描寫能子的婆娑舞姿，首先是：

飄如輕燕墮前庭，蛾眉欲捲太湖青，
煙籠柳岸鶯離樹，月映蘆花雁落汀。

接着舞姿一轉：

側身一閃寒光爍，漸趨漸近漸飛躍，
冷如素雪白浸浸，艷似丹榴紅灼灼。

再一個轉身，刀光渾成一片：

轉旋忽駕龍翱翔，能使天地久低昂，

亂霞拂袖撕花片，羣星繞額點梅粧。
雷霆怒觸風雲色，奔濤化作天河瀉，
喪盡千山萬水魂，拋殘雙洞羣仙魄。

那雙刀的飛舞像梅花片一般的飄：

彩雲飄出梅花片，梅花掩映桃花面，
流螢萬點聚成星，長虹一道奔如電。

于是，

憂然舞罷歡聲起，月色天階涼似水，
餘寒猶掛畫廊前，嫩碧微浸波影裡。

看完穿着竹青衫兒的奇女舞刀舞劍，長歌的收束百感蒼茫的說：

地靈人傑東西沉，縮小乾坤大如斗，
斬蛟志士原姓周，歌鳳狂徒家在楚。
如何憂國空長歎，豪竹哀絲代歌讚，
古洞仙源迹已陳，華筵盛會人終散。

最末幾句是：

十載江南感逝波，朱顏綠鬢漸蹉跎，
還傾滄海桑田淚，來唱明珠寶劍歌。

那時我還不過三十多歲呢。

再談庚桑善卷二洞。

簡介乾坤雙洞

民國二十二年二月初旬，我再遊馳名天下的宜興雙洞，由于簡翁親自導遊，飽覽無遺。庚桑和善卷（一稱善權）是我國上古兩個聖哲高士和隱者。據宜興縣志，這兩位古賢曾分別隱居于庚桑和善卷洞中，洞因以得名，洞以人傳，人亦以洞傳。雙洞雖以古賢庚桑和善卷隱居著名，然開闢鴻濛，旋轉乾坤，而使這兩個洞府戛然超絕于塵寰的，實賴于儲南强先生的宏願與毅力。

先說庚桑洞。據道書白龜經所載：天下福地的名洞共有七十二個，庚桑洞位居第五十八。這個古洞的最大特色，眞好像我在「乾坤雙洞歌」所讚美的：

「洞中有山有水有梁復有棟，洞中有人有物有龍復有鳳，洞中有洞，洞中復有洞，洞中復有洞中洞。」

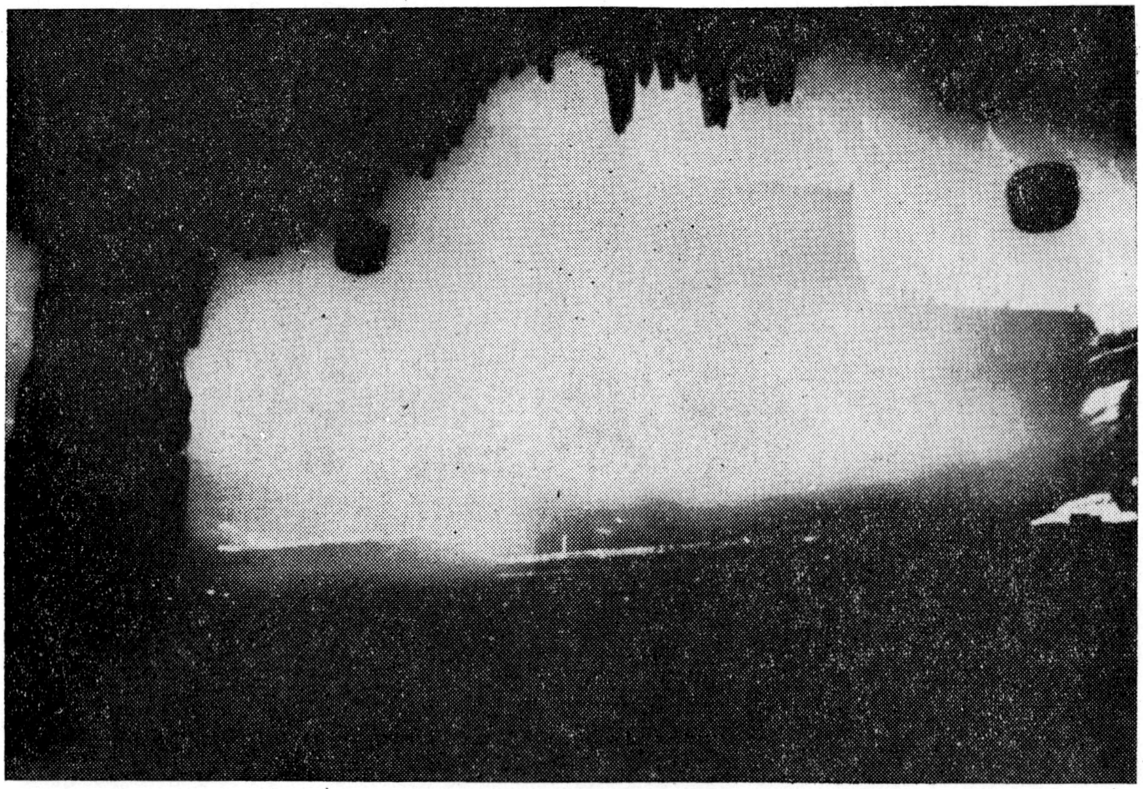

宜興庚桑古洞天篷場之一景

緊接着我的驚歎的一句：

「嗚呼十萬萬年同一夢！」詩中所說的梁棟、人物、龍鳳，並不是眞有其事，而是石形的崢嶸突兀、玲瓏透闢，各具千變萬化千奇百怪的形態，又像梁棟，又像人物，又像龍鳳。洞中復有若干座高高低低的山巒，或孤立，或斜倚，或方形，或圓形，全是石巖凝成，所以說洞中有山。至于洞中有水，則到處可以發現：大的飛瀑，小的流泉，大水霍霍，小水潺潺，入洞即聽見一片響聲，震耳欲聾，所以說洞中有水。在一座大洞之內，又有無數小洞；小洞之內，更有無數更小的洞。有些小洞，或為石所阻，或為水所隔，不能深入。一般的說，這個庚桑洞是陰森黑暗的，必須燃着大火把，提着煤油燈，才可以隱約的看出洞中的怪石形像，然而就由火光燈光的滲透，由于空氣的流轉激盪，從迷離變幻的光線而顯出五色繽紛的色彩。再說這個洞的洞形也很別緻：初入洞時，走下斜而且陡的石級，好像墜入地獄底，漸低漸深，漸深漸曲，漸曲漸上，右轉一處叫做天篷場，右轉一處叫做果老洞，這兩處忽然開朗乾淨，不像洞中其他大部份的陰暗潮濕，步步提防跌交。這兩處寬宏開敞，每一處可容千人，每一處森立着仙佛神靈的塑像。洞頂纍纍倒懸着各種形像的石鐘乳。天篷塲的石鐘乳尤其可驚，有兩個高懸的石鐘乳大得像北平天壇的圓柱，像是搖搖欲墜。下天篷塲，穿過崎嶇的石徑，再轉上一處較高的天師台，洞中光線和洞外光線交流而輻射，幻出迷濛的烟霧和盪漾的雲霞。站在天師台向上一望，由洞門到這裏已是三十餘丈深了；向下一望，震驚于無可計量的深度。從此，一洞分成無數洞，大洞之中有小洞，小洞之中更有小洞，穿過一些小洞又是一個大洞。如果沒有帶路的人，眞像進入了隋煬帝的迷宮，進入了諸葛亮的八陣圖，沒有方法穿出來。就這樣彎彎曲曲高高低低在千洞萬洞裏穿來穿去，忽然發現一面削壁，絕似四川三峽的懸崖。這時，簡翁停下來了，親自用大火把向上一照，儼然看出一座約莫有數丈高的石刻女神像，莊嚴靜美，我以爲是觀世音，簡翁笑着說：「這尊神像就是白蘿仙女，她是一個多愁而工詩的女仙。」瞻仰一會兒，再繼續旋轉，經過一叢最幽暗的石峽，隱約看見五個大字：萬蝠來朝處，却並沒有蝙蝠。這樣七轉八折的又穿過一些洞穴，然後才穿出古洞的後門，膽爲之壯，氣爲之大舒，尋幽探勝的興奮渾忘了跋涉的疲勞。一出洞門，豁然開展，有幾座小紅亭緊依着一叢叢的翠竹，我們就坐在亭子中間休息。簡翁含笑對我說：「我正在着手修幾個亭子，以紀念我國古代偉大的詩人屈原、陶潛、李白、杜甫和陸游，就叫做屈亭、陶亭、李亭、杜亭和陸亭；而且替尊翁實甫公建築一個比較大的亭子，叫做易亭……」說到這裏，他一個大哈哈，再說：「在易亭旁邊，建立一個小亭子叫做小易亭來紀念你，好不好？」我只得連說「不敢當不敢當」了。

再說善卷洞。提起這個古洞之名，使我另有一種親切的感想。原來這位善卷古聖正是我的同鄉，湖南常德人，常德至今還有善卷村，據說村民全是善卷的後裔。善卷和庚桑都是唐堯時代的高士。相傳堯帝最初要禪位于善卷，善卷辭天子位不就，遠來宜興，隱居洞中，以後堯帝才讓位于舜。善卷洞的高奇古怪，更超過庚桑洞。這個古洞分水洞與旱洞，分得比較清楚，不像庚桑洞的山水糾纏不清，洞壑也糾纏不清。旱洞又分上中下三洞，水洞又分前後兩洞。當然，善卷洞的最大特徵乃在水洞，善卷洞的外表比庚桑洞更美，還沒有入洞，邁步前行就感到境界的清幽，坐在一座小樓上，俯首低探向洞內望去便有點心慌意亂。洞外已是一幅絕好的圖畫，料想境內更是一幅絕好的圖畫。在洞外留連片刻，于是開始入洞。

巨大的洞口，矗立一座小石山，像是一幅繡屏風。小石山上塑有須彌神的泥像，和藹可親，又像一尊歡迎遊客的天神。一入洞口，便發現兩邊的奇蹟，左右各有一塊完整的巨石，一塊石頭就像一座小山。左邊的大石呈現一片青色，絕似一隻雄獅，叫做青獅石；左邊的大石呈照一片白色，絕似一隻大象，叫做白象石：天生成這兩塊巨石，青的如碧玉，白的如羊脂玉，畫也畫不出來，刻也刻不出來，造化之工，至此觀止。青獅白象巨石之外，還散佈着一羣象徵花木鳥獸的奇石，五色斑爛，石罅中閃鑠着亮亮的金光。石質都很潤澤，間有水絲迸流石上，光滑如鏡。洞內也不像庚桑的一般潮濕，走路不必躭心，這是旱洞上洞的大概的景色。進入中洞，比起上洞更爲寬敞，而最美的是倒懸的石鐘乳，有些形狀像葡萄，有些形狀像簑衣，有些形狀像風帆，有些形狀像鼓搥。轉入深處，忽然發現一個大洞，叫做蓮花院。這個大洞的石形，說也離奇，就好像千萼萬瓣的蓮花，花瓣上還有一條一條的深紋，石質成乳白色，有些擁簇的絳色亂石就像蓮蓬，參差的點綴着。這個蓮花院的面積比庚桑洞的天蓬塲與果老洞更爲宏大，約莫可容納兩千人以上。蓮花院的左邊有一口天然的大池子，叫做般若池，池水非常清洌；池子中間有一個小島，叫做觀音島，島上塑有觀世音泥像。觀世音舉着一個小瓶，把池子裏的水吸入像內，從瓶口噴出，正像噴泉，我想這一點大概是人工的點綴吧。蓮花院的一端，塑有諸天仙佛及十八羅漢的像，栩栩如生。這些慈祥愷悌的神像，看見我們瞻仰，彷彿都有熱烈歡迎的表情。過蓮花洞向上轉，便踏入下洞。雖然叫做下洞，其實越轉越高。翻到一處險峻的山缺叫做雲口，雲霧從那缺口吞進去吐出來。于是沿着蜷曲的洞形，一步一步踏過雙盤的棧道。下了棧道，發現洞壁有巖牀六架重疊着，石質斑爛，作紫褐色，相傳是羣仙的臥室。巖牀的附近還有一處名蹟：有三根最龐大的巨石，各約九丈高，形像酷似三株大梅樹，叫做石條，從此下去，即入水洞。

水洞前面本有一道堤叫做飛瀑堤，還有一座大浮圖（塔），六座小亭子。我們這次去遊，因山洪爆發之後，堤已衝斷，亭和塔都倒了。剩下來的是一片亂石奔流，荒烟蔓草。初下水洞的石徑非常窄狹，共有一百多級，崎嶇犖確，步履艱難，必須俯首彎腰，蛇行緩緩，摸索進去。大凡探幽尋勝的地方，遊人在體力上一定要吃點苦頭，如果大搖大擺或者像戲台上的台步，試問有何興趣？吃點苦頭是有代價的，果然，我們被逼迫的進入這水洞以後，在火把和燈籠照亮之下，首先發現巖下無數石鐘乳好像千萬顆倒掛的尖針，那些尖針有時會刺到遊客的頭頂。在洞壁上又看見一塊水淋淋的大石，形狀像兩個老僧的對奕。再轉入，忽然映在眼前是一片波光，原來是澄潭一圈，清溪一線，有兩隻小船，靜靜的停在溪邊。我們上了船，由船夫搖槳，緩緩的移動。這清溪一帶是水洞的精華，就像我在「明珠寶劍歌」小序所說的三大奇景：火光、鏡影、泉聲的三大仙境。這條清溪是彎彎曲曲的，而且上面的巖石好像緊壓着頭頂，有幾處必須低頭彎腰才能勉強穿過。石色奇美，擁有各種形象。從千巖萬壑千洞萬穴中迸出無數的飛瀑，細的像一縷銀絲，粗的像一匹白布，琤琤琮琮的水聲像一隊交響樂團，又像琴瑟簫笛五音合奏。「乾坤雙洞歌」裏有這樣一段奇景的描寫：

「潭影一泓忽自眼前現，豈知委宛曲折尚有清溪同一線，小舟搖盪水晶紋，浪花飄舞玻璃霰。三彎三折匍匐而過不敢苟言笑，怕聽猿啼、怕有魚躍、怕引神龍嘯。黃者石松、白者石筍、青者紺者無論其形肖不肖，一洞十萬八千穴，一穴十萬八千竅，各吐如煙如霧之飛泡。」熊熊的火光照着滿洞通紅，紅的火光照着巖石幻成絢麗的五顏六色。潭水溪水好像一面明鏡，人影船影迷離盪漾嵌在鏡中。大泉小泉大瀑小瀑的清脆聲音，滌清了魂靈、敲響了心扉、喚回了夢影。到了這個境界，人世的憂鬱和生命的煩惱都一掃而空了。于是，我結束了雙洞之遊，也以一段詩句結束了乾坤雙洞的歌詠：

「吁嗟乎，我生斯世果何用？既不能上馬殺賊寶帶金鞍控，又不能招賢養士繡像平原供，何如閱盡六代興亡齊梁宋？何如走遍九州疆域荆揚雍？三山定有處士焦，五湖終勝大夫種。男兒各自具千秋，乾坤幸剩此雙洞。」

最後，我還要寫寫與簡翁交遊的一些往事。

如煙如霧 前塵

簡翁曾經先後贈與我幾件小古董。

簡翁是一個收藏家兼賞鑑家，珍藏書畫古玩豐富。他送給我的幾件東西都很名貴。一件是一張大約兩尺長的小紫檀琴，原係隨園（袁枚）家藏。隨園生子獨遲，叫做阿遲。這張小琴是隨園在生阿遲所置，刻有隨園按語，記載此事。後來這張小琴不知怎樣轉入阮芸台（元）手裏，于是阮元又在琴上刻了一段文字。後來又再度轉入端午橋（方）手裏，也在琴上刻了一段文字。可以說：這張小琴經過三個名家的收藏而最後轉入簡翁的手裏簡翁也刻了一行文字，這樣才由簡翁轉贈與我。

另一件是竹根印。這是一個古老的竹根，作橢圓形，黃褐色有斑紋，好像潤澤的象牙。竹根下面刻有幾個最古老的字體是蝌蚪文，經過簡翁的考證，大概是「吉祥壽考」四個字，刀法古勁。印旁刻有「簡翁珍藏」四個蠅頭小字。這究竟是什麽時代的古物？簡翁也不敢輕易的斷定。

另一件是一個最小的宜興陶器茶壺。不要小覷這個小東西，簡翁告訴我，這是他家珍藏的明代遺物，也是宜興茶壺原始第一批產品中的一個。宜興陶器本來出名，陶器中的茶壺更有名。這把小茶壺的質地細潤，兼有朱紫褐三色的混合色。可是因爲太小了，不能泡茶，只能當做小古董，珍藏和欣賞。

另一件是一座高約二尺的古銅觀世音像，也是明代遺物。這座觀世音像就更特別可珍貴了，因爲是由簡翁親手從庚桑洞高巖上搬下來的。簡翁知道我妻習佛，所以特贈這座神像以便供奉。

以上四件小古董，經過近二三十年的世變，只有古銅觀世音像一尊幸而還保存下來，其他都散失了。

我同焦山的和尚都熟識，曾預先約了一批好友和方外交，在焦山定慧寺枕江閣上舉行一次盛會，歡迎簡翁，他如期趕到，我即席寫下一詩：

淡掃江天擁翠鬟，高人仙客兩騰歡，
秋林遍插歡迎幟，聞說焦先正讓山。

這座兀立長江中流的焦山是以漢時高士焦先隱居而出名的，所以叫做焦山。我幻想到：焦先聽到儲南強來都要讓山了。

太湖橫跨江浙兩省是我國的名湖。我曾屢遊太湖，一次又結伴去遊太湖中的馬蹟山，這是湖中的一個大島，以產荷葉茶、高麗菜和楊梅出名。我在這個島上寫了一首「太湖曲」，仍然不免雜些國難邊愁的感慨。這首長歌最後幾句是：

丹心碧血何時見？扁舟一葉飄湖面，
七十二峯指顧間，笑我剛償一峯願。
一峯勸我莫唏噓，問君感想近何如？
投鞭大海沉三島，擊楫中流渡太湖。

當時是何等豪氣。

我們還不知道簡翁也正在這山中，將別祥符寺，準備解纜回航，下山坡時忽見兩個依依人影迎頭而來，一看，可不就是簡翁。雲影波光中，湖風吹着他的長袍飄舞。還有一個是湖南同鄉，當時任江蘇省黨部委員的蕭薔如。握手談笑之下，于是我們改變下山的計劃，同住祥符寺一晚看湖上的明月。在月光下，簡翁報告行踪，說是剛從大雷灣而來，盛稱大雷灣的美景爲全太湖第一，並約我同遊。到第二天上午我們才一同下山。

大約在遊馬蹟山隔一個月，簡翁約我在無錫集合，僱了一隻小船，揚帆而渡太湖，靜悄悄的只我兩人。到達大雷灣，湖與天、白茫茫一片，天風海浪，雲影卷舒，氣象的開展，聲勢的雄渾，比起在無錫鼋頭渚看太湖的境界，更爲空靈，更爲偉大。簡翁特別賞識這一處，高瞻遠矚，抱負畢竟不凡。可是在這一帶岸邊，清岑孤寂，有兩三漁家點綴其間。我們就小憩在漁家裏，談些天人合一的眞理。回航中，簡翁對我說：「我正計劃在這湖邊建一座草堂，春秋佳日，約你同遊，你是不是可以替我撰寫一副對聯，將來即掛在草堂門口」我笑答：「我已經想好一副對聯了。」簡翁大喜，催我寫出，于是就在浪花飛濺中，雲影飄搖裏，我寫下了底稿：

太湖三萬六千頃，歷盡風帆沙島；
南朝四百八十寺，多少煙雨樓臺。

簡翁高吟之後，大加稱讚。我回到鎮江，就把這副急就章的對聯，用五尺大宣紙寫好，寄與簡翁了。

永念梅師

·言慧珠·

言慧珠女士是名鬚生言菊朋先生的女公子，一九四二年，拜梅蘭芳先生爲師。本篇是梅逝世後言慧珠所寫的一篇悼念文字，情見乎辭。紅衞兵之役，言慧珠在滬以「畏罪自殺」聞，於是這篇文字，也成爲她的遺作了。今當梅蘭芳逝世十週年紀念，特爲選刊此文，作雙重的悼念。

一九四二年十二月，言慧珠拜梅蘭芳爲師，圖爲拜師後合影，自右起爲梅葆玥、梅蘭芳、言慧珠、福芝芳、梅葆玖攝于馬斯南路梅宅。

祖國的藝術事業遭到了無可補償的損失，偉大的京劇表演藝術家、我二十年來曾經旦夕相從的敬愛的老師——梅蘭芳先生，竟突然地離開了我們，這是多麼令人難以置信，當我在青島休假中，聽到這個噩耗的時候，悲痛和震驚使我幾乎癡呆了。

我作爲先生的弟子，到今天不覺有二十年了；但是現在要我提起筆來追念先生，千言萬語，却不知從何說起才好。就以京劇旦角的表演藝術來說，先生本身就是一座寶庫，博大精深，有如海洋。他是京劇旦角的一個承上啓下、繼往開來的大藝術家，只要稍爲熟悉一點京劇藝術發展的歷史的人，都會知道他是如何在繼承前輩的藝術的基礎上，開擴和豐富了京劇旦角表演藝術領域的。比如閨門旦這一類型的角色，在先生之前似乎就是沒有一種行當的。

「宇宙鋒」，是先生生平的傑作之一，晚年更臻佳妙。但是，聽說早先也只是一齣普通的、比較單調的青衣唱工戲，從未得到過觀衆太大的重視。全靠先生孜孜不倦，在這齣戲上花了四十多年的功夫，才使趙艷容這一人物在京劇舞台上晶光四射，令人看後難忘。四十多年所下的苦功，深刻細致地發掘了人物的內心世界，並且還通過具有高度藝術技巧的舞台動作，把它傳達給觀衆。僅從身段方面來說，先生在京劇旦角的表演藝術創造上所取得的成績，就不能不使人嘆服。

大家都知道，先生的表演技巧在很大程度上曾受益于崑曲。由於他具有深厚的崑曲根底，從而很多的豐富了京劇的表演藝術。譬如「宇宙鋒」中趙女裝瘋，嚷着「我要上天」時朝天三指的步法，就有些像崑曲「斷橋」中許仙唱「我暫時拚命向前行」時的身段。在開始裝瘋，唱搖板「抓花容」之前，雙手拉住甩髮的亮相，甚至好像襲用了「蘆花蕩」中架子花臉張飛的身段。趙女和張飛、許仙的距離該有多麼遠，可是先生却能根據劇情和人物的需要，把別的劇種和別的行當的幾乎是毫不相干的表演動作，信手拈來，加以改造，然後據爲己用；而且是溶化無痕，用得這樣的美妙和準確。

這樣的例子是有不少的，除了吸收崑曲等兄弟劇種的東西外，吸收本劇種的東西，更不在話下。先生就曾談起過，他演的「醉酒」用了前輩架子花臉黃潤甫演「陽平關」中曹操進寶座的身段。先生在生前最後一個新排劇目「穆桂英掛帥」中，又引用了當年武生宗師楊小樓演「鐵籠山」中姜維的身段；穆桂英穿帔走「跨虎」「雲手」「趨步」，採用「九錘半」鑼鼓點子，融青衣、刀馬旦、武生的身段於一爐，這是史無前例的。

先生生前教導我們時，經常提到作為一個演員必須多學多看的道理。他自己就能很好的身體力行這一點，一生學藝，古今中外無所不窺，傳統的根底紮得深，吸收的範圍又很廣，而且數十年來一貫虛懷若谷，不恥下問，總是能夠傾心聽取群衆和朋友的意見，來改進自己的表演，這樣才能使他的表演達到了京劇藝術的高峯。

另外，先生生前還常指示我們說，京劇的表演是運用有規律的自由動作，因此，作為一個京劇演員，必須多學基本功。只有學的多，才能會的多，然後才有選擇運用的餘地。藝術的學習和提高過程，先要由少而多，然後才能達到由繁而精，所謂「由博返約」。假如先沒有打好基礎，那就根本談不到精，也談不到創造。

二十年來，我在先生的諄諄教導下，經過先生多番的剴切的指點，才算初步摸索到一些學習的門徑。正待我要進一步向先生請益的時候，不料他却永遠地離開了我們！

在哀悼先生的最悲痛的時刻裏，我只要一靜下來，這二十年來隨侍先生的情景，便如同一幅幅的畫頁，展現在我的眼前：先生蓄鬚明志，典質度日，對我的深切的關懷和教育……甚至還想起家裏大人曾經告訴我的一件事：遠在民國十二年，先父言菊朋和先生第一次合作，去上海演出，那時我還只是一個蹣跚學步的孩子，在火車車廂中搖搖晃晃地走着，因為腳步不穩，一下摔倒了，先生趕忙把我抱起來，交給我的母親……

一九五九年，先生與振飛同志攝「遊園驚夢」一影片，我飾演春香一角。在這一段時間裏，我和先生一起度過了許多充滿了創作的辛勤，但也是最幸福、最愉快的白天和夜晚。在攝影場上，先生年紀最大，負担最重，但他總是那樣一貫負責認眞、勤勤懇懇地在工作着。有時候大家見他閉着眼睛坐在椅子上，以為他疲倦了，需要休息，就相互告誡輕聲些，不要驚吵了先生。不料先生却睜開眼睛微微地笑了；原來他並沒有入睡而是在苦思下面的戲如何演，如何拍。往往就在他閉目沉思的一刻裏，新的方案就產生了。

上圖：「游園驚夢」劇照　梅蘭芳（杜麗娘）言慧珠（春香）合影

先生是可敬可愛的。他對待藝術的勤懇，以及處世為人的高風亮節，都是我們學習的典範。我能列在先生的門墻，終生向他學習，是我最大的光榮和幸福！

敬愛的先生，您在美麗、恬靜的碧雲寺旁、萬花山麓安息吧！

青山將感到幸福地和您同垂不朽！

一九六一年八月三十日

梅蘭芳紀事詩

田漢

八載留鬚罷歌舞，
堅貞幾輩出伶官。
輕裘典去休相慮，
傲骨從來耐歲寒。

日寇侵佔中國時，蘭芳留鬚罷演，閉門謝客，八年之間以典質度日。

巧玲慷慨曾焚券，
兄更英年識苦酸。
幾度病床懷舊友，
念他年老上台難。

蘭芳之祖梅巧玲曾焚債券，恤人艱苦。蘭芳有祖風，關心故舊，無所不至，對那些不能演戲的老演員，總是多方照顧。

夢裏天山山下過，
壯心如火病難磨。
晨來對鏡驚消瘦，
欲寫丰容可奈何！

蘭芳有訪問新疆之約，乃因病不能實現，病中對鏡刮鬚，嘆息曰：「瘦多了，將來怎麽扮戲呢？」

在梅家住了十年

盧燕

梅蘭芳伉儷攝于一九六一年春

旅美影星盧燕女士最近應邵氏兄弟公司之請，來港拍攝「十四女英豪」。她的母親就是昔年藝名李桂芬的鬚生演員盧李冬眞夫人。她母女曾經寄居梅家九年有餘，盧燕女士尊梅蘭芳伉儷為義父母，情同骨肉，特在返美前夕，應本刊之請，撰寫本篇。

在記憶中，我的義父——梅蘭芳先生，他是永遠那麼笑容可掬的，永遠是那麼溫文爾雅，是一位有求必應的長者。由他的爲人，我領悟到謙虛忍耐、努力求知、腳踏實地、刻苦耐勞的眞義；雖然他是一位世界聞名的藝術家，但他從不以此自豪，永遠虛懷若谷，接受各方面善意的建議，隨時研究和改善。我想大凡與他交往過的人，都不難領略到他的誠懇與和藹可親的態度。

我母女曾在義父母家中寄居九年有餘，九年相處並不是個短暫的時間，這些歲月中，雖然他的處境很不富裕，但是對於同行中的人，遇有急難需要幫助，他會想盡方法去賙濟他們，他施惠於人決不望報。對於教授後輩和學生們更是盡心盡力，循循善誘，決無半點藏私。

記得有一年言慧珠在北平失意自殺未成，義父接他來上海家中居住，予以開導，並鼓勵他發展他的天才，同時爲她改善「別姬」的舞劍、「生死恨」、「西施」等劇，不到一個月，竟能使她改變了才來時的消沉的心情而懷着信心與希望離去。

記得有一年有位戲迷僑生來梅府請教，傍邊的人一談起這位僑胞，就笑話他的一知半解、嚕囌麻煩，但梅先生却不厭其煩的送他許多參考的書籍、相片，給他講解一切，並且不許大家笑話這位戲迷，還說：「人家遠渡重洋，對於京劇又如此的愛好，我們應該盡力的去協助他，怎麼能夠譏笑他呢！」

在上海的夏天是非常熱的，晚飯總在二樓的涼台上吃，比較涼快，飯後就在那裏閒聊，普通總是有許多朋友同進晚餐。飯後，香媽有時便上樓打牌去，義父沒有打牌的嗜好，總是斜靠在籐椅上，揮着芭蕉扇，問問我們學校的情形。有時葆玖喜歡唱留聲機片，其中有許多是義父從歐美帶回來的歌劇片，他就會爲我們講解劇情，與那段唱的大意是什麼，並指出那些地方是這位歌唱家所以成功之處，和他們當時表演的心情，他對於外國歌劇造詣之深，是很少有人知道的。

又記得有一天，天氣特別熱，他深夜仍在涼台乘涼，我做畢家課，拿着第二天該帶的書籍用物到樓下去，預備綁在腳踏車上，次日清早便可節省時間，那時我才考入聖約翰大學唸第一個暑期班，義父看見我就說：「這些日子，我看你太辛苦了，每天早晚要騎那麼遠的路，一路上車又亂，很不安全，其實好學校也有壞學生，沒有名的學校也有好學生，只要你自己肯努力求學，倒不一定要跑到那麼遠去上學，你想想我說的有理沒有理？」那時梅家住在法租界馬斯南路，去「聖約翰」要繞過兆豐花園，路上足足要騎一個多鐘點的自行車，而且烈日當空，的確相當辛苦，所以第二年我便轉入交通大學，因爲當時我只考了這兩個大學，比較之下，還是「交大」近些。

我自幼愛戲，對於「費貞娥刺虎」一劇，有特別的愛好，對劇中人的氣節，更是欽佩。每天晚飯以後，只要沒有客人，就拿着曲譜坐在三樓小客廳裏等，等義父他休息一刻，喝杯茶以後，就笑吟吟的走過來，坐下給我一遍一遍的唱。好幾次他看我在等他，都摸着我的頭說：「你這孩子戲癮可眞大！」那時還沒有錄音機，他耐心的一遍又一遍的唱給我聽，只是其中一段「朝天子」就可以唱一個晚上，我自己覺得唱的不滿意，他總說：「別着急，要學磁實了！」後來我自己也不好意思了，便把義父的「刺虎」唱片，拿到四樓自己屋裏，關上房門廢寢忘餐的一遍一遍的聽，按着曲譜自己把它唱熟。有天義父還沒有開口，我便把整段的「滾繡球」唱給他聽，他對我驚異的微笑，似乎對我的用功很欣賞、鼓勵，他當時的神情給我極深的安慰與驕傲。他對我說：他唱的崑曲是自成一派的，並不地道，他沒有完全按照老前輩們的唱法，祇有抑揚，缺少頓挫，而且滲入了北音。像他這樣的成功人物，如此自謙，太難得了！

還記得抗日時期，義父蓄鬚輟演，由香港回上海時，有時偶發戲癮，便會把門窗緊閉，請家母操琴，在屋裏吊嗓子，這也是外界所不知道的事情。

曾幾何時，抗戰勝利，義父在上海第一齣表演的戲是在蘭心大戲院演的「刺虎」，由俞振飛、許伯遒二位吹笛子，可惜我當時沒有根基，還沒有來得及學身段，雖然後來又在美琪大戲院觀摩多次，深愧吸收不多，隨即出國求學；但義父在此戲中憤恨拔劍，回首見到「一隻虎」李虎向她注視時，立即改容，嫣然微笑的表情，歷歷如在目前。

我第一次登台演京戲，演的是「二本虹霓關」的丫環，是由王幼卿先生給我說的戲，在台上也由他操琴，他是王瑤卿王大爺的嗣子，王少卿的弟弟，行三，梅家的人都稱他爲三少。同台演出的是魏蓮芳先生的東方氏，高維廉先生的王伯黨。上台的前幾天，義父叫我做一遍給他看，看後他給我添了一個小身段，那就是在東方氏側坐飲茶的時候，丫環在她身後右邊，以左手指她向台下作不屑狀，但恰巧東方氏回頭一瞧，丫環當時很窘，急中生智，故意看了看他自己的手指，慢慢的將手縮回，端詳一下，便用右手去剔那左手食指甲中的不潔物。那天我演這個身段時，的確得到了台下觀衆的反應，我自己也覺得很得意，回到家來，我問義父我今天演得好不好？他說：「你的身段都做對了，一點兒也沒有錯，可就是沒有做得到家！」從此以後，不論演中國戲、外國戲，我都自己警惕，在演出節奏的掌握上，需要特別注意。義父教給我這一個「二本虹霓關」裏的小身段，後來我在崑劇「春香鬧學」中也把它用過，同樣效果很好！

我母女在梅家寄居九年有餘，直到抗戰勝利，才和我先父盧家的親人團聚，離開了恩同父母的寄爹和香媽，——這是我對梅先生伉儷的稱呼，——經過了這麽多年來在社會上的奮鬥處世，才更深深感覺到他們對待我的眞誠愛護，無微不至！也爲了未能在義父生前盡一份孝心，成爲終身憾事！

如今他已逝去十周年，寫到此際，腦海中湧起他的慈祥又親切的面龐，一陣心酸，不覺熱淚盈眶而出！我之對戲劇的愛好、爲人與做事，受到他莫大的啓示，這是我此生永遠忘不了的！

寫於一九七一年八月五日返美前夕

梅蘭芳的萬花山坟塋（一九六二年）
旁立者為梅氏老友田象奎先生贈刊

梅蘭芳死過許多次

一九四二年夏天，梅蘭芳從香港取道廣州飛回了上海，梅夫人一把抓住他，含着眼淚說：「上海傳遍了你的兇訊，說你從香港坐船回來半路，上船被打沉了！」這是謠傳梅蘭芳第一次的死訊。

一九四三年八月，中國大後方和蘇聯都傳出了梅蘭芳中毒逝世的消息，重慶新民晚報還刊載了蘇聯報紙哀悼辭的譯文。蘇聯塔斯社特派駐滬記者到梅宅去訪問梅蘭芳致死的詳情，說是莫斯科有許多文藝團體，準備給他開追悼會，當時梅蘭芳親自接見了這位記者，等於最好的闢謠。梅蘭芳爲此寫信給他在重慶的弟子楊畹農說：「關於我逝死的謠傳，這十年之中，有過許多次，這一次因爲交通不便，消息阻滯，格外像眞。許多遠道的親友來信詢問，還有親自到我家來打聽的，我覺得非常有趣。人生不過是一生一死，但是我却死了許多次，究竟並沒有死，眞乃大奇！但是經過這次的誤傳，我體驗出大家對於我的熱誠眞摯，使我非常感動！」

梅蘭芳逝世後，葬在北京西山碧雲寺北，其地名萬花山，葉恭綽有詞記之，曰「流華令」。

·田補之·

梅蘭芳憶語

・葦窗・

戲劇大師梅蘭芳先生逝世十年了！我比他小二十四歲，他是甲午年生的，我是戊午年生的，但有幸追隨他左右一時期，還有若干珍聞軼事，可以一談，記述如後：

大爺在吵架

梅蘭芳在上海馬斯南路的住宅，許多人以為他是自己買的，其實是租得來的，業主是程潛。他家二樓的書桌上，有許多空白的信封，每逢遇到有不常到他家來的同業，或是窮朋友來看他，他一定先要裝些鈔票在信封裏，把信封放進自己的上裝口袋，方才再下樓會客。先和來客寒暄幾句，然後問明來意，有的人顧面子說了半天話還不提起求助的話，他就要問起人家的孩子，接着把信封拿出來，表示給孩子們買點東西，使得來人好把這信封收下，不致於受窘。有時候，客人推辭不肯受，他一定要送給人家，客廳的門是掩上的，推讓的聲音，傳到二樓的騎樓上，梅夫人總帶笑說：「你們聽，大爺又在跟人家吵架了！」

刺虎作封面

抗戰勝利，梅蘭芳先後在上海「蘭心」、「美琪」大戲院演出了兩期崑曲戲，由於觀衆的愛好，第三期就定在「南京」大戲院演出京戲，我受邀為他編輯特刊，設計用照片與國畫合起來溶合成一幅「刺虎」圖，作為封面，繪畫者是大千居士的弟子董天野，封面題字是葉恭綽先生寫的，此書在美靈登印刷公司所印，印得相當精美，他很喜歡。可惜我自己一本也沒有留下，祇有一幅封面草圖，還在篋中，製版刊出，作為本期封面，以示對他的一點紀念。後來他又到「中國」大戲院演出，另有人認為這特刊有利可圖，我立刻退位讓賢，他特偕我的表兄徐子權下訪，送我一枚梅劇團的徽章，是圖案型的一朵梅花，中間有一個「槑」字，這是古體的梅字，憑此徽章，可以隨時出入戲院後台。

梅蘭芳（右第二人）與王雪塵（右第一人）張君秋（右第三人）本文作者（右第四人）

中午赴宴會

梅蘭芳為人最守信用，隨便什麼事情，他一經答應人家，決不變更。一九四七年他在上海，有位中醫劉象如挽了朋友同去見他，要請他在國際飯店的二樓豐澤樓吃餐中飯，表示敬意。他和許多名角兒一樣，因為晚上睡得遲，第二天起身總要比較晚一點，有時候中午還不一定能夠起來，所以我就很婉轉的去勸這位主人改請晚飯，似乎更加合適；偏偏那位請客的主人是非常固執的，他說：梅先生當面答應一定來的，我陪客都請好了，怎麼可以改請晚飯呢？於是我不便再說什麼了。及期，我和張君秋同去，梅先生已赫然在座，他要我們坐在他傍邊，背着主人和我說：「平時候起身得實在太晚，以後不唱戲的日子，我還要把這個睡覺的時間改過來呢！」此日，座上有攝影家郎靜山，為我們合攝此影，坐在他左側的是「羅賓漢」報社長王雪塵兄。

破例寫文章

梅蘭芳寫回憶錄，並不以「舞台生活四十年」始，在此以前，就寫過類似這樣的文章，可是沒有寫得長，是半途中輟的。勝利那一年，我和平襟亞、湯修梅、盧一方諸君合辦了一張「滬報」，湯修梅兄向我提議是否可以請梅先生寫點東西，以壯聲勢，我認為憑着和他剛編過特刊的一點淵源，就自己和他說了，他領首報可說：「讓我們來試試看，」其時在座的還有許姬傳兄和俞振飛伉儷，都是我事先請去作說客的。也可以說我的請求他寫文章，正是「舞台生活四十年」的一個前奏曲。「滬報」出版，「綴玉軒回憶錄」正式登場，一共刊了六篇，他對於民間的藝術家、美術家同人的懷才不遇，寄予十分同情和感慨！馮幼偉先生向來老成持重，看了這天的報紙就和他說：「你們寫東西別發牢騷，最好適可而止，就這樣打住吧！」馮六爺在梅家說話是有力量的，於是他在「滬報」的文章，就此「打住」。

批評三句話

一九四八年，他拍完了彩色片「生死恨」，演出以後，批評甚多，而主要點在彩色失敗。我在「羅賓漢」報上寫了短短的一段文字，只有三句話，就是『「生死恨」之所以失敗，乃梅蘭芳誤於費穆，而費穆又誤於顏鶴鳴也！』次日和他見面，他和我握手，並說「您這三句話，包含了千言萬語！」後來，他在「我的電影生活」一書中也說：「我懷着一團高興去看試片，但第一幕放映出來，我就大失所望了！……心裏在想，大家絞腦揮汗、辛苦經營的結果，剩下一肚子氣，當時我竟想把這部片子扔到黃浦江裏去……。」

不要鬧意見

梅蘭芳演「宇宙鋒」，精彩在「修本」、「金殿」兩場，這是誰都知道的，但他愛演「全部宇宙鋒」。有次在「中國」大戲院後台，我向他建議，要他集中精力，旁側馮六爺不以爲然。我就打定主意，以後梅不演「全部宇宙鋒」則已，演則我必到「修本」時方才入座。幾次以後，他

戲曲叢話

梅蘭芳題

梅蘭芳為本文作者舊著「戲曲叢話」題簽

向我婉轉解釋：「戲是演給大家看的，你遲遲入座，易滋傍人誤會，千萬不要鬧意見才好。」一九五六年夏天，他經港赴日，我和田象奎先生等去看他，他還要我把梅劇團的一切消息，剪報寄給馮六爺，馮亦復信給我，表示感謝。這是我和他最後一次見面，他手裏拿柄摺扇，是老舍爲他寫的。

請他題書簽

一九五七年十二月，我彙集了些談戲文字，出版了一冊「戲曲叢話」，致函給他，請他代我題簽，他一共寫了三個給我。並附函說：你是講究印刷的，必能印得盡善盡美，慰我渴望。因爲他最愛好印刷精美的文件。那知後來此書印得不好，尤其圖片部份，令我失望！他看了書後，屬許姬傳兄復書道謝，並對此書之印刷表示遺憾，函中又說：「這本書的圖片，印得和流公過去的電影差不多！」他有集藏之癖，祇要是有關藝術的東西，他全愛。後來他從上海搬回北京，聽說東西理了半個月還理不完，而且每一件東西都要親自檢點過，不肯隨便丟掉的。

爲我把場子

一九四八年冬天，朱鳳蔚先生六十壽辰，請我做戲提調，演出了盛大堂會。我和梅葆玖合演「三娘教子」，他說：聽過我的播音，演出決無問題，並要我到他家三樓排戲，他很熱心的教了我幾個身段。那次演出是在上海貴州路的湖社，由於王少卿不在上海，是王幼卿的胡琴，倪秋萍的二胡，魏希雲打鼓，顧寶森扮戲，我因李慕良不在上海，請程志馨操琴，羅萬金伴奏月琴。他親自來把場，在後台戴着呢帽，捧着茶壺，在將近上場以前，他還湊着我的耳朵跟我說了一句：「您到了台上得兜着葆玖！」以他的身份還這樣謙虛，我那時候眞要喑叫一聲「天哪」了！在那一次「教子」演完以後，他還和我說笑：要我這個老薛保永遠保護着這位三娘呢！

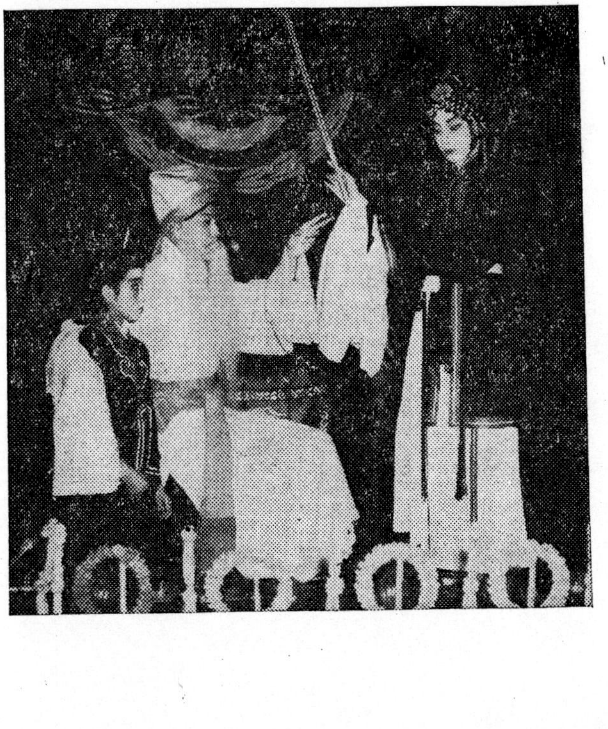

梅蘭芳公子葆玖（王春娥）與本文作者（薛保）呂媚蓮（倚哥）在堂會中合演「三娘教子」劇照

菊室談藝錄

大千居士署

氣宇軒昂瀟灑脫俗

Ref. 147/02/01

包金全鋼星期日曆
自動超級游水表

瑞士第一流名廠
世界最暢銷名表

美納格

貨真價實・準確耐用

ENICAR
SWISS

蒙道士奚岡

道載文

有清一代名畫家中，有所謂「錢唐四家」的，就是奚岡（鐵生）、黃易（小松）、湯貽汾（雨生）和戴熙（醇士）。

奚岡（一七四六—一八〇三）生於清乾隆十一年，浙江錢唐人，原籍安徽新安，他父親奚元濬，是一位名諸生，生有兩子，他居長，九歲能作隸書，讀書也極聰明，自然是從小秉受家教而對於藝文又是具有絕頂聰明天才的。他自己曾說過：「僕少好吟詠，長耽繪畫，旁涉篆刻」。不幸的是在他二十歲那年，他的父親便去世了，遺下家庭生活的担子，由他來承當，不能不靠賣藝的收入，來維持一家活計。但他的作品也因此得到杭堇浦、丁鈍丁等許多前輩名家的賞識與揄揚，而聲名日大。

奚岡，字純章，號鐵生，別號却多得很，有蒙道士、蒙泉外史、奚道人、散木居士、蝶野子、鶴渚散人、鶴渚生、蘿龕外史、冬花庵主、蒙泉等十餘個之多。從兄弟不少，大排行第九，因此又有稱他爲奚九的。

清史藝術傳中，將奚鐵生附於新羅山人之後，傳曰：「岡字鐵生，號蒙泉，舊爲歙縣人，居錢塘，遂隸籍。負奇不得志，寄於詩畫，山水取法婁東，自成逸韻，竹石花木，超雋得元人意，四十後名益噪，曾游日本，海外估舶，懸金購其畫，徵孝廉方正，辭不就。……」

奚岡的性格僻介負奇，是從小便養成的。當他父親死後一面鬻畫一面讀書時，還應着童子試。那時適值乾隆游江南，杭州知府正辦着「皇差」，要在御蹕所駐的「行在」牆壁上，畫些花卉之類來裝飾，聽說有個姓奚的青年畫家很出名，便叫人傳喚，不料這少年人沒有即時趕到，知府急了，竟不加考慮的將他拘捕到案，他知道是叫他作壁畫，便向知府道：「那有請人作畫，而用捉賊捕盜的手段的？頭可斷，這畫還是另請高明吧！」堅決謝絕不畫，知府問他讀過書沒有？他說是童生，知府道：「如此強項，你那裏像個童（銅）生？簡直是個鐵生！」他聽了，仍是不肯畫，此後便以「鐵生」自號，終身不入科塲，以藝自活。奚岡平生以朋友爲性命，信守必諾，對非同道中人，很少接近，即使是達官貴人，一樣不喜晋接。盛大士的「谿山臥游錄」裏，對他這天生的孤僻，有一段描寫。據說有一位達官，素仰他的大名，屢次邀他，他總不肯去，後來託人堅邀，不得已姑往一見。當他到這達官寓次時，主人還高臥未起，僕人怕叫醒了主人會不高興，請他在客廳裏坐着等候，不馬上進去通報，這樣已使他感到不耐煩。最後這達官起身了，又是盥洗飲食，就擱了一些時候，才出來相見，談不了幾句，就吩咐家人拿出絹來，請他帶回去畫，儘三五日畫好。奚岡此時再也忍不住了，便指着達官大罵一頓，達官也怒不可遏，於是便把他辱罵的事，訴與縣令，請他申誡。這縣令久聞奚岡大名，爲息事寧人起見，勸他讓步，他那肯對這種人低頭？可是這達官始終糾纏不已，後來連縣令也不能不對他同情了，說「吾豈能以貴官而辱高士哉？」卒盡賓主之禮，送他回家。

清史載：「岡與同縣黃易齊名」，黃易字小松（一七四四—一八〇一），父樹穀，亦工書畫，小松承先業，以金石名家，畫境簡淡，和他原是總角之交，自是很親密的了，但爲了他們倆都窮，黃小松中年後進了仕途，遠游齊魯，做山東運河同知，蹤跡不免較疏，可是友情仍在。小松在濟寧時，對住在散花灘上的老友，念念不忘，官俸所入，每以分潤。小松死時，鐵生聞訃，曾寫了一首詩誌悼曰：

「少年筆硯角雄奇，朝野中分遂別離。秋影庵空人去後，
散花灘冷客來時。豐碑到處收行篋，清俸爭先寄舊知。
從此酒杯花月夜，思君一度一漣洏。」可見二人的交誼一斑。

游山玩水是他的嗜好之一，同時他更嗜酒，每飲輒至酣醉，當同席人們皆已沉醉之時，他往往議論獨多，誰要想避席而走，他見了便生氣，因此朋友之間，都稱他爲「酒狂」。他自己有描述自己醉態的詩：

「泥飲狂歌儘放慵，不將芥蔕繫心胸。臥游每愛雲多態，
舌戰須知劍有鋒。煙際漁竿閒北渚，竹間僧榻冷南峯，
憑誰問我行藏事，錦里先生素所宗。」

他和一般的酒徒是大異其趣的。

奚岡勤習繪畫，精心孤詣，山水則由元代四大家，上溯宋代董源巨然，下至明代董其昌李流芳，以迄清初的四王（烟客、圓照、麓臺、石谷）莫不心摹手追，窮其神髓所在，尤能脫去蹊徑，棄蕪存菁，取其逸韻，而自成一格。他所私淑的似乎側重於李流芳。他曾說：「余於長蘅先生之畫，有嗜痂癖，雖尺幅寸縑，每得之，輒加臨摹，至忘寢食。余之畫得力於先生者靡淺。先生人品既高，再上公車，便絕意進取，泛舟湖山之間，與鄒程兩孟陽先生，以筆墨詩酒自娛，遂自號愼娛居士；其風概可想。……。」足證他對李流芳是大爲傾倒的。

一說奚岡的畫受到徐立山、華秋岳、陳玉几、方環山四人的影響，試看新羅山人與玉几山人的畫風，和奚岡的筆墨清疏，大有相通之處。奚岡花卉取法惲南田，並深得元人筆法，風格高華，極盡生動之致，蘭竹之妙，爲南田翁後第一人。當時諸家對鐵生花卉的品評，也有說他的畫，除惲

倕田外，還有似倪雲林處的，如錢梅谿的「履園叢話」所言：「奚岡，號鐵生，錢塘人，工山水，筆墨蒼秀，得思翁、南田兩家之法，老年入李檀園一派，爲浙中畫家巨擘。近日杭州人言書法，必宗山舟，言畫學，必宗鐵生，亦一時好尚也。鐵生嘗爲余作養竹山房圖，又似雲林生，蓋其天分極高，無一點塵俗也。」此外如黃左君的「畫友錄」亦說：「鐵生能詩工畫，筆墨秀潤，得雲林、子久意。梁學士同書（山舟）書名震海內，杭人至京師，饋遺知交，必以鐵生之畫，儷學士之書，其爲人器重如此。」梁紹壬的「兩般秋雨盦隨筆」，也有類似的記載：「岡與山舟學士善，里中凡求學士書扇者，則一面必徵君之畫」。謝堃的「書畫所見錄」亦提到「鐵生書畫頗尚氣韻，袁子才、王夢樓諸賢，皆拭目待之，因此名傳外夷。乾隆間，琉球人以餅金購其書畫。……」梁同書、王文治（夢樓）和劉墉（石菴）是乾嘉間海內負有重名的三大書家，鐵生以一布衣，其畫能與梁王諸人之書並重，不論其得思翁南田之意也好，或是得雲林子久之法也好，其爲並時諸賢所重，蓋爲不爭的事實。其一手筆墨清疏的繪畫，固已博人稱賞，而其一生峻潔清雅的品格，尤足令人欽折。

至於說到他的篆刻，更是大大的有名，和丁鈍丁（敬）、黃小松（易）、蔣山堂（仁）齊名，並稱爲「西泠四家」。「桐陰論畫」作者秦祖永更把他們和陳曼生（鴻壽）金冬心（農）鄭板橋合稱爲「西泠七家」。

奚岡五十五歲那家，家運極蹇，他的胞弟和長、次、幼三子並一個愛女、相繼以白喉病亡。幾重喪事過後，不幸又因隣家失火而殃及他那三間破屋，他背負老母避災，所藏書畫，盡付一炬。

嘉慶六年三月，奚岡移居新屋，各方朋友多寄詩來賀，有詩作答曰：

「哀哀勞塵抵死忙，浮生如寄亦堪傷。喪明徒抱千秋恨；
曲突寧辭一炬光。本愧不才非避世，都緣豪興誤稱狂，
從今悟入無生法，任說空王與法王。」其二曰：

「重感鷦鷯寄一枝，今朝敢却草堂貲。長瓶到戶多携酒，
矮紙題牆各贈詩。笑口強娛慈母老，雅心深負故人知。
平生味澹還求澹，隙地栽梅待雪時。」

對於長物一空，另有感懷一首：

「一尊寧復寄吾真，書畫淪喪感故人。易散煙雲經過眼，
難拋筆硯苦勞神。瀟瀟涼雨秋堂竹，寂寂生涯病榻塵。
若個江湖解閒意，願從簑笠問前津。」

其言沉痛，詩中的故人，即指方蘭士與黃小松，俱已前卒矣。

奚岡死於嘉慶八年十月廿四日，卒年五十八歲，以其子女俱先歿，乃以弟之子潤爲嗣，潤字伯玉。奚岡卒後十餘年，伯玉倩岡友顧西楳先生爲之追摹遺像，裝冊徵詩，名流題詠殆徧。梁紹壬賦七言長古一章，可作先生小傳：

「蒙泉先生老故鄉，在昔爲我大父行，大父之歿歲癸丑，又十載後公云亡，其時壬也尚童稚，未獲杖履親輝光。公之風流及文釆，我父詔我言之詳。先生之貌清且雅，寒如秋水和春陽。先生之品峻且潔，皎如孤鶴雲中翔。先生之詩妙天趣，冬心樊榭有辦香。先生之畫擅衆美，衣鉢徐立山華秋岳兼陳玉几方環山。先生鐵筆恣奇古，後先丁叟龍泓伯仲黃小松。先生大隸脫凡近，上法漢魏兼宗唐。先生酒懷更磊落，一飲往往傾百觴。泉明歌嘯伯倫哭，嗣宗瀟灑元龍狂。從來名宿主多壽，矧有閒福供徜徉，何期反遭造物妒，揭來變局成滄桑。某年吾郡染喉疾，城煙市舍俱罹殃。先生三子並蔚起，鳳毛麟角森光芒，一時玉樹共摧折，西河老淚空盈眶，繼以嬌女亦蘭萎，遺書莫授悲中郎。逾年又被祝融虐，爐化籤軸兼縹緗。移家方遂卜居願，又悲老母終萱堂。嗚呼人生匪金石，那禁連慟摧肝腸，一朝淚盡骨髓竭，公亦相繼歸北邙。其才何豐遇何嗇，此意吾亦疑穹蒼？公歿距今廿餘載，墓門草宿松杉長。虎頭居士公老友，追思遺像摹形相。公之嗣子竹林彥，謹守此冊池新裝，携冊示我索我咏，展視佳什紛琳瑯。嬴庵諫庵伯祖旋園接山叔祖兩老人，其上各有留題章，六七年來並殂謝，對此那不心盡傷，請識所聞具如右，作歌紀事書其傍，歌成我尚有餘感，祖庭追憶空徬徨。」

奚岡畫像　原載清代學者象傳

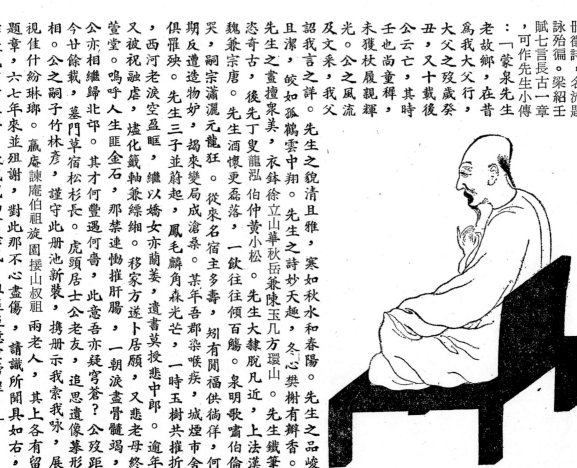

清　奚岡畫仿宋人八幀（其一）　定齋藏

清　奚岡畫仿宋人八幀（其二）　定齋藏

清　奚岡畫仿宋人八幀（其五）　定齋藏

清　奚岡畫仿宋人八幀（其六）　定齋藏

清　奚岡畫仿宋人八幀（其三）　定齋藏

清　奚岡畫仿宋人八幀（其四）　定齋藏

清　奚岡畫仿宋人八幀（其七）　定齋藏

清　奚岡畫仿宋人八幀（其八）　定齋藏

望平街憶舊

申報與史量才

胡憨珠

史量才請徐靜仁担任卽將開幕的中南銀行總經理，徐靜仁婉言謝却，史徐二人計議之下，徐靜仁想到了一位銀錢業奇才胡筆江，此時正在北京交通銀行担任分行行長。當下以加急電報隆重邀請胡筆江南下就職，幸得胡筆江惠然肯來，史量才喜出望外，果然胡筆江經營有方，把中南銀行辦得有聲有色，短短數月，為史量才賺了四十多萬。

史量才為了要邀請中南銀行的總經理，又親自趕到滬西曹家渡勞勃生路的普益紗廠裏去專誠探訪徐靜仁，當面要請徐靜仁任當中南銀行未來的總經理。

誰知徐靜仁同樣拒絕接受，原來徐靜仁聽到史量才說出要請他任做銀行總經理之話以後，不讓他話說下去，慌忙不迭地緊搖雙手，連連說道：「不敢當，不敢當，謝謝你量才兄的高義盛情，多蒙不棄，垂及青眼。只是兄弟自問既非錢莊學業，也非銀行出身，對於經理銀行業務之事，可說是全本的外行呀。所以決不敢當担任這樣崇高的職位，須知道兄弟的本行職業，那是經營紗廠，所能幹做內行的業務工作，就是開設紗廠，紡造棉紗，若要兄弟做銀行總經理職，對於業務工作方面的處理各事，難免隔膜，只恐造屋請了箍桶匠，豈不有負雅意，這便是兄弟今天不敢當接受你老兄拳拳盛意，邀任中南銀行總經理的一事，所下的註解說明了。」

當下史量才就對徐靜仁說道：「靜老，既是你不願屈就這個職位，那是無可奈何之事。但是時間迫促，未便久懸虛席，就請靜老代為物色一位才職相稱的至好朋友承担此職，作為你老人家薦賢自代如何？」

徐靜仁何嘗不明白史量才的話中含意，就是要把這份深厚情誼定要着落在他身上，以示對於他的一片至誠。所以徐靜仁把交談的注意力，移向到薦賢自代這個問題上邊，作着無語的凝思。因在他所交好的一班銀錢業朋友中，誰是才堪任用稱職者，誰是幹練公正賢能者，腹中暗暗做着思考甄別，最後結果，給他品定出一個佳美無比的人才來。於是，徐靜仁便即對史量才說：「量才兄，你要我舉薦一個才職相稱的至交朋友麽？人却有一位在此，不過能否請得到，還在不可知之數。此人姓胡，名筠，字筆江，乃是鎮江人，他的出身，也就在他家鄉鎮江一家乾元裕的大錢莊，現任北京交通銀行的分行行長。因為交通銀行的總行設在上海，所以北京便成為分行了。現在他所任的名義雖是分行行長，不過，中（國）交（通）兩行，為舉世所共知的大銀行，如果胡筆江迷戀於交通銀行北京分行長的地盤，可能他不會辭職南下，肯來屈就你們銀行的總經理職位的。倘使他覺得你們的銀行是新的組織，新的局面，而總經理却掌握有實際的權力。認為這是有發展他抱負的機會，或基於甯為鷄口，毋為牛後的一點動機，說不定他會欣然受命，翩然南來的呢。」

麻將外交受知梁士詒

徐靜仁一時對介紹胡筆江的話說得興起。所以他繼續說道：『量才兄，我說胡筆江這位朋友且不管他請得到與請不到，但不過其人確屬是個不世出的人才。他的器度豪邁爽朗，氣質雍容誠樸，實在惹人對他發生有藹然可親的好感。我若把你們兩位拉在一起，相信這一所中南銀行事業，必定會辦得成績斐然。如若拉攏不成，將來等有機會時，我也必要介紹使你們相識。因為交這個朋友是件萬分值得的事情。我與他交成知己，是出於聽了鄉友告訴我有關於胡筆江的一則故事而起。是說他輕視財物，不肯苟取，因而受知於三水梁士詒（燕蓀）獲得交行北京分行長的職位。此事說來非常有趣，據說他因公要到北京去，先在上海辦完了公事，就乘英商太古輪船北上。當輪船解纜啓行以後，他覺得悶坐在船艙房裏，感到枯寂無聊，便跑到甲板上邊，憑倚欄杆，眺望黃浦江上兩岸的景物野色，藉以消遣取樂。他正在遊目四矚，樂而忘倦的時候，於眼角梢一霎間掠過，望見官艙大餐間的腰門裏跨出一個人來。只見其人氣宇軒昂，服裝華麗，一望而知是位住官艙的高等旅客，他不曾在意，仍舊在憑欄眺望。誰知其人緩步走來已到他身邊，却含笑向他問道：「先生你會不會打牌，喜歡不喜歡打牌？」胡筆江不及出聲作答，只是含笑點頭，表示他會打牌，也喜歡打牌，不料他這樣的無聲答話，那人却高興到要跳起身來，他並且說：「眞想不到這艘輪船上竟會尋找不出一個麻將搭子。現在尋到你這位先生，方始湊成我們的美滿局面，那該是佛說所謂前生的因緣了。」

於是胡筆江就被此人邀請去入局搓麻將，只因他的賭品極好，賭德又高，尤其是他賭的技藝更非常精妙，一場二十四圈的麻將打完，結果計算籌碼却是三輪獨贏，他却是個獨贏者。那三個輸家之中以來邀拉他做搭子的那位梁先生輸得最多，要獨輸一千多元，其他兩人合共輸五百元都不滿。

最最使這局共賭之人，對他發生奇異驚詫，猜疑不透是那類人物的一個慷慨豪舉行爲，那即是他們在計算各人賭輸的籌碼以後，大家在衣袋裏摸出成叠鈔票，檢點計數，以便兌回他們所輸出的籌碼。

不料胡筆江忙即伸手，把他們三人點數鈔票的雙手力爲按住，並連連說着：「請三位先生快把鈔票收起，留待明天再算，因爲我們麻將明天還要搓的呢，今天諸位因牌風不順輸了錢，明天牌風一轉，自會翻本而贏錢的。請快收起鈔票，明天再算，何必如此心急呀？況且我們此去天津，海天萬里，行程遙遠。大家在輪船上還有好幾天躭擱，無所事事，何等苦悶，這正是安心搓麻將的好機會。所以鄙意認爲暫時不必亟亟揭賬，我們搓麻將搓到輪船進了塘沽口揭賬，還嫌不遲呢。」他們對胡筆江所說之話與行動表現，感覺是既誠懇眞實，又是饒有風趣，果然他們把鈔票收起，揣入衣袋，但是當場講定明天搓完麻將，一并揭算清楚，不過於各自回艙房去安息的臨走時，大家還是一再約定明天的麻將準開早場，認爲可以多搓幾圈，誰知來朝的一場麻將打完計算結果，又是三輪獨贏的局面。只是來朝的大輸家已不是那個姓梁的，却是其他的兩人，各人都要輸一千多元，因爲這個姓梁的今天每一節執位，都坐在胡筆江的下家，胡筆江則於看如無意却有心之間，放幾次情張，便造成他和牌機會次數多，自然變成輸得極少的小輸家了。

原來胡筆江早年進入乾元裕錢莊學生意時，憑他的聰敏智慧，勤奮好學，是以一邊學習錢莊業的一切生意經絡，和業務規矩，另一邊還學習交際藝術與應酬技能。尤其對於搓麻將、打撲克的兩項賭博之事，認爲在將來對外交際應酬的場合中，所必須備具的藝術技能。因此他對賭錢一事，也曾經痛下過一番研究的功夫，最好的條件，是他有靈巧的腦力運用，有精明的心理計算，於是乎便成爲在牌桌上百戰百勝的一名戰士。誰知他往昔的一切所學，極見賞於當前的梁姓旅客，他對於胡筆江不僅賞識他的賭品賭藝，而且最賞識他的風度氣質、言行舉動。便在未曾入局搓麻將的前後空閑，往往和他聊天而展詢他的出身家世與現任職業，胡筆江總是在不亢不卑的禮貌上，有問必答，據實相告。

不知如何這個同路人的梁姓旅客，聽他說是鎭江乾元裕錢莊的現任副理，似乎對他更有增進談話興趣的模樣。於是他的談話話題老是專在北京與上海兩地，有關於鎭江幫銀錢業的人與事，以及業務方面的得失起伏種種問題上作博問周諮性的閒談。尤其對於北京的鎭江幫錢莊業務，更感覺到談得非常的詳盡有趣。但胡筆江都囘答得頭頭是道，語語中肯，理解固屬清楚，分析亦極明暢。要知在滿清一代的政府北京的大型錢莊業務中的一種「票號」事業，實爲鎭江幫與山西幫並分春色，南北對峙的局面，而鎭江錢業中人能在北京經營票號，又能與山西票號作業務的競爭，這與鎭江地方爲東南五省漕糧轉運站的歷史，大有關係之故。所以胡筆江細說鎭江幫的銀錢業在北京發展業務的沿革情形，正是歷歷如數家珍，說得既正確切實，又扼要動聽。

不料經過接連幾次的零星談話以後，於第三天的午前，這個梁姓旅客突來探訪胡筆江。他見面之後，就對他笑說：「我們已經成爲有兩天時日牌桌上的老朋友了，只因我們於相逢入局之初，大家只是口頭問姓，沒有道名。所以兄弟此刻專誠拜訪，那是特來報名的，大概尊駕只知道兄弟姓梁，却不知道賤名士詒，字燕蓀，乃是廣東的三水人。」於是他却帶說帶笑，就把他手中所執着一張印有梁士詒三字的名片，雙手奉給胡筆江。其實只要說出梁士詒的這個名字，漫說胡筆江已吃了多年的錢莊飯，自然一聽便知。即使一個能看看報的尋常老百姓，但聞其名，也都會知道這是個大名鼎鼎的了不起人物，因爲他在前清政府時代，是創辦交通銀行的主要人物，入民國後，又在北洋政府裏歷任財政部長。所以當時南北各地，新聞記者們在報紙上的記載，替他題取一個「梁財神」的花名，而他也不以爲忤。胡筆江因與他有兩天打牌長時間的接觸，俗語有「打牌最易見性情」之說，是以他覺得他是個性格爽朗、風趣盎然的開明人物，實非一般頭腦陳腐舊官僚可比。

胡筆江此時內心已定了主張，不願使梁士詒對他的觀點，認爲有庸俗欠雅的不良反感，所以他雙手雖是謹敬接過名片，但是他面上既不出現一些足恭的敬色，嘴裏也不吐出一句習俗套語，形態動作，毫不拘謹，平平淡淡，隨隨便便大家同坐，和在打牌時的情形一樣。只是莞爾的笑着說：「怪不得前兩天我的牌風有這樣的順利，却原來有你梁先生在座之故，因此小弟得以連場贏錢，大發其財了，謝謝梁先生惠我實多。」胡筆江就是這麽半恭維他爲財神爺，半開玩笑性的俏皮話作答。引得梁士詒拊掌作笑，認爲他的跌宕風趣，大呼快哉。非但不以其說笑話為忤，反而以才調清華相重視，就在這次閉門深談下來，梁士詒就堅定要請胡筆江幫忙，担任交通銀行的北京分行長，並且堅不放行，留他尅日就任視事，這是胡筆江的麻將外交，交上了梁士詒的風雲際會之事實情形。』

徐靜仁娓娓而談，說出胡筆江的故事給史量才聆聽。同時接着還繼續說：「胡筆江的確是個了不起的人才，就任不滿百天，把交通銀行北京分行的業務，整頓得興隆旺發，如火如荼。因為交通銀行先後在上海創立總行，與北京分行，時在清廷政府光緒三十一年，那是由郵傳部所奏請設立的。其原動機以所有郵傳部屬下所管轄的交通事業，凡有欵項的出入收支，概由交通銀行經紀其事。以中國疆域地區之廣，交通事業之多，則銀行業務的發達繁忙，毋需外求，可以想知。而事實也果然，及辛亥革命成功，中華民國成立該銀行並未受到政體改變的影響，仍然繼續營業。至民國三年，北京政府公佈交通銀行則例二十三條，規定該行亦得掌管特別會計的國庫金，等於國家銀行，但該行業務或許因歷史邅遞關係，尤以北京分行從而沾染的官僚習氣極深。要知官僚作風實為經營商業最犯大忌、最大惡劣的弱點，諒必早在梁士詒的洞察之中。是以一經發現材堪大任的胡筆江後，便深信不疑的立即俾于北京分行長的高位。此亦足見梁士詒的知人任用之明，非常人所能企及的，我就是他介紹得以與胡筆江相識，終於成為知己的。」

徐靜仁快電邀胡筆江

史量才聽了徐靜仁對胡筆江的一篇讚美揄揚之後，便感覺急切需要羅致胡筆江這個人才，他此時內心的渴慕情殷，實有心嚮往之恨未見之之慨。因為他對於徐靜仁的為人一向以來非常崇敬，現在由他口中說出種種讚揚胡筆江的話，自然深信不疑，認為徐靜仁是位端人，其取友亦必端方的。所以史量才對徐靜仁說：「靜老，貴友胡筆江先生無論如何，定要請他前來幫忙，屈就這個總經理的位置。在他的領導之下，好使中南銀行的局面於儘快時間內支撐起來，但求把局面展開得越大越好，決不使他有新不如故之感。因為我們的黃奕柱老闆，那是南洋華僑中出名的一位豪富糖商，擁有豐厚財產。是以他在新加坡的事業無不規模恢宏，氣派豪華。現在他回國投資創造局面，豈肯甘落人後，定要轟轟烈烈幹出一個名堂來。靜老，我想請求你以有極大的重要關係人身份，代表出面打一通加急加快的電報給他。詳詳細細地把我們這裏所籌備工作的進展，已到現階段的局面形勢與將來業務方面的發展計劃。全部告訴他知道，以期爭取了解以後，得能慨然承允我們的聘請，南下幫忙。靜老，不知這份的應行手續，該不該做，請靜老示下如何？」

徐靜仁立即頻頻點頭，連連笑說：「應該的，這份應行手續，此刻應該立即就做。讓他對這個機會情形，時間要早知道一刻好一刻，也即是他擺脫現任交行分行長的職位，能不能夠的確實答覆，可以早一刻給我們知道了。」徐靜仁說完話後，略作凝思。便笑對史量才說道：「量才兄，這份擬草電報稿件的任務工作，本該要請你担當，借重大筆一揮。因為你是主辦文化事業的名報人，你們報人的辦筆墨，自有意賅詞簡之妙，可是你不知道兄弟與筆江這幾年來的交往情形，雖然我們倆人南北相處，遠隔兩地，他不南來，我不北上，正是會少離多。但是我們兩人間的書信往來，未嘗間斷，因此，感情淵源，也越結越深。便亦因此，我們通訊的詞句，實在談不上什麼文字的修詞學，只覺得有一點真的感情，流露於字裏行間。所以這通電文草稿，却不敢煩勞老兄，祇有自告奮勇讓兄弟自己來動筆罷。要知這不是我自討苦吃，實是義不容辭無可奈何之事。」徐靜仁一面說話隨手取過紙筆，便親自草寫電文底稿。史量才就安坐在客位椅上，眼看他筆不停留，文不加點地在紙上走筆如飛。因為距離稍遠，望不見寫些什麼所作何語，瞧不出這位紗廠老闆却有這點才能，大約過了個把鐘點，方見他擱筆，却寫有幾張稿紙。實因所敘述的詞多，電文較長，是他隨手將這份擬成電文底稿，遞給史量才過目。

同時，還附帶說着幾句客氣話道：「量才兄，請你多多斧正潤飾，因為我是個生意人，恐怕落筆有詞不達意的毛病，文字嚕囌了。不像你們讀書人的文筆稿件，都是情文並茂的。請你老兄看了不要見笑。」史量才極有禮貌的雙手謹敬接過，便一邊想着與徐靜仁相交已在二十年以上，向來遇有筆墨之事，總是由他廠中秘書代勞的。現在是他居然親自動手，當場起稿，即席揮毫，今天却還是第一次見到。所以他另一邊再想着他說是個生意人這句話，起初尚以為他所擬的電文稿件，定必不過爾爾，誰知接過一看，頓使史量才暗暗吃驚，覺得徐靜仁寫出一筆劉石菴體的行楷字，倒是筆酣墨飽，頗有富貴人所書的氣息。再看統篇電文的措詞撰句，亦極清新精簡，明白暢曉，理解內情又說得頭頭是道，既有真摰動人的豐富感情，且有潛在吸誘的無比力量，實使接讀此電文之人就會發生動搖意志，攜貳二心的。

只因徐靜仁依着史量才所說之話，結構成文，這樣的幣厚而言甘，已足動人。再加上動以他們兩人數年間來相交的友誼情份，諄諄相勸，以非要他南下歸來就任此職不可的一番言詞。最後他還本着己意，增添「如有其他要求條件，儘管提出，由弟負責保証，定必如願」的幾句話。所以史量才看過統篇的電文以後，大感滿意，連連讚好。徐靜仁便即叫來他廠中一名得力職員，關照他立刻乘坐了他的汽車到外灘大北電報局去，把這則電報用加急掛號電報拍發。及見他職員跨出他的辦公室門以後，便對史量才笑說：「量才兄，是我相信胡筆江接到我這則加急電報，至遲後天，必有覆電給我，他來與不來的問題就可分曉。不過依照我個人的片面思想，料他必定會應邀翩然南下，幫同你們把銀行業務攪好。所担心的是萬一梁燕蓀把他苦苦留住，堅不放行，這就是無可奈何的事了。但不過辦法還是有的，那就要我和你同去北京走一趟了，因爲我與梁燕蓀也是牌桌上的要好朋友啊，我自會坐在牌桌上向他辦交涉，定要交涉到胡筆江讓我拖拉着同道回來上海的，我自問梁燕蓀對我這點交情，不會不賣。量才兄，請你等我電話，只要做個說走就走的準備工作就是啦。」

史量才親眼目覩，對於徐靜仁這份幫忙精神的熱情誠意，私衷深深地感激到刻骨銘心、莫可言宣的程度。於是便就想着自己今日到普益紗廠裏來，目的在於請他任當現成的銀行總經理，這對中南銀行來說「爲行求賢」，對我本人來說，那是「知恩報德」，料不想他竟會拒絕不受，反而薦賢自代。認爲要把新創辦的銀行業務展開興發，非聘請一位高度賢能的內家，任當總經理不可，這種公而忘私，不以私人利益爲重的忘我精神，實屬品德至高無上的偉大之極。但是我却不能藉此因循作罷，敷衍了事，做着忘情背義的負心人。於是史量才便對徐靜仁說道：「靜老，想來胡筆江担任我們的總經理，大概可說是已經沒有問題了罷？」徐靜仁微微點頭，回答了「可以這麼說」的一句話。史量才就接着進言：「靜老，那末，就請你老人家担任我們的董事長一席吧。實因你靜老這次對我們中南銀行的幫忙，委實是勞苦功高，無以復加，非此實不足以言報答你老的高情厚誼。」

誰知徐靜仁聽了史量才這一番話，他面部的神情形態，毫不呈現有一點欣喜歡悅之色。相反的立即顯出驚訝錯愕之象，並且還對史量才有大惑不解的樣子，雙眼睁睁地看了一眼。隨即連連的搖頭和搖手着說：「不敢當，不敢當，那有這種道理的」。他接着又辭正意嚴的對史量才說道：「量才兄，你對於北洋政府財政部所頒佈統制銀行的現行條例，大概沒有留意看過吧？因爲我是閱覽過的，所以比你瞭解得較爲深多一點，需知依照銀行的組織法規，對於董事長一席，非要經由股東代表選舉出來不可，而被選的人選條件，以資本所投的最大，股權所佔的最多的股東才有入選任當董事長的資格。况且你們的中南銀行是一家要發行鈔票的銀行，對董事長一席尤爲重要，因爲董事長與總經理兩人都要在鈔票上邊簽名字的，這是責任問題，也是法例問題。量才兄，請你想我憑什麽來由，憑什麽資格，可以任當你們銀行裏的董事長啊，所以只得謝謝你的美意盛情了」。

史量才忙道：「靜老，這是我們黃奕柱老闆的投意呢，因爲他一再向我表示過了，他說他自少遠處國外，對於國內的一切商業社會情形，非常隔閡。尤以到上海來創辦事業，更有人地兩疏之感，所以不願在銀行裏負担任何名義，只認我是個投資人而已。一切的一切託你代爲全權辦理，只要便宜行事就是，只因我的基本事業仍在新加坡。因有我們黃奕柱老闆這樣的一再重託示意，我就認爲你靜老任當我們的董事長一席是最最理想的最最適合的唯一人選。」徐靜仁不願史量才把話說下去，忙即截住他的話頭道：「量才兄，你們黃奕柱老闆所表示的是表示，北洋政府所定法例的是法例，我們不必爲這問題多作無謂的研討，現在且等待胡筆江的回電再說罷。」就是這樣的結束了他們兩人的談話，不過後來徐靜仁還是任當中南銀行的董事長，但年份却要落後數年，因爲時在中華民國政府的統一國政時代，法定以中（央）中（國）交（通）農（民）四家爲有發行鈔票權的銀行。關於其他銀行所發行的鈔票，一律限期收回，停止使用。這樣的一經變更財政法例，於是中南銀行董事長所負的責任，便要減輕了十分之九。同時，黃奕柱也已魂歸天國，該銀行董事會中再也沒有一人的聲望、財力、地位、資格、經歷、年齡等等，能夠及得上徐靜仁。於是，全體董事一致的公推他繼任董事長，說者謂這是他命中註定要任當中南銀行的董事長的因緣了。

偕同馬式如走馬上任

僅僅過了一夜，到了翌日的深宵時分，胡筆江在北京所拍發給徐靜仁的加急回電，已經送到徐靜仁的手上了。經譯成電文以後，徐靜仁一看電文，這份內心的高興喜悅，正有絕非筆墨所能形容之概。原來胡筆江在電文中所告訴徐靜仁的大意之話，那是說他接得徐靜仁所拍給他的急電，要他辭職南下，回到上海來改就承担中南銀行的總經理之職。他說這是他所喜歡願意幹做的事情，因爲他自從北上任職交行以來，極少有離職南歸，還鄉省親的機會。現在調任上海，此後鄉夢時圓，定省有期，對故鄉田園沒有將蕪之憂，，對親戚朋友亦多得晤敘之樂。爲此他即堅決向梁燕蓀面乞懇辭，離職南旋，幸已獲得允准，一俟他移交手續辦理清楚，即當登程賦歸，趨奉左右，共圖歡晤。至於垂詢他就職中南銀行有何附帶條件可以提出，別無他求，不過祗有一項，該行必須留一副理職位，以安插隨弟同來的馬式如君。並說馬君名璟，才能超勝，幹練有爲，一向幫弟做事，認爲不可多得的最佳助手云云。

徐靜仁在帶笑閱看胡筆江的覆電之下，他料知史量才必也在家裏，眼巴巴的等待着要想聽胡筆江的回電消息，所以便即打電話給他，也好讓他安心。因此，就在接通電話以後，徐靜仁把電文讀給史量才聆聽，他們二人自然一片笑聲出於電話機上了。時日過不滿一週間的日子，胡筆江果然偕同馬式如從北京起程南下，到上海來走馬上任了。因爲事前雙方有了電報往來聯絡，得以預知行程時刻，史量才爲了表示對他們的尊崇和光寵起見，所以屆時，他和徐靜仁同到北火車站去迎接。大家於見面之後，免得互相的輾轉介紹，自有一番友誼間叙舊話新的應有熱鬧。原來這次隨同胡筆江南來，任當中南銀行副理的馬式如，却是經營賣買公債的一位高手名家，跟着胡筆江做事有年，專門負責公債賣買全部份的事情，着實替本行掙賺大錢。不過他的職位尚非高級，此次胡筆江應中南銀行之聘，趁此機會特予安插以副理職位，是亦所謂水漲船高的自然定律。

因爲胡筆江是個經營銀錢業的專家，所以一經就職登場，發號施令之後。對於中南銀行開門營業的籌備工作，進展得非常快速，大有指揮若定的施爲，而收事半功倍的實效。所以舉凡創設一家大型銀行，所有應遵行的一切合法手續，如召開股東代表大會，組織董事會以及選舉董事長等等。無不按照程序挨次舉行，旣符合了本業現行定章，也遵守了政府所頒的法令，於是黃奕柱的中南銀行董事長，就在這樣合理合法的情況中產生出來了，其歷程的經過情形，果如徐靜仁所說之話。不過史量才對徐靜仁報德酬恩的一份心願，始終耿耿未忘，定要請他担承董事一席方休。實因史量才覺得他爲人不僅爲人謀的忠肝義膽，交朋友的篤信摯誠，有諸般美德以外，而且他在上海高層社會間的聲譽地位，言行舉止，無不具有極大的潛在力量。尤其想到自己將來有所經營的事業，其進行和發展，對他處處地方都有借重乞助之處，所以他一心一意的定要拉攏徐靜仁與中南銀行直接發生更密切的關係。

傳說徐靜仁承担中南銀行董事，還經過史量才的一再敦促，强而後可的。因爲其時民營紗廠不景氣，徐靜仁的經濟狀況，近幾年來日趨萎縮緊促，大不如前。但他還是索悉斂賦，準備着二十萬元之數，準備到中南銀行開幕的大喜之日，前去道喜和掛紅，大家圖個鬧猛高興。

史量才爲此對他拱手說道：「謝謝靜老你的盛情捧場，也謝謝你的鼎力幫忙，那自然還有什麼話可說的呢。但不過貪得無饜的我這個做小兄弟的在私心觀念中，對靜老捧場幫忙，實在感覺還嫌未會達到我們所需求的程度。」此話一出，頓使徐靜仁的神情，爲之大感錯愕不已。即以一雙疑惑不解的目光，針對史量才凝望着，可是史量才却不等待他開口問話。早已繼續接着說道：「靜老，就是這件我所需求你老人家捧場幫忙的最重要事情。」他在說話時，隨說隨舉起他手中的那份董事聘請書相示。並續說道：「靜老你捧場捧到足，幫忙幫到底，非要請你老接受聘書，慨然出任董事不可。因爲中南銀行開幕在即，不管我們向各界朋友分發請帖，或在報上刋登廣告，都要借重你靜老的大名。只要有了你老在內，不但我們董事會同人感覺於叨有光，而且也顯出我們董事會的董事人選，何等整齊而具有實力的啊。」史量才更强調其語氣說：「除却這一點的原理之外，其次，我想要竭力把你老與中南銀行的關係，拉攏到越接近越好。認爲此後你的寶廠中所需要使用欵項的時候，不論在收購棉花時所需的大數額，也不論在大小月底發工餉時要點的小頭寸，總而言之，用欵要多少，都可以直接打電話給胡總經理筆江就是。須知道中南銀行是一家發行鈔票的銀行呀，我們銀行的鈔票印成，這不是庫房中的儲備品，而是民間社會的流通物。銀行鈔票的散播流通在民間社會，越多越好，所獲利益也越厚，此爲如所衆知的事情。所以寶廠能夠多多使用中南銀行的鈔票，實在是件一舉兩得互受實惠之事，靜老，請你想想做小弟殷懃貢獻的這一點微意如何？」徐靜仁聽史量才婉婉委委的說出這一番話，立即明白過來，覺得他一再苦苦相勸要他任當中南銀行的董事，以後，倘使要調動欵項時，確屬可佔得不少便利。所以他即笑說：「量才兄，眞有你的好心意，好主張，處處替我做打算，險些兒使我誤會，辜負你老兄的一番盛情美意了。實不相瞞，我在最近幾年來，爲了要收購備存大量一點原料的棉花和花皮，曾向後馬路的幾家錢莊要多借些長期，多調些頭寸。料不想那幾個錢莊跑街的敏感過份，認爲我們普益紗廠受到日商紗廠的沉重打擊，營業走向下坡。因此，他們對我的神情語氣，沒有像過去的誠懇熱烈，所得反應冷漠到令人難忍。現在有了老兄與筆江兄兩位以大力來支持我的事業，正敎我大爲快心快意得以吐出一口世態炎涼的鬱抑之氣。不過我對銀錢業的章則手續，非常了解清楚，到了需要大力幫忙時，自有明白交代，遵章辦理，也要使你們兩位對公事方面可以交代得下。現在好罷，準定接受你們的聘書，一切願爲效命，只是對你老兄的一番情意，那我衹得衷心藏之，無日忘之的了。」徐靜仁就是如此這般，任做了中南銀行的一席董事。

組織四行金庫發鈔票

事實也是果然，中南銀行在開幕的這一天，把漢口路一一〇號中南銀行大樓門前，造成空前絕後的熱鬧。在四川路與江西路兩端的馬路中，站滿了中西巡捕維持這一段短短路程的交通秩序，大凡去中南銀行專誠道喜的賀客，與「掛紅」解欵的人員，得以順利通過以外。其他的行人車輛，都在被中西巡捕婉言擋駕，揮令繞道而行之列。一時越發形成中南銀行的門前，眞有「車如流水馬如龍」的盛況。因爲今天在上海灘上只是要說得起、叫得响的各界聞人、社會名流。差不多大部份人士都做了中南銀行的賀客，同時，也大多數成了掛紅存欵的客戶。目覩這樣的熱鬧場面，內心感覺無比的高興喜悅的，那是該銀行的大老闆，而兼董事長的黃奕柱了。他的高興喜悅，那是因爲他感覺請了史量才替他全權負責主持，而深慶得人之故。是他眼看今天的場面，不要說自己在人地生疏的上海能夠發展到有如此美好的成績，就是在自己一生心力所注發祥地的新加坡，也斷難幹做得成這樣偉大的場面來，怎不要暗自高興喜悅呢。

史量才的聰敏智慧，幹練有爲，談者固不能輕予抹煞，妄加菲語，但是他這次替黃奕柱創辦中南銀行，一經宣告開幕，竟有這樣的熱鬧場面、驚人成績的出現。這却不能不說獲得徐靜仁與胡筆江兩人的左右輔弼之功，與各展其臂助之力。不過史量才的知人善用，信任不疑，務使盡量發展其才能而後已，這點就是他的成功處了。此次中南銀行開幕的熱鬧聲中，最最能發揮其所懷抱負與本質才華，當推胡筆江一人。尤其是他對銀行、錢莊兩業方面所展開的塲面情形，不但聲勢煊赫，而且氣氛凌厲。那就是銀錢兩業的大小同行，無不紛紛前來掛紅捧塲，表現他們同行的義氣，此時還是在北洋軍閥政府的當權時代，雖然，內戰頻仍，國勢替零。但英國人李兹羅斯的白銀收歸國有政策，遠遠尚未帶來中國，而中國民間社會的貨幣流通制度，猶停留在以銀元爲主體交流的重要品物時代。所以早期年代所發行鈔票的銀行，只要稍有風吹草動，時常會發生擠兌風潮的不幸事件。

就因此故，他們銀錢業同行的掛紅捧塲，好像定例的所解欵項，無不以現銀元的流通貨幣作主體，而他們掛紅的數額，定得又是相當鉅大，動不動就是數十萬元計。好在他們同業間互相交解的全爲現銀元，也都是以一萬元盛裝的堅固木箱作盛裝搬運，箱上漆上有各家的牌號名字以外，並加封交叉的封條，以資識別辨認。所以檢收人的負責，只要點數木箱，與察看封條而已，雖然如此，還給予中南銀行開幕這天份外的熱鬧氣象。因爲解交銀元的車輛，川流不息，而搬運人担抬銀箱入門，又都是邪許聲聲，擾人耳際。不過這點的嘈雜煩瑣之聲，反而烘托出中南銀行的開猛氣勢。其實銀錢業這種捧塲行爲，那是一種虛僞不實的形式主義，因爲時不數日，他們又把該掛紅的銀元絡續領了回去，只在銀行的賬册上多一個同行的往來戶名，與一筆收付的紀錄而已。雖然如此，還是好事，總比之「同行如敵國，談笑寓干戈」的爲好。

傳說中的中南銀行在開幕這天，收進存欵共有千數百萬元之多，實開上海所有中外銀行開幕這天吸收存欵最多的空前紀錄。這點就顯出胡筆江在上海銀行錢莊兩業中的所佔情面極浩大，所具力量也極充足。但他何以能此呢？就因他自少出身於鎮江錢莊，及後升到錢莊副理的高職位之後，再被聘請到北京去任當交通銀行的分行長多年。這種資歷養成的經歷過程，對各方面高級的人物熟悉，對業務工作的經驗豐富，所以他一經接任視事，行使職權，便無往而不利了。如所週知，上海一埠向來所傳商業經濟的命脈與權力，全操在江浙財團的手中。這所謂「江」就是指江蘇省的鎮江、蘇州（按指洞庭山）兩幫，所謂「浙」就是指浙江省的紹興、寧波兩幫。江浙兩大幫財團因有百年來商業組織的歷史關係，此時，銀錢業的從業人員，大部份雖由舊制的錢莊店倌，逐漸的沿革蛻變，而成爲新制的銀行行員。但形式的規律縱有變更，而人情的關係仍復舊貫，這也是胡筆江當年佔盡便宜之處。

胡筆江於中南銀行開幕的一塲鬧戲，搬演完後，同時接演着的就是發行鈔票那齣正本戲了。在當年當時上海的鹽業、金城、大陸等三家銀行，早已開設營業有年。據說北洋政府時代的財政部，對銀行的組織法規，與管制條例，擬訂得相當寬厚。凡一家銀行創設，所定資本額，只要收足半數以上，經派員驗資無訛以後，即行頒發部照，准許該銀行開張營業。可是新開設的銀行，如要申請發行鈔票，則財政部所訂定的法規和條例，比較嚴峻多多。不管原資本的數額，與現有的資本額中抽繳四分之一所發鈔票數額的儲備保証金。都有縝密條規的嚴格訂定，絲毫不能放縱通融。此純爲民間社會流通該銀行鈔票，發生擠兌事件的維護利益着想之故，這倒是值得嘉許的一種安全措施。前邊所述的三家銀行，雖有申請發行鈔票的願望，但都因不夠條件資格而作罷。

及中南銀行創設成立，對於發行鈔票的一切條件資格，無不備具。是以一經申請，財政部立即批准，不過此中不無有些人事關係，亦係事實。胡筆江爲要使中南銀行所發行的鈔票，播散到民間社會去，廣爲流傳。自念恐怕一家中南銀行所往來的客戶，對推廣之力，力有未逮。於是，他就想出一個借力用力的佳妙辦法，那是聯合鹽業、金城、大陸三家銀行，再加上自己的中南銀行，合成組織一個「四行金庫」的聯合機構，作爲中南銀行鈔票發行的聯營管理金庫。有了這樣督察與確保所發行鈔票保証金的機構嚴密組織，爭取得使用中南銀行鈔票在手的人們，安全感越深，使用力越强。不僅中南銀行的業務發達繁忙，而且鹽業、金城、大陸三家銀行的業務，也越加發達與繁忙。這都是沾了操有鈔票發行權在手的光。不過話說到中南銀行的鈔票之事，在此不得不作一個附帶聲明，做個明白交代。就是中南銀行所發行的鈔票，每一種數額的鈔票上邊，都印有兩個簽字字樣。一個是該行董事長的黃奕柱，另一個便是該行總經理胡筆江了。

當年在史量才與胡筆江兩大台柱的策劃之下，果然把中南銀行經營得光芒萬丈，聲勢浩大。尤其是中南銀行鈔票的散播發行力量，大到驚人，銀錢業全由胡筆江總集權衡，悉心調度。在各業產銷的殷實廠商方面，則有史量才、徐靜仁代爲張羅，所以他們對業務經得極收桴鼓相應之效。更有精於賣買公債業務的馬璟（式如）副理，亦展其抱負，大顯身手。他對公債的買進賣出，無不相機行事，臆測屢中，從而大獲其利。這樣公債業務經之營之，對公的方面言，本行大賺其錢，對私的方面言，大家都有好處。好在史量才是該行常務董事的名義職位，且有代爲攝理黃奕柱董事長的實際職權，是以凡有公私兩利的業務，只要史量才與胡筆江一經研商以後，即可付諸實施。因爲次次賺錢、椿椿獲利，遂奠定了「小四行」業務的穩固基礎。

正如算命先生所說史量才命宮中今年交進正運，所以在中南銀行開辦的短短數月，到年終總結時，他就分得四十多萬元的紅利。（十六）

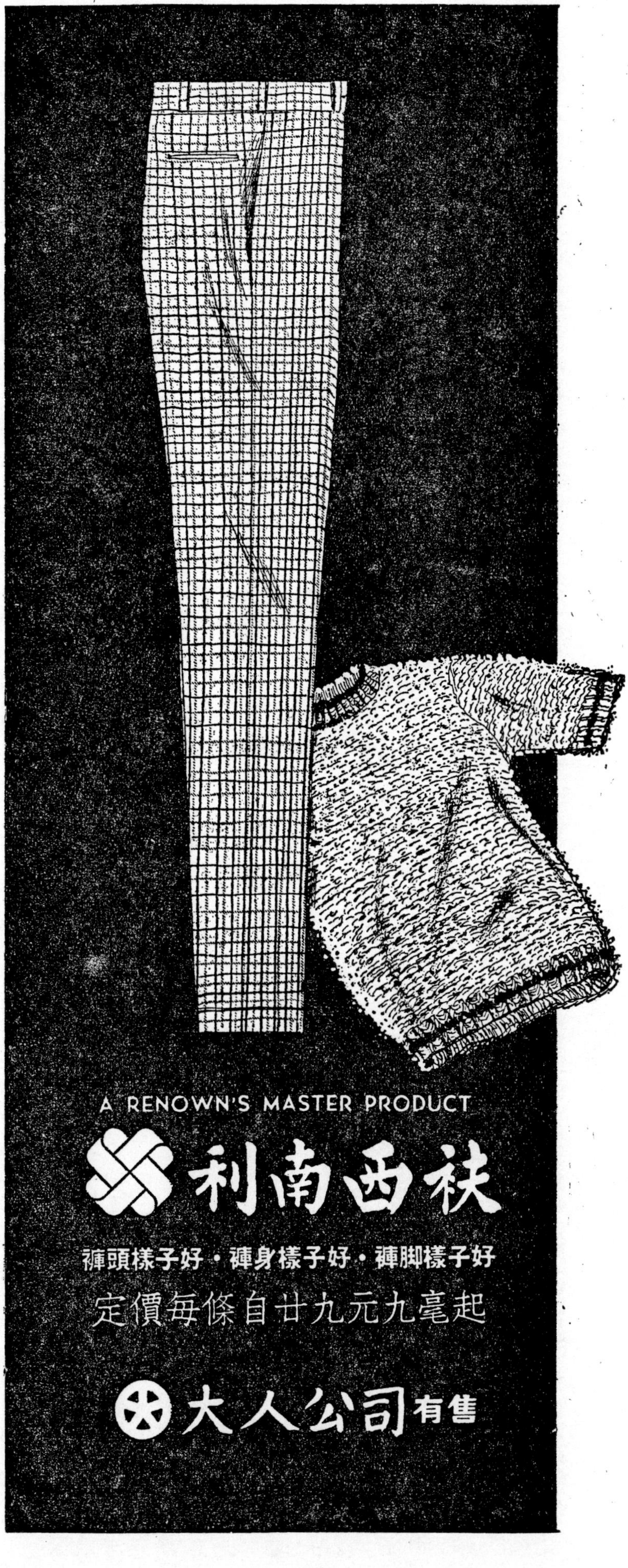
A RENOWN'S MASTER PRODUCT
利南西衭
褲頭樣子好・褲身樣子好・褲脚樣子好
定價每條自廿九元九毫起
大人公司有售

「我的同事」張恨水

·司馬小·

長篇小說的發表方式有二，早期的多數是寫完全書，再印單行本發售，後來則先於日報長期連載，每日刊出一千餘字，刊完全部再印單行本。張恨水在一九一〇年到一九五〇年的四十年裏面，一共寫了幾十部小說，如「啼笑姻緣」、「春明外史」、「金粉世家」、「落霞孤鶩」、「似水流年」、「大江東去」、「八十一夢」等等，都以長篇連載的方式在日報或晚報上按日發表。

但首創在報上排日連載第一部長篇小說的作家却不是張恨水而是陳愼言，那篇小說內容以揭露社會黑幕爲主，題目叫作「說不得」。類似這樣的題目在民國初年時候，不但算是十分新穎，而且被認爲相當幽默。事實上，那時「幽默」兩字，林語堂尚未正式提倡。但陳愼言其人始終藉藉無聞，而張恨水的第一篇連載却使他一舉成名，那便是無人不知的「啼笑因緣」，發表在上海新聞報嚴獨鶴編的副刊「快活林」上。

新聞報與申報爲上海兩大報紙，銷數最廣，他們的副刊「快活林」與「自由談」亦稱一時瑜亮。「自由談」的編輯是周瘦鵑，其人與嚴獨鶴齊名，是鴛鴦蝴蝶派中的有數人物。「啼笑因緣」之轟動一時，當然與其故事內容有關，但無可否認，這部小說也的的確確因新聞報銷數龐大而佔了不少便宜。

其時「快活林」選稿不嚴，稿費亦低，張恨水的「啼笑因緣」是在南京寫，而用郵寄到上海的，一回一回的寫，寫好即寄，甚少修改，每回五千字左右。他認爲一回一回的寫，比每天寫一段好些，上下文可以連貫些，如果每天祇寫千零字，便易於文章斷氣，故事不順。

張恨水從來不曾在一個時期只寫一篇小說，通常同時要寫好幾篇給好幾張不同的報紙，每天至少寫五千字，多則七八千甚至一萬。這種小說不像西洋小說那樣講究佈局與結構，而以情節爲主，必須曲折離奇，以能令讀者愈是意想不到爲愈佳。每一篇小說的故事都預先想好一個大綱，一個結局，然後信筆所至發展到故事結局，筆路有時岔得很開，起初預定其爲配角的人，寫到後來，有時可能變爲主角；而看上去本來應是主角的人，却可能另有安排而使他草草結束。

盧溝橋畔的張恨水

因爲這種情形，許多章回小說作家，寫起來往往不自覺的離題愈來愈遠，其中一部份角色竟告不知所終。此類作者，以馮玉奇爲代表；張恨水却從來沒有這樣的毛病。他最多時曾同時寫七篇，通常是每天上午寫三千字，下午到晚上寫兩三千字。例如「春明外史」和「金粉世家」便是同一時期的作品。

張恨水很坦白的說，報紙上的長篇連載和單行本的長篇小說，寫法又有不同，每天在報上刊出一千多字，又是一回裏的一小段，所以爲吸引讀者起見，要在每天一段的結尾處，稍爲賣點關子。譬如寫到末句「迎面來了個人」之後，已是「且聽下回分解」，讀者欲知來者是誰？明天當然非續看不可。有時還可以聲東擊西，譬如說故事中人說要去天津，讀者以爲他到了天津會如何如何，結果作者却讓他去了上海。這樣寫法對於讀者有一種特殊的吸引力，認爲小說家的構思的確別出蹊徑，與衆不同，這也是章回小說的妙處。

他的「大江東去」，故事是描寫抗戰初期南京棄守中一段可歌可泣的故事，其中人物，呼之欲出，一部份人筆者且曾與有數面之緣，如今大部份在台灣。在這一流派的小說作者中，張恨水爲一大家，讀者自學生、婦女、小市民以至大人物無所不有，他們讀張恨水的小說，目的不在鑑賞文藝，而在追求其情節的曲折迂迴，引人入勝，故事的哀感頑豔，又若實有其事。張恨水小說的又一好處是文筆生動，輕描淡寫，毫不做作賣弄，他說這樣寫時方便，讀者也容易接受。

尤其是「啼笑因緣」，這部小說的轟動和普遍，與感染之深，眞所謂「無可匹敵」。搬上銀幕也曾有四五次之多，計上海出品兩部，都用「啼笑因緣」原名，一部是一九三二年明星公司出品，還是部份「有聲」，由嚴獨鶴編劇，張石川導演，胡蝶、夏佩珍、鄭小秋主演；一部是一九四〇年上海淪陷期間藝華公司出品，孫敬導演，梅熹、李麗華分任男女主角。

香港則曾拍過三部，兩部國語片中，一部是電懋出品，片名易為「京華烟雲」，王天林導演，葛蘭飾沈鳳喜、趙雷飾樊家樹、林翠飾關秀姑、王引飾關壽峯、吳家驤飾沈三玄；一部為邵氏出品，嚴俊導演，片名改作「故都春夢」，關山、李麗華、凌波分飾樊家樹沈鳳喜與關秀姑三角。另一部是粵語片，也叫「啼笑姻緣」，張瑛、梅綺主演，其他不詳。這五部影片的編導、演技和攝製技術，各有短長，却一樣相當賣座，但賣的主要還是原作者張恨水。

我與張恨水相熟，係在抗戰時之重慶。他在重慶新民報的職務是主筆兼經理，我也是主筆兼編副刊「西方夜譚」。新民報有「日」「晚」兩刊，晚報銷數遠在日報之上，張恨水經常有連載小說各一，分刊日晚兩報，他習慣於把他自己認為較滿意的一篇交給晚報，晚報那篇便登在我編的「西方夜譚」上面。勝利消息抵渝，我即向新民報辭職，「西方夜譚」編務由封鳳子、吳祖先繼任，張恨水則於勝利後耑赴北平，負責新民報北平分社的社務。

張恨水原籍安徽，我第一次見他時，見他身穿長衫，開出口來，一口道地的蘇北鄉音，像是舊式私塾裏的老夫子。他寫小說，不用原稿紙，而用毛筆寫於普通中國紙上，字體大而端正，又少塗改，對編輯排校，均甚方便，我看他的小說，便是在把他的原稿發交字房付排以前看的。

以我個人而言，我十分欣賞他的散文，而對於他底小說不過爾爾。他底散文，於樸質冲淡之中，有一股清新雋永之氣，韻味深長，若不食人間烟火，所以儘管別人為他底小說而傾倒，求他寫小說，我在重慶編「星島畫報」時，每期必向恨老索取散文一篇，却從未請他寫過小說。

張恨水本人，對於自己的散文也相當得意，因此對我之欣賞他的散文，頗有「知己」之感。他說：他寫小說的速度，快過散文兩倍，但為了稿費收入，不能不多寫小說。散文的稿費不比小說高，速度慢了一半便是收入少了一半，並且小說在報紙上連載以後，還可以出單行本，不論把版權賣給別人或自己印書，都有收入，散文可不大有出單行本的機會。這是他自己所說的多寫小說的理由，但他在「星島畫報」可拿的稿費，至少高於「新民報」上的小說一倍以上。

除了小說、散文以外，張恨水的即興小詩也寫得不錯，其最為膾炙人口者，厥為「何事汽車三十里？夫人燙髮進城來！」其人為誰？雖未點名道姓，當時讀者却無不一目了然，而其指陳之力，與流傳之廣，亦更在馬君武詩詠張學良、胡蝶之上。抗戰時曾住重慶者，無不知之。但馬君武詩中所詠，純屬道聽途說，而張恨水那首詩，却的的確確是事實。

恨水共有兄弟四人，恨水居長，依次而下為友鸞、慧劍和友鶴。四人生活性格，全然不同。恨水為一好好先生，外型若一老學究，對現代生活，一無所嗜，居都市如住鄉村，一切無謂交際應酬，可以避免者盡量避免。為人主持正義，間作短評，寥寥數百字，言極中肯。當時新民報人材濟濟，銷數之多，冠於全國，我曾謂新民報當時有四枝好筆：一為趙超構之短評，一為司馬訏（程大千）之雜文小品，張恨水的短評與散文，則一人兼居其二，可是新民報上的恨水散文，事實上難得一見。

國語片「啼笑因緣」自右至左趙雷演樊家樹、葛蘭演沈鳳喜、林翠演關秀姑

張友鸞在新民報亦任主筆，為人落拓不羈，與恨水相反，烟酒賭博，無一不來，而才氣縱橫，肝胆照人。飲酒或無多，而打牌則不論麻將沙蟹，無論時間金錢，漫無限度，天眞而又爽快，因無賭不輸，常白晝腰纏萬貫，天亮時已不名一文。

張慧劍主成都新民報筆政，常偷閒前來重慶小遊，為人爽快瀟洒，喜坐茶館，牌桌上的風度，一如友鸞。擅編副刊，有「第一好手」之稱。我在自己的副刊上寫「烟茶之間」，那是「三寶殿」式的隨筆，他的成都版也要一份，我在重慶以空郵寄發，每日三則，約一百二十字，稿費以一千字計（那時重慶的標準稿費是千字斗米）。張友鸞除新民報外，又主時事新報編務，他要我寫「重慶屋簷下」。除此而外，我又爲大公晚報寫「晚窗偶語」，上述四個專欄，每天共寫十二則。

慧劍來渝時，我與友鸞及姚蘇鳳往往與之湊成一局，張氏兄弟對於「賭」的興趣之濃，遠在我與蘇鳳之上，通宵達旦，習以爲常，有時三個人打「十三張」（那時後方尚無「打羅宋」之名稱），也會來個通宵，無論麻將、沙蟹，我的技術同樣拙劣，加以牌運常年不佳，輸面佔十之八九，所以慧劍每來一次，我總要輸那麽一大筆，好在慧劍來渝機會不多，而陪我輸的還有一個友鸞。

四兄弟中最小的是張友鶴，雖亦置身報界，而善於經營，爲一極有腦筋之生意人，兜攬廣告是他的拿手，打牌也能十贏其九，不過和我們一同入局的機會不多。慧劍對於與他一同打牌更是不感興趣，原因是我們這幾個人玩牌都是爲了興趣，小胡不胡，非要一辣雙辣不可；而友鶴則運用其商業頭腦，但求勝利，認爲與其大器晚成，何如小胡搶先，積小勝爲大勝，所以往往一手好牌，被他屁胡子（即鷄胡）搶去，這樣一來，和他一桌打牌而又作風與其不同者，自然索然無味了。

恨水不打牌，而喜歡於小飮之餘，畧作清談，但又不像友鸞那樣喜歡泡茶館。他不大談國家大事，也不大談風花雪月，却喜歡談談名人軼事，生活小節，和他過去當記者、寫小說、編副刊時的舊事。成舍我在上海出版立報，該報三個副刊之一的「花菓山」，便係由張恨水主編，月薪八十元，但是兩三個月之後，恨水要去北方一行，請成舍我另找他人暫代，結果却一去不返，原來他自己到南京去辦「南京人報」」了。他佩服成舍我的才能與苦幹作風，但他却不喜歡成舍我那樣的打算過於精明老板作風，這可以說明張恨水的爲人。

張恨水不管閒事，但能主持公道。有一次我的副刊裏登了一篇「將軍別傳」。以傳奇體裁，紀某人的當年舊事，內容說他在長沙理髮時，理髮師偶不小心，將他所蓄的小髭剃去，他勃然大怒，拔出手槍，以神奇槍法，射去了那理髮師的一隻耳朶，揚長而去。這是標準的傳奇故事，也屬於讀者最愛讀的一類文章。却不料，此人正是新民報老板陳銘德的朋友，陳銘德爲了恐怕得罪老友，約我談話，要我把稿件來源和作者姓名告訴他，我堅持不肯，並謂原稿甚長，其中可能對當事人有所不利的部份早已在發稿前由我刪去，刋出部份對任何人絕無傷害，所以一切責任我願以編輯身份自負，可是爲尊重編輯道德，稿源與作者姓名則無論如何，決不透露。作此談話時，我態度極爲堅決，當時在場者共有三人，即陳銘德與我之外，還有一個就是張恨水。陳銘德聽我說後，意猶未已，張恨水即從旁插言，竭力支持我的立場，勸陳銘德不妨考慮是否留用這樣一個編輯，却不能追究稿源，陳銘德終於點頭，同意對此事不了了之。

後來，張恨水在另外一件事情中，也曾給我道義上的支持。新民報老板陳銘德是四川省參議員，該報董事長則爲國民政府糧食部長徐堪。抗戰時期，糧政處理是一件困難工作，偶有失當，便不免遭受攻擊，我以寫短評及「烟茶之間」關係，評論機會最多，對於糧食部長難免失敬。此種失敬文字，見諸於其他報紙猶可，見諸於糧食部長自任董事長的「新民報」陳銘德便認爲有點說不過去。關於這一點，徐堪暗示陳銘德，早已不止一次。有一次我親自聽到陳銘德接聽徐堪的電話，以必恭必敬而又十分爲難的態度說：「那簡直沒有辦法，那個編輯有點神經，我現在已經決定，掛了這電話之後，馬上下條子把他開除！」

他當然並未下條子，但他的確因爲向董事長難以交待之故，氣得要命，叫張恨水來勸我，不要那樣固執。但張恨水也曉得我的脾氣，在勸我之前，當然已先爲我在陳銘德面前解釋一番好話，同時對我力加支持。一九四五年八月十三日之晚，勝利消息傳至陪都，次日我去報館，即向陳銘德提出辭呈，告以我在該報工作，將以八月三十一日爲限期。九月三日，我自重慶南岸海棠溪啓程來港，沿途仍以「新民報特派員」名義，寫了幾篇通訊。此後在南京見過友鸞、慧劍、友鶴三兄弟，却從未一見恨水。

勝利後，我回香港，友鸞、慧劍、友鶴復員南京，張恨水主持新民報北平分社未有南下。一九四六年春，我從瀋陽到北平，欲與一晤，結果以電話不達，未果。

對於張恨水，有一極重要的事情必須加以追述。那是抗戰末期在重慶，中共爲新四軍殉難者，曾舉行過一次秘密追悼會。張恨水不知從哪裏來這個消息，自撰了一副輓聯，親筆揮寫，愼加固封，悄悄送去，想不到這副輓聯，後來竟發生了意想不到的作用。勝利復員，張恨水飛菈故都，主編新民報北平版並自兼經理，那時東北戰局緊張，北平新民報也常有反共言論發表，其中且有恨水親筆之作。未幾平津變色，張恨水未能脫身，坐臥不安，猶如鍋上之蟻，四面火熱，無處脫生，不惜千方百計，但求保留一命。等到周恩來從石家莊進駐北平，張恨水便認爲事情有了一絲希望，祗要周恩來能畧予同情，得救當無問題，爲了保全身家性命計，乃將山城姻緣與燕京反共的曲折經過，聯繫起來，寫了一封如泣似訴的萬言書；更重要的當然是重慶當年那副輓聯，果然發生了奇效，更想不到的是，「文代」在北平開會名單中，張恨水居然名列其間。

在「文代」開會之前，許多左派作家對於張恨水的名列文代，大爲不滿，周恩來力爲維護，並從檔案裏找出張恨水的萬言書，作爲他坦白認罪的證據，爲了愛惜擁有羣衆勢力的作家，是應准他「改過自新」的。

這些都是當年舊事，今日張恨水近况如何，却不論口頭上和文字中，都不大有人談起。遙想斯人，不勝依依！

啼笑因緣自序

·張恨水·

那是民國十八年，舊京五月的天氣，陽光雖然抹上一層淡雲，風吹到人身上，並不覺得怎樣涼。中山公園的丁香花、牡丹花、芍藥花，都開過去了；然而綠樹陰中，零碎擺下些千葉石榴的盆景，腥紅點點，在綠油油的葉子上正初生出來，分外覺得嬌艷。水池子裏的荷葉，不過碗口那樣大小，約有一二十片，在魚鱗般的浪紋上飄蕩着。水邊那些楊柳，拖着丈來長的綠穗子，和水裏的影子對拂着。那綠樹裏有幾間紅色的屋子，不就是水榭後的四宜軒嗎？在小山下隔岸望着，眞個是好一幅工筆圖畫呀！

這天，我換了一套灰色嗶嘰的便服，身上輕爽極了，袋裏揣了一本袖珍日記本，穿過四宜軒，渡過石橋，直上小山來。在那一列土山之間，有一所茅草亭子，亭內並有一副石桌椅，正好休息，我便靠了石桌，坐在石墩上。這裏是僻靜之處，沒有什麼人來往，由我慢慢的賞鑒着這一幅工筆的圖畫。雖然，我的目的，不在那榴花上，不在荷錢上，也不在楊柳樓臺一切景致上；我只要藉這些外物，鼓動我的情緒。我趁着興致很好的時候，腦筋裏構出一種悲歡離合的幻影來。這種幻影，我不願他立刻即逝，一想出來之後，馬上掏出日記本子，用鉛筆草草的錄出大意了。這些幻影是什麼？不瞞諸位說，就是諸位現在所讀的「啼笑因緣」了。

當我腦筋裏造出這幻影之後，眞個像銀幕上的電影，一幕一幕不斷的湧出，我也記得很高興，鉛筆瑟瑟有聲，只管在日記本子上畫着。偶然一抬頭，倒幾乎打斷我的文思。原來小山之上，有幾個妙齡女郎，正伏在一塊大石上，也看了我喁喁私語。她們的意思，以爲這個人發了什麼瘋，一人躲在這裏埋頭大寫。我心想流水高山，這正也是知己了，不知道她們可明白我是在爲小說佈局？我正這樣想着，立刻第二個感覺告訴我，文思如放燄火一般，放過去了，回不轉來的，不可間斷。因此我立刻將那些女郎置之不理，又大書特書起來。我一口氣寫完，女郎們不見了，只對面柳樹中，拍的一聲，飛出一隻喜鵲，震破了這小山邊的沉寂。直到於今，這一點影象，還留在我腦筋裏。

這一部「啼笑因緣」，就是這樣產生出來的。我自己也不知道我是否有什麼用意，更不知道我這樣寫出，是否有些道理？總之，不過捉住了我那日那地一個幻想寫出來罷了。這是我赤裸裸地能告訴讀者的，在我未有這個幻想之先，本來由錢芥塵先生，介紹我和新聞報的嚴獨鶴先生，在中山公園來今雨軒歡迎上海新聞記者東北視察團的席上認識。而嚴先生知道我在北方，常塗鴉些小說，叫我和新聞報「快活林」也作一篇；我是以賣文餬口的人，當然很高興的答應。只是答應之後，並不曾預定如何着筆。直到這天在那茅亭上佈局，才有了這部「啼笑因緣」的影子。

說到這裏，我有兩句贅詞，可以附述一下。有人說小說是創造人生，又有人說小說是叙述人生。偏於前者，要寫些超人的事情；偏於後者，只要是寫着宇宙間之一些人物罷了。然而我覺得這是純文藝的小說，像我這個讀書不多的人，萬萬不敢高攀的。我既是以賣文爲業，對於自己的職業，固然不能不努力，然而我也萬萬不能忘了作小說是我一種職業。在職業上作文，我怎敢有一絲一毫自許的意思呢？當「啼笑因緣」逐日在「快活林」發表的時候，文壇上諸子，加以糾正的固多，而極力謬獎的也實在不少。這樣一來，使我加倍的慚愧了。

「啼笑因緣」將印單行本之日，我到了南京。獨鶴先生大喜，寫了信和我要一篇序，這也是義不容辭的，然而我作書的動機如此，要我寫些什麼呢？我正躊躕着。同寓的錢芥塵先生舒舍予先生，就鼓動我作篇白話序，以爲必能寫得切實些。老實說，白話序，平生還不曾作過，我就勉從二公之言，試上一試。因爲作白話序，我也不去故弄什麼狡獪伎倆，就老老實實把作書的經過說出來。

這部小說在上海發表而後，使我多認識了許多好朋友。這眞是我生平一件可喜的事！我七八年沒有回南，南回之時，正值這部小說出版，我更可喜了。所以這部書，雖然卑之無甚高論，或者也許我說敝帚自珍。到了明年石榴花開的時候，我一定拿着「啼笑因緣」全書，坐在中山公園茅亭上，去舉行二週紀念。那個時候，楊柳、荷錢、池塘、水榭，大概一切依然。但是當年的女郎，當年的喜鵲，萬萬不可遇了。人生的幻想，可以構成一部假事實的小說，然而人生的實境，倒眞有些像幻影哩。寫到這裏，我自己也覺得有些啼笑皆非了。

中華民國十九年十一月二十一日晚

張恨水作「啼笑因緣」封面

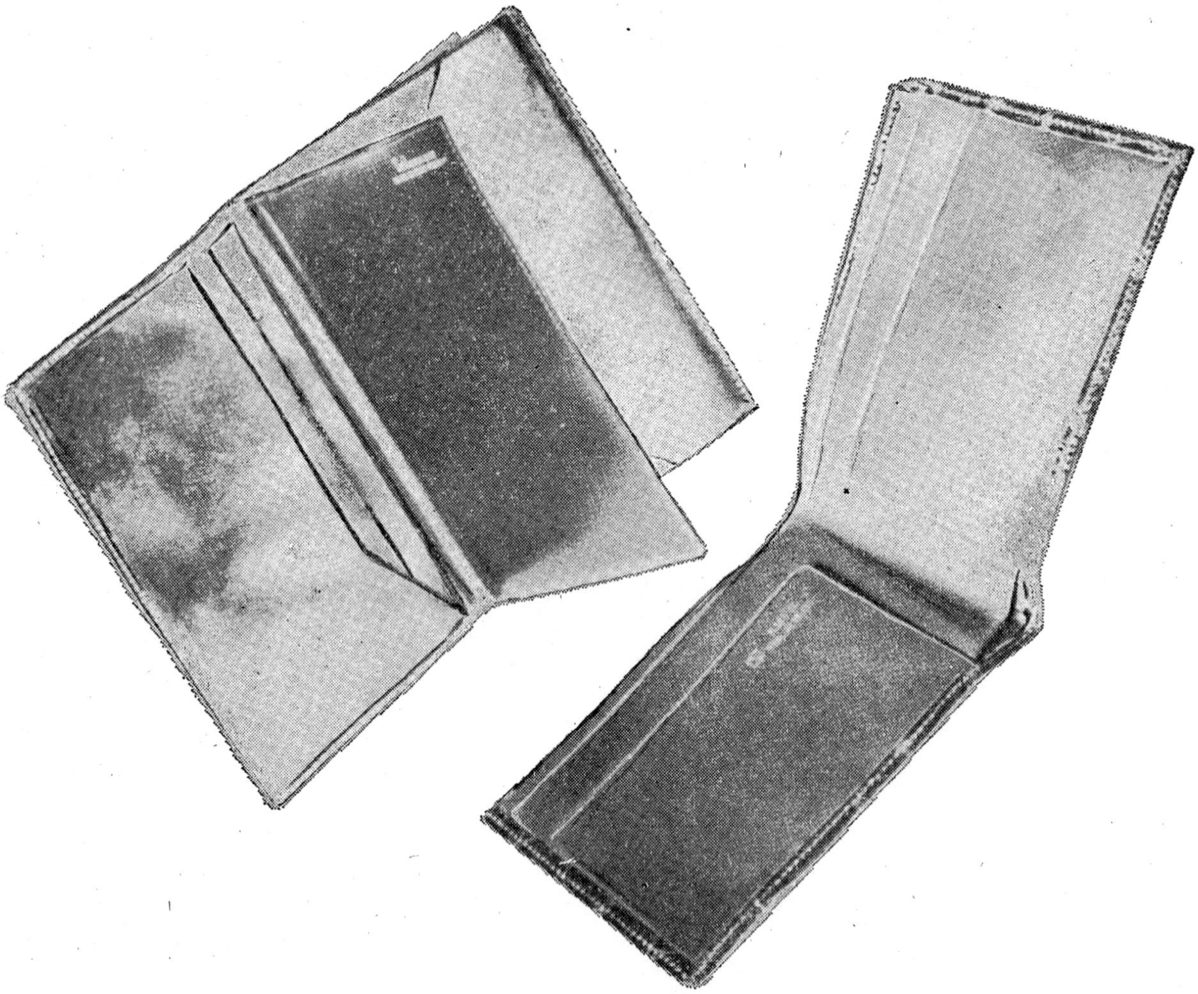

棋壇風雲錄

·呂大呂·

象棋在香港，有過一段時期，算得上光輝燦爛。當時的香港報紙，大都闢有「棋壇」一欄，像現在報紙的馬經和狗經版一樣，佔有報紙的一定篇幅，同時也常常可以見到象棋比賽。這些比賽，團體舉辦的固然多，也有由茶樓酒館來舉辦，在茶樓酒館設有棋壇，可見當時香港人對象棋是如何狂熱。

這是一九三一年起的事，在此之前，香港是幾乎不知有象棋比賽這一回事似的。所以會掀起了一陣狂熱的原故，一是為了廣州棋壇的蓬勃所影响。廣州棋人中有「嶺南三鳳」，有「四大天王」，哄動到香港人也震于其名了。二是為了那年廣州舉辦了一個全省象棋比賽。三是為了來自華北有「七省棋王」之稱的周德裕南下作華東華南棋賽，跟着却來香港作寓公，這樣香港棋壇便熱鬧起來了。

廣州棋壇的蓬勃，主要是「棋王」迭出，而每一「棋王」也都是實至名歸極有份量。其中有「嶺南三鳳」，有「四大天王」。而棋王黃松軒更是「嶺南三鳳」中之一鳳，又是「四大天王」中之一王。後來來了個「七省棋王」周德裕，更掀起了高潮。但到如今，俱往矣！所有「嶺南三鳳」、「四大天王」和「七省棋王」都先後歸道山，只留下他們當年叱咤棋壇的「豐功偉蹟」，猶為棋人所樂道。筆者當年厠身廣州報壇，對一班「棋王」畧有所知。現在就把當時廣州棋壇的「四大天王」和「七省棋王」其人其事，旁及其他「棋王」，寫成了這篇「棋壇風雲錄」，殆亦為今日躍馬飛車之士所樂聞，也算得是省港棋壇的一頁佳話吧。

黃松軒又名旗下七

數當年廣州棋王，當首推黃松軒，他在廣東棋壇中最享盛名。棋壇中最先有的是「嶺南三鳳」，這「三鳳」一是鍾珍，一是曾展鴻，另外的一位便是黃松軒，且「三鳳」中以他為首。其後馮敬如、李慶全、盧輝崛起，與黃松軒並稱為「四大天王」，首席也推黃松軒，他能夠穩坐首席的原故，說來倒有許多因素。

黃松軒原是「旗下」人，先世流寓廣州。鼎革後，清社既屋，不少旗下人都入粵籍，黃松軒也不例外，便入籍番禺。但人人也知道他是旗下人，他排行七，便得了個「旗下七」的渾號，但棋壇中人却尊稱他為「七哥」，既不稱其渾號，更不直呼其名。

作為一個實至名歸的棋王，主要棋藝高强，黃松軒對棋藝高强這四個字就當之無愧。另外許多棋藝高的人，往往都很自負、驕傲，黃松軒的棋品很好，平日對人謙虛，說話爽朗，對平常對局的勝負絕不計較，因此他的人緣就好得很，和任何棋人也很合得來，他能穩坐華南棋壇的首席，未嘗和這個沒關係。

廣州當年常有團體舉行的象棋比賽，黃松軒既是華南棋壇的盟主，自然每次比賽也以他為「擂台躉」。他在這些爭面子的大場合中作賽，可就和平時的勝敗得失不以為意完全不同，他每局必悉力以赴，畧無欺台，因而在這些爭面子的場合中，殺局特多。

黃松軒的棋，最擅用「當頭炮夾馬局」，攻勢悍烈，得未曾有。當時在棋人中運用中宮炮的，可說無一人能出其右。最膾炙人口的戰績，是在民國二十年（一九三一）廣東全省象棋比賽那一役，他由頭至尾，也以積分最多而領前，最後也以積分最多而高據首席。

當時的棋人，有鍾珍、曾展鴻，和他幷稱為「嶺南三鳳」，而鍾珍和曾展鴻都曾在這次全省象棋比賽中，敗于他的手上。又有馮敬如，李慶全和盧輝和他幷稱「四大天王」，他們在這一次的大比賽，也一一為黃松軒所擊敗。最燦爛的一局棋是對馮敬如，彼此糾纏至三日兩夜，才給黃松軒獲勝。在全省象棋比賽以後，黃松軒就無論在「嶺南三鳳」中，或「四大天王」中都讓他坐第一把交椅，威鎮華南的棋壇了。

却不想到後來，他更獲得一個比之「嶺南三鳳」、「四大天王」還要榮譽的名銜，這名銜是「九省棋王」。事實上黃松軒幷沒有足跡遍九省，為什麼會得為「九省棋王」？原因他曾勝了一名有「七省棋王」之譽的周德裕，而在此之前，他又殺敗了廣西棋王蘇兆南。勝了「七省棋王」，更加多一省廣西棋王，因此人們便把黃松軒晋號為「九省棋王」。

當周德裕南下，幾次到廣州和黃松軒對局，幾次公開比賽，這兩位棋王總是戰成平手，幾次都是周德裕得以保持「七省棋王」之譽，而黃松軒也保持華南棋王之譽。後來他們最後一次比賽，周德裕在對局中為了一時躁急，竟然棋差一着，便給黃松軒在這場比賽中多勝了一局。「七省棋王」給他殺了棋，當時的人便替他奉上了這「九省棋王」之譽。他得到了這個「九省棋王」的個人榮譽不打緊，替華南棋界爭得了光榮這才是事大。棋壇中人，不管什麼棋王也都對他心悅誠服，大加敬佩了。

當黃松軒在勝了周德裕後不久，他已年逾五十。大概由于他畢生殫精竭力在棋壇中，因而精神漸非昔比，許多愛護他的人都勸他從此收山，保持令名。他也從善如流，自從此一役後，他再也不作任何公開比賽了。抗戰軍興，這位「九省棋王」舉家避難澳門，只幾年光景，不幸染上痾疾，不治身亡。這是民國廿七年（一九三八）的

公司天台，舉行棋賽，人頭蜂擁，猗歟盛哉

事，享年五十有四，棋界人士得聞噩耗，無不同聲悲悼。

馮敬如渾名烟屎澤

廣州棋壇「四大天王」之一的馮敬如，他渾名「烟屎澤」。棋界中人說起他，稱「烟屎澤」的多于稱馮敬如。顧名思義，顯然馮敬如是一個有芙蓉癖的癮君子，其實却不然，只因他面貌黝黑而又很清秀，人人都說他如果不抽大烟便辜負了這副尊容了，便因此而得了這個寃枉的渾號。不過，馮敬如并不以此為忤，人稱他為「烟屎澤」，他也泰然受之，便是他自己有時和人說話，也自稱為「我烟屎澤」。而事實上他是字「敬如」，單名一個「澤」字。

馮敬如的棋藝，他有一樣最拿手的看家本領，這便是「單提馬局」。對這一下功夫，變化極盡精巧奇妙能事，而馮敬如却對這一着，一生也不變。可以說，永遠使出這「單提馬局」功夫。不過他的功夫還是要到殘局時才充份發揮出來，這是他一生對棋藝的獨特之點。

更奇怪的是他這個人，恰巧和黃松軒相反，黃松軒在平常對局勝負不大計較，而在大場面的比賽中便寸土必爭，悉力以赴。馮敬如每逢遇到大場比賽，他就有怯場之弊，因之大場面的比賽，對于他實在是不見得如何的適宜。反之平日蹲在城隍廟裏的地檔，他便神着百出，殺棋如探囊取物。黃松軒看過他幾次在城隍廟地檔時的神着，也為之拍掌叫絕。原來馮敬如一生以棋為活，經常設地檔與人下棋，賭注多少也照殺。他照例逢人讓子或饒先，最妙的他每局只留囘僅勝的子力，「兄弟棋」之聲不絕于口，藉此來引人入勝。許多棋迷明知他們怎樣也不是棋王敵手，但都不計，好在馮敬如并不規定大注才來對局，他只求獲得日常生活所需便算，人們也就樂得雙手奉上，借此看看棋王的神機妙局。

廣東全省象棋大比賽，他被編和黃松軒對局。許多棋迷都看好他，對他紛紛鼓勵。有些還對他說：「烟屎澤，你如果勝了旗下七，我們就送一百元給你。」馮敬如一生都貪財，因此他這次的出場，便沒有怯場，每一出手，都意氣風發，神着迭出。當天一局棋，殺得難解難分，由大會保留着這棋局，留待第二天續賽。當時又有棋迷鼓勵他，更使他興奮，第二天續賽，更是精彩百出，而且在整個局勢下，顯得他佔優勢。終于這一天又是無法可以完局，又是保留下一天繼續比賽。一局棋對了兩天的局，一時便哄動了棋壇，好些人都說，這一囘，烟屎澤將會力振雄風，擊敗旗下七了。

却是奇怪得很，到第三天繼續比賽，他竟然顯出了後勁不繼的樣子，由優勢一變而為劣勢，終于他是敗于黃松軒之手。大家對這件事都為之哄然，甚至有些對他喝倒彩。認為照這局棋來看，馮敬如無法會輸棋的。

事後，傳出了一個消息，說黃松軒在第二天已經看到他對這局棋的不利，最僥倖也不過戰成和局，沒法子可以取勝，他為保棋壇首席令名，當晚和馮敬如秘密作欵欵深談，由黃松軒給他五百大元，另外還把一個婢子送給馮敬如為妾來收買馮敬如。馮敬如只要有錢便行，何況還有個艷婢為妾，當即答應。就為了這個原故，這一盤對了兩天的棋局，第三天便急轉直下，形勢大變，終于為黃松軒所乘，而敗下陣來了。

這件事是否眞是這樣就不可知，但在情理上很有可能。黃松軒有的是錢，而且要保令譽；馮敬如一生只貪錢而不好名；更從這局棋的轉變得太大，突然由優勢而變劣勢，而且是輸了棋，看來倒不是完全捕風捉影之談呢！

馮敬如是廣州人，廣州陷落日手後來港避居，常在九龍大南街的茶香室中露臉，一樣以「兄弟棋」來謀生活。香港淪陷後，日本人統治時期，他老病交煎，死于九龍一間醫院中。

李慶全號無敵將軍

在「四大天王」中，李慶全是最短命的一個，他很早死。因此在他生時，他的棋藝却未達到黃松軒、馮敬如這樣爐火純青的地步，但在「四大天王」中他却獲得一個「無敵將軍」的渾號。他的棋藝既然比不上黃松軒和馮敬如，為什麽却會有「無敵將軍」之稱？這說來也是很妙的一回事。

李慶全單名一個「萬」字，廣東番禺縣人。

他的棋藝，以着法穩健著稱。他最長于守勢，人稱他每次比賽，整個局勢來衡量他，就如「銅墻鐵壁」一樣，牢不可攻。可惜是只長于守，而不長于攻，因而每逢和高手對局，他雖不能勝得高手，高手也不輕易勝得他，每賽都以和局爲多。就因爲這樣，人們便晋以一個「無敵將軍」的渾號。意思是說對這個「銅墻鐵壁」的棋王，要取勝他是不容易，這便是「無敵」了。這多少帶着些幽默，爲的他只是「無敵將軍」，而不會是「長勝將軍」。

李慶全對開局功夫最拙，先手往往用象局，進馬進兵等局，因而初局平淡，而中局却陷于苦戰，從極度艱險中打出條血路，一打出條血路，便奇兵突出，辟易百里。好些人看李慶全和人公開比賽，總是覺得有趣而能吸引，本來在此情形下，他有時還是可以殺棋的。但和他對局的人熟習知道他的胃口，常常在中局逼他兌子成了和局。人攻他不下而成和局，他要攻時，人逼他成和局，這就只能「無敵」而不足以言「長勝」了。

民二十年那一次廣東全省象棋賽，他參加。連戰皆是和局，由于和局太多，積分扯低而被淘汰至不能參與最後三人決賽之列。這最後三人便是黃松軒，馮敬如和盧輝。他們四人早就有「四大天王」之稱的。本來經過這樣的被淘汰，他應該連「四大天王」這榮銜也不能參與其列了。却是一由于他年輕，二由于他弁不是敗局多而是和局多，因此人們也沒有對他歧視，仍把他和黃、馮、盧等同列名爲「四大天王」。大家都認爲稍假時日便會不同的，却不想他就短命死矣！只留下一些殘局，仍爲人所珍視。

盧輝稱雄翩翩茶室

「四大天王」之一的盧輝，他的棋藝剛好和李慶全相反，他是個急功近利的份子，每逢和人比賽，有例猛攻，他認爲先取攻勢，無論如何是較高的戰術。但盧輝却一直沒有什麽了不起的戰蹟，只是在棋人茶座中的翩翩茶室，有個時候，橫掃千軍，稱雄一時罷了。

翩翩茶室是在廣州西關的寶華園中，爲周老十的故園一部份。清末周老十以捐務起家，自附于廣州四大富豪「潘盧伍葉」之末，後被抄家，大部份改建民房，僅留宅中的一個舞台，改寶華戲院；另宅中的一個花園，給一位酒樓業中人租了它作爲茶室，名翩翩，爲廣州僅有一間具園林之勝的茶室。由于有園林之勝，便給棋人看中，他們天天到那裏吃茶、對奕，好些職業棋手也在那裏來擺擂台。當時人皆稱翩翩茶室爲「棋人茶室」，而翩翩茶室的主人也曲予優容，一任翩翩茶室由午至暮都是棋人高據，飛車躍馬。

盧輝既是「四大天王」之一，自然也常常到翩翩茶室去，事實上翩翩茶室的點心也很不俗，特別那盅茶很講究。棋迷中不少是西關的公子哥兒和食家，盧輝去到，倒不愁寂寞。那些西關濶少，看到這個棋王，他們都爭相奉承，使到盧輝終年累月，沒有掏過一次腰包。他天天少不免對一兩局棋，倒把翩翩茶室的二三流棋人殺得面目無光。在翩翩這一段時間，就可以說是盧輝一生最得意的日子。到了廣州淪陷，僞府成立後，他有個時期還在廣州，最後却不知所踪了。

鍾珍稱棋仙號米仔

廣州棋壇也可以說是華南棋壇的「四大天王」表過，該說到「七省棋王」的周德裕了。但當時廣州棋王叠出，除了從北方南下的周德裕外，先周德裕而來的還有一位謝俠遜，他是南北棋壇中的一位功臣，還是在未說周德裕前，先來說說他。而廣州的棋王，在「嶺南三鳳」中坐第二把交椅的鍾珍，也是很值得一談的。

鍾珍是廣東番禺人，綽號「米仔」，爲什麽會有這綽號？倒是不詳。又有「棋仙」之稱，這大抵是他的棋藝很瀟洒脫畧，飄逸如仙的原故。其實與其說他是「棋仙」，不如稱他爲「棋怪」更對，他如何怪？這是爲了他專門獨創秘局，每一秘局都怪招迭出，變化無窮。他最膾炙人口的秘局，名「棄馬陷車局」，創出後，一直傷盡不少棋人的腦筋，絞盡不少棋人的腦汁，仍有層巒叠峯，柳暗花明之處，這樣還不算棋壇中的怪傑麽？

當時有一位棋人姓李名貴，雖不至躍上棋王寶座，却是在棋界中，大家也承認他是高手名手的。他擅長「棄馬進卧槽馬局」，憑這樣一招殺局已經不少次。那次和鍾珍對局，却給鍾珍智勝他這「棄馬進卧槽馬局」，這一役，顯見鍾珍棋藝的機智、精警，由此而聲名更响。可惜他一生不大得志，只有挾着棋藝闖浪江湖，以潦倒終其一生，死于抗戰期中，時人無不惜之。

棋壇總司令謝俠遜

華南喧赫一時的棋王說完，要說到兩位外省棋王了。這兩位外省棋王都是從外省來到廣東而享盛譽的。先來的是謝俠遜，後來的是周德裕。

謝俠遜是江蘇省平陽縣人。他有個綽號名「棋壇總司令」，聽說他在江蘇、上海等地，有不少公開比賽都是由他奔走成事。如何召集棋人，如何籌備一切，他都非常努力以底于成，故名。他的「棋壇總司令」綽號，從江蘇、上海帶到來廣東，而到了廣東後，也一樣的對棋事多所推動，不只處處表現其提倡象棋的精神，更對象棋古譜，悉心整理，曾經以最大的精神力量，編纂「象棋譜大全」。由初集至到二集、三集，成爲非常有價值的象棋評典。因之他在江浙上海間，除了有「棋壇總司令」之稱外，好些人都認爲他是棋界功臣，說他裨益棋界不少。

謝的文筆流利，在上海時曾主編時事新報的象棋欄，極力鼓吹，不遺餘力。後來遍遊南北各地，更遠至外國，所到之處，總是公開提倡棋藝，也公開和人對局。他的棋藝雖然未到極峯，但熟于局法，走子敏捷，也算是一長處。更有一長處是爲人所不及的，他能同時並顧數局，應付裕如，一一不誤。他就憑此而收到宣傳之效，人人都認爲他的精神魄力，在棋壇中確有大過人處，事實上一人同時應付幾局棋下子的，除了他外，可找不到第二人。

周德裕稱七省棋王

說完了廣東的幾個棋王，也說了來自上海的謝俠遜，大軸戲該說到這一位來自華北，有「七省棋王」之譽的周德裕了。這是象棋界中一個了不得的人物，尤其在香港人眼光來看，他對香港，首先敲响香港棋壇的第一聲鐘。要不是周德裕在香港作一個長時間的庽公，長期主編各報棋壇的一欄，提倡鼓吹，指點誘掖，不遺餘力，今日的香港可能還是對象棋不會引起興趣。尤其當年棋風蓬勃，更爲周德裕一個人的力量所成，做說他是香港象棋界的功臣，確是實至名歸，誰也要承認。

周德裕，字天史，江蘇省江都縣人。自少從父親學棋，可以說是象棋世家。爲的他父親周煥文，在江蘇有國手之稱，中年時，會敗于象棋高手張錦榮的一局棋，引以爲恥，此後便再也不和人比賽，只是閉門課子。周德裕悉心苦練，竟成跨灶，便出而與張錦榮比賽，結果擊敗了張錦榮，替父親周煥文報了一箭之仇，從此在蘇浙一帶聲譽鵲起。

周德裕的棋藝，不限于擅長某一種局，而是多姿多采，無所不能。棋界人士對他的批評，認爲是「動靜不居，攻守俱備」。他所以稱「七省棋王」的原故，是由于民十九（一九三〇）年，上海舉行華東華北棋賽，集合華北華東國手于一堂。周德裕代表華東蘇浙兩省參加，一戰而擊敗代表華北五省的趙文宣和張德魁兩名手。他在蘇浙兩省中已經稱棋王，更擊敗了代表華北五省的兩棋王，人們便認爲他七省棋人冠軍，稱他爲「七省棋王」了。

地攤奕棋，觀者如堵，一樂也！

得了「七省棋王」這一榮譽後，第二年，剛好廣州舉辦廣東全省象棋大比賽，他即從上海來廣州。先抵達香港，在香港住下，發覺香港人對象棋簡直毫無所知，他便留在香港，要喚起香港人對象棋的注意。當時「嶺南三鳳」之一的鍾珍也在香港，南北兩棋人相識，說起了這問題。周德裕好像對香港有所愛，他對鍾珍表示，要在香港負起責任來使香港人對象棋引起興趣，而且準備不參加廣東全省象棋比賽。固然爲了來遲了，已經截止報名，也因爲想一振香港的棋風，如果成功，他覺得比起了參加這個比賽還有意義。鍾珍聽了，也以爲然。事實上周雖是個「七省棋王」，但如果在大會已經截止報名後才設法參加，看來總不免有一番麻煩手續，因此鍾也贊成周德裕先留在香港，然後在全省比賽完畢之後，才到廣州去作私人的公開比賽，作省港棋人的切磋。

對于這件事，周德裕是決定了。但如何去喚起香港人的注意，如何去敲起這第一聲鐘？周德裕便提議和鍾珍在香港舉行公開賽，憑此使香港人引起興趣？結果在他們悉力計劃之下，周德裕鍾珍象棋十局對抗比賽順利進行。

由于和鍾珍作比賽，他們是一個「七省棋王」，一個「嶺南三鳳」，便不免引起香港人對象棋的興趣了。他們的比賽，每天都引動了許多人去參觀。結果是賽了十局，但十局都是和局，正因爲和局，戰情自然緊張得很，香港人爲此而哄動，而周德裕這一聲鐘可敲得响噹噹了。

經過這十局的比賽，鍾珍也就趕回廣州去參加廣東全省象棋賽，而周德裕還留在香港。却是由于周德裕對鍾珍之戰，十局都成爲和局，總沒法子可以取勝得一局，他對華南棋人可不敢輕視了。他知道華南棋壇首席是黃松軒，估計如果將來到廣州去，比賽對手當然是他，倒不可不小心從事。

黃松軒在廣東全省象棋賽中，以積分最多而高據首席，這消息傳到了周德裕的耳朶裏，他決定到廣州去和黃松軒見一個高下。雖然他知道此行是棋逢敵手，但非去不可。而且他估計，即使自己不去，黃松軒也會下戰書的。眼見着一個「七省棋王」來了香港，黃松軒會放過他麼？與其他不放過自己，何如自己不放過他？結果周德裕就暫時放下他在香港這担上自己身上的任務，到廣州去。

他在廣州由鍾珍之介，和黃松軒見面。跟着便又由鍾珍的安排下，讓他們作了幾次的公開比賽。每次都是比賽三局，而一連幾次和黃松軒是戰成和局，彼此也無法取勝。

最後一次比賽是在廣州的民教館，也是比賽三局，周德裕先勝，第二局却給黃松軒勝，扳成了和局，要在第三局來決勝負了。誰勝了這一局便奠定了誰勝利，如果是和，這一比賽便又成了和局。

周德裕有一樣不好，便是在棋賽中的吃緊關頭，往往心急、暴躁。這一局棋便是剛犯了此弊，他一時暴躁，棋差一着，爲黃松軒所乘，竟然是敗了棋。因此一着，黃松軒立刻給人晉升他一個「九省棋王」之譽。周德裕的英名不免因此受了損失，他憤然離開了廣州，走到香港來，就在香港作了一段較長時間的寓公。

這時香港人已經掀起了象棋之風，好些報館都想着闢一欄「棋壇」，他們紛紛和周德裕商量，請他主編，周德裕也一一答應，他負起了好幾間報紙的棋壇編輯後，致力編事，不遺餘力。特別對各種開局法，在各報中作過不少科學式的分析。又把這些開局法分成數局來徵求讀者作賽，每日一着，尋出許多變化和解拆。經過一個時候，可不止影响香港棋壇的進步，甚至全國棋界後來注重于縱橫解拆，全面研究，作出種種的變化，也未嘗不是受了他的啓示。說謝俠遜是棋界功臣，其實周德裕才是個大功臣。

當時在廣州的黃松軒已經收山不與人比賽了，他對周德裕在香港對棋藝作如此深入的研究和啓示，也表示相當的佩服。他曾說過那次民教館比賽，周德裕之敗只是偶然，而他之勝周德裕，實在是倖運。這樣的說法，是否爲了黃松軒已經收山，故作此謙虛的話就不可知。但周德裕之失于一時暴躁而敗，當是事實。這是周德裕一生的短處，看他晚年回上海，和董文淵作十局賽，他竟連負六局，這也是由于暴躁所致。那一次的比賽，氣到他幾乎嘔血。其實董文淵的棋藝並不見得是高于周德裕的。周德裕後來一氣再離上海，而過後又再返上海，再與董文淵比賽，他就局局殺棋，殺到董文淵透不過氣來；不過周德裕有過連負六局給董文淵的紀錄，他英名大受損失了。

周德裕在下棋時暴躁的原因，是爲了他一生氣量太狹，對勝負心太重。他比起了黃松軒的爲人謙恭、虛懷若谷、棋品清高就差得遠。黃松軒從沒有試過爲比賽對局事和人爭論過半句。周德裕却不然，往往爲了小故，或棋例，不惜呶呶與人大起爭端。但無論他的棋品怎樣，論棋藝確不失爲象棋界一代奇傑，晚年息影滬濱，竟以貧病交迫而死。

再來說說神童棋手

說過了廣州棋壇的「四大天王」，蘇浙的「棋壇總司令」謝俠遜和棋壇一代奇傑「七省棋王」周德裕，意猶未盡，再來說說幾名「神童棋手」爲本文之殿。

無論是象棋和圍棋，國手大都出自童年，甚至有人認爲年齡越輕，棋藝越好。棋藝會隨着每一個人的年齡而退化，不比其他科技、文學要說經驗，越老越好。這話并不是「怪論」是語而有徵，日本歷屆的圍棋高手，都落在中國人的手上，他們都是很年輕，被稱爲神童。但往後下去一年一年長大，很快便比不上後來更年青的人了。象棋界也一樣。有幾個被稱爲神童的棋手，在他們十多歲時，便在棋壇中有着赫赫戰果，使到稱雄一時的老棋手也敵不過他們。可得而數的，計有天津的田玉書，廣州的李志海，星洲的嚴清秀和厦門的白錦祥，他們都可稱爲「神童棋手。」

第一個田玉書，他在天津全市象棋賽中獲得了冠軍，那年他才十九歲。而參加這個天津全市象棋賽的棋人不少，都是縱橫天津棋界十多年的，他們成名時，田玉書還未出世。

第二個李志海，他在民國三十七年（一九四八）廣州市舉行的象棋大賽中獲得了冠軍。這又是在棋王林立中突圍而出的，許多過氣的棋王都束手無策，他這年才十七歲。

第三個嚴清秀是星洲一九五四年的棋賽冠軍，他當年也是十七歲便「威盡」星洲了。

第四個白錦祥，更了不得，當時蘇浙的「棋壇總司令」謝俠遜正在厦門，白錦祥在厦門的民教館和謝比賽，竟然以三和一勝勝了謝俠遜，使到謝俠遜大叫「後生可畏」不已。原來這時候這個「神童棋手」就無非才十四歲，棋藝越年輕越好之說，倒也不可不信呢！

馬場三十年

老吉

日本人佔領了香港三年零六個月，香港競馬會舉行了兩年左右賽馬，騎師方面，成就最大的是郭子猷。因爲在這個賽馬期中，郭君最受歡迎，尤其日本人對他愛載有加，所以他胯下的馬最多，而贏出的頭馬更不少。因而到了香港光復後香港賽馬會復興，過了半年，郭君申請騎師獲得執照，准許賽馬，也因爲他對於賽馬早已有了良好的基礎，雖然仍要再掛紅牌上陣，好快就畢業而升爲大師傅，也好快便成爲香港馬迷的熱烈捧場對象，於是乎一連做了十幾年的騎師冠軍，被稱爲香港騎師長春樹。

郭子猷在一九五一年之後，出風頭一路出到現在，雖然現在和前兩年他比較上出馬少一些，冠軍騎師的寶座，也讓給了鄭棣池君躍登，「長江後浪推前浪」，這句古諺，絕非虛語。他的年事高了，有時候氣力不能從心所欲，可是，他在香港馬場中，叱咤風雲了二十多年，究竟不是一件容易的事，直到現在，他在上季尾策「寵兒」憑最後一口氣偷襲，還能在「堅橋」蹄下，奪得「馬王」寶座，可見他「寶刀未老」，功架仍在，確乎不簡單。

從一九四三年下半年起，美國軍隊反攻，太平洋戰事，對日軍漸漸不利，因爲美軍對香港，並不想大事破壞，所以香港對糧食方面的配給，雖然漸漸由米而轉爲有時配一期麵粉或雜粉，我們也知道日本人的戰蹟，已在逐步失敗中，何況有時還有無線電廣播可以偷聽呢。

在當年賽馬時期中，也曾遭遇過幾次因空襲而暫停賽馬，等警報過後，再行開賽，可是空襲最最厲害的一天，是一九四五年的一月廿一日。

這時候的賽馬，因馬匹不夠，已改爲每兩個星期的星期日舉行，每次祗賽六至七場，由下午二時半起跑頭場，五時至五時半賽畢完場。

那年一月廿一日剛剛是賽馬期，記得那一天天朗氣清，在三點鐘的時候跑第二場，馬匹剛由沙圈出草皮，忽然警報大作，當然已出草皮的馬匹便一一騎回馬房，等候解除警報後再賽。我在當年沙A圈那裏，對正了灣仔方面遙望，祗看見有三架B廿五型的轟炸機，周圍圍着約有二十餘架戰鬥機，飛行高度，至少在一萬尺以上，而且B廿五型轟炸機頗大而油上了銀色，在陽光照耀之下，閃閃生光，地面高射炮的射程，根本達不到飛機的高度，所以祗見大隊飛機，平平穩穩，自九龍方面飛到香港灣仔方面，高射炮的火花，在牠們底下爆發，好像放烟花一般。

等飛機隊飛到灣仔之時，但見一顆一顆的炸彈放了下來，不到一兩秒鐘，爆炸之聲，隆隆不絕，灣仔遭殃了。

三架轟炸機，大約下了不到五十個炸彈，那裏知道却炸錯了目標，原來，他們的目標是現在金鐘道的船塢，却不料炸到了灣仔中心區，現在英京酒家對面，灣仔道好世界酒店的原址。

不到半個鐘點，飛機去了，解除空襲警報的訊號發出，可是馬會門口的手車，一部一部的載了不少在灣仔受傷的老百姓，還有一羣一羣的輕傷的人們，扶老携幼，慢步走過馬場，一滴一滴的鮮血，流在路面上，我們在馬會樓上後面看到了，眞是觸目驚心。

觸目的是看見這許多受傷者，眞是無辜，驚心的是美空軍此次亂炸一通，難保不將來再來。

賽馬在解除了警報之後，再跑一場便宜告中止，其實，在馬場中的馬迷，看見了這樣的慘事，那一個還有心機再賭下去，同時，還有許多灣仔居民，早已紛紛離塲，當然，那一個不關心着他們自己的住居和家人的安全呢。

郭子猷當年獲得皮亞士杯與馬主、摩士爵士、皮亞士夫人等合影

事後調查，知道這一次錯誤的空襲，受害街道，包括軒鯉詩道、乍非道、洛克道、灣仔道四條馬路和其中的橫街，死傷無辜人民約有三萬左右，燬屋五百餘間，誠可謂空前巨刧，也可說得是美空軍大烏龍之一。

這一天是一九四五年的一月廿一日，也是農曆乙酉年的十二月初八日，距今已有廿六年了。

從這一次烏龍空襲之後，跟着到二月四日再跑，時間改爲上午十一時跑到下午二時完場，那一天剛剛撞到大風大雨，馬塲生意也大差。

這個時候，因爲馬匹死的死，傷的傷，根本每次賽馬已不是跑馬而是「走馬」，（這個走字，不是廣東話「跑」的意思，是上海話「行」的意思），何以叫走馬呢？且聽我道來。

這一種「走馬」的辦法，眞虧當時馬會各位辦事人想得出來，因爲一九四一年存下來的四百多匹馬與後來由日本運來的十七匹日本馬，前者跑了兩年差不多，那有不跑壞之理，當然免不了死的死、傷的傷，而日本人所謂「大東亞戰事」節節敗退，那裏還會有新馬補充；同時，賽馬又不能不繼續舉行，退而求其次，唯有不跑馬而走馬了。

所以在昭和二十年（一九四五年）起，如果共跑六至七塲賽事，能夠快跑的馬，大約可以編三至四塲，其餘的便用走馬辦法。

辦法是一樣出馬和一樣有騎師騎在上面，但馬兒却並不是跑而是慢走，路程是半哩一七〇碼，出馬六七匹，一開閘，騎師要控制馬匹，不能跑，祇能慢慢的走，如果一不小心而其中有一匹或者不走而跑，公證人便將牠取銷資格。一樣照賣獨贏與位置票，可說是賽馬事業的一個大大的新發明。一塲賽事，在當年如果跑半哩一七〇碼，費時一分〇七八秒，可是這走馬却起碼要十五到二十分鐘，這種別開生面的賽馬，起先大家還覺得有趣，後來却嫌牠時間太長，因而馬塲的營業，便一路走下坡了。

這樣的跑馬與走馬相間的賽期，一直維持到一九四五年三月底，因爲走馬確乎沒有一定標準，而且騎師們都不大願意上陣，於是乎又增加了跑木馬的一項遊戲。

跑木馬的辦法是在馬會現在的會員席對面，劃出了一個木馬塲。

每一匹木馬，馬主們祇要付出二千日元，便可做其馬主，當時我因爲自己的馬匹，死的死、傷的傷，因而也認購了三匹木馬，記得牠們的名字是：「好運」、「飛浪」、「香島」。

跑木馬的辦法是在空地上兩頭搭起木架，中間用十條鉛絲兩面綁緊在鉛絲上，每隔一尺一條鉛絲，兩頭是一面高一面低，木馬的大小是每匹一英呎長，用顏色油油成一匹馬的樣子，中間穿了一條鉛絲，五寸高，鉛絲頂上一個鈎，開賽的時候，木馬掛在木架高的一邊（也是在向現在的草地一面），往低的一邊，由鉛絲順流而下往低的一邊（現在看台的一面），路程爲二十碼。

每次跑木馬的十匹，一樣售賣贏位票，十匹馬由馬會派出的職員每人取一匹掛在高面的鉛絲上，發令員一聲放手，馬匹便由草地一面高的鉛絲上向看台一面低的鉛絲上滑去，中間停止的派回彩欵，滑到終點的第一、二、三匹木馬，一樣派彩。

這種跑木馬辦法，當然引不起馬迷們的興趣，目的還是在每星期日的三至四塲眞馬賽跑上。

但是所謂日本人統治下的香港競馬會，跑到一九四五年的五月六日，德國宣佈投降之日，已祇能壽終正寢了。

日本人辦賽馬，維持了兩年多不到三年，其實正正式式的賽馬，不過兩年而已。

現在要講一下當時我們「做」馬與賭錢的方法，可是有一點還要各位記住，馬兒到底是畜生，我們自命爲有辦法「做」馬，一樣擺烏龍，一樣全軍覆沒。

當時所謂「做」馬，從來不敢用毒藥，如果毒馬，俾佐佐木知道，那還了得！因而唯有聯絡騎師一法，比較穩陣。

當然也不是每一塲「做」可以講得通的，一天跑六、七、或八塲馬，至多「做」兩三塲耳。

在騎師未上馬前，是無法可以預知那一匹馬可以做贏的，所以我們的集團，賽前先要合定十個、八個自己人，用四或五個人通消息，四或五個人在會員席與公眾席處買大票。

事先確定各人站立地點，而且要站在容易看見的石級上，（因爲當時看台上人少，所以容易看得見）同時一早就定好用舉手辦法，一號舉一舉，二號舉兩舉，因爲出馬至多五至六匹，所以在騎師上馬之後，我們確定了那一匹馬去殺，（其餘幾匹當然跑風流馬，因爲並沒有連贏位也）然後一站一站的舉手通消息，買獨贏票的幾人，便紛紛趕到大票枱圍買票，同時賣票的職員，也早有聯絡，儘先賣給我們自己人，贏了馬他們當然也有酬勞的。

這個方法，多數可以贏錢，但郭子猷當時却並不加入我們的集團，有時郭仔騎的馬有可勝之道，而且我們探悉他一定去殺，我們便聯絡同塲各位，讓郭仔的馬去贏，我們買在他身上，豈不是一樣贏錢。

當時因爲馬少，出馬也少，所以做起手腳來，也比較容易，也因此而每天跑六、七塲馬，獨贏票派彩在十元以內者，總要佔了三、四塲。

有時候也會擺烏龍，不想牠贏而因騎師拉不住而一放到底，或者同主兩匹馬，想亞甲贏而亞乙贏了出來，舉我所記得的向各位講一下，以博一笑。

不想牠贏而因騎師拉不住一放到底的一塲賽事，贏出來的馬匹，叫做「飛浪」。這一匹馬，當初養在現在的老練馬師，已經上書馬會當局預備退休而由馬會當局挽留打消辭意的趙阿毛君，馬主是我與李士華兄，騎師則是謝文玖君。

這一塲賽事，照計「飛浪」是跑位置有望而

跑獨贏便要力拚而方有機會的，賽前，我們幾個人商量，不如讓郭子猷的「花驄」去贏馬，因爲「花驄」馬上的郭仔必拚，熱一些也無所謂，想「飛浪」贏，便沒有把握了，

「花驄」是熱門，「飛浪」當然沒有這樣熱，上馬時，由李士華兄關照謝文玖，對他說我們買票在「花驄」身上，叫他留意，如果能將「飛浪」跟在「花驄」後面最好，總而言之，要「花驄」贏馬爲最重要。

不料一開閘，「飛浪」便在第二位，上山之後，放在前面的馬乏力，謝文玖愈拉「飛浪」，「飛浪」愈跑得快，未下山已領前而去，文玖急煞，可是不能拉得太難看，祇能任由「飛浪」自跑，而「花驄」則一路跑在後面，到轉正直路，郭子猷力騎開鞭，竟無法追得到「飛浪」，而「飛浪」就此輕輕鬆鬆地贏了頭馬。

趙阿毛練馬師開心得不得了，因爲他根本就不知道「飛浪」不去，他在大門口套好了拉馬頭轡繩，等我們拉馬頭，李士華兄氣得面青，我的面孔也脫了板，大家不肯拉馬頭，結果，還是我一個人拉了「飛浪」進來，名苑照相師爲我拍了一張相片，馬上的謝文玖，拉馬頭的我，兩張尷尬面孔，眞是十八個畫師都畫不出。

進了騎師室，謝文玖對我苦口苦面道：『拉唔住個隻「飛浪」，愈拉愈走，「花驄」又唔上來，唔通叫我跳落馬來，早知咁，自己贏重好，下次制唔過嘑』！謝文玖爲人老實，根本不大肯拉馬，這一回一拉就撞板，輸錢兼焗氣，不獨我們輸，連帶郭子猷和「花驄」馬主及朋友，一樣也輸，反而外面人買「飛浪」獨贏的，却贏了錢，所以我話做馬並非一定能贏錢，現在又何嘗不如此。

從一九四七年香港恢復賽馬以來，獸醫羅拔臣便下了一條禁令，禁令練馬師用「中」法醫馬，馬兒有病，非由他診治不可，如果練馬師違令，立即開除，因而「中」法醫馬，從此絕跡。

所以現在的馬匹，打打維他命針、鈣針，馬匹最厲害的「脹筋症」，便要落罡藥，西醫名曰BLASTER。

戰前，每一個馬房是不禁止用中藥的，所以中國練馬師對自己馬房的馬匹，在平時和暑假時期，多數用中藥替馬治病，譬如馬兒在暑假期中，多數吃一兩帖「大清肺散」，這張藥方有四十幾味藥，將牠叫中藥舖磨成粉末，顏色是深黃的，將牠混在馬料之中，馬匹在吃料之時，便吃了下去，過一兩天，一切內蘊的濕熱和其他毛病，都從大小便中疴出來，有的一帖不夠，則過了半個月再吃一帖，這張藥方，是由上海傳來的，所以俄籍練馬師，起先不知道此方的靈驗，後來知道了，一樣也令他的馬匹服食，可是用中藥，便損失了獸醫的西藥生意，更損害了獸醫的尊嚴，無怪乎當時羅拔臣要下禁令，此令直到現在二十多年都未會取消。

至於馬匹最可怕的毛病「脹筋」，便是在馬的兩隻前腳馬蹄上面四寸範圍之中的筋腫了起來，大家都知道馬兒全靠兩隻前腳來支持賽跑，如果筋脹，跑起來便會腳痛，一痛當然不能跑，而且這是馬匹的致命傷。

中醫的醫法，是用金針來刺開脹筋部份，令筋內的黃水逐點流出來，然後用艾灸，將患處灸煞，這條筋一灸死，當然不會復發，而且一樣可以賽跑，不過馬蹄上部葫蘆骨四圍的毛，全部燒去，至多外型上難看一些而已。

西法是用罡藥將筋罡死，但總不及針灸的辦法妥當，因爲用了罡藥以後，隨時有復發的可能，所以醫脹筋，中法好過西法。

我曾有一匹中國馬叫「金鷄」，是當時中國馬的佼佼者，買進來時，早已在葫蘆部份針灸過，當初我看見牠葫蘆部份沒有毛，光禿禿，我不敢買，後來范阿根担保我此馬無礙，我便買了下來。這匹「金鷄」，由當年的練馬師黎來福（綽號荳皮來福）爲牠針灸的，因爲全馬房中，祇有來福一人能針灸，所以凡是馬匹患了脹筋症，祇要馬主同意，報告一聲獸醫，便由來福動手，也不知道醫好了多少匹好馬。

講起「金鷄」，這匹馬確乎在當年中國馬之中，比「壽星」還要高一級，可惜的是一身毛病，除了脹筋病已醫好之外，因爲是單骨馬，體弱不耐跑，跑過一次，回馬房後，晚上便不吃料，要過幾乎一個星期，方能復原，與「壽星」大不相同。「壽星」是跑完回馬房，當夜料吃得乾乾淨淨，而且平常至多每月加一包黑荳（一百斤），賽前吃一斤雙蒸酒，如是而已，「金鷄」則不同了，每天要吃四隻鷄蛋，還要「米太通」（維太命B），打鈣針等等，費用大得多，可是出賽的場次却很少，決不能一個月跑兩次，有時一個月一次，有時兩個月一次，而「壽星」則逢賽必能出，可見馬匹强弱，相差不可以道里計了。

這裏，我還刋一張「金鷄」贏馬，內子拉馬頭，哈哈大笑，笑到見牙唔見眼，何以故呢？當然有個道理。

原來那一次「金鷄」久休後出賽，主任騎師張和生兄因爲此馬太弱，和生的鞍檔很兇，開鞭又厲害，「金鷄」是弱馬，（行話叫做「先生馬」），張和生怕一不小心，又將「金鷄」騎壞，所以聽到騎「金鷄」便怕，謝文玖從來沒有騎過「金鷄」，所以也不想騎，當時，葉鉅英兄非但是馬會高級職員，而且也是騎師，又是軟檔師傅，不大會騎壞馬，他聽到了「金鷄」要請騎師，便對刁家堅示意，他想騎「金鷄」出這一場一哩，刁家堅對我講了，我無所謂，便親自對葉兄講，請他騎「金鷄」。過檔之後，葉兄對我話，「金鷄」口勁頗重，馬在良好狀態中，一定盡力爲我贏馬，可是因爲他第一次騎，而且「先生馬」體弱，到正式賽時或者靠不住，要我不必多買票子，以免輸錢。其實我對「金鷄」，根本不敢下大注，不比「壽星」，每出必拚而贏的機會也靠得住得多，所以在出賽那一場，循例買多少「金

「金鷄」贏了並頭馬，不由馬主笑呵呵！

鷄」的贏位票，能贏馬固然好，輸了也無所謂。

同場有七匹馬跑，一開閘，「金鷄」便大脫腳包了尾，放出的是黑色馬「東亞」，騎師是紅牌生，馬主梁天培老兄，(梁兄伉儷現在香港，我們有時見面，還會提起這一場賽事)，跟着的有鄧文華的「北斗」，招基繁的「松竹」，楊必達的「母獅」，劉榮的「秋景」，郭子猷的「朝陽」等。「金鷄」是弱馬，葉鉅英小心翼翼，脫了腳也不敢拚命騎，怕騎壞了牠，一路跟住跑，看看馬兒的反應如何。

跑到上山時，「金鷄」有小小反應，葉鉅英便開始畧加催策，「金鷄」逐步追前，可是和放頭馬「東亞」，還相差十個八個馬位，須知「金鷄」負一五二磅，而「東亞」祇負一四〇磅，兩駒相差十二磅，我以爲這一場馬，「金鷄」輸定了。

不料從下山到轉正直路，「金鷄」已追到第二，轉正直路，大約與「東亞」相距，還有七八個馬位。

直路上，但見葉鉅英施出混身軟功，不鞭而推，「金鷄」好像一陣風般大步向前，愈追愈近，和「東亞」好像差不多一齊到終點。

當時沒有電眼映相，完全憑目力，何甘棠五叔以理事長地位兼任首席評判員，兩駒到底是內欄的「東亞」勝，還是外疊的「金鷄」贏，我帶着緊張的心情，眼睛直望着馬匹名次牌，等待揭曉。

評判員們商議了足足三四分鐘後，結果第一塊牌子，掛出「一」號，同時擺在相並的第二塊牌子，排出「七」號，馬場裏轟然一聲，原來「金鷄」(一號)與「東亞」(七號)並頭第一。

葉鉅英兄在最後直路用軟檔飄功騎術，居然能令「金鷄」這匹弱馬在直路上大發神威而與「東亞」爭得並頭冠軍，(如果現在用電眼，我可以說頭馬是「金鷄」而不是「東亞」，因爲逢在直路衝上來的馬匹，其勢一定比較厲害得多，外疊馬映相更佔了多便宜，所以現在逢電眼映相分首次的場合，外疊衝上來的馬匹，贏馬機會佔了七成，這一點凡是常到馬場的馬迷們，一定明白)，我們夫婦見此賽能反敗爲並勝，當然高興，內子拉頭馬進場之時，刁家堅跟在內子之後，宛如保鑣一般，內心喜悅，可想而知。「金鷄」是一號，所以雖和「東亞」(七號)並頭，也要由「金鷄」先進大門。

「金鷄」贏馬之後，當然又要休息一個月，可是牠的脹筋症，從針灸之後，却從來沒有再發過，所以，我認爲中法治脹筋病比西法好。

還有一匹「金龍」(澳洲馬)，馬主是現在老招牌廣發源西服舖的東主黃舜老兄，練馬師是已故的蕭寶義君，「金龍」患了嚴重的脹筋症，劉榮小醫生用西法醫不好，結果也請黎來福針灸，結果醫好而且還一連贏了多次頭馬，不過凡用針灸的馬腳葫蘆部份，完全給艾火燒到光禿禿，不免有些難看，但馬匹却可以延長一個賽馬時期，表面難看一點也無所謂了。

日本人管理下的香港競馬會，跑了兩年多的馬，馬兒愈跑愈少，到一九四八年(昭和十九年)的上半年。祇剩下了六十匹澳洲馬，而這六十匹馬中，尚有「啓市」、「福壽」、「和平」、「民望」、「冬景」等五匹馬因病從來不曾上過陣。在四八年一、二月中，祇上陣過一或兩次的，亦有「艷獅」、「異獅」、「藍袍」、「好運」、「馬超」、「閃星」、「飛車」、「益羣」、「馳驥」、「良侶」、「鐵蹄」、「慧星」、「波浪」、「黃雀」等十四匹，於是乎可以上陣的馬匹，澳洲馬祇有四十匹左右，幸而還有十一匹中國馬可以跑跑讓磅和讓路賽，但也祇能夠湊成一場賽事，所以每次賽馬五、六場，每場祇能有至多六匹上陣了。

幸虧正在青黃不接之時，却由日本冒險逃過了美機轟炸之下，運來了十六匹日本馬，這十六匹日本馬，初次上陣時是十二匹報名，十一匹參加，這是差不多一年左右所難得見到的賽事了。

當時據說這一批日本馬之中，最好的馬名字叫做「高砂」，可是一到香港之後，便因水土不服而生了病，於是乎在第一天上陣跑一里路程時，(一千六百咪)，謝文玖騎的單眼馬「浦風」便變成了第一大熱門。

十一匹日本馬的獨贏票售出一萬四千六百十九張，馬雖然多，但因負票太少祇有一、二百張的佔了五匹，大熱門「浦風」却有八千五百五十六張，結果「浦風」僅以一頭之微，贏了二馬「金時」，騎師是已故的譚全賦兄，獨彩祇派七元二角，可是這一場賽事，「浦風」在最後直路上爲「金時」逼得連氣都抖不轉，買到「浦風」獨票的，贏的錢眞是連買驚風散都不夠。

「金時」在來港的時候，並不爲馬迷所重視，這一場獨贏票祇有一百十四張，因譚全賦是長檔，騎澳洲馬平平，若換一位騎師，可能早已經贏了「浦風」了，

(十五)

記「江南第一枝筆」唐大郎

·大方·

上海的小型報，一向被人稱作小報，根據傳說，已有七十餘年的歷史，第一張小報，名為「游戲報」，創辦人大名鼎鼎係別署南亭亭長的李伯元，余生也晚，未會見到。民元以後，初涉社會，曾見到劉束軒所辦的「新游戲報」，顧名思義，即知那是屬於娛樂性的一種刊物，內容除游藝外，大都是談戲劇的文字，絕無政治意味和社會新聞，純係酒後茶餘的消閒讀物，「新遊戲報」如此，猜想李氏的「游戲報」，其內容也是如此。在那個時候的小報大都是三日刊，也有五日刊，甚至有七日刊的，種類很多，晚上回去，可以買到七八種，足供你消磨整個黃昏。

小報風格的一大轉變，始於「晶報」，它本是「神州日報」的附屬品，由安徽人余大雄主持其事，余為日本早稻田大學畢業生，頭腦甚新，在編排方面起着革命性，內容方面，更注重延請名家執筆，於是一炮而紅，銷數打入高層社會，在新聞界產生了力量。它既附屬於「神州日報」之下，原本是用「神州日報」的錢來培養他的，但「神州日報」經常虧本，而「晶報」則能賺錢，終於倒果為因，後來却拿「晶報」賺來的錢，去維持「神州日報」，可謂出乎意料之外。

距今五十年前，是「晶報」的全盛時代，執筆人濟濟多士，無一不是文壇巨擘，約畧計之，有包天笑、錢芥塵、袁寒雲、張丹斧、畢倚虹、孫臘蝯、劉襄亭、步林屋、張春帆等，又那個時候，劇評文字，也具一部份叫座力量，南北評劇家，如馮小隱、馮叔鸞（即馬二先生）、徐彬彬、張肖傖、沙大風、蘇少卿、舒舍予等，莫不為「晶報」執筆，天下英才，為之一網打盡，而當時之執筆寫作人士，也無不以其大名能一登「晶報」為榮。

福爾摩斯問世 小報風格再變

在上海許多小報中，其資格畧遜於「晶報」的，有朱瘦竹主持的「羅賓漢」報，但它是一張側重於戲劇的報，自不能和「晶報」分庭抗禮，不久，施濟羣的「金鋼鑽」報，和胡雄飛的「福爾摩斯」報先後問世，「金鋼鑽」報走的也是文藝路線，而「福爾摩斯」則突出奇兵，延請大報館的外勤記者，撰寫新聞以外的內幕新聞，供諸大衆，大受讀者歡迎，今日幽居海外的老友胡憨珠，當年即曾以探子報，及跑龍套為筆名，寫了許多揭發性稿件，成為「福爾摩斯」大將之一，使得上海小報的風格為之一變，也造成了「福爾摩斯」，與「晶報」，「金鋼鑽」，鼎足三分的局面。

以上的三家著名小報，都是所謂三日刊，「晶報」所以用一個「晶」字，即是代表三日之意，不久有一位查士端先生，忽然創辦一張每日刊的小報，即名為「小日報」，延請吳門星社中之尤半狂主編，其執筆者遂也多是星社中人，但那時，日報的銷路猶未打開，「小日報」也未能受人重視。又不久，胡雄飛離開「福爾摩斯」，獨創了一份「社會日報」，又一報人來嵐聲，先後創設了「世界晨報」與「時代日報」。北方的成舍我，仿照北平「實報」方式，在滬創設了一份「立報」，吳門星社的姚蘇鳳，糾資創辦了一份「辛報」，至此上海的小報，在出版的性質上又為之一變，由過去的三日刊，成為天天發行的小型日報。

人材濟濟多士 殺出一位怪才

在上海的小報，自三日刊進而為小型日報之後，奠定了它於社會間的新聞地位，銷路盛及一時，延攬的人材，自也很廣，但平心而論，小型報人材的丰富，是有勝於大報的，由於小型報的健筆，筆下充份自由，成為習慣，其作品不為大報所採納，但在大報方面的能文之士，有時為了技癢，有時則為了發洩，一有題材，常寫了文章，化名假小型報刊出，因之小型報文字，能吸收大報的人材，而大報方面，限於環境，不屑向小型報作家徵稿，遂也缺乏小型報那種活潑生動的作品，兩相比較，可知小型報方面的作品和人才，其丰富有勝於大報，殊非虛語。

筆者自離學校，即喜愛東塗西抹，認識文藝界的前輩很多，但純為玩票性，正式從事新聞工作則很晚，值到二十八歲，宦遊鎩羽歸來，纔接受了來嵐聲君所創「時代日報」之聘，為之主持副刊職務，做了正式的新聞從業人員。

由於筆者涉足社會很早，認識的文藝界中健筆甚多，環顧數十年中，有稱得起清才、逸才、甚或高才、大才者，但能當奇才二字的人則很少，比較具有特殊性的，祇有一個，那便是橫裏殺出的唐大郎，綜觀其人其事其文，確乎和常人有些不同之處，稱為奇才，雖似不足，稱為怪才，恰似有餘，筆者和他相處甚久，本篇因談及小型報，順便也來談談他的片段情事。

中國銀行出身 東方日報起家

唐大郎，字雲旌，江蘇嘉定人，出身於什麽學府不可考，筆者初識他時，他是中國銀行一個中級職員，他對詩文既有修養，自然不甘寂寞，偶也寫些作品，投向報間發刊，筆者第一次看到他的詩，發表在馮夢雲所辦的「大晶報」。那時的小型報，大都範圍很小，除少數特約者有稿酬外，臨時投稿，均無稿費，馮夢雲見他的才氣很旺，便想爭取這個人，特挽筆者和他通訊，希望他今後多寄稿件。可能大郎之與筆者，也有一些惺惺相惜之意，除復信外，又寄了一些詩來，他的詩，做得輕鬆、瀟洒，而又浪漫熱情，實在使人喜愛，這便是筆者和他論交之始。也憑這一交往，使大郎今後竟成爲小型報的職業報人，獲得一代怪才之號，追本窮源，和筆者是不無有所關連的。

那個時候，他用的筆名是雲裳二字，後來寫作較多，筆下便偶以中國銀行的近事或人物爲背境，這是做生意人所大忌的，中國銀行當局不時發現報間有文涉及中國銀行秘密，加以調查，知出大郎手筆，便遭到了炒魷魚的處分，筆者和夢雲，聞此消息，認爲唐君的失業，由我們身上所引起，深感不安，恰巧那時有朋友徐君，創辦了一家「東方日報」，擬物色一位編輯，頗屬意於他，我們問他是否也願意來幹我們這一行工作，唐君表示很有興趣，於是一拍即合，他便由筆者和夢雲的介紹，做了「東方日報」的編輯。

自他正式下海以後，在「東方日報」寫了一篇「高唐散記」，改署高唐，對中國銀行人物，既無顧忌，攻擊得更厲害，他的文字，非常潑辣，望而皺眉者有之，望而喜愛者更有之，因之高唐名字，很快便引致各界人士的注意，許爲小型報界一個後起的傑出人材。他對中國銀行炒魷魚事件，耿耿於心，鍥而不捨，這一段公案，迫得中國銀行當局請出杜月笙氏來調停，纔解開了這一死結。

唐大郎初入報壇，爲了建立聲威起見，當然樹敵很多，他時常做詩罵人，嘗和一位「大都會報」的馮葭初，引起筆戰，馮君是個好好先生，但說：大郎會做詩罵人，別人就不會做詩罵他嗎？於是也做了好幾首詩，拿他狠狠的罵了一頓，有一首詩的開頭兩句云：『銀行趕出到方東，辜負而翁卵裏虫』，別人都認爲這兩句罵得很惡毒，但大郎見了非但不生氣，對這兩句反非常欣賞，後來經過朋友調停，大家休戰，並在席上杯酒言歡，馮見了他覺得不好意思，但唐則說：「罵得好，罵得好，高明高明，佩服佩服。」接着唐又說道：馮先生畢竟是斯文的，若換了我，則「而翁」二字，必然要換上「窮爺」二字，那才夠勁，這話使馮葭初聽了，眞是啼笑皆非。從此以後，一般人纔瞭解唐大郎，不但一枝筆厲害，做人方面也是一位厲害腳色。

筆觸喜帶鹹味
號稱皮字詩人

唐大郎的作品，詩才勝過他的文才，他的詩雖然沒有什麽功力，却有幾種特色，雄奇、豪放而情感丰隆，有人評他的詩是善於以情味取勝的。他在年輕時候，曾追求過女子蘇灘名家張素蘭，張比他大了好多歲，但他對張一往情深，緊追不捨，曾爲她寫了不少詩，均是情致纏綿，令人意動，筆者至今猶能記得的，如問病云：『中有玉人方小極，綠絨幔子整天垂』。如郊遊云：『憑君指點前谿路，遠看桃花近看桑』。如病起云：『且教珍重秋風裏，十扇長窗八窗開』。素蘭感其意誠，終於和他賦了同居之愛，他有定情詩爲證云：『袖角襟邊名份定，郎爲大弟妾爲嬃』，在當時唐對她確是刻骨傾心的，及後素蘭年老色衰，卒成兇終隙末之局，晚景堪憐，他們之間的誰是誰非，也祇有他們自已知道。

大郎打入報界的初期，其筆觸也是規規矩矩的，及正式下海後，由於迎合一部份讀者的心理，筆意漸趨放蕩，甚至常以皮字入詩。考這種諧艷而又近乎低級的作品，屢見於「笑林廣記」，如寫一位京官，接得家眷，喜而作詩云：『一官如卵大，千里送皮來』，又有人作海甯觀潮詩云：『無風三尺浪，有味一船皮』，雖亦風趣，究不登大雅之堂，大郎偶一效法此等作品，居然大受讀者賞識。當時上海的京劇狀況，以童芷苓的膀、紡最爲流行，然追溯膀紡之最早演出者，非童芷苓而實爲吳素秋，因有人稱吳素秋爲膀紡之鼻祖。大郎駁之曰：男角兒可稱鼻祖，吳爲女角，則此鼻字應唸平聲而稱爲「皮」祖也！聞者失笑。又不久，京角武生張雲溪、武丑張椿華南來，以「三义口」一劇風靡觀衆，舞女周莉娟、周菊珍天天定座捧場，對劇中人，眞有意亂情迷之概，大郎又作詩詆之云：「憐他台上三义口，癡絕座中兩張皮」，居然嚇得周氏姊妹不敢看戲，論者以爲快事。

抗戰前後，筆者困於筆政，久不作詩，大郎則天天有一首打油詩，刊在報上，因之，也結交了一些能詩之士。那時海上吟壇，號稱健筆的，有易君左、鄧糞翁、施叔範、余空我、周鍊霞、白蕉等，大郎也是一個。他們常有文酒之會，一次，他們同到嘉興去玩，泛舟南湖，以聯吟助興，出發時，忘記帶酒，白蕉因得句云：「一湖水活春無酒」，糞翁對云「四面花明醉不辭」，自以信口道出，未能盡善，時操舟者盡係船娘，大郎仍施展一貫作風對曰：「數載城淪艇有皮」，同人均聞而大笑。有人以爲詩會文會等，亦猶梨園，必需着一小丑，纔夠風趣，大郎週旋於這些文豪之間，隨意命筆，傍若無人，於是獲得了外界對他的各種口號，說他是「狂生」，是「名士」，是「詩壇丑角」，更是所謂「皮字詩人」，他以一身而獲得這許多雅號，可謂足以自豪。

嚇到歌曲前輩
成爲第一枝筆

在抗戰以前的小型報作品，關於隨筆散記之類，有一部份還採用文言文，那時筆者所寫「秋水新篇」，和大郎所寫「小休散記」，常以文言筆調出現，我曾讀過胡梯維君有一段對於我和大郎的批評文字，他說：海上小型報文壇健筆，盧的空靈，唐的潑辣，並稱雙絕，但盧病在不夠狂，乃欠勁力，唐勝在能狂，讀來尤有一種强項不迫之致，能使人感到快意云云，筆者對於胡君的批評，認爲非常中肯，我有許多地方是及不上大郎的，以詩文而論，殊不及他能做得爽辣而澈底，終於所謂「江南第一枝筆」的頭銜，便落在他的身上。

北伐成功以後，時代歌曲（也即是黎派歌曲）漸漸抬頭，老畫師丁悚，對此道極感興趣，他喜歡結交文友，也喜歡結交藝人，新聞界大半是他的熟人，而明月歌舞社的社員，如周璇、白虹、黎莉莉等，更熟得和家裏人一樣，每逢星期日，家裏常有聯歡之會，招邀文藝界相識參加，到那天下午兩三點鐘，明月社的男女社員，都隨帶樂器，抵達丁府，各人表演拿手歌曲，以娛來賓，晚餐照例兩席便飯，那時物價低廉，六元一席的飯菜，可使十二個人吃得很暢快，費用都是老畫師自掏腰包的。筆者因爲少年時是個京劇迷，對歌曲不感興趣，因之，丁府的聯歡會不大列席，而大郎則去的機會比較多，一次我也偶然參加了這一集會，聽到許多名曲，如周璇、白虹合作的「丁香山」和「小小茉莉」，嚴華、黎莉莉對唱的「桃花江」，江曼莉表演的「永別了我的弟弟」，徐來唱出了「夜來香」等，均極動聽而又熱鬧，頗激發我的興趣，從此每星期日如無他約，便也做了丁家常客。

某一個星期日，我又循例到丁府上去，忽然遇到宗維賡君，（即林靜女士之夫，來港已久，在此開設沙龍照相館，）他手裏拿了兩張請簡，鄭重對我說：黎錦暉先生要請你和唐大郎兄吃飯，我說無緣無故，爲何要叫黎先生破費，宗君說不算無故，這一頓飯是兩跳嚇出來的，我莫名其妙，宗君補充着說：黎先生讀了盧君的文章，嚇了一跳，接着讀了唐君的文章又嚇了一跳，他驚異着小型報圈子中，居然有這樣的出色人選，實有認識的必要，因之纔有這一次的宴會。錦暉先生才調無倫，屬於文藝界的大手筆，他的賞識與有榮焉，當然大郎的文章，容有使黎先生嚇得一跳之力，至於筆者，也許祇是聊附驥尾而已，不過因此而認識了黎錦暉先生，把我們認爲朋友，頗使筆者感到暢快。

捧既捧到澈底 罵也罵得兇狠

唐大郎以一枝健筆，縱橫報壇，有不可一世之概。成名以後，有人批評他的文章，指他在捧罵雙方，均用着全力，罵一個人，會窮兇極惡的罵，而捧一個人，也會不顧一切的捧，因之，凡屬被罵和被捧的人，對他都有深刻的印象，也能使人對他側目而視，分晰來說：他筆鋒的犀利處，便是所謂做得出，不爲別人稍留餘地。我們試舉他的捧罵兩則故事爲例，藉以印證他的文章風格。

一位老友有一個紅顏知己王小姐，雖然她過去出處不高，但認識吾友後，矢志相愛，力爭上遊，友人也促使她試從事電影事業，以期成爲一個演員，這本是一樁好事，王女過去曾認識上海著名律師王黼裳，王氏擬量珠爲聘，女以齊大非偶却之，時吾友亦兼主一家小型報輯務，工作時女時來相伴，乃有紅袖添香之概，此事原與大郎無干，不想一日大郎忽在自己所輯的報上，刊出了一首詩，對王女大肆調侃，句云：『編輯房間肉一方，人言此是密司王，屠門不走登銀幕，依法何如適黼裳』，一個正在力爭上游的少女，突然爲人揭發了她的痛瘡疤，心裏眞不知是怎樣難受，朋友見了，也是啼笑皆非，但詩已登出，無法收回，朋友至此不發一語，祇寫了一張便條，託人送達唐的報館，便條上書云：『雲旌先生千古，某某某謹輓』，表示雙方劃地絕交，兩人因此斷絕往來很久。從這一首詩，可證唐作每會不留餘地，予人以極度難堪，他的犀利處，自非筆者這樣的老實人，所可望其項背的了。

在捧人方面，他頗贊賞周信芳的藝術，寫過盈篇累牘的捧麒文章，那時周正在卡爾登戲院演出，他的捧麒文章寫得多而且好，因此和周信芳成爲最好的朋友。此外，他對女藝人頗傾折於金素琴，也寫過許多捧金文字，更奉金以大仙之號，筆者記得他有贈素琴的一首詩的末兩句云：「一笑歸來裙角重，此中定有大郎魂」，詩中發靨氣息極爲濃厚，使素琴讀了頗感尷尬，事實上他和素琴也祇是普通朋友而已。

有人批評大郎的詩，說他善翻新意，也善於套別人的詩意爲己有，化腐朽爲神奇，即如他贈素琴的兩句也是套別人詩意而成的，北平報紙有記某京官贈某女伶詩云：「座中孰個痴於我，一擲秋波便是恩，不信煩卿親檢點，袖邊襟角有離魂」，唐作即是套取該詩原意，但套得適合，便不愧好詩，也不愧此中高手。

另有一首滑稽詩，則爲勝利以後，上海大都會舞廳有個舞女叫沈一飛，嫁了一位空軍，大郎即成一絕，題曰：聞沈一飛嫁空軍，詩云：「一嫁空軍我便休，問卿何日去云游？要持手銃朝天打，來報平生失戀讐。」註曰：手銃者，高射炮之俗稱。

接近左派人物 創辦小型亦報

抗戰前後，上海一般小型報作家的生活，頗爲靡爛，每天除吃花酒、跳舞外，看戲捧角，習以爲常，我和大郎都不例外。大郎由捧麒關係，認識了卡爾登的最高當局，卡爾登的二樓，除經理室外，更有一間空房，作爲朋友們唱戲及打牌之用，稱爲翼樓，大郎得閒，便成爲翼樓的常客，此外，更有大郎的最佳拍擋人龔之方和「社會日報」的主編陳靈犀，也是打牌搭子之一，至於筆者和現隸邵氏公司的陳蝶衣兄，則祇是偶然光顧而已。卡爾登方面的演出，有時是京劇，有時也演話劇，搞劇運的人物，其間不少是左翼作家，大郎、之方等，和他們時常接觸，認識了夏衍、于伶、費穆、吳祖光等一般人，彼此混得很熟，成爲很好的朋友，曾經創辦「清明」、「大家」等刊物，即由唐大郎任出面的編輯。事變以後，左翼作家有好多人抬頭，而原來的小型報則一網打盡，大郎和之方憑着優先的條件，居然弄到一張小型報的新登記證，創辦了一份「

亦報」，可是粥少僧多，有大批原來小型報作者，都被拒於門外，無法取得寫作的機會。筆者記得當時「亦報」所吸收的寫作人士，有魯迅介弟知堂老人，林語堂的助手陶亢德，梅蘭芳的秘書許姬傳，南京早報編輯張慧劍等，都是國內文壇一等一的好手，唐龔二人，在時勢造英雄的局面下，能吸收了這麽多的文壇知名之士，却也足以自豪，至於筆者，雖也曾分得一點小小寫作地盤，未歸入淘汰之列，但終覺得在人屋簷下，滋味不大好受，於是便動了棄家南下之意，終於在易幟一年之後，孑身遷來香港。

革命大學深造 洗腦下鄉挑糞

易幟後上海方面的小型報，除「亦報」外，還出了一張「大報」，是由文友陳蝶衣兄所主持，但不久國內政策走向嚴厲的一面，「亦報」、「大報」相繼停刊，蝶衣兄在「大報」結束之後，也設法來港，祗有大郎之方及陳靈犀等三人，思想比較前進，留在國內，不肯遠離。大郎表演得更積極，通過有關方面的承諾，自願赴北方的革命大學深造，聽說他在革大時期，經過洗腦及上大課等課程，也曾下鄉，參加農民們挑臭糞的工作，以一個荒唐絕頂的人物，突然作了一百八十度的轉變，令人聞訊感到驚訝，他的思想，豈是眞的搞通了嗎？

當大郎於北方修業完成，重返海上之際，國內文壇，忽然起用鴛蝴派舊人，歡迎他們寫作，於是本港報上不時看到鄭逸梅、范烟橋、周痩鵑等各位前輩的作品，大郎的名字赫然在內，他用的題目是「唱江南」，形式和他往日一樣，照例是兩首七絕，或一首七律，更附以一篇短短說明，描述當前江南文物之美，他的作品，原本很受大衆歡迎，在我們一般旅港的老朋友見了，覺得故人無恙，更有一種驚喜之感，可是在細細閱讀他的詩文之後，獲得另有一種感受，時代變了，他的作品也變了，他本是一個嘻皮笑臉的人，筆鋒以豪放姿肆見長，如今要他規規矩矩來扮演正派角色，無形中限制了他的才氣，所作自然打了折扣，雖然唐大郎還是唐大郎，但文章風格，却前後判若兩人，有許多人看了，都感到不是原有的味兒。一天，筆者遇到前上海舞后管敏莉女士，她的當選后座，大郎擁護之力甚多，彼此乃結爲兄妹，敏莉和我也談到「唱江南」作品，她說：「我這阿哥，本來是唱小花臉的，現在要他改唱老生，縛手縛脚的，當然不會討好。」他義妹對他後期作品的批評，使我頗有同感，此外，我們且看看他的自我檢討，是他寫在「唱江南」之前的，他說：「經過大時代考驗以後，纔使我懂得做人之道，也使我懂得做文章之道，我現在偶然讀到自己過去所謂得意之筆，噁心得連隔夜飯也要嘔出來，每一想起，輒覺汗下通體。」

唐大郎為本刊編者所書扇頁

大郎這一段自白，使人讀了非常感慨，這情形說明了天下無眞是非，而文章不比黃金，也乏一定價値，過去萬人傳誦的佳作，原來也即是看了會嘔隔夜飯的東西，豈非絕不可能，而眼前却看到了事實，更使人聯想到大郎這種自白，或許是思想眞已搞通，或許是善於適應環境，我們不敢妄下斷語。

在筆者初讀「唱江南」期間，感懷舊侶，也曾作了一首小詩，題爲讀「唱江南」作：

『江南北望凍雲遮，君寫江南我自嗟！居憶「人安」空繫夢，身因客久慣思家。猶餘歲晚詩情艷，每遇花開別恨賒，高詠倘教懷義妹，憐渠一樣滯天涯。』（按人安里爲筆者與大郎的舊寓所在，同處達十餘年，義妹即指今在曼谷開設鑽石酒家的管敏莉女士。）

大郎的前期作品，無法獲得完整之作，後期祗有悼吳溫如七律半首云：「猶記年前一盞同，夫人言笑自豪雄，常因好戲誇其女，爲甚沈痾損汝躬？」按吳溫如，即吳素秋之母，其號與馬連良同，稱四大名嫣之一，雖然我拿下面四句忘了，但後期的唐作，寫來規規矩矩，即使記得全首，也似乎缺乏風趣了。

銀海滄桑錄

「人言可畏」阮玲玉

蝶衣

銀色生涯　歷程多艱

阮玲玉一片成名，此後她的銀色生涯並非一帆風順，事實上還曾經過了幾番波折與磨練，始能眞正的在影壇上嶄露頭角。

繼「掛名夫妻」一片之後，阮玲玉又連續主演了「俠鳳奇緣」「洛陽橋」兩片；由於影片本身格調不高，未能顯出阮玲玉的長才。

最不幸的是：由於拍攝「洛陽橋」一片，使阮玲玉與男主角朱飛，彼此之間有了經常接近的機會，以致發生了情愫，同時也影響了工作。使本來痛惡朱飛的導演張石川，因此而遷怒於阮。之後她與胡蝶、朱飛聯合主演「白雲塔」，此時朱飛又捨阮而接近胡蝶；阮玲玉不免因此而大鬧情緒，拍戲之時常有神思不屬的情況，於是更引起了張石川對她的不滿；「白雲塔」的演員名次，阮玲玉即被貶而排列於朱飛之後，她的情緒由是而更形低落。

接着「梅林緣」一片開拍，阮玲玉工作態度逐漸反常；有一天竟與朱飛在攝影棚裏口角起來。張石川眼見鬧得太不像話，把朱飛訓斥了一頓；「梅林緣」亦因此而停拍。

自此之後，阮玲玉即被「雪藏」，不再有拍戲的機會，不久終於與公司解約，轉入了大中華百合影片公司。

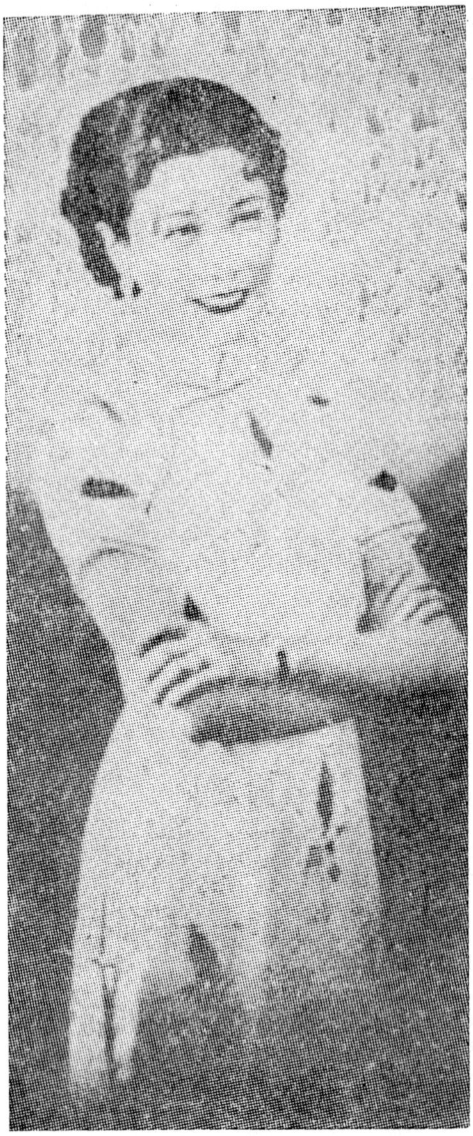

亭亭玉立的阮玲玉

銀色生涯幸得恢復，但她所主演的「珍珠冠」「刼後孤鴻」「情慾寶鑑」諸片，票房紀錄平平，並未能帶給她多大的榮譽。

直到聯華影業公司異軍突起，開始網羅羣英，阮玲玉亦脫離「大中華百合」，轉投「聯華」陣營，她的潛質方始獲得充分的發揮。

「聯華」的第二部出品「野草閒花」，由孫瑜負責編導，起用南國劇社出身的金燄（原名金德麟，韓國人而生長於中國。）担任男主角，與阮玲玉拍檔演出。阮玲玉憑此一片而大露鋒芒，大獲好評，使她在頃刻之間走上了成功之路，成爲胡蝶之外另一位贏得千千萬萬影迷的崇拜的銀幕偶像。

鈔票掛帥　茶商進攻

惜乎在阮玲玉的生命史中，先後闖進了兩位戀愛尅星，一位的舊日的小主人，破落戶子弟張達民；另一位就是社交場中的「玩家」，粵籍茶商唐季珊。

張達民以舊日小主人的資格，取去了阮玲玉的初戀，製造了少爺與丫環之愛；最後是凶終隙末，辦妥了離異手續而勞燕分飛。繼之，唐季珊却以洋場豪客的身份乘虛而入，利用「鈔票掛帥」而獵取阮玲玉的芳心，成了阮的第二任情夫。

唐季珊一生玩弄過兩位大名鼎鼎的電影女明星，後期是阮玲玉，早期則是張織雲。

張織雲最初隸屬於明星影片公司旗下，其人貌豔如花，在早年上海電影圈中一時無兩，因之纔登銀幕即成爲聲名藉藉的大牌明星。她所主演的「可憐的閨女」「新人的家庭」及「空谷蘭」諸片，當年都是相當轟動的賣座鉅片。

同一時期，在明星影片公司担任攝影工作的卜萬蒼，正是個體格健壯的活躍青年。初立水銀燈下的張織雲，對攝影師之擺弄鏡頭，控制着演員的美醜關鍵，在有限的常識範圍內，不無崇敬之感；再加上工作過程中的多方協助，使張織雲更爲之芳心暗許，於是不久便由攝影場上的同事，進展而成爲閨中的膩友。其時，張織雲是二十一歲，卜萬蒼是二十七歲。

接一連二　橫刀奪愛

唐季珊從卜萬蒼的手中搶走了張織雲，他之玩弄張織雲，是橫刀奪愛的第一階段。之後玩膩了張織雲並拋棄了張織雲，便又以同樣手法，從張達民的手中搶走了阮玲玉，成爲他橫刀奪愛的第二階段。

無巧不成書的是：唐季珊橫刀奪愛的獵獲物，都與卜萬蒼有關；張織雲是卜萬蒼的情侶，而阮玲玉則是卜萬蒼所發掘的天才女演員。

阮玲玉的情侶張達民，不像卜萬蒼那樣的豁達；他與阮玲玉在伍澄宇律師的調解之下，雖已簽署了離異的契約，但還是心有不甘而時時向阮玲玉糾纏，最後甚至列唐季珊爲被告，向法院提出了「妨害家庭」的控訴。

爲了顏面有關，弱不禁風的阮玲玉羞於出庭作證，她在痛苦無法解除的情況之下，傷心失望地走上了死亡之路，成了電影女演員中繼艾霞之後自殺的第二人。

阮玲玉在「三個摩登女性」中

阮玲玉一生命途多舛，民國元年她三歲，曾患急驚風症，母何氏爲之延醫，忽忙中由電車躍下，折肱，尋愈。民國四年喪父，母入張家爲傭，寄養玲玉於義姊家中；玲玉大病，醫治歷時二月始痊。民國五年，玲玉七歲，助母爲傭，患喉症。次年八歲，入私塾讀書，學名阮玉英，出疹，再患喉症。又次年九歲，入崇德女校肄業，喉症未愈。民國八年，玲玉十歲，累年病苦，至是始漸恢復健康。

爲了病中曾許願心，民國十六年曾隨母至普陀山進香禮佛，是年玲玉十八歲，已被明星影片公司錄取，主演「掛名夫妻」「北京楊貴妃」（與楊耐梅合演，由鄭正秋導演。）「血淚碑」等片。

民國十七年在明星公司演「洛陽橋」、「白雲塔」，繼轉入「大中華百合」，已如前述。

民國十八年，阮玲玉二十歲，在大中華演「銀幕之花」、「婦人心」、「九龍山」三片，是年入聯華拍「自殺合同」、「故都春夢」。

民國十九年。演「野草閒花」、「戀愛與義」、「一剪梅」。「一剪梅」是專程來香港廣州兩地拍攝的。

民國二十年，演「桃花泣血記」、「玉堂春」兩片。

民國二十一年，演「續故都春夢」、「三個摩登女性」、「城市之夜」。「三個摩登女性」中，他演一個電話接線生，還有兩個女性是陳燕燕和黎灼灼。

民國二十二年，演「小玩意」、「人生」、「歸來」。

民國二十三年，演「香雪海」、「再會吧上海」、「新女性」。

民國二十四年，也就是她死的那年，演了一部「國風」，這就是她的最後作品了。

玲玉體質素弱，玉骨珊珊，望之不盈一握。唐季珊之撇開張織雲而追逐阮玲玉，是因爲張織雲已「美人遲暮」，風采漸不如昔，而阮玲玉則正在得時當令，紅得發紫的期間。

其實阮玲玉縱不自殺，過後紅顏漸老，恩情必斷，她也會備受折磨而損其天年的。她之命途多舛，在髫齡時就早已開始了。

阮玲玉在「小玩意」中

吻頰告別　死意已決

民國二十四年三月七日晚上，金燄、王人美夫婦知道阮玲玉心緒欠佳，對她的遭遇深表同情，特地邀請她到家便飯，在座者還有小明星黎鏗，以及其他幾位女演員。

阮玲玉在「新女性」中

席間，主人出酒饗客，共謀一醉。阮玲玉小飲數杯之後，神態已有點失常，除了縱聲談笑，畧無拘忌之外，又遍吻在座女演員之粉頰，顯示了依依惜別之意；最後，她不勝感慨地說：「天下沒有不散的筵席，我要走了！失陪了！」

當晚，阮玲玉回到新閘路沁園邨寓所，即吞服大量安眠藥片，就牀着枕，以待死神之降臨。這一晚，唐季珊並沒有陪同阮玲玉尋夢，他是否又有了新歡？無人知道。

次日是三八婦女節，阮玲玉服毒自殺的噩耗傳出，她在三月九日法院開庭的前夕，便逃避了沒有勇氣面對的現實，悄悄地離開了人世。而金燄、王人美亦恍然於阮玲玉之吻頰告別，並作「失陪」之語，其時已萌短見了。

龔稼農在「從影回憶錄」第三集第二一四章「一代藝人香消玉殞」篇中作如下之結論曰：

『阮玲玉之死，固因張達民的唐季珊與爭訟，製造給專以內幕桃色新聞的雜誌報紙以材料；但這一類刊物的誇大渲染，且極不公平的指責阮的言論，混淆視聽，歪曲是非，使道德觀念濃厚的保守社會中的影迷，不諒其心目中偶像的「先張後唐」行爲，亦隨桃色新聞的不實報導，同聲指責，形成四面楚歌之勢。試想珍惜歷盡艱苦換來盛譽的阮，其內心痛苦是不難想象的。自殺雖是逃避現實之策，但「人言可畏」的遺言，却可說是對她不公平輿論的抗議。』

銅棺一口　玉人長眠

阮玲玉的遺體移置萬國殯儀館，每日前弔唁者往絡繹不絕，幾於戶限爲穿。膠州路上人羣往返，出現了前所未有的擁塞情況。英租界捕房爲此特地派出了大批巡捕，到場維持秩序，以防發生意外。

銅棺一口，作了阮玲玉最後長眠的道具，「情場高手」唐季珊用金錢彌補他的衷心之內疚，除了厚殮死者以外，並在各報刊出了「訃告」。出殯之日，行列長達十里，影迷們甚至有遠從南京、杭州趕到上海參加執紼的，場面十分感人，可說是備極哀榮。

由於彗星殞落的損失無可補償，輿論界一致發出了讚美、歌頌之聲，昔日的訾議立即變成了「苦悶的象徵」之解釋。彷彿張、唐爭訟時的阮玲玉，還是一個罪人；自殺以後的阮玲玉，則已成爲聖女了。

吳稚暉先生在「新上下古今談」一書中論及此事，曾說：『聽說有位影星阮玲玉，爲婚姻問題服毒自殺，轟動一時。我覺得她的死，有文學意味。社會上生前指摘，死後同情，矛盾得很。正和「三娘教子」劇中王春娥對她兒子倚哥說：「話倒是兩句好話，可惜講遲了！」』也不失爲耐人尋味的一針見血之談。

商人術士　大做廣告

阮玲玉一死，影片公司爲了迎合影迷們的悼念，乘機推出她的生前作品，在各戲院一映再映。此外有部份商人及江湖術士，亦利用阮玲玉之死大做廣告。

聯華影業公司的「香雪海」一片，是阮玲玉

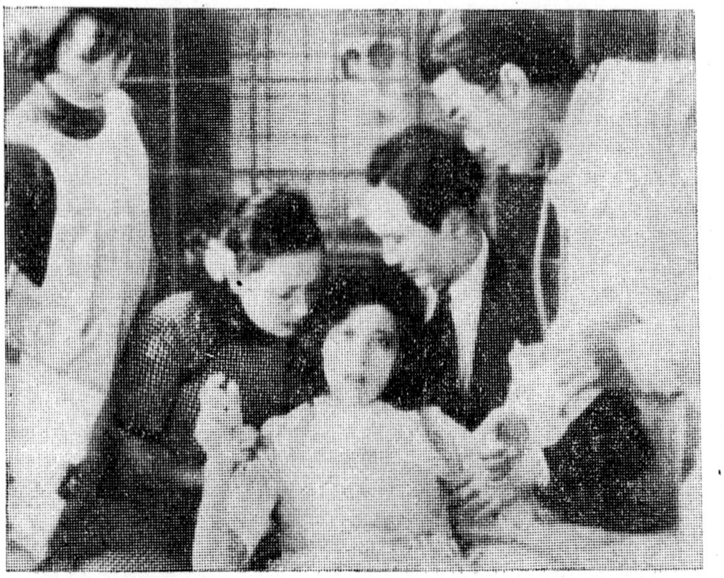
阮玲玉在「新女性」中又一鏡頭

的成名作之一，外景攝自杭州超山的一處梅林。此片推出重映時，一家食品公司在銀幕廣告中附帶宣傳，有如下之妙語曰：「阮女士香消玉殞，梅林正欣欣向榮，陳皮梅源源出貨，甘美碩大，吾人爲紀念此一代藝人，不得不食陳皮梅。」

「葫蘆神卜」嚴芙蓀，於報端刊載廣告，作如下之宣佈曰：『電影明星阮玲玉女士與張達民訟案，引起各方關切，阮之親友李君往占葫蘆測字，搖出「禾」「尹」二字，叩詢三月九日開庭情形，阮是否出庭？「葫蘆神卜」者斷說：「禾」字爲無口可和，而「尹」字象影爲伊人不見；再加以剖析，赫然一尸，凶機畢現。李君聞斷，咋舌而退。至翌日而阮竟以自殺聞矣，可謂斷藝如神了！』

阮玲玉玉人長眠

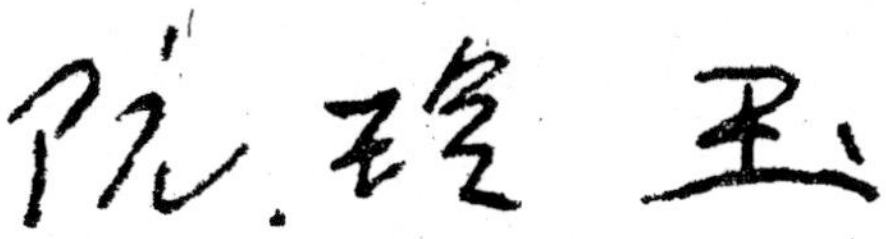
阮玲玉的親筆簽名

是誰之過　影片作結

大約在一九三八年間，也就是阮玲玉死後的第三年，張達民曾在香港自編自演，拍過一部電影，片名「誰之過」。

這是一部影射阮玲玉之死，兼爲自己洗刷罪名的作品，由楊工良導演，張達民自任男主角，女主角是譚玉蘭。

「誰之過」攝竣後，排在新世界戲院公映，由於大家知道這是一部以阮玲玉的三角戀愛史爲題材的影片，因之售座情況亦頗不惡。

香港，曾一度是阮玲玉的避難之地，最後則她的首任情夫張達民，又來到這裏拍了這麼一套「牽死人頭皮」的電影。阮玲玉與香港也可以說是有緣的了！

（全文完）

正宗上海菜

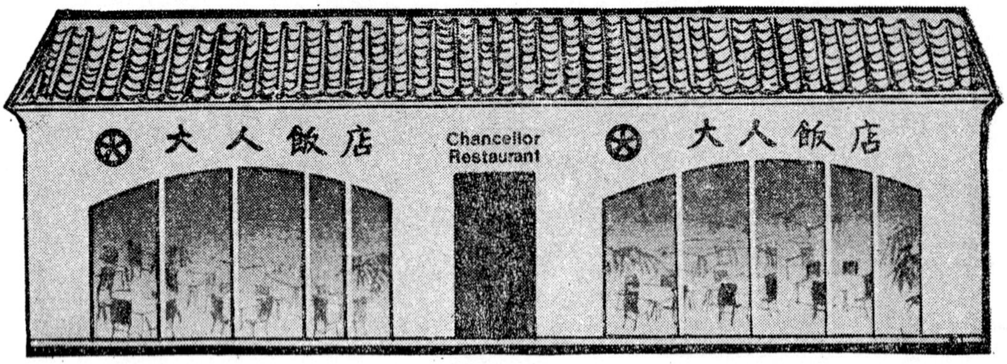

旺角砵蘭街255至257・文華戲院對面・定座電話K302251-2

傳記

「銀元時代」生活史

—六十年來的物價追想—

陳存仁

我懸壺開業，門診雖訂診金一元二角，實際上，當時人對一枚銀元看得很重，超過一元以上，更是一件大事。所以有時病人付四角或六角，甚至不付錢，我也照樣替他看。初時打開業務，眞是難到極點。

一般人對銀元還是看得很重，使用一塊錢常常要經過考慮，所謂要『掂掂分量』才肯出手。那時米價，每担是四元左右，小家庭一夫一妻的話，每月三四斗就夠了，子女多的人家，一個月也不過吃一担米而已，所以銀元的地位還是相當穩定。

那時節上海的人口，不過二百萬，米是由松江、常熟、無錫、太倉等地供應，後來人口漸漸增加，米商就向暹羅購買，米質乾燥，價格較廉，可是涉及外滙問題，所謂外滙是跟着金子價格走的，有時金貴銀賤，有時銀貴金賤，常有波動，因此也牽動到米價有時跌三四角，有時漲三四角不等。

一般民衆，對米價最敏感，吃到便宜的米，好像開心得很，吃到貴米，就有米珠薪桂之感。其實米價上下相差，不過幾角錢而已。

我開業一年之後，門診情形漸入佳境，因爲一元二角的訂價，實在訂得太高，當時的老年名醫收費也不過如此。所以業務進展很慢。足見從前一個少年醫生要厠身於名醫羣中，實在是不容易的。但是做了一年之後，除了特約的商店職員們之外，門診也有十號左右，同學們對我已刮目相看了。

由於每天病人不多，因此每來一個病者，我就有機會仔細辨証，而且空閒時多，可以不斷的看書、翻書，這樣耐心的研究和苦守着，對我學識方面很有幫助。

漸入佳境　成家心切

開診既久，每一星期我的嗣父必定要來看看我的光景，那時「康健報」業務進展得很快，因此我把兩個樓面都承租下來，一小部份租給一個牙醫生。牙醫生有兩個女職員，她們一有空就走到我診室來，我嗣父常常見到她們，總認爲不像大家閨秀，尤其見到她們穿了高跟鞋，認爲太時髦了。偏偏其中一位女職員，見到我嗣父，奉茶敬烟，遞上一條熱騰騰的毛巾，嗣父反而覺得不自在。他對我說：『向來上海的規矩，有底子的人家，先成家，後立業。你淸寒出身，要先立業後成家。現在已經到了快要成家的時候，我看這些小姐是不對的，你要十分小心。我現受委要到安徽盱眙縣接任盱眙關稅局的『會辦』，比督辦次一級，每六個月要回南京述職一次，希望你六個月之內找到一個世家小姐，急速結婚，否則我實在不放心。』我說：『好的』。嗣父臨走時，還切切叮囑說：『古時交友的標準「毋友不如己者。」但是擇偶的對象應該要「毋偶勝於己者，」而且一定要你母親看得中，我也要看一看。』

其實那時節，我接觸到的女性不在少數，心目中已有一位小姐，正在中西女塾讀書，她的祖父是上海一百名人之一（按一百名人係當時「晶報」選出的），這位小姐儀態端莊，姿容娟秀，又是一位傑出的高材生。

中西女塾是教會辦的一家貴族式的女子中學校，宋氏姊妹以及張樂怡、周淑蘋等，都是這間女塾畢業的，學校的課程着重英文，學生們未曾畢業，已經能說流利的英語，我認識的這位小姐，姓什麼，我不能再提，祗寫她的英文名字叫作『愛麗絲』。

我認識愛麗絲很久，自覺出身淸寒，而且學的是中醫，每次見到她，多少總有些自卑感；何况她又是百萬富翁的孫女，我對她祗是很高興的服務一切，什麼事敎我做，我總做得頭頭是道。

有一次，她的相片掛在南京路寶記照相館的樹窗中，丰容盛鬋，儀態萬方，實在美極了。但是她的母親認爲大家閨秀的相片，不應該公開的掛出來，有一天她母親向寶記照相館交涉，要他們除下來。寶記老闆姓邱，是廣東人，說話硬綳綳，他說：『我們照相館從來不掛妓女舞女的相片，現在掛出的四張，一張是陸小曼，一張是唐瑛，妳的千金列在一處，格外顯得高貴。』而且表示堅决不肯除下，她母親氣極了，爭執了幾句，老闆連睬也不睬。回來之後，她母親氣惱之極，認爲不除下這張照片，總不甘心。那天我正在她的家中，我說：『我有辦法』，她母親就說：『好，就請你去交涉吧！』我說：『我要拿一張同一欵式的小照片，說話才有根據』，她母親當即給了我一張。到了次日，我輕輕易易的把那張掛在樹窗中的着色大照片拿在手中送到她的家裏去，她母親就問我交涉的經過，我說：『我祗是說了一些很有理由的軟話，老闆說我不過，就爽性把這張大照片也送了給我。』愛麗絲高興得很，我臨走時，愛麗絲輕輕的叫着我說：『那張小照片，我簽個名送給你吧！』說時作了一個很含蓄的微笑。

從前的小姐們，輕易不肯把自己的玉照送人，我得了這張照片之後，覺得飄飄然週身輕鬆，況且向來對她有愛慕之意，這一來，更令我想入非非了。

愛麗絲不但中英文好，還會畫水彩寫生畫，她曾經爲她的母親畫了一張彩色肖像，栩栩如生，我在凝神欣賞時，她輕輕在我耳邊說：『你想不想也畫一張？』我說：『這是求之不得』。

愛麗絲在中西女塾寄宿，每兩星期回家一次，回家的時候她的汽車一定經過我的診所，司機阿黃指着診所說：『陳世兄就在這個診所中』，愛麗絲就叫司機停車，走到我診所來。那天是星期六下午，我正有幾個病人在看病，我見到一位麗人翩然而至，一看原來就是愛麗絲，她神態自若的說：『你歸你看病』，她就坐在候診室的沙發上，瀏覽我診所的佈置，等我看完了病人，她就把已經繪成的畫像送給我，我呆呆的看了一陣，對她讚不絕口，一面我就拿出朱古力糖來，她很喜歡的吃着，就和我一邊吃一邊談，不知不覺談了一個鐘頭，大家覺得談得很投機，要不是阿黃來催，愛麗絲還不想走。

第二天是星期日，一清早阿黃送來一封愛麗絲父親給我的信，信中教我要去做一件事，阿黃笑嘻嘻的說：『我家小姐，向來輕易不肯到人家去盤桓，對你好像很有意思，而且關照我回家不可透露。她曾經探問我關於你的事，那是更有意思了』。我笑而不言，拉着他到隔壁飯店弄堂去吃午餐。

所謂飯店弄堂，那邊有幾家掛着老正興招牌的本地飯店，我和他一同登樓，他說：『我向來祇在樓下吃，祇有穿長衫的人才上樓吃。』我說一同上去，當即叫了一隻生煸草頭，醃篤鮮，另外還切了一盆鹹肉，叫了一斤黃酒，（按當時物價生煸草頭是銅元八枚，醃篤鮮小洋二角半，鹹肉論塊計算，每塊銅元三枚，白飯一碗也是三個銅元，第二碗白飯叫作添頭，是銅元二枚），我和阿黃談了很久，阿黃飲了幾杯黃酒說：『小姐對你很有意思，這種情形我從未見到過。』我於是就問：『你們小姐喜歡些什麼？』他很粗魯的說：『她最歡喜吃閒食。』

本來喜歡吃閒食，是少女們常見習性，我對阿黃說：『你星期一送小姐上學時，到我診所來叫我一聲。』當夜我就預備好四盒食物，化銀元二枚，一盒是南京鴨肫乾，一盒是天祿燻魚，一盒是燻青豆，還有一盒是天曉得的蘇州糖果。

到了星期一，阿黃居然來叫我，我就把四盒食品送到車上，我說：『這四件東西，是謝謝妳爲我畫了一張像。』她很嫵媚的一笑，我正想把車門推上，阿黃說：『陳先生應該送小姐一程。』我赧然的登車，她也含笑不拒，於是一路談笑，送她到憶定盤路學校門口，此後，每逢她假滿上學，我一定帶了各式食品送給她，如是者有半年之久。

後來我爽性每隔一個星期六中午，便坐了阿黃的車子去接她出學校。有一次她又自動的到我診所來盤桓了好久，看見寫字枱的信件筐，筐中有二百多封掛號信，還沒有拆過，她問我：『爲什麼不拆』？我說：『這些信都是來訂「康健報」的，附有郵票、鈔票、滙票，非親自動手不可，我現在比較忙一點，所以常常積了這麼多信，沒有時間去拆。』她聽了這話，就說：『我來幫你拆』，說着就一封封小心翼翼的拆開來，抄下姓名地址，連答信的信封和訂報單都寫好，足足寫了四個鐘點，她還是覺得很高興。阿黃在車中已等得不耐煩，跑上來說：『小姐好回去了！』我說：『慢慢，我還要請小姐吃點心。』於是又一同登上汽車，到抛球場沙利文餐廳飲下午茶，我恐怕她已很餓，所以就爲她點了一客總會三文治，兩個人相對無言，祇是微笑。

這種情況又持續了半年光景。從前的少男少女，輕易不肯口頭上吐一『愛』字，一切盡在不言中。但是她對我倆的情況，回家絕不吐露。有一次，是星期六下午，又坐着她的車子，我叫阿黃開到兆豐花園對面的惠爾康，吃有名的『曹家渡炸鷄』，那時每隻是一元二角半。吃時我看她的神色特別沉默，正在談話之時，她的眼眶中突然流下一串珍珠般的淚兒來，我心想其中必有緣故，我苦苦的追問好幾次，她才說：『我和你做朋友，到此爲止。』內情她不肯透露，我心中着急，還是不斷追問，她說：『我不久就要畢業了，父母要我到美國去學醫，學額已經申請到，今次一別，至少要七年之後，才可重見。』她這句話含意甚深，而我又沒有勇氣說出：『你是我第一個情人』，祇好用火柴枝來代替我心中要說的話，把火柴砌成 I Love You 三個字，她看了兩臉泛紅含羞起來，再也不肯吃東西，堅决的要走，我在無可奈何時，祇問了她一句：『妳的畢業禮在那天舉行？』她說了一個日子。

到了她行畢業禮的那天，我帶同了花籃及禮物一包去觀禮。中西女塾是上海出名的貴族化學校，全體畢業生都穿着極華麗的白色法國綢的旗袍，每人的襟上都插上一朵香水花（按即洋玫瑰花，當時每朵售價七角），她看到了我，笑容可掬，無限情深，接過了我的禮物，跟着送我一本她們的校刊『墨梯』，第一篇是她寫的英文序文。突然間她的父母也來了，見到我覺得突兀，她很大方的說：『陳世兄有一位女朋友，也是今天畢業，所以他也來觀禮。』這句話意存雙關，她母親是聽不懂的，只是和我握手恭喜說：『你醫業成功，早該結婚了！』我祇好報以苦笑。

畢業典禮開始，愛麗絲是畢業班的班長，成績有六個A字，校主經汪幗貞女士頒獎，授予銀盃一隻。典禮結束時，愛麗絲代表全班同學，用英語致謝詞，措辭流利暢達，掌聲如雷，我心上就蒙上了陰影，覺得她的才能「我不如也」。所以心裏一則以喜，一則以懼，喜的是她才華出衆，懼的是我的資格發生問題，實在配不上她的。（按經汪幗貞，是上海著名的富孀，中西女塾的地產是她捐贈的，萬國公墓的地產也是她捐贈的，在租界中區還有很多地產，南京路新世界遊樂塲也是她的產業，她的母家姓汪，最早期的樓外樓與新世界遊樂塲，是她的丈夫經潤三與黃楚九合作經營的）。

我回到家中，打開『墨梯』一看，篇末有許多漫畫，都是學生之間嬉謔的自由畫，有一幅畫註明『小白兎的大令』六個字，畫中有一個人，穿了長衫，足登白皮鞋，手中拿了七八盒食品，送給小白兎小姐。我一看這幅圖，就知道圖中穿長衫白皮鞋的是指我，而小白兎即是愛麗絲在學校中的綽號，我看了圖畫之後，又是歡喜又是嘆氣，心想要是硬生生去阻止她的學業前程，於理不合，但是不阻擋她的話，又於心不安。就因爲這樣，連晚反覆思索，想揮起慧劍，斬斷情絲，又下不了這個決心，常常整夜思潮反覆起伏，不能成眠。

她有三個弟弟，大弟對我最親熱，二弟三弟也是我的幼時同伴，這兩個弟弟忽然發覺我與愛麗絲的交誼，竟橫加反對。意思是我家非富有，和他家門不當戶不對，於是想出各種理由，勸他的姊姊不要和我來往，愛麗絲聽了他們的話並不介意，我知道我此時已引起同伴們的絕大的妒忌，妒是一種最大的阻力，不但同業相妒，同學也相妒，尤其是同伴妒意更濃，弄得不好，同胞手足都會因妒而成仇的。

這兩個弟弟見到愛麗絲聲色不動，一天，竟然當着愛麗絲的面，打一個電話到華美葯房，說是：『請你們派人送一瓶4711香水來』，那時節華美葯房，祇有一個學徒，叫做『阿富』，就把香水送到，他的二弟就向阿富說：『上次你說過花國大總統肖紅坐着汽車經過你們門口，車中坐着一個陳存仁，這事究竟有沒有？』阿富說：『有呀！這是我親眼目睹的。』兩個弟弟得意非常，望着愛麗絲，愛麗絲帶着不愉快之色說：『這個小夥計，信口開河，我不信。』兩個弟弟面面相覷，知道這種手法並未發生效力。（按阿富就是華美葯房徐翔蓀的學徒，後來成爲葯業巨商史致富，著名的女伶過房爺即是他。）

愛麗絲性格純良，她實在也有到美國留學去的意圖，經不起兩個弟弟的纏擾逼迫，忽然吐露一句話說：『二弟三弟，你們兩人到陳世兄那邊走一次，代我向他討還幾封信和幾張照片。』兩位弟弟頓時如奉聖旨一般到我診所來。

我明白他們的來意，暗暗納罕，信札與照片，別人是不知道的，這眞是出於愛麗絲的本意，我確乎當塲軟了下來，取出八封信，六張相片，那六張相片，我一張張的看一下，就是有一次到戈登路大華飯店花園中去遊覽，胡蝶的未婚夫林雪懷擅長攝影，爲我們倆拍了這六張照片，其中有一張是兩個人合攝的。當時名門閨秀，輕易不肯同男性合拍一張照，凡是肯合拍的，就是表示已經心許了。

那兩位弟弟一看了這幾張照片，呆若木雞，頓時說不出話來，我也覺得不能把這些東西隨隨便便的還給他們。我說：『還總歸還，不過我要親自還給愛麗絲才心服』。

兩個弟弟回家之後，隔了一個鐘頭，愛麗絲電話來了，聲音低微，嗚嗚咽咽的對我說：『我的照片和信札，你可不可以還我？』我說：『明天六點鐘在沙利文當面還給你』。我掛了電話，就想到愛麗絲一定受了兩個弟弟的壓迫，才有這一個很凄凉的電話。

到了次日下午六時，我進入沙利文餐廳，愛麗絲已在等着，這是向所未有的情況，在以往她總是遲到三分鐘的，我坐下之後，點了她歡喜吃的東西，我也隨便叫了些飲料，我望她一眼，她兩眼略帶殷紅色，相對默默無言，隔了半個鐘點之後，我問她是不是要向我索回信件和照片？她微微點了點頭，我就把這些東西誠誠懇懇的交給她，而且還附帶把底片也還給她，她祇是在抹眼淚，一句話也沒有說，這樣坐了兩小時，大家一些沒有吃，正要起身的時候，他三個弟弟走到我們面前，原來他們三人早已坐在裏面灣角的沙發上窺伺着，大弟和我拉手，說：『我眞佩服你，這是壯士斷腕的精神。』兩個弟弟面有愧色，愛麗斯很大方的說：『兩個星期之後，你在太和園宴客，我一定會來的。』我說：『好極了』，那知道到了那天，並不見她的芳踪蒞止，原來她還是受了兩個弟弟的阻撓。

不久，她坐了美國總統號輪船到美國，我還送她兩件綉花旗袍（每件當時值銀元廿元），祇是沒有去送行。（按九年之後，她得了醫學博士回國，嫁給了一個北洋政府財政總長的兒子，後來上海變色，她的丈夫因爲說錯了幾句話，認爲他是間諜，被判刑十八年，她現今在大陸仍舊做着醫務工作。）

從前，秤人重量的磅秤不常見，每逢立夏節，多數到米舖去借他們平素秤米的磅秤來衡量自己的體重。這一次我受到了愛麗絲的刺激之後，我再去磅一下，竟然體重減輕了十八磅之多，這時我就體驗到心理衛生的重要，婚姻不能全仗愛情，財富才是決定一切的力量，我的財富不如人，祇有知難而退。

摒棄萬慮　寄情遊樂

我經過了這次刺激之後，想起嗣父對我說過兩句話：『交友：應毋友不如己者，論婚：毋求勝於己者。』同時我還抱定一個偉大的犧牲精神，讓人家無慮無牽安心出洋求學，完成她得到博士學位的資格，「想」儘管是這樣的「想」，心裏總是放不開。這件事悶在心裏，沒有一個人可以向之訴苦。

一天，同學章次公來，他坦白的對我說：『吃上了鴉片，眞是沒有出息，這兩天我正在戒烟

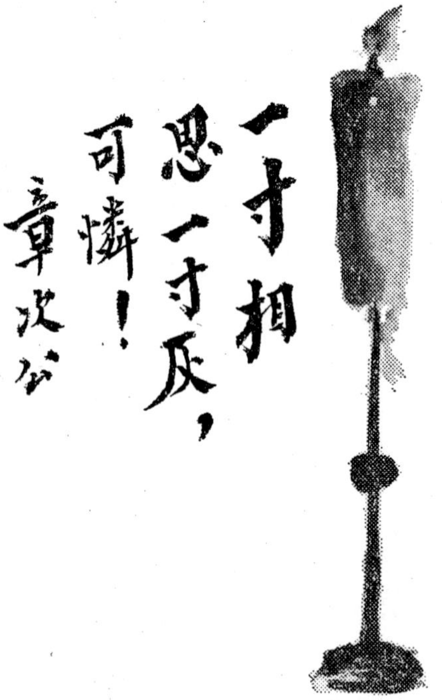

同學章次公繪贈作者的游戲畫

，但是戒雖戒，想還是想，簡直要想得發神經病了。』於是我也透露了我的心曲，告訴他關於我和愛麗絲的事，章次公就拿起筆來畫了一張『一寸相思一寸淚』的圖，這幅畫圖，至今我還保存着，附刊於此。

於是彼此安慰之後，就一同到新世界游樂場去游覽，當時有一種規矩，門券是一角，如果要進去兼吃西餐的話，就不必再購門券，祇要付六角錢買西餐券就可入場，但是他們的西菜，原料既差，做得又不好，兩人吃得一無滋味，恰巧那天是他們的跑驢場開幕，這是很新鮮的玩意，每跑二十分鐘收小洋二角，這個數字，一般人認爲是極高的。

我們兩人也不問什麼價錢，越騎越高興，一連騎了三個二十分鐘，就是兩人共付小洋十二角，所費雖多，倒令到我們豪興勃發，從此連續多天，夜夜去跑驢爲樂。

當時也交際到了不少朋友，如盛文頤（即敵僞時期土販大王同濟善堂主持人）、胡同文（即貝潤生女婿）、邱長雲（當時上海的著名顏料商），還有唐瑛女士（即西醫唐乃安之女，上海早期的交際花）。足見當時花小洋二角騎二十分鐘驢子，普通人是不敢問津的。

若干上海的所謂『小開』，即此地所謂二世祖之流，還有一種打彈子的嗜好，每天夕陽西下之後，大家都到一品香旅社打彈子，每盤收費小洋四角，但是我們沒有此項經驗的人，每天都提早的去，由彈子房的職員陪着我們打，他會教我們怎樣打，每盤都要另給酬勞，在這裏我又認識了葉仲芳。（即上海富商葉澄衷之孫是上海出名的小抖亂。）

打彈子的技術，一時不易學習，於是我們又常常到新世界跑冰場去遊玩，每跑半小時是代價一角，我對這個玩意兒倒頗有成就，在這時我又認識了大名鼎鼎京劇武生蓋叫天，可是跑冰場中品流很雜，除了紈袴子弟之外，還有許多名妓，也排夕必至，其中有一個『高第』，是羣芳會中有名唱『黑頭』的，她對跑冰也有一手。某次，蓋叫天爲了與人爭風，在跑冰場中，和人打架，嚇得我們從此不敢再去。

這時丁福保的公子惠康，由德國柏林大學得博士學位歸來，丁福保先生鄭重介紹，認爲可以結爲至友。我設宴大東酒樓，爲惠康洗塵，當時筵席費爲十八元，到者均認爲我跡近豪奢了。餐罷之後，衆意要請丁惠康到舞場去觀光，那時舞場尙屬初創，第一家爲陳亞泰所辦的「黑貓舞廳」，第二家是周世勳所辦的「桃花宮舞廳」，酒價甚昂，茶資小洋四角，可是飲茶的就覺得很寒酸，當時的舞票是每一元可跳三次，這是第一流的舞廳價格。此後舞場越來越多，北京路有一家勝利舞廳，老闆是陳濟美，每一元可跳到十三次，這家舞廳，後來還產生了一位電影紅星。

有一天，丁福保先生和我談理財之道，說是他在清代末年，以八百元銀幣，在靜安寺路派克路口購進杏林醫院的原址，現時市面已旺盛起來，有銀行家以十三萬六千元的代價購買了去，再擴充餘地改建廿四層樓的國際飯店。他說理財的方法，以買地產爲最可靠，我聽了這話，大受刺激，覺得不積一些錢怎樣能夠買得起地產呢？

我這般專事遊樂，把正事都無心料理。母親就嘮嘮叨叨的說：『阿沅！你要趕快的成親，否則總不是事體。』於是我母親放了風聲出去，這風聲傳了開來，做媒的人就有六七人，我看過都不中意，覺得比起愛麗絲來，相差十萬八千里。

母親還偸偸的對我說：『結婚之時，照上海的通例，除了結婚請酒佈置新房之外，對女家要送兩千元到四千元的粧奩費，你一定要預備好。』我說：『知道了』。

迅速成婚　以免麻煩

這時業務逐漸發展，我的診所，晚間因爲空着，於是由嚴獨鶴（新聞報快活林編輯）等每星期三借作打牌之所。星期四由攝影家林澤蒼（攝影畫報創辦人）召集一般影友，研究攝影，因此帶來許多女性，我週旋其間，覺得這般情況總有些不大好。

我思索了好久，決定我有一門近親，他是一位世家千金，我幼年時即與她相識，此時她芳年二九，正在黃家闕路務本女子中學讀書。務本也是上海有名的女學校，人材輩出，校風淳樸，沒有像中西女塾那般的貴族化，這位小姐姓王名定芬，就是現在我的太太。

在我們議婚時，也有相當阻力，因爲她有三個哥哥，都在北平當大學教授，姊夫吳有訓，是彈道學的發明家，一家都是高級智識份子，在他們的心目中，我祇是一個中醫生，似乎資格配不上，幸虧她大哥王明之（當時清華大學工學院院長）說了一句話，對我的婚事極有幫助，他說：『沅弟做事很勤力，將來會有前途的。』於是親事就談成了。

但是小姐方面，舊時南市的風氣，不訂婚是

本文作者與王定芬女士的結婚照片

一九六四年作者夫婦銀婚紀念合影

互不談話，也不能相約出外的，我記得從前梁啓超某次爲人証婚，說過一句話：『老式的婚姻，先結婚再培養愛情，離婚率很微；新式的婚姻，先談戀愛，再談婚嫁，離婚率很高。』這幾句話，眞是名言。

我和王定芬女士，從小相熟，但是要談戀愛的話，時間方面趕不及，遵照嗣父的叮囑，所以親自向她的父母求婚，一下子就訂了婚。

初時開業，我買了一輛鋼絲包車，這是很華貴用人拉的兩輪車，車夫身强力壯，拉得非常之快，這是其他地方所少有的。

後來我到顏料鉅商邱長雲處去看病，守門的人不肯讓我的車子拉入，並且說現在連西裝裁縫都坐起包車來，我偏不開門。因此我就買了一輛FIAT的二手車，而且還用了一個司機，但是覺得炫耀太甚，好像很不習慣，祇坐了兩個星期，就轉售給別人了，祗是常常要到南市去進行婚姻的事，又覺得包車太不濟事了。

況且南市的小姐們，祇有在訂婚之後，才肯借同出遊，那時節我就買了一輛小型汽車，叫作『佩佩奧斯汀』，即是小型柯士甸房車，這種小型車現在沒有了，車價爲一千一百元，汽油費每加侖爲四角八分，但是又要用一個司機，當時月薪爲二十元，所以自己着急的練習駕駛，其時上海私家汽車極少，考取駕駛執照的手續很簡單，一下子就拿到了車牌，定芬住在南市，我常常接她出來去看戲。

那時節我最愛看的戲，就是九畝地新舞台演京戲是夏月潤的「關公走麥城」，新戲是「濟公活佛」，及西裝偵探戲「就是我」等等，舞台上有眞馬車上台，一切佈景都是立體活動的，負責設計的是老友熊松泉和張聿光二人，是從日本學來的，票價正廳爲四角，邊座二角，後座一角，樓上包廂爲一元二角，我還記得洗冠生托着盤子兜售陳皮梅，後來洗冠生開設冠生園，成爲上海糖果餅乾業大王。

屢次出遊，感情大增，我的母親大爲歡喜，嗣父也從盱眙關稅局趕回上海說：『訂婚之後，宜即結婚，絕對不能拖延。』

當時許多老親戚全在南市，大家主張南市的人一定要在南市結婚，但是南市祇有一家大富貴菜館，可排三十席酒，地方是不夠用，因此就假座『半淞園』舉行婚宴。

半淞園是南市唯一的私家花園，裏面有大型假山和小橋流水的景色，因爲維持經費太大，也出售門券，每人收費小洋兩角，我和半淞園園主沈家是老親戚，他說從來沒有人假座這裏舉行過婚宴，但是『江上草堂』地方很大，你可以儘量擺酒，如果擺不下，可以擺到草堂外面各處。

半淞園的設計，是由設計哈同花園的烏木山僧策劃的，由畫家任伯年逐一佈置樓台亭閣，門前有高邕之寫的『江山一覽』四字橫額，裏面掛的對聯，每一副都出於名人手筆，尤其是董其昌寫一幅字，特別名貴，因爲董氏是松江人，以江南人而題江南的名園，眞是相得益彰。其中『江上草堂』橫額，是曾熙（農髯）所題。當時人有西江月詞，稱頌該園云：『左右清源映帶，東西樹竹交加，却從澹雅勝繁華，畢竟名園無價。』不知出自何人手筆，也曾傳誦一時。

喜帖由章太炎老師起稿，延請張羣（岳軍）做証婚人，那時上海市市長張定璠離任，張羣初到上海，行將就任市長，所以他很悠閒，一早就到半淞園，僱了一隻小艇泛遊其間，臨到結婚典禮軍樂大鳴，找來找去找不到証婚人，於是派出了很多人去尋，才把他尋回來，行禮時他說：『我初到上海，即逢喜事，覺得非常高興。』

筵席由大富貴包辦，當時上海人習俗，普通送禮不過二元，但十九都是闔第光臨，所以小孩子特別多，除了筵開四十多席之外，小孩子另有一種兒童席，也開了不少桌。

我記得大富貴的筵席費是十二元，兒童席是五元。但是兒童席的桌上早已擺了許多糖果和蜜餞的東西，菜是四碟水果四碟冷盆，第一盤菜是炒蝦仁，最尾是豆沙八寶飯。宴罷之後，分送蜜糕喜果，老老少少皆大歡喜。

從前結婚之後，先住老家三天，沒有什麼蜜月旅行這回事，後來就回到望平街診所中特闢的新房，每天的家常菜餚都很考究，伙食費每天不過小洋六角，足見當時的物價是很安定的。難得上一次菜館，我歡喜到北四川路吃廣東菜，虹口的新雅酒樓的茶和菜最精美，兩個人吃是兩菜一湯，叫作『一元桃菜』，收費一元。後來隔了好多年，新雅才到南京路開設新店。

婚後生活，漸趨正常，業務也跟着有了進展，其中仍有一段很艱難的過程，初時來看病的都是貧苦階層中人，如司機、看門人，以及店員等等，由於這些人的重病看好了之後，才引起車主、業主、店主的重視，待到再看好他們主人的重病，又影响到資富階層，於是門診進入正常階段，特別是三友實業社，職工擴大到三千人，所以他們付給我的每月診費也提高到三百元。這數字在當時以米價來說，是很可觀的。

我的嗜好，除了看戲之外，就是喜歡搜購醫學古籍，分門別類的閱讀和珍藏，家務都由定芬負責，處理得井井有條，生了一個兒子，取名樹桐，一個女兒取名樹榕，如今也都嫁的嫁了，娶的娶了。

後來，在我和定芬結婚廿五年紀念時，我心裏還曾想到愛麗絲，想到她的弟弟在百般破壞時說：『陳某人活動得很，將來一定有一妻數妾。』所以阻撓愛麗絲嫁給我，但是我至今仍然守着一夫一妻，想起來不禁暗自好笑。

安居樂業　生活正常

我常常想到自己該做一件偉大的事情，既要具有學術上的價值，又要能賺些錢，但是祇有心理上的一個輪廓，怎樣去着手進行，第一覺得自己沒有豐富的資料。

我想到錢財的積儲，並沒有多大價值，不如用一部份錢來收購醫藥古籍，手頭上有了豐富的資料，便什麼事都能打開了。

那時節，我的生活已養成一種良好的習慣，早起一定寫一篇日記，紀述上一日的事情，診務的情形，日中每天約有二十幾個病人，所以空餘的時間較多，就乘機撰寫醫稿，診務完畢後，就偕同定芬看一場電影，然後揀一家菜館進餐，那時節應酬不多，到東到西的祇是找各種地方性的著名菜館輪流來吃。

從前上海菜館很多，但是上菜館多數是點吃各菜館拿手的名菜，因此也養成我一種精究飲饌的嗜好，不但講究吃的藝術，同時還要向厨師請教怎樣配料和如何調味與烹製。

我的小家庭中，本來每天菜餚祇限定小洋六角，後來僱了一個女傭，對做菜頗有功夫，伙食費用逐步增加到小洋八角，定芬受到我的鼓勵，學着做菜，累積了許多年時間，定芬竟然能夠做出四冷盆四熱炒四大菜和一品鍋等，因此我就每月請兩三次客，所費不過六七元之譜，但是菜餚已很豐富了。

我絕不打牌，認爲打牌最是費時失事，消耗有用的時光，定芬也難得打牌，我每天下午診務完畢，總要抽出一個時間，到三馬路一帶舊書舖去搜購舊醫書，興趣濃厚。

當時舊的木版書，宋版當然買不起，但是翻閱一下，已愛不釋手，元代版本比較多，書價的標準，大概是元版的刻本每部二元，明版刻本竹紙最多，每部一元五角上下，要是宣紙印的才能賣到一元七八角；清代的刻本，稀見的賣一元一二角，普通的刻本都在一元以下，這是他們對熟客的標準書價。每一部書多數是四冊六冊。多的有二十四冊四十冊等，那末價錢就不同了。

書坊舖中，每一種書都有一種定價，標價不問多少，我們熟客總是照上面所列的標準，重新討價還價。我自己把買到的書編成一份目錄，凡是目錄中尙未列入的書，每一種都想買，因此在各舊書坊，無人不熟，無一家不相識，在書坊中把看中要買的書堆在一旁，翌日書坊中人便會把它送到我診所來。

我因爲在舊書舖逗留得時間太多，總是由定芬爲我預備了七點半一場電影票，到各舊書坊來找我，往往一找就找到，否則我會一直流連下去，樂而忘返。

遠遊燕京　物價更廉

一年之後，我的醫書目錄已增到一千餘種，於是越買越難，越買越缺，我就想到，一定要親自到北平琉璃廠去走一遭。

醫生的例規，每年臘月初八九後生意便進入淡季，要到次年正月半之後，方能恢復舊狀，所以我一到陽曆十二月，就利用這個機會到各地去旅行，蘇州無錫、鎭江南京以及杭州西湖，是我常去的。

這幾個地方的菜餚，各有其不同的風格，我除了選飲擇食、遊山玩水之外，仍然不忘搜購舊書，但是這許多地方都是魚米之鄉，要買舊書，祇有蘇州還能購得一些稀見的版本，可是蘇州人『向天討價落地還錢』，買一本書要費許多唇舌，尤其是看到我是上海人，要價更高。

自從決意要想到北平去，定芬開心不已，因爲她的胞兄胞姊都在北方教書，所以這一次定期預備在北平玩一個月，料不到後來竟然逗留到兩個月，這是意料不到的，但收穫之大也出乎意想之外。

從前到北平，交通工具祇有火車，我們坐的是『藍鋼車』，過了南京，才知道中國之大，實在是大得不得了，火車一共要走三日三夜，每到一個站，站上都有許多小販擁來兜售土產，一籃籃一包包的東西，祇要六個銅元至八個銅元，惟有到德州，有一種燻鷄，每隻要賣到小洋二角，初時我認爲太貴，祇想買兩隻，後來一想，藍鋼車餐廳的大菜，每客要小洋六角，那末不如多買兩隻，也可以代替一餐，料不到德州燻鷄肉質既肥且嫩，燻味濃郁，口頰留香，舌本生甘，簡直是從未吃過的珍品。

火車進入山東境內，因爲地近棗莊，有一種紅棗，色澤鮮紅，形如鷄心一般，每一簍賣銅元八枚，我覺得東西雖好，價錢太貴，祇要買兩簍，那個小販出取一粒紅棗，朝地下一擲，竟然砰然有聲，分裂成爲二三塊，足見這種紅棗清脆異常，於是我又多買了兩簍，火車一開動，開始吃棗，脆既脆得不得了，甜亦甜得很適度，而且無核的，所以我倆一下子就吃光四簍，代替了一餐，計算起來，比吃大菜又美又廉，可以省了許多錢。

到了北平火車總站，已有親友在接車，接觸到眼簾的，就是『大前門』的偉大建築，本來從前上海有一種大前門香烟，就以大前門爲標記，但親歷其境一看，就覺全然不同，這是一座複式的城樓，高不可攀，偉大無可比擬，自己頓時覺得渺小得很，親友們爲我倆僱了兩輛人力車（人力車在上海稱爲黃包車，在香港稱手車，在北平稱「膠皮」，意思是這種車輪用樹膠橡皮來製造的），那時北平汽車不多，通常都是坐這種『膠皮』來往的。

一會兒，『膠皮』拉我們經過正陽門，正陽門比大前門小得多了。之後才到使館街六國飯店，這是民國史上有名的大飯店，但是這個旅館比了現在所見的大旅館，差得太遠了，雖是西式，却古老得很，房租每天爲銀元六元，親友們說：『這間六國飯店並不在鬧市之中，將來你來來往往買東西，很不方便，而且六元的房租眞是駭人聽聞。』於是我尊重他們的意見住了一宵，遷到東安市場旁邊的東華客棧，房租每天一元八角，這是中國式的老旅館，帶有上一個時代高陞客棧的氣息，可是居停的人，都是達官富商，在一般市民看來，已經華貴得很。

最初我就去拜會幾個近親，他們住的都是古老的大宅，名爲四合院，所謂四合院，是一個『口』字形的房屋，多數是平房，又高又大，中間是一個很廣濶的天井，四面住着四戶人家。問到他們的租金，都不過八元左右，但是往往有大房六七間，客廳更大，床是坑型。所謂坑，是用泥土磚石砌成的，下面可以燒火，因爲舊時的房屋沒有保暖設備，冬天冷得很，都靠火坑來取煖的，門前的門簾，都用厚厚的棉花製成的，看來好像一條棉被。

第一天，我到定芬的大哥家吃飯，六大盤家常菜，做得很可口，風味與南方完全不同，飯後向大嫂致謝，說今天花費太大了，她說：『今天這些菜，還花不了兩個大銀兒。』

北平用的貨幣，雖用鈔票，通常還是使用銀元，但是他們稱它爲『大銀兒』，銀角子稱爲『小銀兒』，銅元叫作『銅子兒』，至於銅錢就早已絕跡了。

第一天出遊，就到東安市場，東安市場是一個很大的場所，裏面有各種各式的店鋪，鱗次櫛比的排列得密密層層，最多賣的是『糖葫蘆』，裏面有糖果食物幾十種，都是南方所見不到的，蜜餞的果子約有二三十種，看得人眼花撩亂。其餘的舖子，如舊書舖、書畫舖、古玩舖、印章舖，各有數十家，單單這一個東安市場，已覺得是文化氣息極濃厚的市場，所以北平被稱爲『文化城』，一些也沒有錯。

從前上海書畫界潤筆，寫字每尺一元，但北平的潤例，每二尺只一元，齊白石的畫也是每二尺一元，掌櫃勸我請齊白石刻一圖章，我因喜愛工細謹飭之作，所以沒有刻，反而請陳巨來刻一名字銅章，三字三元，但是銅章現在都是電刻品，陳巨來的銅章是刀刻的，工緻得很，這種技術，現在也失傳了。

晚間二哥請客，席設東來順飯莊，這是一家清代以來有名的菜館，一半開在馬路的南面，一半開在馬路的北面，是兩個大花園，原定在新廳擺酒，我則要求在舊廳，因爲清宮十三朝演義上說，有一位皇帝微服出巡，獨自在東來順小酌，飲到高興時，就唱起戲來，誰知隔壁房間有一個票友，竟喝了一個倒彩，接着那人跟着唱下去，唱到連皇帝都佩服他，折柬相邀，成爲密友。我問『這間房子在那裏？』二哥說：『好，我們就到那間屋子裏去吃吧！』祇覺這間房，的確窗明几淨，掛的書畫都是名人手蹟，我高興之極，八個人都吃得醺醺大醉，結賬時，祇付了七個大銀兒，我覺得北平的生活，不僅比上海好，而且物價也便宜得多。

北方產的水果，集中在北平，品種多得很，按照我那時日記上所記載的，小兒梨每一個銅元二枚，桃子每個銅元一枚，雅兒梨、烟台梨、萊陽梨，每斤祇售一角。有一種蘋果又熟又甜，每個銅元二枚，又有一種牛奶葡萄和玫瑰葡萄，每斤小洋一角半，是最精緻名貴的水果了。

鷄蛋每隻銅元一枚，鴨蛋更要便宜，但鴿蛋就比較貴，要賣到二個銅元，製成品如北平松花皮蛋，也祇賣銅元一枚。還有一種很大的糟蛋，是用鵝蛋做的，放在瓦罐裏，兩個蛋祇賣銅元四枚，蔬菜方面，要比上海便宜到三分之一。

我的幾個親戚都是大學教授，月薪高達八十元，即使家中人多，也是月月有盈餘的。最初幾天，我就想要到琉璃廠，但是因遊覽的地方實在多，買書的時間，怎樣也擠不出來。

遊頤和園　四次進宮

遊覽的目的地，先到頤和園，這個園子，比理想中要大上幾十倍，一切陳設，極盡豪華，當然這是清廷那拉氏挪用海軍經費數千萬両所造成的輝煌勝蹟！

在頤和園進門處，見到有一座極大的假山，

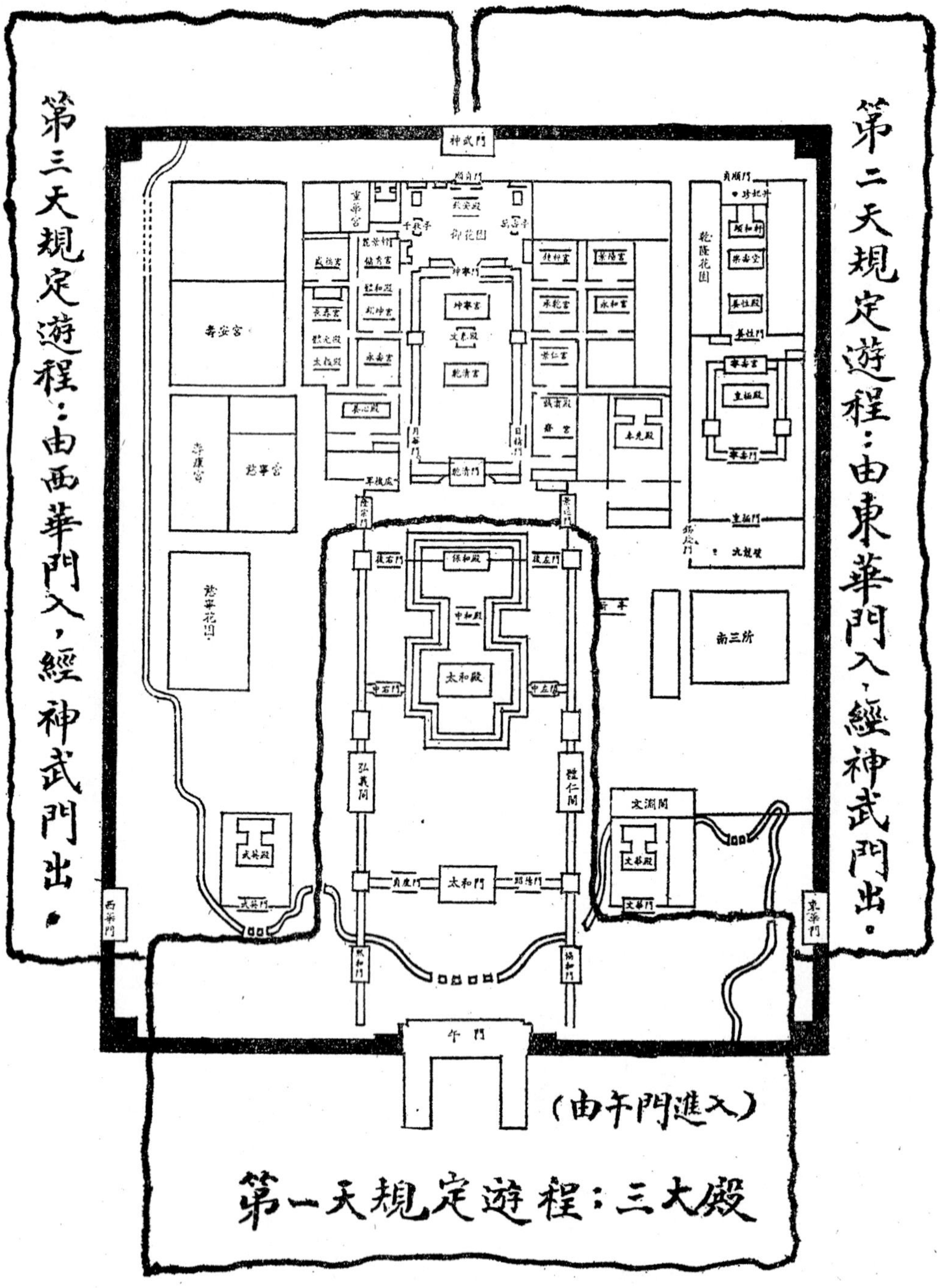

當年賞覽北平故宮的游程圖

是用整塊巨大天然的岩石來雕琢成的，旁邊有塊銅牌說明某年某月某省巡撫獻石，註明用民伕幾千幾百運到某省某地，因某省巡撫身故，繼由他省巡撫繼續僱工搬運，又運了一年幾個月，才運到直隸省，一路上逢山開道，逢水建橋等等字樣，可見當時耗費民力之大了。

頤和園裏面的景色，是將全國各地名勝縮納在這個園內，裏面有一個昆明湖，就是仿雲南昆明湖造的，其他各處，建築得都宏偉精美。

裏面有一艘大石舫，是用一塊大玉石琢成的，一半在水中，一半擱在岸邊，祇記得石舫附近，有一條叫作蘇杭街，就是按照蘇州的街道築成，蔚然江南景色。不過我最注意的，就是光緒皇帝幽禁之所的『瀛台』，這是一座小型宮室，週圍都是河流，中央前面是一個大廳，後面是光緒幽禁之所，爲了免得與外界接觸起見，在廳的周圍還砌了一道青灰色的磚墻，這座墻始終未拆掉，而且年年修葺，依然煥然一新。

遊歷三大殿時，先經過午門，即是戲劇中『推出午門斬首』的地方。午門上面有一個門樓，地方之大，比香港的大會堂要大兩三倍，那時候已改爲古物陳列所，裏面所陳列的東西成千成萬，我祇注意到歷代度量衡實物陳列室，有歷代的尺，秤錘。周代的尺短得很，不過英尺九吋模樣，所以從前所謂『昂藏七尺之軀』，實際上也不過英尺五尺多一些而已。

關於衡重量的『銅錘』，漢代的所謂一兩，祇合漕秤二錢而已。我又見到一個明代的針灸銅人，也安放在這裏，這個銅人，做得並不神似。

到了三大殿，先在天安門城樓上瀏覽，向四面一望，覺得帝皇的威儀，實在是氣慨萬千，兩面有兩個華表，又高又大，是用玉石雕成的，所有的欄杆也都是玉石的，這種玉石，產自德州，晶瑩光亮，其色皎白，在南方沒有見過。

三大殿之中，太和殿最大，是皇帝臨朝的正殿，其大無匹，大約有香港滙豐銀行整個地基那麼大，皇帝的寶座高高在上，地下放着腰圓形石座，標明一品至九品字樣，究竟裏面可以容納多少文武官員，估計不出，宮殿的莊嚴，我想較之漢宮威儀，未遑多讓。皇帝坐的寶座，參觀的人是不准坐的，有穿着灰色制服的警察看管着，我便去和他打交道，警察見我是南方來的，相當客氣，又見我和太太手中各拿着一個自動打電的手電筒，他拿來看看，愛不釋手，我就說：「老鄉，這東西你喜歡不喜歡？如果你能讓我在寶座上坐一坐，我就把這兩個電筒送給你們兩位。」我說完這話，他倆笑逐顏開的說：「那還有什麼話說，祇是您要等參觀的人少些，您坐上去，我們祇當不看見就算了。」於是我就等遊客稀疏時，一躍而登寶座，那座龍椅足足有六尺多寬

神聖不可侵犯的皇帝寶座

，一個人坐在上面，覺得大而無當，但高高在上，倒也威靈顯赫，的是不凡。

從前人說：「皇帝的寶座，平常人坐了上去就會頭昏。」我想到這話，便覺可笑。一會兒那兩個警察來了，對着我裝模作樣的說：「快些下來」。

爲了保護這個寶座的完整無損，在民國時代表面不准遊客坐上去，黎元洪做大總統時，見到這個寶座，幾乎要作下跪狀，祇有袁世凱坐過一個短短的時期，他有沒有頭昏？我就不知道了。

這三大殿是輪值開放的，後面闢有一個故宮博物院，要購券分三天參觀，並且要自備糧食，第一天由東華門進入，第二第三天，由另外兩個門進入，最後一定由後花園經過珍妃井而出，每天門券收銀元一枚，十足可以在裏面盤桓一天。

故宮博物院，內部的一切陳設，大體上保持原狀，所有三宮六院都闢作展覽室，譬如有一室陳列出歷朝由各國貢奉的各式各樣時鐘，由銅壺滴漏開始，到鷄啼雀鳴的琺瑯鐘錶爲止。

又有一個展覽室，專門陳設象牙製品的，桌上放的全是雙翼錦盒，一面是五彩的人物畫，一面是立體的象牙雕刻，刻得不但人物的形貌酷似，而且還有鞦韆架、小蝴蝶等，手藝細緻，栩栩如生，而且還有會活動的。

諸如此類的奇珍異寶，不必細說了。我所注意的，是文物部份，如許多經卷，是用金粉寫在絹本上的，每一個字，比刻的還要精緻。還有許多專供御覽的手抄本，都出於翰林院學士之手，想來他們閒得很，我想每一部書，總要成年累月才能抄成一本吧？

在太醫院故址中，我見到不少醫學典籍，手抄本不計其數，本來太醫院中藏有宋天聖五年王惟一所製的針灸銅人，却杳無踪跡。原來已在八國聯軍入京時，被日本軍隊掠去，藏在東京上野博物館中，我後來旅遊日本親眼見到。院中還有一個藥庫，大得比杭州有名的胡慶餘堂還要大，後面也有一個鹿苑，但是其中的鹿，已不知死在誰手了。

我還注意到光緒皇大婚的寢宮，地方廣大到極，但是陰暗也陰暗到極，白天也要點燈，所以宮燈排列很多，就衛生和空氣而論，比了現在的高樓大廈差得多了。至於那一張龍床，簡直大而無當，大過尋常的床四倍之多，裏面還有衣櫃，床旁還有擱架，上面放着許多內室用品，馬桶和尿壺是江西景德鎮進貢的，也是一種特製品，看的人最多。

又有一個寢宮，前面配着大玻璃，參觀的人祇能從玻璃中透視進去，却不能進入，這個寢宮已有西式風味，裝了一個極古老的電話，這是宣統（溥儀）皇帝的讀書處，一切文物紙張淩亂得很，據說還保持着溥儀在馮玉祥逼宮倉皇出走時的原狀。

這幾天爲了遊覽，把我搜購醫書的日程都躭誤了，因爲故宮所見的偉大，實在被它吸引了。

訪琉璃廠　搜購醫典

初到北平，親戚們紛紛設宴款待，我太太的大哥說：「沅弟，你到了北平一定要去見見曹汝霖。」我問：「爲啥？」大哥說：「他是我們的老姑丈，你一定要去投刺拜訪一下，才合禮貌，而且你要搜購舊書，向他討教一下，是不會吃虧的。」（按：曹汝霖所著之「一生之回憶」中說：「廿一歲雙親爲完婚，娶王氏，名梅齡，培孫之胞妹。」這裏所說的培孫是上海南洋中學老校長，是我太太的叔父，所以曹汝霖是王家的姑丈，也算得是近親。）

我說：「也好」，次晨就借了一輛私家車，到鐵扇胡同曹家（按曹汝霖原住曹家樓，自從五四運動火燒之後，就遷出舊宅）。

那一天，曹汝霖不在家，由曹太太招呼我們，她是他的繼室，對先室王氏的老親戚看得很重，立刻叫賬房寫了一個請帖，席設中央公園「來

今雨軒」，就在次日中午請我和王氏一家弟兄上那裏去進餐。那天曹汝霖很早就等着，我看到他是一位精明能幹的人物，面貌依然容光煥發，不過頭髮已經灰白，但不像一個老年人，他對人談話和藹可親，令到我們做小輩的人覺得很有親切感，他問我：「有什麼事要我幫忙嗎？」我就告訴他：「我要到琉璃廠搜購醫書，是不是有折扣可打？」他說：「琉璃廠舊書坊，定價劃一，對生客一個錢都沒有還價，但是我可以給你一張名片，你祗要到富晋書社一家，憑名片可能打到六折。」我說：「那好極了！」那時是冬天，但是他手中還拿了一把摺扇，輕輕的揮動，我就請他把扇子給我看看，原來一面是水竹村人的畫。（水竹村人即徐世昌的別署，工筆畫極精細。）一面是寫的是王羲之、趙孟頫體，寫的出神入化，沒有署欵，我就問：「這是誰寫的？」他說：「就是我」。我說：「我也是學王字趙字的，但是寫到這樣神似，我從未見過。」他說：「好極了，本來我想送你一件禮物，實在想不出，明天我準定送幅字給你。」

曹汝霖九十歲攝于美國

當天下午我就到琉璃廠，琉璃廠地區極廣泛，中間有一條廣濶的石板街，兩邊都是牋扇莊、裱畫店、舊書舖和古董舖。長長的一條石板街，單是舊書舖便有幾十家，還有無數橫街小巷，都是舊書攤和古玩攤，這一下子，等於一個癮君子到了雲南大土出產地一般，眞是「樂極了」。我叫太太先回家，並說：「到黃昏時自己回來」。

我第一家走進雲來閣，先一看他們的目錄，醫書就有四百多種，有一錦裝巨冊手抄的「永樂大典」醫學門殘本一冊，這是故宮裏流傳出來的，價格沒有標明，我就坐在一旁披覽了好久，眞是愛不釋手。這種書舖的佈置，有一個客堂，中間放着四張八仙桌，每桌都坐滿了閱書的人，掌櫃的殷勲招待，不但奉敬一壺好茶，而且還拿出一個小小的象牙鼻烟碟來，旁邊放上一個乾隆年間的鼻烟瓶，掌櫃們說：「這是西洋的哆囉烟，請您老人家試試。」我聽了他的話，祗是笑，心想自己還年輕，何以到處都稱我爲老人家，我就問掌櫃，這部永樂大典手抄殘本要賣多少錢？他說：「這本書要賣二十大圓」。我伸了一伸舌頭，從袋中掏出曹汝霖的名片，於是連老板都出來招呼說：「隨便你老人家給多少」，這一下倒是難倒了我，我說：「我初到貴地，第一次就到你這裏，我還要買許多書，請把這部書保留到明天再說。」臨別時，他們有四個人鞠躬作揖的送客，還說：「您老人家走好走好。」我出門時一想，買一本書未成，已花了兩三小時。那末，我要買許多書，眞不知要花多少時日？

第二家我到富晋書社，這是琉璃廠最大的一家書舖，我在上海時，就常向他們買書，見到他們藏書之富，甲於全國，我坐定下來，他們就來招呼，敬茶奉烟，我對他們說：「我是你們上海的老主顧，常時寄錢來買書的陳存仁。」掌櫃聽了格外客氣。端上兩碟蜜餞金橘杏脯，片刻之間，掌櫃已取出過去我買書的賬簿，知道我的確是他們的老主顧，掌櫃一邊抽水烟，一邊問我：「您老人家這次到北平，要買些什麼書？」我說；「我在上海藏的醫書已有一千多種，現在我帶了自己藏書的目錄來，凡是目錄中沒有的，我一律都要買，但是價格要請你公道些。」說時我又把曹汝霖的名片拿出來，掌櫃滿面笑容說：「您老人家不必一家家去跑，我們可以代您把各家的書都搬來，任憑您挑，價錢方面，照同行往來加五厘，我們萬萬不敢多收。」我說：「這個辦法好極了，就這樣辦罷。」於是相約三天後再去。

三天之後，他們另外領我到一間精室之中，放着我目錄中所沒有的醫書一千多種，而且還抄了一份新的目錄，供我對照選購，目錄之下還注明書坊舖的舖名，其中有八十種書是北平大名醫蕭龍友所藏的，這麼面全是珍貴稀見的書。我看了這個目錄眞的發呆了，因爲這些書都是我在上海求之不得的，我就問掌櫃：「你們上海分店太小，雲來閣在上海分店還比你們大呢！」掌櫃就說：「這種書的買賣，像流水一樣，天天有人來看書，好的書立刻會被識家買得去，上海的分店，祗是出售複本書而已。」我對這個新的目錄，翻閱了好久，再核對版本，我覺得他們的服務，簡直令我無話可說，我就極爽快的：「這一多千種書我全部都要，價錢方面是否能再便宜一些。」老板說：「這些書一共是三千一百五十多圓，要是您老人家自己到琉璃廠各家書舖去選購，恐怕六千元都買不到，我們祗是賺你佣金五厘，因爲您是曹潤老介紹來的，我再讓一厘。」講到這裏爲止，他絲毫都不肯再退讓了。我說：「好，就依你的價錢吧。」於是這批書就算買成了。

付了錢之後，我關照他要一包一包代爲包好，寫明第一包第二包字樣，而且還要重做一個目錄。到第二天，他們已經全部包好，目錄也做好，掌櫃還在店舖裏請我吃了一餐豐富的午餐，北平首席名醫蕭龍友已七十餘歲也請來作陪，幾杯酒落肚之後，大家很高興，掌櫃忽然說：「現在北平學術界倡議要保存北方古物，這些書恐怕寄不出去，要是眞的寄不出的話，這批書全部可以退還，祗是佣金不能退。」這話一出，我就呆了半天，心想託曹潤老可能還有辦法，我當塲就打電話給潤老，潤老說：「你付了錢沒有？」我說：「我已付了。」他說：「這一次你上了一個大當，這批書，寄三包五包還有可能，整批的運走，恐怕毫無辦法。」他這樣一講，我面如土色，連酒也飲不下去了。

蕭龍友不僅是名醫，而且是北平數一數二的大書家，因爲他的藏書很久沒有人過問，這次能夠脫手，他很得意，所以當堂取了一張宣紙，爲我寫一副對聯，他正在寫得得意時，忽然見到我這般爲難神情，他也着急起來，輕輕的對我作耳語說：「陳先生你不要急，後天到我診所來，我自有辦法，你安心好了。」隔了一天，我就到他診所去，當時病人很多，他診病又慢，看了三個病人之後，他取出三百張紙條，原來是「北平警察總局封」的封條，他說：「你用這個封條寄，一些也不會留難你。」我見他診務很忙，拿了封條稱謝而出，所以後來大批醫書都能寄到上海，一些沒有留難。

任何文物　摹製有術

北平還有一種書畫攤，我在那邊買到了道教中人畫的陶宏景採藥圖，從這幅畫開始，我就注意歷代名醫的圖畫文物。

我因爲要搜集王羲之「鴨頭詩」，卷尾有王肯堂的跋，我問這東西弄不弄得到？書攤主人淵博得很，他說：「鴨頭詩藏在故宮，我沒有辦法，富晉書社的掌櫃姓王，您托他可能有辦法。」於是我又到富晉書社，王掌櫃知道我拿到了警察總局的封條，認爲我很有辦法，含笑恭迎，問我：「還有什麼事爲您老人家效勞？」我就說明來意，他說：「可以可以，一定給您辦到，不過要照相費六元。」我說：「照付好了。」我對六塊錢很願意付，但是照相的費用，在上海不過一元，即使是「寶記」「王開」，也不過二元而已。

隔了六七天，富晉書局掌櫃，親自把鴨頭詩王肯堂題跋的一節，影了相送來，我邀他一同到便宜坊去吃飯，那位王掌櫃代我點了四個名菜，結賬時連酒不過一元六角，眞是便宜得出奇。

在小酌時，王掌櫃自己對我說：「您老人家要什麼故宮的古畫，眞的當然弄不到，但是可以借出來教人臨摹，可以摹得一模一樣。」我就說：「有一幅清明上河圖，內有街市，並且還有醫生藥鋪等，可以看出宋代醫藥的情況，可否借來摹仿一下？」王掌櫃說：「那不行，清明上河圖除故宮所藏院本之外，元明兩代有三種摹本，清代也有三種，到了清末，琉璃廠有位畫家摹仿得很逼眞，但要六個月時間，現在此人已死，沒有人能摹仿得好了。」

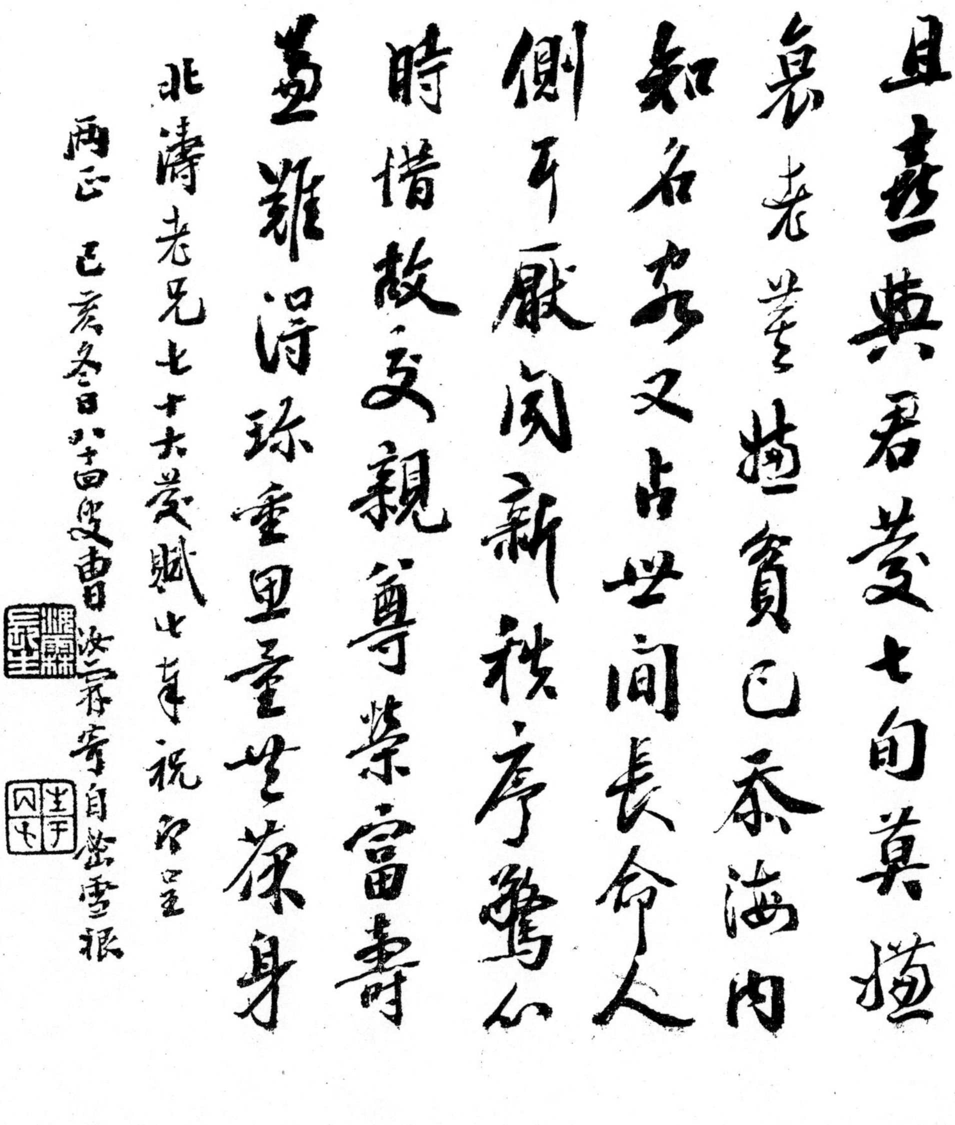

曹汝霖的書法與詩（李北濤先生藏）

於是我就說：「既然故宮的畫可以拿出來給人摹仿，那末以假易眞的事情，一定也在所不免。」王掌櫃說：「那自然啦，琉璃廠相熟的畫家，摹仿古畫，可以摹得一模一樣，連皇帝的印和藏家的印，都由專人製作，再加上裱畫的技術，可以將新的製成舊的，幾能亂眞，所以故宮裏的東西，照目前的情形來說，假的也不少，但是假到眞時眞亦假，眞到假時假亦眞，鑑別的功夫，是另有一套本領。」我聽了他的一番話，眞是感慨不止。

王掌櫃又說：『北平有許多人藏着古箋，乾隆箋、道光箋已不算稀奇，有一家人家會自造麻布箋，這是專門摹仿蘇東坡寫字用的，墨也是宋墨，請專寫蘇體字的人摹寫僞作，買到的人，看到似漆一般的宋墨，必然信以爲眞，其實也是「西貝貨」，所謂西貝，即是與假同音的賈字，現在這些摹仿假畫的老先生們，已逐漸凋謝，然而假字假畫也是很貴的，目今還有一位老先生能仿寫乾隆御筆，請他題一首詩，或是蓋一個「乾隆御覽」玉璽章，要價也不便宜。』聽他這一席話，眞是勝讀十年書。

我忽然想起有一部書，是明代弘治十六年劉文泰等奉勅編撰「本草品彙精要」一書，每一種藥都有一幅彩圖，因爲明末政局混亂，此書始終未能付印，我就向王掌櫃問：「有沒有這本書？」王掌櫃說：「這部書我有點兒知道，這部書明朝沒有印，過了清朝三百年，也沒有印，民國成立之很，組織清宮善後委員會，因爲清宮之內雜亂無章的紙張書籍，實在多到不計其數，給委員會清理之後，將沒有什麼價值的東西，一併車出，賣給文物舖共有四十大車，國務總理朱啓鈐得到這個消息，把四十車的紙張文物全數買下來，其中挑出一部書，就是您說的本草品彙精要，後來朱啓鈐做了一篇考證，學術界大爲震動，當時會畫會寫的人多得很，抄出了四部複抄本，你們南方有一位藏書家陶希泉就買到一部，山東有一位主教也買到一部，其他兩部不知落於何人之手？」我說：「你講的話，完全對的，陶希泉的一部，至今留在上海，輕易不肯出示。山東主教的一部，現在藏在意大利首都羅馬國家圖書館中。」（按後來一九五一年，我親赴羅馬，把這部書拍了許多五彩照片，陶希泉的一部轉售給商務印書館用鉛字排印出版，而圖畫部份並未印出。）

接着我又問他：「可否再向朱啓鈐借來再做一本複抄本。」他說：「朱總長因爲已經給人家複抄了四本，認爲很遺憾，現在再也不肯借出來了。」這樣的答覆，我聞之若有所失。（按在香港我遇到朱五小姐，問起這件事，她說：「老太爺現在還健在，此書我實在不知道，不過古書文物已不屬於他私人所有了。」其後，朱啓鈐亦逝世。）

王掌櫃對我說：「孤本的醫書多得很，藏家不肯出售，但是可以花些錢，借出來請人手抄，抄寫的人什麼體都會寫，每一千字，不過小洋三毛（即三毫子），你要什麼體就寫什麼體。」此語一出，我大爲高興，就寫出了幾部書名，王掌櫃說：「其中有兩部，立刻可以借得到，動手抄，日子是不多的。」我說：「好極了」，我就託他一手包辦，並且預付一些錢給他。

過了十天，我又去拜訪王掌櫃，買了十多部書，他說：「您要抄的書，已抄好四分之三，您要不要去看看？」我說：「好極，那是求之不得，可以一開眼界。」王掌櫃很殷勤的立刻陪我到琉璃廠西部，穿巷過路，到了一個四合院，裏面有幾十個人都在做抄寫工作，這些人都是老先生，從前是替木板書寫底稿的，字體工整到數萬字一筆不苟的，我在旁凝神而視，欽佩不置。

臨行時。我對王掌櫃說：「三毛錢寫一千字，實在太苛刻了。」王掌櫃說：「這是頭等抄書的公價，還有一毛八分錢抄一千字的，就在隔壁，我再陪你去看看。」走到隔壁，門上貼有一張字條，寫着「百本張」三字，裏面抄寫的人更多，書架上放着成千本手抄小冊子，王掌櫃說：「這是專抄戲詞的，他們抄好了各大名伶的本子，也沒有什麼叫作孤本、眞本，都是幾毛錢或一塊錢買一套。有一種叫作「手汗本」，是老伶工死亡之後流傳出來的，比較貴些。還有名伶新戲上演，每一配角派的單片，都是叫這家抄的。祇要一天工夫，無論多少可以抄好，這種人的抄寫代價，就是一毛八分錢一千字。」我目睹了這一批文抄公的境遇，又是驚奇，又是慨嘆！

走出四合院時，恰好有一輛膠皮，王掌櫃說：「你不如坐車回旅店吧」，我就到東安市場醉玉齋去看我太太，因爲她在那裏選購玉器飾物，也買得很高興。

臨行時，發覺我的皮夾子（按：港稱銀包）不見了，這裏面放着三百多元鈔票，這一下子，令我有些發急，想來想去，這皮夾子一定是丟在膠皮車上還珠無望了，幸虧口袋裏還有八塊錢，我也不動聲色，照樣同太太進餐，再到開明戲院去看戲。

北平的生活，實在便宜得很，消磨一個晚上祇用了四塊錢，等到坐車回旅館時已十一時半，我正在懊喪失去了錢包，祇見旅館中，坐着一位伙計，笑容滿面的對我說：「陳先生，您今天在小店中看書，遺下一個小銀包兒，掌櫃叫我立刻送來，我在這裏恭候了四個多鐘頭。現在請您點一點吧。」我接過來一看，一個錢沒有少，我就抽出一張十元鈔票送給那位伙計，那伙計極誠懇的說：「這萬萬使不得，我在富晉書社的工資不過六元，受了您這筆錢，我就會捲舖蓋了。」推了好久，他仍不肯受，我知道北平物價雖平，但是洋貨很貴，於是在身邊抽出一枝二號鋼筆，我說：「就把這枝筆送給你作爲紀念。」那伙計又是歡喜，又是不敢受，我看出了他的神情，就把筆插在他的衣襟上，他才再三作揖稱謝，其實那枝二號鋼筆在上海不過價值三元八角而已。

那伙計臨行時說：「您老人家皮夾中，錢是不會少的，特別是內中兩張卡片，一張是曹汝霖一張是蕭龍友，還在那裏，您千萬要收好，這是逢到有困難時，到處可以應急的。」

我本來對這兩張卡片又大又紅，放在皮夾中很不好看，本想丟開了事，誰知道後來我在藥王廟無意中闖下了一場大禍，要是沒有這兩張卡片，恐怕還要上公堂吃官司坐牢監呢！（三）

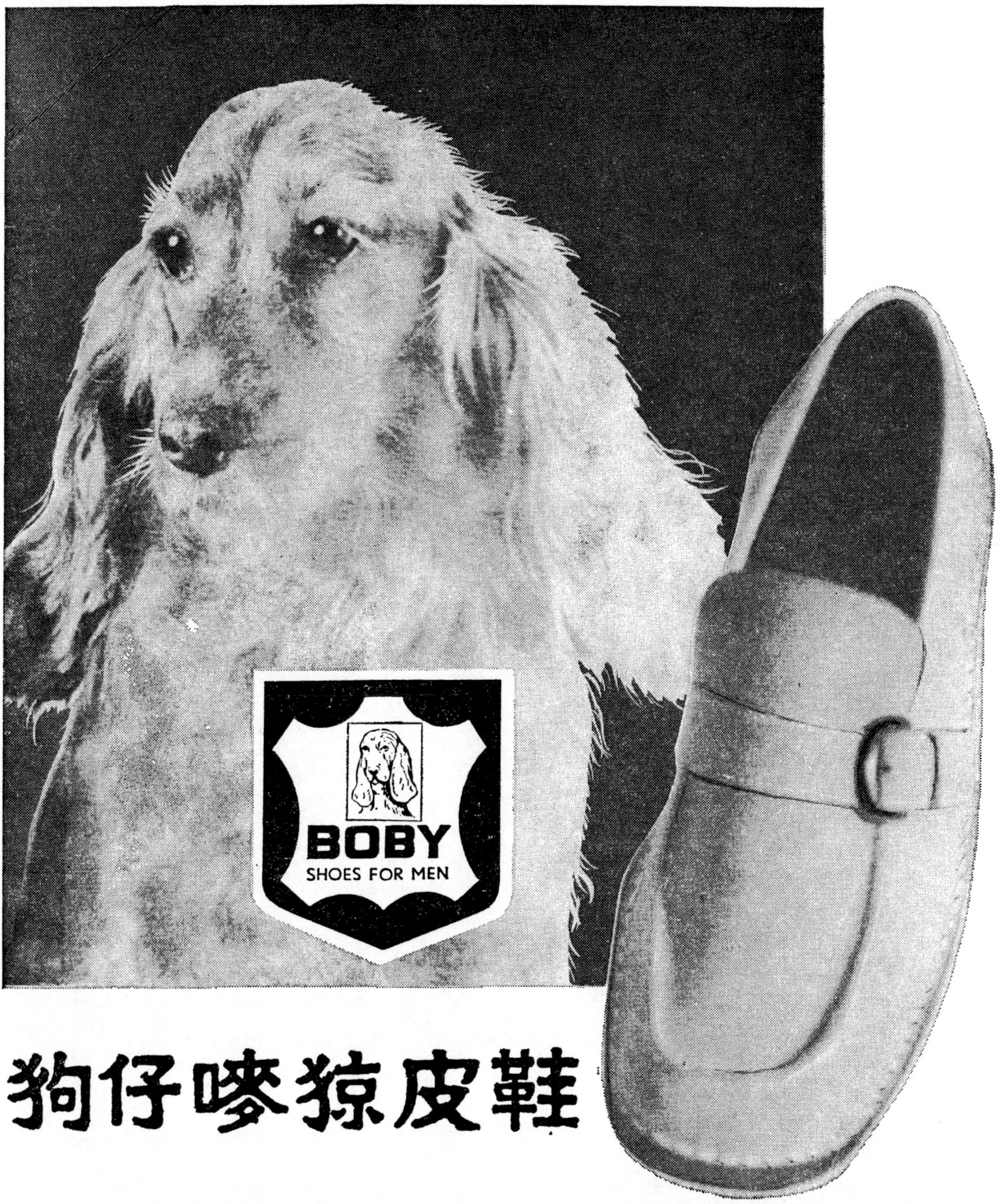
BOBY
SHOES FOR MEN
狗仔嘜猿皮鞋
大人公司　平價市場　人人百貨　大方公司　來路鞋公司有售

本刊已向香港政府登記

定價每冊港幣壹元

大人

論天下大事
談古今人物

第十七期

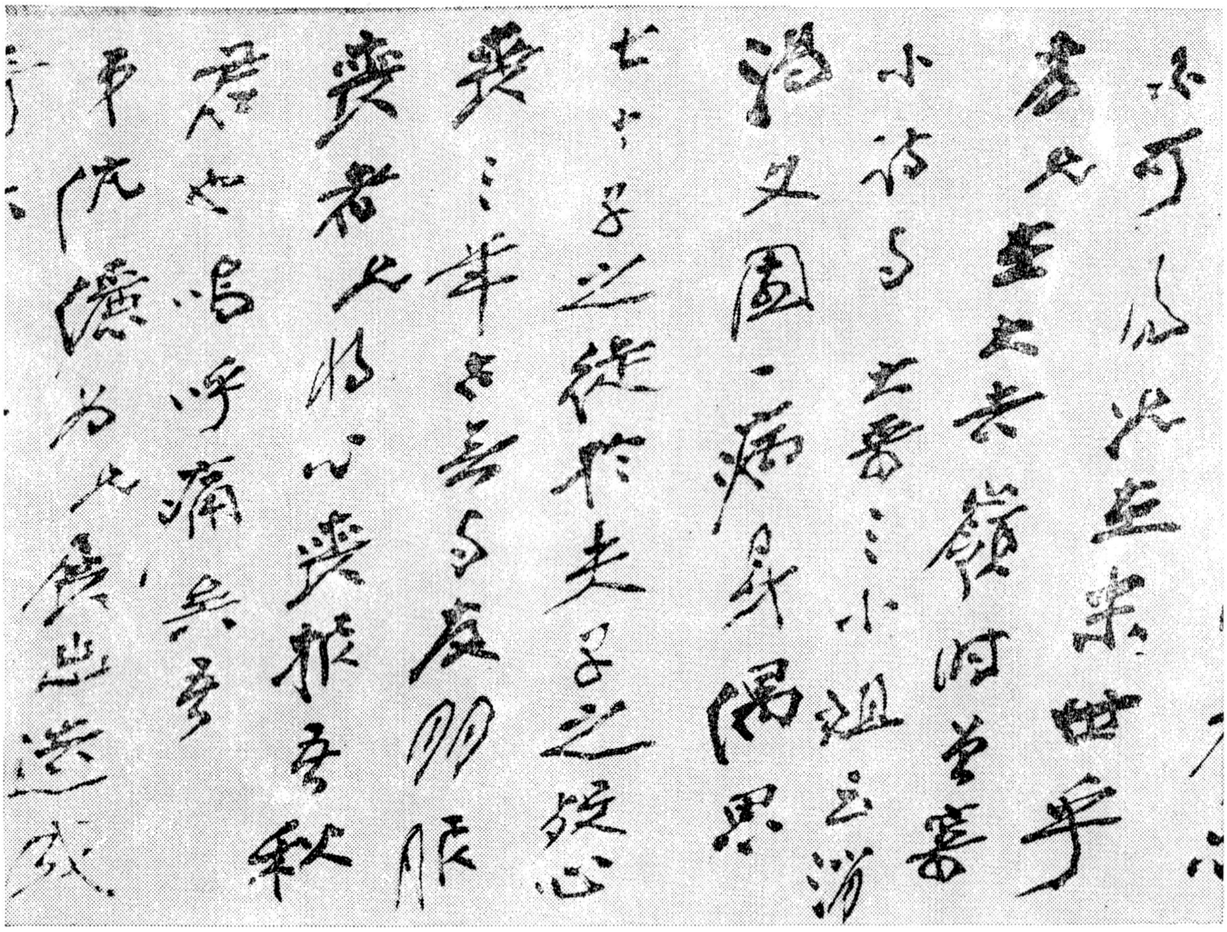

大千居士手書原稿一節云：

「……不可得，況在末世乎！方兄在大吉嶺時，曾寄小詩與　大哥三小姐云：『消渴文園一病身』！偶思七十子之徒，於夫子之歿，心喪三年，古無與友朋服喪者，兄將心喪，報吾秋君也，嗚呼痛矣！吾弟伉儷爲兄展出造成……」

詳見本期張大千特稿

大人 第十七期 目錄

一九七一年九月十五日出版

封面：溥心畬畫長耳驢　封面內頁：大千居士手書原稿

彩色插頁：吳伯滔山水畫八幅（定齋藏）

大人　每逢月之十五日出版

出版及發行者：**大人出版社有限公司**
督印人：**王朝平**
編輯者：**大人雜誌編輯委員會**
總編輯：**沈葦窗**
社址：九龍西洋菜街三號A 即彌敦道六一〇號後座
電話：K八五五七三〇
印刷者：**立信印刷公司** 九龍新蒲崗伍芳街緯綸大厦十一樓
總代理：**吳興記書報社** 香港租庇利街十一號二樓 電話：H四五〇五六一 H四五〇七六六
星馬代理：**遠東文化事業有限公司** 新加坡厦門街十九號 檳城沓田仔街一七一號
泰國代理：**集成圖書公司** 曼谷耀華力路二三三號
越南代理：**聯興書報社** 越南堤岸新行街二十二號

其他地區代理：
澳門：可大文具店　漢城：汎亞書籍公社
亞庇：利民公司　寮國：永珍圖書公司
千里達：中華公司　斗湖：光明書店
菲律賓：華安書局　菲律賓：玲瓏書局
倫敦：東寶公司　紐約：友聯圖書公司
芝加哥：杏林春　紐約：友方圖書公司
波士頓：中西公司　洛杉磯：永安堂
三藩市：新生圖書公司　檀香山：大元公司
三藩市：益智圖書公司　三藩市：文化商店
加拿大：香港商店　加拿大：新國華公司

悼秋詞

爰大千

當代名畫家張大千先生，生平不以文章名，但他有許多記事函札，往往在不知不覺間，流露出他的一片眞情。本文爲其最近親筆所寫一封長達八頁的信札，寫給已故女畫家李秋君女士的令弟李祖萊伉儷。函中對前數月在大陸逝世的李秋君女士，哀悼備至，敘述雖屬瑣屑，文辭極爲動人。經獲得大千居士及李祖萊夫婦同意，特將全文刊出，並由其友好陶鵬飛（美）、謝家孝（台）二君詳加註釋，俾使愛好大千美妙畫藝者，更看到大千眞實動人的文字，堪稱本刊之光，抑亦讀者之幸也。

·編者·

自四月初一賤辰前，身體即感不適，屢欲作書奉告，輒以困頓輟筆。三小姐（註一）捐幃，八嫂蘿姪（註二）祕不令知。一日，偶談及此番港上展出，弟與弟媳如何措施，感其盛況不減二十年前（註三）大哥（註四）三小姐處置，惜大哥已歸池壤不及見，而三小姐陷在上海，亦不得聞此消息，良以爲憾！八嫂忽喟然曰：「三小姐亦不復可見矣！」兄怪問之？八嫂與蘿姪始以見告，驚痛之餘，精神恍惚，若有所失！以兄爲國之寶一語（註五），乃始自三小姐。兄年五十時，初與八嫂結褵，居祖模（註六）康樂新村。一日，三小姐來，執兄手付八嫂手曰：「此國之寶也，我儕當極力保護之！」三小姐誠爲兄生平第一知己。自二十二歲於雲書大伯府中一見傾佩，訂爲兄妹（註七）。三十年間，飲食衣服疾病醫藥，無不關切周至，以此亦頗爲兄受謗。而三小姐亢爽之情，初無所計，且令心瑞、心沛二姪女寄名膝下，爲之命名，瑞爲名玫、沛爲名玟，從尊府排名也。（註八）似此豪直，求之古之閨彥亦不可得，況在末世乎！方兄在大吉嶺時，曾寄小詩與大哥三小姐云：「消渴文園一病身」。偶思七十子之徒，於夫子之歿，心喪三年，古無與友朋服喪者，兄將心喪報吾秋君也！嗚呼痛矣！（中略）（註九）先數日得岳軍先生函云：「與吾饕餮輒生嗔！」君家兄妹天邊遠，從此應無諴勸人！今大哥三小姐先後棄我而去，老病一身，眞無諴勸人矣。憶在三小姐畫室，午夜同煑咖啡，以兄渴疾不能食糖，大哥三小姐亦爲之摒而不食；端午節有客餽送洞庭白沙枇杷，亦相戒不許入口，其愛護之深，可以見矣！兄之於三小姐，視之若妹，敬之如師，今與弟通信，猶如見秋君，望寶愛此信，以見我兩家交情耳。（下略）（註十）

（註一）「寧波李家名門望族，世居上海，我在上海的日子，多半在李府作客，李府的三小姐李秋君，是滬上的才女，家學淵源，詩詞書畫皆能。……」見謝家孝著「張大千的世界」。

（註二）八嫂指大千夫人徐雯波女士，薙姪乃大千令郎保薙。

（註三）大千在上海舉行畫展，由李氏兄妹主持，一九四六年在成都路中國畫苑，一九四七年在西藏路寧波同鄉會畫廳，距今二十四五年。

民國三十六年時之李秋君

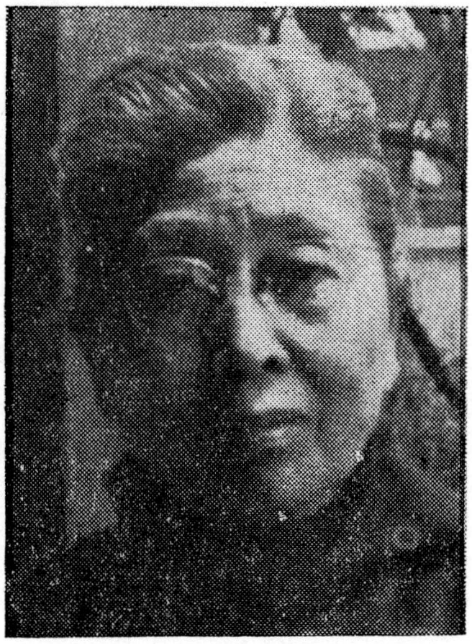

民國六十年春間之李秋君

（註四）大哥指秋君、祖萊之長兄李祖韓先生。

（註五）「我現在這位太太，真是秋君視同學生一樣教導出來的，他們之間的感情很好，我太太敬重她，她常對我太太說，這樣要注意，那樣要留心，秋君說：『大千是國寶呀，只有你是名正言順的可以保護他、照顧他，將來在外面我就是想得到也做不到啊！你才是一輩子在他身邊的，還得你多小心別讓他出毛病！』」見「張大千的世界」。

（註六）祖模行三，康樂新村在上海新閘路。

（註七）「秋君小姐與我是同庚，記得我們廿二歲那一年，李家二伯父薇莊先生有一天把祖韓大哥、秋君小姐及我叫到身邊私談，二伯父鄭重其事對我說：『我家秋君就許配給你了：：』一聽此言，我是既感激，又惶恐，更難過，我連忙跪拜下去對二伯父叩頭說：『我對不起你們府上，有負雅愛，我在原籍不但結了婚，而且已經有了兩個孩子！我不能委屈秋君小姐。』他們的失望，我當時的難過自不必說了，但秋君從未表示絲毫怨尤，更令我想不到的，秋君就此一生未嫁！……以後秋君待我之好，如同在盡一位賢妻的責任，這在他們家裡是公開的，毫無秘密。可是我們之間，絕無半點逾越本分的事，連一句失儀的笑話都從來沒有說過。她對我是關切、愛護；我對她是敬重、感激！」見「張大千的世界」。

（註八）李氏排名，「祖」字輩下爲「名」字輩。

（註九）大千居士自述畫展及購屋、患病經過：「吾弟伉儷爲兄展出造成奇跡，自是吾弟措施得宜，而德英堅決爽直，不畏開罪於人，乃有此特殊成績，非一感字可得申其謝忱也。聞賢伉儷或可蒞臨可以居，欣慰無似。兄買屋時波折重重，精神極爲不安，於月前遂不可支。延醫來家診治，初以爲肌肉發炎，既又以爲肋膜發炎，針藥無效。醫主入院全身檢查，乃於上月二十八日經過檢查，斷爲攝護腺發炎，小便堵塞，引致腹背痛楚，更兼有胃潰瘍舊疾，同時並發。又血糖增高，其他胆石已愈，心臟亦正常，毋過慮也；但攝護腺非割治不可。兄雅不欲受施手術，諸至好及家人皆力勸之，於入院後一星期施行手術，全身麻醉，了無痛苦。又經一周，即還家休養。又逾半月，已漸次痊復。以糖尿之故，線口結疤稍慢，胃潰瘍痛止，每日仍服藥，啜牛乳、食粥、及注射因素靈；又得目寒日夕相伴，亦如元月我弟來省時，不外出一步。老年兄弟，得以聯床抵足，病苦都忘。」

（註十）「兄行走尚未能從容，須人扶持，今日偶思執筆，經一日之力，拉拉雜雜，作此數紙，欲語殊未能盡，而疲憊不勝矣，待二三日後，再續函上。」

大人小語

標準何來？

報載：歡送港督大會費用已收六萬元，不足之數，由各大社團認「捐」。

所謂「足」與「不足」，標準從何而來？

漲價無妨

九月十五開始，九龍巴士漲價。不搭巴士的人，依然不搭，要搭巴士的人，還是非搭不可。

不搭巴士的人

九巴漲價前，社會名流，紛紛發表意見，那些名流，亦即不搭巴士之人。

適可而止

繼「七七」、「八一三」之後，「保衛釣魚台」的愛國青年，「九一八」之後，將陸繼有示威。

竊以為「九一八」之後，應適可而止，不必再有「一二·八」或「一·二八」。

關於釣魚台

有關東北大部份智識，均自「九一八」得來。

感謝美國和日本，若非他們存心不良，我們還不知道「釣魚台」在何處？

今年的月餅

中秋將近，月餅會情形相當緊張。今年的月亮和往年差不多，今年的月餅却非小不可。

每日皆重陽

重陽佳節，登高者可以消災納福。有人住八樓而無電梯，他們所過的日子，每一天都是重陽。

一年三孔誕

交際花每年有兩個生日，一個陰曆，一個陽曆。

孔誕每年有三個，「陰曆」「陽曆」之外，還有一個「國定誕辰」。

張燈結綵

本年香港節定於十一月初舉行，屆時全港樓宇張燈結綵。

在此期間，電費似應六折優待。

日曆設計

七一至七二年度馬季，賽馬期增加九天。在香港賽馬是件大事，星加坡前例可援，不妨將賽馬日期，印上日曆。

電報慢於飛機

電報去星加坡，歷七小時方到。噴射機往返星港，七小時可以來回。

阿Q精神

曾遊星加坡之人，對於當地之市容整潔，一塵不染，無不驚奇。

香港人不妨自慰，法律默許隨意拋擲垃圾，也可以算是市民之福。

阿里山的姑娘

旅行台灣回來的人說：「阿里山上，根本沒有阿里山的姑娘。」

台大學生以「排骨麵」為「最佳午餐」，故排骨麵倘無排骨，便非打得頭破血流不可。

大吉利是

壽險保戶對退保還欵祇有百分之一六·六，認為吃虧太多。

保險公司經理曰：「閣下保壽險而欲公司吃虧，智者所不取也！」

羅馬時裝

羅馬時裝，今年流行黑白灰藍四色。

中國人有言：「若要俏，常帶三分孝」。

驚人要求

美國一婦人控告某化學工廠，要求賠償三百億元。

該廠總值三百萬元，全部拍賣清償，尚欠兩億九千七百萬元。

特務盛行

特務影片，仍受歡迎。

廣義言之：男女之間，夫婦之間，朋友之間，同業之間，每天所發生的利害衝突與鈎心鬥角，那一宗不是特務？

有限與無限

香港若干社團，紛紛組成有限公司。

大部份家庭均為「無限公司」，夫婦同作股東，資金由丈夫一人獨出。

罰欵百元

管帳員打老婆，官判罰欵一百元。

身任管帳者算盤必精，這一百元一定可以設法自家用中扣回。

敬老與怕老

婦女界名流，舉辦「敬老會」。

敬老之外，她們還十分「怕」老。

無獨有偶

病婦想吃加應子，結果誤吞五角輔幣。

我見過坐在麻將枱上的一位太太，心裏想吃頭痛藥片，結果却吞下了一顆骰子。

·上官大夫·

FILOGRANA ANTONIO · CASARANO · LE · TEL. 21353 ·

FILANTO

MADE IN ITALY

意大利男裝鞋

大人公司 平價市場 人人百貨 大方公司 來路鞋公司有售

勝利初期東北行

——為「九一八」四十週年紀念而作

·范基平·

「九一八事變」發生，至今已整整四十年。日蓄意侵佔東北，已有多時，苦無藉口，一九三一年九月十八晚，日駐東北部隊將南滿鐵路自行炸燬柳頭溝一段，諉為中國軍隊所為，逕向瀋陽城外北大營的中國駐軍大肆砲擊。次日，日軍即侵佔瀋陽全市。同時長春、營口、鐵嶺、開原、安東、鳳凰城、撫順、延吉等地也發生戰爭，先後被日軍佔領。接着日軍又到吉林，代主席熙洽迎降，東北軍全體繳械，數日之內，遼、吉兩省要地盡失。十月一日，日本組織「吉林長官公署」，以熙洽為傀儡；遼寧則成立「地方維持會」由袁金鎧為傀儡。其後，更挾滿清廢帝溥儀赴東北，成立了後來的偽「滿洲國」。

日本軍閥此一行動，我國全體人民無不憤慨萬分，政府為此特組外交委員會，專責主持對日交涉。除向日軍提出抗議外，並電駐國際聯盟理事會代表施肇基，要求根據盟約十一條，召集理事會處理該事。當時即由國際理事會主席西班牙外長通知中日兩方，避免擴大事態，並令日本撤兵退回原地。九月三十日，國聯理事會復開會決議，請中日雙方從速撤兵回防，以恢復尋常關係，並令日本在十月十三日前撤兵。但日本軍閥包藏禍心，竟視國聯公約及決議如無物，置諸不理，並繼續擴大侵略。

國聯理事會遂於十月十三日開會，英、法各外長均出席，美國也派代表參加。十月二十四日，以十三票對日本國一票，促日本在一月十六日完成撤兵。日本仍不理會，繼續攻黑龍江。十二月十日，國聯遂通過組織五人調查團，由英代表李頓爵士率領，至東北實地調查，再行核斷。但結果國聯所為，祇限於會議及言論上譴責，此外並無實際行動，遂使日本對中國的侵略更形大胆，無所忌憚。終於日本在次年又發動了「一二八淞滬之戰」，復於一九三七年「七七蘆溝橋事變」發生，引起了連續八年的我國對日抗戰。其後太平洋戰爭爆發，我國的對日抗戰與第二次世界大戰結合，野心侵略我國的日本軍閥，經盟邦與我國軍民浴血苦戰，終於一九四五年八月十四日屈膝投降。

二十九年前許下心願

語云：「丟了的金戒指最大，死了的兒子最孝。」東北之地大物博，蘊藏豐富，大部份中國人都在日本軍閥佔據了東北之後才知道——我便是其中之一。記得一九三一年九月十九日，當時我年方弱冠，時值暑假尚未完畢，正在滬西渡假，早晨起來，忽見「時報」木刻紅色標題：「一夕間失地千里」，這便是我所知道的「九一八」事變第一幕。事後東北軍奉令不予抵抗，於是日軍兵不血刃的佔領了長春和齊齊哈爾，至一九三二年一月，整個東北全部淪陷。從此以後，「東三省」的一切在我腦海中刻劃了一個無比深刻的印象，並暗暗許下心願，如有機會，必須一覩東北眞相而後快，而此一機會，果然於抗戰勝利後之第二個冬天來臨。

一九四五年八月，勝利突然到來，諸色人等，紛紛復員，而目的地則各有不同。「八一三」後，我即自滬買棹南下，以香港為家。講到參加大後方的抗戰熔爐，我可以說是「半途出家」，到重慶是從香港去的，而且與事業上的朋友早有「戰後重回香港」的諾言，所以勝利復員，儘管許多人計劃回返京滬，我獨回香港。我是在上海出生長大的，在上海讀書，熟悉上海的每一角落，對於上海有着特別感情。從一九三七年九月到一九四五年抗戰勝利，和上海足足濶別了八年。在此八年間，我有四年半在香港，兩年多在桂林，一年多在重慶，四五個月在旅途中。在上海我已沒有家，但是那裏有我的朋友，有我的岳家，有各式各樣的懷念與眷戀，因而在內人作她八年來第一次歸寧期間，我也去了上海，後來也因為到了上海，隨而有了到東北去的機會。

勝利後有機會去東北

一向生活在南方，北國的壯麗河山對於我，始終像是個遼遠的夢境。我國對日抗戰種因於「九一八」事變，我們對於東北的關懷，也開始於那時。在一九四五年前的多年以來，東北在日軍卵翼之下，成立了傀儡遊戲的「滿洲國」政權，與祖國相對抗，終於侵略失敗，正義抬頭，數千萬同胞從水深火熱中獲得解救。為了看看勝利後的東北，深入了解，所以對於這個機會不欲放棄，以免後悔。現在𢌞想起來這個決定總算沒有做錯，因為今後即使再有機會再看到東北，也已不是當年的東北了。

一九四六年聖誕前後的一星期內，因天氣惡劣，當時的最大客機「空中霸王」DC—4多架在國內各地相繼失事，航空公司奉命所有各線飛機，一律暫停。此一情況，打破了我與同行者原定由上海搭機先到天津北平，盤桓數天，然後再換平瀋通車前往瀋陽的計劃。這樣一來，上海到瀋陽，必須先走一段水路，較為方便。海路有二，一條是搭船到天津，一條是由滬搭船先到秦皇島，然後換搭火車前往瀋陽。我選擇後面一條，因為回來時搭飛機必須經過平津，去時這樣走，可以多到秦皇島和名滿天下的「山海關」這兩處地方。

我們所搭的是招商局貨輪「海玄」號，該輪係美國所建，排水量一萬零五百噸，當年是我國最大海輪。因以貨運為主，全船沒有客房，得船上輪機員陳張二君之助，把他們自己的職員寢室讓了一間出來，給我們七八個人一個小團體中的兩人居住。房中衛生設備、暖氣水汀、彈簧牀、辦公桌等應有盡有，厨房所備飯菜亦甚可口，早晨下午另有咖啡茶點。又因船身較大，風平浪靜，海上三日，一點沒有受到旅途勞頓之苦，一向過慣夜生活的我，在船上因為睡得早，每晨七時必起，白天多在下棋、玩紙牌、看書、談天中過去，因其別有風味，尚不寂寞。

秦皇島不是島是港口

從上海到秦皇島，經七百海里，航行兩日半可達，清晨醒來，船已泊在秦皇島港口，等候領港人員即可靠埠上岸。可是船上人員說，海面已與陸上交換電訊，由於碼頭甚小，而碼頭上尚有一條將要駛離的船尚未啓碇，所以我們一時不能靠岸。由於那條船當天下午或明天上午能否開走還說不定，因此「海玄」號甚麼時候能靠碼頭也成了問題。這消息對各人都是一項很大的精神負担，覺得與其到了不能上岸，反不如在海上多走幾天，於是本來準備到秦皇島吃午飯的，祇好把此計劃打消，而厨房也就重新忙了起來。

可是運氣總算不壞，午刻時分，碼頭旁的船已啓碇他去，我們不久也就上岸。秦皇島是「不凍港」，地近山海關，一向具有軍事上與運輸上的價值，當時國軍出關，常由水路取道於此登陸，且有關為商港之說。但那時該地僅以軍事運輸為主，駐守於此的港口司令是何世禮將軍。雖說是不凍港，港口海面上依然都是冰塊，不過都是浮在上面，不像其他港口，海水從海面開始凍結，一凍就是若干呎那麼厚。那些冰塊，大大小小的一塊塊地浮在上面，其形狀，就像一碗油脂脂的濃湯上面浮着肥大的餛飩。天氣很冷，伸指即痛，好在我們已有準備，並無不可抗拒之感，當時的溫度為華氏零下十五度。

國軍重返瀋陽市民夾道歡迎　（張文傑攝）

上岸以後，我所看見的秦皇島，只是從海邊碼頭到火車站的一段。一路街道民房，均極整潔，咖啡店酒吧頗多，櫥窗多漆英文招牌，但是生意似乎很冷淡，看得出在不久以前美軍陸戰隊未撤退時，曾經有過一番好景。當地交通工具祇有馬車、手推貨車、三輪車三種，三輪車伕身穿長袍，狀甚斯文，座前有厚棉車篷可以禦寒擋風，比後來在瀋陽所看見的好得多。到處烟囱矗立，儼然為一工業城市，主要出品為玻璃，華北、平津及關外一帶所用玻璃，什九仰給於是。

秦皇島名雖稱島，實際只是寮東灣的一個港口。寮東灣有兩個大港：較內而近山海關的是秦皇島；較北而近錦州的是葫蘆島。秦皇島去山海關僅三十華里，火車二十分鐘即達，我們剛好趕上一班特別快車，下午兩點前就到了背山面海、聞名已久的山海關，在那裏找了一家小館子進午餐。

山海關軍事機關林立

山海關即榆縣，却不以縣名而以關名，該地位居河北、遼寧、熱河三省接壤地區，扼出關咽喉，形勢險要，為兵家所必爭。火車西下北平天津，北上錦州瀋陽。勝利以前，一出關即所謂「偽滿」國境，敵偽駐兵於此，對於來往行人，盤查苛嚴，肆意凌辱，當地人追述往事，談虎色變。總之這「天下第一關」，在有一個時期，的確比「鬼門關」還要難過。

榆縣原是河北省的一個乙等縣，人口不多，商業亦不繁盛，但是由於它在軍事與交通方面的價值，却倍增了它的重要性。用尋常的眼光來看，山海關是個彈丸之地，然而勝利初期駐在這裏的政府機構，却有四十二個之多，其中大部份與軍事有關。衙門一多，情形也就複雜，由於軍人往來繁多，東北保安司令長官部在此有一個軍風紀糾查站，主任是位少將階級的嚴肅軍人，兼任稽查處處長，負責當地治安並管理軍人，實際上他的職權無異一個警備司令。飯後無事，我們特往訪問，和他談了約半小時，據說當地情形非常複雜，好管閒事的機構太多，使他對處理各項事務大為不易，到職以來，為時不過五月，曾一再請求調職，始終未獲照准，而他却不能擅離職守，非勉為其難的支持下去不可。他說：每個月總有好些開小差或者觸犯其他軍法的人，於潛經山海關時被截獲，並遵上峯之命押解返瀋。長官部規定他的押解費用，每個月祇有國幣一萬二千六百元，而這數目，經過經理處轉到他手中時，又少了個零頭，祇剩一萬二千元；雖然如此，他還是盡力而為，四個月來，山海關沒有發生過一件殺人越貨的案件，他手裏也從未放走過一個飛渡關山的罪犯。最大的敵人「八路」，白晝離城三十里，夜晚離城十餘里，却不敢在市面出現滋事，套一句新聞記者的老調，可謂「治安良好，秩序井然。」

山海關是萬里長城的東端起點。既然到了此地，我倒頗有意探索一下歷來傳說中孟姜女與萬杞良的故事。江南人士春節民歌之中，有一支敘述「孟姜女萬里尋夫」，第一段曰：「正月裏來是新春，家家戶戶點紅燈，別家丈夫團圓聚，萬杞良出外造長城。」

唱這支歌曲的人是孟姜女，萬杞良是她的丈夫，依照民間傳說，萬杞良是秦始皇徵去建造萬里長城的民工之一，孟姜女為了不勝相思之苦，曾到關外去找他，結果死於山海關。那兒築有孟姜墳，其實山海關的長城的明朝修建的，而所謂孟姜墳則原是海中的一塊大石，現在連那塊大石也無從查考，我則以逗留時間之短促，自然連什麼也看不到了。

看到了山海關房屋那麼低矮，使我相信以前在舊小說中看到英雄好漢們飛簷走壁之類的描寫並非虛構。由於天氣寒冷，每家都有炭盆取暖，商店都緊閉門窗，照常營業。這倒底是個小地方，洋貨甚少，上海貨亦不多，可是各種藥油的搪瓷招牌，却有好幾塊掛在相當觸目的商店櫥窗那面。榆縣縣城離車站不遠，我們進城小遊，轉覺城內不及車站附近熱鬧，隨即退出，在另外一家小舘子裏吃了晚飯。

軍人俱樂部名存實亡

問起旅店，因為我與同行者中一個朋友身穿少將制服，店老板告訴我們說，車站西面有一個軍人俱樂部。我們依着方向前往，看到一座即使搬到大都市也可以算是良好建築的屋子，門口懸着一塊「東北保安司令長官部軍人俱樂部」的招牌。一進鐵門，是個夏天可以開園遊會的大院子，氣派相當不錯，房子是水泥鋼骨的洋樓，看樣子造了至多不過六七年。白色雲石的凋梯，天花板下的大吊燈，顯示着曾經有過一番熱鬧場面，如今却凄涼萬分。櫃枱旁有兩人正在閒談，上前一問有無房間，才曉得房間是有的，大小一共有十七個，另有餐廳、會客室、浴室等等，可是這個地方剛於昨天關了門，傢具也已全部收拾起來，全屋就剩他們兩人，作最後一日之留守。明天將各自返回故鄉，讓鐵將軍把大門鎖住。關門的原因是蝕本，蝕本的原因是必須燒暖氣而煤斤太貴。我們聽了頗為不懂，因為煤在這裏的售價是每噸國幣四十五萬元，已比上海便宜了幾乎三分之二。

無可奈何，我們告別了這座山海關最壯麗的建築物另覓居停；如果那間軍人俱樂部可以說是當地的一流大酒店，那末除了它之外，山海關就再沒有一間其他二三四五流的酒店而祇有八九流的小客店。小客店裏的房間，千篇一律都是泥水磚牆，每個房間的一半是擱起來的一張大統舖，此外則一桌一椅一爐之外，別無所有，爐內倒是火光熊熊，裏面燒的不是煤，是煤屑，火坑下面也生着火，裏面燒的不純是煤屑而摻有着馬糞，散放着一股熱燠的臭味，相當難聞。湘桂大撤退中曾在金城江小飯店裏過夜的人，一定曉得往旅店先要對旅店的設備有涵養功夫，我曾在金城江小旅店中平心靜氣的渡過我生平最骯髒最痛苦的夜晚，山海關的旅店，無論如何比金城江的總略勝一籌，對此我自然不會過事苛求了。

關外改用東北流通券

一出山海關，幣制就完全不同，關內用法幣，關外用東北流通券，一上火車即然。聽說中央特派的東北財政專員張嘉璈先生為此化了不少精力，携帶法幣的人多數在山海關兌換。中央銀行在車站附近設有辦事處，主要業務是做法幣與流通券的兌換工作。法定價格流通券每百元換法幣一千一百五十元，但這種兌換生意大部份均被商人小販搶去。其原因：第一、無論換進換出，他們都比銀行牌價便宜；第二、銀行有規定辦公時間，而這辦公時間正好把兩班最重要列車的旅客關在門外，於是銀行等於虛設，那些專做兌換生意的人得其所哉，每天有幾百人在央行辦事處門口及其附近，高呼「流通」，藉博蠅頭微利。

火車自山海關出發向東北，八小時可抵瀋陽，向西行駛，八小時可抵北平，山海關像一根扁担，正好把瀋陽北平，相當均勻的挑在兩頭。平瀋之間每天有「通車」，上午八點一刻，從兩頭開出，下午四五點鐘之間，先後到達山海關，都在這兒歇夜。此間平榆之間和榆瀋之間的「區間車」，每天亦有多次。夜裏停車是爲了行車安全，照理山海關車站附近的小客店，應該旅客常滿，事實上可又不然，原因是天氣寒冷，車上既有暖氣設備，則與其投宿客店，不如就在車上過夜。下車的人多數是爲了兌換流通券和解決晚餐問題，只有極少數的人去旅店投宿。但是爲了領畧山海關小旅店的風光，我們那晚也住了旅店，倘若錯過這次機會，我至今還未體驗過躺在火坑上的滋味。現在回想起來，滋味的確特別，暖是暖了，身上癢也癢得夠了！

到瀋陽車中大喝齋啡

到瀋陽的「通車」，早晨八點一刻才開，興奮且怕誤時，六點多鐘便起身，窗外正飄着雪花。謝謝軍風紀糾察站的一位李秘書，他替我們買到了從山海關到瀋陽的僅有的兩張頭等車票，並且親自送我們上車。從旅店到車站，慢步行走不足十分鐘即到，這一段時間正好給我們慢慢欣賞冬季的北國風光，雖然冷得厲害，但天色晴朗，空氣清新之至。通車的頭等位都是臥車，兩人一房，每列車都附掛餐車，相當舒適，車廂中暖氣大開，和暖似春，和車外寒冷荒涼，簡直是兩個季節，兩個世界。

火車在原野中施施而行，速度不高，那是恐防路軌發生意外。沿鐵道線碉堡林立，鐵路警察與哨兵荷槍實彈，從事警戒，自榆關至瀋陽，數百里連綿不絕，這也是車上侍應生所謂關外這一段鐵道線上從未發生任何意外事故的原因。關外風光，自與江南不同，車窗外望，只見冰結不見流水；只見爐烟不見牛車；只見土墻不見瓦屋。刷在土墻上藍地黑字的廣告，幾乎全是日本藥品。餐車相當寬敞，小小的方桌鋪着潔白的枱布，倚桌而坐，有坐在客廳裏的感覺。早午兩餐都是在餐車中吃的，事實上，上午下午的時間大部份也在餐車中消磨，餐車中有咖啡而無牛奶，有麵包而無牛油，食物簡單，與餐車整齊的佈置頗不相稱。

瀋陽中正公園積雪　（張文傑攝）

鐵道線大部份是雙軌，省却了不少等候交車的時間，多數中間小站的設備，亦較京滬線上爲佳。山海關瀋陽之間的錦州，爲中途唯一大站，這個每逢戰事必在報上佔據重要篇幅的地方，不但是軍事要地，而且本來已頗有點工業化的傾向。以前日人治理東北，重工業分置鞍山、撫順、瀋陽；輕工業多置錦州。其性質地位，畧似京滬路上的無錫。火車少停即開，不及細看，但見無數烟卣，在寒空中引頸矗立，無一冒烟，形色凄涼。據同車者言，這地方曾經繁榮一時，因經歷戰亂，變得人口寥落，蕭條異常。

錦州兩件事物最出名

錦州有兩件事物出名：一是燒鷄；二是括風。鷄以噴香酥嫩著稱，宜手撕不宜刀切，其味甘美異常。風以力大持久馳名，常一括數日不止，爲東北各地之冠。我們以五百元流通券的代價，買了兩隻燒鷄當點心，以茶代酒，的確是價廉物美。至於風的滋味，我們的運氣可以說好也可以說不好，因爲那天根本無風。

由於火車誤點，應該四點零到瀋陽的，那天五點三刻還未到皇姑屯，車上搭客安之若素，對於平瀋通車的脫班，他們大概已經習慣。皇姑屯是一個小站，去瀋陽總站僅數哩，因日人炸張作霖於此而其名大噪。火車在暮色蒼茫中匆匆駛過，除了一片寒冷與黑暗，甚麽也沒有看到。

到瀋陽時，烏黑的車站沒有一盞燈，這是「戰事期間」、「戒嚴地區」的特別措置，我們從月台上摸索而出，像在從事防空演習，先除手套探一探外面是否冷得不可抗拒，覺得還好，也便有了勇氣。同行中有人來過兩次，對瀋陽相當熟，我便由他擺佈，跟着跨上馬車，穿過車站外面攤販林立的小路，駛過途無行人的大街小巷，最後兜了一個十字街口大圓圈的四分之三，在一座崗位上站着個哨兵的旅店門口停下。

這家旅店叫作「鐵路賓館」，在以前敵僞時代是赫赫有名的「大和旅社」，日本皇親國戚軍政要人，都在此下榻，現在由中國旅行社接辦，始改招牌。建築壯麗華美，氣派堂皇與設備之佳，可與上海的「華懋」、「國際」；九龍的「半島」一爭短長。旅館房而外，還有一流的餐廳、酒吧、彈子房和理髮廳……。在我到瀋陽的數月前，蘇軍駐瀋期間，鐵路賓館是紅軍招待所，中上級軍官多居於此，酒吧徵逐，無所不爲，第一批抵瀋的美國記者，被軟禁達四十八小時之久，亦即在此。鐵路賓館對面的中國農民銀行，原爲紅軍司令部。東北老百姓稱蘇軍爲大鼻子，聽他們講述蘇軍駐瀋作威作福之狀，令人感慨萬分。

橫貫鴨綠江的安東國際大鐵橋（張文傑攝）

一進鐵路賓館房間的感覺是暖氣迫人，單衣不寒，怪不得有人要開着窗子睡覺。等我們把行李安頓停當想吃東西，已是夜晚九時。旅館裏的餐廳已告收歇。夜的瀋陽像一個鬼市，店家不開門，路上沒有人，好容易找到一家小麵館，要了一盤白切肉，一碗湯麵條，作為抵瀋後的第一頓晚餐。回到鐵路賓館，倒頭便睡，等待天明。

推窗外望成銀色世界

新到一個都市，心情不免好奇而興奮，瀋陽鐵路賓館的房間特別温暖，一早從被窩裏爬起身來，毫無寒冬之感，雖則玻璃窗已為雪所封。開窗外望，一股強勁的冷風直鑽而入，但迅速即為室內的高温所融化。我也沒有測量室內的温度究竟是多少，總之是關了窗，只穿絨布的單衣一點不冷，而後來從外面到旅館，推進房門，如果不馬上把身上的冬裝脫掉，便非立即開窗不可。

那天早晨，窗外一片白色皚皚，極目遠望，了無邊際，大地與樹木屋宇整體的構成了一個粉粧玉琢的銀色世界，祗有車輛行人，形似畧帶灰色的黑點蠕蠕而動，在一片靜止的淨白之中，把這個世界點綴得格外眞實且有生氣。這個塞外大都市的壯麗雪景，眞使我眼界大開，但祗有幾分鐘時間，我就把窗戶閉上，因為不久之後，我們就要外出，那時自然能看到比樓上窗口還清楚。

第一個問題是吃早餐，哪裏去吃？吃什麼？鐵路賓館樓下有一個餐廳，聽說不壞。我於是建議第一頓早餐先吃旅館裏的，不管它有些甚麼？餐廳的氣派，非常堂皇，大吊燈，大壁畫，餐桌不多，客人更少，坐下去便是一種享受。我本來有意思吃一碗麵和兩個包子，却不料翻開菜單，全部都是西餐。心裏想：「好，西菜就西菜，我在香港吃慣西菜，你唬不倒我！」

我想叫一碟麥片，一客火腿蛋，侍者告訴我沒有麥片，於是我便叫了「一客」早餐，裏面有咖啡、土司、一碟炸魚，使我大感意外與高興的，是最後還有一道非常配我胃口的雪糕。這道雪糕對我更發生了另外一項作用，就是使我更堅定地承認這是一間十分豪華的酒店。牛油是瀋陽自製的，不錯；畧嫌美中不足是番茄汁，酸是酸了，甜是甜了，但是味道却不大對勁。

瀋陽的天氣平均比上海低廿度左右，我有添置禦寒裝備的必要，於是坐了三輪車進城。普通說來，鐵路賓館一帶是新市區，街道寬廣，建築現代化，差不多任何東西都有，但是為了以廣見識，我們還是進城。

適應環境添置禦寒裝

瀋陽城廂的面積不小，商業也相當繁盛，舊皇宮是在城裏，我們在添購禦寒裝備之後，曾走馬看花的入內參觀一番，但因歲月久遠，印象已經淡忘，此刻再也寫不出甚麼名堂來了。

我買的禦寒裝備是一頂皮帽，一件二手貨的美軍北極作戰的軍裝大衣，而最重要的却是一對內有長羊毛裏的手套和高統皮靴。後來我發現外出的時候，最有用的兩樣東西便是那副手套和長統靴，因為雙手與腿足部份最為敏感怕凍，裏面沒有皮毛手套和普通皮鞋簡直沒有用處，而高統靴之必須高及膝頭，則是為了街頭積雪常厚達數呎，非此不可。

從舊皇宮出來，已是午飯時分，本來想在城裏吃點東西的，因為拿了大包小包不大方便，決計先回旅館，然後解決肚皮問題。時隔二十三年，我對於瀋陽的路名一條也記不起來，只記得那天午飯是在鐵路賓館隔壁一條馬路上一間西菜館吃的，招牌叫作奧令匹克，是瀋陽第一家俄羅斯餐室。

那的確是出色的俄羅斯菜館，從串燒牛肉、白汁俄羅斯牛肉絲飯、雞什飯、肉圓湯、咖啡、麵包，以及餐室的佈置、暖氣、招待等無一不佳。每一個卡位都有叫人電鈴，更是上海新雅酒樓以外的「只此一家」，事實上，這也是我歷來所到過的最好的俄羅斯菜館，包括上海霞飛路的「

文藝復興」、「客卿可」與「卡夫卡斯」在內。從此以後，每兩三天內，我至少有一頓午餐或晚餐是在「奧令匹克」吃的，雖則那裏也沒有麥片和好的蕃茄汁。

那天整個下午，差不多全部化在瀏覽街市上面。瀋陽市區內的機動交通工具，有巴士也有電車，電車沒有樓座，但和上海的又不同，一是沒有拖車，二是搭在電流線上用以傳電的不是一支直的電棒而是一個半圓形的電網，行時司機腳踏銅鈴，噹噹之聲，清脆悅耳。

前所未見的兩男共舞

那時已近陰曆年底，中蘇聯誼社連晚舉行迎歲舞會，那是一座六層大廈，原來也是一家一流酒店，可能是敵產。蘇軍進入瀋陽後，由蘇軍幾個單位佔用，以樓下為蘇軍俱樂部，蘇軍撤退後，由東北保安司令長官接收，將地下改為中蘇聯誼社，保持原有的餐廳與舞池，六樓招待各地派來駐瀋陽記者居住，二三四五樓則恢復旅館業務。但地段及原有設備根本上不如鐵路賓館，加以維持費用短絀，管理欠佳，一切與鐵路賓館相差甚遠，為欲一開眼界，我們第一晚即去觀光。

舞池面積，可容一二百人，沒有樂隊，電唱機放着當時的中西流行歌曲，其中時代曲居多，因此很像是一個軍營舞會或者學校舞會。飲食祗有茶水和西餅，收費亦廉，所以也就缺乏高貴氣氛。舞池中，穿制服的軍人不少，此外有類似公務員、新聞記者的人物和一些青年舞客。電燈亮時，奇怪的現象出現在我眼前，原來六七十對舞伴之中，竟有半數左右是「兩男共舞」。正式的交際舞會中向無兩性同舞之例，上海七重天茶座中，見有兩女共舞，管理人則必扭開大燈，射於該對同舞者身上，勸令出場；兩男共舞，尤為前所未見，而中蘇聯誼社中，卻似乎已經成為一種習慣，衆目睽睽，不以為奇。但由於同性共舞者清一色男性而無女性，可見其眞正原因不在喜與同性共舞，而是由於女舞伴不易覓得。物以稀為貴，因此携有舞伴的人，也就顯得格外光榮，面有得色，為兩男共舞者所艷羨不已。

再仔細一看，女舞伴中多數是日本或韓國少女及婦人，她們在「敵僑管理委員會」管理之下，等待遣送回國尚未成行，她們行動尚稱自由，但不得不從事各項職業，以維生活。多數當咖啡女侍，也有暗操神女生涯，對於華人主顧，侍候唯恐不週，邀赴此種舞會，更是百依百順。想起日本軍當初侵略中國，繼而發動「大東亞」戰爭，目的在併吞整個亞洲，那裏想得到事與願違，美麗的夢想，竟以無條件投降結束，造成國破家亡的悲慘結局；而十多年來在東北成為特殊階級的日本及韓國女子，卻因此而一變而為向中國人色笑承歡的廉價商品，聽憑「敵性」人民於尋歡作樂中順便「報仇」。好在大部份中國人都還和平寬大，尚無過份玩弄作惡的事情發生。

我沒有下海跳舞，可是坐在桌子上喝茶太多，要去厠所。剛推進門，即遇一個日本少女奪門而出，而且後面還有兩三個女的跟着在出來。我嚇了一跳，以為跑錯了地方，立即退出，但是站在門口的兩三分鐘之內，又看見好幾個男人陸續入內，而裏面出來的人也男女都有，我才恍然大悟。這是「滿洲國」時代的日本遺風，男女厠所多由同一門口出入，男厠在外，女厠則須進入後座，三千萬東北順民習之已慣，我沒有去過日本，所以這又使我開了次洋葷。

這次在東北，同去的某先生是打通了長官的關係而辦一件事，我是應某方之邀，考察下東北的情形，看看是否適宜再辦一張報紙。因而那次旅行，酬酢機會甚多。長官部為了我們的交通問題，每天由經理處撥給中型吉普一輛，配備駕駛兵一員，供給我們使用半天，上午或下午則由我們先一日決定通知，汽油由長官部經理處供給，駕駛兵膳食費由我們發給。這車直譯應為「武器搬運車」，形似吉普而較大，司機旁可坐兩人，車內有暖氣，可坐七八人。為了各種「方便」起見，我也掛了軍籍，並被勸令改穿軍服，臂上纏N.E.C.C.火炬軍徽，那四個字母是英文 North East China Command（東北國軍司令部）的縮寫，用以代表東北保安司令長官部。中型吉普馬力甚大，耗油不少，用以作為交通車，不免浪費，所以我們除非有長距離的遠行或多人同行，往往不用。最遠的一次是在北陵，東陵則因附近有「八路」出沒，奉「令」免去。

我參觀了許多報館，印刷工廠，與當地新聞界人士頻頻接觸，並詳細閱讀每天出版的全部報紙，研究瀋陽市的報業情形。

調查瀋陽報業怪現象

勝利後整個東北劃分九省，以瀋陽為東北首邑，與南京、上海、北平同為行政院直轄市，人口一百七十萬，是實際上的東北九省軍事政治經濟文化中心，新聞事業相當發達。當地報紙，有中蘇日報、中央日報、和平日報、前進報、瀋陽日報、新報、東北前鋒報、東北民報八種，銷行總額五萬份。當地沒有外國通訊社，新聞來源以中央社為主，此外有一兩個地方性的通訊社，他們所供給的材料，不僅數量上甚為微小，內容上也往往屬於次要，甚至於沒有建立關內的通訊網。較為重要的幾張，有他們自己的「專電」、「特訊」和「錄音室報告」。「專電」、「特訊」的內容，大都限於東北境內而且的確很「專」很「特」，「專」是「本報」獨有的，「特」是從無線電廣播翻譯出來的，有時尚能引起讀者興趣，至於本市新聞，則大部份的篇幅都被機關部隊的「消息」所充塞。

上述八張報紙中，五張係捲筒機印刷，三張是平版機印的，其中一張印數達兩萬，一張超過八千，一張是六千，其餘五張，從一千到兩千、三千、四千三等。至於報館營業與經濟情形，祇有一家報館有盈餘，財政穩定；一家本來可以收支平衡，到一九四六年冬天已不能維持這個局面，而且據同行傳說，有兩家報紙可能於兩個月內停刊。這些報紙，有一個共同點，這一點也可以說是瀋陽報紙的特徵，即當時在瀋陽出版的報紙，沒有一張不與政府機關或者軍方或多或少有點關係。換句話說，整個瀋陽沒有一張爲大衆說話的報紙，我始終不明白，這局面究竟是辦報者認爲報紙必須倚賴政府或者軍方，才能生存繁榮，還是政府與軍方必須掌握報紙，才能獲得利益？

說得再具體一些，中央日報是中央辦的；中蘇日報是中宣部東北特派員辦公處辦的。和平日報名稱雖是掃蕩報的化身，而且主持者也是重慶掃蕩報的舊人，但以其關係及系統而言，却不屬於和平日報南京總社而屬於東北保安司令長官部。前進報是新六軍的一個附屬單位。新報是青年軍的一分支機構。瀋陽日報與政府有特殊關係。東北前鋒報和東北民報也各具有政治勢力的背景。報館同人在報館本身所獲待遇頗爲非薄，但因各報既各有其特殊後台與勢力，一部份高級職員乃能在其他機關兼職或担任名義職務，領取薪金，名利雙收，生活得相當舒適；而下層職員，則終日辛勞，勉强溫飽。

瀋陽古塔爲瀋陽名勝之一　（張文傑攝）

各報既然各有特殊背景，因而消息也各有其特殊來源。例如中央與南京方面的消息，中央日報總是最多。長官部的新聞，和平日報常能比別家報紙早一天得到或發表。新六軍駐鞍山、普蘭店一帶，於是那一帶的軍事消息，慣常都最先出現在前進報上。青年軍有什麽新聞，新報總是第一個代負報導之責。所以瀋陽各報雖然多數採用中央社稿，內容十九類同，但因各有路線，有時也各有其獨得之秘，可以一看，這就是上面所說各報專電特訊很「專」很「特」的事實說明。

一九四六年年底，瀋陽有三十餘位外埠記者和特派員，他們分別來自全國各地，經常以東北消息，報導全國。我一到瀋陽時，即遇到一位我在香港時常寄東北新聞照片給星島日報的老友張文傑君，他在瀋陽辦了一間東北新聞攝影社，情形不錯，見我抵達瀋陽，便邀了一般新聞界朋友，爲我洗塵，使我有機會與這班朋友，同時相見。他們告訴我，全國各地都有記者來過瀋陽，獨缺香港和廣州，希望我把東北的情形多報告一點到華南香港，更歡迎華南報紙派些外勤人員前來東北，和他們並肩工作。就在此時，我一連串寫了幾篇通訊以「北天行腳」爲篇名，在港發表。

外國記者集中瀋陽，是那年三月十二蘇軍撤退以前的事，現在已經沒有人常駐此間。偶而來一兩個，也是稍留即去，因爲瀋陽這地方，在他們看來已不再重要。當地政府機關，無論其性質爲民政軍事，對外國記者却都表示竭誠歡迎，他們多數被招待在中蘇聯誼社裏居住，一切都很方便。

外埠報紙，瀋陽買得到的只有上海的新聞報、天津的大公報與民國日報。也祇有這三張報紙，在瀋陽都有辦事處，但是銷路都不大，後來上海大公報亦有航郵寄到，每份售流通券三百元，當時合港幣一元二角左右，售價昂貴，自然限制了它的銷路。

大概因爲天氣寒冷與夜晚不大方便的緣故，一部份應酬性質的飯局都在中午舉行。居瀋數月，我吃遍了瀋陽的所有大小菜館，印象最深的是鹿鳴春與公記飯店。由於天冷，無論大宴小酌，每餐必有火鍋。東北的火鍋和上海的暖鍋、香港的打邊爐都不同，他們用的是有蓋的紫銅敞口扁鍋，下燃酒精，燃時火光融融，情趣倍增。

朋友熱情應邀作貴賓

有一天去中蘇聯誼社，朋友介紹我與該社總幹事石萬君相識，石君除了任職中蘇聯誼社外，自己又在中蘇聯誼社下開有照相館一間，此君豪爽好客，與我暢談甚歡。聽說我下榻鐵路賓館，連說「不行」！因爲那邊的房租太貴，住那邊一天，可以住別家旅館三天。他說，他在中蘇聯誼社二樓有一個招待貴賓的房間，一定要我搬去居住，他則暫住店中，我期期以爲不可。不料第二天，他便駛車來迎，當場要把我的行李搬走，堅辭不獲，我便搬進了中蘇聯誼社的二樓，原是日本式的榻榻咪房間，但另有床舖，一切當然不能與鐵路賓館相比，最主要的是沒有水汀暖氣，可是既有電爐電話，設備自然不算太差，只是吃起飯來，就不能像住在鐵路賓館那樣，出門轉彎即到，而非坐車不可。

每晚睡前，石君工作完畢，常來房中小坐，上天下地，無所不談，頗爲過癮。他透露久居北國，不免厭倦，有意於明春以後，前往香港廣州一遊，我以地主自居，當然表示不勝歡迎。相約於六七月間，在香港等他消息，準備倒屣相迎，共渡南國之夏，時隔多年，消息寂然。

中蘇聯誼社係在軍事管制之下，對各層住客，調查甚嚴，聚賭狎妓等行爲，更所嚴禁。每晚十二點左右，必有憲兵巡視，甚至敲門入內，查問究竟。但百密之下，難免一疏，所以聚賭雖然甚少可能，狎妓之舉，仍屬難免。薦枕之女，多爲韓國婦女，代價不高，而欵欵多情，與上海之職業女性與當地妓院中的「大姑娘」截然不同。住在六樓的記者群中，不少都有日韓女友，以爲生活上之點綴。我因較受注目，不敢輕舉妄動，尤其因爲我在中蘇聯誼社的房間，乃借自他人，更不能有任何越軌行動。

參觀了瀋陽的紅燈區

當然也有人以識途老馬自居，帶我觀光當地的妓院，但看到的是庸脂俗粉，俗不可耐。她們見有貴客到來曲意奉承，無微不至，奉承尤嫌過度，居處陋室，燈光黯暗，炭盆不暖，張目一望，即感情趣全無，冷從心起，不待喝完一杯茶，祗想馬上就走。最低級的是某處所謂「一百間」，那是公開的紅燈區，接連一百間屋宇都是下等妓院，顧客在整條街上排成長龍，妓女則於炭盆之旁，忙得連穿褲脫褲的時間都沒有，一個個飢渴的顧客輪流而入，快似打針，打完即去，我簡直不知道這究竟是樂不可支，還是慘不忍覩。

我們到瀋陽之後不久，即過陰曆新年，記得那時我尚未搬離鐵路賓館，那天早晨，街頭行人特多，寒暑表指着華氏零下十五度，大家嘴裏喊着「今天暖了」！年初一那天，店家都不開門，吃飯只能去最小的館子，飯後去張嘉璈先生家中拜年，並且參加了他們擲「狀元紅」的新年家庭遊戲。

零下十五度而當地人說「今天天氣暖了」，可見瀋陽天氣之冷。但以整個東北而言，瀋陽位居東北南部，天氣的確還算較暖，長春、永吉比瀋陽更冷，哈爾濱比長春更冷，齊齊哈爾則比哈爾濱更冷。哈爾濱一帶，零下三十五度不足爲奇，而我在瀋陽、撫順，鞍山所經歷的最冷不過零下二十五度而已。

由於天氣寒冷，北風很勁，東北各地的住家商店門窗都是雙重的，以免寒氣侵入。平時沒有一家店舖的門開着，進去買東西，都要推門入內。但即使不買東西，也一樣可以進去，有些人在外面凍得僵了，便隨便跑進一家店舖靠在櫃枱取暖，這在東北已是一種風氣。每一家店舖裏面即使沒有煤爐，至少也有炭盆，店內與店外的溫度，往往相差十度以上。

我在東北一共駐了不到四個月，瀋陽以外，到的地方有鞍山、撫順、鐵嶺等處，沒有去哈爾濱，更談不到佳木斯。當時以都市外型而論，自然以長春最爲現代化，但軍政及經濟文化中心，却全部集中在瀋陽。

撫順煤礦，鞍山鋼鐵廠，規模之大，同爲中國第一。這兩個城市，分別係以「煤」與「鋼鐵」建成，當地居民，百分之八十都與煤礦或鋼鐵廠有關。青年軍第五師司令部設於撫順，新六軍司令部設於鞍山，我們獲得特別招待，得以從容參觀全貌。煤礦和鋼鐵廠的重要機器設備都被蘇軍拆遷破壞，煤礦的生產量當時不及經常百分之五，鋼鐵廠的破壞更爲澈底，到處斷垣殘壁，據說單爲門窗配齊玻璃，需合港幣一千萬元之鉅。那時也有極小的一部份已經開工，產量不及經常百分之一，看到聽到，無不傷心。

我們旅行各地，多數搭乘火車，各車站的建築設備，即使是小地方的小站，都很講究週全，而且相當整潔，比諸京滬鐵道上的大站，有過之而無不及。

新六軍會擬進駐大連

最可惜的是有一次，承廖耀湘之邀，搭乘他的專車前往未經宣告之某地，啓程之後才知道目的地是普蘭店。普蘭店是在鐵道的最南端，也是離開旅順大連最近的一個據點。在車上，廖耀湘很高興的告訴我們，新六軍不久可能進駐大連市，此行是預作視察。那時旅順、大連均在蘇軍手中，這消息等於透露蘇軍即將撤退，國軍是去接收而非作戰，大家都覺得非常興奮。不料車至中途，忽接長官部急電，訓令廖耀湘中止此行，速返瀋陽。當然，這不是大局有變，便是計劃更改，大家不免帶着失望的心情與專車同返。從此我們便沒有希望重去普蘭店，更談不到去旅順、大連了！

在專車來去的途中，廖耀湘曾出其最近一段時間對於旅大的以及目前情況的研究所得，替我們上了一課，各項材料彌足珍貴。旅順和大連舊時均屬奉天省，旅順位於遼東半島的尖端，即前日本租借關東州省府所在地。港口深而寬敞，兩山對峙，形勢險要，清光緒六年在此建築要塞，有北洋第一軍港之稱。甲午戰後，爲日軍所佔，以馬關條約與大連及遼東半島全部割予日本。後因俄德法三國干涉，由中國償金贖地，但爲時不久，旅大兩地即爲俄國强行租借，訂期二十五年。日俄戰爭後，俄國讓租借權於日本，此後日人銳意經營，軍事上作爲控制黃海，渤海的根據地，商業上闢爲自由港，貿易甚盛。

二次大戰日本投降後，旅大再度淪入蘇俄手中，一九四六年三月，東北蘇軍撤退，但旅大兩地，不在其內。當時旅順、大連同是「蘇區」，一切均受蘇聯駐軍全權督導。旅大兩地中共根本沒有軍隊。據廖耀湘瞭解，當時駐於旅大的紅軍僅有兩個師。他奉命作進入旅大準備，經已數月於是，最近續奉新令視察普蘭店，可能是進駐大連的先聲，不意車至中途，又奉急電召返，原因如何，大概因屬於軍政秘密，始終未有透露。現在所知是一九五四年九月杪（此時大陸變色已三年）蘇聯曾與中共發表一項聲明，表示莫斯科已同意於一九五五年五月卅一日以前，將其駐在旅，大的部隊全部撤退，其時離新六軍準備進駐已遲了九年。

高級長官紛紛有心病

現在回憶起來，「急電召回」這件事情發生之後不久，果然局勢有變。先是四平街大捷，陳明仁一時成爲英雄，但是以大豆代替沙包建築防禦工事的消息傳遍全國，引起了在朝在野各方各色各樣的批評，昨天的英雄，明天便成衆矢之的。也差不多就在這時開始，前線敗訊頻傳，奇奇怪怪的消息，也從許許多多的夾縫裏洩漏出來。例如：杜聿明竭盡心力，晝夜圖謀，爭取勝利，但因爲長官部上面還有一個東北行營，事事受制於熊式輝，因此甚不痛快；孫立人與杜聿明之間有着心病，他不肯完全聽命於長官部，而杜聿明也不高興指揮新一軍；陳明仁經過四平街一役，功罪不明，肚皮裏有滿滿的一肚牢騷；趙家驤是一名有材幹的參謀長，儒將本色，指揮若定，但是作戰的軍事地圖掛在麻將室的隔壁，前方來電話報告形勢緊急的時候，他在麻將枱上接了電話，至少要跑到隔壁房間去才能看到「敵我形勢」，把戰畧或戰術加以修正，講完電話，又要繼續他那副可能胡出清一色的雙辣；至於副司令官鄭洞國，固屬温文爾雅，一表人材，御下有方，備受部下袍澤之愛戴，但在他從瀋陽出發前往長春坐鎮的時候，即因家庭問題，鬱鬱不歡，甚至向人作過「此行恐將一去不返」的表示，不料後來長春被圍，竟成讖語。當他投降廣播之日，報紙上還說廣播者語氣口音，不若鄭氏本人，但據與鄭洞國相熟的人聽來，則「那不是他本人是誰？」

長春被圍與鄭洞國投降，是東北戰局中的一大高潮，在此以前我在瀋陽遇見的高級軍事長官，無不表示此戰勝利可期；不僅東北九省，旅順大連，亦必可在蘇軍手中取回，但自長春失陷，鄭洞國投降以後，局勢便江河日下了！

瀋陽方面，當局表示鎮靜，人心也尙稱安定，歌舞昇平，熱鬧依然。當地的老百姓，在過去的若干年間，眞所謂曾經滄海，甜酸苦辣，都已嘗遍。先是當滿州國的順民，繼之以看大鼻子的眼色；及至國軍抵達，大員接收，以爲局勢大定，可以在苦惱之中得到安定日子，却不料還有「八路」。他們最初不喜歡「八路」，怕聽「共產」兩字，但是他們有一種預感，感覺到這樣下去，「八路」遲早會來，希望一斷，心一橫，嘴裏雖未出口，心裏早已一切不在乎此了，套一句老調說，這就是人心動搖！

積雪盈尺的松花江冬景（張文傑攝）

辦報不成浩然作歸計

東北流通券幣値向稱穩定，這時候開始，物價逐漸上漲，人民生活，也日益困難。我呢！一因東北辦報不僅沒有前途——而且根本無此可能；二因離港已久，勢須歸去，隨而作出了一個月內取道平津經過上海再回香港的計劃。

行期既已決定，朋友間自然又少不了一番酬酢往還，從一九三七年以後，除了香港淪陷的一段時間，我一直以香港爲家，離開東北是離開一個只逗留過一個短時期的客地。啓程之日，一批朋友到車站送行，寒冷中帶來不少温暖，但人在瀋陽，心已飛往平津上海。

回程是一個人單獨旅行，連聊天的人也沒有，在車上除了吃與看書之外，只有想與回憶。我想到關外這一段時間的生活，想到香港的家與未來的工作，想到可能在天津、北平會見的多年老友，想到一星期後即將重蒞上海，心裏都感到相當舒服。時間是陽春三月，可是鐵道兩傍，了無春意，車僮告訴我：「離開鐵道線不到兩里，全是『八路』，他們看起來與老百姓沒有分別。」我想：「當八路的本來就是老百姓，他們與老百姓有什麽分別呢？」

我搭的仍是平瀋通車，當晚即至山海關，躺在車上，既暖且省，十分花算。車票本來買到北平，但車到天津時，忽然心血來潮，以爲既然先到了天津，何不就先在天津下車，住上兩三天再去北平，因事前未曾作此打算，匆忙提着行李出車站，叫了一輛三輪車，吩咐他直去利順德飯店。利順德飯店我已久聞其名，聽來像一家舊式旅館，却是天津第一家設備最佳的西式酒店，我要住這家酒店是有道理的。

到旅館約爲下午三時，侍役替我安頓了房間

，接着洗把臉，便去餐廳。那是吃下午茶的時間，我却叫了一碟麥片和一客火腿蛋。僕歐見我叫的兩樣都是早餐中的常食，不免納罕，我自己當然知道一點沒錯，因爲我已三四個月未吃麥片，想念之至。爲了怕其他酒店餐廳，也像瀋陽一樣沒有麥片供應，所以一心一意非住利順德飯店不可，這道理說出來豈不可笑！

到天津登報找尋朋友

據我所知，在天津，我祇有兩個朋友可找，一個姓查，一個姓徐。他們都是勝利從重慶復員而去。前者有地址與電話，後者則既不知其住址，亦不知其有無電話。吃好我的下午茶，第一件事是與查君通話，他接到電話於半小時內即來旅店相晤，並且陪我去民國日報登了個尋人廣告，因爲我也急於見到那位姓徐的朋友。查君服務機構在天津英租界設有招待所，我在天津只能小住，但他却非叫我明天搬去招待所接受招待不可。第二天下午，便在招待所接到了徐君的電話，原來他已在當天早晨看到我的尋人啓事，特來聯絡。我這不速之客，使兩位大忙特忙，第一天的晚飯是查君請我在雨花臺吃的，第二天的飯是在徐君家裏吃的，整整三天，由他們兩人輪流作東，未有停歇。

那時天津的租界雖已收回，但仍舊保持着「英國地」、「法國地」、「日本地」等名稱。短短的勾留，我對天津有這麼幾個印象：一、天津的咖啡店非常漂亮，像維多利、起士林還有幾家忘了名字的，即使在上海也都是第一流；二、天津的三輪車疾馳似飛，鋼絲橡皮輪在柏油路上「絲！絲！」有聲，比上海的以及後來在曼谷坐到的還快；三、天津的洋場氣息，僅次於上海，遊樂場所不僅多而且相當時髦。

歸心如箭匆促返香港

在天津躭了四天，即去北平，先住東交民巷中國旅行社招待所，那是因爲在抗戰期間經歷西南各地，沿途都住在中國旅行社，對它的印象不壞之故，但當天即被朋友接去其廣安門外的寓所下榻。主人夫婦都是重慶每日必見、週末必聚的老友，異地又重晤，倍覺歡愉，响導責任，全部落在他們兩人身上。

他們請我去全聚德吃烤鴨，六國飯店吃下午茶，又因我來自香港，特地去南國酒家吃了一次粵式茶點。北平有數不盡的名勝古蹟與風光，最值得留連忘返的當然是故宮，不要說儲藏在裏面的許多別的寶物，光是那幾百座叮叮噹噹的「自鳴鐘」已足夠我看得眼花繚亂，而燦爛輝煌的宮殿，連綿不絕，也使「甲第連雲」四字，第一次給了我一個具體的概念。北平的陽曆三月，春寒抖峭，中南海公園裏還結着冰，我看到了九龍壁的巧奪天工，「天壇」的莊嚴瑰麗，「前門」的氣象萬千，也看到了「八大胡同」之被遺棄與冷落蕭條。沒有去西山和頤和園，因爲那裏經常有「八路」出沒，不能前往。

在天津、北平兩地畧作勾留，一轉眼又是一星期，朋友的盛情雖然可感而且値得留戀，但是心在上海，香港方面，也有公私雜事，等我歸去，因此不能不束裝就道，再到天津，取道海路抵滬，換乘「戈登將軍號」返港。（完）

鍼灸經穴解剖層次圖導言

賈介藩

賈介藩醫生名俊，貴州人，長於四川；曾在重慶求精中學畢業後，入成都華西大學醫科，得醫學士。賈醫生臨床經驗甚富，歷任重慶寬仁醫院院長，四川省立醫院主任醫生。抗戰時爲川西修築機場之數十萬民工照料醫藥，尤爲難能可貴。惟彼時大後方的西藥極度缺乏，病人既多，廹得賈醫生以西醫診斷，用中藥治療。從此溝通中西，用力研討，賈醫生非復普通中西醫之各堅守一義了。自任貴州省政府衛生處長後，流亡來港，始與我相遇；除照料我全家醫藥外，公餘喜在我寓中吃成都家常便飯，每爲我談中西醫理，至午夜始去，增長我之醫藥常識不少。一九五七年夏，賈醫生與陳存仁醫生寫成「鍼灸經穴解剖層次圖」。其書前面導言爲賈醫生歷述其以西醫素養去研究中醫所傳數千年來之陰陽五行的生理觀，求與西醫的人體內臟及神經系統的解剖說明，兩相通合，其用力之勤，見解之周，至不可磨。

賈醫生在香港政府任醫官十餘年後，復往倫敦深造三年，行將考得醫師註冊憑照，而一病不起，抱道以終，至爲可惜。今中醫復爲世所重，而鍼灸術尤爲一時流行，因之談中醫醫理之新說漸多；但如賈醫生之能溝通中西，從學理方面開啓比較研究法門之作，尚不多見。我雖外行，願爲介紹其人之經歷與此作之所由來。

李璜 一九七一年八月二十七日

一

在這高唱中醫科學化的聲中，針灸療法中興的時代，國際間對中醫的理論和針術，有詳盡的研究和報導，這一類的文獻，英美德法奧義日蘇各國的著作，多至四百餘篇，這不能不令我們驚奇！尤其是讀科學醫的我！

記得二十四年前，中國科學社在四川開年會時，有一位社員——留法的化學博士某君——在私人談話中，提及中國的針灸，在法國醫學界頗受重視，彼曾加入法國針灸學社，研究相當時間，且獲有針灸文憑，當科學社年會畢後，某君曾留重慶作針灸治療的實施，惜當時未能引起人們的注意，致未將針術發揚起來！

兩年前有德國醫學博士許米特氏，東來日本研究中國的針灸，一時引起港中醫界的興奮，我也在不知不覺中對針灸發生了興趣，因而自問曰：「針灸是我國傳統的醫術之一，有三千年以上的歷史，自秦漢以至清末，有不少的著述，何以許博士專誠赴日本研究？」沉思良久，心有所悟，并有所感！豈中日的針灸，有科學上的區分嗎？

於是決心抽空參加香港中國針灸學院第二屆針灸研究班，細心研讀針灸課程，并課外閱讀「針灸大成」、「甲乙經」、「千金方」及「黃帝內經」等書，希望能正確的了解，更希望能找出科學或不科學的地方，俾能與針灸的同道，作進一步的探討，務使這流傳數千年的醫術，在應用上能適合這科學的時代，這不但古人的心血不會白費，而病者的痛苦也可安全的解除。

尤其望科學醫的先生們，別以爲這是一種古老的醫術，而輕視他的功用，其實好多慢性疾病，在用科學醫療不發生效果時，如一試用針術，便會收意外的療效，不信但看法國的醫學報導，一個頑固的痙攣性呃逆，用盡方法而無效，但一試用針術，一次而發生驚人的療效（見法國醫學科學百科全書一卷一八六四年法國醫師愛默氏HAIME.A.報告）。又如英國一個坐骨神經痛的患者，經用浴療法及芥子泥罨劑，均不見效，但用針術三次，便完全治愈（見英國醫學雜誌一八五八年瓦德氏T.OGIER WARD報告）。又如糖尿病過去與現在都是用因蘇林療法，然而却不能將胰島腺的機能恢復，日醫中山氏NAKAYAMA曾在肝脾腎三俞針刺，結果患者康復（見日本醫報希坡革拉第一九三三年報導）。又如小兒食慾不振，在藥物失效之後，祇須一針，即收大效（見法國醫務十六期一九三五年法醫拉凡里氏LAVERGNE M.報導）。又意大利醫師維內依（A.VINAJ）教授報告一被雷擊傷的飛行員，經某名醫院診斷爲右腿患因雷擊而發生的神經炎，來維氏處求治，經用各種方法治療而無作用，氏試用針術，一針即能步行，以後每間日針一次，三次即完全痊愈（見一九三五年意大利醫學半月刊）。還有高血壓一病，美國法蘭斯氏用外科手術切除第六胸椎起至第二腰椎之交感神經節，血壓即減低，這是一個很麻煩的手術，非專門外科家不能行之。但如用針灸方法在第二腰椎的穴位上行之，即可收血壓降低之效果，作者有這體驗，意大利維內依教授和日本中山氏都有同樣的報導。

像這一類的針術療效，實在舉不勝舉，都是科學醫家親身實驗而報導的，所以我們不但不能忽視這古老針術，還須起而直追，以解決今日許多科學未能解決的療法呢。

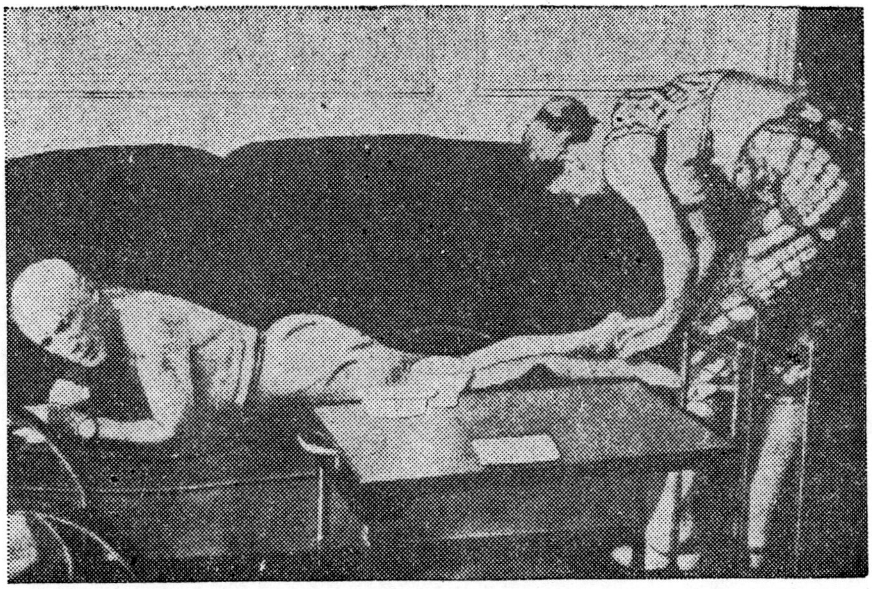

法國針灸盛行圖為一法國女醫師為世界名畫家畢加索施針時所攝

二

我憑着一股勇氣，闖進了陰陽道上，摸索在五行陣中，在這裏我開始體會「中醫的陰陽五行學說」，是受當時的哲學所影響，把人比喻作一個小天地，倡天人合一的生理觀念，把「氣」擬作人們機體的生活能，而以陰陽別之。更以五行的生尅來說明內臟器官的聯繫。再以十四經絡來表達五臟六腑與體表的微妙關係，藉以作診療上的指徵。

我認爲「陰陽」是平衡學說的代表名詞，天地間的事事物物，都是生存在平衡狀態中。讀科學的人，是不談陰陽的，但說化學變化時，却用了陰游子陽游子，說電學時却用了陰電陽電或陰極陽極，若把陰陽二字用在人身體上，便會遭輕視，這是不公平的。我們說器官的病變，是因機體的生理作用的不平衡，但我們若換一句話說，是陰陽二氣不調協，恐怕你會輕視這個說法，若我們又說這是交感神經與副交感神經的失調所致，那你便欣然贊同了。其實是一樣的，不過所用的名詞不同吧！所以陰陽二字可以作交感與副交感來看，如此便不古老了，如此他就是平衡說的代表詞。

陰陽二字，也可用於他方面，例如用來表明人體的前後兩面，依向天爲陽，向地爲陰的說法，便定人體的背面爲陽，腹面爲陰，手背爲陽，手掌爲陰，足背爲陽，足蹠爲陰，四肢的外側爲陽，內側爲陰，這樣，人是猿行的呢，與英生物家達爾文的學說，豈不相似？

中醫將五臟六腑分成兩組，依實質爲陰，空虛爲陽的看法，五臟——心肝脾肺腎是實質的所以爲陰，六腑——胆胃大腸小腸膀胱三焦是空虛的管形物所以爲陽。因此，便定五臟屬陰，六腑屬陽，爲了五陰六陽不相稱，所以把心包絡權變爲一臟，以成六陰六陽之數。

其實心包絡在解剖學上，不能成一臟，據「內經」說：「心包絡位居膻中，膻中者，臣使之官，喜樂出焉。」滑伯仁說：「心包絡在心下，橫膈之上，豎膜之下，其與橫膜相粘，而黃脂裹者，心也。脂膜之外有細筋膜如絲，與肺相連者，心包也。」李士材說：「心包藏居膈上，經絡胸中。」從這些說法着想，我認爲心包絡是神經叢，是管理調節營養心臟之神經，這樣才能合中醫稱心包絡爲心主，這樣，才與那絡字的意義相合，不過「神經」二字，是近百年才借用日本的名詞，宜乎古書無神經之名。

又六腑中的三焦，在解剖學上也找不出這個器官。近來許多書籍都以爲上焦指呼吸，中焦指消化，下焦指排洩與生殖，這是從功能上說，而不是指一器官，我認爲三焦是指胸腹的交感神經叢，牠才有管制五臟六腑的功能，這可以華佗經來證實的。華佗中藏經記載：

「三焦者人之三元之氣也，號曰中清之府，總理五臟六腑，營衛經絡，內外左右上下之氣也，三焦通，則內外左右上下皆通也，其於周身灌體，和內調外，營左養右，導上宣下，莫大於此也。」

這種說法，是把三焦作成一個調節機體的機構，但在解剖學上無法指出是個器官，祇有體腔內的神經叢，才有這種作用。

臟腑既然分了陰陽，更進一步配上五行，從生尅上看，是五臟的縱橫聯繫法，也可說是五臟的一個家譜。據經上說生是母子，尅為夫婦，那末，金生水，即是說肺與腎有若母子之親，而火尅金，則心與肺有若夫婦之密，仿此作一直系圖則是肺與腎（母子）腎與肝（母子）肝與心（母子）心與脾（母子）脾與肺（母子）這成了一個環，但從脾切斷則成一直系圖，這是縱的一面，再從肺左面起肺與心（夫婦）心與腎（夫婦）又從肺右側起肺與肝（夫婦）肝與脾（夫婦），如將脾與腎（夫婦）又連成一環，從脾切斷則成一橫線，所以從橫線上看全有夫婦關係，從直線上看全有母子關係，因此我認為五行的配合，簡直是一個家譜，這在整體療法上用補瀉法是有幫助的。

三

中醫是有解剖的，在黃帝內經靈樞的經水篇載有——

「且夫人生於天地之間，六合之內，此天之高地之度也，非人力所度而至也。若夫八尺之士，皮肉在此，外可度量切循而得之，其死可解剖而視之。其臟之堅脆，府之大小，穀之多少，脈之長短，血之清濁之多少，十二經之多血少氣，與其少血多氣，與其皆多血氣，與其皆少血氣，皆大有數……」

又難經四十二難的記載：

「胃大一尺五寸，徑五寸，長二尺六寸，重二斤二兩，橫屈。小腸，大二寸半，徑八分，長三丈二尺，重二斤十四兩，左回疊十六屈。大腸大四寸，徑一寸半，長二丈一尺，重二斤十二兩。當臍右回十六屈。肝重四斤四兩，左三葉，右四葉。心重十二兩，中有七孔三毛。脾重二斤三兩，扁廣三寸，長五寸，有散膏（即胰腺）半斤。肺重三斤三兩，六葉兩耳。腎有兩枚，重一斤一兩。胆在肝之短葉間，重三兩三銖。盛精質三合。膀胱重九兩二銖，縱廣九寸。」

從上面的記載，知古時中醫是有解剖的，不過以後重視人道主義，把解剖廢止，以至於失傳，所以後人無法去改正那記載錯誤的地方。清朝王清任氏作死後解剖，改正了不少過去記載的錯誤，但拿現在的解剖學來衡量他，還是有不少的錯處呢。可是這已經證明中醫是有解剖的，不過後之作中醫者，未學解剖而已。

四

古人不但在死體解剖上去觀察臟腑與十二經的病態，並且在活體上也精細的考驗，人在病時皮膚上每每發生或輕或重或大或小的痛點，這些痛點，是與內臟器官病變時有密切關係的，而且每個人都是相同的，這些痛點，又都恆定的位於十二經之上，可以用來調節氣的盈虛，名之曰經穴。

十九世紀時德醫凡安氏在一八八三年實驗的人皮膚，發現了一七九個痛點，在痛點上可以測知內臟器官的病，也可用作治療的刺激點，可是這一七九個痛點中，竟有一〇五個與我國的針灸穴位相同，這說明了古今中外的醫家，如同一轍的在皮膚上找出了與內臟器官聯繫之點。

又海德氏帶的發明，也是證明內臟器官受損時，在一定的皮膚部位上，有一定程度的感覺過敏區出現，如在這過敏區內加以刺激，常能對內臟產生一種影響。阿勃拉姆氏（ABRAMS）稱此為「皮膚段」，并證明在內臟病變時，皮膚痛區出現較遲緩，但在痛變持續時，皮膚痛區亦持續，若痛區消失，則表示內臟已恢復正常，這又是一個內臟與皮膚有聯繫的證明。

我們再把一九五五年巴特許別金氏的「內臟器官及其相關的皮膚『活動點』的電位變化」的實驗來看，其結論有云：「研究各皮膚活動點間的互相關係，可以指出發病的器官，所以更有臨床診斷的意義。」

又巴氏在「皮膚與內臟器官間的反射營養聯系」實驗中，指出「皮膚活動點電位的變化是與內臟器官電位的波動相符合的」，又云「以上所得的結果，是可用於早期診斷，同時也可以反射地影響到內臟器官的營養。

這些材料也可作中國醫學中，根據經驗很早就已知道的穴位分佈系統的實驗基礎。

十八世紀的生理解剖家王清任畫像

由此可見針灸穴位的發明，在我國有三千年以上的歷史，在今日原子時代，用科學方法來證明，還是對的，豈容我們忽視？

針灸的穴位，不知經過若干時間和若干學者的考查，才定出來，當然不會一次就尋出如內經所說的三六五個。我想這個數字，是尋穴位的學者假定的目標，當時既把人視爲一個小天地，而一個周天是三六五日，所以假定人身上的穴位是三六五個。這樣便可配合四季及甲子，於是才有天干地支上的禁忌，這是當時應用上的說法，姑且不論。現在祇就穴位的數字來說，內經上所能查出的祇有一四五個，到了晉朝，皇甫氏著「甲乙經」，才增至三四九個，唐朝外台秘要又增至三五七個，宋朝王惟一氏鑄銅人，著銅人經，鑑定全部穴位三五四個。明朝楊繼洲氏著「針灸大成」在三五四穴之外，加上風市眉冲督俞氣海俞關元俞五穴位，共成三五九穴。假如將針灸全書所加的羊矢接骨二穴，又張氏類經圖翼所加的急脈中樞二穴都加上，總共也不過三六三穴。但若把經外奇穴及最近國內外新發現的穴位加上，那就超出了古人所定的目標，不過我們得不斷的去實驗，將來可多尋出新穴位，以作診療上的應用。

在這裏我得順便說一句，我們的銅人，久留東洋不歸，中國針灸學院院長陳存仁氏，曾於五年前赴日，訪問銅人。費盡心血，方將銅人的原樣模來，而且花了相當時間，與專家設計鑄造。費時五載，幸已鑄成第二銅人，若有餘力和需要，可能再鑄一二個，那末將來銅人訪問歐美，必然引起醫學專家的興趣呢。

五

針灸的穴位，每一個都是位於經絡上，而經絡是上通於腦，內連臟腑，外則互相通達，那末經絡在解剖學上是什麽呢？我認爲就是神經，不過神經二字，古時無此名詞，而以經絡經脈名之，其實是指現在所謂的神經而言。我們若考十四經之督脈，便知是指脊髓神經。難經二十八難說：「督脈者起於下極之俞，幷於脊里，上至風府，入屬於腦。」又二十九難說：「督脈之爲病，脊强而厥。」甲乙經說：「督脈爲病，脊强反折。」喻嘉言醫門法律痙病論說：「督脈與足太陽脈合行於脊里……」滑伯仁註釋督脈曰：「督之爲言都也，爲陽脈之海，所以都綱乎陽脈也，其脈起下極之俞，由會陰歷長强，循脊中行至大椎穴，與手足三陽脈交會……」

這樣的記載，明明指出督脈就是脊髓神經，從病狀上看，有角弓反張及抽搐現象，從位置上看，便是由尾骶骨一直通到延髓的脊髓神經，這是一個「督脈即是脊髓神經」的確切證明。不但如此，連膀胱經都可由喻嘉言的話，證明是脊髓神經之一的。因此我們便可體會到膀胱經何以統有十二經臟腑的俞穴了。

我們知道脊髓神經由前根和後根分佈到人體的軀幹與四肢的各部，前根爲運動神經，後根爲知覺神經，脊髓在大腦與周圍神經之間，是一種傳導的通路，能將由身體各部來的刺激，從後根傳入，轉達大腦，也能將大腦的命令，由前根傳至身體各部。至於內臟器官的傳導，則有植物性神經專司其事，而我們脊柱兩側的交感神經節，便是這一類的裝置，牠是由脊髓胸腰兩部中間外側束的植物性神經構成的，是臟腑器官的交感神經。在交感神經節內，有脊神經的白交通枝與之相連，而我們膀胱經上各臟腑的俞穴，其位置正與交感神經節接近。所以在各穴位上針灸，其刺激一面傳至大腦的皮質，一面可感應到本俞穴所屬的臟腑，這就是膀胱經統有十二經臟腑的俞穴的理由，其實完全是脊髓神經的作用呵！

脊髓神經，分頸部胸部腰部骶部尾部五段，頸部脊神經，構成頸叢與臂叢，頸叢是上四個頸神經的前支構成的，有淺支分布於頸前面側面，枕部及耳部的皮膚，深支除分布頸部諸肌外，更有一長支爲膈神經，其運動支分布於膈肌，其感覺支則分布於心包、胸膜、腹膜、肝韌帶等。臂叢：是頸部脊神經的下四個神經及第一胸神經的一部所構成，由此叢發出大感覺神經，一爲臂內側皮神經，一爲前臂內側皮神經，又有混合性的長神經五個，即腋神經，肌皮神經，正中神經，尺神經，橈神經。分布於肩及上肢各部。胸部脊神經，不形成叢，名曰肋間神經，上六個肋間神經，分布於胸部的肌肉皮膚和乳房，下六個肋間神經，則分布於腹部的皮膚與肌肉。腰叢：是腰部脊神經，由第十二個胸神經與四個腰神經的前支所構成，分長短兩支，短支分布於盆部諸肌及皮膚，長支有三，即股神經，閉孔神經，股外側皮神經。股神經分布於股前的皮膚與肌肉幷膝關節。至小腿名隱神經分布於小腿內側的皮膚。閉孔神經，則司大腿的內收，與髖關節的運動。股外側皮神經，專司股外側皮膚的知覺。骶叢：由第五腰神經及全部骶神經所構成，分長支及短支，短支有臀上下神經，陰部神經。長支爲坐骨神經及股後皮神經。坐骨神經在膕窩上緣分爲二支，一爲腓神經，一爲脛神經，司小腿與足的知覺和運動。尾叢：是第五骶神經與尾神經所構成，分布於尾骨與肛門間的皮膚。這是脊神經的分布大畧，而十二經之手三陰三陽，即頸叢與臂叢所發出之神經。其足三陰三陽，即腰叢與骶叢所發出之神經。至於十二經之各穴位，在神經上所佔的地點和名稱，詳見於解剖層次圖中。

關於長濱善夫氏對十二經絡之研究，認爲投影感覺圈的方向，與神經所走的方向不同，但其針响所表現的痛覺，壓重覺，痲感覺或電氣刺激的感覺等，還是不出神經的範圍，不知切斷或封閉局部的神經後，其結果是否一樣？我承認長濱善夫氏的研究，是一個難能可貴的實驗，而且是有助於臨床的。

關於奇經八脈，除任督二脈已併於十二經，合稱十四經外，其餘六脈如陽維陰維陽蹻陰蹻衝脈帶脈，這各經的穴位，都與十四經的穴位是相同的，如陽維脉有穴位十七個，但十一個是胆經的穴位，一穴是三焦經的，

宋王惟一鑄造銅人模型側形

一穴是膀胱經的，一穴是小腸經的，一穴是大腸經的。陰維脈有穴位七個，但三穴是脾經的，一穴是肝經的，一穴是腎經的，二穴是任脈。陰蹻脈有穴位四個，但三穴是腎經的，一穴是膀胱經的。陽蹻脈有穴位十二個，但三穴是大腸經的，四穴是胃經的，四穴是膀胱經的，一穴是胆經的。帶脈有穴位三個，但二穴是胆經的，一穴是肝經的。衝脈有穴位十三個，但十一穴是腎經的，一穴是脾經的，一穴是胃經的。

這些與十四經相同的穴位，組成了奇經。我認爲是針灸家另一派的作法。從針灸大成所載的八法歌來看，便知是另一作風，他在八脈中各取一穴位，配上八卦，用時還須配合當天的干支，應用起來，相當麻煩。無怪乎法醫德勒夫氏有「關於八脈的知識，還不能歸入絕對可靠的針學理論之中。」但這一種妙用，可以作將來我們研究的課題之一的。

六

針術是一種刺激神經的反射療法，因刺激的强弱而發生鎮靜、强壯、調節三個作用。

據拉凡里氏一九三五年在法國醫務上說：「針術是一種在精確的穴位上進行針刺的手術，用以治療各種機能障礙的。這種方法，値得讚賞之處，是在於其作用的神速。」

他又在巴黎醫院醫學會公報說：「針術較我們現有的物理療法，是更能令人滿意的，因此對於某些沒有物理療法設備的醫師，這是一種不可忽視的方法，而且這方法看來是完全無害的。」

他又在巴黎醫學上說：「一種新的醫療方法，時常會遭遇懷疑和反對，但是中國針術幷沒有受到這種阻力，相反的却在醫學界中日漸推廣。」

他又在小兒科公報上說：「針術是一種簡單有效而無害的治療方法，因此他應當試用在一切療法之前，更應當試用在其他方法無效之後。」

一九二三年我國的西醫宋國賓氏，在震旦醫刊發表「中國針灸與內分泌」一文，他說針刺可以促進內分泌的增加，借以調節交感神經與副交感神經的作用，而使臟器在失去平衡之時機能紊亂，得以回復正常之生理狀態。

巴甫洛夫的高級神經學說：「一切外部的刺激，必須先由知覺神經，傳之於大腦皮質部，振起其興奮或抑制的作用，再由皮質的中樞反射到有關各部的組織和器官，發生興奮或抑制的作用，因此針灸治療不是局部的作用，而是排除大腦皮質部與全體組織和器官間所有障礙，加以調整而使之轉好，達到自然治愈的目的。針的抑制作用，是可以消除大腦皮質部與器官間交替反射，而形同一種封閉療法。」

這是中外醫家對針術的評語與針的理論。

灸術是我國三千年以上傳統的民間療法，古代醫家，針灸幷用，「千金方孔穴主對法篇」說：「孔穴主對者，穴名在上，病狀在下，或一病有數十穴，或數病共一穴，皆臨時斟酌作法用之。其有須針者，即針刺以補瀉之，不宜針者，直取灸之。然灸之大法，但其孔穴與針無忌，即下白針，若溫針訖，乃灸之，此爲良醫。其腳氣一病，最宜針灸，若針而不灸，灸而不針，皆非良醫也。針灸不藥，藥不針灸，尤非良醫也。可見古時中醫，是方脈針灸幷用的。」

關於灸的記載有以下各文獻——

史記扁鵲傳：「扁鵲治號太子尸蹶暴疾之病，使子豹爲五分之熨，熨兩脇下，太子起坐。」

史記倉公傳：「齊北宮司空命婦病疝氣，灸其足厥陰而愈。」

抱朴子有言：「百家之言與經一揆，譬操水者，器雖小而救火同焉，猶施灸者，術雖殊而疾均焉，况反死回生，孰如灸法之神且速耶？」

一九三六年德國醫學週刊載有「東亞的二種古老的治療方法——灸和針術——」一文：「……在東亞民間最爲流行『小型手術』的治療方法中，灸和針術，都有極悠久的歷史，灸術是一種誘導療法，借作熱對皮膚的作用，而使病况有所改進。過去在日本，艾灸被當作一種萬用的治療方法。現代日本醫學家，曾一度不贊成灸術，但後來因爲此法確有成效，故仍繼續應用。」

日本的原次免太郎著有「灸法醫學研究」，經過動物實驗之後，檢查施灸局部上皮組織的變化，認灸法是一種置白體療法。原氏考查施灸對血液之影響，結果能助血色素之增加，赤白兩種血球的增加，血糖血鈣量的增加，赤血球沉降速率的增加，血液凝固時間的縮短，幷對免疫體產生了能力，可縮短免疫體發生的時間，這是對醫療與預防的一個寶貴的實驗。

原氏作動物實驗後有以下結論——

（一）施灸於結核動物，立證其有確實治愈的傾向。
（二）施灸對於結核，確有相當之預防效果。
（三）健康時施灸以抵抗結核，可決斷爲最良之策。

因有以上的結論，所以原氏曾提倡「新保健三里灸」，如果能付諸實行，對結核的防治有極大的幫助。

十八世紀末，拿破侖出兵埃及，他的軍醫主任拉蘭氏 (Larrey) 常於士兵患病時施以灸術，他曾作多次報導，用灸術治愈了痲痺，黑內障，白內障，雪盲，關節炎，脊椎骨瘍等病，他作精確的病理解剖，其結論曰：「根據我們所作的不少觀察，我認爲治療這種兇惡的疾病的方法，就是重復的施行灸術。」他認爲骨瘍的治療，用灸術比用當時盛行的烙鐵爲佳。他不主張用直接灸以損傷皮膚，因此曾發明拉蘭氏執灸器，是溫灸的先導。

在日本鎌倉時代（約一四〇〇年），凡士兵作戰受傷後，在未經軍醫治療之前，必須彼此用艾施灸，借以增强血液循環，而防休克的發生，這是一個極合理而又簡便無害的方法，值得重視的。

從上面的報導，可見針灸應用之廣泛，不但平時可用作醫療與預防，即戰時亦可用作急救方法，惟在這科學時代，用針必須嚴格的消毒，而且應避免直接刺入內臟，以免引起嚴重的後果。而在灸的方面，切莫作廣泛的燒傷，引起不良的附加病，更不宜作不必要的直接灸，避免留下疤痕。

孟子曰：「七年之病，求三年之艾。」這是說灸必用艾，因艾中含有苦艾素，能直接刺激神經中樞，并含有腺素與胆素，能刺激皮膚。歐洲方面常用棉或痲及其他樹葉，那祇有火力而無藥的作用。同時用艾必須用陳的，所謂「三年之艾」，陳艾中含的腠葉油醇業已揮發，易於燃燒，且發生强大的火力。又慢性病的治療，必須用恆心，有耐性，方能收治療上的效果，此「三年之艾」的又一意義，正如拉蘭氏所說的重復的施行灸術以治兇惡骨瘍的說法一樣。

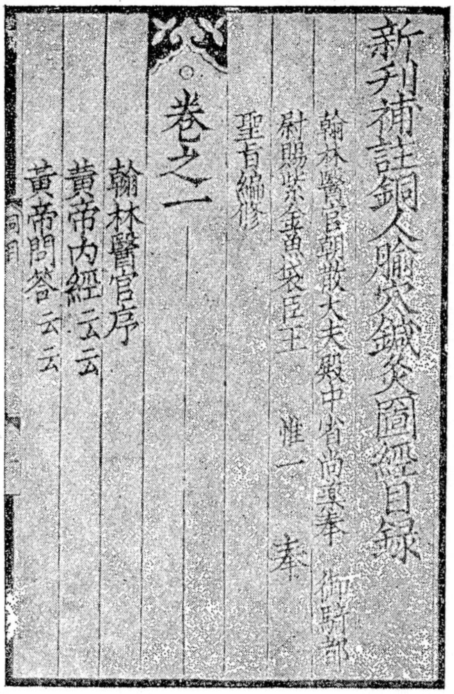
新刊補註銅人腧穴鍼灸圖經目録
翰林醫官朝散大夫殿中省尚藥奉御騎都
尉賜紫金魚袋臣王　惟一　奉
聖旨編修
卷之一
翰林醫官序
黃帝內經云云
黃帝問答云云

貴池劉氏景宋刻本王惟一撰銅人經

七

針灸穴位的圖解，過去都是平面的，對於未學過解剖的人們，頗難領會，香港中國針灸學院第二屆針灸研究班所用的講義，雖經改良到每一個穴位，用了六個圖解來說明，表面的穴位是用實際的人體來標明，并與銅人作比較。內面的穴位是用各種標本或組織與解剖的圖表來指明，更用針灸實習的實際照片來指示作法，有時還用愛克斯光的照片來證實。我們對於這種用科學方法來整理過的針灸講義，已經很感滿意的了。但陳存仁氏認爲這六個圖表，不能合起來成一個整體，所以想另編一套立體的穴位圖解，使學者在表面上看到穴位，更能各層組織中看到穴位。從這一面的表皮起，一層層的把穴位圖解出來，直到骨骼爲止。前後兩面都如此作法，連叠起來，便成一個立體的穴位圖解。經過陳院長若干次的選擇，用各家解剖圖解爲藍本。由我將各組織的名稱，用最新出版的解剖學名詞來譯註。并由梁覺玄教授精確的指示穴位。施中心、王春秋等同學合力將這個解剖圖解，繪製，註釋，審察，校對，費時數月，乃完成此項工作，以作本學院下屆學員的講義參考。我們義務編成，義務付印，目的在發揚我國傳統醫學針灸，并無版權的保留；可惜因種種條件不夠，不能用彩色將各種組織印出，這是一個很大的缺憾，應當抱歉的。

關於穴位方面，依照明正統重修的三百六十五穴，我們針灸學院，已另有用科學方法整理編輯的教本，說明每個穴位的位置，神經及血管的分布，和本穴的適應症，及針灸的方法，所以在這本層次解剖穴位圖上，不再重說。不過這麼多的穴位，在應用上似覺過多，而學者更難記憶，爲今後學者在習作上的便利計，我們多次研討，決定在三百六十五穴中，取出一百個穴位來作教學之用，所以這本層次解剖穴位圖上，自頭頂至足底，祇有一百個穴位，這是要申明的。

我院所取的穴位是——

肺　經：四穴——尺澤，列缺，太淵，少商。
大腸經：六穴——迎香，肩顒，曲池，手三里，合谷，商陽。
胃　經：八穴——頭維，地倉，頰車，天樞，足三里，豐隆，解谿，內庭。
脾　經：六穴——血海，陰陵泉，三陰交，商丘，公孫，隱白。
心　經：四穴——少海，陰郄，神門，少商。
小腸經：六穴——聽宮，小海，支正，腕骨，後谿，少澤。
膀胱經：十八穴——睛明，攢竹，天柱，大杼，風門，肺俞，膈俞，肝俞，脾俞，胃俞，腎俞次膠，膏盲俞，承扶，委中，承山，崑崙，至陰。

腎　經：四穴——復溜，照海，太谿，涌泉。

心包絡經：六穴——曲澤，間使，內關，大陵，勞宮，中衝。

三焦經：八穴——絲竹空，耳門，翳風，天井，支溝，外關，陽池，液門。

胆　經：八穴——聽會，風池，肩井，環跳，風市，陽陵泉，懸鍾，丘墟。

肝　經：六穴——期門，章門，曲泉，中封，太衝，大敦。

任　脈：八穴——天突，上脘，中脘，水分，神闕，氣海，關元，中極。

督　脈：八穴——百會，上星，水溝，風府，大椎，身柱，命門，長強。

這層次圖解的穴位，并不因經絡而分次序，乃是先將身體分頭部胸腹部背部上肢下肢五部，然後在身體最高的地方起，至最低的地方止，如頭部頂的百會穴是第一穴，上星是第二穴，下至胸腹部之天突穴是第十八穴，而背部的大椎穴是第三十穴，上肢的肩顒是第四十四穴，下肢的環跳是第七十三穴，下至足底之涌泉穴是第一百穴。

這一百個穴位，在應用上已經能應付一切疾病，事實上經常用的穴位，不過是五六十穴，這是各人的習慣，由各人取捨及活用，不必拘泥的。

這個講義的編成，得陳存仁院長的鼓勵，梁覺玄教授的協助指導，王春秋、施中心等同學的協力助編，幸告完成，我誠摯的感謝。並把讀針灸一得之愚，冗長的寫出作為導言，但我所領悟的不多，而且不免有偏見的地方，幸同道們有所指正！

一九五七年六月三十日寫於香港

先父朱南山公百年紀念

朱鶴皋

先父諱南山，字松慶，號永康，清同治十一年（一八七二）生於江蘇南通。家貧好學，博通經史，服膺范文正公之言：「不為良相，當為良醫」，因棄舉子業，師事鄉先輩儒醫沈錫麟，學宗靈素，術紹金元。學成，初懸壺於鄉里，辨証用藥，以捷効著名，蓋其醫道宗張子和學派，善用汗吐下而著桴鼓者也。

子曰：「不孝有三，無後為大。」先父尤擅婦科，得其精義，一經施治，每有一索得男者。世俗小兒彌月，舉行湯餅之宴，廣派紅蛋。因此時有求子應驗者，於寧馨兒彌月之日，饋紅蛋盈囊以進，先父欣然笑納。

民國五年，先父應旅滬同鄉之請，設醫寓於上海開封路同興里，遇有疑難之症，恒廢寢忘餐，鑽研竟日，每能潛思默察，起沉疴於群醫束手之時，搞木回春，活人無算，遂使遐邇知名，聲譽大起。

先父宅心慈厚，貧病臨門，尤表同情；且能憂人之憂，急人之急，施診贈藥，溫慰有加，病家接踵而至，戶限為穿。乃於一九三三年擴充診所，自建大厦於上海北京西路長沙路口，顏曰「南山小築」，命家兄小南及鶴皋隨侍，父子三人聯合應診，每日門診多至三百號。

一九三〇年，先父發起組織上海市國醫公會，以聯絡同道，昌明醫學，樂育英才，培植後進為宗旨。一九三二年上海市國醫公會接辦中國醫學院，鶴皋承乏院務，當時基金短絀，難以發展，先父率先捐欵八千元，在上海老靶子路租定院址，初期學員僅得十餘人，及後逐年增加至四百人之多。未幾抗戰軍興，院址被燬，乃遷公共租界重慶路，雖烽火逼近，而絃歌不輟。嗣後鶴皋奉董事長杜公月笙命出任院長，深得各方支持，共策進行，院務順利開展。抗戰勝利，更增設進修班以資深造，藉以提高中醫學術水準。迨政府舉行第一屆中醫師考試，本院學員成績優異，為諸中醫學院之冠。

先父提倡中醫教育，興學念切。一九三六年更命家兄小南及鶴皋創辦新中國醫學院於上海之王家沙，就學者衆，衷中參西，造就人才不少。其後二年，又創辦新中國醫院，兼聘西醫會診，溝通中西，目光遠矚，可見一斑。

先父診病，運用望色、聞聲、問疾、切脈四診，缺一不可。晚年曾手訂婦科診病要訣，教誨後學。先父棄養後，鶴皋承其餘範，從事藥物研究，擇地於江灣大塲，廣植藥材，闡明諸藥性能，付諸臨床實踐，收效顯著。學院人才輩出，先後同門在港在台，遠至星馬緬甸，得數百人，均學有專長，蜚聲醫界。

緬懷先父精研醫藥，博通古今，卓然不凡，自成一家。畢生經驗所得，學術公開，効方傳佈，蔚成流派。業經家兄小南輯錄部份於「近代中醫流派經驗選集」中，俾傳後世。

先父於一九三八年在滬謝世，今逢百年紀念，鶴皋覊跡南天，歸程無期，春秋祭掃，展墓久疏，每念仁術仁心，壽人壽世，愧繩繼之無能，仰遺風而有作。爰述崖畧，以示不忘，愼終追遠，藉示紀念云爾。

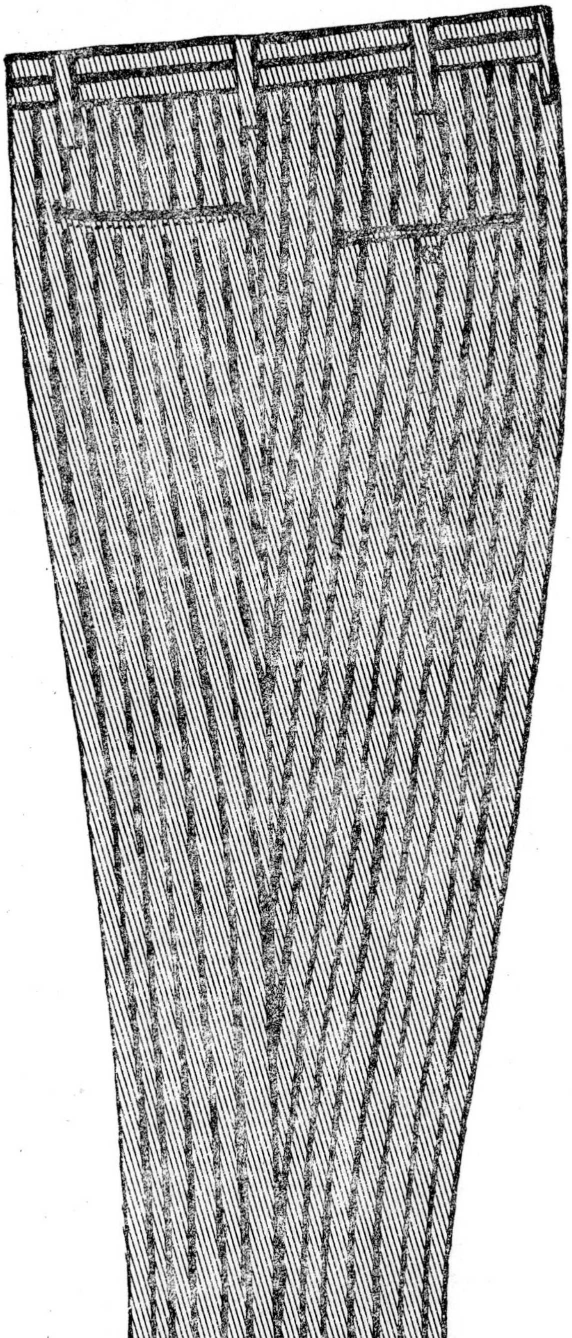

LEE
LEE
LEE
LEE

牛仔袴

大人公司 有售

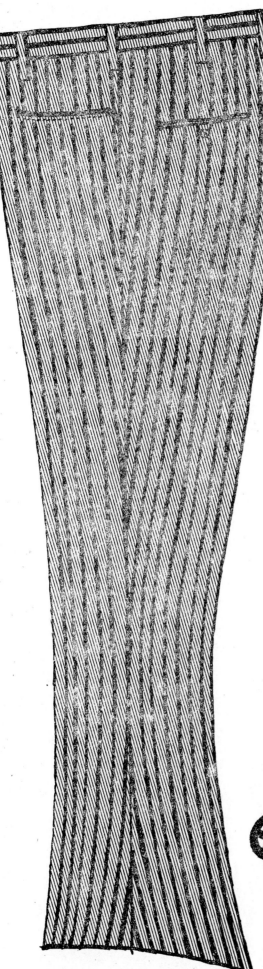

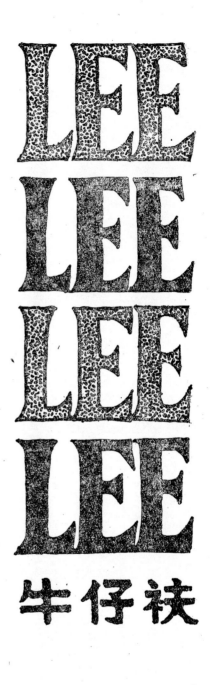

容閎傳

——中國第一個留學生之一生——

·黎晉偉·

容閎，字純甫，廣東香山人，（註一）一八二八年十一月十七日生於澳門對岸之南屏鄉，一八三五年隨父至澳門，入英教士古特拉富夫人主辦之西塾就讀，時年七歲，後西塾停辦，古夫人赴美，閎乃還家習漢文，一八四零年鴉片戰爭起，閎父去世，身後蕭條，閎有一兄一姊一弟，兄業漁，姊在家操井臼，閎亦來往於鄉鎮間販賣糖果以助家計，時年十二歲，為少年最困苦時期。如是者數月，時值嚴冬，店舖皆停製糖果，憑鄰人之介，復至澳門，於天主教某教士印刷所處作學徒，其工作為摺疊書頁，月薪四元五角，閎亦安之。

先是，澳門西人籌辦瑪禮遜紀念學校，古夫人於結束西塾赴美時，臨行以一事相託於友人霍醫生，請其訪得容閎所在，俟瑪禮遜學校開課時

容閎（一八二八——一九一二）

，即送其入校就讀。霍醫生訪閎數月，始悉其受僱於某天主教士之印刷所中充學徒，乃致函相邀，介紹其往見瑪禮遜學校校長勃朗先生，洽商入學事宜。

勃朗美國人，畢業於耶魯大學，為一熱心教育家，一八三九年二月偕其夫人抵澳門，瑪禮遜學校即於是年十一月開課，此為南中國第一間創辦之英文小學，包括澳門及香港，當年入學就讀的華人子弟有黃勝、黃寬等五人，至一八四一年，容閎始賴霍醫生之介而入學，但華人學生亦僅此六人而已。

一八四六年十二月，勃朗因病返美，行前向諸生表示，謂彼對瑪禮遜學校感情至深，極願攜三、五生徒同赴新大陸，俾能完全接受新教育，諸生中有願同行者可起立，閎及黃勝、黃寬等皆應聲而起，此三人即為中國最早之第一批留美學生，後黃勝因病歸國，返港後任教於英華英文書院，並為創辦東華三院之功臣。黃寬則轉赴英國愛丁堡大學習醫，以第三人畢業，於一八五七年歸國，在廣州開設醫務所，聲譽甚隆，凌駕當時歐美醫生之上。容閎則以受知於曾國藩，創辦中國第一家機器廠「江南製造局」，及經理留美學生事務；我國選派官費學生赴美留學即自此始，為對近代中國有其不可磨滅影響之一人。

關於瑪禮遜學校之設立，與西方人士來華傳教有重大關係，其事頗堪一紀。瑪禮遜博士英國人，為一熱心傳道家，奉英國傳道會委派來華傳教，於一八零七年一月卅一日由倫敦出發，經大西洋至紐約，改乘帆船至中國，原擬在澳門登陸，因為天主教士之嫉忌，不果，乃折至廣州，後因中外適起交涉，當時政治空氣對居留廣州西人頗為不利，乃轉往麻六甲暫駐，於是埋頭從事著述，成第一部「華英字典」，並以耶教聖經譯成漢文，以供華人閱讀，後復來華傳道，於一八三四年八月一日卒於中國。翌年，旅澳門西人倡議組織瑪禮遜教育會，並籌建學校，以紀念其一生之事蹟。

一八四零年鴉片戰爭的結果，香港割讓於英，瑪禮遜學校遂於一八四二年由澳門遷港，建校於港島東區即後來面對跑馬地的一個山崗上，此時學校大加擴充，學生已增至四十餘人，該山崗後來即被稱為「摩利臣山」，其面前馬路亦被命名為「摩利臣山道」。至一八五零年，瑪禮遜學校解散，弦歌之聲中絕，但在百餘年後之今日，該山已被港府夷平，成為一新型學校發展區矣。

容閎、黃勝等皆為窶人子，渠等得赴美國接受西方教育，從中予以經濟資助者有數人，蓋閎等遠適異國，其父母皆依依不捨，故皆向勃朗表示，希望對其父母至少予以兩年照顧，俾得安心讀書，據容閎在其自傳（註二）中憶述，熱心參與此項貲助者，一為香港英文「中國郵報」（前稱德臣西報）主筆蘇格蘭人楚德魯特君，一為美國商人李企君，一為蘇格蘭人堪培爾君。又有一艘為美國紐約商人阿立芬特兄弟公司經營之帆船名「亨得利氏」者，專程來華運載茶葉返美，該船方泊黃埔港，勃朗乃決計携閎等乘該船赴新大陸，船主人廉悉閎等為中國苦學生，亦慨允由香港至紐約全程免收船資，以示優待。

容閎等乘船赴美時，蘇彝士運河尚未開闢，船須航經好望角轉入大西洋，歷時凡九十八日始抵紐約，復由紐約乘舟赴紐海紋，經威哈斯角而至東溫若，在勃朗家小住一星期，乃入麻薩諸塞州聲名卓著之孟荀（Monson Academy）學校肄業。容閎自傳云：「彼時美國尚無高等中學，僅

有預備學校，孟荀即預備學校中之最著名者。全國好學之士，莫不負笈遠來，肄業此校，爲入大學之預備。而斯時中國人入該校者，惟予等三人耳。」

容閎留美最初原以兩年爲期，畢業孟荀學校後尚無升讀大學之經濟能力，會其恩師勃朗於一八五零年夏間赴南部探視其姊，順道訪問喬治亞州薩伐那婦女會，談及容閎升學遭遇困境之事宜，該婦女會表示同情，允予貲助，勃朗將此喜訊歸告於閎，閎遂束裝赴紐海紋（New Haven），投考耶魯大學，於一八五四年畢業，爲中國學生畢業於美國第一流大學之第一人。

容閎留美凡七年，於一八五四年十一月十三日乘帆船歸國，以去國日久，而其師友又皆爲美國人，閎在童年時所習之四年漢文，幾已忘記殆盡。當船將航抵香港時，乃發生一語文隔閡之故事，容閎自傳稱：「有領港人至船上，船主見其爲中國人，乃請予爲舌人，詢其近處有無危險之暗礁及沙灘？予默念此暗礁與沙灘者，中國語不知當作何解，久思不屬，竟莫達其意。幸領港人通解英語，當轉告予以暗礁沙灘之中國名詞。……：船主等見予狀，咸笑不可仰，予自念以中國人而不能作中國語，亦無詞以自解也。」

既登陸，閎即往英文「中國郵報」訪其主筆楚德魯特，謝楚氏當年以膏火相助之意。旋歸澳門省親，母子重逢，有無限天倫之樂。數月後赴廣州，寓於城西鹹蝦欄，專志補習漢文，以爲在國內謀生之用。容閎自傳云：「予之寓此，除補習漢文而外，他無所事。以予久居美洲，於本國語言，幾盡忘之，至是乃漸復其舊。不及六月，竟能重操粵語，惟唇舌間尚覺生硬耳。」

容閎初入世途，廣州有兼任傳道之美國醫生名派克者，時方爲美政府委任爲暫代公使，閎承一美國友人之介，於派克處任書記職，後以無所展布，三月後辭職赴港，由其老友楚德魯特君薦之於高等審判廳（現稱高等法庭）任譯員，閎初有意學習法律，以求取得律師資格，不意竟引起全港律師之排斥，其自傳中有云：「若輩以爲予於中西文字，皆所擅長，設於香港律師界得佔一席，則將來凡涉於華人訴訟事件，必爲予個人壟斷，英律師且相將歸國，故對於予之學法律，出全力以拒之。」容閎無奈，乃於一八五六年八月，乘一美國運茶船名佛羅稜司者赴上海。

容閎離港赴滬，爲其一生事業與命運之最大轉捩點，蓋上海五方雜處，爲中西人文薈萃之地，閎因譯書關係，獲識滬上名人曾繼甫，由曾之介，得結交於大算學家李壬叔，而閎之見知於曾國藩，使其長才碩學得以發展，皆出於李壬叔推轂之力也。

容閎未受知曾國藩前，方以茶商身份來往江湖間，在江西九江者三年，時南京、蕪湖等地尚在「太平軍」手中，閎聞衆茶商言，安徽太平縣有綠茶百餘萬担，已裝箱準備出口，不幸爲太平軍所奪，如有人能冒險向其收購，不難立致鉅富。閎在上海時，曾偕一美國教士及中國友人陳蘭生赴南京視察，得見洪秀全之侄干王洪仁玕，頗受優渥，洪曾予以四等爵印，不受，惟得其護照，則可在區內通行無阻。故聞茶商所言，不覺怦然心動，曾親入太平軍區採購茶葉六萬五千箱，旋以患病二月，始結束此冒險生涯，轉就九江某茶葉公司之聘爲經理人。與曾國藩素無淵源，亦無關係。

時曾國藩方以兩江總督銜駐節安慶。一日，閎於九江寓所，忽接一前在上海相識而無交誼之曾督下屬名張世貴者來函，畧言總督素聞其名，亟欲一見，彼奉命轉達，邀其到安慶一行，故以書相報云。閎初得書，頗爲疑懼，其自傳中有曰：「私念此大人物（曾國藩）者，初無所需於予，急欲一見胡爲？予前赴南京，識太平軍中干王，後在太平縣，向太平軍購茶，豈彼已有所聞歟？憶一年前湘鄉駐徽州，爲太平軍所敗，謠言總督已陣亡（按：曾於是役欲投水自殺，獲救不死），時予身近戰地，彼遂疑予爲奸細，欲置之於法，故以甘言相誘耶？」躊躇再三，乃婉函謝却。賢豪之士，生逢亂世，其遇合之難有如是者。

後二月，張世貴及其摯友李壬叔復相繼來函催促，並詳述曾國藩求才若渴虛心延攬之誠，以釋其慮。容閎遂於一八六三年八月結束九江商務，九月逕赴安慶曾帥大營，此次相見，閎於曾國藩有生平知遇之感，在其自傳中記述甚詳。曾國藩爲近代中國歷史有數人物，相傳善相人，門下號稱多士，茲就容氏自傳中摘錄數節，以與傳聞相印証。

其言曰：「抵安慶之明日，……早起，予往謁總督曾公，刺入不及一分鐘，閽者立即引予入見，寒暄數語後，總督命予坐其前，含笑不語者約數分鐘，予察其笑容，知其心甚忻慰。總督又以銳利之眼光，將予自頂至踵，仔細估量，似欲察予外貌有異常人否，最後乃雙眸烱烱，直射予面。若特別注意於予之二目者，予自信此時雖不至忸怩，然亦頗覺坐立不安。……」

「余見曾文正時，……文正已年逾花甲，精神奕然，身長約五尺八九英寸，軀格雄偉，肢體大小咸相稱，方肩濶胸，首大而正，額濶且高，眼三角有稜，目皆平如直線，兩頰平直，髭鬚甚多，鬖鬖直連頦下，披覆於其寬博之胸前，乃益增其威嚴之儀表，目雖不巨，而光極銳利，眸子作棕色，口濶唇薄，是皆足爲其有宗旨有決斷之表證。凡此形容，乃令予一見即識之不忘。」

「……當時各處軍官，聚於曾文正之大營中者，不下二百人，大半皆懷其目的（負有任務）而來，總督幕中亦有百人左右，幕府外更有候補之官員，懷才之士，凡法律、算學、天文、機器等等專家，無不畢集，幾於舉全國人才之精華，滙集於此，是皆曾文正一人之聲望道德，及其所成就之功業，足以吸引之羅致之也。文正對博學多才之士，尤加敬禮，樂與交遊。……」

容閎之赴安慶也，初欲說曾國藩以振興教育

之計劃，惟在召見商談前，會幕中之舊友四人，在邀閎共進晚餐時，告以創辦新式機器廠之計劃。並謂渠等曾進言於曾督，已獲首肯，獨廠之性質如何未決耳。友等逆料曾督於第二次接見閎，必垂詢及此，故先徵求其意見。閎於機械雖非所長，乃就其在國外觀感所得，提出設立良好「母廠」，俾可產生更多「子廠」之主張，衆友聞言，咸韙其議。數日後，閎被召見，曾國藩問曰：「若以爲今日欲爲中國謀最有益最重要之事業，當從何處着手？」閎即以日前與諸友商定之意見對，報曰可，並指定其他機械工程師二人，授予全權，與閎合辦此事。閎則被授予五品軍功銜，撥欵銀六萬八千兩，命專程赴美購辦機器，歷二年而成，廠址設於上海城西北郊之高昌廟，即後來所稱之「江南製造局」（註三）也。

容閎由美購辦機器歸國時，曾國藩已與弟國荃攻克南京，大局底定，以閎辦事有方，深表嘉許，即專摺保奏實授五品官銜。其奏章畧言：

「容閎爲留學西洋之中國學生，精通英文，此行歷途萬里，爲時經年，備歷艱辛，不負委託，庶幾弘毅之選，不僅通譯之才，擬請特授以候補同知，指省江蘇，儘先補用，以示優異，而勵有功。」

容閎留學美國七年，因得曾國藩之識拔，至是乃赫然大露頭角。

江南製造局之建立，雖開始於容閎之手，惟此計劃原出於曾幕府中諸友倡議，閎會逢其遇，對其念念不忘之教育大計，仍不能謂爲已獲展布，及閎以候補同知資格，在江蘇省行政署任譯員，得結交於上海道丁日昌，丁之官運甚亨通，未幾已歷鹽運司、藩司而升至江蘇巡撫。閎於自傳中有曰：「當日政界中重要人物，與余志同道合者，又有老友丁日昌，丁爲人有血性，好任事，凡所措施，皆勇往不縮。」及丁升任江蘇巡撫，閎即語以教育計劃，丁大贊許，命其速具詳細說帖，以便上之北京。於是閎乃條陳四事，以爲中國圖强之張本。畧謂：

一、中國宜組織一合資汽船公司，公司須爲純粹之華股，不許外人爲股東，即公司中之經理職員，亦概用中國人。（下畧）——按：後來中國有招商局輪船，即係由此觀念所啓發。

二、政府宜選派優秀青年，送之出洋留學，以爲國家儲蓄人材，選派之法，初次可先定一百二十名，此百二十人中，又分爲四批，按年遞派，每年派送三十人。留學期限定爲十五年，學生年齡，須以十二歲至十四歲爲度，視第一第二批學生著有成效，以後即永定爲例，每年派出此數。派出時並須以漢文教習同往，庶幼年學生在美，仍可兼習漢文，至學生在外國膳宿入學等事宜，當另設留學生監督二人以管理之。此項留學經費，可於上海關稅項下提撥數成以充之。

三、政府宜設法開採礦產，以盡地利。礦產既開採，則必兼謀運輸之利，凡由內地各處以達通商口岸，不可不建築鐵路以利交通。故直接以提倡開採礦產，即間接以提倡鐵路事業也。

四、宜禁止教會干涉人民訴訟，以防外力之侵入。（下畧）——按：容閎之留學美國，原以教會人士之助力爲多，渠於學成返國後有此建議，正可見其愛國精神之爲常人所不及也。

上述四事，性質不一，容閎在其自傳中有所說明曰：「此條陳之第一、三、四、特假以爲陪襯，眼光所注而望其必成者，自在第二條。」初，丁日昌對閎言，新任相國文祥（滿人），權力極大，由彼代爲入奏，可期邀准。不料二月後閎接丁馳函相告，謂文祥遇丁內艱，居喪守制，不克批辦此事，未及三月，文祥復以謝世聞。閎之計劃，至此幾成泡影，由一八六八年至一八七零年，迄無實現之機會。

語云：「世上無難事，最怕有心人」，會一八七零年春，天津發生教案，清廷欽派曾國藩、丁日昌及其他兩員大臣會同辦理此事，因須與法國辦交涉，丁電招閎爲譯員，閎得電稍遲，未及同行，乃兼程赴津，遂乘機對丁舊事重提，丁復言其事於曾國藩，曾以爲可行，遂即領銜入奏，數月後奉同治帝殊批照准，閎鍥而不捨之教育儲材計劃遂得實現，中國之有官費選派學生出洋留

上海高昌廟江南製造局東路大門

學亦自此始。

為求有效執行此計劃，於是特設留學生事務所為主辦機關，曾國藩以容閎為此案倡議人，乃委為監督人之一，經商定，學生須經考試方得入選，考試科目為漢文之寫讀，其曾入學校已習英文者，則並須試驗其英文，應考及格後，須先入預備學校，學習中西文字至少一年，方得派赴美國。其餘辦法大致與容閎條陳相同，此為當時招考章程之大畧也。

一八七一年夏，因所招第一批學生不足額，閎乃親赴香港，於英政府學校中，遴選少年聰穎，而於中西文亦畧有根底者數人，以足其數。此第一批學生，大部份為廣東籍，閎在其自傳中有曰：「時中國尚無報紙以傳播新聞，北方人民，多未知我政府有此教育計劃，故預備學校招考時，北方人應者極少，來者皆粵人，粵人中又多半為香山籍，百二十名官費學生中，南人十居八九，職是故也。」

由一八七零至一八七八年間，中國留美學生共派出一百二十人，但自曾國藩於一八七一年（同治十一年）冬逝世後，留學生事務所改由直隸總督李鴻章管理。時留學生監督之一名吳子登者，屬守舊派人物，與容閎意見常相左，日進誹語於李鴻章，竟提出撤回學生及解散事務所之議，合肥尚未諮詢閎意見，遽可其請。學生留學期限原定十五年，至是遂中途而廢。一八八一年，因留學生事務所之結束，全體學生被撤回國，容閎一生最大之抱負，亦因此而受沉重之打擊。此一留學計劃，雖出於閎之倡議，唯力促其成者實為曾國藩。合肥乃湘鄉薦以自代之人，竟不思所以維護其所稱「曾師」之手澤，閎於自傳中不惜頌曾貶李至再至三者，其故在此。

留學計劃之夭折，雖為當時守舊派之勝利，惟在被撤回之留學生中，有在第一批派出之十人，因志切深造，多已考入大學者，不願返國，後皆各至顯達，有聲於時。其中如詹天佑，即於一八八一年畢業耶魯大學工學院，旋回國服務，獻身鐵路事業，以建築京張（家口）鐵路成為中國近代第一名出色鐵路工程師；如唐紹儀，入民國後一再出入樞府，屢居外交重鎮，皆其著者。

容閎自少留美，回國後即殷殷以為中國圖強為務，其思想意識，殆為晚清維新派前驅，及其晚年，以其留學計劃之橫被摧折，本已絕意於仕途，後因日本侵我藩屬朝鮮與中國開戰，閎復獻策於湖廣總督張之洞，建議向外借貸鉅欵購買軍艦及訓練新軍以抗日本，但為張之政敵李鴻章所抑，不果行。旋應張電邀自美歸國，復獻策於總理衙門（即外交部）兼戶部（即財政部）侍郎張蔭桓，建議籌欵一千萬兩為建立「國家銀行」之基礎，張納其議，與戶部尚書翁同龢聯銜入奏光緒帝，不料事為上海鉅富某道台（註四）所聞，竟以鉅金賄賂京中二三親貴從中破壞，此事近垂成之國家銀行計劃，遂亦胎死腹中。

容閎之國家銀行計劃既失敗，有志之士謀所以變革圖强者益亟，康梁維新運動之應運而生，即為此種政治思想之代表。閎居北京時，本與康梁時相過從，但尚未注意到渠等即為維新運動之領袖，及一八九八年九月戊戌政變正式揭幕，閎遂决心居留北京，與康梁等合流，由於志同道合，維新黨領袖之會議，亦常假其寓所中舉行。及政變失敗，譚嗣同等六君子被殺，閎以素表同情於維新黨，其寓所復有會議場之目，乃急出京赴滬，託跡於上海租界，為避禍之計。然志猶未已，即在上海組織一「中國强學會」，冀作維新運動之延續，閎為該會發起人，被選為第一任會長。旋有人勸告，謂上海租界亦非樂土，不如遷地為良，閎乃遷香港，請英政府保護，居港者二年，寫成英文自傳。一九零一年春，閎赴台灣游歷，得見日本總督兒玉子爵，時清廷閩浙總督已有公文去台要求對閎緝捕，賴兒玉庇護，未遭毒手。閎以中國不可一朝居，遂浩然返美，於一九一二年病逝美國，享年八十四歲。其美籍夫人於一八八六年先死，長子覲彤，及幼子覲槐，後皆畢業於耶魯大學。

韓愈有云：「莫為之前，雖美不彰，莫為之後，雖盛弗傳。」容閎以第一名留學生得歐美風氣之先，為近代中國維新圖强之啓蒙人物，顧歸國之初，鬱鬱不得志，嗣以受知於曾湘鄉，始得展其抱負，時曾幕下固不乏飽學能行之士，以其獎掖人才不遺餘力，知人善用而無畛域之見，閎之江南機器廠及留學生計劃，始賴湘鄉一力支持而得實現，非然者，恐長才見屈，以布衣終老矣。以此言之，中國非無才也，惟能以天下之心而用天下之才之政治家則鮮耳。論閎才識，不在康梁之下，顧現代「清史」既無閎傳，而悠悠百年，若曾湘鄉者亦不多見，遂令滄海橫流，更無中流砥柱，言念及此，可勝慨哉！

（註一）

中華「辭海」寅集宀部「容閎」條，註閎為「澳門人」，不當，蓋閎已自言出生於「距澳門西南可四英里」之南屏，其地即在澳門對岸「前山」附近，屬香山境，香山易名中山，為民國十五年後之事，近人有稱閎為「中山人」者，因與史例不符，故不采。

（註二）

容閎自傳係由英文寫成，書名為「My Life in China and America」，民國四年由徐鳳石、惲鐵樵合譯為「西學東漸記」，上海商務印書館出過兩版，本文記述即以西學東漸記為主要之依據。蓋皆為第一手資料，所以存其真也。

（註三）

「江南製造局」係采自「西學東漸記」譯名，辭海稱為「江南機器廠者」，想係後來之「正名」也。

（註四）

破壞容閎「國家銀行」計劃之某道員，譯者略去其名，以〇〇代，想係「西學東漸」一書出版時，其人在上海之勢力仍在，殊不願以此觸忤權貴也。

作者近影

漫談美國

・林慰君・

本文作者林慰君女士，為當年被張宗昌所殺害的名報人林白水先生之女公子。現任美國國防語言學校教授，為我國旅美的女作家。特應本刊之請，撰寫本文。

一般說來，美國學生用功的少，貪玩的多。因為他們的中學和小學沒有中國學校管的那麼嚴，功課也沒有中國學校那麼緊。因此他們自修的時間，沒有中國學生那麼多。

我的美國學生

我剛開始教書時，對那些不用功的大孩子們常常給以教訓。像對中國的學生一樣，常常對他們說念書有什麼好處，為什麼一個人需要用功，如果不用功，將怎麼對不起父母、國家和社會……等等。誰知這些話對他們一點也起不了作用。因為他們的思想和中國人完全不一樣；那時候我常常因為他們不用功而生氣，有時並且向他們發脾氣。

但是積十餘年教書的經驗之後，我現在一點火氣也沒有了。我不但不會生氣，而且培養出來了很有用的阿Q精神。比方說，如果班上有一個壞學生，問他什麼他都答不出，我剛要生氣，於是自己趕快對自己說：『他又不是你自己的兒子，你何必為他着急？他不好，是他的父母倒霉，是他自己吃虧，於你何干？』這樣一來，我的氣立刻就消失了。我因此笑着問他說：『你昨天晚上又出去玩去了，對不對？』他多半是很誠實而毫不慚愧的回答：『對了。』

於是我又問：『那麼今天晚上你可以不可以多看一點兒書呢？』他有時說：『好，我試試看。』但有時他很坦白，仍然告訴我：『不一定』。對於這種學生，我只抱着「盡人事聽天命」的態度，好壞由之，絕不生氣。

有些學生很可愛，他們用功用到幾乎變成了書蟲的程度。這種極好的學生正是剛才所說那些極壞的學生之相反。他們能整天抱着字典，一個字一個字的背下來，不管有用沒有用，也不懂是文言還是白話。尤其有趣的，是他們能背誦很多成語或俗話；祇是有時候用的地方不對而已！

有一次，在課堂上，一個學生談起吃的東西，他說他很愛吃「蜆肉」。我因為從小在北平長大，一時想不起來什麼是「蜆」，回去查了字典，才知道「蜆」就是蛤蜊。還有一次，這個學生在默寫時，罵人的「罵」，他竟寫「傌」，我告訴他這個「傌」字，現在幾乎已經沒有人用了，但他的理由是：既然字典上說這兩個字通用，那麼為什麼我不能寫呢？有時他該寫「蛋」時，偏偏寫「蜑」，該寫「跳」時，却寫作「趒」，應寫「辭」時，又寫作「辤」，諸如此類，不勝枚舉。常常弄得我頭疼；但是我不能怪他，他的確是個用功的好學生呢！

記得李抱忱先生有一次告訴我和幾個我的同事：某年當他到東部某城去開會時，碰見了一個從前由我們這個學校畢業的學生。這個學生由我們這裏畢業後，又到東部某著名學府去研究中文，已經得到博士學位，而且現在在東部另一個著名的大學裏担任中文系的教授了。他見到李先生時，很親熱的過來和他握手，並且很客氣的對他說：『李老師，好久沒見，您發瘋了！』李先生聽了這話，不知怎麼回答才好，眞有「啼笑皆非」之感！當然我們知道他的意思是「您發福了」，可是「發福」與「發瘋」，對他只不過是兩個「語詞」而已；都需要硬記，因此，一下子記錯，就出了這個笑話！

還有一次，一個學生請所有的老師到他家去吃飯。那時是冬天，我是穿着一件大衣去的。進門時，這個學生很不客氣的要給我脫大衣，他本來應當說：『我可以給你脫大衣嗎？』可是他說錯了，他竟問我：『我可以把你的衣裳脫下來嗎？』這眞是所謂「失之毫釐，差之千里」了！

我們中國人認為：一個學生，如果能「舉一反三」，則一定是一個好學生。你如告訴他：「長」這個字，是首領或主管人的意思，然後，你給他舉例：『比如「校長」，他是學校的首長』。於是他立刻能給你舉出：『部長，局長，處長……』等等。可是有一次，我叫一個美國學生給我用「長」這個字舉例時，他就說了三個很奇怪的名詞，他舉的例是：「系長，舖長，咖啡長」。在這三個名詞當中，「系長」我知道是「系主任」的意思，「舖長」我也知道是舖子的主人，這還情有可原。但是「咖啡長」我實在莫名其妙了！因此我問他什麼是「咖啡長」。他說：『我們這系裏，不是有一個專管做咖啡的學生嗎？他是咖啡的主管人，所以他就是我們的「咖啡長」。』我聽了這話，只有苦笑！後來又向他解釋一番，他才勉強的接受了我的意見。後來那個管咖啡的學生，有一次出了一張小佈告，竟進一步以「咖啡司令」自居了！

美國通訊

艱難險阻的旅行記

這是筆者有生以來最艱難險阻的旅遊情節，值得紀述的。時在一九二六年（民國十五年）五月到十月，地點從吾國居庸關外的張家口，奔馳於太行山麓的雁門關與太原，以及陰山下的包頭、綏遠、平地泉、五原一帶，再經內蒙古轉入俄國西比利亞到達海參威，復走廣州，悽悽惶惶，多采多姿，最後纔乘輪重回上海。

第一次認識閻錫山

民國十五年三月間，西北邊防督辦馮玉祥的國民第一軍與直隸軍務督辦孫岳的國民第三軍，在直隸—即河北省—境內被奉軍張宗昌、李景林部進攻敗北後，馮玉祥以退爲進，通電下野赴莫斯科，幷將原駐北京担任京畿警衛之責的鹿鍾麟部隊，一律撤往居庸關外的南口，佈防戍守，全軍交由張之江以代理邊防督辦統制着，孫岳率同所屬徐永昌師，亦退到了張家口。這時候，民黨元戎李烈鈞上將受馮氏聘任爲「西北陸軍總監」，我以李將軍的秘書關係，亦隨軍到了張家口，且兼任西北邊防督辦公署參議之職。

馮玉祥雖然下野去國了，但張作霖吳佩孚的奉直聯軍急向南口進攻甚力，馮軍由鹿鍾麟以東路總司令名義，坐鎮南口指揮作戰，以逸待勞，尚能撐住，終因物資匱乏，深感難於持久。經過兩個月鏖戰之後，馮軍準備於必要時退往綏遠平地泉一帶再說。但交通線只有「京綏鐵路」，中間須經過山西所屬的大同鎮，而晉督閻錫山又與吳佩孚合作，一致通電「討赤」（他們指馮玉祥是赤化分子）。馮軍擬訂的作戰計畫，是先發制人，乘大同守軍薄弱之際，由綏遠都統李鳴鐘，派旅長韓復榘率部進攻，予以佔領，藉保交通安全。詎韓攻擊到達大同附近的「孤山」地方之後，乃與鹿總司令鬧意見，按兵不動了。代督辦張之江的命令他亦不聽，旋由李烈鈞總監親赴孤山面晤韓旅長，曉以大義，喻以利害，他還是桀驁不徇，氣得張之江跪在督辦署的曠場內，手捧聖經，大呼「上帝呀，請救救我！」而山西閻督軍已向晉北增兵佈防，馮軍勢必陷於進退兩難的危險境地，全軍可能覆沒。於是，李烈鈞孫岳二位將軍，以與閻錫山爲日本士官同學兼同盟會會員的關係，先跟閻通電報，擬派筆者代表李孫二公，赴太原商洽西北戰局，請閻切加指示，實際目的祇希望晉軍不要落井下石，而在大同截斷馮軍的退路。這意思不便形之於文電，由我當面轉達。閻氏復電歡迎，我於民十五年五月初出發，携有李孫二公聯名給閻氏的長函和密碼本，先乘火車到大同，再坐汽車直往太原。

由大同循着太行山脈馳驅前進，在雁門關外只見黃沙白草，一片荒涼景色，進入雁門關內，滿目平疇沃野，麥苗盈盈，迥然兩個天地，煞是奇觀。第一天在崞縣城內住店，我不吃饅頭，硬要店主東拿大米飯來，催促再三，他笑道：「晉北從盤古開天地以來，就不生產稻谷，先生教咱給您弄大米飯，實在沒法應命啦。」纔知道我這南蠻之人太缺乏常識，愧怍不已。但那又黑又粗的饅頭亦難以下咽，祇好煑了五個鷄蛋充飢。司機是山西人，坐在一旁冷笑無言，我更感覺難爲情。還有這個縣名的字音我亦讀不出，飯後請教司機，他告訴我是唸「葛」字音呢。

第二天到達太原，督署派了一位湖南籍的龍參謀，接待我下榻「柳巷」（街名）外賓招待所，飲食很講究，連香烟、洋酒都供應無缺。太原道尹孫奐崙亦來陪我到市區游覽，我笑問龍參謀是否還有名叫「花街」的街道？答言沒有了。次晨即趨督署向閻督軍作禮貌上的拜謁，只把李孫二公的函件遞交而退。即夕閻氏設宴欵待後，兩人促膝細談，我將此行使命陳述一番，他矢言自身係同盟會一份子，且與李協和將軍同班同學，又同是當年在士官時期秘密組織的「丈夫團」同志，對馮軍決不作乘人之危的事，儘可放心，馮軍經過大同時，祇要不進攻晉軍，保証安全通過。隨將吳佩孚由河南拍來的一通密電交我看，內容是要閻督軍把扣留在太原的國民黨名人田桐、孔庚解送吳總部究處。我問閻氏是否照辦？他笑謂：「我怎能夠幹這種事呢？萬一吳軍由石家莊開來太原了，那時我準備將田、孔二人送上五台山以避其鋒。你改天不妨去看看他們，把我這意思轉達一下。」他們住在我的老參謀長李勉之家中，不能隨便出來，但可以見客的。

次日由龍參謀領我前往叩訪田桐、孔庚二先生，我將此行任務告訴二位。孔庚過去作過晉北鎮守使，對山西情形很熟悉，即拉我進入他的臥室，展開一大張地圖，指示晉北一帶防務空虛，防軍不及一個旅，又無戰鬥力。他不贊成西北軍撤往綏遠，主張全軍由晉北大同附近的「左雲」「右玉」兩處，急下太原，通電擁戴閻錫山爲最高統帥，迅出娘子關，進佔石家莊，截斷吳佩孚的後路；或南下襲取鄭州開封，或北上攻署直隸，不愁無立足之地。閻氏必不肯接受西北軍擁戴，亦不勉强，屆時由我輩出面斡旋，請閻供給一些餉械，作爲西北軍不侵佔山西地盤的交換條件。改由李協和將軍担任統帥名義，在中原對抗張作霖、吳佩孚，與廣州國民政府相呼應，天下事大有可爲也。孔庚知道我不懂軍事，教我把他所說的計劃詳

閻錫山

細記下，回去報告李孫二公和張之江督辦，趕快進行，我唯唯而已。

過了兩天，閻督軍又約我到督署晤談，他把答復李孫二公的信和特約密碼本交與我，我表示日內就回張家口；同時告訴他以孫禹行（岳）督辦身體衰弱，又有阿芙蓉癖，將來恐怕不能隨着西北大軍遠行，屆時可否秘密進入太原，再設法濳赴天津租界居住呢？閻問：「禹行走了，徐次辰（永昌）的部隊怎末辦呢？」我對此問題不能作答，請他密電張家口李協和將軍商洽。閻教我出面電告李公，電稿由督署代發，我遵命擬好電文請他核定，他瞧着我的單名「昺」字，啞然道：「你的大名和宋朝末代帝王的名字相同，不妨改用別的字眼，若同意，可向招待所取用德國貨的上等名片紙，就在太原印好使用罷！」我說：「承蒙督軍指教，深感榮幸，從明天起，即以字行。」我見他有這樣親切的心情表現，乃乘機進言道：「李孫二公希望閻督軍將來能跟馮督辦携手合作，在北方開創革命的新局面。」他搖手云：「這可不成！咱們北方人最怕赤化份子，馮煥章跟俄國共產黨勾結，我若與之合作，在山西就站不住腳啦！」這次談話尚有閻的參謀長朱綬光（蘭蓀）在座，臨行興辭告別，朱氏送我到督署大門外，輕聲說道：「閻先生作事素來謹愼，太冒險的行動他是有戒心的。」我爲着等候李協公回電暨更換名字而新刻名片，在太原住了七天纔離開的。

馮玉祥不贊成襲晉

回到張家口，即將在太原與閻督軍暨孔庚晤談經過，寫成詳細報告，遞呈李孫二公轉交張之江代督辦，但關於孫岳先生個人及其國民第三軍的未來動向，只作口頭密陳而已。

這時候，南口戰局尚穩定，既有晉閻不乘人之危的諾言，軍心更旺盛了。李孫二公很同意孔庚進襲山西的主張，然張之江不敢決定，一面密電莫斯科馮玉祥請示，一面教督署參謀長曹浩森切實研究。經過了一個月，馮來電否決孔庚計劃，并指示西北軍過去未注意政治訓練，而以基督教義爲治軍的精神教育之非計。於是，張之江下令設置「西北政治宣講團」，規定輪調全軍各團營長階級的幹部，入團受訓一個月，張督辦兼任宣講團團長，而以李炘（顯堂）爲副團長，派我担任教育長，積極籌備，第一期受訓人員定爲五十名，但在前線作戰的軍官暫不徵調，我記得吉鴻昌、梁冠英（他們都是團長）即在首期調訓之列。詎料宣講團正擬開始之際，前線戰局逆轉，張作霖吳佩孚坐鎮北京，以飛機大砲猛烈進攻南口，鹿鍾麟在長途電話中，要求張督辦作撤退準備，張急電馮請示，馮令全軍循鐵路線撤往包頭、綏遠、平地泉一帶候命，說他馬上就回來重新佈署，這是民十五年七月下旬的事。

此時李烈鈞將軍極惦記孫禹行先生的安全問題，希望他能濳去太原而孫禹老表示不幹，說不願意作俘虜。但對於國民第三軍徐永昌所領部隊，由於系統不同，似未便跟隨西北軍遠征，唯一的出路就是山西方面，却不好用電報與閻錫山商洽，以防消息外漏。李孫二公再三策劃亦不得要領，最後又教我悄悄地跑去大同，跟晉北鎭守署參謀長接洽，只請他代發閻督軍與李將軍約定的密碼電，藉保機密。晉北鎭守使是趙戴文，但他常住太原，僅負名義而已。我上次到太原時見過他，回程又在大同鎭署住宿了一天，因而與該署參謀長某君相識，他亦知道我是李協和將軍的秘書，不存猜忌之心，對於代發電報一事，慨然應允。我只取得閻督軍復李將軍一電，囑徐永昌派員赴太原一行，即匆匆趕回張家口報命。以後的情形，在兵荒馬亂中，無從知悉，而李孫二公旋即乘車前往庫倫去了。

越八月十五日，南口與張家口方面的大部分隊伍，都撤退完了，張之江督辦暨高級幕僚，決於十七日乘坐專車向京綏路前進，他通知我和「平滂鐵路督辦」張秋白先生參乘同行，并派副官分送張與我每人現大洋八百元作爲旅費。屆時我手提這批現洋，跟着張先生一道步行赴車站，不料八百元現大洋份量不輕，在路上越走就越感覺沉重，漸漸地難以支持而落伍了（張先生的行李是由傭僕掮行的），累得滿頭大汗。迨走近車站外的鐵路旁，忽聞有人在一輛停住未開的列車上，高聲喊叫我，抬頭一看，原來是國民第三軍孫岳所部的袁旅長（山西人），他急忙教士兵把我的行篋搬到他的專車上，說是「不用忙啦，我這專車隨時可以開行，咱們哥兒倆在車上吃過飯再走亦不遲，張督辦的車中，咱去看過，人很多，連個坐位都沒有，何必去擠呢？」我當然很樂意，即在袁的專車上，跟他躺在鴉片烟燈旁休息。既而聽到張秋白先生在車站上大聲呼喚我，我下去對他說明要坐袁旅長專車出發的理由，他堅持不可，說張督辦見我未在車上，再三詢問。說着，即囑傭僕將我的行李强迫提走，拉着我走上張督辦的專車，果然人滿爲患，祇好站立前行，心裏很不痛快。誰知這是我的命運不該遭橫禍而死，袁旅長的專車上裝載着許多砲彈箱，是夕九時開出站外幾華里之間，因不諳行車聯絡信號，竟跟前面駛來張家口的軍車相撞，車上的砲彈受震爆炸，連人帶車皆炸成齏粉，袁旅長的尸骨亦化爲灰燼了！我若不被張秋白先生死拉活扯地移到張督辦的專車上去，還有命嗎？從此以後，我深信鄉賢曾國藩所謂「不信書，信運氣」的說法，到處橫衝直闖，滿不在乎，增加了走江湖、鬧革命的勇氣，自信決不會死於非命的。

西北軍的鎗械彈藥，乃至於缺乏的軍費，都是由蘇俄接濟的，中間人是蘇俄駐華大使加拉罕，聯絡人是外交特派員包世傑。馮玉祥特請北京段執政在西比利亞鐵路終點的小市鎮烏金斯克，設置領事館，且保薦已故的民社黨籍監察委員毛一亨爲領事，就是爲的接運蘇俄給馮軍的械彈，那小市鎮我去過，當地并無中國僑民，根本沒有增設領事之必要。因此，蘇俄經常派有軍事顧問團在張家口，人數不少，這羣軍事顧問亦隨軍撤到了平地泉。這時馮玉祥來電說他馬上回到軍中，而以甘肅爲根據地，繼續與北洋軍閥鬥爭，然韓復榘石友三兩位大將，暗中通欵於閻錫山，實行投靠山西了。我和張秋白先生都是文人，處此戎馬倥偬的混亂局勢中，對西北軍徒然增加累贅，無從効力，我們決計遠走庫倫。此外還有蒙古的國民黨人白雲梯（中央委員），金勳卿（佑三，國會議員），吉林人蕭振瀛（仙閣）等亦在軍中。蕭氏旋奉命担任「五原設治局」局長，這地方係進入甘肅的要道。當宋哲元率部經過五原時，蕭辦理「兵站」事務頗得力，宋深加讚許，後來蕭得任西安市長、天津市長，寖成宋哲元的政治智囊，在華北煊赫一時即導源於此。但馮玉祥極不喜歡蕭仙閣，對日抗戰時期，蕭在重慶，馮逢人便指說蕭係「大漢奸」，而宋哲元此時已卸去軍職，隱居綿陽了。蕭在政治上沒法活動，乃由財政部長孔祥熙貸欵給他，初在萬縣從事打撈沉船工作，繼在重慶經營「大明酒精廠」，最後開設「大同銀行」，終成富翁，殆所謂禍兮福所倚歟？

蒙古蘇俄遠征旅行

我和張秋白先生向張之江督辦說明要往庫倫，他亦同意，即撥出一部新購來的「道奇」牌卡車歸我們使用，蘇俄軍事顧問一共十二名，亦另派卡車跟我們同行回俄，另有西北軍派赴庫倫迎接馮總司令兼運軍事器材的車輛三部亦一道出發，坐在我們車上的有內蒙人金佑三、西北軍砲兵司令張健侯。我們與蘇俄顧問商定，組織旅行團，各輛卡車上皆携帶步鎗十餘枝作自衛之用，并推蘇俄顧問團團長爲總指揮。但蘇俄顧問人員沒有能說華語的，而咱們亦無通俄語之人，幸而俄顧問中有個會說日本話，我亦通日語，沿途即由我倆用日語協商旅行事宜，轉告全體同人，尚稱相安。我們循着滿清乾隆時代征伐準喀爾之役開闢的舊路—沿途有井水可汲—再用羅盤針按地圖前進，目的地是庫倫。初入內蒙境，土地肥沃，西瓜遍地皆是，又大又甜，我們下車摘取若干個西瓜放在車中，備作飲料，并不花錢，入晚即在「蒙古包」歇宿。游牧民族對旅客親切招待，甚爲殷勤，就是很骯髒。某夕我在蒙古包內，女主人借用一只飯盌，瞧着盌內滿佈灰塵，表示躊躇，女主人會意，即在盌中吐了一堆口水，然後用手抹幾下遞與我，我更不敢接。金佑三急語我：「這是我們蒙古人對賓客極其禮貌的動作，趕快接受罷，不用亦無妨，若拒不接納，她便感覺羞愧難安，下不了台。」我祇好接下，并示謝意。這原因就是平日缺水的關係，蒙古人一生沒有洗澡的習慣，我在張家口曾邀約一位蒙古朋友到澡堂沐浴後，他回至住所即大哭，說是全身肌肉不舒服，一定要生大病，或有死亡危險，我再三解釋，他亦不相信，甚至懷疑我有意陷害他呢！

走入外蒙地區，情形却不同了，黃沙萬里，一望無垠，也不見一草一木，全憑指南針的方向在大沙漠中行進。走到傍晚時分，即就地安歇，在地下挖一小洞作爐灶，用晒乾了的馬糞爲燃料，造飯燒水，一切原料皆在車上儲備着，臨時是無處可尋的。某一大早，我們坐的車子先行出發，且向旅行團總指揮俄顧問說明，走到傍晚時，我們先在路上擇定地點歇宿，掘好爐灶以待同人駕到。詎料次晨臨行之前，那位說日語的俄人對我聲明：「總指揮不許你們的車輛先行了，否則我們就要從後面射殺你們，希望轉告大家。」我問是何理由？他答「這是命令，沒有理由可說的！」當時我氣憤極了，主張跟俄國鬼子硬幹，不妨槍戰一場，決不願受此奇辱，但張秋白先生主張忍讓，不必在沙漠旅次鬧出事情來。此時我對共產主義的學說思想并無認識，固無所謂贊成或反對，於今遇着蘇俄顧問這種橫蠻不講理的作風，對共產黨人乃十分憎惡，認爲鳥獸不可與同羣，從此即奠定反共心理，決無妥協餘地了。

我們車行七天，纔走到離庫倫不遠的一個關卡所在地，亦有漢人服務，當晚我寄宿當地的「蒙古國民黨支部」辦公室中，打着地鋪而睡。這黨部有一位蒙古女青年工作人員，容貌差可，迨下半夜，出入這所房屋的人絡繹不絕，腳步聲響使我沒法安眠。次晨把這情形告訴在關卡服務的漢人某君，問他是何原因？他笑道：「黨部這位女同志，乃是著名的美人兒，每夕從數十百里外騎馬而來一親香澤的男子，不計其數，因爲外蒙人的兩性交接很隨便，誰也不覺得稀奇的。」我乃恍然大悟。第二天，由幾個蒙古的騎兵嚮導，車行三小時就到達庫倫郊外，只見樹木成林，水流潺湲，剛從戈壁大沙漠來到此間的人，瞧着山水清幽的景色，心情舒暢之至。

我們進入庫倫市內的西北軍招待所，則見馮玉祥、于右任、李烈鈞、孫岳諸公均在，彼此叙談，互道勞苦。馮首先聲明他今後決心信奉三民主義，努力革命的意志，說是「基督教」思想亦揚棄了。于先生則認爲中國的革命運動，非與蘇聯結成一氣，即不會成功，後來他回到西安担任陝軍總司令，曾將西安改名爲「紅城」呢！孫禹行先生拉我到室外，詢問徐永昌及其部隊的下落，我告以在包頭綏遠一帶未聞徐永昌的消息，下落如何，毫無所悉，孫悽然雙手一拍，連呼「次辰呀！」數聲，表示焦念心情。結果徐氏投奔到了山西，以後即在閻錫山帳下于役若干年，到對日抗戰時期纔入中樞工作。此時韓復榘石友三皆靠攏了晉閻，後經馮玉祥召還了，徐係晉人，過去又經李協和先生向晉閻秘密商洽過徐軍的善後問題，徐部既未隨同西北軍入甘肅，當然只有歸於山西之一途。馮玉祥曾託李協和先生囑我回到西北軍去幫忙，我認爲馮之爲人詐僞無誠信，不敢應命，李公謂：「只要他始終作僞到底，亦就是眞的了。」再三勸我接受馮的盛意，我敬謝不敏，李公頗示失望。越民國十六年冬間，馮氏電南京國府，保舉何其鞏（克之）爲北平市長，我在國府作秘書，李公對我說：「去年你若跟煥章回去西北軍工作，今天這北平市長就非你莫屬了。」我說良禽擇木而棲，區區市長并不希罕呢！

馮玉祥知道我和張秋白先生要從俄國西比利亞轉道回上海，乃付給秋白八千盧布，教我們留在海參威聯絡東三省的馬賊，反對張作霖，所需槍械與金錢，可向「伯力」的蘇俄遠東紅軍總司令布魯轍將軍接洽，布魯轍即曾在廣州國民政府担任軍事顧問團主任的加倫將軍，馮玉祥另有親筆信致加倫，介紹張秋白和我此行的任務，一切都無問題。我們答應遵命行事，候馮氏回國後即出發前往蘇俄。

庫倫市入夜即少有人在街上行走，市區狗多而高大如小牛，且喜吃人。原因是外蒙人習俗信佛，人死後即把屍體丟到野外去，任由獸類嚙食，說是佛爺來收拾了，子孫便蒙福澤。但在沒有叢林深山的外蒙地方，野獸當然很少，只有讓家畜的狗類來啃噬人的屍身，久之便成了一種嗜好，狗遇到生人亦乘機狂咬，大有滅此朝食之勢。據說，某年有一蘇俄駐庫倫使館的武官，白天騎馬赴郊外行獵，攜帶着兩支手槍，以爲無虞。詎於野外遇到大羣的狗，初則圍咬馬足，馬痛極狂奔，把武官摔落地下，那武官急起槍殺了狗類數十頭，槍彈已用罄，然狗類源源不絕而來，結果武官被咬死，肢體亦殘破了！所以，庫倫市區的人，夜間很少外出，怕的是被狗圍攻，性命難保，這情況不知現在已改善否？蒙古人由於兩性隨便雜交之故，男女性病流行，影响生育，人口無從蕃衍，外蒙人歸咎於滿清政府要消滅蒙古民族而然的。我在庫倫常見有俄人駕駛汽車四向巡行，逢到蒙古男女，即强迫注射治療梅毒的針藥，决不索費。當時我對張秋白說過，二十年後，外蒙的人口必然激增，而外蒙亦非復吾國領土了。俄人處心積慮，早有計劃併吞外蒙，非一日矣。

外蒙的女人，白天多在馬上生活勞動，馬鞍前面有一木製的菱形裝備，作生火煑食之用，飲食并不下馬，日用必需品與小刀火柴碗筷之類，用羊皮袋裝着掛在馬鞍旁，婦女揹着小孩，騎在馬上隨意馳騁，或牧羊，或幹其他的工作，如檢取馬糞等，意態很悠閒。她們的衣服很長而寬大，腰間繫帶，若須大小便時，即下馬解去腰帶，全身站立不蹲，兩足畧爲左右張開，上身用力迎風旋轉一次，使衣服的下半部垂接地面如圓桶，便溺即解放了。男女服裝的表面上皆滿佈油漬，在太陽之下發光，原因是從不洗手，流汗或飲食之餘有油膩沾手時，皆用衣服抹拭，時間長久了，衣上乃厚積着一層油光。所以，男女身上皆發出很濃郁的氣味，聞之觸鼻難耐。我們乘車駛過外蒙的一座喇嘛廟時約有百名僧侶，聽到汽車喇吧聲即奔出廟外觀看，我們在車上跟僧侶們相距尚有數十步之遙，即已嗅到一種奇臭了。外蒙地方的野獸，狼與黃羊爲多，白晝見不到狼，而黃羊却成羣結隊到處尋覓水草，此物身體瘦小，四足特長，一跳即很遠，我們某天遇到一大羣的黃羊，曾用四支步槍分途射擊，竟未能擊中一頭，其矯捷可知也。

庫倫市內的居民，以山西人最多，亦有京劇院，當地土着人都能說漢話，但知識份子在公開場合却不講中土語言，表示他是「獨立」之邦。我們在庫倫時，那位久居幽燕的所謂「蒙古人民共和國」政府大員李丹山，他的太太係北京的女伶出身。當我們到他的公廨訪問之際，他即像煞有介事，派用傳譯人跟我們談話，迨晚間他在私宅招宴我們時，却滿口北京話，且跟我們玩麻將牌呢！撟揉做作得很可笑。庫倫的商店招牌，都以漢字爲主，但公共機關却全用俄文，如郵務電信局所，盡是掛着俄文招牌，只有外蒙古國民黨部的橫額，寫的是蒙古文而已。

我們在庫倫停留了十天左右，馮、于、李、孫諸公皆先後離開了庫倫，而西北軍方面的各色人員，仍不斷的來到庫倫，有的是由此轉赴俄境回國，有的是來接運蘇俄濟助馮軍的軍器和醫藥品，外蒙政府對西北軍很幫忙，遇事予以方便。跟我們同行的西北軍砲兵司令張健侯，有鴉片烟癖，他所携帶的大量烟泡已經吸完了，硬要在庫倫尋購，我們怕他丟人，不贊成他向市面胡來，最後通過李丹山的關係，纔由一個北方商人袖來烟土一塊，張健侯連夜煎熬製成烟泡，解除了他那涕泗滂沱的可憐相。

我們從庫倫乘車出發，直奔俄邊境的烏金斯克，然後搭西比利亞的火車前進，這是民十五年九月中旬了。臨行在蘇俄駐庫倫使館領取護照，我改名「黃彬」。第一站預定到「赤塔」，再由張秋白赴「伯力」訪晤布魯轍將軍，籌商組織東三省民軍的詳細計劃。陽歷九月下旬，西比利亞的天氣已嚴寒下雪了，這時候，蘇俄的經濟建設還談不到，西比利亞鐵路兩旁，多見有餓斃的僵屍，沒人掩埋。火車頂上漏洞孔多，雨雪交作之餘，漏洞中即垂下一根冰柱，慢慢地溶解。我不懂俄語，這時俄共大力反對「英帝國主義」，亦如今日之反對「美帝」，對着說英語的過客，不特置之不理，抑且怒目橫眉，表示痛恨之情，好在各個火車站上的食堂內，於火車到站時，即擺好一份一份的餐食，客人無言用餐後，將規定的代價放在餐桌上，揚長而去可也。唯有香烟必須向商店購買，却不能說英語名稱，否則對方即搖首答以「泥波你賣阿」—俄語「不知道」—一定要說「巴比羅斯」—俄語香烟—纔行。我在西比利亞的火車中，見有一俄人上車來，茶房引他進入我的一間臥鋪廂房內，與我對面相處，但彼此不通話，點點頭而已。次晨我起身時，瞧見他僵臥不動，腰間插着一把電刀，細看之下，已經死了！我駭然找到一個華人的茶房，以國語告訴他這種怪事，他急忙擺手教我莫說，然後細聲語我道：「這客人是從莫斯科來赤塔，繞道赴伯力參加勞工會議的，他是反幹部派份子—即托洛斯基派—因而莫斯科方面派人跟踪他，昨夜在臥車裏用電刀把他幹掉的。」共產社會這樣殘酷的行爲，我聞之更惶恐，詢問茶房對我的安全有無顧慮？他說「你又不是俄國人，不必躭心！」

我們到達赤塔後，張秋白單騎赴「伯力」訪晤加倫將軍，我留在赤塔候他回來。赤塔市上有中國人的商店，我認識了一位吉林人姓王的，他滿臉長鬚，人們叫他「王鬍子」而不名，開設着一家酒店，生意很不錯，娶了一位年輕的德國籍太太。他原係東北的响馬出身，東三省馬賊常跟他有聯絡，因此，我隨時向他請教，他答應盡力協助我們的任務，其人性情豪爽而好客，頗有朱家郭解之流的遺風，我很樂意跟他做朋友。他說的一口流利的俄語，却不認識俄國字，某日我在他家閒談，他教我把蘇俄駐庫倫使館的護照給他看看，然他將護照倒提着省視良久，再交給太太閱覽，王太太用俄語告訴丈夫，說我是馮玉祥方面的重要人物，護照上註明我到俄國任何地方，如果缺乏車船或食物，當地政府必須予以照顧云。我極力否認是馮軍的要人，他們夫妻倆皆不相信，王太太要求我向當地政府說情，讓她和丈夫回到中國去，我祗好應許，然事實上却辦不到。過了幾天，張秋白很高興地回到了赤塔，馬上邀約王鬍子同往海參威，進行組織東三省民軍的事，王答應去一趟，但不能久留，加倫將軍給我們一封長函，介紹海參威的俄共特務機關首長跟我們合作，需要槍械多少皆不成問題，等到民軍組成後，經費亦由俄方供應之。

到了海參威後，當地政府把我們安頓在一家國營的旅館住宿，王鬍子首先叮囑我們，在自己房間裏亦不可說俄共的壞話，這些旅館各個客房中，皆裝置着聽音器，無論說世界上的那一種方言，G·P·U（即俄共特務機關）都有人聽得懂，千萬要注意。我和王鬍子跟着張秋白到當地政府商洽了幾次，因有加倫將軍的介紹信，結果很順遂。既而李協和將軍和蕭振瀛亦來到了海參威，同住在一個旅館，王鬍子主張用李協和將軍的名義向東北號召，必卜事半功倍，張秋白很贊成，即致電馮玉祥建議，然李協公不同意，他以母病危，必須迅速回去廣州，再往江西省親，不能久居海外。我們經過王鬍子的聯絡，亦約了東三省方面的民軍人士幾位來海參威會面，他們認爲須派員潛入東北實地策劃纔行，但張秋白和我都是文人，且非東北籍，人地生疏，恐不濟事，只能負責接濟餉械，希望他們推舉一位首領綜持一切爲上，如此往返磋商，也花了不少的精神和財力。這時張作霖正在北京開府稱尊，奉軍精銳皆調進關內了，東三省的民軍應該可以組織一部分起來活動，然始終未能構成氣候，癥結即是缺乏有力的號召人物。海參威這地方，可說是中國山東人的天下，市內居民以華人最多，中國的京戲院就有兩所，中國的大小餐館遍街林立，還有個「五·一俱樂部」，由一位黃姓的浙江人主持其事，領導工人活動，勢力很雄厚。次則日本和朝鮮人亦不少，十九都是搞革命運動的，我在市街上目擊着一個朝鮮人被日本政府派來的特工跟踪之際，那朝鮮人走進商店拿了一把尖刀，出來把日本特工刺殺了，而在街上站崗的蘇俄警察，望着笑笑，若無其事然。唯有白俄人民很悲慘，常年飢寒交迫，生活困苦。在海參威的中國商人，稍有資財的，個個都養着一個俄籍的青年婦人，作爲臨時太太。這些女子，盡係白俄人，每年陽歷八月裏，就有年輕婦女到華人商店叩問，是否要她來作臨時夫人？若需要，她住到次年四月後再定去留，主人如不願繼續收養了，她即無條件地別去，决無轇轕。所以，那些華商老板對我說：「有這末便宜的青年婦女作臨時太太，何必花費許多旅費去接國內的家眷前來呢？如果臨時夫人生育了兒女，男的留下，女的送到育嬰所去，簡便之至。」白俄人被共產主義者以階級鬥爭的暴力，壓迫得飢寒流離，男的作乞丐或盜賊以求生，女的出賣肉體以苟活，眞是人間地獄，殘酷極了！我在海參威就遇到白俄女人在黑夜中刼持過客的事情：一夕，我從市內購買一盒名片紙回旅館的途中，走過一條沒有路燈的胡同時，橫巷口有一婦人縱身拉住我的右手，拚命往黑巷裏拖，她的氣力很大，我無法脫身，只聽她喃喃說話，不懂是說甚末？正在彼此掙扎中，聞得胡同口有人唱着日本歌邁步而來，我用日語大呼求救，那人走過來對俄婦說了幾句俄國話，就把我放行了。據這位日本人說，此乃白俄人家的婦女，夜間鵠立黑暗處，見着衣服整齊的外國人，就強拉進她的住所去，把客人全身的衣履錢財洗刧後，再加殺害，於深宵將屍體抛入海裏，誰也不知道啦！我聽罷爲之毛骨悚然，却堅定了我决不會遭横禍的信心。

越十月下旬，報載廣州的國民革命軍已攻佔湖南，進逼武昌了，而東三省方面的民軍運動尚無成就，張秋白和我都想回到國內參加北伐之役，乃決計不如歸去。我到達上海并未停留，即乘海輪南走廣州，面晤李協和將軍後，再遄返滬上。綜計從張家口逃難開始，經內外蒙古轉蘇俄，再由上海赴廣州，三個多月之間，從極北旅遊到極南，歷盡艱險情況，也吃了不少的苦頭，實爲平生最堪紀念的生活過程，若不是壯年時代，殊不可能有此壯舉吧？

obermain

西德製男裝"奧比馬"皮鞋

大人公司　平價市場　人人百貨　大方公司　來路鞋公司有售

香港大風災今昔

·范正儒·

香港處於北緯線二十二度九分至三十四分，東經線一四〇度八分餘之間，屬亞熱帶地區，氣候常因風而發生變化，夏季因有海風調節，不至過於悶熱，較大陸氣候畧爲舒適。冬季有兩三個月吹北風，雖然不時有寒流湧至，却沒有霜雪的侵襲，天氣乾燥而涼爽，使人精神愉快。由於氣候溫和之故，遂形成世界著名的旅遊勝地。

是旅遊區也是災島

但是，香港與九龍半島，在地理形勢上突出在南中國海的邊緣，位於太平洋極西之濱，適當世界航運的中心點。每年逢到颶風來襲，多吹東風，也較中國大陸爲烈，故俗諺有：「唔好東風搞壞天。」從陰曆五月起至八月止，正是颶風季節，天文台掛起五號風球時，就要提防颶風小姐突擊登陸了。

風球示警風姐揚名

颶風來時不僅有狂風，而且有暴雨，所謂「打風不成三日雨」，往往要好幾個月之內才會下來的雨量，可以在一次颶風中幾小時之內便降落下來，引起新界山洪暴發，河水猛漲，冲毀橋樑堤岸和莊稼房屋。而在香港及九龍半島的濱海地區，當颶風從海外迫臨時，往往又會把海外水面抬高至十公尺以上，形成「風暴波」。不止海水泛濫倒灌內陸，海邊船隻也會被湧上陸地的。

由於狂風暴雨和「風暴波」的威脅，如果要預先防風，便不能不有賴氣象情報，知所警戒。

香港天文台和海事處，從一九六一年起，採用世界新訂的風力分級法，設有一種測風儀，可以測知颶風旋流及範圍的大小遠近，懸起風球示警。又從一九五一年起，採用世界公認的颶風小姐八十四個芳名，分成四組，每年啓用一組，這便是颶風來臨時，風姐叫得震天價響的由來。

露絲肆虐滿目創痍

由於颶風正像小姐性情之動向，難以描摹，事前無法測知她威力的大小，惟有事後領畧她的「暴行教訓」。颶風就是極强烈的空氣漩渦，在氣象學上叫做「熱帶氣旋」。它出生在浩瀚的熱帶海洋上，每一次颶風的形成，其直徑往往從一百五十公里擴展到九百公里以上，她不來則已，一來就是毀屋拔樹，吹翻船隻，其所造成的災害非常之慘烈！

即以本年八月十六日「露絲」正面襲港而言，在晚上十時五十分懸出十號風球後，一夜之間，竟釀成十年來未有的大風災，使港九人民生命財產蒙受損失，不可勝計。

因此次颶風吹毀樓宇牆壁屋頂及廉租屋的，約有一百五十餘間。木屋居民在暴風雨之下倒塌的，有三百二十四間，損毀的約有二百六十七間，尤以新界三家村木屋受毀最多。據徙置事務處的調查，現估計約有二千名木屋居民，其住所遭受嚴重損害，達到無可修復的程度。當局雖已撥發鉅欵辦理急賑及徙置，仍恐無濟於事，未能雨露遍施。迄今尚有呼籲求助者見之報章。

十號風球高懸苦了升斗小民

其他因風勢猛烈而發生火警者約一百二十六宗。爲着驚濤拍岸，大水冲毀馬路的約三十餘處。因山泥傾瀉，而使道路阻碍的約七十九處，特別是新界大平原的元朗、大埔、西貢、荃灣、錦田、深灣沿岸各鄉以及離島等處，遭受「風力中心」摧毀的屋宇、樹木、鷄猪小舍、飼養牲畜、瓜蔬菓園、魚塘莊稼等等，無不損失慘重，災農經已登記的超過三萬人以上。

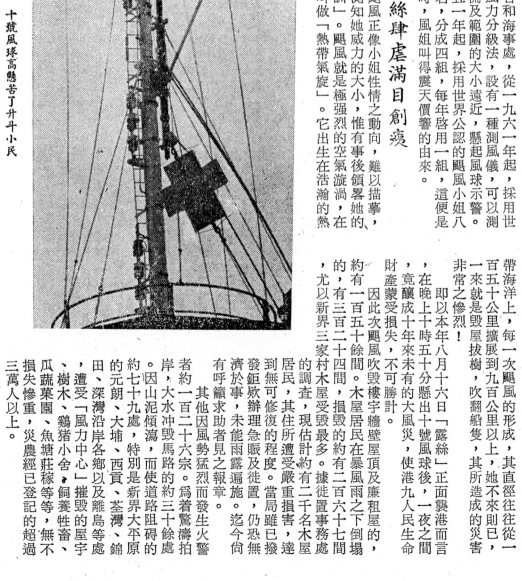

海上船隻受災慘重

最使人驚心怵目的是：香港是一個海港，每年經常有風姐芳踪經過，在這次「露絲」襲港過程中，經不起狂風駭浪冲擊，而失踪的船舶有二十八艘，除太古星、海珊瑚、寮山、珠運、華都丹保、伊羅任庇、望路比、太平等八艘已被尋獲外，尚有二十艘在失踪中，海事處正盡力作打撈。本港皇家海軍掃雷艇，也在搜索失踪船隻。

凶神惡煞般的「露絲」風姐，在刮着呼呼狂風，下着傾盆大雨的時候，更把歷史悠久的港澳輪佛山號吹翻沉沒，釀成七十餘人葬身海底或失踪的大慘劇。所有失踪者皆屬船員、船公司職員或親友，並沒有一個乘客。全船只有四人，被發現逃生。該佛山輪因開往昂船洲避風，不料駛至青衣島再過汲水門附近，卒至遇難翻沉。

正當海事處人員在大嶼山灘頭撈獲三十多具佛山輪遇難船員的屍體之後，由苦主家屬前往認屍時，忽然發現有兩具利航輪的遇難船員屍體，亦被其家屬認出，遂揭發了另一宗行走港澳線的沉船慘劇。據港府發言人稱：「利航輪共有九名船員，包括船長希素烈在內，相信他們九人已全部喪生。」

大型輪船及軍艦，遇大風而斷錨、擱淺，或隨風漂流的船隻，他們多駛往馬灣或昂船洲避風。有一艘在大嶼山擱淺的澳門號被大風打爛了船，已損壞到無從修理的程度。他如在風雨交加之夜，駛入避風塘的船艇，由於失去控制，船隻擁塞而撞毀爛船或翻沉的不計其數。差幸各區街坊會所設的二十四個防風庇護站，利便居民躲避，對避難大衆不無幫助。

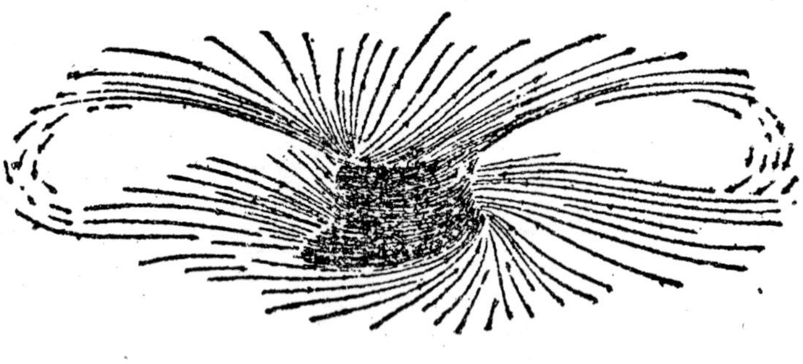

就她是威力無比的熱帶氣旋

大鐘樓石水渠爆裂

香港開埠有史以來，年年都有風災，不過其程度有大小輕重之不同，可說是一個很古老的問題。侵襲香港的颶風，大多是發生於菲律濱群島東部的廣濶海洋上面，一部份則發生在南中國海中。追溯最近七十多年來，侵襲香港及華南的颶風，約有百分之六十來自菲律濱群島東部海面上，其餘百分之四十來自南中國海。

正因爲香港與颶風結下了不解之緣，故此發生大風災的次數很不少。第一塲大風災是在一八九八年五月廿九日，風過之後接着大雨如注，山洪暴發順流而下挾着沙泥碎石，將各處渠口塞住。大鐘樓的石水渠，前無去路，後有洪水，突然爆裂，湧出沙泥，高達五六尺，連續六小時之久。事後，政府撥欵二十五萬元將之修復。

吹船吹屋吹人奇事

第二塲大風災則在一九〇六年，即世俗所謂「八月初一打大風」那一次，這天正是陽曆九月十八日，即清光緒三十二年八月初一日，颶風閃電來襲，水陸兩方全無準備，由風起到風過後，前後不過經歷兩小時許，但人口傷亡數千，財物損失七百餘萬元，可謂空前巨災。那時本港的天文台尚無懸掛風球設備，是以放「風砲」來向市民示警的。

當颶風如電閃至，來勢急劇，船隻被打沉的一百四十艘，中環海面有一艘小火船拖帶的大躉艇，因拖纜被風吹斷，小火船趕救不及，整艘躉艇被風吹至筲箕灣的岸上。當時有一艘「檀香山」號輪船俗稱「孖烟通」，是行走省港輪船最巨大的一艘，剛開出汲水門就被大風吹到山邊，頭部離水挺起，尾部沉在海裏，危險萬分。

船主爲了搶救搭客，用槍威脅水手，把鐵纜扣船縛緊在山上，下令各搭客依次上岸，但風猛水急，船上水手被巨浪捲走數人，搭客也有多人溺斃。這一塲大風災的損失，沉沒大船六十四艘，小船七十六艘。人口傷亡方面，單就香港一角，已浮出屍體四百多具，災情慘重，哭聲震天，算是香港開埠以來第一遭。

在大嶼山東北尖端對開海面翻側之「佛山」輪。

風小姐施虐避風塘客滿

不但海面有吹船的奇事，陸上也有吹屋吹人的奇事。銅鑼灣山邊有一間木屋，連屋帶人，被大風整間吹去了石塘咀，好像紙紮屋一般。而在石塘咀，有一個賣生果的小販，半路上遇着刮風，心裏惦記着他家中的老母，正想回去省視，他母親也剛好走出門來找他回家，半路被風吹起，吹到了直街，拚命抓住一根燈柱，方才未被吹去。湊巧做兒子的跑到那裏，母子相逢，還疑心是在做夢呢？此事距今已六十餘年了。

打沉商船陸地行舟

第三場大風災，是在一九〇八年的七月二十日之晚，因爲事前風砲示警，人們知所戒懼，所以損失不大。但是「風暴波」漲起，淹沒了干諾道德輔道二條大馬路，深有三四尺，電車與人都涉水而行，無形中變成了「魚塘」，有人眞的在水裏捉得一尾兩斤重的石斑。商船晏慶號被風打沉，死了四百二十人，慘絕人寰。事後，政府在旺角建築一道石壩，即今之第一個避風塘。

第四場大風災發生在一九二三年的八月十六日，海軍潛艇第十九號被打沉海底。行走省港線的「龍山號」也受了巨大的損失，其餘船艇沉沒的也有三百多艘。第五場大風災，是在一九二六年八月廿五日，說來也算厲害，水陸損失相當大，廣東緝私艇海鵬號來港接洽公務，剛過了汲水門，便被這場大風打沉下海。九龍宋王台山上，接近伶仃洋，變成了陸地行舟。

巨輪捲岸火車落坑

第六場大風災是在一九三七年九月二日，那天，天文台的計風速儀器，播出風速每小時一百六十哩，但這場風速度却有二百哩，計錯了四十哩，以致颶風來勢凶猛，一艘二萬噸的義大利巨輪，被一陣强大的「風暴波」捲上中環碼頭，發生轟然巨響。日本船淺間丸也是一萬噸以上的巨輪，被大風吹到岸邊擱淺，事後費了很大工夫，方才絞回下海。

那艘被「風暴波」捲上中環碼頭的義大利巨輪，經過半年有餘，費盡心機也沒法再下海，結果把它當廢鐵拆賣，亦云慘矣。更有一艘六七千噸輪船安利號，則被强風吹至岸邊，船尾擱在干諾道，船頭沉在海邊。還有二十多艘小輪船，被風吹沉或半浮水面，尤以長洲地區損失最大。

根據當年統計，水陸居民死於這場風災的幾達一萬一千人，財產損失照當年價值估計，也值五千萬元以上。陸上的殘舊樓宇、棚寮、木屋，幾全部傾塌或部份倒塌的，多至無法統計。在風勢最烈之夜，干諾道一列舊樓發生大火，事後在災場掘出屍體八十多具。最慘的是九廣火車在大埔墟失事，車卡被大風吹落山坑，也死了數百無辜搭客。看來眞是一場大浩刦呢！

風姐偏愛垂青船隻

却說香港光復二十餘年，來襲的「風姐」總是側重打擊船隻，例如一九五四年八月十六日懸出九號風球，有一艘輪船「澤生號」被吹襲傾側。一九五七年九月廿日在九號風球下，一艘日本貨船「芝萬捷號」，在鯉魚門被斷錨而傾側，擱淺於魔鬼山邊。

本年八月十六日之夜，在十號風球之下，風姐「露絲」作風實在太暴虐了。初時，天文台報告「露絲」是一小型颱風，可能過門不入，不致危及本港。孰料結果却造成一場大風災，現在風季尚未結束，端的令人談風色變，猶有餘悸！

回溯每次大風，海上損失總比陸地重大。目前港九及離島幾個避風塘，在颶風襲港期間，實際上不足供應船隻停泊，這是一個嚴重的問題。

香港風暴信號表

風信號數	日間信號（黑色）	晚間信號（燈色）	信號說明
1	┳	白 白 白	有風暴中心在本港四百海里內可能影响本港
3	┻	綠 白 綠	預料強風將至風力由時速22—23海里
5	▲	白 綠 綠	預料烈風將由西北方吹到風力時速由34—63海里
6	▼	綠 白 白	預料烈風將由西南方吹到風力時速由34—63海里
7	▲▲	綠 綠 白	預料烈風將由東北方吹到風力時速由34—63海里
8	▼▼	白 白 綠	預料烈風將由東南方吹到風力時速由34—63海里
9	▼▲	綠 綠 綠	預料烈風即將加強吹襲
10	✚	紅 綠 紅	預料颶風中心已正面或掠過本港風力時速達64海里或以上

行程兩旬　途經九國

日皇伉儷西歐之行

·司馬我·

(路透社東京八月二十六日電)外務省首席發言人和田在新聞簡報會議上說：日皇伉儷將與美國尼克遜伉儷作三十分鐘的私人性質會晤。

第二次世界大戰以前，日本的國皇，號稱「天皇」，地位崇高，相當於「神」。戰後情形，稍有變更，「天皇」的稱號經已廢除，其神聖不可侵犯的程度，也不若以前之甚，但仍是世界各國最受本國人民尊敬的一個國君。

日本憲法所規定，日本國皇的主要職責，有如下述：(一)執行憲法所規定的種種國務，但在政府方面，並無直接權力；(二)任命由國會所指定的首相及任命由內閣推荐的最高法院首席法官。日本憲法還規定着許多須由天皇代表國民去辦理的公務。例如法律、條約、以及修正憲法的公佈；國會的召開和議會的解散，總選舉的宣告，國務大臣的就任、解職，特命全權大使、公使的認可，勛章榮典的頒發，以及外國大使、公使的接見等等，上述規定，雖經二次世界大戰，並無重大變動。

日皇裕仁生活極有規律，每天上午十點前離開內宮吹上御所到辦公地點的「表御座所」去，其間緩步約十分鐘可達。

抵達辦公地點時，他兒子明仁及太子妃美智子和孫女早在那裏恭候拜謁，于是裕仁便和他們小談片刻。

接近中午，日本內閣送來若干文件，原來日本內閣每逢星期二、五開會，閣議決定的事項之中有關天皇的「國事行爲權限者」，均送來皇城，交裕仁察閱。

裕仁把這些文件一一寓目，凡屬法律，政令，或國皇公佈等等，即以毛筆簽署「裕仁」二字，並由書記蓋上他的「御璽」，這個圖章，重達三·五公斤，約合七磅有餘。

午餐是回到吹上御所吃的，經常是日本餐，

日皇夫婦整理他們最心愛的植物標本

下午一時後再來辦公，途中間與清掃皇城的工人閒談。

下午二時，首相佐藤來謁，有所啓奏，通常都化一小時以上，四時許返回吹上御所，整理一下他搜集植物的記錄。

六點半晚餐，他是不喝酒的，晚餐菜式非常簡單，只有三四欵菜，絕對避免吃油膩，據說皇后經常要更改菜式，以免裕仁吃錯了東西。

裕仁很喜歡看電視，有時甚至一面吃飯一面看。他晚上十點半便就寢，直到現在還是和皇后同房。最有趣的，是他從早上離開寢室時起，便穿起全套「三件頭」西裝，非到再入寢室時絕不更衣。

日皇是日本的元首，根據戰後日本憲法第七條規定，他的職務稱爲「國事行爲」，計包括法律、政令的公佈，國會的召集，大臣的任免等等，表面看來，這類事務雖然不多，但據統計顯示，去年一年間他的「國事行爲」，也有一千〇九十七宗之多。

除此以外，經日皇寓目的宮內廳有關文件，去年一年內有一千七百七十一宗，與外國元首交換親筆簽名函件有四百三十七宗。

考據之下，過去日本天皇在位中而達到七十高齡的只有四人，裕仁是第五個，他的健康情形很好。

天皇是生物學、植物學的專家，他在內宮的讀書室和圖書室，是根據他自己的設計而建造的。據說日皇對於內宮中的這兩個部份，覺得最合他心意，尚有兼具日本式和西洋式兩個部份的休憩室，也有極大方美觀的佈置和設計。

天皇悉心研究的是軟體動物及水母類動物。據說他已發現了兩百以上的新品種；對菌類和野生植物方面探求，興趣亦深

日皇父子對弈皇后微笑旁觀

，每逢在葉山海濱別墅靜養小休的時候，只要天氣好，不問酷暑或嚴冬，總要到海邊去採集標本。至於在深山間那座別墅小住的期間，其搜集目標，便轉移到植物和菌類方面去。

裕仁雖然身爲日本國皇，但亦一樣要遵守納稅義務，並未受到免稅優遇。根據東京稅務局登記，日皇所住的皇城位於千代田區一號，正如任何人等，凡以日本爲基本居留地或有固定地址一年以上，即須納稅，雖天皇亦不例外，不過到底每年納多少稅，有關方面拒絕透露。

身爲帝王，裕仁究竟與一般平民不同，因此一般平民所有的，他未必有，特別是咭片、銀行存摺及錢包。日人見面每喜提示印上本身名字咭片，日皇既然是萬人之上，當然不會有人不認識他，所以不帶咭片。至於銀行存摺，他日常花錢，不必自己付帳，所以也不需要銀行存摺；至於錢包自然就更不在話下了。

日皇每年由日本政府以「內廷費」名義，支付一筆生活費，所有日皇及太子的生活，都由此費支付；另有皇族費，是支給皇室中人，例如日皇之弟等。又有宮廷費，則是支付皇宮一切費用及職員薪俸。這筆宮廷費及皇宮費去年是三十七億五千萬日元，而英女王伊麗莎白登位以來十九年，每年薪俸只得四十七萬五千鎊，伸日幣僅四億一千萬元，和日本皇室差得太遠，無怪英王室最近也在鬧窮，需要調整。不過有一點英日皇室畧有不同，就是英女皇有私人財產甚多，價值甚鉅。日本憲法則規定，「所有皇室財產都屬國有」，所以日皇如有個人財產，便只限於手頭上很少量的現金、股票之類，其他一切房屋地產，在技術上只是日皇室向日本政府借用而已。

曾經有人研究到裕仁是否會自行退休，實際上，日皇即使自願退休，把皇位讓給太子，在法律上也是不可能的。日本的「皇室典範」書明：「皇位繼承人（指太子），必須於日皇駕崩後始可即位」，準此，天皇是一個終身職務；甚至任命一個「攝政」也不容易。

現時的日皇繼承人一共有九人，現任太子，即裕仁的長子明仁和他的兒子名列最前，日皇的弟弟則排在最後。

古代的皇帝，例如法皇路易十四，就說過「朕即國家」。現代的皇帝如阿比西尼亞的塞拉西，該國雖有國會，但不過是皇帝的諮詢機關，而上議院且由皇帝任命，換句話說，皇帝有絕對權力。反過來說英國、挪威、瑞典、丹麥的君主，在憲法上規定其地位雖十分重大，實際上是象徵性的強大而已。據歷史紀錄指出，英王行使否決權僅在十八世紀初葉有過，以後就從未發生過。換句話說就是「雖然君臨，却不統治」，不過比起日本國皇的權限，彼此還有一段距離。根據一位法律權威解釋，日皇在憲法上，既不君臨，亦不統治，因爲英女王在形式上仍是國會之首，但日本國會在開幕時，國皇只是「應邀出席賜予訓示」而已。

日皇的合家歡【右】日皇皇后及明仁太子夫婦次子及女兒

有人說日本形式上是君主國，而實際是共和國，所不同的是元首（日皇）屬世襲制，而不是選舉制而已！

戰後曾有不少國家元首及皇族訪問日本，根據官方紀錄，國家元首官式訪問日本者，共達廿一人，而在去年大阪萬國博覽會舉行期間，國家元首及皇族訪日者共有十五個國家之多。日皇每因政務羈身，未克親赴各國作答訪之舉，平時只能遣派皇儲代表出國，回拜此等外國元首。

今年秋天，日皇伉儷將有出國之行，那是他們接受英女皇、西德總統以及比利時國王的邀請，前往作親善訪問，此次行期共十七日，途經九國，這是日皇裕仁五十年來第一次出國，途經九國，行程如下：

九月廿七日（星期一）晚離東京，在安哥拉治停留及休息。據白宮透露，美總統尼克遜屆時將親至安哥拉治迎晤。

九月廿八日（星期二）晨抵達丹麥首都哥本哈根作非官式訪問。

九月廿九日（星期三）晨離哥本哈根赴比利時首都布魯塞爾作官式訪問。

十月二日（星期六）晨離比利時首都布魯塞爾往巴黎，作私人訪問及短暫休息。

十月五日（星期二）晨離巴黎赴倫敦作官式訪問英國。在英國時，女王將以英國最高勛銜嘉德爵位（The Order of Grand Garter）授與日皇。

十月八日（星期五）晨離倫敦往荷蘭阿姆斯特丹作非官式訪問。

十月十日（星期日）離阿姆斯特丹赴日內瓦作短暫休息。

十月十一日（星期一）晨離日內瓦往西德首都波恩作官式訪問。

十月十三日（星期三）午離波恩，在安哥拉治停留及休息。

十月十四日（星期四）午後，返抵東京。

一九六四年五月，有關國務署理事宜的暫行之法律訂立，規定倘天皇不能執行召開國會等職務時，則此等職務依照皇室人員承繼皇位次序之先後，由必要時有權執行攝政職務者代理。此種法律使日皇離國外出之重大困難得以去除。此項新訂法律將初次適用於日皇及皇后今秋出國之行，日皇離國外出時，明仁皇太子將暫代執行國務。

日皇今年二月在決定赴歐訪問時表示，希望此舉能增進日本與歐洲人民間之友誼；同時日本全國對日皇歐遊之決定亦咸表歡迎。首相佐藤榮作曾稱：日皇此行對於加深日本與歐洲國家間的友好關係誠然偉大，日本人民也深切希望國皇伉儷能在旅遊時盡情享受，並能成功地達致此行之目的。

今年適逢日皇七十大慶，爲此日本政府特撥欵六十萬美元，以七十壽誕賀禮名義，供作日皇此行旅遊費用。

五十年前裕仁年方弱冠，曾以太子身份到過一次歐洲，那次是坐軍艦去的，行期半年，當時隨從三十五人，包括侍從、武官、藥劑師、理髮師及廚子五人。裕仁本人不諳英語，今次決定不帶藥劑師及廚子了，但隨行人數，算來算去也要四十人。除了皇宮內的主要侍從官員當然隨行之外，皇后也有女官二人隨行。

今次日皇出國，所帶行李將比上次更多，除了衣物爲主之外，更重要的是帶去送給別國元首的禮物。

蓋日皇行踪所至，對所訪問國家的國王、總統、首相、市長以及其他有關人物，都要致送些禮物，宮內廳的總務課早已準備一批日本陶器及織錦及其他國產，供作此用。除此之外，又要準備一些勳章，因爲對方一定會授勳給往訪的日皇及其隨員，所以日皇所携帶的勳章，必定要比接受的勳章數目多一點才好。

日皇室費用，去年度是十八億三千萬日元，今年，追加各國元首來日訪問及日皇族出國訪問的費用一億二千萬元，即約廿億日元，合美金五百多萬，比起英國皇室每年費用合美金百餘萬元，超出甚多。

蘇加諾歡迎日本皇太子夫婦時在一九六二年

她與他 是一對知心良伴……

精工表 帝后型 *Diamatic*

更是一對表中佳偶

新潮流之高貴設計 劃時代的超值產品

7005-6000

2517-0560

SEIKO

精工表服務中心

九龍尖沙咀疏利士巴利道星光行三樓西座

電話：K-六七二〇八一至五

申報與史量才

望平街憶舊

胡憨珠

中南銀行由於史量才調度有方，胡筆江計劃周詳，成爲小四行的領袖。但中南銀行發行鈔票之權，到政府限期收囘之時，胡筆江又受交通銀行之聘，攻任交通銀行董事長。於是史量才運籌帷幄，又把黃奕柱的兒子黃浴沂捧出來繼任該行總經理，物色了一位浙江上虞籍屬於寧紹幫的銀錢業老手王孟鍾來擔任副經理，作黃浴沂的左輔右弼。

中南銀行開辦之後，史量才的經濟情形日趨好轉，以前經營商業如金舖、錢莊、米行無不虧折，此刻時來運到，行行賺錢，連申報館的營業也轉趨順境，銷數蒸蒸日上，廣告源源而至；只是史量才的爲人，喜怒不形於色，傍人從外表面絕對看不出他的內心究意如何，但他的勞心勞形是可想而知的。例如中南銀行發行鈔票時日並沒有太長久，當國民政府頒佈私家銀行不得發行鈔票、應予逐漸收囘之後，胡筆江又被交通銀行請了囘去，担任交通銀行董事長。試想以一家商辦銀行的總經理，一躍而爲國家銀行的董事長，揆之常理，胡筆江萬無戀棧之意，即便史量才用任何方法，也難以阻止胡筆江的高蹈遠引，於是史量才運用靈機，又把他們董事長黃奕柱的兒子黃浴沂捧出來繼胡筆江之位，担任總經理一職。原來這也是史量才早就安排好的一着棋子，史量才早就和黃奕柱商量定當，就在黃奕柱的股本名下，提出十分之一，作爲黃浴沂對中南銀行的投資，一方面黃浴沂亦被推爲該行董事，此時胡筆江去職，黃浴沂就順理成章的接任中南銀行的總經理了。

但是史量才自有深謀遠慮，試想黃浴沂以一位華僑子弟接任這銀行總經理，唯恐隕越，於是又物色了一位原籍浙江上虞、屬於所謂寧紹幫的銀錢業好手王孟鍾來担任中南銀行的副經理，幫助黃浴沂處理業務。原來江浙兩省從事銀錢業的，大別爲鎮揚幫與寧紹幫，其分別在於鎮揚幫善於放賬，眼光獨到，而寧紹幫則小心謹愼，特長守成，好在中南銀行早已在胡筆江創業之時，打出了天下，現在反而需要寧紹幫如王孟鍾來穩紮穩打的保身家了！

其間中南銀行還發生過一件驚人的綁票案，那就是黃浴沂遭人綁架，傳說此案乃嵊縣幫綁匪首領帥頌平部下所爲，索取贖金高達三十萬元之鉅，黃奕柱爲了愛子被綁，食不甘味、寢不安枕，又要麻煩史量才出面營救。事經多日之後，黃浴沂忽然脫險歸來，銀行方面對外聲稱，未化一文取贖，純係警探布下天羅地網，匪幫無法再將肉票藏匿，只能把黃浴沂恢復自由，釋放囘家，但史量才已爲之大傷腦筋，消瘦幾許，暗中不知賠了多少精神錢財；而黃浴沂的父親黃奕柱更爲之驚悸失常，在黃浴沂歸來不久後，一病不起。

黃奕柱逝世，中南銀行的董事長又告出缺，史量才此時才把徐靜仁請出來當董事長，自己仍居於常務董事之位，所以中南銀行的董事長，自創始至歇業，祇有黃奕柱和徐靜仁二位，總經理之位也祇得胡筆江和黃浴沂兩個人而已！

齊燮元投資中南之謎

上海中南銀行的開場與收場，其間業務的興替起伏，人事的滄桑變遷業已約畧記述於前。但較早時日，聞諸望平街上的傳言，聲稱當年江蘇督軍齊燮元對中南銀行亦曾投資。據說他所投資本的數額，却與黃奕柱各據半數，而拉牽成功此一局面的那是黃炎培（任之），因爲他那時還在南市陸家浜創辦中華職業教育社，已經有年。社址地產，雖係申請得公產土地一方，可以不名一文的，但不過對於社舍房屋、課堂教室的建築，以及室內的一切佈置，概須自理。該筆開辦費，數目相當鉅大，黃炎培除向一班有錢朋友募集以外，還要效法老和尚化緣式的募化方法出之。

那時該社已經教育成功一批製造琺瑯器具的「職教」學生，於是黃炎培決定辦理製造一琺瑯器具部份的出品工場，藉以從事大量的生產與推銷爲社中增加收入。只因茲事體大，如置備機器爐灶等的設備，與購辦鐵皮磁沙等的原料，凡此種種，非需要有大數額的資本不可，時在「五四運動」以後，全國民衆以及海外華僑對於民族主義的思想已有蓬勃的發展。黃炎培就於其時，得知有南洋華僑陳嘉庚其人，歸國在厦門創辦集美大學，規模宏偉，成績優良，聞得幫助其成功而捐欵最多的則為新加坡華僑黃奕柱。於是，他就認定黃奕柱是他所發現的一位新檀越，作為募化結緣的對象，他便即假借以講學的名義作新加坡之行，終於透過當地有聲譽地位的幾個學校當局的引介關係，乃得與黃奕柱接近，而成為黃奕柱座上嘉賓。

黃炎培是個絕頂聰慧機警之士，尤具有無礙辯才，又善於逢迎阿諛，其巧言令色，却見事而作，應人而施，故處處能予人以好感。此次黃炎培以國內名教育家的身份，作南洋講學之遊，是以頗見重於黃奕柱。尋且認做黃氏的宗親弟兄，接居其家，對他的起居飲食，備極優禮招待，雙方朝夕盤桓，臻於莫逆階段。據說黃炎培至此，覺得黃奕柱的這位老去英雄已入吾彀，於是便以富有華僑理應回國投資興辦事業股股相勸。誰知黃奕柱答稱：回國投資創業，實是久有此意的一樁事情。所以遲遲至今，未曾實現，因有兩種問題無法解決。（一）是不知回國到上海去，有那一種穩妥事業可以投資創辦？（二）是找不到一個知心合作的朋友，黃炎培立即答覆黃奕柱說：宗兄，你所說無法解決的兩個問題，做兄弟的我都可借箸代籌，自有辦法替你解決你所說無法解決的兩個問題。

於是，黃炎培就對黃奕柱所認為解決不下的兩個難題，作了詳細的分析，解答得理路分明，頭頭是道，極能吸引起黃奕柱的興趣與認可。原來他對於第一個問題的解答，那是說：凡百工商事業，在現代商業社會裏最穩全，最妥當，亦最重要的業務，當推經營銀錢業允稱第一。因為該業實為工商事業的原動力，工商業的業務興旺，能要原動力的運用越繁忙。所以近幾年來的上海這個商埠，中外銀行絡續開設到四十餘家之多。其中有幾家實力充足的中國舊時錢莊，也改組蛻變成為新式銀行了，這是銀行事業成功最顯著而最現實的例證。只是這許多中外銀行之中，東西洋的國家都有，獨缺的是南洋華僑所經營的商業銀行；如果有了創設的話，就以南洋地區的領域之廣，華僑的居留之多。相信專事辦理華僑的滙兌業務必然發達，而銀行的本身事業也必然成功，同時還可以對華僑們引起回國投資的作用。

他對於第二個問題的解答，那是說：我所要介紹知心合作的朋友，却要分成「財力」與「才能」的兩個人物。先來介說我那位具有雄厚財力的朋友，此人非別，就是現任江蘇督軍的齊燮元。要知道我國自入民國以來，北洋軍人凡屬擁兵自重，駐紮各地，若是軍勢強盛，戰績顯赫的軍人首長，必然會被北洋政府不次擢升任做該地省會所在的督軍。這在中國政權不統一動盪時代他們的功名富貴，大似楚漢爭霸時期，相約「先入關者為王」的情況一般。齊燮元却是個幸運兒，當他掌握江蘇省最高軍權時期，就在一個風雲際會裏，順理成章的當上江蘇督軍了。其人最好的一點，就是求賢若渴，愛才如命，尤其對我尊敬到嚴師諍友的相似，有所意見提議，無不唯命自從。所以要他投資多少，合作經營商業，這却可以保證他決不會不依遵的。

黃炎培再說所要舉薦給黃奕柱的一位才能卓越朋友，作為他事業的合作人，那就是史量才。若言黃炎培對史量才的重視，自從史量才接辦申報以來，早已成為他朋友中裏第一塊王牌。凡與人談說起在現代社會創辦事業之人，如果論及幹練有為的人物。他總是口口聲聲的說：除掉我的朋友史量才外，實不作第二人想。於是，他便滔滔不絕地會把史量才的才能，舉說出各種事例出來，做他有力的憑證，最現實的有力憑證那是他把申報的新聞事業，竟然辦理成功，其成績的美好，確實達到有欣欣向榮的進展形勢。所以黃炎培對黃奕柱所解釋有關於史量才的其人其事，使黃奕柱聽得語皆眞實，事屬可信。原來海外華僑對於祖國，都是個個愛國情切、留心國是的人；早年的黃奕柱更不例外，在他工作地方經濟環境許可之下，便斥資向國內的上海訂定了一份長期申報閱讀。

因此，黃奕柱於光緒末葉初期的前後年代起，已經閱讀上海的申報，對申報主權的幾度易手，對主持筆政的屢次更迭，早在報上看得一清二楚，瞭解明白。更知道時入民國初元以後的申報，已為史量才所有，從此對申報的進展情況，洞若觀火。所以他就很豪爽的決定回國投資，在上海創辦銀行，並且資本額定為三百萬元，而他本人負担全資本額的半數。另有半數則由黃炎培負責去向齊燮元接洽招股，同時，黃奕柱還一再聲稱要請史量才幫忙，全權委託史氏代表主持其事。據說當時黃炎培認為此事利益的關係甚大，是以不再久留新加坡，即行賦歸上海，且與史量才作了協商以後，就去南京向齊燮元勸進投資，遊說他與黃奕柱合作創辦銀行。傳說中的齊燮元本質，非常豪邁率直，所以他對黃炎培答說要他投資一百五十萬元自然不成問題。但不過要他做出面人則斷乎不可，因此，他說：「任之先生，你可曾想到有我齊燮元的名字在內，將來會帶給銀行的無限麻煩和連累的呢。」

齊燮元對於這些問題，還加以坦白解釋說：「以眼前我國軍人們的氣燄高張，又是派系紛歧，是以各據地盤，內戰頻仍。現時我雖任做江蘇督軍，但正自不知這督軍的任期壽命，有多少時日的久長呢？相信一旦發生派系戰爭，失敗勢落，一切榮華富貴都變成了一場春夢。在我個人的榮辱得失，原無所謂，不過所投資的銀行却要代為受累非淺了。」齊燮元對黃炎培有這樣的坦白陳詞，是他堅定拒絕投資的呢？還是他要做隱名投資的呢？局外人概不知曉。不過當中南銀行開幕的時期，上海社會間仍然有齊燮元與南洋華僑黃奕柱合資經營這家銀行的一種流言傳說。甚至還說史量才就是齊燮元股權出席的代表人，想來必是一般人的臆測之談了。後來聽到有人談稱，黃奕柱回國投資，創辦中南銀行，專誠去申報面晤史量才，取出五百萬元外國銀行的支票，作為創辦銀行資金。準此為言，這中南銀行便屬黃奕柱獨資經營，齊燮元是否曾合夥投資之說，却也成了一個疑猜之謎。

齊盧之戰與申報樓頭

依照以上「齊燮元投資中南銀行之謎」的那種觀點，證之後來民國十三年發生齊（燮元）盧（永祥）戰爭時，覺得史量才他是左祖齊燮元的。這左祖的動機，當然基於他們的友誼關係做出發點，論理衡情，實不能說史量才的觀點錯誤。但是他怎樣會左祖齊燮元呢？原來當齊盧兩軍在滬甯鐵路線上的黃渡、安亭之間，作着拉鋸式交戰，每日夜間總是炮火喧天，殺聲震地。可是望平街申報館樓上總經理的會客室裏，竟變成為擁護齊燮元部份的江蘇省紳士們的衆議堂，每天於下午二時後起，這班人物便絡續而來，聚衆議事。因此，申報館門前的望平街上，停滿了汽車和包車，確屬惹人注目，而這班蘇省紳士們又都是有長氣，有耐心，更有堅靭力的清議之士，每天聚會議事，非到斜日西下，決不散去。

原來此時正是齊燮元在提倡所謂「上海歸省運動」，那是他認為上海連同松江的這段地區，不論土地人民，明明屬於江蘇省所有。現今遙領這統治權者却為浙江的督軍盧永祥，等於上海松江已告「亡縣」，這實為全江蘇人的恥辱。所以他通電致諜浙江盧督軍，要求將上海與松江兩地的治權歸還江蘇省，並把留駐的部隊撤回浙江省境去，以期確保蘇省土地和治權的完整，這就是造成齊、盧戰爭的一大關鍵。至於日日在申報樓上開會商議的這一班蘇籍名流，倒都是擁護齊燮元的上海歸省運動者，只因他們既無團體組織，又無牌號名稱，筆者無以名之，只可稱之為申報館樓上「尊聞閣」的「尊聞派」了。

這班「尊聞派」的人物，雖是個個文采風流，聲名藉藉，但胆量生得奇小，原來有一天下午，黃伯惠去申報館探訪史量才，心想問問黃渡、瀏河這條戰線上的戰況與時局發展的形勢。只見一名華籍巡捕正在抄錄停在申報館門前的所有汽車照會號碼，要知汽車停在望平街上，並不違禁犯例，實無「抄號頭」之理。眼看該華捕慎重其事，逐輛抄錄，顯得事不尋常，便亟亟上樓，把眼見情形詳告史量才。最後還補充一句「史先生，我看這件事態情勢，相當嚴重，你倒不可不防。」當其時申報館樓上的「尊聞派」，正是羣賢畢至，少長咸集，大家都在興高采烈，雄辯風生的時候，驀然聞聽到汽車被抄號頭的消息，無不為之心驚胆怕，面部失色，便一個個不聲不響的走了，從此這個申報館樓上的清議局面也便無形宣告散塲了。

提倡文化申報出巨帙

一般的人都說史量才是個極熱心於教育和文化事業之人，話雖不錯，事亦確然。試思他自束髮受書以來，及至卒業於杭州省立的蠶桑傳習所，離開校門，踏入社會。一直寄跡浮沉在教育界裏，如供職於王培蓀所主辦的育才學堂，又加上黃公續的助力，自創蠶桑女子學校，作為倡導女子職業教育的先驅等等。尤其在辛亥革命的前夕，被任做接盤申報的出面總經理人，可以說從民國元年起的十年時日過程中，那是他任勞任怨，耗盡心力，經營其出版報紙宣揚社會文化事業，若論他真正對文化事業的投資和提倡，當在民國十年開始。因為從這年上起正是他命宮交進正運之時，而他本人與申報的經濟狀況，不但成了無債一身輕，而且還是財源滾滾來，於是他對錢財的用有餘力，則以提倡文化事業了。這是極自然發展的定律，所以說史量才為提倡文化事業所投的第一筆資本那是出版為申報五十週年紀念專刊，特別印行一本精美異常的偉大巨帙，這本巨帙那是以英尺一四五分的長，一〇六分的濶，全部文字都用瑞典照相銅版紙排印，書面裝訂則用彩色，布面紙精裝燙金字，整本美觀達於極點。

是書係史量才為紀念申報出版五十週年的刊物，故於民國十年即行着手籌備，出版於民國十一年，蓋當着手籌備之初，特向海內外的專家學者徵求文稿，以期各就其所學的經驗與研究之所得，撰著為文，是以凡被徵請的專家學者，無不援據殫洽，抒展璣珠，且也各本其專門學識的研究心得，大家都作出源源本本的叙述，寫成詳詳細細的記錄。史量才與其工作人員，相率兀兀矻矻的廣事羅輯，窮全年之力，始告完成出版。諒以當時代的人，寫作當時代的事，洵為研究此一時期歷史極有豐富價值的珍貴資料。以其時考之，大概起始於申報出版之日的清代同治十一年，訖止於中華民國十年（一八七二年——一九二一年），那時申報業務正當蓬勃發展，如中天麗日之際，所徵得的全部文章分編成為上、中、下三編，首編記述世界大勢的盛衰變遷，故篇名稱為「近五十年之世界」。中編記述中國國是的興伏得失，故篇名稱為「近五十年來之中國」。下編記述申報自創刊經過情形以後，全報館各部業務的改進和發展，故篇名稱為「近五十年來之申報」。總合其書名為「最近之五十年」，而各撰稿人所撰述文章的內容和實質，自然關於晚清時代的佔四十年，關於民國時代的佔十年，就中有若干篇文章，原作人深懼事繁詞簡，未盡其文章記述之意。為使讀者明白暢曉計，還以列表舉示，則瞭若指掌，脉絡顯現，是見該書的精采可貴之一斑。

史量才在該書開端，繼張謇（季直）章炳麟（太炎）二人親筆所撰寫的序文之後，也刊載他所撰寫的自序一篇，全文對於出版該書的動機和觀點，作提綱挈領的叙述，即以清逸瀟脫的文筆，撰寫得非常明暢流利，精潔結實。一如他平時與人談話一樣，語調娓娓，條理井井，能使聽者忘倦、不願離去。只因他的一生文筆流落人間，實不多覯，現將其自序全文抄錄於後。由於本刊在第十四期封面內頁，祇刊載了他這篇序言的一頭一尾，不少讀者要求刊載全文，原來他這序言又如下述：「人生進化，無日不在過渡之中，過去事蹟，無一不有懷疑之點。然則『最近之五十年』，何爲而作乎？蓋爲申報而作也。申報今年五十年耳，創始於前清同治十一年，生活於帝制威權之下，跼蹐而不能展舒者，三十有九年。民國肇始，我與申報偶然作合時，民氣方張，輿論界之精神，爲之一振。」

「申報亦奮其老馬千里之志願，爲民國馳驅。未幾而袁氏稱帝，歐戰勃興，國內外之秩序，囂然而大亂。乃有效外庇寄存之故智，百計而謀亡虞歸晉。嗟夫，同人不甘爲塞翁之失，寧爲千金市骨之豪。險阻艱難，至於今日，成此小小結構，亦豈偶然哉。人縱視爲無足輕重之事，而在親歷其境者，若有無窮之情緒，不能盡舉以告人，無他，周旋久而感情深，更事多而感慨係之矣。今者，申報五十週年，同人念之，徵求海內外專家，各就其經驗與研究之所得，發而爲文。窮期年之力，搜集得六十餘篇，分爲上中下三卷。首論世界之變遷，次論中國之得失，末乃述申報之經過，名之曰最近之五十年，足以發揚國光，湔除國耻，補申報論載之不及，覘國人知識階級之進步焉。」

「然而共生此五十年中，歲月之經過，人所同也，所不同者事蹟耳。是故世界有世界之五十年，中國有中國之五十年，申報有申報之五十年。夫世界之五十年，武裝一大夢耳，自普法之戰開幕，繼之以俄土之戰，西班牙之戰，波爾人與英人之戰，日俄之戰，巴爾幹之戰，終乃有歐洲之大戰。人才消乏，文化以滯，物力消耗，生計以窮，故世界未來之五十年，生計與文化，一大問題也。中國之五十年，外交一大夢耳，自法越之爭開始，繼之以俄據伊犂，法占安南，德據膠州，英犯西藏，日本取琉球幷高麗，而割台灣，益之以日戰之賠欵，庚子之賠欵，民國以來，外債驟增，內亂不已。國際殖民將一變而爲國際共管，軍閥割據將一變而爲土匪割據。故中國未來之五十年，外債與土匪，亦爲一大問題也。」

「嗟夫，茫茫大刧，來日方長，而韋布之士，筆墨之力，既不能鋤人事已稔之罪惡，又不能遏人心未來之動機。安得不爲之鬱鬱者乎？而申報之五十年，不過沉酣大夢中忽忽一小夢耳，夢中說夢，又何足道哉！不見乎五十年來，我報界之消長起落，亦復如電如潮，曷勝滄桑之感。雖然，事無大小，物無新舊，苟有結構，加之以奮鬥之精神，主義而不爲感情所衝動，事實而不爲虛榮所轉移，力爭自存而不任自殺，充天地四大之力，能變化之而不消磨之也，此『最近之五十年』之所由作也。民國十一年冬，史量才。」

「最近之五十年」一書，其內容全係包括晚清民初的前後兩個時代，在這段時期中的近五十年來之中國的政制、外交、司法、財政、經濟、教育、哲學、文學、軍事、農業、工業、商業等等的概況。編成分門別類，凡共有十餘個門類之多，而每個門類的文篇，有多有少，並不一定。料必以當時徵求所得的文章篇數多寡而定的吧？至於文章所編排的前後次序，可能是由史量才親自所指定的，蓋由鑒於該書的序文所列，是以張謇居首，文章所排，是以梁啓超最先的兩事作爲依據。因爲史量才自任做「蘇路民股（按即滬甯鐵路的前身）董事會」的常務董事以來，以迄於今，事不論公私，一直受着張季直的維護和支持。若論梁啓超則與熊希齡湯化龍同爲共和黨的黨魁，而史量才的入行做報人，就是任做該黨黨報的申報出面人開始。如果依據這兩點而猜測不差的話，則他作此暗自安排，却以他們兩人的文章高列於申報五十週年紀念刊物的卷首，實大有未忘舊誼的深刻意義存乎其間。

目覩這本申報館出版之「最近五十年」一書，那是我在漫畫家沈延哲手上看見的，數說起來，該距今已是四十九年以前的事。在那時節，沈延哲繼老畫師錢病鶴之後，每天爲「新申報」繪畫漫畫，他的畫譽却與黃文農、魯少飛，葉淺予、張光宇、振宇昆仲們等齊名。有天午後，沈延哲到貼鄰的商報館，來看望主編「商餘」副刊版的陳小菊與張秋蟲。這「商餘」版的編輯室就在商報館的二樓，那裏也是主編人陳小菊的臥室。原來當王鈍根、張丹斧二人相偕辭職而去，一時主編「商餘」版無人。恰巧陳小菊留日學成歸國，道經上海，準備於明天乘甯紹輪船回家鄉去。他是商報陳屺懷社長的次公子，也是商報陳布雷總主筆的姪少爺，因此，陳小菊就被留住承乏，主編「商餘」版。商報館三樓上的宿舍本來不大，無一空舖，經馬志千經理調度下，便在他編輯室裏安放一張新買的小鐵床，作爲他睡眠之所。只因二樓的上落便利，所以陳小菊工作與睡眠的雙用房間，正是「座上客常滿，杯中茶不空」。

輕擲二千金拍得名馬

當沈延哲進門來時，發見他脇下挾着一個方方正正、厚而且大的紙包。便向他問是「啥物事」？沈延哲的囘說：是我所預約的申報五十週年的紀念特刊，這本書就是預約了將要一年，最近方始出版。剛纔向申報館取得來的，你們要不要看看？他於說話時，便把紙包放在寫字枱上，打開紙包來，以供衆覽，這樣却引得滿室中人，都走攏來作圍觀。因爲他們儘是讀書種子，自然都有愛好看書之癖，免不得有點見書垂涎的情況。但是誰都沒有像沈延哲的囊中自有買書錢，因他是寶山羅店鎭上的大地主之子，有充足的財力關係之故。實因該書於出版發行之日，申報在報上大刊廣告，大力鼓吹。因此，像我雖非讀書種子，但也禁不起被申報廣告的吸引和誘惑。也擠在圍觀的人堆裏，作成個從傍欣賞、聊饜視欲的像煞讀書人樣子。只不過於瀏覽之下，隨手翻閱卷首這班執筆人文章標題的目錄一過就算了。

最近爲要詳事記述史量才的獻身投資於文化事業的情形。而這部「最近之五十年」一書，正是他着手辦理文化事業的發軔之初，更須覘知該書的內容詳情，幸得在「大人」圖書室內，重與該書相逢海隅，獲得再度閱覽的機緣。尤其是我對於史量才的自叙一文，爲欲使讀我燕文的先生們，得以共同瞭解當年史氏出版該書的動機和志願。因是遂將史氏自序的全文，爲之抄錄一遍，刊載於燕文中，以昭信實，藉明眞相。初不料因抄錄該序文的工作關係，却撩撥起我對史氏輕擲二千金向一德國人購買一匹名駒的舊事來。而此一名駒在六十年以前上海的十里洋場中，着實出過風頭，當年凡牠所經之處的十字街口，不管「立角嘴」的巡捕，或爲華捕，抑爲印捕，甚至適逢其會的走差英捕。無不站立路口，高舉其手，爲之清道，暫止橫竄而過的行人與車輛。因爲在早期年代上海租界的十字街口，尚未有「紅綠燈」的設置。爲要維持交通秩序，全靠立角嘴的中西巡捕，爲之舉手指揮，行人車輛的行止趨避，得以遵循無誤。

是我所說史量才的自序文中，被撩撥起他慨擲二千金、購買名駒的舊日豪舉。究竟是什麽的一回妙事？究竟是什麽的一篇妙文呢？原來我在史氏的自序文中，於短短叙述數百字的字裏行間，發現有關於「馬」的古典，却有三則之多。現在我再摘錄出來，作爲例擧的辯證。其一畧云「申報亦奮其老馬千里之志願爲民國馳驅。未幾而袁氏稱帝，歐戰勃興，國內外之秩序，囂然而大亂。乃有效外廐寄存之故智，百計而謀亡虞歸晋。」這段叙述有關於馬之比喻的典故運用，據我猜測，可能他採用了左氏春秋的「晋文公以掘產之乘，與垂棘之璧，假道於虞以伐號」這則故事。因爲晋國於假途滅號、還師亡虞之後。晋國亡號滅虞的主帥荀息乃牽馬（按：即掘產之乘，乘、馬也，亦即是掘產所出之名馬。）捧璧，奉呈晋文公說：「璧猶是也，馬則齒徒增矣」。其意思是說垂棘之璧原塊不動，只是掘產之馬，因寄存在外廐的虞國之故，多了一歲，已增加一粒牙齒了。

史量才何以會運用這則「馬」的典故呢？我的猜想，大概他於民國元年起，與申報偶然作合，主理全報館的業務。終因慨念自清至民國，中國的言論失却自由。申報於創刊以來的近五十年中，一直懸掛外商牌子，說來實是中國人辦報的恥辱。及至最近民國七年的「五四運動」風潮發生，史量才便乘此針對的風潮機會。遂把日籍出面總經理代表人的太倉喜八郎，化了一筆爲數甚大的退職金，解除職務。這太倉喜八郎一走，自然申報的日商牌子亦隨之無形消除了。此所以史氏於自序文中所說「乃有效外廐寄存之故智，百計而謀亡虞歸晋」之語，是他的自喜語，也是自豪語。該序文接着說：「嗟夫，同人不甘爲塞翁之失，寗爲千金市骨之豪。險阻艱難，至於今日，成此小小結構，亦豈偶然哉。」文中的不甘有塞翁之失，這一則塞翁失馬，焉知非福的有關「馬」之成語故事，已是一望而知的了。至於另一則是千金市馬骨的一則典故，也爲戰國時代的燕昭王之故事，這就是我所發見史氏自序文中所連續運用三則有關於「馬」的故事。

正因爲難得看見史量才的文章，也細讀到了他的自序文章，却發見文中連用三則有關於馬的成語故事。因此，使我想起他於第一次世界大戰的前歲，輕斥二千兩銀子，在靜安寺路跑馬廳畔的龍飛馬車行，向一個德國人拍買得一匹名駒。經手拍賣此馬的公證人，就是魯意斯摩洋行的拍賣行。原來當時的有錢中國人都喜歡養馬，更其是喜歡豢養洋馬，俗稱爲「外國馬」。因爲當年上海在此時此地的高貴交通工具，就是馬車，所有挽拖車輛的馬匹，大部份來自山海關外的東三省，稱做「口外馬」的便是。不過有錢人總喜歡標新立異，超勝他人，所以寗斥高價，購買洋馬，史量才也不例外，所以他要買匹洋馬所挽拖的馬車坐坐，藉以示其豪濶。是以龍飛馬車行門前，掛出拍賣的旗幟，公告拍賣洋馬的時日，史量才便來拍買。據說當時要拍買該德國人所有洋馬的，有不少有錢人，但許多愛馬人因見史量才志在必得，便不再競爭加價，自動退却，於是遂由史氏拍得這匹名馬，作爲他的代步前驅了。

當年上海人口中的所謂「洋馬」，並不產生於歐美兩洲的國家，因爲英、美、德、法等等國家，都不是產馬的地方。這一批批運銷到上海來出賣的洋馬來源，大部份來自中東地區的各阿拉伯國家，小部份則來自非洲地區的各非洲國家。可是塵世宇宙之間，蒼冥造物的生化奇特，與自然遺傳的性質强烈，眞正令人有不可思議的觀感。例如阿拉伯國家與非洲國家的人民肌膚皮色，竟沒有一個生得膚若凝脂，皓若白雪的。所有男女人民的肌膚色澤，都是枯黃黯黑，是以稱爲有色人種。但怪異的是該地區所產生的馬匹，却同該地區人種一樣，從沒有產生一匹毛色整體純白的白馬。所有馬匹的毛色，盡是那些棕色、深灰、以及烏黑、深黝等等的各種毛色。在縱目一望中數百匹馬羣裏面邊，難得發現有三數匹生有一小撮的白毛之馬。

可是這種「洋馬」有一個共同的優良超勝之點，那就是生長得無不高頭長腿、肥碩停勻，尤以牠們的腳筋與蹄力，矯勁健强，驃駻異常，絕無一匹爲下駟之材。是以一經人們跨上馬鞍，縱轡揚鞭，馳騁若飛，如矢離弦，大有匹匹都屬千里馬之概。

史量才斥資二千元，拍得一頭「洋馬」，從此洋場馳驅，成爲當年上海三輛名馬車主之一，至於另外兩輛馬車主人，也都煊赫一時，與史量才鼎足而三。（十七）

吳伯滔吳待秋父子

·陳定山·

最近，吳子深親家（註一）在台灣開八秩畫展，展出近作八十巨幅。他肖馬，今年整七十八歲。三十年前在上海畫壇以一馮三吳馳名者，一馮是馮超然（留台畫家張穀年之舅氏），三吳是待秋、子深、湖帆。四人中，待秋年事最高，他是光緒四年戊寅生的，超然、子深、湖帆都肖馬，超然比子深、湖帆大一支。算起來，子深今年七十八，待秋若在世，應爲九十四歲，超然爲九十歲，但是這四位當代畫宗，碩果僅存的已僅子深一人。（註二）子深一生，多病善醫，以病延年，以畫養氣，看他弱不禁風，而聲震屋瓦。看他的畫，則眞力瀰滿，巨筆如椽，幅幅驚人，幅幅入古，幅幅創新。有人問我：像子深這種畫法，近代有何人可以比擬？我思索了好久，答以「一馮三吳，已爲定論，似乎不必再攀扯別人了。」巧啦！香港「大人」雜誌近獲吳伯滔先生的八幅山水，將以彩色刋印，要我寫一篇介紹文字，我聞之瞿然而起曰：「子深、伯滔，庶幾相方。」伯滔爲誰？也許現代畫人知道的很少，待我詳細道來。

伯滔，名滔，浙江石門（屬崇德）人，吳待秋先生之父，說起來也可以算我的太老師，因爲我廿八歲開始學畫，第一位教我用筆的便是吳待秋先生，雖然沒有拜過，但是耳斷面命，他確實指導了我一條門徑──「麓臺」。我作畫至今五十年，筆墨間尚未除去麓臺痕跡，正是待秋先生留給我的心印，則伯滔先生我尊他爲「太老師」，實不算得高攀。不過，待秋先生對他父親的畫法，却是不大贊成的，因爲待秋畫很規矩，（按待秋自畫恪守麓臺，而吳昌碩山水多出其代筆，則人不知也。）他恪守麓臺，無一幅不從麓臺入手，而伯滔先生的畫法，却帶着創新。伯滔先生是從沈石田入手而又接近了石濤石溪的，又善畫佛像，深得金冬心遺意。他的畫名滿東京而無聞於鄉里，一度與范守白同游日本，開個人畫展，（按日本個人畫展例爲三十幅。）滿載而歸。但他不好虛名，不慕榮利，回國以後，依然息影家園，他是同光年間的畫壇前輩，如今二石（石濤石溪）畫風吹滿寰宇，始開風氣者，吳伯滔先生當首屈一指。今人但以狂塗亂抹爲二石，豈眞知二石，更不知吳伯滔先生了。

伯滔先生號疏林，又號鐵夫，工詩，著有「來鷺草堂遺稿」，生於道光二十年庚子（一八四○），卒於光緒二十一年乙未（一八九五），享年五十有六。

待秋幼時即從老父習畫。伯滔先生卒時，待秋尚不足二十歲，他的岳父是同邑名人李嘉福，號笙漁，字北溪，曾官江蘇知府，僑居吳門，工書畫，精鑒賞，收藏金石書畫甚富，有一「鋗」爲三代器，與吳湖帆之祖吳大澂之「愙」鼎共鳴於時。笙漁無子，嫁女時即以此「鋗」作陪嫁，故待秋自署曰「袌鋗廬」。笙漁卒於光緒三十年甲辰，其時待秋已至上海鬻畫，收藏盡歸待秋，商務印書館以爲奇貨，重價得之，印行中國名人畫集，署有「袌鋗廬」藏者，都是待秋岳家遺物，待秋且曾因之供職商務印書館有年。

待秋名徵，別署袌鋗居士、鷺鷥灣人、青暉外史、抵蒼亭長。有寡人之疾，不好色而好貨，其金錢來源，悉本之於售畫。平素一錢如命，自奉之儉，出人意外。寓居上海福煦路四明邨，一樓一底，永不作擴充之想，畫室牆上張一字條曰：「友朋枉顧，恕不迎送，談話時間，限三分鐘。」晚年畫名益重，所需開門七件事，皆能以畫易之。由於舉炊煩瑣，認爲浪費時間，改吃包飯；上海有包辦伙食送上門者，名爲包飯，議定以冊頁一開，易包飯一月。一天，吳待秋問送飯來的厨子曰：「你們近來的飯菜越來越差了！」厨子答曰：「吳先生，實在你近來給我們的畫也越畫越『推板』（註三）了！」聞者失笑，但吳待秋家的米麪煤球，都是用畫換回來的，一點不假。他的畫最受錢莊幫歡迎，他們以爲別人繪畫，面目時時會變，唯有吳待秋的畫，一成不變，隔室遠望，亦能分辨，無法假冒，所以可貴；還有一個理由，則是吳待秋的繪畫，約期不誤，像並時的馮超然、吳湖帆、趙叔孺諸大畫家，送了潤筆去，經年累月，拿不到畫，視爲常事，而吳待秋則到期必能交件，因爲他一無嗜好；唯一嗜好，就是繪畫。

吳待秋曾說：「吾學了一輩子王麓臺，但自己從未收藏過一幅，幾時有便宜點的，也買他一幅。」事爲書畫掮客輩所聞，趕快就爲待秋覓了一幅王麓臺畫送到吳家，高懸畫室，看了半日，歎曰：「麓臺眞蹟乃如是乎！」，問其價幾何？答以「吳先生要買，就算六兩金子吧！」待秋大驚曰：「麓臺畫要買這個價錢，那是比我的畫貴一倍都不止了！」與掮客商量要以他自己的畫來交換這幅麓臺，此人以為不可，吳待秋就向此人長揖稱謝說：「吾已見到了麓臺真蹟，買不買都無所謂了！」

吳待秋家用儉省，收到的畫潤，多存入寓所附近的銀行中，定期生息。抗戰前夕，已有現款六十萬元，這在當時畫家中，已屬絕無僅有！敵偽時期，發行中儲券，以二對一折合法幣，吳待秋長嘆曰：「一生積蓄，打個對折！」江陰人孫邦瑞，嗜書畫，勸待秋買黃金，以資保障，待秋以一扣活期存摺交孫，孫將存款提出，全部購入黃金。一個月後，告吳曰：「好消息，你賺錢了！」待秋訝曰：「我又不會做生意，何能賺錢？」孫說：「黃金看漲！」待秋大驚曰：「有漲必有跌，我的錢是我的命，你還我存摺罷！」於是孫祗能將吳的存款加利奉還。其後，上海經濟情形，日益險惡，待秋又託孫邦瑞再為他購黃金，但其時接近勝利，黃金價值已昂，悉索敝賦，祗得黃金七條。等到金圓券事件一起，民間不得私藏金條，吳待秋在家皇皇不可終日，聽得叩門聲即心驚肉跳，終於將七條黃金，盡數兌換成為金圓券。其後物價高漲，金圓券狂跌至不可收拾，吳待秋的財產幾化為烏有，終日長吁短嘆，責罵其子。因待秋長子養木，其時在中央銀行國庫局供職，待秋怒其全無消息，將乃翁的棺材本都弄丟了！養木不堪老父終日責罵，移居他處，待秋因是憤懣而死，這是民國三十八年的事，其時我已離開上海了。

待秋長子名彭，字養木，復旦大學經濟系畢業，次子名宏，大夏大學畢業，幼子名偉，肄業交通大學，亦善書畫。養木侍父甚久，娶婦後仍與老父同居一宅，署曰小鋗廬，亦能作麓臺畫，，特神韻稍遜耳。

民國五十八年六月，我在台北出版「定山論畫七種」一書，共分「中國歷代畫派概論」、「國畫的傳統精神及新方向」、「現代中國畫的絆腳石」、「畫禪三筆」、「藝林新志」、「桐蔭論畫評後」、「題畫百句」七章。我在書前有序云：「今人作畫，或以摒棄古人，儘情創作為高，或以恪守繩墨，步趨古人為訓，兩者之間，互有得失……」前者恰似吳伯滔，後者便屬吳待秋，好像我說這些話，正為他賢父子寫照，何其巧合，謹以質之高明？

（註一）吳子深之女公子佩珮，尊本文作者陳定山先生為義父，故稱親家。

（註二）吳待秋浙江崇德人，卒於民國三十八年己丑，享年七十二歲。
馮超然江蘇武進人，卒於民國四十三年甲午，享年七十三歲。
吳湖帆江蘇吳縣人，卒於民國五十七年戊申，享年七十五歲。

（註三）滬語喻其畫亦不如前也。

吳伯滔之子吳待秋山水畫悉宗麓臺

清　吳伯滔畫山水八景之一　定齋藏

清　吳伯滔畫山水八景之二　定齋藏

清　吳伯滔畫山水八景之三　定齋藏

清　吳伯滔畫山水八景之四　定齋藏

清　吳伯滔畫山水八景之五　定齋藏

清　吳伯滔畫山水八景之六　定齋藏

清　吳伯滔畫山水八景之七　定齋藏

清　吳伯滔畫山水八景之八　定齋藏

三下南洋比鄭和

易君左

明朝的民族英雄鄭和，曾經七下南洋，為國建功，傳為千秋史話。我比不上鄭和萬一，但也三次到南洋來，「三下南洋比鄭和」，這是我最近詩作中的一句。我將離香港到星加坡之前，寫了四首七律如後：

過港小住將南行寄星馬諸弟妹

三下南洋比鄭和，只緣姊妹弟兄多。
星洲訪妹「加東」去，
怡保迎兄「甲北」過。
蛇廟偶遊魂總繫，鶴山久別鬢先皤。
八年今日欣重聚，山不孤青海不波。

香江于我似良朋，送往迎來亦弟兄。
海上鴻光肝膽麗，雲間雁影羽毛清。
鳳能采飾羞鴉顧，鵬自高飛謝鷺盟。
二十餘年常住客，重來豪氣未全平。

書生習氣背時宜，但有丹心赤膽垂。
入眼雙扉山與海，隨身一筆畫兼詩。
高樓境必懸明月，小艇情終戀柳絲。
任是天翻還地覆，狂風難倒漢家旗。

老來百事感蒼茫，猶享溫馨未敢忘。
擁婦酒樓居上座，寄兒書翰塞郵箱。
孝行獨仰施家備（謂維雄），
絕學羣推簡氏藏（謂又文）。
不薄古人休自薄，韓潮蘇海大文章。

我因有幾家弟妹散處星加坡、怡保及檳城，八年未見面了，今年又乘暑期渡假作第三次南遊。我和內子乘國泰航機由港飛抵星洲，先看看六妹這一家。我覺得映在眼前的星加坡全貌確已煥然一新，有許多地方值得讚美，可以供給許多國家參考。星加坡獨立建國不過六年而能有這樣卓越的表現，眞是難能可貴，與我前兩次南遊的印象截然不同了。

首先一個好印象是：這一個方圓不過二百餘哩的小島國，已成為一個潔淨的國家和潔淨的城市。所謂「潔淨」包含兩種意義：星加坡的政府是廉潔的。不必諱言：在東南亞有些國家的政治，貪污成風，唯有星加坡是鶴立鷄羣；而且辦事的行政效率也高過其他國家。講到城市，包括市區及郊外的清潔即乾淨，在東南亞各國中也以星加坡為第一。大街小巷乃至最僻遠的地方，看不到一點垃圾，所有地面一塵不染。星加坡為什麽能做到這地步？這與立法有關。任何市民不敢亂拋雜物，一丟就罰五百元叻幣，嚴厲之極。每家門旁，都有大型中型垃圾桶，平時蓋得緊緊的。每家門口前後左右，各自打掃，發現打掃不乾淨，也有罰例。

反觀香港，恰成尖銳的反比例。我想不到去年和今年到香港的印象，是隨時搶刼和滿地垃圾。若干繁華街市，污濁骯髒，必須掩鼻而過。搶掠之風，在星加坡雖未絕跡，但是極少。

在香港，可以隨時隨地，尤其在過輪渡時，看到華籍西籍男女的「西痞」作風，在星加坡我尚未發現。婦女裝束非常端正，熱褲或喇叭褲之類也未發現。

這些，且不去談它；最值得稱讚的是星加坡政府為解決大衆住的問題而建築的廉價屋，截至最近止，全國已有三分之一以上的人口居住在這種屋子裏。我一到星加坡，便由六妹的次子駕車繞市一週，專看這些新興的樓宇，幾乎遍地皆是，一座一座高聳雲端，到晚間燈光一片，遠望如瓊玉樓臺，這種嶄新的建設，現在受着全世界的重視。

星加坡政府仍然在大力積極的發展建屋工作，要使不久將來的星加坡可容納四百萬以上的居民，政府在「居者有其屋」的計劃下，再加蓋了許多適合於各階層受薪人士的樓房，以公平合理的價格出售，並可以動用公積金或分期付欵購買。本來，平民的廉價屋已經建得很整齊美觀而且清潔，遠勝於香港的徙置區；為一般受薪人士而建的樓房，外型內容已向私人高尚住宅看齊。

此外，星加坡政府為了爭取更多的土地，以移山倒海的方法塡平了千畝以上的低淺海灘，在這上面又可以蓋出更多房屋，以便有更多的人得到適當的住所。在一個傍晚，我經過了這些一望無際塡平了的海灘，有些地方已顯示開始建屋的跡象。

還有必須一提的，即是星加坡政府為進一步使有屋住的人眞正能夠安居，一個重要的條件是必須有美好的環境。當局為達到這個目的，發動全國各處，廣植樹木花草，設置噴水池，使星加坡變成一座花園的城市。加以清潔運動及滅蚊運動的提倡，以及空氣污濁的防止，種種措施，遂使星加坡的面目煥然一新，而原來就擁有的大量森林，遍佈全國，使遊人一入國境，便覺得空氣非常新鮮。

星加坡政府正努力於人民的「安居樂業」和國家的「國富兵强」。人民安居的第一條件是有屋住，第二條件是有美好的居住環境，第三個條件則是：要對人民有良好的醫藥照顧，尤其一般平民感着迫切的需要。在這小小的島國裏，由於人口不斷的增加，原有醫院已不敷應用，政府除了擴充原有的十五間大小醫院及改建中央醫院之外，並擬在郊區各處加蓋四間大醫院，同時使原有的醫院現代化，並已在所有政府建築的大厦及各郊區設立無數的診療所。

其他關於教育、交通、乃至家庭計劃等等，凡有利於安居樂業的，都在積極的安排中。我以一個遊客，站在觀光的立場，首先覺得星加坡政府的造屋政策是最值得表揚的，同時也是最値得參考的。我的另一首近作如後：

游星洲市郊　偶成

萬間廣厦盛名揚，即論風光亦艷妝。
小柳兩株垂僻徑，叢花千束擁高岡。
天雲海港同吞吐，島國山川共激昂。
還是大坡雞飯美，數元一頓最難忘。

我到星加坡首先發現了有好幾處路旁的搖曳多姿的垂柳，每株都可入畫。而各種五顏六色的熱帶花卉，觸目皆是。我們的車穿過了一座叫做「巴巴山」的山岡，花樹尤多，這山岡上設備完備，遊人休息或情人傾談，各適其所。遠望海港，近眺閭里，氣象萬千，心襟開濶。我們到大坡一間有名的叫做瑞記的鷄飯館吃鷄飯，那白鷄又肥又嫩，有一碟鷄雜，包括鷄肝鷄菌鷄腸鷄血，拌着一種特製的濃而鮮美的醬油，外加一碗青菜鷄湯，三人不過七八元叻幣，吃得飽飽的，無須付小賬，抹抹嘴便走。——這是我前面一首詩的註解啊。讀者先生們如果去遊星洲，旁的我不介紹，最重要的是：看廉價屋，吃白鷄飯。

一塵不染的星加坡小食集中地

今天的星加坡面貌，當然和我以前兩次來遊的情形不同，但我覺得：這裏的華僑同胞在精神生活和物質生活上都沒有若何顯著的改變。星加坡已脫離了殖民地並已和馬來西亞分家而成爲一個新興國家的雛型，但在市面上看來，仍然和香港沒有什麽兩樣。在香港和星加坡，同樣可以看到滿街的華文招牌。我去年夏天到菲律賓講學，全馬尼拉市就看不見一塊華文招牌，華僑商店的招牌悄悄掛在屋子裏，爲的是當局不許把有中國文字的東西掛在門外，連由我國人爲菲律賓一手建成的「中國公園」也不許有一個中國字。香港既號稱爲「東方之珠」，那麽，星加坡應該稱爲「南方之鑽石」，因爲地形橢圓，很像一顆鑽石。爲什麽稱星加坡呢？其源出於梵文的「新功婆拉」（Singhapura），意即「獅城」。據傳：一一六〇年蘇門答臘的巴林攀國（Pelemliang）王子到了星洲海岸，見有赤色、玄首、素胞的異獸，呼之爲獅，因名爲獅城。我在香港報紙上看見開往南洋的船多爲「直透石叻」，原來「石叻」也是星加坡的別名。星加坡西岸的海峽，巫人名爲 Selat，以前華僑最先由此登陸，所以譯爲「石叻」。至於「星洲」一個名稱，是一八九八年一位華僑詩人稱呼起來的，後來就相沿成風了。

總之，到了星加坡，從一個香港客看來，也就等於到另一香港；所不同於香港的，只是面積比香港大，有二百一十七方哩，但人口却比香港少，香港人口近五百萬，星加坡還未超過二百萬。到香港的星加坡客，都覺得香港人太緊張、太擠迫；到星加坡的香港客，剛好吐一口氣，情調輕鬆得多。

星加坡和香港同爲華人密集之區，但我總覺得：兩地的華僑社會具有各不相同的一些氣氛。香港的僑民，由於洋化很深，弄成非洋非華、亦洋亦華的現象。住在香港的一部分高等華人恨不得個個都入洋籍，分明是中國人而名片上全是英文不見一個中國字，其餘大多數的眞正華人則眞正可憐，在十餘年前且被呼爲「難民」。星加坡呢，從來沒有「難民」這兩個字，也很難看到像香港那樣西裝筆挺神氣十足的「高等華人」。星加坡的華僑，像是早已在心目中把自己肯定是一個道地的中國人，所居的地方雖比香港爲遠，但絕無遊子羈旅的感覺，而生根在這裏了。因此，他們把祖國傳統的氣氛盡量的保持下來，散佈許多民族的美德。

因此，有人說南洋人情厚，香港人情薄，也是不爲無因的。我從香港第一次遊南洋時，正值錢穆先生從南洋講學回來，錢先生就盛讚南洋人情之美，他說：「假如你眞是和當地的百萬富翁千萬富翁搞得好，他眞可以送你一座山上的別墅，甚至於送你一座整個的山。」他又感慨的說：「反之，在我們香港，假如你易君左住在木屋裏邊，就會沒有一個人來睬你。」我當時聽到賓四先生的話，有點不信。後來我兩次到南洋，連同這一次是三次，才深深的體會到，賓四先生的話確實對了一半，南洋人情確比香港厚；另一半則尚待考驗，因爲我還沒有住進木屋。在星馬華人社會中，百萬富翁俯仰皆是，不算稀奇。這些人之所以發大財，並非太簡單、太容易。他們的先世大多數是一個赤貧的窮人，流浪到海外，吃盡了辛苦，歷盡了艱險，受盡了外國人的氣，才一點一滴的用血汗奠定着今日的基礎。他們的後人，也知道先世創業的艱難，守業的不易，都在小心謹愼的盡心竭力，至少要保持家聲於不墜，使一代一代緜延下去。因此，愛惜物力和勤儉的美德，在華僑社會中普遍可以發現。我到星加坡，也曾接近了好幾位擁有數百萬乃至千萬以上的大富翁，但我倒不是希望他們送我別墅或山頭，像錢穆先生所講的那樣，我的意思，是很想看看他們的實際生活，研究他們是怎樣發財的。

結果，却被內子「慧眼看破」，生財之道很簡單，就是：當你吃完一碗飯時，不可有一粒飯存在碗裏，也就是別暴殄天物，必須吃得乾乾淨淨。記得我和內子第一次遊南洋，也像這次一樣，首先到星加坡，曾經陪着一位可敬愛的老先生午餐，而這位老先生是星加坡最有名的耆宿和富翁。同他吃飯時除知道每餐圍坐十個人而菜飯錢每人不超過叻幣兩元外，更看見他所吃下來的飯粒或麫絲沒有一點剩在碗盤裏，而我們也學着他把舌頭向碗盤裏舐。我又記得：我曾應星加坡一位名流的餐叙，進入他的公司時，發現一位穿敝領襯衫和黃卡其西褲、裝束極普通的就是約我的主人，在外面大廳上却有一二百個職員在辦公。這位主人親自爲我斟茶，那裏有什麼茶？只是一杯白開水；接着引我入餐廳，吃了一頓極其普通四碟一湯八個人吃的中餐。

現在我不妨宣佈這兩位大富翁的名字，前一位是李俊承先生，後一位是李光前先生，在南洋是沒有一個人不知道的。可惜我這次來星加坡，這兩位德高望重的耆宿都已去世了，我不能再在飯碗底舐飯了，也再沒有人請我喝白開水了。

一別數年，不但老成凋謝，住在星加坡的許多好朋友，如謝雲聲先生、曾鐵忱先生、黃玉山先生等，都作古人了，如何不使我傷感起來？在我前兩次到星加坡，雲聲夫婦住在很遠的巴耶禮峇，校務繁忙，然而時時來訪，請我們吃過好幾次飯，不是先生提兩罐餅干來，就是太太抱一包雞蛋來，有時還帶我們消夜，逛遊藝場，看電影。我對雲聲也非常關懷，他是南天一位有名的詩人，我總以他太瘦爲可念，所以在我回香港後，他寫信給我說：「弟交友數百而能關懷弟之清瘦者，獨兄一人而已。」

鐵忱是南洋商報主筆兼南方晚報主編，與我同鄉，都是湖南佬，我兩次訪他在南洋商報大樓上，也都在看大樣時，一個冷包子和一杯冷開水就算大主筆的一餐，湖南人也學會了福建人的勤儉的作風。我第一次來星住在一個公會，第二次來星住在二弟六妹家裏，第三次就是這一次則住在一個同學會大厦。鐵忱夫婦曾經假那個公會大廳替我們洗塵，後來又帶我們到街邊小吃二次。

玉山二弟更是手足骨肉一般的親切，兩次來星，生活一切全由他們夫婦照料得非常妥貼，使我和內子不感到是在外邊作客，如同住在自己的家裏。他替我做事，或接洽什麼事情，如果順利，就躺在搖動的椅子上哼一段他的福建故鄉金門小調，當我聽到他哼金門小調，我就好像有什麼把握。于今，這金門小調是聽不到了，街邊小食不見老朋友人影了，而清瘦的詩人影子亦已成塵，令我黯然泫然而已。

我寫這篇稿子時還不過是初到星加坡數日，許多舊友尚未接觸，但最近由六妹帶領，作了一次南大（南洋大學）好友的訪問，見到了名作家錢歌川夫婦和名詞人黃勖吾先生，另一好友星大（星加坡大學）名教授饒宗頤先生尚未見面。

我聽到六妹和許多朋友們說：這幾年來，南大有顯著的發展，由於星加坡政府承認了南大的學位，所以南大畢業生有了出路；出外深造的也多有光榮的收穫，得到崇高的學位。想起我第一次來星，正值政府發表「白皮書」，南大正是風風雨雨。當時，我曾訪問南大的幾位友人如劉太希、涂公遂、佘雪曼諸教授，現在只認識錢黃兩位教授了。

歌川是湖南湘潭人，錢氏一家與我家有深厚的世誼，歌川的三位胞兄慕韓、慕班、慕寧，是我的長沙明德小學中學同班同學，而且從小就結爲異姓兄弟。歌川名慕祖，是最小的一位弟弟，然而也是六十多歲了。在香港，在南洋，也許在整個東南亞，年老退休已成定例，歌川在星加坡教書本由星大禮聘，但因年齡限制而解聘；南大正缺乏一位中英文造詣最深的學者，于是把他接進去，但仍然由於教授年齡的限制，不能給以高位重薪，而且半年一聘，看來是太不合理，却也沒有辦法。世界上都是一樣，老年人是最可憐的，像錢歌川這樣一位第一流的名作家名學者，爲中文英文全才，求之當代，何可多得？他又是留英學生，而在星加坡教書幾番磨鍊。天之生才何等難，爲什麼又使其老？歌川猶如此，想到我自已，更不必說了。

勖吾先生的詞學，造詣極深。第一次我來南洋就與之結交，他同鄭子瑜教授同住一處，曾請我到一家海濱小餐室吃飯，那浪花竟濺濕我們的衣襟，非常有趣。這次訪問他的南大的家，黃太太在曼谷工作未回來，由他親自招待，開了車，引導訪問錢歌川教授。他送了一本新出版的他的詞集給我。因爲他是我們中華詩學研究所駐星的唯一的委員，我由台北帶來的由我主持的中華詩學月刊最近一期送給他，而且還帶了香港施維雄先生託我辦的請題其尊翁遺墨的專函也都分別親交與錢黃兩教授了。勱吾先生近年徵集了許多當代書畫家的精品，連同他自己的法書，形成了一座南大的博物館，古代銅器磁器也有一部分，還有南洋出土的古物，琳瑯滿室，都是由他一人辛苦經營而成，增加了這個學府的文化歷史氣氛。

我們參觀南大各項新型建築後，最後由歌川請客，乘電梯上到圖書館頂樓，登高望遠，心曠神怡，就在大廳裏晚餐。這樣盤桓了一個下午，才興盡而返，並由六妹拍了多張照片。

我和內子這次來星加坡，是經人特別介紹住在一間設備完備而整齊清潔的同學會內，一間雙人房日租僅十元叻幣，有浴室及冷氣，總算是極廉了；而且對面有一家北方同鄉會，附帶賣麪食，排骨麪和餃子都非常好，價錢公道，所以生活尚稱便利，有兩架電梯上下。

想起以前所住的某某公會，日租更低，每人只收叻幣兩元，但環境欠佳，下面就是大市場，半夜即起一片喧鬧聲，魂夢難安。於今這個同學會所，雖有客房四間，却只有我們夫婦二人住着，所住的是十一樓，居高臨下，既淨且靜。不過有一點，以前所居，下來即有各種小商店和飲食店，非常方便，現在住的地方比較偏遠，購物很難，却又有一種便利，即冷熱水齊備。由於我們洗慣了熱水澡，總覺得有熱水用是愉快的。

以前在香港，到過星馬的朋友寫信給我，總是說南洋氣候非常熱，終日汗流浹背，要沐浴多次。及至我到南洋，才覺得未必盡然。以香港和星馬的氣候比較，星馬最熱的時候未必比香港更熱，但香港涼的時候則比星馬冷。星馬終年的氣候平均保持在七十餘度到九十度之間，很少超過九十度以上，也很少低到七十度以下，但一經落雨，一到夜間，氣候便低落了，至少每晚都可安眠，而且必須覆蓋一條薄毯。所謂「四時皆是夏，一雨便成秋」，或者「白天都是夏，晚上便如秋」，是公道的品評。今年我來遊，也不例外，每晚都要蓋薄毡。奇怪的是台北和香港的今年天氣都同樣炙熱。整個夏季完了，而台北的溫度總是每日九十餘度，香港九十度左右，南洋不過八十度左右。現在已入初秋，接近七夕，正是「天階月色涼如水，臥看牽牛織女星」的時季到了。

這幾天我到各處跑跑看看，很難發現穿正式西裝的，最多只在襯衫上打一個領帶而已。還記得我第一次來星，到星洲日報訪問胡蛟社長，胡社長看見我沒有穿西裝外衣，只是襯衫領帶，笑問我道：「君左先生到星加坡有好幾天了吧？」我有點驚奇，他繼續說：「如果初到這裏一定是穿外衣，住了幾天便從俗了。」我也笑對他道：「閣下眞不愧爲一名新聞記者！」我這次重來星加坡，有了經驗，只穿襯衫打領帶，可是一入玉山親戚陳劍敦先生的寫字樓，就冷得有點發抖，從此便挾着一件外衣，以備不時之需。

就在本文寫稿的前一晚，陳劍敦夫婦設了三席，請我同內子，並約諸好友作陪，吃的是道地福建菜。劍敦是星加坡著名的巨商，但性好文藝，收藏書畫古物甚多。他的住宅在一座林木掩蔭的小岡之上，面積廣大。大客廳裏全部是酸枝桌椅，他告訴我是在香港摩囉街幾家舊貨店收購的。壁上掛着一幅色彩沉黯的古代歐洲有名的油畫，據說化了幾萬英磅買來的。他請我寫一兩幅詩條，我照辦了。

星加坡的商人，自然以經營橡膠爲巨擘，在生意百忙之中，有些具有中華文化素養的，多喜種花及欣賞我國古文物字畫。在我記憶裏有一位陳佳景先生，這次還沒有遇到。我第一次來星時，他特別爲我在他家裏請了幾席客，欣賞了他所珍藏的書畫精品和各種珍貴的「胡姬」（外國蘭花），我即席寫出兩副對聯，戲嵌他的大名，一聯是：

「佳音忽報收河北，
景色初看冠嶺南。」

一聯是：

「有客有酒有肴，萬物靜觀皆自得；
看花看畫看字，四時佳景與人同。」

賓主大笑，引以爲樂。當時參加宴會的有一位僑領鄭天水先生，我說：「鄭天水」可對「許地山」，大家一陣鼓掌。陳劍敦這次請我寫一首嵌他夫婦名字的詩，我亦即席寫成，他的夫人名綠荷，容易嵌字，我那首口占詩是：

「劍膽琴心創業專，敦風正俗秉家傳，
綠波之上鴛鴦侶，荷露如珠不羨仙。」

南洋朋友們喜歡請我寫嵌字詩，多由夫婦同請，他們是熱情的朋友，又是恩愛夫妻，爲着鼓勵他們，我總是有求必應。

我爲「大人」雜誌寫這篇特稿，在應酬遊覽百忙之中寫成，脫稿已近深夜。今天下午，還接到了一次電話，原來是潮洲籍僑領陳玉符先生約我夫婦明午吃飯，這又勾起了一段回憶。往年我在星加坡寓所替人寫對聯，忽然來了電話，是一位陌生的友人，要來會我，意思非常誠懇，一會兒果然來了，是一位標準的中年紳士，自此次起，我們就成了很好的朋友。我曾寫一詩贈之，他最愛詩中：

「客裡自傷疏鬢白，
樓頭猶擁夕陽紅。」

這兩句詩。他曾經請我們到他家晚餐，吃了特製有名的潮州大火鍋，菜肴羅列滿席，吃得周身熱烘烘，而此時正值盛暑，他說吃了這火鍋是解涼的。我想：明天他約我吃飯，大概不會再用大火鍋吧？（八月廿五日晚寫於星加坡旅次）

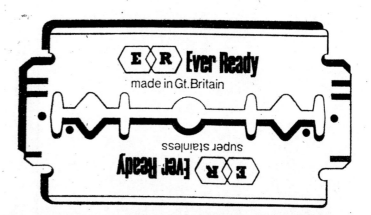

武林名人黃飛鴻

·呂大呂·

黃飛鴻是清末民初、兩粵武林的有名人物，生于一八四七年，卒于一九二四年，死時爲七十七歲。黃飛鴻一直在廣州授徒傳技，來香港就只有短短一個時期，却是香港人對黃飛鴻這三個字，婦孺皆知，尤以他死後的幾十年間，名氣比起生前還要响，不只婦孺皆震其名，南洋州府、東南亞一帶也都人人知道這一位武林中的一代宗師，甚至連外國人也一樣的久聞大名。這固然是實至名歸，但其中還有許多因素存在。

關于黃飛鴻生平的事跡，前人所記不少，大都華而不實，煊染過甚。本篇所記，不重鋪張，只是對黃飛鴻生前死後，有關今日留傳于香港、影响于香港的一切，作較詳細的分析和記述而已。

父爲廣東十虎之一

在未說黃飛鴻前，先說黃飛鴻父黃麒英。爲的黃飛鴻的武技是家傳，是得自黃麒英的。黃麒英爲南海西樵陸州鄉人，從少林寺陸阿采習技，武術精湛，曾任鎮海將軍技擊教練。黃飛鴻後來授徒的寶芝林跌打醫館，便是他當年所創立，他創立寶芝林，賣生草葯，爲人醫治跌打傷科，地址在廣州仁安街二十六號，對門便是有名的黃貞菴老葯號。

黃麒英除了任鎮海將軍的技擊教練外，他并沒有收過徒弟教授技擊，只是盡以所長教授他的兒子黃飛鴻，而他的武技實在很了不得，當時廣東有十大武師，稱「廣東十虎」，黃麒英便是「廣東十虎」之一。這「廣東十虎」是王隱林、鐵橋三、黃澄可、譚濟筠、鐵指陳、周泰、蘇黑虎、蘇乞兒等，加上了黃麒英，這便是當時爲人稱道的「廣東十虎」。這「廣東十虎」，無一「虎」不技有專長，戛戛獨造。

黃麒英的武術得自少林寺的陸阿采，稱洪家拳。洪家拳有五形拳、五行拳、虎鶴雙形拳、內功拳和鐵線拳。棍有五郎八卦棍，槍有史家槍，刀有子母刀，劍有指揮劍，耙有猺家耙。黃麒英在少林寺，從陸阿采處盡得其秘，此後即以此馳譽武林，盡傳授他的兒子黃飛鴻。

學父技又學林福成

黃飛鴻六歲時即隨黃麒英走江湖，至十二歲便對洪家武技學習有成，所有洪家的拳術都學過，而且是學上手了。只有洪家中的一套鐵線拳，黃麒英還沒有教他。原因鐵線拳這套功夫，以鐵橋三及鐵橋三的弟子林福成爲最到家，黃麒英就希望這套鐵線拳，將來會由鐵橋三或是林福成來教他兒子；却是爲了走江湖，四處奔走，還沒有替黃飛鴻找得機會。

無巧不成話，就在一天，黃飛鴻和黃麒英去到南海縣的佛山鎮，由于閒着，黃飛鴻這個小夥子，他四下裏逛。剛巧有人賣武，他也站在那裏看。賣武開檔，常常手裏拿着個飛鉈，向圍觀的人舞着，好使圍觀的人避開一些，以便賣武的使刀玩槍。不想那個舞動飛鉈的人，飛鉈飛出，本來是點到即止，但他一時收不及，把其中一個看賣武的人打傷了頭顱，血涔涔下。黃飛鴻剛巧站在傷者身邊，他扶着傷者，賣武的拿跌打葯來替傷者止血。黃飛鴻協助着他，拿布帶裹紮着傷者頭顱。賣武的人看到黃飛鴻這樣子，自然彼此通起話來。大家一談，賣武的知道黃飛鴻是黃麒英的兒子，黃飛鴻也知道賣武的是鐵橋三的首徒林福成，不覺大喜。他平時聽慣了黃麒英說他們兩師徒對鐵線拳最爲到家，便請求林福成教他學鐵線拳，林福成并不推辭，因此黃飛鴻的洪家拳既是家學淵源，而洪家拳中的鐵線拳，更得自鐵橋三首徒林福成所教，他便一生學父技，以父爲師，而鐵線拳却是以林福成爲師了。

年才十六獨當一面

黃飛鴻才十六歲，他父親黃麒英死了。黃麒英手創的寶芝林，即由他獨當一面，繼承父業。既替人醫跌打，且以寶芝林爲武館，授徒教技。十六歲便作爲一個收徒弟的教頭，不可謂非武林中少見的事。但事實上他的洪家功夫已經有了相當造詣，雖然年輕，也極有資格作爲師傅教徒弟了。尤其他的跌打醫術更堪稱跨灶，他的出品「通脈丹」，遠遠流行到東南亞各地，不少華僑視爲跌打聖葯。

黃飛鴻的武林地位，隨年齡而加增，他的全盛時期，徒弟之多，數之不盡，便是從他學技而成名，而別立武館，以黃飛鴻授徒名義來收門徒的也不少。黃飛鴻的得意徒弟，計有陸正剛、凌雲階、梁寬、陳殿標、禤鏡洲、帥老郁、帥老彥、林世榮、馮學標，女徒弟則有鄧秀瓊。其中設館授徒最有名聲的推林世榮和馮學標。林世榮即所傳的「猪肉榮」，馮學標即所傳的「賣魚燦」，都是武林中極有名氣、極有地位的教頭。他們

右起第一人為林世榮之徒劉湛（已故）第二人為黃飛鴻子黃漢熙（已故）中立者為黃飛鴻遺妻莫桂蘭第四人為關德興第五人為馮學標之徒邵漢生

使黃飛鴻有不少徒孫，和徒孫的下一代。要說黃飛鴻三個字在香港響噹噹是有好些因素，這代有傳人便是因素之一。

技服提督身兼數職

黃飛鴻在清末時，名重武林，達官貴人，都對他傾服，他曾以技服當年的提督，提督薦他為總督衙門的技擊教練。又曾以跌打醫癒劉永福軍門，劉永福又聘他為軍門教練。民國後又曾就福軍軍長李福林部總教練之職；學而優則仕，他却是「武而優則仕」。而他入仕途之始，起因就完全在他和當時的提督比武，以武技使提督為之心悅誠服而起的。一個武館中人而能和提督比武，而又勝了提督，這件事當然是哄動了武林。

凡是武館，都有舞獅，黃飛鴻教徒弟舞獅，很有一手。館中共有兩隊人舞獅，一隊是男徒弟舞，一隊是女徒弟舞。當時的人稱這兩頭獅，一為「男獅」，一為「女獅」。某年的金花誕，黃飛鴻率領了徒弟在廣州河南金花廟前的空地舞獅賀誕。剛好提督陳泰鈞這天僱了一艘「紫洞艇」，灣泊在金花廟前看熱鬧。他看見黃飛鴻率領着門徒舞獅和演武，不覺技癢。原來陳泰鈞是滿州人，以軍功得為提督，有着相當的武技修養。他覺得黃飛鴻的武技很有一手，便想和他較量較量，切磋一下。便在第二天，派了個親信，到寶芝林見黃飛鴻，召他進提督衙門。

黃飛鴻倒不知道為什麼會給提督召見，當即肅整衣冠前往，提督以禮相待。然後說出要和黃飛鴻較技，黃飛鴻當然婉辭，提督說出這只是大家切磋一下，只因昨天看到他在金花廟那裏演武，不禁技癢，故而召來相見，以武會友。大家玩一下，適可而止，不必推辭，黃飛鴻聽他這樣說，只好從命。

提督衙門有個講武廳，提督便帶着黃飛鴻到講武廳那裏去。他本來聘有幾個教練，都把他們叫得來了，就在那裏，兩人便較量起來。

一開始的時候，提督即取攻勢，他以「輾手」夾着黃飛鴻的「手橋」。洪家的「手橋」是極其穩重的，黃飛鴻給他一夾，即用「搖龍歸洞」來擺脫他。跟着用「三星勾彈腳」勾彈提督的「馬」，提督即仆出尋丈外。黃飛鴻趕上前把他扶起，連聲告罪。提督不覺大為傾服，而且極感其武德之佳，當天設酒款待，第二天便對兩粵總督吳全美力荐黃飛鴻為技擊教練，這便是黃飛鴻初入「仕版」之始。

再過得些時，劉永福軍門因練武不慎，傷了「麒麟骹」骨。劉永福即劉義，曾助安南與法軍交戰，粵人俗語說：「劉義打番鬼，越打越好睇」，他所率的軍，稱黑旗軍。多年前，商務印書館小說叢書有廣東小說家李健兒著「黑旗軍」小說出版，便是說劉永福其人其事的。歸清後，入粵以副將用，為軍門。那天傷了「麒麟骹」骨，延黃飛鴻為他療治。癒後，大稱黃飛鴻神術，題了一個橫額，差人送到寶芝林那裏去。這額題的是「術藝皆精」四個字。為此便又武林震動了，劉永福送了他橫額題字後，跟着即聘他為技擊教練，而且對他特別重用。

黃飛鴻身兼總督和軍門技擊教練，他本身又教着許多徒弟，更兼醫務繁劇，眞可說是忙得不可開交。不想廣州市的「三欄」又在此時來聘請他去教武術，「三欄」是菜欄、果欄、鹹魚欄，這三欄的人很多，平日大都習武，由于黃飛鴻是洪拳宗師，因之便以重金來禮聘他。黃飛鴻忙到這樣，實在沒法子分身，但經不起「三欄」同人的苦求，而且提出如果黃師傅抽身不暇，可以由黃師傅派位高足來代教，結果黃飛鴻只好派了他的一個他所認為滿意的徒弟梁寬去代教。

黃飛鴻徒弟龍虎榜

黃飛鴻的徒弟很多，其中極有份量的也濟濟有衆。他們都能替黃飛鴻發揚光大洪家拳，現在，黃飛鴻的徒弟都已經先後作古了，由他的徒弟敎出來的徒弟也不少已經成爲老師傅，這些第三代的徒弟敎出來的第四代徒弟，也不計其數，而這些第四代的徒弟也有不少自立門戶授徒，因此以現在說，黃飛鴻的第五代徒弟也有了。這裏且把黃飛鴻第一代徒弟中幾個傑出人物的龍虎榜，簡單的列在下面：

梁　寬

小說家筆下稱他爲「鬼腳七」，事實上梁寬幷非擅用腳，也不是排行第七，渾號之來，却莫名其妙。他本是銅鐵店的學徒，慕黃飛鴻之名，每晚必來門外看黃飛鴻敎技。黃飛鴻看見他這樣苦心，收了他爲徒。他才二十歲便學得黃飛鴻不少精湛功夫，是黃飛鴻最年青而又最有爲的徒弟。因此黃飛鴻無暇主持「三欄」敎務，便派他去代爲主持。不幸他却短命死矣，死時才不過廿五歲。

凌雲階

他是黃飛鴻的親戚，入門最先，黃飛鴻認爲是得意弟子。因助師兄賣魚燦和拳師周興較棍，給周興打傷，而且傷勢甚重。後來香港，在紅磡船塢那裏敎拳，鄺祺添是師承他最多的首徒。

陳殿標

又名陳錦泉，也是黃飛鴻認爲得意的門徒。廣西蘇元春軍門聘敎練，託劉永福在廣東物色，劉永福和黃飛鴻商量，挑選他的得意弟子前往，結果便把陳殿標薦給蘇軍門用。到達時，蘇軍門已經去了越南邊境，陳殿標就在廣西那裏設館，以黃飛鴻所傳洪拳授徒。直至民國後才返粵，返粵改稱陳錦泉，賣葯賣武爲生，徒大牛英，也在港粵一帶走江湖。把黃飛鴻的拳術傳到廣西去，是陳錦泉之功。

帥老郁、帥老彥

老郁是叔，老彥是姪，都是故衣商人，同投黃飛鴻門下，深得師承。晚年，叔姪同設館以黃飛鴻武技傳授徒甚衆。

林世榮

出身猪肉販，故又名「猪肉榮」，最初向鍾洪山學技，鍾洪山是粵劇花旦，藝名大家勝。林世榮後來改投黃飛鴻門下，成爲黃飛鴻最得意弟子，在廣州設館授徒，徒衆也不少。他的徒弟在西關樂善戲院生事，林世榮前去排解，中了戲院中人的詭計，以衆臨寡，林世榮終于出盡了生平之技才能脫險。但因打傷了多人，其中還牽涉了官兵在內，不可能再在廣州立足，乃投身革命黨，直至清亡後才返廣州，統領吳仁湖聘他爲敎練，後又來港，在港設館授徒，成爲黃飛鴻門徒中授徒最多、最有成就的人。其最著的有香港中國國術會主席陳漢宗，有戰前在工商日報寫武俠小說、最先寫「黃飛鴻傳」而現在業醫的朱愚齋。有二天堂主人、今天天日報社長韋基舜的尊人韋少伯。有現開設嶺南傷科院而兼敎技的梁永亨。有胡立峯、潘季一、孔懷、陸鏡榮這幾個人。所知韋少伯、胡立峯、潘季一三位已歸道山，而孔懷則已八十高齡了。

馮學標

出身魚販，單名一個燦字，故又名「賣魚燦」。他和林世榮同爲大家勝的徒弟，後來他們同投黃飛鴻門下。經過一個很短的時間，黃飛鴻認爲他和林世榮都有着很好的根基，乃留着林世榮去寶芝林學技，主張他仍從大家勝學武，免得他們兩個同習一門。因此賣魚燦雖然也算黃飛鴻徒弟，畢竟是學大家勝鍾洪山的武技爲多。但他和林世榮都成名，起初兩人同在廣州設館，兩人徒弟也不少。而林世榮來港授徒的日子長，因此香港人對賣魚燦就沒有林世榮這樣盡人皆知。

鄧秀瓊

她是黃飛鴻的唯一女弟子。黃飛鴻嫡室早故，連娶兩繼室都死，人們說他是個尅妻相。因此續娶莫桂蘭，便以莫桂蘭稱爲妾，其實是「名妾實妻」。莫桂蘭嫁了黃飛鴻後，事夫之餘，還悉心學武技。這時候已是民國，福軍中有吳仁湖統領，也就是聘林世榮爲敎練那一位統領，他的如夫人名鄧秀瓊，爲了吳仁湖和黃飛鴻有來往的關係，因而她便識得了莫桂蘭，也因而到黃飛鴻門下受業。學得相當有成就。莫桂蘭組織「女獅」，她舞獅頭，敎鄧秀瓊舞獅尾。舞獅是武術的一門技能，非武術有相當功夫不可，黃飛鴻對這個女門徒，認爲他和莫桂蘭倒是一時瑜亮。

褟鏡洲

黃飛鴻的末期弟子，較出色的是褟鏡洲。他學成後，在澳門設館授徒，爲澳門第一個以黃飛鴻武技傳授的人，已故白鶴派宗師吳肇鍾最初學武技，便以他爲師，因此他可以說是吳肇鍾的開山師傅。

兩位負有文名徒弟

上面所說這幾個人，都是在黃飛鴻門下，被稱爲得意弟子的。他們一個個都是武長于文，甚甚有幾位是連字也不識得幾個的老粗。却是在黃飛鴻許多徒弟中，倒有兩個負有文名的徒弟，一個是翰林公，一個是革命元勳。那位翰林公姓伍名文琯，而那位革命元勳姓夏名重民。他們兩個人先後拜過黃飛鴻爲師，學過一個時候洪家拳，却是文人畢竟是文人，他們在黃飛鴻名下，論武可數不到，論文就以他們爲「超班馬」了。

當時黃飛鴻的寶芝林，門口的一副對聯，嵌了「寶芝林」三個字，對是五言，聯文是：「寶劍冲霄漢；芝花遍上林」。這一幅對爲伍文琯這位徒弟親自爲黃飛鴻撰寫。但後來又換了一對，據說是夏重民擬的，夏重文對黃飛鴻說出這對雖是出自翰林公手筆，但芝花二字不妥，芝只可稱草，不可稱花。因爲另擬一聯曰「寶劍出匣；芝草上林。」這後來的一副四言對，直掛到寶芝林因商團事件燬于火的時候，同時化爲灰燼。

夏重民爲革命元勳，以直言爲當時的軍閥買兇狙擊，死于火車站之月台中。其妻鄧蕙芳是廣州婦女黨部的風雲人物，曾創辦婦女日報，與夏重民幷皆知名，但夏重文曾投黃飛鴻門下學技，知道的却不多。

黃飛鴻雖習武，但對文人極爲敬重，他對伍文琯和夏重民是另眼相看的；廣州寶芝林被燬于火，把黃飛鴻僅有的一幅畫像燒去，最爲可惜！

一代武林名人黃飛鴻沒有留下一幅照片，眞是一件憾事。還記得本刊創行之時，曾經訪問過黃飛鴻的遺妻莫桂蘭，莫說：她早有意爲黃飛鴻重畫一幅像，但祗能用黃漢熙的照片作爲藍本，因爲他們父子間十分神似，一定很像黃飛鴻的。

黃飛鴻子及莫桂蘭

黃飛鴻有子二人，長子得其技，但死于非命；他爲此而痛心得很，因而沒有教次子學武。當時行走四鄉和其他內河小輪，都僱有護勇，這些護勇，由一個叫做保商衛旅營的機構派出。黃飛鴻的長子在保商衛旅營，給派出行走廣州梧州輪服務；護勇不只一名，同事中有名鬼眼梁的，看見黃飛鴻長子年輕，看他不起，要和他較技，說道：「黃飛鴻人人怕，我却不怕黃飛鴻的兒子。」黃飛鴻的長子和他較手，只兩下手腳便把鬼眼梁打倒。

經過這一次，鬼眼梁懷恨在心，等到那年中秋節，鬼眼梁設法使黃的長子飲醉，開鎗把他射殺。事後對人說他飲酒亂性，要拔鎗，才不得不先下手爲强，對他開鎗，爲防衛而把他誤殺。

這件事過後，黃飛鴻知道他們是爲了試過一次較技而起，痛心之餘，便對他的第二子誓不教之習武。

他的第二子名漢熙，樣子生得很像黃飛鴻，光復後來了香港，一直在香港做事。他完全不懂得洪家拳，因而他的職業可完全和一個武字沒關係。他越大越像黃飛鴻。好些人都說，可惜黃飛鴻沒有把武技傳授給他，不然的話，拍黃飛鴻片集，由他來飾演黃飛鴻，便完全是個中年時代的黃飛鴻了。

莫桂蘭從嫁了黃飛鴻後，便隨黃飛鴻學技，晨徒暮妾，是師徒，也是夫婦。黃飛鴻晚年的時候，全賴莫桂蘭隨侍。她曾經在鄧芳那裏當助教。鄧芳在帶河基設武館，名義勇堂，得力于莫桂蘭之助不少。當年廣州僅有一隊女子獅子隊，便是莫桂蘭組成的。她舞獅頭，黃飛鴻的女徒、吳仁湖的夫人鄧秀瓊舞獅尾，獲得極高的評價。

寫到這裏，順帶一筆，現在國粵語電影界中有一位武俠演員吳欣志，便是吳仁湖的兒子，也就是鄧秀瓊所生。

香港大笪地打傷人

黃飛鴻有個時候曾來香港，這是在劉永福去安南後的事，他少了一份軍門技擊教練職，閒了許多。當時他的得意門徒陸正剛來港，開設了一間寶芝林支店，黃飛鴻來香港，就住在這寶芝林支店裏。陸正剛的門徒不少，對黃飛鴻這位師公，敬禮有加，不幸就爲了一件事情，連累師公不能不離開香港，逃回廣州。

這件事的發生是爲了陸正剛的徒弟，在大笪地被奪地盤，和人打架。事後對黃飛鴻說了出來，黃飛鴻抱不平，挺身而出，對一班徒孫加以協助，一出手便傷了多人。鬧出了事後，非逃走不可，他逃回廣州後，繼續在寶芝林教拳醫人。直至一九二三年，廣州商團之役，西關不少地方都燬于火，仁安街被波及，他那子承父業的寶芝林就在這一役中燒爲平地。到第二年，黃飛鴻也就病歿于城西方便醫院，享壽七十有七。從此洪家一代宗師，長埋地下，只留下徒子徒孫，師承其技，對洪家拳術，發揚光大，以至于今。

關德興拍攝黃飛鴻傳的造型照之一

黃飛鴻死後更揚名

黃飛鴻在一九二四年死後，迄今四十多年。在這幾十年中，黃飛鴻這三個字，在香港來說，比之他生前，響噹噹得多，便是在其他地方也一樣。所以如此，原因有二，一是他的第二代門徒教出來的第三代門徒多，他們不少是有名氣的武林中人。第二代門徒有名氣，第三代有名氣的，人數比起來還多，而第四代，不管名氣如何，人數是越來越多了。一個個都拿他們的宗師黃飛鴻來作爲標榜，這個說黃飛鴻，那個說黃飛鴻。麗的呼聲初期，由黃飛鴻第四代徒孫鍾偉明講述黃飛鴻師公陸阿采故事，在此之前，鍾偉明師傅朱愚齋，這位林世榮徒弟，黃飛鴻徒孫，又在工商日晚報寫黃飛鴻傳長篇連載，稍後，成報由忠義鄉人執筆另寫黃飛鴻傳。有了這種種關係，教黃飛鴻拳的人多，學黃飛鴻拳的人更多，寫黃飛鴻故事的也不少。在他們的筆下，把個黃飛鴻渲染得了不得，這是黃飛鴻生時所沒有想到的。人死留名，他却人死傳名，自然使到香港習武的，不是習武的也對黃飛鴻熱烈的擁護了。還有一個原因，這不能不歸功于藝名新靚、就人稱愛國伶人的關德興，使到黃飛鴻三個字婦孺皆知，使到東南亞各地對黃飛鴻都有深刻印象，連外國人也知道中國武林中有個了不起人物黃飛鴻。

關德興塑造黃飛鴻

無論黃飛鴻的徒弟，如何一代一代的多，小說家筆下又如何撰寫黃飛鴻的生動故事，比起上來，決不會比得上電影的力量。關德興拍黃飛鴻片，他由「黃飛鴻傳」拍起，拍到去年的「黃飛鴻勇奪鯊魚青」爲止，一共拍了八十三集之多。本來關德興打算一口氣拍滿一百集才收山的，却是粵語片的喪鐘已响，粵語片線的戲院都紛紛改變放映國語片了。到了此時，雖有關德興與黃飛鴻之力，也未必可以振起粵語片的頹風，因而八十三集以後便音沉响絕。但黃飛鴻的片集竟然在數十年來拍到八十三集之多，一個主角，一個書中人，一集拍完又一集，不可謂非奇跡。而這奇跡便造成了黃飛鴻成爲嚮噹噹婦孺皆知的英雄人物，要不是有這些片集，黃飛鴻便算有天大本領，也斷斷不會使到婦孺皆知。

大家試想，關德興所演出的黃飛鴻片集，每一片集有這樣一個轟轟烈烈的英雄故事，很顯然，黃飛鴻一世人是決不會有過這樣八十三回不同的英雄事跡，而這些事跡又都是戲劇化、傳奇化的，當然是編劇者的穿鑿附會，編織而成。但婦孺的觀衆，他們那裏會知道？武林中人知是知道了，爲了黃飛鴻的關係，誰會挺身而出，說出黃飛鴻沒有過這樣一回事呢？何況關德興拍黃飛鴻集，當劇者都是武林中的有名人物，如石堅、如劉湛、如邵漢生；又必定有武術指導，最初的武術指導是黃飛鴻的再傳弟子梁永亨師傅，後來也是黃飛鴻的再傳弟子，演員又兼武術指導劉湛。這一關係，自然可以一集一集的不愁沒有這許多超人的英雄事跡了。黃飛鴻在死後所以名揚四海的最大原因，就不能不說是在關德興身上。而關德興也很思源，他每拍一部片，便一定送給莫桂蘭一點錢，雖然數目並不大，但也見得他的心意。另外，他好像就只知有黃飛鴻，不知有己似的。他今年新春，門口貼着一張「恭賀新禧」的紅紙，由他自己用「氣功寫字」，大書一副對聯。聯文是「飛黃騰達；大展鴻圖」，嵌入「黃飛鴻」三字，這不是只知有黃飛鴻，不知有己的忘我精神麼？總之關德興與黃飛鴻，由此而造成了關德興在電影圈的地位，也由此而造成黃飛鴻死後揚名的機會。

關德興演黃飛鴻又一造型

黃飛鴻片集的近事

這是一件有關黃飛鴻片集的近事，從這件事來看，有理由相信黃飛鴻可能還有個時候揚名，而且會揚名到外國去。上面說過黃飛鴻這三個字連外國人都有了印象，這是因爲關德興拍黃飛鴻片集，拍到若干集的時候，曾經有一位美國製片家，由于來港之便，他聽到了竟然有片集而可以拍到這許多集，認爲奇跡，因而到片塲去參觀關德興拍戲。他把這個消息帶回美國去。而美國唐人街的電影院，有時也會放映黃飛鴻片集的，這便更因此而哄動了，這一件遠事表過，且說最近的一件事。

最近有一位法國人龐班尼，他曾經担任香港大學教授，在一個偶然的機會中，認識了關德興，大家談起來，知道關德興將在九月間有法國之行，在法國演講中國的文學、武術。龐班尼久聞黃飛鴻片集之名，以中國有此傑出的武林英雄人物，他要把黃飛鴻這位英雄人物介紹到法國去，從關德興那裏取得兩部黃飛鴻片，運去巴黎，在巴黎放映。可能關德興到法國時，不是隨片登台，也等于隨片登台了，而黃飛鴻這三個字便會由這一件近事而名揚到法國去，更可能的是：黃飛鴻在香港又會掀起了一陣高潮，原因是關德興將在遊法歸來後，繼續拍黃飛鴻片集中的第八十四片集。而且不再拍從前那樣的小框子黑白片，而是拍彩色大銀幕片，還打算配上國語拷貝。不只向粵語片的觀衆進軍，還要向國語片的觀衆進軍，要是成爲事實，當然這位死了四十多年的武林名人，更要威名遠播了。

記「聯聖」方地山

大方

聯語不知創自何時，憑記憶所及，漢代的詩，如「黃初體」，如「柏梁體」詩中均少對偶。唐代以詩取士，律詩尤盛行；並以對仗工穩為貴，舉例如白香山長恨歌：『春風桃李花開日，秋雨梧桐葉落時』，對得字字工整，由此推想，聯語可能產生在漢代的末葉，或唐代的初期。

聯語的單獨作用，是藉以平章風月，裝點湖山，因之我們在名勝古迹之間，常可看到懸着各種長短不同的對聯，出於各個名人手筆，以各種字體寫成，其意義不外寫出這名勝的史實，或寫出這一所在風物的優點，供旅遊的後人欣賞和追思之用。風氣所及，不僅古廟荒祠，園林第宅，到處可以看到聯語，甚至做生意人開一小店，門前也必有聯語點綴，至於那些聯語的做得好與不好，取材的適當與不適當，那就要看撰句人的才氣學識而定。

聯語進一步成為集句，屬於舊詩中一個必修的科目，雖屬小道，但要做得好，必需具備兩個條件，其一是才思敏捷，其二則是博覽羣書，兩者缺一不可，由於聯語多數是急就章，非著書立說可比，故非才思敏捷，不能頃刻立就，但也貴在學識豐富，纔可勝任，如果你腹內空空如也，則絕不能信手拈來，至於一副對聯，倘要做上三天或五天，即使做得好，也不能稱為此中高手。

笑林廣記中風趣聯語多

筆者偶然雖也做做舊詩，自知絕夠不上詩人之號，但對於聯語及集句，由於性之所好，却也頗有歪才。記得童齡時，在私塾就學，一天塾師出了一個四字對，上聯是「榴開子露」，我給他對了一句「葉落萬張」，（按子露諧子路，萬張諧萬章，均孔子門人），居然大為塾師稱賞，他說不過較原對之「花落顏回」畧遜一籌而已。從此提高我屬對的興趣，其後，瀏覽各種書籍既多，腹內倒也裝了不少古董和舊貨，對於聯語和集句，雖然不能稱為高手，也還不失為中駟之材。

不過筆者是一個生性不羈之人，認為聯語、集句之類，切忌古板，必需以自然風趣為上乘，過於規矩，便乏趣味。記得在少年時，很喜看「笑林廣記」，覺得這書所述，雖不足登大雅之堂，但有些諧聯與諧詩，不僅滑稽，且頗含諷刺性，看了足為破悶澆愁之用，這裏且節錄幾段，以供讀者一笑。

嘲吝嗇東主云：一個儒生出外坐館，碰到他的東主很吝嗇，時屆七夕，對先生一無欵待，儒生乃出一聯命學生對云：『客舍凄涼，况是今宵七夕』，學生不能對，退求其父，東主代對云：『寒齋蕭瑟，可移下月中秋』，塾師乃隱忍之。及屆中秋，仍無舉動，儒生又出聯云：『綠竹本無心，遇節即時挨不過』，東主見之，復為學生代對云：『黃花如有約，重陽將近待何如』，塾師仍隱忍之；不圖到了重陽，依然如故，塾師又出一聯云：『漢三傑：張良、韓信、狄仁傑』，東主見而笑曰：「先生誤矣，狄仁傑乃唐人，非漢人也！」塾師聞言作色曰：「我倒沒有記錯，閣下前唐後漢記得這麽清楚，如何一頓飯竟想不起來耶？」東主為之大慚。

又有嘲儒醫一則云：一位醫士自誇才華出衆，號稱儒醫，另一朋友聞名相訪，出一上聯考之云：「一疋天青緞」，儒醫對了個「六味地黃丸」，朋友佩服而去。（按此聯絕佳，足與「三星白蘭地」對「五月黃梅天」比美），到了夏天，朋友又相訪，醫生正在竹院避暑，朋友又出對云：「避暑最宜深竹院」，儒醫對云：「傷寒應用小柴胡」，朋友又佩服而去。

當然上述者不過屬於笑話，決非眞事，那些情節，祇是先有了對句而後再將事情裝上去的，但其間亦不乏見眞事而續得妙句者，如「蛙翻白出濶，蚓死紫之長」，如「板側尿流急，坑深糞落遲」，均極滑稽可喜。又如有人題公坑聯云：「過此應無中飽患，到來盡是急公人」，眞能令身歷其境者啞然失笑。

步林屋為我介識袁寒雲

筆者少年時未受充份教育，十七八歲即離開家庭，步入社會，因在大世界報投稿，及在乾坤大劇場捧角，認識了老名士林屋山人步林屋，他的古體詩做得好，尤善於集句，筆者那時在捧女伶汪碧雲，他則汪碧雲和瀟湘雲都捧，為她們寫了好多捧場的詩，我記得他為汪碧雲集的嵌字聯云：『自憐碧玉親教舞，為有雲屏無限嬌』。為瀟湘雲集的嵌字聯云：『目望瀟湘隔秋水，手扶雲漢分天章』。瀟湘雲的眞名字，叫陳掌珠，林屋又為她集一聯云：『月色纔看仙掌動，月明還有夜珠來』，極傳誦於衆口。筆者那時初出茅廬，對詩詞一知半解，看到那些名家作品，集來天衣無縫，佩服得五體投地。自後常詣林屋處向他請教，承他不棄駑劣，加以指示，因之筆者其後對舊詩方面的畧有心得，多少是受着步老的影響的。相隔不久，又由步老之介，認識了寒雲主人袁克文。

寒雲主人是袁世凱的次子，袁氏做過皇帝，在他可說是儲君身份，但他生性厭惡政治，近於陳思王一流，竭力反對他老子做皇帝，在袁氏即將稱帝之際，他嘗做了首諷諫的詩，其最後兩句云：「絕憐高處多風雨，莫到瓊樓最上層」，意思是說做做總統算了，何必做什麽皇帝呢？

筆者認識寒雲主人是在他戒烟之後，他帶了姬妾，從北方到上海小游，在沒有找到房子前，借了遠東飯店一個大房間暫住，他戒了嗜好，身體發胖，前後判若兩人，替他戒烟的那位朋友叫浦應仙，開了一所浦子靈速戒烟院，爲了以廣招攬起見，便拿他今昔的兩張小照，刋在報上，作爲廣告，他也絕不介意，換了今日的明星和歌星，替人做廣告，一定要有條件，更何况他是「太子」身份。

寒雲主人住在遠東時代，雖然作客，但寓所賓客如雲，頗不寂寞，不過來的都是一些詩人藝友，或北里名花。我的朋友俞逸芬，喜歡在花間斯混，號稱倡門才子，他很早就拜寒雲爲師，向他學習書法。一次我赴遠東拜訪寒雲主人，恰巧逸芬也在那裏，並帶來了一個歌女名叫「想容」，且有幾個花間女子在座，一個叫「紅飛鳳」，一個叫「花桂雲」，又一個則叫「春宵樓」。主人知我也會做做詩，便指着那幾位小姐說幾時做兩首詩捧捧她們。筆者一時好勝，居然即席集句做了一首七絕，向主人求正，那詩是以一句贈一人，第一句紅飛鳳云：「鳳屋香羅薄幾重」，第二句花桂雲是：「書樓兩畔桂堂東」，第三句春宵樓云：「春宵苦短日高起」，第四句想容是：「雲想衣裳花想容」。寒雲主人看了連說很好，不可無賞。越日，他送了我一張自書端楷的扇面，我又請張大千老兄在背面畫了山水，配上檀香扇骨，拿了出入乾坤大劇場，引起許多相識者刮目相看，顯得非常「威水」。

雖然寒雲主人常年在文酒風流中過生活，但他確乎很窮，有支出而無收入，生活費用，祇是出賣書畫古董，或者乾脆向朋友借錢，純粹書生本色。雖然他老子做過皇帝，他絕未曾藉太子身份，去向外面弄一個錢，十分難得。

從林屋山人口中，得知寒雲主人不僅字寫得好，詩做得好，更工於聯語，傳誦於世的，有婚弔二聯，婚聯係賀梁啓超之女令嫻結婚所作，令嫻係文豪之女，自屬通品，著有「藝蘅詞」行世，其婿姓周，婚期定於百花生日，寒雲主人賀以一聯云：『今代藝蘅詞，三島客星歸故里；傳家愛蓮說，百花生日賀新郞』。上聯指梁氏自日本遠歸嫁女，下聯用周敦頤愛蓮故事，切新郞之姓，寫來恰到好處。

弔聯是輓他的五叔父而作的，袁項城死於民國五年六月六日，係夏曆五月初六，他的五弟則死於民國十五年的端午節，那時寒雲卜居天津。端午夜，他忽夢回到故鄉，與五叔談笑甚樂。翌日，値項城十載忌辰，忽接來電，傳五叔噩耗，他即輓以一聯云：『望家園千里，夢笑語昨宵，道阻亂離，不得憑棺慼一哭；後我父十年，與屈原同日，今無伯叔，又逢投米抱終天』。筆者按寒雲主人嘗師事揚州方地山先生，方氏工於製聯，有聯聖之號，有弟子若此，則乃師作品，其精妙可知。

揚州方地山製聯大方家

前曾談過，製聯雖小道，但要做得好而使人贊歎，必需具備幾個條件，諸如「才思敏捷」、「腹笥淵博」、「思想新穎」、「見聞豐富」等等，纔能信手拈來，都成妙諦，同時製聯集句，不比應考文章，貴在輕鬆風趣，切忌帶有頭巾氣，一有頭巾氣，便失諸於迂，縱然學問好，做出來的文字便不足觀了。回顧近百年來，國內才智之士中，不乏製聯高手，然能備具上述幾項條件者很少，有之，當推揚州方地山氏，衆望所歸，獲有聯聖之號，這裏且來談談方氏的一些瑣聞逸事。

方氏是揚州世家，名爾謙，又字無隅，和他的胞弟澤山，少時同負神童之號，弱冠赴鄉試，揭曉時澤山獲榜首，亦即解元，地山爲第二名。其後，澤山嘗官兩淮鹽運使，地山淡於利祿，惟流連詩酒，未曾服官，其爲文千言立就，尤善屬聯，信口道來，無不佳妙。中年益狂放不羈，每作詩文聯語，輒屛棄名號，自署大方二字，甚至與家人親友通信，亦署大方，不久，大方之名盛傳衆口，人皆以大方先生呼之。論者以爲地山在科名方面雖不如乃弟，而在文名方面，則澤山遠不如乃兄，儻亦所謂賢昆仲各有千秋也。

方氏幼而穎悟，其在弱冠時所作爲人傳誦者，有題焦山之「四面佛亭子」聯云：『面面皆空，佛也須靠背；高高在上，人到此回頭』。有題程學棨祠堂聯云：『封萬戶侯何足榮身，君若與古英雄比肩，李廣歡顏亞夫笑；挽百石弓還能識字，我曾見故將軍遺墨，岳王風骨魯王神』。

中年後的方氏，益佯狂玩世，時袁項城方秉政，慕名聘方氏爲西席，使課諸公子，故與寒雲有師弟之誼，彼此交誼甚篤，名雖師徒，實類兄弟也。及項城爲總統，擬予以某省一官職，用酬其勞，方氏却之曰：我不善爲政，能以詩酒終老京華足矣。

方氏於項城諸子中，與寒雲最相得，後寒雲以貧困而死，方氏哭之慟，爲奔走身後之事，並親書「袁寒雲之墓」五字，樹碑立於墓前，想見其人之篤於道義；原來寒雲之長子家嘏，娶大方四女名根，於師生之外，更成兒女親家。雙方定婚，兩親家交換一枚古錢，及結婚，亦僅假客舍交拜而已。大方撰聯云：『兩小無猜，一個古錢先下定；萬方多難，三杯淡酒便成婚。』

方氏爲名士，爲詩人，自古詩人名士無不好色，方氏與寒雲均不例外，寒雲姬妾有五六人，方氏則多至九人。某年自北平遷居津埠，在某胡同，覓得一巨宅，共有十室，方氏與姬人各踞一室居之，而於其門外書「大方家」三字，作爲標識，想見其人之富於風趣。

關於嵌字及集句聯語，能做得出色當行，天衣無縫者，論者以爲是文章本天成，妙手偶得之。相傳有某公子，眷花間兩姊妹，姊名花君，妹名花相，臨別時花君出紙請題句爲贈，公子援筆

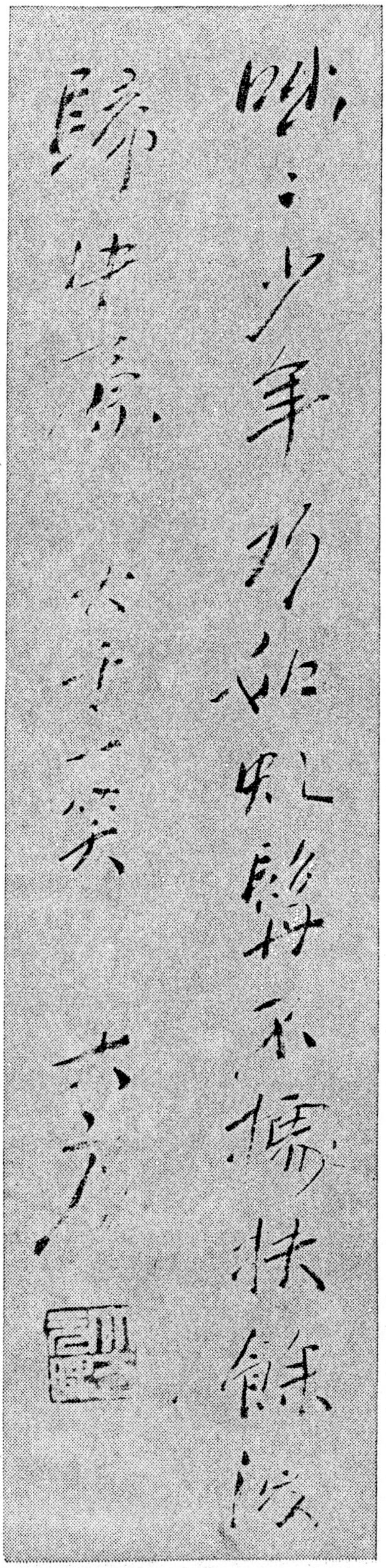

大方題大千自寫小像：「咄咄少年，乃如虬髯，不據扶餘，復歸中原。」

題云：『花開堪折直須折，君問歸期未有期』。衆皆稱妙；不意花相亦出一紙乞題，公子書上聯，仍為『花開堪折直須折』，衆大驚，不知其何以為對也，公子泰然下筆，則為『相見時難別亦難』，賓衆歎為觀止。又有人以女花嵌字二唱，均集唐人句為之，其一云：『神女生涯原是夢，落花時節又逢君』，其二云：『商女不知亡國恨，落花猶似墜樓人』。其三云：『青女素娥俱耐冷，名花傾國兩相歡』。論者以為上述那些作品，佳則佳矣，然未必眞有其人及眞有其事，多數屬於文士們的偶然發現，而再加以裝點而已，故對上述作品之眞實性，不無感到懷疑；祇有方氏浸淫此道，在五十年中，製聯以萬計，其佳句之傳誦者，眞事眞人，均斑斑可考，絕無傳訛之嫌，畧志若干條，以留雪泥鴻爪。如贈張大千聯云：『八大到今眞不死，半千而後又何人』。贈張兄善孖，別署虎痴聯云：『料應踞地作虎跳，得全其天皆痴人』。又贈妓聯中，有三則均膾炙人口，如寶文云：『無事不登三寶殿，再來不值半文錢』，少卿云：『少之時戒之在色，卿不死孤不得安』。來福云：『人皆惠然肯，我亦自求多』。用歇後語體，與人名縮腳韻，暗藏「來」「福」二字，尤為佳妙。

有幸附驥尾 我亦號大方

份屬前輩的方地山大方先生，民國二十五年歿於津沽，享年六十五歲。在今日看來未臻高壽，筆者雖曾與寒雲本人論交，但對方氏祇是聞名，未嘗一遂識荆之願，至於筆者其後居然也用了大方二字為號，那是屬於無意中事。

回憶筆者在上海之日，曾於報間寫隨筆，篇名「秋水新篇」，陳蝶衣兄勸我不如署名一方，以符「秋水伊人在天一方」之意，余樂從之。來港以後，閑中屬稿，恒署二方或万方，一次草一稿曰「夜譚隨錄」，自署天方，隱寓天方夜譚之意，不料刋出後，天字缺了一筆，便成為大方。從此所作便署以大方二字，一用用了二十多年，至今幾乎成為我的名字；但對於方氏而論，我殊不能辭其剽竊之嫌的。過去因曾作一自白，自認曰「冒牌大方」，雖然我這個冒牌貨，論學識才能不及正牌於萬一，但言做人的生活風格，和方氏也頗有些相類之處。方氏具名士氣，我也具名士的疎懶之氣，方氏工聯語，我也喜愛詩鐘集句等那種另碎文章，得句或沾沾自喜，不過不能如方氏所作的精勁而已。

記得抗戰期間，和幾位老友，常在文友平秋翁家裏盤桓，一天秋翁忽然高興，出了一個五字對，叫大家來對；這對上聯很普通，為『客來茶當酒』，但對起來，却感到頗不易下筆，苦思片刻後，陳靈犀兄對了『我有筆如刀』，馮夢雲兄對了『龍以海為家』，筆者對了『日暖玉生烟』，由秋翁來評定甲乙。他在原句上加了寒夜兩字，成為『寒夜客來茶當酒』，他說：我不管諸君對得好與不好，祇要在本人的原作上再加兩字，能夠適合工整的，便作冠軍，恰巧我所對的日暖玉生烟，冠以藍田兩字，竟是一句唐詩，顯得非常適合，其他數聯再加兩字，便不大對勁，秋翁便將冠軍一席，歸我承受，這也可算是我這位冒牌大方過去一椿得意之筆。迄今方氏謝世已數十年，筆者亦垂垂將老，每憶舊遊，忽忽如夢。當然方氏才華蓋代，其文其事，足以長存，如筆者便卑卑不足道，如果若干年後，或有人對筆者之筆名加以齒及者，相信我這冒牌大方之號，附正牌大方之號而並傳，那眞是沾了前輩之光了。

馬場三十年

老吉

馬匹最怕患病，尤其是脹筋病，這毛病出在前面兩隻脚的葫蘆部份，也即是馬蹄上面四五寸的部位，前後面都會出毛病。一千磅重的馬，全部力量要靠四隻脚來支持，脹筋是脚筋裏有了黃水，一有黃水，馬的前脚便不能用力，一用力足部便會痛，一痛當然不能跑了。馬兒一犯了脹筋毛病，賽跑的壽命便去了七八成，所以練馬師一聽馬脹筋便頭痛。戰前馬房中人可以用中醫的針灸方法來醫治，治愈後不再復發的希望有七八成。日本人賽馬時代，黃舜兄的「金龍」與我的「金鷄」，便是用針灸醫好。可是戰後獸醫羅拔臣下令禁止練馬師用中法治馬，違令者開除，馬匹脹筋則用西法落「罡藥」，功効不及針灸多矣。今後馬會的練馬師，將逐步完全改爲西籍人擔任，針灸醫馬匹脹筋症，亦將成爲歷史陳跡了。

我在日本人賽馬時代，雖然養了很多匹馬，可是却不大肯「做」馬，因爲我不是騎在馬上的騎師，爲我騎馬的張和生、謝文玖等各位，大都也不肯「做馬」的，因而馬匹可贏便贏，獨贏派彩少一些也無所謂，反正馬兒贏了還有獎金可得，但偶而做一次馬，却撞了大板，除了上期我所講的想「飛浪」不贏而却因馬太勇，謝文玖拉不住而贏了出來，弄得贏馬輸錢，便是一例。

記得還有一次是在日治賽馬的第一年時候。那時我們已有了「民望」，因爲此馬起初上陣時；年輕不十分馴服，往往跑到轉直路時大避外欄；在一週紀念跑馬王時便是如此，所以起初祇當「民望」是好馬而不能十分確定，事關當時牠尚無表現也。

「民望」起初因年稚不馴的關係，練馬師刁家堅以爲應當先請一位腳蹬較長的騎師駕馭，逐漸來改善牠的脾性，我與洪仲豪兄根本無所謂，於是乎便請了譚全賦老兄做牠的騎師，譚兄戰後離港，聽說早已棄世，他也是先騎中國馬後來改騎澳洲馬的，騎術並不特別出色，不過他爲人沉默寡言，而且秉性忠實，是一位好好先生。當年由長蹬改爲中蹬，由中國馬改騎澳洲馬的騎師，自以韋耀章老兄爲第一流，刁家堅有意想將「民望」交由韋兄主騎，我們無可無不可，可是韋兄當年是大馬主林俊璋先生的主任騎師，而且林先生的一流良駒「藍鳥」便由韋兄主騎，所以韋兄如果騎了我的「民望」，在同場賽跑時，便不能騎「藍鳥」，而且「民望」與「藍鳥」同場出賽的場合，時時會有，因而韋兄便不能爲我騎「民望」，因而刁家堅便主將「民望」暫且由譚全賦兄主持了。

有一次賽前天降大雨，賽時天陰而場地濘爛，「民望」上陣一哩賽，同場我還有一匹馬出賽，那是岑德鄰兄和我合購的「深水」，由岑兄自騎出戰。

記得這一場賽事，出場的馬匹有十一、二匹之多，這時候是日本人辦賽馬後的第一年的上半季，馬會尚有四百多匹馬的時期。

因爲「深水」早熟，而且馬性馴良，岑兄對牠，非常喜歡，賽前岑兄對我說，這一場「深水」大有贏馬的機會，所以預備由「深水」去「殺」馬。

我同場還有一匹「民望」在，刁家堅在賽前對我提及此馬狀態不差，所可惜的是沒有把握去贏，何況譚全賦兄對牠也沒有十分信心，因而我與德鄰兄商議，這一場賽事，到底還是「深水」出擊？抑或「民望」出擊？

德鄰兄的意思是：「深水」大勇，爛地能適合，拿牠出擊比「民望」有把握得多，而且他也雄心勃勃，預備跑一場頭馬，所以他以爲拿「深水」出擊，必有良機；何況「民望」對爛地的適應性，究竟好到如何，或者壞到如何，俱在未知之數，到底「深水」以前，也曾跑過爛地，把握應該比「民望」大些。

既然如此，對我與洪仲豪兄並無大問題，「深水」贏和「民望」贏，我們是一樣的，我們大可下注在「深水」身上也。

商量妥當之後，我便對刁家堅講明，這一場賽事，由岑德鄰與「深水」去出擊。

可是，刁家堅是「民望」的練馬師，「深水」當年是養在薛阿毛馬房中的，他的意見是「民望」雖然出賽經驗，不及「深水」，但此馬到底也是一匹好馬，所以這一場賽事，決不能要譚全賦去拉「民望」，必須要對此馬善於運用，如果有機會，一樣可勝則勝，至多或者「深水」跑第一而「民望」跑第二或第三耳。

我也因爲要看一看「民望」的眞實力，所以意見和刁家堅相同，賽前，我對譚全賦講明岑德鄰以爲「深水」可贏，我們在「深水」身上落多一些，但「民望」決不是去跟跟而已，有機會一樣要去拚，我們下少一些注，希望他知道我的意見，但求如果屆時「深水」能贏出，「民望」不去打倒牠便算數了。

這一塲賽事的過程，是「深水」一出閘便在三四位，而「民望」則出閘便包了尾。跑到對面，「深水」忽然跟不住，漸漸落後，這大約是塲地太爛，「深水」對大爛地不適合之故。

可是「民望」却不同了，但見牠愈跑愈高興，「深水」落後而「民望」則逐步推進，跑到上大石鼓時，竟然已在第二位了。落山之後，「民望」更見神采飛揚，追過了前面的馬而自己領了頭。

因爲是大爛地，「民望」轉正直路時不能大外避，所以由中叠打衝鋒，結果，終點到，「民望」竟然贏了頭馬，而且大勝了八九個馬位，而「深水」呢，却連第四都跑不到。

這雖然不能算是十足「做」馬，但也有幾成是「做」馬的，結果「民望」爆了大冷門，幸虧我們在牠身上，也落了少少獨贏注，可是在「深水」身上，却輸了大錢了。

這又是贏馬輸錢的一個例子。

所以，我認爲「做」馬並非件一定可靠的事，各位看了我「做」的兩次馬，一次是要甲贏而結果給乙贏了出來，例如「深水」與「民望」，還有一次想自己的馬不贏而給別人的馬贏，結果却是自己的馬拉不住而贏了出來，如上期所講的讓別人的「花驄」贏而結果是自己的「飛浪」贏了出來，這都是做馬做出了應贏反輸的事件，當然，當時我們那裏有現在這樣的大胆，竟然出到用毒藥來毒馬這一記絕招，可是這一記絕招也並非一定有十足把握，馬到底是畜牲，有時並不能一定盡如人意的，各位但看前一時本港審問「毒馬案」的證人口供，便可知一切了。

現在我又要講到「寫馬經」這一件現在最出風頭的事件了。

現在賽馬，已到了各報非有馬經不可的程度，至於單張與一本本的馬經，更是普遍之極了。

我可以大胆的講一句，在香港寫馬經的資格，我認了第二，可說是沒有一位可以認第一，何以故？且看我的下文。

在日本人佔領香港時代，我早已自己養馬，這是當年在香港的馬主、騎師和馬迷們早已盡知之事，可是我在當時寫馬經，知道的人雖然有，却並不十分普遍，因爲當時我寫馬經，尚未用「老吉」這個筆名之故。

日本人在佔領香港之後，便請人辦了一份「香港日報」，作爲總督部的代言人，出版之後，他們的政府機關和與他們有接觸的商行，當然非定閱不可，銷路方面，大約有三四千份一天，因爲是他們的機關報，印刷和紙張都很好，在當時可稱得第一流的。

我有一位老友，他也是馬迷，他單身留在香港，事實上他是有特殊任務的，用一個假名「陳文藻」，投入了香港日報做編輯部人員，這位老友，其實是姓戚，現在仍在香港，而且已是某大船務公司的高級職員。

因爲他喜歡賽馬，我們當然時時見面和談得投機，大約在當年開始賽馬之後的半年；他向香港日報的總編輯提議，該報每星期增出一個週刊，內容專講跑馬，這提議稍後時間便爲編輯部通過了。

在未出此週刊之前；老陳（其實是老戚）事先與我商量過，因爲這是破天荒的週刊，內容的一切，必須要迎合當年中意看跑馬的賭客心理，由我們兩人草議了一個內容意見，等一批准之後，我們便照意見書辦事。

當年賽馬，我老早寫過是每週的星期日而不像現在的每週是星期六，所以我們這「賽馬週報」是定期每星期四在「香港日報」附刊出版。

除了我們兩個人執筆之外，老陳還請了香港日報的記者們對賽馬有興趣者投稿，地位是現在的十七條字，也即是當時的半頁，每到星期二，我們兩個必須見面，老陳一個人，住在跑馬地奕蔭街一座洋樓的地下，用一個女工人，眞是一位「孤家寡人」。我起先一直不知道他是負有特殊任務的，後來漸漸有多少疑心，可是這些與賽馬和馬經毫不相幹，後來也懶得去多問他，因爲一多問便會令他不安，那又何必呢。

這半頁週刊，內容除了報告馬塲花絮、馬匹動態之外，還有對上一星期的賽馬述評；但是却沒有再過兩天賽馬的全部貼士，而祇是揀兩三塲作一個提供，我担任的是「賽後述評」，有時稿件不夠，則寫多少花絮，當時的筆名，用的是「林鶯」和「吉吉」。

至於稿酬方面，菲薄得很，好在我當時寫稿，以興趣爲第一，並不計較稿費。這一個「賽馬週報」，倒也辦了半年有多，直到馬匹少了，材料也不夠了，方纔宣佈停刊大吉。可是，此後我却再也見不到老陳，到奕蔭街他的寓所去尋他，

一九四七年十月出版的「老吉馬經」

工人總說他「出咗街」，大約當時他已離開了香港了。

所以，這纔是香港賽馬以來的第一份馬經。回頭再講一下由日本運來的十六匹日本馬的一切，作爲日本人時代賽馬的一個交代。

我在前文已經講及這十六匹日本馬的到港情形，可是到了香港之後，有五匹不能在首次日本馬上陣時，參加賽跑，所以在昭和十九年二月六日，日本馬第一次出賽一哩時，祇有十二匹報名而十一匹上陣。

這一天，香港競馬會隆重其事，在那一天的六場賽事之中，還加上了一場澳洲馬「總督杯」一千六百咪（一哩）平賽，由丙級馬，也即是戰前的C班馬，如果照現在來講，大約可以當作第五或六班馬者，担任賽事，而且「春季大彩票」也在這一場賽事開彩。

「總督杯」排在第四場開賽，而「日本馬」則排在第六場也即是尾場開賽。

在這十一匹上陣競賽的日本馬之中，香港競馬會各位辦事人，從來都不知道「金時」是一匹在這一批馬中的可以稱王道霸者，所以在第一次上陣時，也不當牠是寶貝，所以當時便請了好好先生譚全賦執轡。在晨操時期，譚兄祇覺得「金時」因馬大而步伐開濶，却不知道牠的競賽心如何，所以在第一次出賽時，獨彩票售出少之又少。第一熱門是「浦風」，是盲了一隻眼的大馬。那知道開賽之後，「金時」節節向前，迫到「浦風」（謝文玖）索氣，結果「浦風」祇能以一馬頭贏了「金時」。當時大家都知道「浦風」如果不是謝老玖騎盡，而「金時」不是譚老全「鬆」轡，頭馬早在「金時」之手了。

此賽因是日本馬上陣，馬會將頭、二、三馬獎金，增加到二千日元，一千日元與五百日元，平時，第一級也即是甲級馬的獎金，祇有一千二百日元、五百日元與三百日元而已。

「金時」顯了顏色之後，當時對此馬最注意的是郭子猷了，因爲郭君是當時的有名大師傅，兼加能講日本話者，所以，日本馬第二次上陣，此馬便轉而由郭子猷執轡了。

「金時」第二次出賽，條件是「日本馬」「已獲勝頭馬者不得參加」，也即是除了「浦風」之外，其餘的都能參加，路程是一千七百五十咪，也即是現在的一哩一七一碼。

這一場賽事，因爲有一匹上次未參加的日本名氣馬「奮進」在，體高十五掌二，與「金時」一樣高，而且騎師招基繁當時也是第一流師傅，招君鞍檔，與郭君一樣，騎高頭大馬最合，當年他與他令兄招昌繁君皆是騎師，他們兩位，昌繁排行十二，基繁排行十三，我們都叫他們「十二」與「十三」，戰後，兩位也曾參加香港賽馬，可惜十二因體重日增，不宜賽馬，因而先掛馬靴，十三則後來因愛好杯中物，身體打折扣，高掛馬靴，也有近二十年了。我和他們賢昆仲，很談得來，現在却不大見他們出現交際場中了。

這一場賽事，「奮進」是大熱門；第二熱門則是祁葛利君的「浪勝」，「金時」是六匹上陣馬的第三熱門，因爲大家尚未見到牠的眞實力，而祇有郭仔已心中有數了。

這一次賽馬祇跑五場，日本馬唱大軸戲，「奮進」一路放頭，在終點前二三十碼，郭子猷施出全副工架，「金時」不負所望，終點到，以半馬位贏了頭馬，獨贏派彩，有廿六日元八角之多，於是乎「金時」聲名大振了。

隔了一週的星期日（二月二十日），再跑日本馬二千咪（一哩二五），這一回與「浦風」再同場了，「浦風」的馬主，知道大敵當前，改請韋耀章老師傅執轡，這一回因路程太長，祇有五駒報名而全體上陣。

獎金也因路長而增加到三千，千五與七百五十日元，「金時」與「浦風」同負一五一重磅，而且是對頭大熱門，「金時」獨票一萬一，「浦風」獨票一萬另，兩駒差不到二百五十票。

這一回「金時」再顯神威，以一馬位半贏了二馬「旗風」，葉鉅英騎負一三八磅，而「浦風」祇跑得第三，已在六馬位之外了。

跑過了這一次，「金時」編在乙級中，再跑一千二百咪，當時的六化郎，可憐，祇有四匹出場，這一回雖負一五二磅，因仍由郭仔上陣，變了一面倒大熱門，結果贏了半條街，獨彩祇派五元四角日元而已。此後「金時」便升上了甲級，變成第一班馬了。

於此可見，第一流馬不是人人所一早看得出的，你當牠無用或者普普通通，那裏知道一經上陣，便「靈舍不同」呢。

日本人統治香港後，香港人口，逐步減少，到投降的前一年，大約祇有六、七十萬人口，可是賽馬的第二年，仍有大彩票發行，我上文所講的「總督杯」、「春季大讓賽」，便發售大彩票，那時候除了日本馬與中國馬不算在內，一共尚有廿九匹澳洲馬，其中有幾匹已不能賽跑，這一期大彩票，也是香港競馬會的最後一次，彩票每張軍票一圓，一共售出卅萬張，得卅萬日圓，減去政府娛樂稅與馬會佣金十萬零五千日圓之外，尚存十九萬五千日圓，先提出百分之二十作爲廿六匹落第馬派彩，共計三萬九千日圓，每匹得一千五百日圓，餘數十五萬六千日元，頭獎佔百份之七十，得十萬另九千二百日元，二獎佔百份之二十，得三萬一千二百日圓，三獎佔百份之十，得一萬五千六百日圓，由理事長何甘棠簽發。這一次由丙級澳洲馬跑一千六百咪，一共五匹上陣，頭馬是招基繁騎的「銀龍」，此馬栗色，四蹄雪白，還加上一個流星白鼻哥，因有此特徵，我至今仍舊記得牠，相信現在至少除了當時的馬迷之外，騎師中郭子猷可能記得的，贏了韋耀章騎的「狂風」；「狂風」是三腳馬，牠的一只左後腳，在賽跑時一直不靈活，這又是一個特徵，韋耀章兄當然一定記得，因爲此馬的主任騎師，一直是老韋也。謝文玖騎的「國光」第三，落後了一一條街，一哩路的時間是一分五十秒二，也可見當時的馬匹，因營養不足，所以連賽跑都跑不快了。

「銀龍」、「狂風」與「國光」三駒的負票差不多，計「銀龍」七千七票，「狂風」六千一票，「國光」五千二票，還有祁葛利的「春花」二千七票，與郭子猷的「閃星」一樣，「銀龍」派獨彩十三圓三角，得到「總督杯」和獎金一千圓，平時丙級馬頭馬獎金祇有七百五十圓，招基繁也得了一座小銀杯，馬簿上註明價值二百日圓，兩位置是七圓四角與七圓八角，獨贏票總售出二萬四千四百七十八張，位置票則是七千四百十三張。

我寫這些給各位看，是讓各位知道當年和今日的賽馬售票，其相差眞有十萬八千里，因爲，現在一匹所謂熱門馬，獨票閒閒地可以售出二三萬張，而總數也時常超過十萬張的。

有人問我「吃過馬肉未」？我說「吃過的」，肉質既鮮又嫩，比牛肉好吃得多，老實說賽跑的馬，食料當然比較好，所以肉味自然也好得多。

何以我吃過馬肉呢？實在是當年我養馬養得多，跛腳馬和不能賽跑的馬，在當年食物缺乏的時候，馬會要將牠燬滅，燬滅之後，當然不會埋葬，所以獸醫劉榮兄凡徵得馬主同意之後，總有十斤八斤馬肉送給馬主吃。在當年，馬主們也顧不得自己吃自己馬的肉，爲了自己的肚皮和營養，就不理其他了。

講起吃馬肉，最近看見趙元任夫人楊步偉女士寫的一段文章。文中說一九四四年冬到次年暑假，胡適在美國哈佛大學講學，或是午飯，或是晚飯，總到趙家去吃。胡適愛吃肉，而那時的豬肉很不好買。有一天，趙太太到市場去見有賣馬肉的，她就買了一大塊回家，加上八角茴香，紅燒了佐膳。胡適之吃之不已，吃了一星期，還以爲趙太太煑的紅燒牛肉呢！

這裏我找出一本一九四七年香港賽馬我出版的馬經封面，製版刊出，作爲一個紀念。香港賽馬會恢復賽馬是一九四七年一月一日，這一本馬簿的出版日期是一九四七年十月廿五日，但在此以前我還爲「紅綠晚報」；也即是現在的「紅綠日報」，在每逢賽馬日增刊半張馬經，命名也是「老吉馬經」；由「紅綠」隨報附送，因爲當時洋紙貴極，白報紙（捲筒紙）幾乎要九角至一元一磅，所以當時的單張報紙售價，多數爲一角五分，後來白報紙貨多價跌，跌到四五角一磅，一角五分的報紙便減售一角，「紅綠晚報」每逢賽馬日附送「老吉馬經」是蝕本生意，所以我寫稿也並不受酬，後來再出這一本「老吉馬經」是「紅綠」與我合作的。當年沒有人和我搶生意，陳福楡兄（桑楡）以高崇仁筆名出版「馬與波」，却並不是專講跑馬，而是以「波」爲主體的，所以銷路不錯，這是我在「香港日報」之後第二度再寫馬經，「老吉馬經」是在一九四七年開始出版，我「老吉」這個筆名，不知不覺至今也用了幾乎廿四年了。（十六）

富連成科班生活

·艾世菊·

京劇名丑艾世菊，是富連成科班第五科的高材生，本篇描寫他在科班時期的學習過程，和他所見到的許多位名演員。

富連成科班總教師蕭長華扮演「宇宙鋒」中之袍帶丑康建業

丑角前輩郭春山

「富連成」裏老一輩的丑行教師，除了蕭長華老師之外，還有郭春山先生。郭先生博學多聞，是出名的戲簍子，無論什麼冷門戲，只要問得出口來，他會說的準確無誤，絕不帶打楞的。蕭先生可算生、旦、淨、丑無所不能了，但他在教授某些戲之前，還要跟郭先生核計核計，像「五彩輿」、「四進士」、「取南郡」這些本頭戲裏，就都有郭先生提供的意見。

郭先生崑丑戲教的最多，像「掃秦」的瘋僧、「拾金」的化子、「回營打圍」的伯嚭，全是他教的。

那會兒，郭先生一方面在「富連成」教戲，一方面還在外面搭班演出，應二路丑角，幫過很多著名演員。像「販馬記」的胡老爺、「四進士」的楊青、「打漁殺家」的丁郎、「打棍出箱」的報錄、「黃一刀」的楞兒、「醉打山門」的酒販等等，全是他的絕活；梅蘭芳、余叔岩、雷喜福、郝壽臣、馬連良諸先生演出這類戲時，必少不了郭先生爲配。

郭先生對崑曲有很深的造詣，做工細膩，身段優美。像「醉打山門」的酒販子，與魯智深一搭一擋，作到了嚴絲合縫，雖是個好像無足輕重的配角，但經他一渲染，戲的質量無形中提高了許多，這是人所共知的。而我對郭先生的表演藝術體會最深的還是他的白口功夫。郭先生的唸白特點是流利干淨，嘴裏不帶一個閑字，丑角作到這一點是十分不易的。有一次在慶王府演堂會戲，壓台戲是金少山、周瑞安二位的「連環套」，倒第二是程硯秋、譚富英二位的「打漁殺家」，倒第三是李萬春的「武松打店」，前邊是侯喜瑞、高德仲二位的「九龍杯」（註一）。我那天來「打漁殺家」的大教師，郭春山先生飾「九龍杯」的王伯彥。沒開戲我就到了後台，爲的是看郭先生的演出。他這個活的確不同一般，就舉一個小地方吧：第四場黃三泰約請水旱兩路英雄聚會，查問皇室失落的玉杯下落。原先盜杯的是楊香武，後來又被王伯彥偷來轉送給周應龍，大家爲了黃三泰的身家性命，王伯彥就約楊香武同到周應龍處當面跟他要杯。楊香武說：「他要是不給呢？」如果按一般演法，王伯彥唸：「他要是不給呀，偷也把它偷來。」那天郭先生是這樣唸的：「說句沒根基的話，偷，他還能偷得過咱們哥兒們嗎！」同樣是這麼一句話，可是一般的唸法只能作到達意，而郭先生的語言却作到了精鍊傳神，這就是勝他人一籌的地方。

富連成科班演出的「英雄會」孫盛文演黃三泰韓盛信演竇二敦

王長林的武丑戲

「富連成」的武丑戲差不多都走王長林的路子，我雖然沒有直接受到王老夫子的傳授，但在跟葉盛章老師學戲過程中，知道了一些王派特色和當初王老教戲的情況。

王老夫子並不在「富連成」担任教師，他能給我們科班留下幾齣戲，完全靠了蕭長華先生的大力。那時王老年逾七十，輟演在家；有一天蕭先生登門拜訪，向王老說：「您是碩果僅存的武丑前輩了，可別叫玩藝兒失傳，給孩子們說幾齣戲吧。」王老被蕭先生說的心眼兒活動了，就答應啦。蕭先生晚王老一輩，盛字輩的丑角都拜王老的兒子王福山先生爲師，可跟王老夫子學戲，都叫他師爺，這也是蕭先生出的主意。爲了照顧王老的身體，不讓他上科班來教；每天早晨練完功後，派葉盛章、蕭盛萱、孫盛武、貫盛吉、仝盛福、董盛村、羅盛恭等到他家裏去學。王老教會「富連成」很多戲，我記得的就有「連環套」的朱光祖、「九龍杯」的楊香武、「打瓜園」的陶洪、「祥梅寺」的了空、「偷雞」的時遷、「三岔口」的劉利華、「打漁殺家」的大教師、「巴駱和」的胡理、「跑驢子」的有才等等。葉盛章先生學的最爲突出，因爲他的本身條件適宜於演武丑；其它幾位都是以文丑爲主的

王長林演「連環套」朱光祖

武丑自然以武當先，可又不能單純賣弄武技，特別是王派，最講究神情氣韻。比如「三岔口」的劉利華，一要武功純熟，二要把一上場時的神氣、做派掌握好，如果在場上一味翻蹦，那與打英雄又有什麼分別？「連環套」的朱光祖就更難演了，他在施仕倫手下當千總，大小是個官，上場講究功架、唸白，是屬於武戲文唱一類的腳色，非有相當火候不可。

葉盛章演「雁翎甲」時遷

王派唸白又脆又甜，快而不亂，聽了王老夫子的幾口唸白，眞像在三伏天喝一盞冰鎮酸梅湯一樣的沁人脾胃。比如「連環套」的「五把椅」（註二）一場，朱光祖唸：「…講到做官的人兒，也非容易，還得要一命二運三風水，四積陰功五讀書；有道是千里馬兒還得千里人兒騎哪，何言大人提拔我等啊！」必須一氣貫通，唸的如同「紅蘿卜就酒——嘎崩脆」，才見精彩。

來小活也不容易

把小活來好也不容易。大活的詞多、事多、動作多，容易入戲。小活往往幾句話，一不注意就離了戲，必須全神貫注，所以來小活很能鍛鍊演戲的本領。在「富連成」坐過科的，差不多全是從小活入手，像侯喜瑞先生來過「泗洲城」的神將，劉連榮先生扮過「嘉興府」的二馬快；他們後來在藝術上有很深的造詣，是與小活打基礎分不開的。

蕭長華先生常跟我們說：「戲是大夥兒唱的，主角要啃，配角要墊；你給他鋪平墊穩，他才有啃的節骨眼兒，你墊不到家，他再有能耐也啃不出好來。」我聽老師們講過這樣一個故事：「擊鼓罵曹」的旗牌，向來歸老旦行應工，看來無關緊要，但當年譚鑫培先生唱這齣戲，一定特煩謝寶雲來這個活，因爲謝先生嗓音高亢，吐字清晰，他把那句「鼓吏進帳啊！」唸得響亮眞切，把觀衆的神提了起來，靜心關注禰衡的上場，于是禰衡在後面的西皮倒板才能啃上滿堂彩。別看這一句詞，如果墊不好也會影响戲的質量的。

蕭先生在教戲時，對主角是精雕細琢，可是對配角也從不放過。根據他的經驗，往往一齣戲砸鍋就砸在小活身上，因此他都是逐字逐句地加以注意。有一次排「落馬湖」，是費世威的黃天霸，裘世戎的李佩，我演「問樵」的樵夫，帶「酒樓」的酒保。樵夫上唱「砍得樵來回家轉，只

侯喜瑞演「蘆花蕩」張飛

見紅日落西山。」蕭先生告訴我不能唱「落西山」，因爲「落西山」就天黑了，等會兒黃天霸和樵夫的一段戲，在時間上就矛盾了，應該唱「照西山」。

有一次我來「盜宗卷」的燈籠杆（註三），本來老生一喊「掌燈」我就出去了，王福山先生告訴我：「你要明白這個燈籠杆是幹什麽的，還是給人打燈籠的，還是給自己打燈籠的？老生叫你掌燈，你自己打着燈籠先出去了，待會兒老生一邁門坎兒，絆爬下了。在這裏你得燈籠在前，人在後，距離老生不能太遠，也不能太近，要照着他的靴子尖走，這才像是給人打燈籠的。」

由此看來，無論大活、小活，要來好就得化點功夫。

梅派戲與富連成

梅蘭芳先生在少年時代曾加入「喜連成」演出，因此他對我們科班的感情極深，多方給予照顧、扶持。過去科班學生只能在科學藝，是不允許到外面另拜師父的；出科之後就不管了，但由於梅先生的藝術影响深遠，便由蕭長華先生作主選拔出李世芳、毛世來拜梅先生爲師；梅先生毫不遲疑地收下了，這說明梅先生對「富連成」的深厚情誼和大力幫助，因爲那時「富連成」極需在藝術上加强。

拜了梅先生，自然要排梅派戲。以前「富連成」教戲全是按老路子教的，不講究什麽流派，所以科班裏沒有教梅派的老師，只有到外面特約魏蓮芳、朱桂芳兩位先生來教。魏先生是梅先生的弟子，朱先生是梅先生的長期合作者，他們教的自然比較有把握。我還記得先後排了這幾齣戲——「霸王別姬」：李世芳的虞姬，袁世海的霸王，江世玉的虞子期，李世霖的韓信。「鳳還巢」李世芳程雪娥，江世玉的穆居易，遲世恭的程浦，詹世輔的程雪雁，我的朱煥然；還有「廉錦楓」和「頭本太眞外傳」。這幾齣戲除了旦角由魏、朱二位負責教授外，其餘無論老生、小生、花臉、彩旦、老旦、丑角直到龍套，全是蕭先生一人包教的。

梅蘭芳教李世芳舞劍

蕭先生是梅先生領導的承華社主要丑角，他在以上四齣戲裏都有事，「別姬」的子弟兵、「鳳還巢」的朱煥然、「廉錦楓」的漁夫、「太眞外傳」的楊國忠；可巧「富連成」的這四個角色正都由我來担任，蕭先生給我說得非常細膩，這四個角色必需要演出四種身份來，使我的表演水平因此提高不小。

這幾齣戲上演後，觀衆反映很好，李世芳的扮相頗似梅先生，倒倉前的嗓音也比較寬亮，所以觀衆譽之爲小梅蘭芳，在當時的號召力相當强。尤其後來梅先生不大在北京演出，觀衆想看梅派戲只有到「富連成」了。李世芳在一九四七年因飛機失事死于青島，可惜得很！（註四）

扮虎形也要做戲

「富連成」在連字輩時，就排了「獅子樓」、「十字坡」、「快活林」、「蜈蚣嶺」這些以武松爲主的戲，歸駱連翔先生主演；到了我們這科，又排了「武松打虎」，由黃元慶飾武松，我飾虎形，是王連平老師教授的。

王連平老師在坐科時不是專演武生的，但是他一心好學，老丁先生（註五）和茹萊卿先生教戲時，他總是在傍細看，學到不少東西；出科後又到處尋師訪友，肚子裏很寬綽，所以一直留在科班任教，許多大武戲都是他排的。他也是蕭長華先生的學生，蕭先生對他在教戲方面很信任。他教戲的特點是細致、準確，句句有根，招招有本，絕不胡謅。在科班跟他學的戲，出科後準保通大路，這叫做「家裏造車，外頭合轍」。

這齣戲的虎形本不歸小花臉應工，由於我那時文武雜抓，這個活就派在我的頭上了。來好虎形，也不簡單，剛一排這齣戲時，在跳虎一場，我上來了，王連平老師叫我下去；我又來了一遍，他又說：「不行，再來。」連來了幾次都不對，我心裏也納悶，後來王老師告訴我：「你當是外邊套了個老虎皮就不用在這裏邊做戲了哪，一樣得做，該瞪眼的就得瞪眼，該張嘴的還得張嘴，要不然你這就是個死老虎！」我照着王老師的話去做，才體會到來個虎形，也得渾身是勁，不能懈怠！

在「打虎」這場，武松要邊唱邊打，他唱的曲牌，虎形也得會，因爲這牽扯到動作節奏問題

「武松打虎」中的蓋叫天與虎形

，否則就弄不到一起了。特別在唱到「覷着這潑毛團體勢雄，狼牙棒先催進，俺這裏趨前退後忙，這孽畜舞爪張牙橫」時，虎形有繁重的跌撲工夫，要衝要猛，而且要有板有眼，這才能夠跟武松的動作融合起來。

如何扮演武大郎

全本京劇「義俠記」爲于連泉先生首創，劇本是一位姓陸的先生協助根據崑曲「義俠記」改編的。初演時由于連泉先生飾潘金蓮，孫毓堃先生飾武松，蘇斌泰先生飾武大郎，馬富祿先生飾王婆，金仲仁先生飾西門慶。後來「富連成」也演這齣戲，是社長特請于連泉、馬富祿二位回科班給我們排的，由毛世來飾潘金蓮，黃元慶飾武松，詹世輔飾王婆，江世玉、李世斌分飾前後西門慶，我飾武大郎。整個戲由于、馬二位先生總排，有關武松的場子又請王連平先生加工。我演的武大郎是于連泉、馬富祿先生敎的，其中有很多東西是蘇斌泰先生的創造。蘇斌泰先生當年在斌慶社科班坐科，相當於我們科班的富字的輩份，專工武丑，出科後拜著名武丑傅小山爲師。他生的矮胖，矮子功夫又好，扮演武大郎最拿手，能演出善良、懦弱的性格，使人同情，而不是叫人厭惡。在戲叔這場有一個細節頗爲生動，武松負氣而去，武大回家，潘金蓮反誣武松，武大郎說：「兄弟得罪你，我把他叫回來，給你陪個不是。」說着右腿邁門坎，潘金蓮厲聲說：「回來！」這時蘇斌泰先生把右腿抽回，在抽的過程中右腿不住顫抖，生動地表現了武大懼內的心理狀態。起矮子已經很吃力了，再抬起右腿，左腿金雞獨立，還要顫抖，不是功底深厚很難達到這個程度，所以每到此處必有滿堂彩。由於蘇先生是武丑，因此「義俠記」的武大郎也是文武兼擅的，比如捉奸的一場，西門慶踢他一腳，在這裏要走個軟踝子；托夢一場，武大郎鬼魂從供桌後面竄毛（註六）而出，供桌上有小帳子和香爐、蠟扦，在起竄毛時不能把這些東西碰倒，是很吃功夫的，我演的武大基本是按照蘇先生的路子。

這齣「義俠記」從打虎起，到殺嫂止。本來我在打虎裏是來虎形的，排全本「義俠記」我又來武大，當時老師也沒提虎形換人，我也不敢提，所以我一直是虎形趕武大。虎形是爬着走，武大是蹲着走，都不大好受。頭一次演這齣戲，前邊虎形下來，已經累得要命了，等武大郎上去，渾身痠痛，就跟半身不遂一樣。可是來過幾回，也習慣了，無形中鍛煉了演出的長力，自己懂得把一身力氣勻開使用，而不是像過去那樣孤注一擲，這似乎算是我台上的火候長了。

矮子分文武兩種

在科班學丑角先得練好矮子功，因爲很多戲裏多用得着它。文丑的武大郎，武丑的王英，這兩個身量矮小的人物上場必需走矮子。另外，有些並不是矮人，可是也要按劇情需要使用矮步，如同「三岔口」的劉利華，在與任棠惠的摸黑開打中，要適當地以矮步來體現他的敏捷靈巧；「小放牛」的牧童，最後走的矮步追村姑下場，很生動地把他的活潑而又頑皮的性格表現出來了；「九龍杯」的楊香武、「連環套盜鈎」的朱光祖，在走邊時都有走矮子打腳尖的武技，以烘染他們在夜行中的躡足潛踪。

矮子分文、武兩種。平常的丑行脚色只是在劇情需要下才走的矮步，屬於武矮子，蹲下時腰部挺直，用腳掌點地，需走得快速輕巧，像行雲流水一樣的順暢，如果連竄帶蹦就不好看了。武大郎、王英這些矮人用文矮步，比較難，只蹲下一半，雙腿卷起，大腿平，小腿直，膝灣不能夾着，上身筆挺，胯股緊攏，而且走得相當慢，這就很吃功夫了，因爲走得快容易掌握平衡，走得慢就要用很大的氣力來支撐身體。

練矮子要靠課餘時間，有空就練。那時早晨起來練完毯子功，在蹲着休息的時候練矮子，都是葉盛章先生領着頭走，我和高世泰、曹世才、詹世輔、華世麗、閻世喜這些同學跟着，出科後

青年演員成志雄扮演武大郎

王福山先生又指點我矮子的走法。

我第一次上台走矮子是參加「四五花洞」的演出，這齣戲是蕭連芳老師教的，由李世芳、劉元彤演眞潘金蓮，毛世來、張世孝演假潘金蓮，我和閻世喜、高世泰、曹世才分飾眞假武大郎，詹世輔演吳大炮，五個丑角都是矮人，全要走矮子。吳大炮穿官衣、背玉帶，須走矮子方步，武大郎是平民打扮，步子可以隨便些，但吳大炮穿朝靴，靴底硬，腳掌可以少花點力氣，武大郎穿便鞋，鞋底軟，腳掌就費力些了。

以後科班特約藝名九陣風的閻嵐秋先生給我們排「扈家莊」，由閻世善演一丈青扈三娘，我扮矮腳虎王英，王英比「四五花洞」的武大郎吃重得多了。他有個矮子起霸，路數與一般起霸差不多，最難的地方是往前走亮靴底，往後退不准蹶屁股，轉身時走鷂子翻身，左腿抬起，靠一條右腿的支撐力量，向左大翻身。與扈三娘開打時，節奏並不快，但那兩扯、兩過合——互相迎面走過，相當累人，必須走滿一台，後面翻的三個搶背——雙手按地，斜翻過去，脊背落地，要卷腿起、卷腿落，才能使身體保持原來的矮；如果按普通的踹腿搶背翻法，那王英的身體就成了能長能短的橡皮筋了！

一天的科班生活

科班的生活不光是苦，而且還累，早晨六點起床，到晚上十一點鐘睡覺，在這個十七小時裏把課程塞得滿滿的，除了兩頓飯，學生一點休息時間都沒有。

早晨起來練功，吊嗓子、看功老師是徐天元先生。接下來說戲，王喜秀、張連福、張盛祿先生，蘇雨卿先生教青衣，蕭連芳先生教花旦，孫盛文先生教花臉，丑行老師是不固定的，反正「富連成」丑行人多，是盛字的全是老師，看誰有空隨時都可以學。說完戲開始排練下午演出的節目，由劉喜益、王連平先生掌握。吃過中飯，列隊出發到廣和樓演出。那時「富連成」還不大演夜戲，散了日場趕緊回校，吃完晚飯，由六點半開始到十一點，是晚工時間，累也就累在晚工上。

富連成的大武戲「安天會」
葉盛章（右）演孫悟空，高盛麟（左）演神將

晚飯後，學生們一齊動手拆桌台，掃地，劉喜益老師發話：「走腳步啦！」文武兩大行的生、旦、淨、丑都到當面，各走各的腳步；這算是休息，可是得把腳步走得認眞像樣，誰要偷懶，那是找打。過一個鐘頭，教崑曲的鄭方先生來了，學生們到屋子裏圍桌而坐，跟鄭先生學崑曲牌子，學的都是「天官賜福」、「財源輻輳」、「仙圓」之類的吉祥戲，有時也學「泣顏回」、「五馬江兒水」等龍套牌子。這節課叫拍宮曲子，學生全喜歡上，因上別的課學生全得站着，唯獨這節課可以坐着，累了一天正好休息一下。與拍宮曲子同時，是尖子演員學戲，蕭長華先生教花旦或小丑，郭春山先生教丑角，尚和玉先生教武生，裘桂仙先生教花臉，閻嵐秋先生教武旦，這幾位老師上午是不來的。

最後一節課從晚上十點開始，叫打武戲，由劉喜益老師主持，這節課最結棍。這一天已經精疲力竭了，可是還得排練像「洗浮山」、「太湖山」、「嘉興府」、「安天會」這樣大武戲的開打，跟斗翻出來，擋子走出來，不准稍有差池，如果一個人錯了，老師也不打，不過這套開打還得從頭來起，幾時對了幾時收工。

（註一）「九龍杯」一名「慶賀黃馬褂」，是科班中習唱的大武戲之一。

（註二）「五把椅」是連環套議事一場，黃天霸、關泰、何路通、計全、朱光祖各據一座，分抒意見。

（註三）「盜宗卷」劇中張蒼之家院，內行稱為燈籠杆，歸小丑應行。

（註四）李世芳之父名李子建，為山西梆子演員。世芳於一九四七年一月五日搭機羅難，其最後一場演出為一月二日夜在上海中國大戲院與梅蘭芳、俞振飛合演崑曲「金山寺斷橋」。

（註五）老丁先生名俊，字連升，為名教師丁永利之父，民國七年，入「富連成」教武戲。

（註六）竄毛將身躍起，雙手伸直，朝前直竄，落地後翻轉。

百丑圖

四十年前，北方戲劇界曾經出版過一本畫册，名爲「百丑圖」。編者張笑俠，畫得並不太好，現在想來，能搜集一百齣丑角戲畫出來，也就難爲他了！圖左是名畫家葉淺予筆下的王傳淞，扮演「十五貫」中婁阿鼠一副神情。

・葦窗・

訪鼠測字

「楊三已死無蘇丑，」這位丑行鼻祖——楊鳴玉，比梅蘭芳的祖父梅巧玲還要大二十七歲。據周志輔編「京戲近百年瑣記」載：楊鳴玉以公曆一八一五年即嘉慶二十年乙亥生，距今一百五十餘年了。楊是江蘇揚州甘泉人，昆仲四人，他行三，與程長庚爲同科師兄弟。最著名的戲有「訪鼠測字」、「活捉三郎」、「思凡下山」等。

京劇名丑蕭長華久乏音訊，今年九十四歲，他老人家雖然沒有趕上楊三，但他的本師宋萬泰是楊三的學生，所以知道的不少，這裏且來引証蕭長華口述楊三演的「訪鼠測字」。

「他演訪鼠測字的婁阿鼠，在廟內測字一場，他與假扮測字先生來訪案的況鍾、況太守，同坐在一條板凳上，靜聽況太守替他測字。等況鍾說到了婁阿鼠身上，他這一驚，非同小可。他從凳子上往後一竄，坐在凳子後面的地上，而身子却不倒，依然是端坐的形狀。然後再把兩腿先從凳下伸出，接着腦袋也跟着從凳下鑽出，盤着腿，縱身坐回板凳上原處。像這樣複雜的身段，要在極快的時間裏，極敏捷地表演出來，實在不是容易的事。」

田漢在看了周傳瑛、王傳淞他們演的這齣「十五貫」之後，曾經大爲感慨地說：「一齣戲救活了一個劇種」。他這話是說崑劇已頻於沒落，全靠「十五貫」來打了一支强心針。當「十五貫」電影在本港上演的時候，也有許多戲劇愛好者十遍八遍的去看。

王傳淞婁阿鼠特寫

王傳淞是蘇州崑劇傳習所的主要丑角，當時，他們傳字輩中出了三個丑角，就是王傳淞、姚傳湄和華傳浩。

王傳淞演「十五貫」中的婁阿鼠刻劃入微，他是怎樣塑造婁阿鼠這一個人物的？

王傳淞說：「我刻劃婁阿鼠伸頭縮頸等動作，一向用老先生教的『鼠』的動作，並不是眞的去扮一只老鼠，而是取獐頭鼠目的性格，在外型上把人物性格明顯地刻劃出來。」

況鍾和婁阿鼠合坐在一張板凳上，這是最値得描寫的場面：況鍾是一個正直的清官，却要扮成一個老江湖；婁阿鼠是個壞蛋，却要裝成十分正經。四種不同的性格摻雜在一起，彼此都形成雙重性格，這種富于戲劇性的場面，就在如此緊張的情緒中表達出來，這場「訪鼠測字」，也就是所謂「戲中之戲」。

王傳淞演婁阿鼠出場，以「伸懶腰」作亮相，下巴上有些癢，懶得用手抓，只用下巴在肩頭上來回擦幾擦，描寫賭徒神態，入木三分！

葉淺予畫「訪鼠測字」

借茶　活捉

我的母舅徐淩雲先生，畢生愛好崑劇，生旦淨末丑無不擅長，他是「崑劇傳習所」創辦人之一，馳名票界，與溥西園（侗）並稱為南徐北溥。我曾聽他談過「水滸記」的借茶，他說：張文遠一角，應當以巾生、亦即是京劇中的扇子生應行，因為他的心術不正，戲劇獎善懲惡，貶他作丑，成為名副其實的「小白臉」。但身段一切，還是採的巾生表演方式，請看圖中他老人家表演的張文遠手裏腳下，全是巾生的意思。攝此影時，他已年逾七十。他初從陸壽卿學此戲，後來又請姜善珍指點，姜、陸都是崑劇老藝人，他們都認為張文遠是公門小吏，漁色之徒，不免有點「假充斯文，風流自賞」，所以表演時以巾生身段裝點門面；再加嘻皮笑臉，貧嘴薄舌，這樣就把張文遠這個人描摹得更加深刻了！我母舅也演過「活捉」，當年他演「借茶」由張傳芳配戲，「活捉」用朱傳茗搭擋，蓋借茶用六旦，活捉用五旦，為崑劇常例。後來劉斌崑將此戲演紅，我母舅即不再演此戲，以示讓賢。有幾次劉斌崑向他請益此戲，我都在座，約畧記得如次：

徐凌雲演「水滸記」借茶之張文遠

「水滸記」的張文遠，屬於付角，又稱二面。崑劇中凡貪財好色，損人利己的斯文中人，概歸付角應行；反而許多小人物，却屬於丑角。例如「義俠記」中，善良的武大郎用丑角扮演，淫惡的西門慶由付角應行，即是一例。張文遠被活捉後，躺在台上，兩個書童把屍身扛頭抬腳，進後台之時，扮演張文遠的演員，須要迸氣，腰裏用勁，使人望之有屍身僵硬的感覺，這一個身段名為「鐵板橋」。

劉斌崑自稱他這齣「活捉」，是集徽劇、梆子、崑曲於一爐，但仍以崑劇作基礎，特別是唱、唸方面，他都是按崑曲路子走的。張文遠被閻惜嬌索命，顏色大變，這裏就用到特技「三變臉」，這一着因為觀衆大都知道這個所謂「彩」是靠演員的雙手抹出來的，所以演員在此以前，應當時時借着表演，露出他的雙手，讓觀衆看清楚手心窩裏沒有油墨；在變臉抹彩的時候，除了要抹得勻稱之外，還要小心在雙眼下邊留着兩道白紋，一來使得臉部輪廓分明，二來使觀衆看清演員的眼神運用；而且在變臉之後，演員仍要借着表演時時露出他的雙手，使觀衆看到，在烏黑的褶子對照之下，他的雙手仍然是白的，沒有沾染到任何油墨的痕跡。劉斌崑演「活捉」，還利用了頭上的水髮，當閻惜嬌張臂舒袖一下、二下地向張文遠的脖子撲過來，張文遠也就一下、二下的從閻惜嬌袖下倉皇脫逃，探首而出，這時候他有好幾個利用水髮摔得似有彈力的動作，顯出張文遠此時已有毛髮聳然之感，在梆子班裏，名為「甩髮」。至於劉斌崑演此戲從徽班中吸收的，名為「提影」；戲演到劇終，閻惜嬌用繩子把張文遠的脖子套住懸空拎起這一個動作，這是一個依靠觀衆視力錯覺的假動作，所謂假戲眞做，看在眼裏就好像張文遠眞的被閻惜嬌活捉了去一般。

劉斌崑演「活捉三郎」之張文遠

我母舅屢次談及南方名旦周鳳林曾和他合演「活捉」，劇中有兩拉一送的身段。跑圓場時，閻惜嬌追趕，張文遠後退，腳下愈跑愈快，曲子也一句快一句，張文遠只能加緊步子後退。圓場跑完，曲子唱畢，周鳳林演的閻惜嬌突然停步，屹立不動，那時張文遠也非停步不可；但演張文遠的，未必有周鳳林的功力，如果立不穩，顯得很尷尬。周鳳林在停步之際，伸手把張文遠一把拉住，既能幫助對方，也不違背劇情。其次就是張文遠在台上表演「僵屍」，直挺挺站在台上，倒下時毫無假借之處。周鳳林演的閻惜嬌在唱「尾聲」第二句「效于飛雙雙入冥」後，先把張文遠向前一拉，再向後一送，張文遠趁着一拉一送之勢，向後倒地，省力多矣。周鳳林是清代光緒年間最負盛名的崑劇旦角。

王長林（樵夫）余叔岩（范仲禹）合演「問樵」

脚下功夫

無論生旦淨丑，脚底下的功夫是最要緊的。記得我初學戲時，在上海戲劇界出名的「戲簍子」苗勝春先生曾在「淨土庵」教我台步。他說：「誰不會走路？可是要走得好看。誰不會站穩，可是要站得邊式。所謂脚底下的功夫，要平平穩穩的走，漂漂亮亮的站。你瞧馬三爺（指馬連良）在台上多瀟洒，他這點台風，你們學不到，因爲你們脚底下沒有他這點功夫。虛虛實實，全在你神而明之，千萬到了台上，不可搖提，要一搖提，那就把你的底子全顯出來了。」

試看余叔岩、王長林二位這幅「問樵」，王長林的樵夫站得是四平八穩，余叔岩的脚也擺得好看，就這麽稍爲一掂脚，其中包含了無窮學問，這種戲照，足以示範後人，永垂不朽的。戲班中有兩句話，講得最明白不過，「看你一伸手，知道有沒有？看你一抬腿，知道會不會？」旨哉斯言。

余生也晚，沒有見過余、王二大賢，可是香港見過他們的人不少。大千居士和余叔岩交稱莫逆，本刊下期就有大千居士「談余叔岩」的文章，還附刊張善子、張大千昆仲合作送給余叔岩的「丹山玉虎圖」彩色插頁，先此預告。

據孫養農先生形容余、王二位合演此戲之妙：「……等到與樵夫見面，所做身段之美妙，簡直非筆墨所能形容，在『是高子還是矮子，是胖子還是瘦子，』兩句中做四個身段的時候，台下人會逐句覺得台上人忽而高大，忽而矮小，忽而臃腫，忽而枯瘦，眞是神乎其技。在唸『黑漆門樓八字粉牆』的時候，與樵夫之高矮像，飛翔偃臥，水袖及身上，與鑼鼓點子嚴絲合縫。這場戲裏的范仲禹固然重要，但是樵夫也非功力悉敵的人不辦，兩個人都要武功好而不外露，外表看上去，一個是斯文儒雅，一個是老邁龍鍾。曾記得當初看余叔岩與王長林合演時，二人之間的手眼身法步，緊湊嚴密，可以合而爲一。……」正是知余、王者之言。

我曾在京劇「全部大名府」中看到劉斌崑演過醉皂隸，後來才知道這齣戲是所謂「拆戲」，是從崑劇「紅梨記」中拆出來的。有次聽我舅父和周信芳說起，此戲雖小，却分爲兩派，有「南醉」、「北醉」之分。那時富貴人家唱堂會，喜歡掂演員的份量，竟有點明要「南醉」「北醉」同場演出的。劇情、曲白、扮相、動作都相彷彿，主要是「南醉」唸蘇白，南皂隸名爲許仰川，「北醉」唸揚州白，北皂隸報作陸鳳萱，這一點分別而已。在這些地方，老藝人便能各顯神通，當時他們還談到這兩位演員的名字，可惜我已記不得了！

華傳浩演「紅梨記」醉皂之陸鳳萱

華傳浩演此戲，用的是揚州白的本子，所謂「北醉」。但他們在科班中學戲，却是蘇白、揚白兼學的，例如「教歌」中，華傳浩例演蘇州阿大，王傳淞則演揚州阿二。

「醉皂」之中，皂隸脚底下的功夫，也很不凡，尤其在此戲中要踤兩交。因爲他人在醉中，事前意識到要跌，不願意跌，而又偏偏跌了下去，一跌不算，還要接連跌第二次，其難可知！尤其此戲名爲「醉皂」，應當着重「醉」字，雖然崑劇中也有不少醉態，像「山門」中的魯智深，「安天會」中的孫悟空，「醉寫」中的李太白等，但因人物身份有異，這些表演手法也就完全不同了。

南方崑班中，還有幾句老話，名爲「老外老旦，唉聲嘆氣；小生好因大細（蘇州話好出身）；正旦哭天哭地；小旦嗲聲嗲氣；大面頂天立地；二面勿得好死；小面跳來蹦去。」像「醉皂」中的丑角就需要跳來蹦去的。

崑丑中尙有所謂五毒戲的，用五種毒物，作爲五齣戲的代表，都是極難表演的：

「盜甲」中之時遷—壁虎，
「問探」中之探子—蜈蚣，
「下山」中之小和尙—蛤蟆，
「羊肚」中之張驢兒母—蛇，
「別兄」中之武大郎—蜘蛛。

以上五齣戲，其中張驢兒母屬於丑婆子，其餘都是丑角戲。

審頭刺湯

余叔岩曾經說過「方巾丑是代表一種文人無行的人，並不是胸無點墨的小人，所以在卑鄙之中，要帶點文雅之氣，像湯勤這個角兒，他是清客一流的人物，雖然居心不正，但究竟是斯文中人，所以各種身段跟神氣，和傍的小花臉不同，好些都是從崑腔裏來的。」

孫養農尊人孫履安，曾從羅百歲學丑角戲，得冷雋之妙。某年北上，票演「老黃請醫」及「審頭刺湯」雙齣，余叔岩往觀劇後，贈以評語曰：「請醫獨步一時，審頭尚欠功夫！」履安問其故？余叔岩舉前述之言相告，並且手持摺扇，當場表演方巾丑之特色；時養農在傍，漫不經意，余叔岩就和孫養農說：「你不是想學『打棍出箱』嗎？在『問樵』的一場，老生唸『待我嚇他一嚇。』的時候，那個身段不就是從小花臉身上搬過來的嗎？」孫養農一聽此話有理，就全力注意余叔岩所演湯勤的方巾丑身段，祇見他完全脫胎換骨，活畫出一個文人無恥的模樣。養農此時方明白，戲中的玩藝兒，全可以觸類旁通。余叔岩對於各門角色，無不探本尋源，求其出處，眞是能者無所不能！

「一捧雪」中的湯勤與「羣英會」中的蔣幹同屬方巾丑，自然他們之間有一些相像，有幾點方巾丑必備之點，如文縐縐……之類，在蔣幹如此，湯勤亦必如此，但他們兩人實在有一點基本的不同，蔣幹雖然過江盜書，但他是曹操眼中的書獃子，所以一舉一動，雖想弄巧，終致成拙，是一個標準的喜劇型人物；湯勤則不然，爲人陰險，又兼好色，凡所作爲，無不使人爲之凛然，所以「一捧雪」絕不是一齣喜劇。過去許多文人雅士，都愛好演這戲中的湯勤，寒雲公子袁克文，善演此戲，演不一演；戲劇家洪深亦會在一九五五年，與梅蘭芳、周信芳合演此戲，當時北方舉行梅周舞台生活五十年紀念，洪和梅、周都是一八九四年光緒甲午年生的，肖馬，被稱三馬同台，傳爲佳話。

蕭長華演「審頭刺湯」中之湯勤

湯勤的職業是裱褙，亦即是裱畫匠，他在「審頭」中也說：「…想當年小官不得志之時，在錢塘買賣字畫爲生……」可見得他不但精於裝裱，還兼做書畫買賣。在他的道白中尙有「……見我的字是眞草隸篆，畫乃水墨丹靑……」可見得他兼擅書畫，表面上也相當風雅。

湯勤眞名湯傑，字俊之，他的裝裱是有名的，湯勤是戲劇中假託的名字，事實上確有其人，現在台北故宮博物院中藏有趙孟頫畫的「重江叠嶂圖」，就有湯的裱後題識。相傳「一捧雪」這戲，影射的就是「淸明上河圖」故事，將玉杯名「一捧雪」作爲戲名，主角莫懷古，正是喻人「莫」要「懷」戀「古」物之意。

湯勤雖然作了一名小官，跨進了嚴府，但在嚴嵩的兒子嚴世蕃目光中看來，他仍是奴才。當劇中嚴世蕃聽從了他的話，行文去捉莫懷古提頭來見的時候，在湯勤可以說是十分得意、躊躇滿志了，但嚴世蕃仍舊不忘其應有的嚴厲，警告他以後「當講則講，不當講要少講！」最後更哈哈一笑，殿以一句「湯勤，隨我來啊！」最簡單的台詞，前後都有呼應，這些精鍊的台詞，正是入木三分！

湯勤這個人物，是讀書人，又是嚴府幕賓，所謂上流人物，要演出形似風雅而內藏奸險，通過虛浮的外表，看到內心的實質，旣要使人見了可笑，還要使人覺得可恨！

蕭長華晚年，曾先後和程硯秋、張君秋灌了「刺湯」的唱片，他在湯勤進帳以後，說了一句「小娘子，你要豪燥點……」，這「豪燥」兩字，就是道地的蘇白，證明了余叔岩所說的話——方巾丑好些戲都是從崑腔裏來的，所謂「蘇丑」本色也。

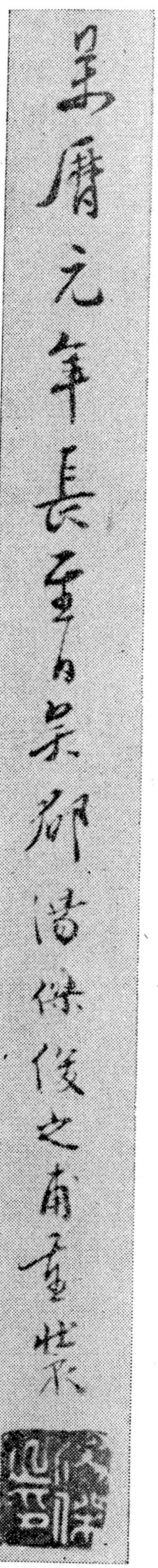

湯勤眞名湯傑，是明代一位著名的裱畫家，他裱了書畫，還要加上題識。

（張鼎臣先生藏）

武丑工架

武丑亦名開口跳，着重唸白、武工。前輩有位張黑，名占福，武功極好，可惜有怯口之病，唸白不夠流利。王長林藝兼文武，而且肯提携後進，馬連良時常贊揚這位老前輩。馬連良說：「當年在上海亦舞台演『打漁殺家』，我的蕭恩，白牡丹（其時尚未改名荀慧生）的桂英，王老先生的教師爺，其神氣之佳，在台上儘看他『兜』着我們。他跟白牡丹演『小放牛』，就跟一個小孩子似的在台上玩兒，他腳底下的工夫好得不得了！因爲他是武丑底子，像演『羣英會』、『一捧雪』等，就不如蕭先生了。」馬連良口中的蕭先生是蕭長華。當年富連成許多學生中學武丑的，大都先在蕭先生門下學藝，後來又「過堂」到王長林那兒去的，例如葉盛章就是。

王長林卒於一九三一年，即民國二十年，享年七十四歲，當時他們北方梨園界有所謂「商山四皓」的，就是王長林、龔云甫、錢金福和陳德霖。王長林年事較高，錢金福、龔云甫、陳德霖三人是同年生的。

傅小山演「連環套」盜鈎之朱光祖

王長林謝世後，馬富祿要學武丑戲，又拜傅小山爲師。傅小山身材短小精悍，善於跳躍翻騰，楊小樓晚年，亦曾用傅小山爲配。

一九六三年夏天，大陸派「北京京劇團」來港演出，馬富祿亦和馬連良、張君秋等偕來。臨別紀念時，忽然貼出譚元壽、小王玉蓉、馬富祿合演的「打漁殺家」，我問馬富祿：「你演的教師爺是王派還是傅派？」他說：「全有，您瞧吧！」演出之時，神氣佳妙。等他們賦歸時，馬富祿忽問我：「那天我的教師爺怎麼樣？」我笑着和他說：「你那天的白口響堂，以壓倒形勢，顯得對手較弱，若此戲你和連良、君秋合演，相信還要好！」君秋在傍插口說：「他怕我到台上眞打他！」連良聽我們說時，微笑不言，當時戲語，猶在目前，而連良已逝，永難再見了！

馬富祿（右）荀慧生（左）合演之「十三妹」

丑角博學多能，須兼曉各角劇詞，後台規例，非丑角先動筆開臉，他角不敢動筆，也是尊崇丑角之意。據苗勝春先生告訴我：「戲班中的規矩，每個角色在後台的時候，都有一定的座位，生旦坐大衣箱，武生坐二衣箱，花臉坐在彩匣桌傍邊，武行則雜坐在把子箱附近，各有定所，不得混淆，以免紊亂；祇有丑角可以隨意亂坐，不受此種限制。據說起於唐明皇（一說爲後唐莊宗）酷好戲劇，嘗命羣臣在後宮演戲，衆大臣唯恐失儀，及分派角色時，都不敢演丑角，唐明皇察知衆意，就慨然提起筆來，在自己臉上勾了一個小花臉，以示提倡，羣臣歌舞盡歡，而丑角之身份，亦從此提高矣！」

那次我還問過馬富祿，現在還有沒有這些規矩？馬富祿說：「現在後台有椅子，根本不用坐衣箱，這些規矩全沒有了；不過到了後台，他們還是讓我先開臉，因爲我現在也成老藝人了！」馬富祿和馬連良同年，都生於一九〇一年光緒二十七年辛丑，今年也七十歲了！

關於丑的含義，說法不一，或曰丑者醜也！又曰丑屬牛，牛在動物中較笨重，丑角動作靈活，恰爲牛之相反；猶之乎淨角之淨字，臉上塗得花花綠綠，何淨之有？亦相反詞也。

曾見戲班中祭神，案上設五碟，一碟花生代表「生」角，一碟雞蛋代表「旦」角，一碟染有顏色之豆腐皮代表「淨」角，一碟鹽代表「末」角，一方豆腐代表「丑」角。台上小丑，臉上皆有標記，惜乎世多丑角，却無從識別耳！

我為「韓青天」站堂

（相聲小說）

·郝履仁·

我們電影界有位老前輩——郝履仁先生，大夥兒稱他為「老郝」，他曾在山東躭過很久一個時期，做過省政府屬下的實習員，為「韓青天」站過堂。我們在片場餘暇，時常三三兩兩的圍着他，聽他談談這些逸聞軼事，但聽過也就忘了，怪可惜的！老郝能說相聲，請他記下來，就跟聽他說相聲似的，無以名之，就稱它為「相聲小說」吧！

李翰祥　金銓

（以推介先後為序）

記得我幼年的時候，每當盛暑，總喜歡拉一張涼蓆，鋪在大廳的磚地上，一個小枕頭，一把小扇子，聽那些出門歸來的父執輩或是年齡比我大的兄長們，無拘無束、天南地北的閒談。及至我的年齡稍長，我也有機會，東跑跑，西跑跑的時候，到了那些地方，所見到的實際情形，居然跟我幼年所聽到的，竟沒有什麼兩樣，可見當初他們雖然是閒談，而所談的全是實話。

民國二十二年（一九三三）那段時間，我在山東濟南，時常看見「韓青天」。如果說關夫子是「丹鳳眼臥蠶眉」的話，那「韓青天」就是「三角眼吊客眉」，决非誇張的形容。我記得當時他不僅是第三路軍總指揮，更是山東省政府主席，可稱的起是上馬管軍，下馬管民，一人之下，萬人之上的。那時馮玉祥高臥泰山，我們那位「韓青天」最怕他，所謂一人之下，就是指的馮玉祥。

「韓青天」不但握軍民兩政之大權，他最感興趣的是問案子，不時的要站堂。照理說「大老爺坐大堂」啊？不，他問案是站着問的，別以為他口滯，許多希奇古怪的案子，他能三言兩語結結巴巴的就解决了。但是我一談起來，有時候覺着仍有餘悸，因為我為「韓青天」站過堂。雖然沒有「唔——」這麼一聲堂威，但是耍句京片子，可眞夠瞧大半天了！

半夜查窰子

什麼是窰子？這是句北方話。廣西話是特察里，上海人叫長三、么二，漢口的聯保里，北平的大李紗帽胡同、小李紗帽胡同、百順胡同、石頭胡同、朱毛胡同、韓家潭、王廣福斜街、櫻桃斜街，總名叫八大胡同。在山東呢？是濟南府的緯八路。

總而言之是娼妓聚集之地，為了公娼制度應否存在，中外的社會賢達，立法機構，不知道費過多少唇舌，打過多少筆墨官司。但是韓主席對窰子的管理以及對窰姐的約束，不能不談。因為他的辦法兒：：很「絕」。

第一、窰子區域指定在商埠區的緯八路，因為離着市區遠，免得有傷風化，誘人作不道德的行為。第二、窰姐兒不准出來，想叫條子，出堂差，辦不到。想穿着高跟鞋絲襪子，坐在嘩亮的人力車上，架着二郎腿，花枝招展賣弄風情啊！不行！韓主席令出如山，別說叫執法隊碰上，就是該管警察也饒不了你呀！再說也沒那個敢，您說誰肯拿粉嫩的屁股跟軍棍去示威的呢！那？：：窰姐總不能不出來買點東西啊？可以。但是必須穿制服！那位說：「窰姐也穿制服？」嗯！這是韓主席的硬性規定。不但得穿制服，還得掛上特製的徽章呢！

她們的制服是長袖旗袍一件，袖口得到手腕，不准長，更不准短。按照各人的身材旗袍必須離腳面一寸半，別說想開衩，露出大腿啦，露出小腿兒都不行。這且不言，旗袍外面得罩上小背心，還必須元青色。在胸部右邊兒扣一枝桃花形、為窰姐特製的徽章。乾脆這麼說吧：梳上大板兒頭，換上盆兒底鞋，一上台，演四郎探母的鐵鏡公主啊，就不用再化裝啦。

想住窰子，可以，在緯八路的路口上，有一座專管樂戶的卡子，不能叫花捐，因為司理花捐的應當叫花捐局。既是局嘛——起碼得委個局長啊，沒有，這卡子裏的負責人有職無銜，專管窰姐兒們上捐，及嫖客住夜的捐票，買了票就可以住夜啦。

十八歲以上的女子，上了捐可以營醜業，至於是否十八歲呢？那時候不興出世紙，難說，不過韓主席法美意善，用心良苦，倒是眞的。但是二十二年除夕，事情來啦。

韓青天

過年啦，在濟南有家的同學回家團年去啦，剩下我們五個無墳無廟的孤魂，承大厨房大司務的好意，有酒有菜，樂樂哈哈吃了一頓。這大年底下總不能悶坐冰房啊！那屋子太冷，室內無火，名爲冰房。

五個人開了個小組會議，各傾所有，得大洋十餘元，載上三塊瓦的棉帽子，甩開大步，直奔進德會而去。打地球！如今新名詞兒，叫保齡球。無巧不成書，一進球房，就聽着……

「哈哈……好小子……你來啦！我正發愁呢！來來，沒說的，陪我打幾盤！」原來是孫老太爺。他是師長孫桐萱的父親，也就是孫桐崗的尊人。

此翁年逾古稀，身强體健，最喜歡打地球，這官差我非當不可啊，連打五盤兒，老太爺面不改色，我可是氣喘如牛啦。

「小劉，你陪老太爺打幾盤，我我……我得休息休息。」我實在受不了，拉小劉下海！

「小伙子年輕輕的，沒有用啊！」老太爺說時十分得意。

小劉又陪着打了四五盤，眼看着又要敗下陣來。球房的伙計靦靦靦靦的過來啦。

「嘻嘻……嘻嘻……老爺子！嘻嘻…」伙計手上拿着熱騰騰的毛巾，想說，又怕！

「幹什麼？」孫翁正打的興頭上。

「老爺子！嘻嘻今兒個！嘻嘻今兒個大年三十啊。」

老太爺一楞，「哦！對，對，過年咧！看，你不說……我還忘咧哈哈哈哈」孫老太爺癮頭兒眞大，只顧打球連過年都忘啦。「好咧好咧，算算！連枱球（彈子）帶地球多少錢，都算我的。」他全給了還不算，另外給了一塊錢小費。套上大皮襖，興匆匆的出門而去，臨上車還對我說：「小伙子，咱們明年見。」

球房的伙計上門板，我等五人也衝風冒雪而回，一路之上你一言我一語的……

「嘻嘻巧啦，咱們合算一個子兒沒花啊。」

「這才十點半鐘啊，過年啦，這麽早回去？……」

「不回去上那兒啊？」

「咱們逛窰子去好不好？」

「開玩笑啦！我們去逛窰子？讓執法隊碰上！大年三十晚上……找那霉倒嗎？」

「哎，咱們逛日本窰子啊！」

「日本窰子？」

「別說今天，平時執法隊也沒查過日本窰子啊！」

「少廢話，走走，你們也開開竅兒！」

我們這五個傻小子，到了新商埠，一拐灣兒進了横小街子，抬頭一看「扶桑館！」

我外行，一看一楞！雙叉着膏藥旗，交义之處，掛着白紙條子。

「等會兒！別進去了。」我說。

「到門口兒不進去？」

「人家辦喪事哪！八成他們掌櫃的死啦！」

「別挨罵啦！日本人過年跟咱們不一樣，人家不掛紅！少廢話，進來吧你！」

於是我們五個魚貫而入，個中滋味就不必細表啦，不過一小時，五個人又魚貫而出。

「這不行啊！咱們大夥兒得洗個澡去！」

「對！」直奔銘新池。等到洗澡已畢，滿頭大汗，回到我們冰房，已經午夜一點多啦！

摘下帽子一翻個兒，把茶壺坐入帽內，結上帽絆，看了看不由的笑了起來。心說：「當初發明這種帽子的人，眞聰明，白天是帽子，晚上當茶壺套兒，一物二用！嘻嘻……眞有趣。」

解衣就寢，剛往冷冰冰的被窩裏一鑽……一聲命令！

「各位實習員！省府大禮堂集合！主席問案！」電話房的小李，提着中軍傳令似的嗓子，直嚷：

一下子就坐起身來，「不好！扶桑館風流案發！咦？……怎麽？這麽快小報告兒就遞上去啦！」小哥兒五個，疑神疑鬼，面青面白。蹬褲子打綁腿，穿制服紮皮帶，戴上帽子出門就跑！

雖說不遠，也走半天！及至來到省府大門，轉過影壁，一看！只見大禮堂上已是燈光明亮。緊走幾步，不想主席已在門口階台上站着呢，四名衛士，腰裏插着盒子砲，背上掛着大砍刀，緊緊護衛的不離左右。

我們五人單行縱隊，立正敬禮。心裏是十五個吊桶，七上八下！

主席却含笑還禮，說：「怎麽就……就……就是你們五……五……五個呢？」

「報告主席，別的同學有家，都回家過年去啦。」

「那……那你們就……就多辛苦啦！上……上……上車吧！」主席挺和氣！

這時候我眞是如同遇上丈二的和尙，摸不着他那頭在那兒，可是知道決不爲風流案發，才放下心去。往墻邊停的大卡車，一爬而上。

主席座在司機位旁，我們一羣都站在車箱上。幸而都穿着制服，否則的話，四個衛士押着五個，不像去侯家大院，執行槍決才怪。

究竟上那兒去？去作什麽？誰也不知道，誰也不敢問。

車拐出院前街，出了城，直馳商埠！經過扶桑館横街的巷口上，不由我不渾身發冷。

商埠的馬路平坦，燈光明亮。車子也就加速馬力，好在偶而有個崗警，並無行人，車也越開越快。

緯二路，緯三路……緯……路，直往車後跑！究竟上那兒？「不知道！」及至快到緯八路啦，車才漸漸的慢了下來。

車開到了緯八路口，停定之後，主席從車頭座上下來了，用手一招，輕聲說了一句：「下車！」我們這羣自然不敢待慢，雖已紛紛落地，但是怎麽回事呢？還是那句：「不知道。」

青天大老爺的扮相

「你們倆……倆個站在這兒，」主席指着我們一個同學與他的一名衛士說。「許……許人進去，可……可不……准他……他出來，知……知道嗎？」

「知道！」

「走——」韓主席在路口派下雙崗之後。帶着我們繼續前進。走到了路盡頭，又派了雙崗。

此時剩下我們三個同學與他的兩名衛士。

「叫……叫門！」韓主席直接對我下達命令，這是生平的第一次，也是一生中僅有的一次。

這時候他的兩名衛士，早已拔槍出匣，扳開了槍機。氣氛之緊張，希治閣看見，一定O.K.。

「開門！開門！」

窰子裏有坐夜的：「老客啊，姑娘都上車啦。你老到別家去吧！」在門裏答話。

「叫你開門呢？」

「幹啥的呢？」

「查……查窰子的！」阿彌陀佛，韓主席到現在總算把這寶盒蓋兒給掀開啦。我心說：「噢！原來是查窰子。」

「你老是？……」

「執……執法隊兒的。」主席有點兒不耐煩啦！

「老總啊，你老不是執法隊的，你老想過夜，請到別處吧，俺這兒的姑娘都上嘍車咧。」這坐夜的雖然不認識韓主席，但是在門縫裏看出韓主席是冒充執法隊的。因為主席臂上沒套着執法隊粉紅色的臂章。他……楞不肯開門！

「我是公安局的，放心開門吧！」這時候我只有挺身上前啦。

「喲？今晚上準是出了什麼事咧！軍警聯合大檢查呢！」坐夜的嘟嘟嚕嚕的，算是開了門。

費了半天事，砸開門，逐室搜查。果然。除了坐夜之外，連老鴇子都回家過年去了。

沒想到從此之後，一路順風，整條緯八路的門全開了。因為房連房，院連院，半夜三更咳嗽一聲都聽的很清楚。所以各戶坐夜的，都自動把門打開，等着軍警聯合大檢查呢！

說也奇怪，這大年卅晚上，居然有三個住窰子的。韓主席滿心歡喜：「帶……帶他們……回……回回去。」於是我們押着這三個倒霉蛋兒，一同上車，奏凱而回啊！

及至回到了省府，進入禮堂。這時候天已微明，主席轉入後進，回公館啦。

四個衛士看守着三位嫖客，我們照着往日的規矩，整隊站堂如儀，候了好久，不見主席出來。

這三位嫖客，折騰了一夜，早就疲倦不堪，於是依墻靠壁蹲在地下，剛要打盹。突然之間，腳步聲響，進來了一排執法隊。

排長帶着，跑步入堂。一聲口令：「立定——」。「一三兩班在左——二四兩班在右——帶開——」排長口令剛發出，各班很迅速的跑步，各就各位。「啊——」的一聲，拔出了盒子炮，十分整齊。

以上的情形，在我們是司空見慣，不以為意；但是這三位嫖客，可是大姑娘出嫁，頭一回呀。這一驚非同小可，別說打盹呀，嚇的差點兒拉拉褲。因為韓主席判案，沒有準譜兒，是出了名的。心說：「怎麼着逛……逛窰子也槍斃啊！」那可太冤啦！

當此時也，只聽：一聲口令「立正——」。韓主席已經脫了戎裝，換上長袍馬褂，緩步昇堂矣。

「帶……帶……帶到前邊來！」主席一聲帶——早有執法隊，倆人兒伺候一個，押了過來。

韓主席微微的睜着三角眼，對着三個嫖客，仔仔細細的相了半天面。却說三人之中，有一個頭戴黑布棉帽，身穿黑羊皮襖，黑色棉袴，黑布鞋襪。蹲在地下像一堆烟兒煤，站起身來像半截鐵塔。

韓主席看着這人奇怪，不由的就問啦：「你……你是……幹……幹什麼的？」

「報告主席，我是開火車頭的。」此人操着天津口音，實大聲宏，震的大禮堂嗡嗡作響。

韓主席慢條斯理的說：「這……這火車頭……往……往窰子裏開？那……那窰姐兒……受……受……受的了……嗎？」

大禮堂中變成了相聲場子，哄的一聲，全堂大笑。這是我從站堂以來，從未遇見的情形。

「大……大……大年初……初一，」韓主席等大家笑過之後，接着說：「過了年啦。也……也就是說，春……春……春……春天到：…到啦。春……春天一到這陽氣上升，這這梅……梅毒就該發啦，所以我……我把你們請……請請請來。勸勸勸你們少……少少貪花！」韓主席查窰子，合算不是抓人，敢情是請客。

「你們沒……沒事啦，回去：…吧！」韓主席把人耍了一夜。就此退堂。可是那三位倒霉的嫖客，有沒有去退票，就沒下文啦。

至於我們五個，可並沒白辛苦，主席賞了每人一個紅包。回到冰房打開一看！「嘻嘻……又新又亮的一枚小袁頭！」當時值五毛大洋，這一夜總算沒白玩兒。

上堂審造反

●此案之被告人的姓名，年齡，籍貫，犯案的地點，因相隔已經是卅七年了。我實在記不清楚，好在既非寫歷史，又非造統計，只是把些可笑的情形，憶述如下：首先敘述案情，這天韓主席升堂問案。問的是一個鄉民，所犯的罪，是「意圖顛覆政府」，證物是砍刀，步槍，匣槍，苗子槍。（即鋼尖，紅纓，白蠟桿子槍）各百十枝。照當時情況，足夠編制一營五百人的，不僅此也。並且有令旗，令箭，龍旗，玉璽。經辦此案的縣政府，派了民團、縣警鄭重其事的，押解進省。在下有緣看了一齣不花錢的蹭兒戲。何以呢？因爲我是龍套。「站堂伺候——，」這裏頭有我一份。

照我的心裏想，這位既是想作皇上的人，不是龍眉鳳目，兩耳垂肩……最少也有朱洪武似五嶽朝天之相啦。不，非也。結果大大的出乎我意料之外。

各位一定有喜歡聽戲的，名角中馬連良、馬富祿，科班中李盛藻、葉盛章多次演出過一齣戲「失印救火。」其詞兒如下：「下官金祥瑞，一天三個醉，醒了我就喝，醉了我就睡。」

嘻嘻……這位眞龍天子就是活「金祥瑞，」前雞胸後羅鍋，不但拐着腿兒，外帶雞爪兒黃連。當時缺少一位打鼓佬，否則的話，「嗒嗒——嘿——嗒嗒——嘿——」。省府大堂，就變成吉祥戲院啦。

我一看，趕緊把舌尖放在上下齒之間，猛咬。因爲我怕笑出聲來不得了。主席一翻眼皮，可能把我給槍斃嘍！

主席站在公案後面的木台上，吩咐一聲「帶……帶。」這位眞龍天子，由倆位執法隊伺候看，一拐一拐，好不容易的才讓他拐到了公案之前。

我敢負責說一句，如果不是因爲案情重大，氣氛緊張。省府大堂的房頂，准能笑塌嘍。

以下是案情的錄供。主席是「問」，犯人是「答」。

就憑你……你……你這個揍像！你……你……你……你還想……想……想作……皇……皇……皇上嗎？

報告主席，俺沒想作皇上。

你……你……你……不想作皇……皇上？

是！

那這玉璽……是……是……是爲爲爲啥刻……刻的？

報告主席，我不想作皇上，我是想着保一個人作皇上啊！

各位讀者，問至此處，不但我們奇怪，韓主席也吃驚不小。他心想：「怎麼說？山東出過聖人；如今又要出皇上？這地方是什麽風水？」因而又問。

你想保人作作作作皇上？

是。

你……你你想……保……保保誰作皇上呢？

報告主席，我想保主席你老作皇上呢！

這一句話不要緊，整個兒大堂上的人，就像拍電影用特技一樣的——停了格，全楞啦。

韓主席面黃面紫的楞了好一時間。終於結結巴巴的，說：「你：：你……你渾蛋！你……你……你渾蛋嘛！滾……滾……滾出去！滾……滾……滾出去！」

眞龍天子雖說腰腿兒不太俐落，到了此時即刻伏地叩首。曰：「謝主龍恩！」

如此一件意圖顛覆政府的公案，也就不了了之。

鎗斃送信人

這天主席昇堂問案，我們當然「站堂」如儀啦。今番執法隊，可不止一排啦，大禮堂的，前，左，右三面，團的密密麻麻；後面因爲通主席公館。我只一個頭，砍了就再裝不上啦，所以不敢看。我一見這種景像，心裏想：「今天准要出大差！」果然。「立正——」主席雖是軍裝，但是沒戴軍帽，沒打綁腿，也沒紮武裝帶。大約剛用過午飯，再加上天氣熱，大堂的人又多點。主席一面緩步登台，一面用白手絹擦腦袋。

我心說：「今天槍斃的人，決少不了。」因爲韓主席問案，向例如此，只要他用手絹一擦汗。這犯人的小命，兩字：「玄乎！」如果主席只在頭頂上邊擦汗，手不往下走，擦着擦着，用手向右方一擺，這犯人的祖先有德，放心！活啦。

最怕是韓主席的手絹，在腦殼頂上打轉，轉着轉着，由額頭轉到眉頭，由眉頭再往下擦，過了鼻子。往下猛一捋——得！那可事情大了，「玩完！」

當此時也，執法班長會叫這犯人：「站那邊兒！」這個犯人就站在左邊去啦。

照理說，問案問案嘛。您倒是問問哪！不，該死的太多！麻煩，本主席會看相，不該死的頭上有佛光！該死的頭上冒黑氣。主席神明如電，所以能看的出來，我啊……肉眼凡胎，連門兒都沒有啊！

這天活該出事，濟南有位巨紳。此公姓沙，在張宗昌、褚玉璞作山東督辦的時期，非常的尊敬他。韓青天到山東，又稱此人爲老師。至於他的品學如何？我只見過一面，不敢胡說。套句北方土話吧：「一拌豆腐下醬油，就不必細言啦。」

主席看相，看的正在起勁的時候，老師差一小僮，給主席送了封信來。

「報告主席！沙老師打發人送封信來。」執法班長報告說：

「先放桌上！」「他等着回信呢！」

「叫他站在邊兒上等嘛。」主席正急着看相，稍不留神，人命關天，是鬧着玩兒的嗎？別攪活。

這小僮從未見過這樣的大陣仗。聽了倒很高興，笑嘻嘻的靠左邊一站，看主席問案。說實話，這種站票還眞買不着，您有錢？他不賣啊。等主席三擦兩擦的，擦完了汗，也就是一千人犯，當殺者殺之，當釋者釋之的結案啦。

主席手執來信，一轉身……「立正——」退堂啦。執法隊三個伺候一個，把站在左邊兒的，五花大綁，細起活兒來。只聽其中一人：「唉唉，哎——怎麽綑我呢？報告主席，我是送信的——」

「送送送信的也……也斃！」主席連頭也沒回啊。執法隊一聽，對咧，主席說的，錯不了啊。猛虎搏兎式，細細架架，呼呼擁擁，上了卡車，押着這批該死的囚徒，直駛侯家大院，執行槍決啦。

那批不該死的，正由執法班長看着塡保單的時候。主席手持覆函：「沙沙老師的人哪？」

「報告主席，斃啦！」

「啊！怎麽？把他斃了？」

「主席退堂的時候說，送信的也斃啊！」

解決離婚案

據我所知有關於離婚的案子，如果不攙雜其他的案情，應當屬於民事訴訟。而民事訴訟的案件，往往一審再審，拖個三年五載，是很普通的。尤其早年人們有句俗話：「寧拆十座廟，不破一門婚。」據說破人婚姻，非常缺德，會傷陰騭的。所以各級法院的推事們，凡對有關離婚案件，多半愼而重之，不肯輕易判決。

一天朝會，星期一三五在省府操場，星期六在進德會，韓青天從來不舉行紀念週，他請來了高等法院的吳院長，爲我們講話。在早會的大坪台上，韓問吳說：「怎麽樣，近……近來忙……忙吧？」吳答：「忙，很忙！」「打……打官司的很……很……很多嘛？」「多！多的不得了！半年一年的都清理不完。」「都……都……都是……什麽案呢？」「離婚案子最多，一百多件。」

韓主席一聽，「嘻嘻……嘻嘻。」直樂。「我……我……我幫你問問，行嗎？」

照理說高等法院是屬司法部管，司法是獨立的，與省政府，平起平坐。民事案件省主席那會有權過問呢？但是吳院長與韓主席平日的聯系很不錯，所以吳院長認爲韓主席是開玩笑。因此隨口答了一句：「主席肯幫忙那就太好了！」

沒想到弄假成眞，過了沒幾天，韓青天派了一名副官帶了兩個伙伕，挑着担子，拿着片子求見吳院長。說：「主席想看看離婚的卷子，看完了就送回來。」是韓主席要看看，既然看完就送回來，不行也得行，就檢齊離婚案卷百十餘宗。交由來人挑去省府。

三天之後，電話房小李，提着嗓門：「各位實習員——省府大禮堂集合——主席問案——。」韓主席每貼「包公案」，沒開鑼呢，我們就得先上「徐策跑城」。傻哥兒幾個，一氣跑進省府，嘿！滿座兒！只見大禮堂上黑呼呼、烏壓壓的一片，盡是人，少說也夠三百。

不知道從那兒借來的長條木凳，一排排倒也整齊。年頭雖已進入文明，男左女右，不能混亂。今番的執法隊僅僅是一班之數，不多。雖說背上跨着大砍刀，腰裏的盒子砲可原封未動，沒提在手上。除了我們站堂如儀，主席的勤務隊初次合作。只是他們的眼珠子，不時的，儘往女座上飛。大堂公案上擺滿了一尺來厚的卷宗。公案之下的磚地上，左邊放着兩根籐條，右邊放着一副布質的鞋底板子，其他的道具，只有幾條麻繩。所以氣氛比往日輕鬆的多。我遊目細看，很少滿面紅光的，大多數都愁眉苦臉，這光景不像打官司，像請願。

「立正——」韓主席升堂。大家全站了起來。

「請……請……請坐請坐。坐……坐下好說話。今天沒……沒事兒，咱……咱們多聊聊！」主席非常和善，他今天身穿毛藍布的大掛，足登元青色的布鞋，最當眼的是鞋幫上釘的那塊皮補釘。足證韓主席的儉德可風，連雙新鞋都買不起。衆多百姓見主席叫坐下，於是紛紛落坐。

韓主席站在台上，眯着眼睛畧一看，含笑的自言自語：「眞……眞不少啊。這……這……這都是想離婚的啊？」

「報告主席，我是！」男賓之中站起一位少年，氣勢洶洶，大概是等的不耐煩啦。

「你……你……你過來。」主席對着他招手。那少年走出行位，來在公案之前昂然而立。

「你……你跟誰……打……打……打官司啊？」主席問。

「報告主席，跟我老婆離婚！」少年答。

「你……老婆？嘻嘻……在那兒呢？」問。

那少年用手向女座中一婦人，指了指：「她。」

韓主席順手看去：「是……是……是那一位呀？站站……站起來。」只見女座中，一位小婦人，荆釵布裙，垂首而立。

「妳……妳……到……到前邊來……來。」那婦人欵動金蓮，慢條斯理的，走到公案之前，俯首襝袵，眼看着就要磕頭。主席本來就口滯，這一急越發的結巴：「快……快……快起……起起起來。現在是啥年月，還還還興興興這個麽？妳妳妳抬起頭來，讓讓讓我看看。」小婦人滿面憂戚，怯生生的仰一仰臉，隨又垂首，淚珠子一滴滴的落在地下。

韓主席看了看，稍稍想了一想，就問那少年：「你……你們成親幾……幾年啦？」「五年！」「誰……誰主的婚呢？」「父母！」「有……有孩子嘛？」「沒有。」「年輕輕的，五年都……都不生……生養……養嗎？」「那誰知道呢。」「你……你念過書嘛？」「念過。」「念過四書五經？」「報告主席，俺在煙台上學，沒念過四書。」

韓主席臉上有點變色，「洋：：洋：洋學生！」細心的再看了看那少年。接着就說：「既是父父母作的主，你們就是結結髮的夫妻，糟糟糟糠之妻，不：：不可欺呀！糟：：糟糠之妻，不：：不下堂。我我我勸你帶帶帶着她回回回去，好好好好的過日子。」

「報告主席，你看她那個樣兒，我沒法兒帶她家去，請主席作主判斷離婚。」少年很堅決。

「那：：那那妳呢？」韓主席轉臉問女方。

「俺不離。」小婦人音容凄涼，聲淚俱下。

「你看，」主席對男方說：「她五官端莊，又不瞎，又不聾。四：：四肢也：：也不殘廢，俗話說，娶娶妻：：在在德，不：：不在美呀，我勸你：：想想想楚嘍。」

「報告主席，我早想清楚啦，你老作主吧。」

「我：：我作主？我我我作得了主嗎？」

「作得了。」「那：：那好，可可我說了可得算哪。」

「主席說了能不算嘛。」「好好好，既是我說了算。我我我叫你帶她回去，好好好兒的過日子。」

「主席，俺打的離婚官司？」

「離婚得：：倆倆人都都願意才行。你：：你你想離婚：：就就離婚嗎？」韓主席此時的面上，雖未補裝，可是紫色加濃了。「我：：我不作主，你你你要叫我作主。我說了，你你又不依。拿着我耍耍耍着玩兒嘛！」主席三角眼一示意，立刻過來四個勤務隊。「跪下！」對着男子的腿腕子就是一腳。四個勤務隊，在少年的前後左右一面一個，左右二人各揪住一隻胳膊，面前一人從少年的背後，用手一揪起衣服，背部可就露了出來。

「拿拿拿我耍着玩嘛！打打打四十。」後站的勤務隊員，抽出籐條，兩手一托，高舉過頂，單腿朝前一跪。喊了一聲：「主席請。」這是行刑的規矩。

「打：：打！」只見行刑之人，一個向右轉，四人同喊：「一二三四，五六七八，一十。一二三四，五六七八。二十。一二三四，五六七八，三十。一二三四，五六七八，四十。」喊完了把籐條向地下一扔！我們看慣了倒也無所謂。可是那小婦女，掩面痛哭，泣不成聲，嚇的兩腿發輭，坐倒在地啦。

「我我叫你：：拿我耍着玩！帶她回去！你依不依？」那男子痛的死去活來，說不出話。

「怎麽？不依嗎？再再再打四十。」勤務隊剛要行刑，小婦人急的雙膝跪倒，叩頭如搗蒜，連哭帶喊：「主席開恩：主席開恩吧。」

「你看，打在你身上，痛在她她她心上。你這個不知好歹的東：東西。你怎麽樣？依依：：依不依？說！」只見那男子聲音嘶啞的：「依！」

韓主席又瞇着眼，看了他許久。說：「回到家去。你敢虧待她，我我我槍：：槍斃你！」主席說完，伸手在口袋裏直摸，我心說要壞，准是掏手巾擦汗！原來掏了半天，掏出一塊錢來。向婦人跪的地上「噹——」的一扔。「回家買刀表芯紙，四兩燒刀子，噴在脊樑上，醫醫傷。」

哈哈，想不到吧！韓青天不但是賢吏，而且是良醫。他還會治跌打損傷！小婦人忙叩了個頭，站將起來，扶着丈夫走出省府。我幾乎笑出來，又看了一回蹭戲，一齣如假包換的「棒打薄情郎」。

頭本兒完啦接演二本兒。韓青天瞇着眼，向女座搜尋。「妳：：妳過來。」他指着一個婦人。那婦人邁動蓮船，來至公案之前一站。

「妳：：妳妳來幹什麽？」「俺打官司的。」「妳：：妳打什：：什什麽官司？」「離婚！」「離：：婚？跟誰：：誰離婚？」「老頭子！」「老：：老頭子？來來來了麽？」「在那兒坐着呢。」「誰？站站站到這兒來。」

果然，從男座之中站起一個男子，萎萎縮縮的來到公案之前。給主席鞠了個躬。

韓主席左看看右看看。「妳怎麽叫他老：：老頭子？比：：比我年輕的：：多呢！」不想那婦人，鳳眼圓睜，說了一句：「看他那個窩囊樣兒。」

這一下子，韓主席可抓住話題了：「我：：我是主席，我是問案的官兒，我都不發火，我好好的問妳，妳妳妳怎麽跟我火呢？我又沒沒沒跟妳打官司，妳跟我火：：我我我又跟誰誰火呢？看你就不像個守守守婦道的樣兒！」

說話之間過來四個勤務隊，前邊一揪腕子，後邊一把頭髮。前邊行刑的抄起那副連底夾心鞋底板子。高舉過頂靜候發令，「打！」「主席請！」左右開弓，連嚷帶打的，賞了十個鍋貼。

韓主席等打完之後，問那婦人：「怎：怎麽樣？」那婦人直搖頭。「滾：滾滾出去。」那委瑣的男子，又鞠了個躬，婦人鼓起着臉走了，合算我又白看了一齣。

「你們誰誰誰還打打打官司？」韓主席像兩將軍的張飛，想挑燈夜戰。豈奈這些老百姓沒出息，沒個像馬超。「不打啦不打啦。」「你們不是離婚麽？」「我們不離咧！我們不離咧！」居然大衆紛紛起立，太太平平的走出省府大堂。可惜當時就短一個李翰祥，要不然一定會唱黄梅調：「夫妻雙雙，回家園哪啊。」

韓主席等告狀的退出之後，對我們訓話，其詞恭錄如後。

「你們這幫公公安局長：：實習員兒聽着。我我韓某人是種鐵鐵桿兒莊稼的，不不不懂什麽叫叫法律，我我就知道天天理國法人情。以後，你們放放到縣裏當當當局長，有有人打打官司，問問問案，得得得跟我學。吳院長半年一年問不完的案子，我三鐘點兒就清了。」「立正——」

韓青天退堂，我們也打道回衙。

銀海滄桑錄

「長春樹」李麗華

蝶衣

——本篇資料由葉逸芳先生提供——

李麗華乳名小咪；何以名爲小咪？那是她母親因演戲關係，束腰綑肚，生下她的時候，祇得四磅重，像只小貓，故以爲號。另有個榮銜是「金馬影后」，那是因爲她得過「金馬獎」之故。此外，在一般談影文字中則習慣稱之爲「銀壇長春樹」。

「長春樹」的稱號有兩重涵義，其一：讚她駐顏有術。其二：她有較爲久長的藝術生命。以上兩種情形都是事實；至今她紅顏未老，小咪還是小咪。在中國電影女演員中，能高踞銀壇三十年而享名不衰的，除了李麗華，確是找不出第二個。

李麗華及其簽名式

過去，稱譽女藝人的最普遍詞句是「色藝雙全」；色在藝之上，從而限制了不少女藝人的藝術生命。像李麗華那樣維持了這麼長的時間，實在是十分難得。揆其原因，當然是由於她平時爲人樂天，愼於保養，秉之演技亦日益精湛，乃能維持其藝術生命於不墜。

最近，突然傳出了李麗華對銀色生涯已有倦意，即將宣告退休的消息。其實小咪的年齡，在西方人眼中正是成熟時期；只要角色適當，愼選劇本與導演，還是可以「標靑」一番的；筆者衷心希望這位銀壇「長春樹」，不要受「新人輩出」的影響，造成「自我退縮」的心理。

筆者於一九五二年投荒南來，開始學習電影劇本的寫作，第一個戲「小鳳仙」，就是由李麗華主演。此後又續爲她寫了「秋瑾」與「小鳳仙續集」。

此外，她自創的麗華影業公司，創業作「萬里長城」，是名導演屠光啓擬的大綱，我寫成了分場劇本的初稿。之後還有「櫻都豔跡」與「蝴蝶夫人」，則與「小鳳仙」「秋瑾」一樣，同是新華影業公司的出品。

最值得紀念的則是「觀世音」一片；這是邵氏兄弟公司與南韓電影界合作的出品，劇本由別人執筆，已經一改再改，還是不能獲得雙方的滿意，負責導演的嚴俊把最後修改的重任交給了我，我擬就了改編計劃後在嚴俊、李麗華的寓所會同商討。我有若干糾正迷信觀念的設計，嚴俊未以爲然，倒是李麗華拊掌稱善，投了贊成的一票。後來「觀世音」改由申相玉執導，整個戲呈現了另一面目，我也不居編劇之名。但經此一事，使我了解到小咪對於電影藝術頗有卓見，實非常人所能及。此外，她還曾對我說出了關於大自然的一番深含哲理的話，給予我的印象亦甚深刻。

從「觀世音」說起

李麗華從影三十年，上面提到「觀世音」，有一件事恐怕很少人知道；原來李麗華當初第一步踏進電影圈，就是爲了要拍「觀世音」。此事說來話長，這裏且來上一個銀幕上的倒叙吧：

一九三九年（民國二十六年）突然發生七七事變，促成了全面抗戰。三八年上海成爲孤島，張善琨主持的新華影業公司開始拍片，繼之而起的是嚴春堂的藝華影業公司之復活，金城大戲院主人柳中亮、中浩兄弟也成立了國華影片公司。直到太平洋戰事發生，上海只有這三大電影公司。戰前，「明星」「聯華」「藝華」「天一」稱爲四大公司；「明星」尾大不掉，賴銀行界支持，經濟早有問題；滬戰爆發，位於南市楓林橋的製片廠毀於炮火，越發無能爲力了。幸而有一部份攝影器材搬出廠外，由周劍雲、張石川管理，用「大同」名義與國華影業合作，實際權力操在柳氏兄弟之手，「大同」也不過徒有其名而已。至於「聯華」則因人才四散，經濟也有問題，無法再起。天一公司是邵氏兄弟所經營，其時已將業務重心移到香港。四大公司就剩下「藝華」一家，雖有「新華」崛起，但規模還不大，而且上海已接近戰爭邊緣了。

李麗華的父親李桂芳與尚小雲合演「虹霓關」

不相關的公司而經營相同事業，一切以「利」字爲前提，難免會發生衝突。影片既成爲商品，彼此競爭，自無例外。「新華」「藝華」「國華」三公司鼎足而立，大家爲了業務鬧鬧意見，也不足爲奇。就中張善琨富有魄力，兼存一統銀色天下的雄心壯志，他的唯一手法是網羅人材而不惜重金，於是當時在「藝華」旗下的著名導演、演員，如李萍倩、王次龍、陳鏗然、路明、徐琴芳等等，都給「新華」拉了過去，弄得「藝華」無法再開新戲。

「藝華」當局嚴春堂當然氣得很，但也沒有辦法，好在他左右還有人，除了個別導演，許以重酬作爲特約之外，至於演員，決定起用新人，許多舞台演員，如嚴化、紅薇、鄭重、賀賓、陸露明、譚光友、楊志卿、楊柳等等，都在這時期進入電影界，同時也給李麗華舖了路。

「香山寶卷」作藍本

一九三九年，新華公司在報上刊出巨幅廣告，準備攝製「釋迦牟尼佛」。這廣告落在「藝華」老板嚴春堂眼中，認爲有急起直追的必要，於是立即召集他的兒子幼祥、克俊，以及助手葉逸芳，密謀對策。葉逸芳便提出拍攝「觀世音」的建議，理由是「牟尼佛」背景在印度，要拍的話，成本浩大，短期內怕不能完成。「觀世音」深入民間，蒐羅材料容易，費用也不會太大。不過有一點必須做到，那就是攝製態度要認眞，要隆重；最好通過佛教界幫助，以壯聲勢。嚴春堂聽了大爲贊成，「觀世音」攝製計劃便這樣決定了。

嚴春堂很重視這部電影，而且十分尊敬，他口頭上不叫「觀世音」而稱「老佛爺」。此事進行得很積極，爲了劇本問題，曾經鄭重其事的去請教佛教界名人關老爺（就是上海會審公堂第一任法官關絅之），從關老爺那裏拿了一張參考書的名單，諸如「觀音靈感錄」、「普陀洛伽山誌」等等，交給葉逸芳去佛教書店購買，作爲編劇的參考；後來爲求通俗、普遍起見，決定以「香山寶卷」作藍本，纔算完成了「觀世音」的電影劇本。

嚴春堂物色處女

「觀世音」劇本完成，飾演觀世音一角的演員却沒有着落，這又是一個大問題。嚴春堂奉佛心切，他堅決要尋一個純潔的處女來演「觀世音」，於是逢人就託，希望能找到心目中所要求的人選。如此這般，便出現了李麗華。

李麗華是梨園世家，她父親李桂芳唱小生，兼演紅生，第一位妻子是「汪大頭」汪桂芬的女兒。李麗華的母親張少泉是續絃，唱老旦。李麗華父親早逝，奉母命拜章遏雲爲師，北上深造。她有兩個姐姐，大姊嫁給姚一本，二姊其時還未出嫁，與母親同住在上海霞飛路寶康里。那一年，小咪從北平回來，骨肉歡聚，大姊夫姚一本見了這位小姨之後，立即拍胸担保她成爲大明星。

姚一本爲何講得如此肯定？原來嚴春堂也託過他了。小咪二八年華，道地處女，又是梨園世家，拍電影還有啥閒話好講。姚一本當然大力相助，張少泉也認爲三女兒聰明美麗，當主角如探囊取物，大家都很有信心。

第二天，姚一本對嚴春堂一說，老嚴很高興，還特別選了個黃道吉日，借功德林吃素齋見面。那天在座的嘉賓有持松法師、圓瑛法師等幾位

李麗華終於拍攝了「觀世音」

大和尚，姚一本帶了李麗華最後到，一一介紹之後，在姚一本嘴裏，李麗華已是銀幕上的準「觀世音」了。

吃完素齋，李麗華隨即被接進藝華公司，在經理室裏吊了一段嗓子。姚一本似乎很知道嚴春堂的性格，打鐵趁熱便與老嚴敲定，簽了一紙爲期五年的合約，李麗華便不再唱京戲而成了「藝華」電影公司的基本演員。

女主角陣前易帥

但是，李麗華是否當上了「觀世音」的女主角呢？那一次，沒有！

好多人認爲：在北方學戲的女孩子，多多少少帶些泥土氣，而小咪年紀又輕，其時發育未臻完美，看來嬌小玲瓏，與理想中的「觀世音」角色所要求的：端莊聖潔，雍容華貴，似乎尚有段距離。當時不止一個人表示這樣意見。嚴春堂雖然性格粗獷，但能從善如流，雖然跟李麗華簽了合約，却並無不歡之意。至於「觀世音」一角，後來由「古典美人」張翠紅演出。

李麗華的民初裝束「小鳳仙」

李麗華因「觀世音」轉入電影界，指望拍了這部鉅片而展開錦綉前程，想不到忽然陣前易帥，當然不免有些失望。豈知相隔二十多年，李麗華居然在香港完成了主演「觀世音」的舊夢，眞可以說是一飲一啄，莫非前定了。

提出了「三笑」計劃

這裏，且再回溯過去，追記往事。

主演「觀世音」一事吹了之後，最苦惱的倒是嚴春堂，每次見了姚大砲（姚一本外號），總覺得欠了他一些什麽的。到公司裏見了兩位公子，又彷彿自己做錯了一件事。老嚴在困惑中再接再勵，邀請李萍倩來爲小咪開新戲，拍的是京戲「鐵弓緣」故事，片名改爲「英烈傳」。

沒想到李導演拍了一天戲便停下來，理由是女主角的演出不符要求。老嚴起先還以爲導演鬧情緒，保持那堂小客店佈景，等導演再來工作。那知左等右等，硬是不來，至此老嚴纔通知拆掉佈景，捧角之心也冷了一大半；這打擊對一個新人來說，是不輕的。半年之後，一九四〇年的某一天，嚴春堂腳步輕輕的跑到葉逸芳辦公室，面色嚴肅地說：「你動動腦筋，總要把李麗華捧紅纔好，我倒不是爲了肉痛工錢，是怕被人唱……」

老嚴這幾句話，實在出自內心。葉逸芳放下筆，想了一想，回答說：『以李麗華的年齡外型，拍民間故事可以演丫頭，而丫頭戲最討好的，莫如「三笑」中的秋香，我們拍「三笑」如何？』老嚴聞言大喜，立即拍手稱妙。葉逸芳又提出兩個問題：第一、既然决心要捧出李麗華來，配角不能不硬。這是一部喜劇，劇中華大、華二、米田共、石榴，最理想的是殷秀岑、關宏達、韓蘭根、倉隱秋。四人中只有關宏達是「藝華」的基本演員，其他三人都是「新華」的人，是否能夠借得到？第二、風聞國華公司也想拍「三笑」，公司必須全力以赴，速戰速决，是否可行？

嚴春堂聽了很興奮，連說：『第二點毫無問題，至於借人，跟張善琨談談看，他從前拍「桃花扇」時，向我借胡萍，我閒話一句，大家有來有往，總不至於回絕吧？』

拍「三笑」，主要雖然是捧李麗華，其次，還想捧出一個小生，那小生是誰呢？就是今日影帝姜大衛的父親嚴化。嚴化被選飾演唐伯虎，拍戲時相當用功，對白方面得太太紅薇之助，動作則細加揣摩，演來十分瀟洒，頗得好評。嚴化也可以說是因「三笑」一片而成名的。

搶拍風氣由此開始

嚴春堂打電話給張善琨，說明爲了拍「三笑」，商借老兄旗下殷秀岑、韓蘭根、倉隱秋三位一用。出乎老嚴意料，張善琨非但答應，而且還親自到藝華公司見嚴春堂，告訴他國華公司也在籌備，要拍宜快。老嚴認爲張善琨放交情，十分感激，對張善琨的善意連聲道謝。

數小時後，「藝華」開拍「三笑」的消息傳到「國華」，柳氏兄弟吃了一驚，立即下命令，關起大門來總動員，並且嚴誡全體工作人員，不得走漏拍片消息，否則重罰。

影片公司人多嘴雜，無風尚且要起浪，何況拍一部電影，消息很快又傳到「藝華」。「藝華」也如法泡製，「三笑」劇本出自葉逸芳手筆，爲了趕時間，只得邊寫邊拍，而且還分由幾位導演執導，總其成的則是岳楓。這種搶拍的做法，可以說是電影史上一大笑話。結果呢？「藝華」搶先一天，「三笑」排在滬光大戲院公映。「國華」則遲了一天，前者拍了六天六夜，後者也祇多了一天。

李麗華與觀衆見面的第一部作品「三笑」，竟在如此搏殺中產生，而且她因此而一舉成名，終成大器。

民間故事一網打盡

當「藝華」「國華」兩部「三笑」在報上刊出廣告時，新華公司一部鉅片的廣告也出現了：片名叫做「隋宮春色」，記憶中是卜萬蒼導演，陳燕燕、劉瓊主演，眞是陣容堂堂，聲勢赫赫。此片排在新光大戲院公映，這家戲院介於「金城」「滬光」之間。張善琨的看法是，兩部「三笑」打對台，一定是兩敗俱傷，你們既然鷸蚌相爭，我就來個漁翁得利。「新華」推出王牌片「隋宮春色」，與兩部「三笑」同日上映，用意似乎很明顯。嚴春堂和柳氏兄弟，見了「新華」廣告，無不暗暗叫苦，只是大家騎在虎背上，明知前途不利，也只好硬挺一下。

李麗華主演第二部作品「千里送京娘」演員自右至左為鄭重、李麗華、賀賓、文逸民導演。

不料，事情又出意外，兩部「三笑」全日都告滿座；預算賣座的「隋宮春色」，却只有三五成觀衆。張善琨見勢不佳，立即假座「紅棉酒家」，宴請全體編導演，檢討這一次的成敗得失，他說：「我們化大資本，認眞製作的片子，竟不敵人家粗製濫造的作品！怎麽辦？」結論呢？與其捱打，不如進攻，決定把所有的民間故事，統統拍光，使其他公司無題材可用。第二天新華公司一下子開拍十部民間故事古裝片，便是根據上項決策。其實，這又是張善琨的智謀，事實上，十部電影同時開拍，佈景互相借用，不僅省時，而且省錢。以演員來講，韓蘭根一套服裝，充當十部戲的書僮，其他了環家院，無不如此，豈非「一舉數得」？這個方法，直到現在還有影片公司在引用，而首創者則是「影戲大王」張善琨。

「千里送京娘」影片又一鏡頭，自右起關宏達、李麗華、賀賓。（葉逸芳先生藏）

遺失鑽戒廣告絕招

李麗華處女作「三笑」公映時，報上忽然登出了一則「李麗華遺失鑽戒啓事」！大意說李麗華昨晚欣賞海京伯大馬戲團演出，一時疏忽，遺失巨鑽一只，如有仁人君子拾得並送還者，當酬重金……」。這種廣告，一望而知是宣傳作用。奇怪的是「藝華」公司的宣傳人員竟一無所知。是嚴春堂的傑作吧？不錯，他是聽了一位朋友扭計師爺之言。

這位師爺姓余，和老嚴十分親近，姓余的有一個朋友叫張冰獨，是新聞圈內的活躍份子，經余師爺介紹，和老嚴相識，同時獻出這樣一條妙計。張冰獨又鄭重其事，要求老嚴嚴守秘密，否則這條錦囊妙計就失去作用了。

嚴春堂果然言聽計從，守口如瓶，直到廣告見報，纔透露經過。至於這廣告的效果如何呢？除了被人譏爲淺薄之外，李麗華還得了個「鑽戒明星」的頭銜；設想小咪今日回憶往事，大概也免不了要爲之忍俊不禁的。

繼「三笑」之後，李麗華主演的第二部作品是「千里送京娘」。此片由文逸民導演，由賀賓飾趙匡胤，李麗華飾京娘。片中有一支插曲，由李麗華親自唱出；後來灌成唱片，也曾風行一時，李麗華愛好歌唱，她是用不着請人代唱的。

從此以後，李麗華一帆風順，從上海一直紅到香港。直到現在，她還是銀壇上的擎天一柱。

（未完・待續）

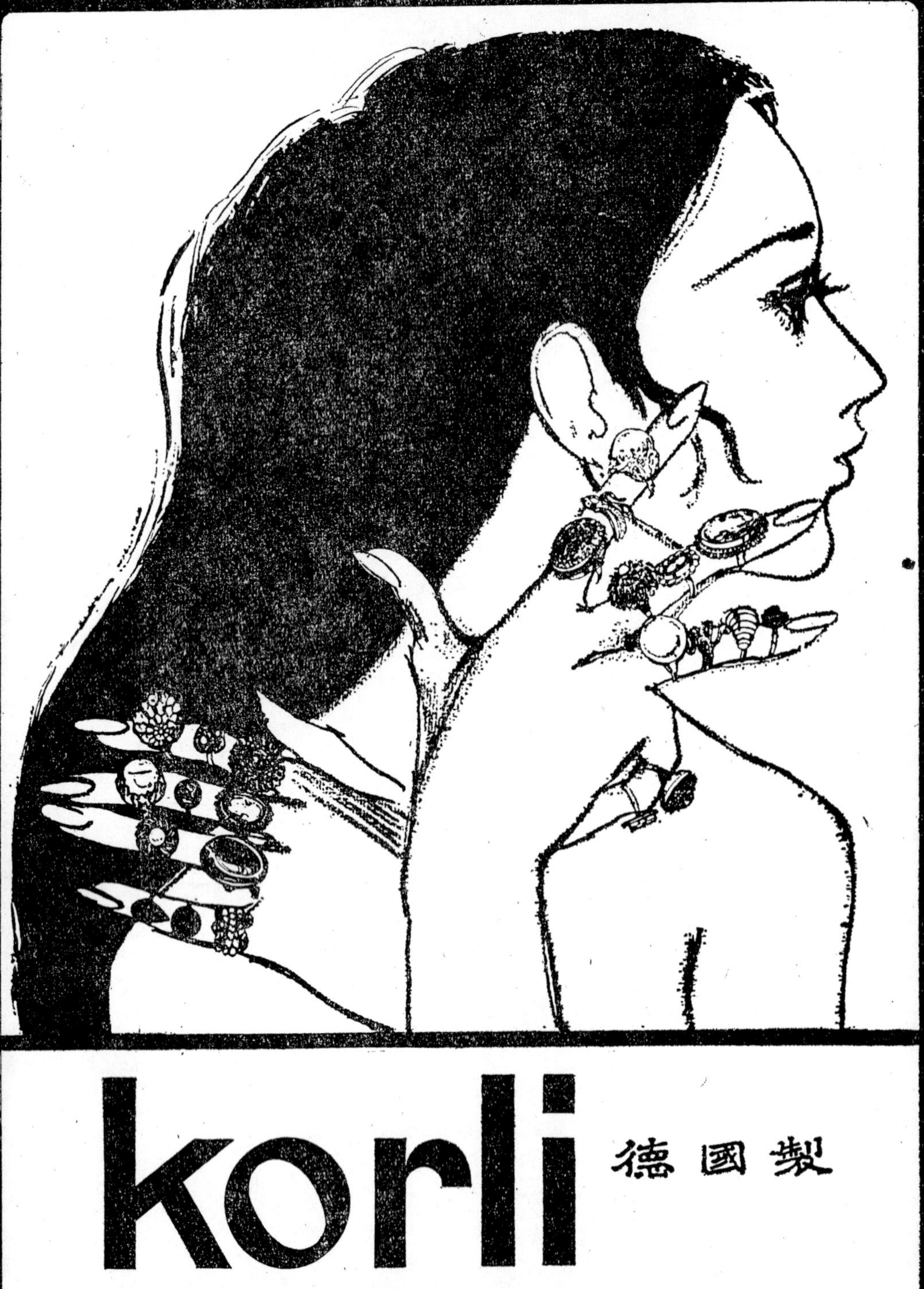

專載

「銀元時代」生活史

—六十年來的物價追想—

陳存仁

我到了北平，見到市民的日常生活，物品美好而價廉，與上海大不相同，每一個人都悠閒輕鬆而有禮貌，人情味極爲濃厚，尤其是交際應酬時的談吐，另有一種藝術。即以買賣而論，每一句話，總是說到你心頭深處。我們江南人聽了他們滿口謙謙如也的道地京話，眞有諫果回甘之感，這種情形，是全國各省所罕見的。

我到北平的目的，是搜購古籍；我的太太則常到大柵欄一帶購買皮貨和玉器，他們總是恭而敬之的先給你砌上一壺茶，隨你挑選貨物，他們都和藹可親的在傍招待，加以說明。但那時我們的經驗不夠，所以常常翻了半天，他們取出皮貨、玉器多到幾十件，上百種，仍然未能下手，但是即使一件不買，他們也不會橫加白眼，絕無怨言，臨走時他們的掌櫃，還要站到店門口抱拳恭送，希望主顧下次再來。

大商家如此，小販們也是這樣，在北平的街頭，有一百多種食品小販，如脆麻花、餑餑、苟不理包子、烤白薯、糖葫蘆這類的小販，交易不過銅元一枚至三四枚，但是他們在做買賣時，無不堆滿笑容，令人望而親切異常。

那時節北平有時還使用銅錢，有些東西祇賣三文五文，有些賣七文八文。路人對乞丐的施捨，都給銅錢一文，他們積到了三文就可以買到一個熱騰騰的饅頭，這類乞丐對人也很有禮貌。

這些小販，因爲當地氣候冷，多數隨帶小型烤爐，出售的東西都是熱的，他們一邊做買賣，一邊把他賣的東西，叫出穿雲裂帛之聲，四週的人都會圍攏來，迅速購買，有時在寒涼的深夜，叫出各式聲調，聽來眞如鶴唳猿吟一般。

這種廉價食品的小販，每一種各具風味，逢年逢節還有應時食品上市，足見那時的生活程度低廉非凡，一塊錢可以兌到二百個銅元，所以各省的人，一到了北平，都喜歡長住下來。

藥王廟中　闖下大禍

我是行醫的，不免要到藥材舖中看看藥物，問問市價。那時節配一劑藥，通常藥物不過一角半到二角。祇有產在四川、貴州、雲南的藥品比較貴，我雖然沒有作成他們的生意，可是掌櫃們一樣招待得很好。有一家掌櫃對我說：此間有座藥王廟，裏面辦理施診給藥，藥材由我們藥業公會各會員供給，每劑藥公議只算銅元八枚。我即問明到藥王廟怎樣走法？問明了立即趕到那裏去參觀。

北平的藥王廟相傳建自明朝

藥王廟建自明朝，廟門並不大，一走進去，地方很深，裏面供奉着神農氏，兩旁還有歷代名醫的塑像，我覺得藥王廟一切的陳設，實在不像一座廟宇，可以稱爲醫藥界歷代名家的人像展覽館，我認爲這是在醫學史上有崇高價值的，有全部攝影必要。可是北平樣樣都便宜，就是洋貨最貴，尤其是關於攝影方面的器材貴，到離譜。我走到附近一家照相館，請他們代爲攝影，他們說這是要用鎂光燈來拍的，所以每幅要二塊錢，我聽了這個價目，未免覺得太貴了。

回到旅店，恰好有一位在協和醫學院當教授的錢廉楨來訪，他因協和醫院從前有一位陳克恢，以發明麻黃素馳譽世界，他要我也介紹幾樣有特效的中藥。我說：『特效中藥很多可以介紹的，我現在先要請你介紹一個會拍照的人給我，明天一早同到藥王廟去拍照。』他說有一個友人自己有一架照相機，拍得很好，明天可以陪他來，隨便你要拍多少幅都可以。

次日一早，錢廉楨就帶了一個西裝革履的學生來，帶齊了攝影器材，浩浩蕩蕩的進入藥王廟，花了半天時間，將所有藥王廟中歷代名醫塑像全部照了相，他們先走，我就在大天井兩廊施診所中，參觀他們施診給藥的情況，直到中午還有二三十個病人在候診，我在傍看得很有趣味，隨便在大天井中買些小食準備充飢，再盤桓一個下午。

這時見到許多病人，都要到偏殿去上香磕頭，拜罷以後，跟着就撫摸一下設在殿旁的一隻銅馬。後來才知道，他們認爲頭部有病要摸馬頭，腹部有病要摸馬腹，背部有病要摸馬背，這也是明朝年間留下來的遺物，經過千千萬萬人撫摸之後，晶瑩光亮，比打磨過還要滑潤，這雖是迷信之舉，但我覺得也很好玩。

全國各地都有藥王廟，以北平藥王廟歷史爲最悠久，（按此廟建於明代，那時節尚未改稱北平）各地藥王廟供奉的不出三人，一爲神農氏，一爲孫思邈，一爲韋慈藏。北平的藥王廟是以供奉神農氏爲首的。我好奇心發，因爲我知道各地廟宇供奉的佛像背部都有一扇小門，裏邊藏有心肝脾肺腎五臟。我於是到神農氏背後看看有沒有小門？那知道到後面去一看，背上貼上三層極厚的桑皮紙，表面一層寫着『同治五年封』的字樣，而且還有很大的一顆鈐記。我細細的察看，這種桑皮紙，經過北方的乾燥空氣和冷風侵蝕，第一層的桑皮紙一角已經翹起，我順勢輕輕的撕開一些，看見裏面藏着一部書，但是藥王的身後暗得很，看不出是什麼書？於是到前面香燭檔買了一對蠟燭，點着了火再走到藥王身後瞧一下；原來那時已有人暗暗的窺伺着我，認爲此人點了蠟燭不敬藥王，却偏偏握在手中，但我一些不覺得，繼續觀察，祗見裏面的一部書，是清初『天花精言』手抄本。壞就壞在我用手去掀了一掀，萬不料此書一見風瞬時灰化，陷下了一個我的手指型。

藥王廟中的神農氏檜木像

正在這時旁邊有兩個人大聲叫喊捉拿偷經『者』，起初我不知『者』的用意，後來聽到四面八方都叫起偷經『者』，我才明白，『者』就是北方人的『賊』字音。

我想這事也不至於如此嚴重，最多坦坦白白向兩個捉住我手膀的人說明原委，那知道這兩個北方人孔武有力，緊緊的抓住了我，兇神惡煞的對我說：『你是偷經賊，不是偷經，你在這兒幹什麼？』

那兩人說的都是北方的土話，和正式的京片子不同，我操着上海式的國語和他們談話，眞好像『秀才碰着兵，有理說不清』，這時外邊人聲鼎沸，有些人磨拳擦掌的想打我，有些人操着土話破口大罵，兩個大漢將我從藥王塑像背後拉出來時，竟然有一個女人對着我嘮嘮叨叨的說了一大套，最後還對着我的面孔啐了一臉口水。我因爲兩手被他們抓住，連抹口水的機會都沒有，我心裏祗想見到廟裏的主持人，讓我平心靜氣的把情形說個明白。

那知道有一位值年董事，已經走到我的面前，對我說：『現在各地廟宇都有人偷經，原來你也是這個調調兒，今天無論如何要依法重辦。』

這時我聯想起報紙上曾經有過某名人偷大藏經的記載，我自信一生謹愼，竟然也鬧出同樣事件，我不敢說出我親戚的名字，怕被親朋所笑。我說：『我雖然弄壞了你們的一本書，但我能照樣買一本來賠償你們的。』

我說話雖極誠懇，但在羣衆圍擾之下，簡直無理可喻，正在最緊張的時候，兩個穿着灰布制服的守門巡警已經來了，他們對我說：『現在你說的話，完全是白費的，有話留到局子裏去說吧！』說了之後，他們就將一根很粗的麻繩，把我的右手縛在右面一個巡警的手上，左手也縛在左面一個巡警的手上，這時羣衆已有三五百人叫叫罵罵，跟着把我押出藥王廟門口，在門口石階上先坐下候車，我心中想，今天我眞的成爲『階下囚』。坐了大約十分鐘，有一輛馬拖的囚車施施然而來，那位值年董事坐在駕車人的旁邊，我就被兩名巡警拖拖拉拉的上了囚車。四圍鬧聲喧天，認爲這回眞的捉到了偷經賊，幸虧還沒有把我五花大綁，否則我就變成江洋大盜了！

一會兒，身不由主的到了警察分局，站在公案桌前，先由那位值年董事報告案情，然後那位巡官就問我姓名，職業，住址。他對我說：『這案件情況嚴重，一定要收押解送總局，轉向法院起訴。』於是叫我除去長衫馬掛和褲帶，又叫我把身邊的東西一件件拿出來放在公案上，我祗能遵命辦理。

我身上沒有什麼東西，祗有一個銀包，內藏

藥王廟中供奉歷代名醫塑像

鈔票一百多元，銀元四枚，輔幣若干，此外就是兩張大紅卡片，一張是『曹汝霖』的，一張是『蕭龍友』的。

料不到這位巡官一看到這兩張名片，面色立刻轉變，週身官架子完全消失，他問我：『曹汝霖你怎樣認識的？』我說：『他是我的姑丈』。又問：『蕭龍友你又怎樣認識的？』我說：『蕭先生近日請我吃過飯，並送給我一副對聯，我是專誠來北平遊歷的，不過爲了好奇心的驅使，用手指掀了一掀藥王背後的那本書，並沒有拿到什麼東西，所以說我是賊，於法是不合的。』

那位巡官忽然笑容可掬的說：『對！對！拿賊要拿贓，沒有贓怎麼能說您這樣斯文人是賊？』即刻叫我穿回長衫馬掛，叫巡警端上一張椅子要我坐，同時還倒了一杯茶來，他還道歉地說：『他們不會辦事，請您原諒。』

正在這個時候，那位藥王廟值年董事已打電話給蕭龍友，原來蕭龍友是那間藥王廟的總董，打電話時祗見那位董事面孔一陣紅一陣白，連說了幾聲：『是！是！是！』那董事掛了電話，就對巡官改用央求的姿態說：『這件事，可否由我簽保，把案子撤銷了事。』

巡官這時對那董事，申斥了幾句，並說：『這位先生是上海來的正當游客，怎麼能如此胡來？』接着又罵了幾句『混帳，混帳』，就把我釋放了，臨行時，還對我再三抱歉。兩個廟門巡警早已不知溜到什麼地方去了。出門時那位董事竭力致意說：『這件事要請您先生多多包涵，要不然我這個董事就幹不下去了。』

四大名醫　折柬邀宴

我走出警察分局門口，巡警已經替我叫好了一輛洋車，我上車本想直返旅館，但再一想，應該先把神經鬆弛一下，於是叫車伕拉到東安市場溜躂一會。

在車上我想起今天的一幕驚險戲劇，祗怪自己太不小心，國語又講得不好。在北平一般人說的都是京片子，上等人講的京片子斯文有理，下等人講的都是土話，既說得快，又粗得很，所以有許多話聽也聽不清，更說不上來。其實我們上海人說的國語，可以說是『上海國語』，四川人講的是『四川國語』，湖北人說的是『湖北國語』，所以統一國語，實際上是『統而不一』的。我又想起我們上海有位黃炎培，他講的是『浦東國語』，汪精衛演講時說的是『廣東國語』，所以我的上海國語，在這種場合，便有口難言了。

後來又一想，今天要是沒有那兩個彪形大漢先把我抓住的話，可能還會受到其他的人拳打腳踢，不過坐上了囚車的一幕，總覺得大大的不吉利。

到了東安市場，我先走進一家賣鹵味的回教館，他們的食品，講究得很，有一種鹵製鷄肫，大而且軟，味道鮮美，每只價錢要賣到小洋二角，我問何以價格這麼貴？他們說：『這是用百年老鹵汁來做的』。我說：『那裏會有百年老鹵呢？』那人指着後面的銅鍋銅鑪說：『這個鍋，一切食物從生的放入，熟後取出，鍋汁是從來不換的，至今算來已有一百年開外了。』我聽了祗當是齊東野語，但是北平人却最重視這類傳說。

我又走到隔壁『小刀王』，買了一把象牙柄的小刀，花了四毛錢。又走到一家酒舖買了一小瓶白乾，獨自回旅舍痛痛快快的喝到酣然方止，那天內子恰好到她的哥哥家去吃飯，她返回旅館時，我已昏昏入睡了。

白乾酒的性味極强烈，做了一夜亂夢，喜怒哀樂，一應俱全。最壞的是一幕戲，把我當做刁劉氏擁上木馬，要我遊四門唱小調，我才一驚而醒，大感乏味。

次晨，即叫茶房出去買報紙，不問什麼大報小報都要，看看會不會有我的那幕醜劇的新聞。翻了好久，一張報都看不到，最後翻到一份『時事白話報』，竟然把昨天的情況描寫得很詳細，並且說出：『此人雖已具保釋放，但是藥王廟董事們意見紛紜，一定要他再回藥王廟備具三牲醴酒，焚香叩頭，道歉了事。』幸虧這段新聞祇說出是姓陳，名字完全攪錯，總算我的親戚們，都看不出這個闖禍的就是我。

很沉悶的過了兩天，忽然見到有人送了一張大紅請帖來，具名的是蕭龍友、孔伯華、汪逢春、施今墨。我看了這請帖就呆了一陣，送來的人是蕭龍友家的老管家，他說：『這四位爺們是我們北平的四大名醫，（按：北平四大名醫初爲蕭龍友、孔伯華、楊浩如、汪逢春；楊死後，施今墨繼之。蕭爲四川人。孔伯華開藥方喜用石膏一味，號稱孔石膏。汪逢春是蘇州人。）您知道不知道？』我說：『知道！我一定準時而到，祇是不知道有什麼事情。』老管家期期艾艾的說：『這是醫界中最風光的盛宴，到時還有汽車來接您老人家。』說畢，向我拱手而去。

我就想到，這次宴會，一定與藥王廟事件有關，於是又到琉璃廠富晉書社，記得當時富晉書社的招牌，出於張伯英的手筆，我進門就找王掌櫃，問他『天花精言』這本書，是乾隆時洛陽袁旬著的，你們有沒有？他說：『這本書冷門得很，可是我打電話出去一家一家查問，總能查得到。』於是他一面叫我隨便看書，一面叫夥計打電話，果然不久有一家書店把『天花精言』送到，薄薄的一本，是清乾隆卅四年的刻本，索價大洋十二元，我說：『這部書我買下來，另外還要請你找人替我手抄一本。』王掌櫃一看這本書說：『那容易得很，這部書不過兩萬字，以每千字四毛計，大概十塊錢就夠了。』我說：『另外要裝璜個織錦緞的書面，書簽也要寫得和原本一樣。』王掌櫃一口答應，準定明天下午五點鐘送到。

琉璃廠一瞥　邵宇畫

次日，我在旅館中換了藍袍黑掛，預備去赴宴，太太問我：『怎麼不請我？』我說：『北平風氣古老，這種場合，女客是沒有份的。』

正在談話時，富晉書社已把正副兩本書送到。又有一輛汽車開到門口，走出來的是陸仲安。陸仲安也是北方名醫，我在上海已見過幾次，他見了我就哈哈大笑說：『你在藥王廟中鬧了一個大笑話，經過我解釋之後，已然云開月明，我告訴他們說你是『三一七運動』反抗政府取締中醫的五位代表之一，現在北平全體中醫界都想和你見一見面，所以今天他們折柬相邀，把我請作知賓，專誠招呼你，也含有爲你壓驚之意。』於是我們就同車到蕭龍友家中，看來那時北平的汽車很少，陸仲安坐的是福特轎車，已算是很豪華的。

到了蕭龍老家，已見施今墨、孔伯華、汪逢春等都已在座，龍老在東首花廳階前迎接，廳內已到一百多位北平中醫界同道，我一進門口，在陸仲安介紹之下，分別請教尊姓大名，我看他們的年紀，都在五六十歲以上，七八十歲的也有幾位，我自己覺得年齡太小，他們對我也有一些奇異的想像，似乎對我年紀之輕，是出乎他們意料之外的。

入席時，龍老站起來舉了杯說幾句話，他說：『我是藥王廟的總董，希望陳道兄對藥王廟的這次誤會，不要介意，我現在敬你一杯，祝陳道兄前程無量。』大家鼓掌後，忽然合座寂然無聲，都在看我有什麼反應。

我從從容容的站立起來，先抱歉沒有向各位前輩拜候，接着說：『藥王廟之事是我不合，一部『天花精言』被我掀了一掀，已經損壞，現在我特地照抄一本，奉獻藥王，希望各位原諒。』說罷，大家鼓掌，我就把這本精裝抄本恭恭敬敬的遞給龍老。

席中我每桌敬了一次酒，十二桌酒，我連飲十二杯竹葉青，幸而尚無醉意，大家也高興得很，紛紛還敬，認爲是北方醫界一個盛會。

龍老是有阿芙蓉癖的，席半叫我到烟室中去談談，這間烟室精雅極了，所陳設的東西，在我看來沒有一樣不精致。龍老說：『再隔幾天，是農曆十二月初一日，是藥王廟冬祭之期，你這本抄本，一定要再封入藥王的「封藏」中，到時要舉行一個儀式，由我寫一張封條，請你爲主祭，四大名醫陪祭，全體醫藥界都來參與盛典，您同意嗎？』我說：『那捧得我太高了。』他又說：『還有兩件事，不知道你肯不肯答應，一件事是要備一副三牲，由我購買，但是對大家說是由您出錢的。』我一聽這話就明白他的意思，我說：『這錢應當由我付，』當即拿出十塊錢，他說：『豬牛羊三牲不過八塊錢。』立時把多餘的錢找還給我。

他又說出第二件事：『藥王廟中除了有薪的四位長駐醫生之外，其餘是由北平醫生義務輪值，您肯不肯也來値班兩天，讓北平醫生看看南方醫生處方是怎樣的？』我說：『一定遵命。』

龍老和我傾談完畢，即返花廳向大家報告，又是一陣掌聲，隨即對我恭送如儀。

舊地重臨　榮辱懸殊

到了十二月初一，是藥王廟冬祭的日子，我想到我闖禍的那次是囚車把我從藥王廟押走的，心想這一次我再去藥王廟，舊地重臨，一定要坐一輛北平名人私家車，才夠威風，這也有一種近乎迷信的下意識存在，好像不如此不足以雪恥除辱似的。

因此我就向曹潤老借了一輛汽車，牌子是雪弗萊，車牌號碼是六六，這號碼是北平地方盡人皆知的，車子開到了我住的旅館，一個司機，兩個衛士恭恭敬敬的來向我請安。不久，藥王廟中也開了一輛車子來接我，並有兩位値年董事專誠代表迎迓。我們寒暄之後，各自上車。潤老那架雪弗萊，左右各有一條很濶的踏腳板，衛士們在車子行走時，一手攀着窗口，兩足站在踏腳板上，端的十分威武。

兩架車子緩緩而行，到了藥王廟門口，藥王廟張燈結綵，人頭蜂湧，門前立着一位董事，恭恭敬敬的遞上名片說：『我是當年司理某某某。』我一看原來就是那天捉我上囚車的那人，大家笑而不言，我祗是說：『勞駕在門口等候，眞是不好意思』，我俯首看到石階，心想前幾天是階下囚，今天却成爲座上客，正在這時，忽然有人高舉着一張硬紙大紅帖子，上邊寫着『迎賓』兩字，把我們一行人迎了進去。

那天廟中香客特別多，都是來酬神還願的，我們一路走，兩旁的人跟着讓出走道，祗見右面有一個花廳，前面站着蕭龍友及其他十多位董事，我一一和他們招呼，然後進入花廳。

龍老年事相當高，他說暫時我們先舉行一個『茶宴』，然後再祭藥王，我一看裏面排着五張方桌，每一桌桌前有紅緞綉花的桌圍。每一個桌子的正中，放一個太師椅，兩旁各放二個太師椅，蕭老先生即要推我坐在正中一席首位，我正在推辭，旁邊一個『贊禮』的人，高聲的唱着：『茶宴禮開始，請主人定席』，龍老就在正中一桌，拿了副筷子，雙手舉起。贊禮員叫着：『奉揖，陞座』，龍老行禮如儀。又喊一聲『就位』，龍老畧畧作拂拭狀，然後請我站在首席座位的後面，一時我不敢坐下，幸虧其他四桌也用這個『就位』的方式，請四位年齡最長的老名醫就座。

儀式既畢，然後一同坐下。我的一席有施今墨陸仲安二位名醫等作陪，因爲他們是前任總董，執事們獻茶既畢，我一看桌子上有十六個高腳碟子，四碟是生菓，四碟是蜜餞，四碟是京果，四碟是糕餅，飲茶時大家要舉杯相敬，首由龍老開口說：『今天天氣特別好，本來這個季節，不是打風就是下雨，今天我們都是托您貴人的福。』我回說：『今天天氣之好，是托你們幾位老前輩之福』。大家這般談吐，就像小說上的『今天天氣哈哈哈』。我酌量吃了一些茶點，因爲我和陸仲安比較熟，我問他說：『入境問俗，今天的執事們和門前的警察，是否要給些賞錢？』他說：『不要的！不過在祭禮完畢之後，大家分派三牲酢肉時，你要預備一些獻金，這是一種捐欵，專門作爲施診之用。』我說：『應該，應該。』於是要了一個紅封袋，中間放入兩張中南銀行五十元面額的紅色鈔票，交給陸仲安，轉呈龍老。龍老再三的說：『這太多了，這太多了！』接着四個陪祭的、襄祭的也都獻金如儀，原來他們歷年的規矩，是連獻金都分着等級，不過捐欵的數目，這次給我提高了許多。

不一會，外面鐘鼓齊鳴，八音俱奏，有一種笳角聲，嗚嗚的吹出來，聲音不大，但在遙遠也能聽到，這時大家都肅靜起來。執事引導衆董事先行，兩人一行的進入藥王殿上，四位常董，各人胸前佩着的紅綢綬帶，襟上插了一朵大紅花，對我加上一條×字形的紅綢綬帶，襟上却插了一朵金花。董事們步出花廳時，都是『八字形』的步法，我知道這是傳統的方式，走時每行一步，兩手要輕輕的動一動，於是我也學着他們的走法，慢慢的走進藥王殿。兩廊的觀衆人頭擁擠，而祭台之下，就排定了膜拜的蒲團，第一行是主祭人的位子，第二行四個蒲團，是襄祭員的位子，由四位前任總理站的，第三行也是四個蒲團，是最高年的老名醫的位子，後面有十六個蒲團，就是普通董事的位置。

祭禮開始，贊禮生喊着響亮嗓子循次唱出：『主祭員上香。』我就點了三枝香，插入香爐，接着又有『獻帛』，『獻牲』，由各襄祭一一獻奉，我看見猪牛羊三牲擺定之後，前面懸着一條寬大紅布，上面寫着工楷『弟子陳存仁拜獻』七個字，接着贊禮生又唱出：行三跪九叩首禮：『跪！拜、拜、拜、起。跪！拜、拜、拜、起。跪、拜、拜、拜、起。』這是最隆重的儀式，豈知後面四位老人家，蒲團特別大，跪了下去，全身撲在地上，兩手直伸向前，儘管我們三跪三起，而他們却完全不動。後來我才知道這叫做『五體投地』的拜神式，也是很恭敬的儀注。

祭典完了之後，一同退入花廳，由執事把三牲一塊塊斬開，每塊斬得很小，跟着報告：『主祭人捐獻一百大元。』大家掌聲如雷，連花廳中都聽得到，這時見到許多人已排列成行，紛紛的獻金取肉，他們中間也有一種迷信的觀念，認爲吃到藥王廟的三牲肉，是能消災延年的。

我們繼續茶宴，大約過了半小時，執事就來報告：『這次的獻金，爲了主祭人出了一百大元，各大藥行也約紛紛各捐一百大元，現在已收到五千多元。龍老對我說：『這次的成績，打破了舊例，都是靠您的福。』我也學着京片子說：『哪裏！哪裏！豈敢？豈敢？』

分肉的儀式完畢之後，全場上就排起椅子來，原來還要演酬神戲，戲台前面又排了五個桌子，是預備我們幾個參加茶宴的人看戲和吃飯的。

我們依舊逐一坐好之後，戲班裏的『執事』向我恭恭敬敬送上一個『點戲摺子』，請我點戲。這下子却把我難倒了，因爲我對京戲知識淺薄得很，我就問那個戲班子裏的執事說：『有一齣華佗替關公刮骨治病的戲嗎？』執事人訥訥其詞，作思索狀說：『噢，噢，噢，這是「水淹七軍」中的一段，我們沒有，請您換一齣吧！』我看了劇目，眞是不知從何着手，我就點了『跳加官』，對那人說：『別的戲請蕭龍老作主吧！』龍老拈髯大笑說：『陳道兄，這下子你要大吃其虧了，你點跳加官，是要花賞錢的呢！我點一齣「龍鳳呈祥」。』一會兒鬧場鑼鼓開始，打了好久加官出場，大家一見，就高聲喝彩，因爲這個加官是由這個班子中的主角扮的，跳了一陣，放開手卷，上面有『大家發財』四個字，又跳了一陣，再放下來是『加官晉爵』四個字，都是用金線綉的，第三次放開來是夾着一張紅紙，上面有『高中狀元』四個字，是用紅紙剪字貼成的，而且字的四週還貼上了一片祥雲，蕭龍老就說：『他們見你襟上插了大紅花，把你當作狀元看待，您可得放賞。』加官跳了好久，見我不動聲色，沒有把賞金拋上去，大家吱吱的笑着我不懂規矩，一會兒加官下場，戲目開始，各人莫不掩口葫蘆，祇是對着我笑。

我就問龍老，這個賞錢應該封多少？他說：『您就封兩元吧，』我說：『封四元如何？』他說：『不用這麽多吧。』正在說得高興時，由一個丑角兒穿了黑色褶子，戴黑色軟羅帽從後台走出，雙手奉上『高中狀元』的紅紙獻給我，並且雙膝微屈，有些像『打千』請安的意思，接着又善頌善禱指着我插的一朵金花說了一番好話，我實在覺得不好意思，就封了四塊錢的賞金，那位檢場的在旁邊代道了一聲謝而去。

這一次酬神戲宴，是參燕席，所謂參燕，是以海參與燕窩爲主，先上了四大碟熱炒，我吃得很少。龍老說：『你該多吃些，等燕窩一上，我們就要告退的。』我說：『知道了』。一會兒，燕窩上席，大家敬酒，我也向各席同敬了一下，我就和龍老等一同告退，後來我才知道，一席酒要分成三個階段，我們吃到燕窩爲止是第一階段，第二階段是吃到海參爲止，第三階段就吃到終席爲止。

龍老這時精力已經有些不支的樣子，他說：『我們同到西花廳去消遣一下。』原來那裏有四個坑床，上面都放着很精緻的鴉片烟盤，有一枝烟槍頭端，還嵌上翡翠的烟嘴，龍老脫了馬掛，與我分左右躺下，還有三張坑床也都有人躺下來抽烟。

龍老要請我先吸一筒，我說：『我是外行，敬謝不敏。』他說：『那就有偏了！』他吸烟時，我在對面相陪，談得很是投機，大約等他吸夠了，外面的執事進來報告說：『諸位老爺有請，封藏「金匱玉函」的典禮要開始了。』我聽了有些不明白，金匱是藏諸名山的意義，玉函是道教中封藏玉册的意義，現在不知道又要玩什麽花樣了。

龍老抽足了鴉片，起身穿上了馬掛，領導我們全體循序而出花廳，一路步行，還有吹鼓手在前前後後跟着吹打，一路走到神農大殿，案桌上放着一個玉石的寶匣（按這種玉石是產在德州，石質精緻，而有一些透明的玉色），上面彫刻着『金匱玉函』四字，原來這匣子裏就是擺我呈獻那部『天花精言』的手抄本。我們大家先行跪拜，又是獻香獻帛一套儀式，最後由兩人端了這玉盒塞進那座神農像背後空窿中，由蕭龍老親自加封，儀式就此宣告完成。

我當時默不出聲隨着大衆行禮如儀，龍老還說：『陳道兄，您再看會兒戲嗎？』我連說：『不看了，可否我就在此時告退？』龍老說：『恭敬不如從命』。於是就在他們恭送之下辭出，我坐來的一輛汽車，早已等在門口，於是互相深深躬身作揖而別。

西鶴年堂藥舖招牌字傳爲嚴嵩所書

北平同仁堂舊址門面地基低下四尺

我坐在車中，和司機閒聊。司機說：『今天藥王冬祭，全北京所有的中醫都休息一天，以示慶祝。今兒您大爺的面子眞不小，連我和兩個衛士們都佔了您的光，吃了一桌酒席，而且每人還拿到兩塊錢的賞封，大家還說明天起，您要到那裏施診兩天，要不要我們來接您。』我聽了這些話，就想起我還沒有給他們封包，於是在車回旅店時，就取出三個喜封，每包是二元，這位司機又客氣又恭敬堅決的不肯受，推來推去，推了好久才受了。我說剛才他們講好了明天由他們派車來接，不用麻煩你們了，他們說：『我們還要趕回藥王廟去看戲，今兒的戲挺熱鬧的。』

次日早晨，藥王廟中已經開來一輛小汽車，來人說：『我們已貼出上海名醫施診的條子，昨天有不少人預先來掛號，已發出一百二十個竹籌，上午是紅籌，下午是綠籌，人數這麼多，希望您不要見怪。』我就匆匆起程到了那邊，見到各醫生候診的人坐滿了兩廊，我的一張診桌前面貼的並不是紙條，原來是一面黃色的百足旗，上面寫着『恭請上海名醫陳存仁先生施診』字樣，裏面已經爲我安排了紙筆墨硯，還有三個助理我的北平年輕醫生，一個爲我呼喚病人循次看診，兩個坐在旁邊錄方，我的座位上放上一枝筆，意思是要我親筆寫方，錄方祇是想抄錄我的脉案和用藥是怎樣的，並不代我寫藥方。

第一個病人是患『脚氣病』，這種病在北方是常見的。我看桌上放的方箋紙，第一張是紅紙的卅二行箋，以後一疊紙都是常用的八行方箋，我一看這個情形，心裏已經明白，這是根據舊時的規例，病家拿出的紙要是又大又長，你一定要寫滿這張紙，不可以後面留空白的。我診視之後，當然就寫了長長大大的一段方論，旁邊兩個年輕錄方的醫生運筆雖也不慢，但是看了我的藥方，祇是點頭，連抄都來不及。

到了正午，恰好六十病人全部看完，一位董事要邀我去進午餐，我說：『拿綠籌的下午病人，已有十幾人等着，不如請你買幾個窩窩頭給我吃就算了，因爲這東西的風味，我們久在南方是吃不到的。』董事拗我不過，祇得照我的意思去辦。下午另有兩個年輕的醫生來錄方，如是者我看了兩天病，臨走時，藥王廟當值司理恭恭敬敬的對我說：『你兩天的藥方，把南方醫生處方的風格都表達了出來，將來我們準備印成一本小冊子，這對北方醫生有很大的影響，不過我們藥王廟施診的規矩，四位是有月薪的，其餘輪流來當値的名醫，向來連車馬費都不送的。』我說：『應該効勞。』他說：『您兩百四十張藥方之中，用紫雪丹有八次之多，用小金丹有五次之多，因此樂家老舖同仁堂的老板聽了這個消息大爲得意，因爲這兩種藥是同仁堂有名的製劑，所以由他們特備一份禮物，都是同仁堂有名的製劑，送給您作爲紀念，希望能帶到南方爲他們宣揚一下。』我也就稱謝而別。

水木清華　垂老北大

我嫌應酬太多，晚上總是自己上菜館吃飯，北平在遜清時代，畢竟是各省顯要鉅商薈集之所，所以各省菜式都有，我對四川菜、安徽菜、湖南菜、廣東菜在上海吃得多了，所以現在專揀冷門的菜吃，北平回教館子特別多，都是回民開的，其中有幾家是西藏的退職官員辦的，以牛肉羊酪爲主要菜式。蒙古人開的菜館，都是把全猪全牛全羊烤起來，即時切成一碟一碟，供應主顧，每天規定各烤一隻，賣完了也就算了，所以每天輪流等候來吃的人很多。

至於烤鴨子，以『全聚德』最是有名，烤房設在樓下，一間一間的排列着，大約同時可烤十幾隻鴨子，都是用松枝來烤的，實際上並沒有爐子的設備，松枝含油脂特多，燃燒之後，火力旺盛，有專人管理着，烤鴨的鐵枝轉輾反覆的烤着，即烤即食，有松子仁的香味。我和太太兩人吃一隻鴨，總是吃不完，因此常約幾位內兄弟來同膳。但是一隻烤鴨子，售價要二元四毫，幾味配菜祇需幾毛錢，所以那時北平的生活眞是好過。

有一位內弟叫作裕延，他對我說：『沅哥，你這樣吃法極不合算，北平有許多的小吃館，每一家都有一兩種拿手名菜，兩個人吃，祇要幾毛錢就可以吃飽了。』我說：『那好極了，你可不可以經常陪我們去遍嘗美味？』他說：『好的，不過我在北海醫院當庶務主任，每月薪金祇有十八元，我祇能作陪，請客是請不起的。』我說：『非但不要你請，最好你帶同太太和孩子一起來，點菜就更容易了。』他又說：『這種小吃館，都在偏僻冷巷中，一定要有當地的識途老馬來嚮導。』我說：『那就更好了，你可在北海醫院中訪查一下，那位識途，就請那位帶領吧！』於是他天天約了同事或是女看護，陪着我倆逐家逐家去吃，有些館子開在很古老的陋巷中，路上人烟稀少，但一到了那小吃館中，却擠滿了食客，坐的都是板桌櫈，有的座位竟是在水缸上舖了一塊圓木板，就算是一張桌子了。

我記得有一種芝蔴烤餅，既香且酥，實在好吃得很。又有一家專賣一種『方脯』，這是方形像饅頭一樣的東西，裏面什麼都沒有，祇是一包鮮而濃的湯液，這是令我一生難忘的美食。

這樣的吃法，不但男女護士們來參加，連幾位大夫也跟着一同來吃，大家都吃得很滿意，每次結賬，每人所費不過二三十枚銅元左右。就在此機緣中，有一位醫生對我說：『你要不要參觀一次開腦的手術？』我說：『好極了』。於是我看到一位關大夫開腦瘤的手術經過，我穿了淺綠色的護士制服，在旁屛息而觀，對他們這種手術，我眞是欽佩極了。醫院中還附設有產科部門，我也穿着男護士的服裝，參觀過幾次手術，這都是約同吃飯，彼此相熟所得來的機會。

那時內兄王明之，担任清華大學工學院院長，我要求要去參觀一次，他說：『現在已放寒假，學生們都星散了，沒有什麼可看。』我說：『

清華是中國有名的最高學府，人才輩出，名聞全國，我無論如何要去瀏覽一次。』他說：『也好，寒假中我常去值日，本來有汽車接送，不過公是公，私是私，我一人坐車到學校中等候，你們要自己僱車前來的。』這位內兄，向來很慈祥而極隨便的，但是這幾句話就可以表達北平教育界良好的風氣，公私分得很清，一些不肯假公濟私的。

清華大學是在北平的郊外，汽車不容易僱得到，我們就搭了公共汽車，走了極長的一段路，祇收銅元四枚。到了清華大學，大門上寫着『清華園』三字，是滿人那桐寫的。清華園地方廣大，從校門到大禮堂，要走十多分鐘，大禮堂前面有四根石柱，極爲雄偉，不過裏面的座位，祇能容納五六百人，比了此間的大會堂，好像還要小一些呢。

每一間課室，都有些歐化，科學館、圖書館，歐化氣息更濃；體育舘規模相當大，設備都是由美國運來的體育器械，園中水木清華，饒有園林之勝。

有一個荷花池，極富有東方景色，走到『工字廳』，男性就要止步，因爲這裏面是女生的宿舍，我和太太兩人，到教務處去訪問她大哥，他說：『我現在正在閱卷，談話祇限五分鐘，沅弟你再多玩幾天，因爲北平圖書舘要舉行一個「樣子雷工程模型展覽會」，這是展出故宮建築的模型，不過完全是用厚紙彩色繪製的，上面還註明尺寸，附有建築方法，你不可不看。』我說：『好』。說畢，我們就告辭，他依然繼續辦公。

有一個學生帶領我們參觀，殷勤得很，臨別時說：『招待不週，你們還要到什麼地方去，我可以再作嚮導。』我就說：『北京大學是五四運動的搖籃，不知道在那裏？』他一些沒有難色說：『我陪你們搭車去』，因而又坐了好久公共汽車，才到北大校門。

北大的情況，又大又舊，比清華大學差得遠了，我祇在圖書館內外，看了好久，就緬想這個地方出過不少有名人物，所以在閱書處也坐了一會。

清華園的大門

我又要求那位學生，帶我看一看北大有名的『紅樓』，這是北大女學生的宿舍，在報紙雜誌以及小說書籍屢次提到這座有名的女性學府，當代的金閨國士都在這裏產生的，那位學生說：『紅樓是禁地，男性是不能越雷池半步。』於是我們祇走到紅樓前面望一望，一看之下，眞是大失所望，原來是一排古老舊屋，牆頭汚穢得很，不過在暮色蒼茫中，見到窗格欄干都是紅的，其他一無足述。

過了幾天，『樣子雷工程模型展覽會』在國立北平圖書館中開幕了，這座圖書館還是新式鋼筋水泥建築，但是全部是宮殿式，頂上用的是琉璃瓦。

『樣子雷』三個字，北平人都知道，這是一位姓雷的古法建築家，完全採用中國的方法造成明代故宮，到了清朝，他的後人世襲其職，整個紫禁城，全部是他建築的。

從前沒有什麼建築圖則的，就是由姓雷的畫成圖樣，樣子是畫在麻質的紙皮上，每一節，每一段，都註有尺碼和材料。最有趣的，就是宮殿的地下、在泥土中的基礎工程的樣子，也成爲一個重要部門，我在這個展覽會中參觀了三個鐘頭，覺得中國人的科學技術眞是偉大極了。

故宮在清朝已有三百年，內部雖屢經修葺，但是基礎上的建築一些也沒有變動，看來再過幾百年，依然如此，這可能性是極大的。

這一次我旅遊北平，見到一般人的生活，要比在上海輕鬆閒散得多，而物價樣樣都便宜過上海，有時兩個人一天的花費，還用不了一塊錢。我本來對用錢是很省儉的，祇是對於買書却不敢後人，往往一擲百金，全無吝色。

回到上海之後，不久，所有買的舊書都陸續寄到，好多有同好的朋友都來參觀，認爲便宜。

有一部書，是呂留良（即女俠呂四娘的父親）手寫的醫書，題跋琳瑯滿目，因爲後來呂留良被陷入文字獄，這部書沒有人敢出版，徐小圃看了，堅決的要我轉讓給他，說是他有一把呂留良的劍，正可以和這部書配對，他竟然不問我同意與否，就開了五百元的莊票一紙，把書取去。諸如此類，我讓出舊書十部左右，就收回了二千多元。我的太太，在瑞蚨祥買到兩件玄狐的皮統子，每件代價爲八十元，想各做大衣一件，但是因爲配不到好的獺絨皮領，擱置了三年還沒有去做，後來拋球塲大集成皮貨號開幕，他們知道我有兩件皮統子，也來情商要我轉讓，他們肯出價每件六百元，因爲那時節上好的玄狐缺貨，我也就讓了給他們。太太又以一百二十元買了一對翡翠的耳環，當時的代價並不貴，但是隔了二三十年，我們到了香港，這對翡翠耳環已貴了一千倍，所以我們以一萬二千元脫手，但是至今還是懊悔不置，因爲現在的市價已漲到五千倍之上，這是萬萬料不到的。那一次到北平所花的錢，事實上，還使我賺到不少錢。因此我又想起丁福保對我說過：『以錢賺錢，要比勞心勞力賺錢容易得多。』正是一句名言。（四）

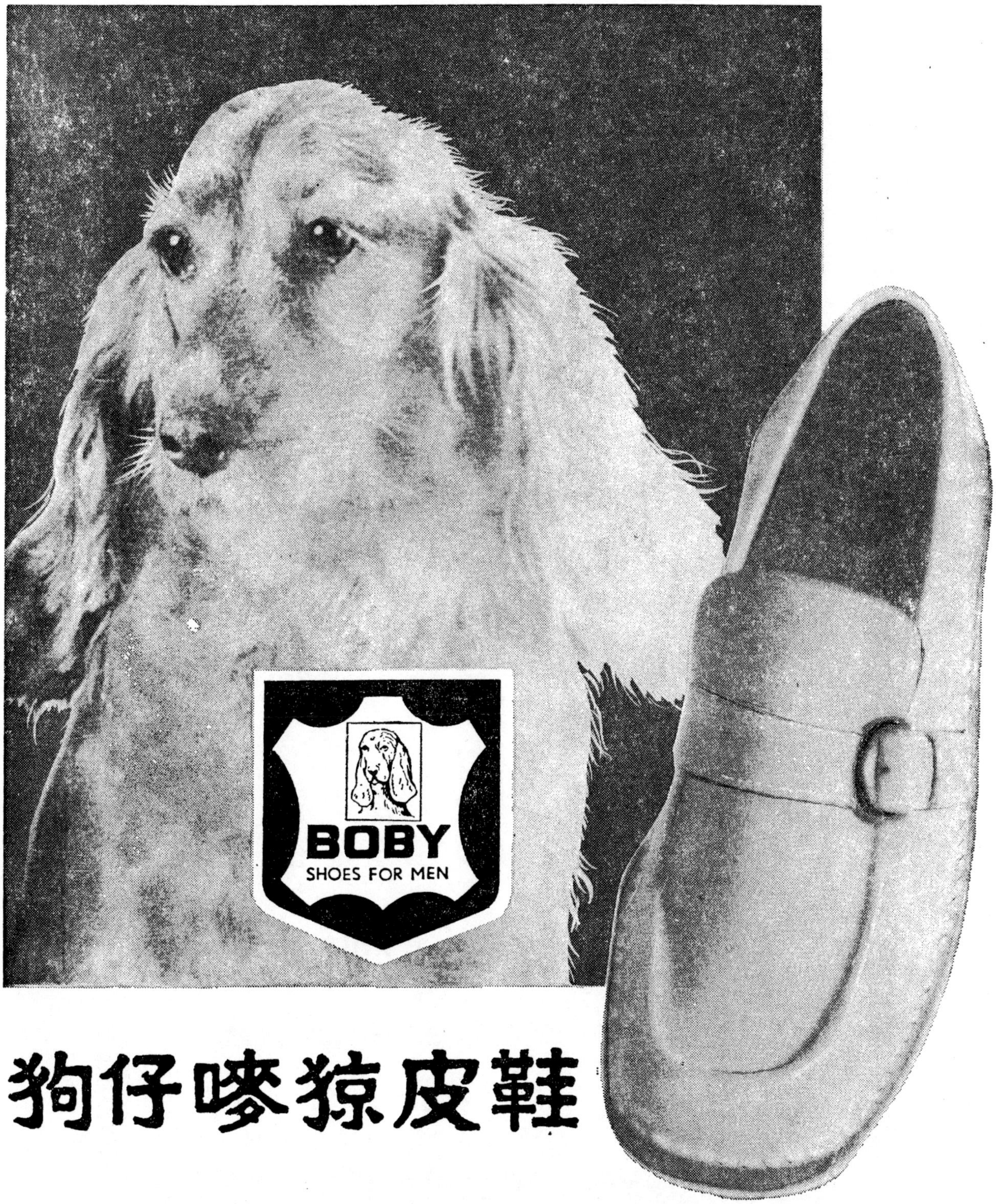

狗仔嘜猄皮鞋

大人公司　平價市場　人人百貨　大方公司　來路鞋公司有售

大人

善孖寫泥虎

大風堂

論天下大事
談古今人物

第十八期

立於畫前者爲名畫家張善子氏

怒吼罷中國

張善子（一八八二—一九四〇）不但爲名畫家，而且是一位愛國志士，早年曾加入同盟會，參加革命工作。七七抗戰軍興，他曾繪四維八德圖，以及文天祥正氣歌等以揭示民族正氣，激發民心。自言：「恨我非猛士，不能執干戈於疆場，我將以我之畫筆，寫我忠憤，鼓盪士氣，爲海內藝苑同人導其先聲。」後來他又以丈匹素帛，合爲巨幅，寫十八頭猛虎，蜂擁而前，以十八猛虎，代表我國十八行省，寓意遠長，發人深思，亦即世所艷稱之名作「怒吼罷中國」也。題曰：「雄大王風，一致怒吼，威撼河山，勢呑小醜！」此畫曾展出於歐美，對當時民心士氣，影响極大。

大人 第十八期 目錄

一九七一年十月十五日出版

大人

每逢月之十五日出版

出版及發行者：大人出版社有限公司
督印人：王朝平
編輯者：大人雜誌編輯委員會
總編輯：沈葦窗
社址：九龍西洋菜街三號A 即彌敦道六一〇號後座
電話：K八五五七三〇
印刷者：立信印刷公司 九龍新蒲崗伍芳街緯綸大厦十一樓 電話：H四五〇五六一 H四五〇七六六
總代理：吳興記書報社 香港租庇利街十一號二樓
星馬代理：遠東文化事業有限公司 新加坡廈門街十九號 檳城杳田仔街一七一號
泰國代理：集成圖書公司 曼谷耀華力路二三三號
越南代理：聯興書報社 越南堤岸新行街二十二號
其他地區代理：
澳門：可大文具店　漢城：汎亞書籍公社
亞庇：利民公司　寮國：永珍圖書公司
千里達：中華公司　斗湖：光明書店
菲律賓：華安書局　菲律賓：玲瓏書局
倫敦：東寶公司　紐約：友聯圖書公司
芝加哥：杏林春　紐約：友方圖書公司
波士頓：中西公司　洛杉磯：永安堂
三藩市：新生圖書公司　檀香山：大元公司
三藩市：益智圖書公司　三藩市：文化商店
加拿大：香港商店　加拿大：新國華公司

辛亥革命在成都

——對當時社會民情的分析說明——

李璜

關於辛亥革命的專著不少，雜記更多；就是對於四川的辛亥革命，我近年還看過一冊台北商務印書館出版，周開慶著的「四川與辛亥革命」，及台北四川文獻月刊所載周善培寫的「辛亥四川爭路親歷記」，這一書一記中也都補充了若干寶貴資料，雖然其中的眞實性仍有待於評判。歷史這一門學問，在現代的科學研究工夫上，是在不斷的搜求新資料，不斷的比較修正，不但近代史如是，即古代史也如是；可以說，從客觀的科學見地上說來，歷史上的事情是不容易下一個定論，像二加一等於三那樣確切不移的。除非是用概括的哲學眼光，去把千古興亡一例看，那又另是一回事了。

我在這辛亥革命六十週年紀念的今天，來寫這篇「辛亥革命在成都」的短文，大半是據我的親身經歷說話，但我並無意增加何種新資料，也不想去批判何種舊資料，我是要就親歷的回憶中，去對當時的社會民情分析說明一下，藉以展示出何以故辛亥革命在成都首先發動變亂的。

應從保路風潮說起

大家都知道，辛亥革命是起義於武昌，史稱武昌起義，創立民國，是指的十月十日定爲國慶節那一天的武漢新軍叛變，這是在陰歷的八月十九日。但在民國史上有了這一斷代日子的起點後，人們就不大注意成都民變，搴起反抗清廷的保路風潮，是起於三個多月以前的五月中。這一反抗風潮，愈鬧愈厲害，先是成都罷課罷市，隨即各縣圍城殺官，全川鼎沸起來，然後清廷才令督辦粵漢川漢鐵路大臣端方抽調武漢軍隊，率領入川鎮壓，直使武漢的省防空虛，然後湖廣總督瑞澂才一聞炮聲便開跑了，武昌起義才易於成功了。而且成都的民變從五月中開始，一直便沒有停過，各縣民兵把成都包圍住，威脅着四川總督趙爾豐在十月初七日把全川政權拱手交與「大漢四川軍政府」爲止。因是左舜生在他的「中國近代史四講」上，寫到「辛亥革命」時特別道：「我們要懂得當時武漢方面的革命空氣何以突趨緊張？而首義的辦法又何以迅即確定？有一事不能不於此畧加補叙。先是本年四月，清廷新內閣成立，郵傳部大臣盛宣懷、度支部大臣載澤主張先後借得之外債約兩萬萬元，以一部份作爲實現鐵路國有政策之用。其中向英、美、德、法四國銀行團所借之六百萬鎊（約六千萬元），即明定爲川漢粵漢鐵道借欵。當時清廷所宣示的鐵路政策，幹路均歸國有，枝路准商人量力酌辦，從前批准各案，一律取消，如有抵抗，即照違制論。……川漢已經批准商辦，商民集股，已有相當成數，一部份地段且已進行建築，忽聞此變，川省人民大動公憤，紛起力爭。……七月，四川保路同志會知道清廷已命端方入川，更如火上澆油，因於七月十五日公推代表見川督趙爾豐，要求

成都民衆請願圖，見「中國近代畫史」

本文著者李璜先生在辛亥革命剪髮辮後攝影

阻端入川；爾豐初許代奏，繼又翻悔，並將代表保路會會長鄧孝可、股東會會長顏楷、諮議局議長蒲殿俊等九人，拘押署中，人民到署哀求釋放不許，且由趙督下令開槍，死七人，傷無數，於是全國譁然，風潮愈益擴大。在這一種形勢之下，其足以提高全國人民的革命情緒，自屬毫無疑義。」（見左著三三六頁）

上面這一段話，已足以說明四川保路風潮之發動，及其反抗流血之足以「提高全國人民的革命情緒」，始在事實上及精神上引致「武漢方面革命空氣突趨緊張」。茲爲節省筆墨，將這一不尋常的保路風潮，本着前面所指出的兩周著作及其它史料，按着月日，條舉其風潮之起迄，以見當時四川，特別是成都的社會民情，然後我再來加以分析說明。不過所根據的資料，多是用的陰曆；我因學校已上課，又沒有工夫去翻「兩千年中西曆對照表」（雖然我有此表）只得在下面全用陰曆，尚望讀者諒之。

辛亥四月，清廷下令將川漢粵漢鐵路收歸國有。

五月初三日，在成都的川漢鐵路公司召開股東大會，議決質問政府，四川商股二千餘萬元，將如何處理？

五月初五日，端方歌電稱：政府不承認已用之欵，積存未用的現欵一千餘萬，由政府提用，換發一種債票。

五月初八日，公司召集臨時股東大會，決議成立保路同志會，反抗政府，不但奪路，而且謀財的妄舉。

五月十五日，盛宣懷用部電飭電報局不得代發保路同志會與政府爭論的電報，於是會衆主張强硬對付當局。

五月二十一日，鐵路公司召開臨時大會，到會千餘人，成都紳耆均到，全體認爲借欵合同，喪權賣國，羣情憤慨，一齊大哭，聲震屋瓦。哭畢全體前往督院向護理四川總督王人文請願，王允代爲電告北京，請求收回成命。從是日起，不只成都保路局同志會掛起正式牌子，各縣也紛紛成立同志會，聲言救國保路。（川漢路民股是由田賦上强捐認股的，故全川有千萬的股東）。

五月二十八日，護督王人文奏「爲鐵路借欵合同於路權喪失太大，內亂外患，事機已迫；簽字大臣欺君誤國，請速治罪；然後提出修改，以救危亡，恭摺密陳仰祈聖鑒事……」電奏竟被留中，並命王人文交卸赴京，四川總督調督辦川滇邊務大臣趙爾豐繼任。

六月中，人心日形不安，成都各街均有救國保路的集會講演；且成都鐵路公司天天開會，附近各縣股東都來參加。成都營務處總辦巡防軍統領田徵葵調兵嚴防暴動，軍警與民衆有短兵相接之勢。

閏六月初一日，趙爾豐入成都接川督事。

閏六月十五日，趙督代鐵路公司發電致郵傳部，請求明白答復商股處置辦法。因公司宜昌經理李稷勳不得總公司命令，把賬目交給端方派去的人接收了，衆股東認爲政府不講道理，實行搶奪。

閏六月二十九日，成都鐵路總公司股東大會議決全城商店罷市，工人罷工，學生罷課，以對抗政府搶奪路權。因端方委派總公司所撤職的宜昌經理李稷勳爲宜昌鐵路公司總辦，大家認爲政府實行硬搶鐵路，非予以硬性對付不可！

七月初四日，罷市、罷工、罷課之後，成都已陷緊急狀態，但秩序尚未混亂。初四日起，各街紛紛搭起過街篷台，台上供起德宗景皇帝牌位，表示鐵路商辦，是先皇意旨，因此向他祈禱。但過街樓台一搭，百官坐轎經過其下，必須下轎步行而過，弄得大小百官出行非常不便，等於斷了他們辦事及會聚的交通了。

七月十三日，保路同志會散發傳單，主張川人自保。傳單首稱：「今因政府奪路刦欵，轉送外人，激動我七千萬同胞翻然覺悟。兩月以來，其團結力、堅忍力、秩序力，中外罕見，殊覺人心未死，尚有可爲。及是時機，急就天然之利，輔以人事，一心一德，共圖自保。……」而自保條件第一條保護官長有「由各廳州縣城議事會集議，選定殷實精壯子弟至少百名，最少六十名，作爲臨時團丁，分批輪操，常川駐守官署官局，以便保護。」這首條，不啻要將全省大小官吏一律看管起來，於是官吏大爲恐懼，川督趙爾豐便决心捕人了。

七月十五日，趙督誘保路會重要分子蒲殿俊、羅綸、顏楷、鄧孝可、張瀾、胡嶸、江山乘、葉秉誠、王銘新、蒙裁成等人至督署開會，加以拘押。因立即引起成都民衆憤怒，數千人頃刻會合，湧向督署請求釋放被押諸人，軍警阻擋不住，衝入督署大門，趙爾豐下令開槍，當場打死七人，傷者無算。從此成都附近各縣更是動亂，而全川的民軍（同志軍）紛紛起事，進攻縣城了。

七月十六日，從是日起，成都四郊米炭被人阻止，不得入城，電桿被砍，電報不通，成都被民軍包圍，內外隔絕，成爲死城。各縣到處都在圍城，搶經徵局，好幾個州縣官被殺，如邛州知州文龍、西昌縣知縣章慶等，此外棄城逃走的州縣官很多。

七月二十八日，岑春煊奉旨來川查辦，其曉諭四川父老電文張貼四川全省各地，表示調解之意。其時各縣亂局日形擴大，成都之圍未解，因巡防軍早已腐化，只知擾民打不過民兵，反增加民軍聲勢；至新軍雖有一鎮人，則又不肯以槍桿去打民衆，趙督便只得坐困孤城而束手無策了。

八月十九日，武昌起義，旋即擁黎元洪爲鄂軍都督府都督，宣布五族共和政體，稱中華民國。

十月初七日，川督趙爾豐交出政權，成都光復，舉蒲殿俊爲都督，新軍統制朱慶瀾副之。同日，端方被殺於四川資中縣。

十月十八日，成都兵變，改舉尹昌衡爲正都督，羅綸爲副都督；趙爾豐被殺，並梟首示衆。

就我在上面對事變所鈎稽出的十數條，即足以展示出當時必然致亂的因由如下：（一）官逼民反。專制政治之忽視人民，官僚辦事之顢頇無理，在五月初五至七月初四這八條中已顯示得很明白；川漢鐵路收歸國有，既已與准許商辦原來明令相違，而將川民多年經營之力，毫不顧惜，令人灰心；但端方歌電宣示，且將川民股欵，逕自加以沒收，這種出爾反爾等於詐欺取財，又焉得不引起民變！（二）假稱立憲。自宣統元年各省一律成立諮議局，二年北京又成立資政院；各省諮議局代表向清廷三次請願，要求速開國會，清廷一再拖延時日，最後且將請願代表押解出京，民衆已大失所望，而以諮議局中議員爲甚，清廷既認爲成立中央資政院與各省諮議局乃是預備立憲的初基；但此次借外債，鐵路收歸國有，從未諮詢中央及地方議事機關，一意孤行，故四川諮議局失望憤慨之餘，便成爲保路風潮的領導，諮議局正議長蒲殿俊，副議長羅綸，議員江山乘、葉秉誠等都是抗爭中主導人物，因而爲趙爾豐所拘禁。（三）爭功互訐，官僚政治最爲可惡之處是，上則欺君，下則欺民，中間則官與官爭權爭功而互相傾陷，竟置國家事於度外。我讀周善培所寫的「辛亥四川爭路親歷記」，其中較有價值的資料，即將端方與趙爾豐兩人爭權爭功的內幕表露無遺，端方之來川，其最大目的即在爭取趙爾豐的四川總督這一官位，故他唯恐天下不亂，然後方能把趙拉下台來。既激成變亂，他又疏劾趙爾豐縱容亂黨，無能督川。趙亦被迫自衛，而密奏端方不明事理，一味顢頇，深爲川民所惡。彼此互訐不休，清廷始特派欽差大臣岑春煊來川查辦。但爲時已晚，岑在八月中始自上海動身，而八月十九的武昌起義遂使岑無法赴任了。設使端方不逼迫護督王人文宣佈其沒收川人股欵的歌電，則民情不會突趨激烈，保路同志會也不會普遍成立；又設使端方不疏劾趙爾豐之無能已亂，則趙也不會爲怕丟官起見，而便手忙脚亂的把蒲羅諸人拘禁起來。這一種官僚的自私誤國，古往今來不知有幾許王朝帝位垮在他們的手上啊！

不容忽視社會潛力

雖然，川民在辛亥革命爭路風潮中，波瀾起伏，愈激愈厲，不畏專制淫威，堅持幾至半年之久，卒將四川政權奪歸民衆手裏，這是絕非臨時組成的烏合之衆所能辦得到的。我願在此將兩個社會潛力說明出來，以見他們的支配民衆能耐，都是由來有自，而非一朝一夕所能號召得來，呼應一致的，這兩種潛力：一爲士紳社會，二爲哥老社會。

中國皇朝統治，號稱專制，其對臣民固隨時要施以淫威，表現尊嚴，以便鎮懾。然而其實比之現今俄共所發明的專制，有黨與特務的組織以貫澈其專斷意旨於下層，復有軍警林立，嚴加防範，使老百姓動也不敢亂動一下；比較起來，皇朝專制是鬆懈的，其百官奉令行事並未事事深入民間的，而老百姓除了完國稅與打官司之外，是甚少與官府往來的。官與民的中間橋樑便是士紳階層，因此直接民衆，支配民衆，與其說是官廳，不如說是士紳社會。似乎中國這種士紳階層發展得很早，故孔子便曾說：『爲政不難，不得罪於巨室。』而我們四川的士紳喜歡干涉政治，似乎也有很長遠的歷史。所以漢武帝勞民傷財去通西南夷，四川的士紳便會站起來加以反對。司馬相如才爲皇帝做了兩篇大文：一是「諭巴蜀檄」，一是「難蜀父老」。在「難蜀父老」上，指明「至於蜀都，耆老大夫縉紳先生之徒，二十有七人，儼然造焉。……」這眞有點像我在成都所親見着的「五老七賢」的樣子！關於研究中國士紳階層的社會力量及其組織，有社會學家費孝通兩本名著現正流行着（其一且已譯成英文在美國暢銷）。費孝通引經據典的將歷代上秉承着官府，下領導着百姓，以通治道的「紳權」指示得很明白，我在這裏便不煩辭費了。我只是據我親見的來說一說。

大抵這班士紳，都是有功名的，不是科舉出身，就是在外做過官囘成都來休養的，能詩、能文、能寫字；做官還沒有何種大汚點，在鄉也自然有些清譽。精力還相當有餘剩的，還各管理着教育事業或慈善事業，因之與一般民衆並未脫節。那就我在當時或以後所熟習的干預爭路一事的幾位紳耆來說，如：

一、伍肇齡（崧生），翰林院編修，曾任錦江書院山長。

二、顏楷（雍耆），翰林院庶吉士，曾任高等學堂監督。

三、蒲殿俊（伯英），進士，諮議局議長。

四、羅綸（子青），舉人，諮議局副議長。

五、邵從恩（明叔），刑部主事，曾任成都紳班法政學堂監督。

六、張瀾（表方），舉人，曾任成都慈惠堂主持人。

七、鄧孝可（慕魯），主事，曾辦過鹽政而有著述。

八、周鳳翔（紫亭），進士，當時的高等學堂監督。

以上我熟習的這八人，其中五人便爲趙爾豐所拘禁，稱爲造亂的首要。此外被拘禁的爲葉秉誠、蒙裁成、王銘新等皆是當時以士紳資格在成都辦教育並教書的。當時這班士紳既好論時政，主持清議，而同時親戚故舊與門生屬吏又在四川到處都有，所以是一言九鼎，勢不可侮的。在這一班士紳之前的人，其情形是如何，我未深究。但在這班人以後，在抗戰初期，除了邵明老，張表老尙健在而隱操清議外，成都的五老中尙有方鶴老（旭字鶴齋）尹仲老（昌齡字仲錫）與徐申老（孝剛字申甫）爲士紳領袖，隨時要站出來向政府替老百姓說話的。因此國民政府勢力在民國二十五六年一伸入四川，在朝黨人便深感這種所謂紳權，礙手礙脚，甚爲討厭；即賢者如陳布雷初到成都，一見「五老七賢」之後，也感到嘵喋喋的，不好對付，逕自批評四川人華而不實，有欠沉着，大意見「陳布雷回憶錄」中

辛亥秋保路死事紀念碑立於成都少城公園門首

。（註）不過抗戰隨即退守四川，要靠四川的人力物力以支持前方，還是必須請求這班士紳出來號召，然後壯丁與米糧才源源不斷的拿得出來。

現在來談談哥老社會。太史公序游俠列傳，有「韓子曰：儒者以文亂法，俠者以武犯禁，二者皆譏……」大抵法家重在尊君而齊民於法，當然對我現在所說的士紳與哥老兩社會組織均在所必譏。不過中國自漢代以後，政府大都敬重士人，所以士紳階層才在中國政治上發生影响，源遠流長。至哥老社會之源於游俠，如太史公稱：「其行雖不軌於正義，然其言必信，其行必果，已諾必誠，不愛其軀，赴士之阨困」，這種種美德，是在江湖上的朋友們，眞正講義氣時，始終保存着的。即以四川的哥老幫會來說，要從老么升到大爺，以至於龍頭舵把子，對於太史公所舉的這類信行，自少壯以至老，總得要做到幾分的。但四川的哥老，在淸代天下太平無事時，其普及的組織，雖然散佈得很廣，終是秘密着的。一到淸末，王綱解紐，民氣日張，方才半公開了出來，其力量也就倍增於平時。在我十五六歲時，正當宣統時代，那時候，一方面由於天下太平日久，農村人口增加，地力不足以養，青年而不安本份的人，流出農村，不是加入教匪組織，便是加入哥老社會；一方面由於淸末地方官吏貪汚苟且，衙役多與哥老勾結，狼狽爲奸。因之地主富商得不着官權的保障，而反賴哥老庇蔭，較爲有效，於是有錢人也去加入幫會，哥老之勢便更盛了。但四川哥老有兩種不同的組織：一稱淸水袍哥，一稱渾水袍哥；前者名爲「仁」字號，

後者稱「義」字號。仁字號的袍哥大爺是一表斯文，穿起長袍，儼然縉紳，與官府打交道；自稱清水，換句話說，他們不涉渾水，去聚集動武力的徒衆以爲非作歹的。其實仁字號與義字號還是暗中相通，是否坐地分贓，大是問題。在清末民初四川袍哥的數字究竟有多少？我無調查。外國人如美國莊萊德大使在抗戰時成都美領館任職員，報告其政府稱「哥老會在成都的兄弟們幾乎相當於人口的一半」，這似乎說得過甚一點。但據我所知成都附近及其西南各縣當時是哥老社會最爲興盛的地方。像我後來見過的灌縣侯寶齋侯大爺，在當時就是有名的袍哥舵把子，他不但是該縣豪紳，爲縣官所敬畏，他與省門士紳也是聲氣相通。因此辛亥保路同志會一發起，侯寶齋便在川西南響應起來。在平時，打秋風的朋友拿着侯大爺一張名片，便可以走遍川西南各縣都有人招待的。所以保路同志會經侯大爺一提倡，久據崇慶、新津一帶的孫澤培、吳慶熙（別號吳二大王），平日都是以其巧取豪奪之貲，養活成千上萬的弟兄夥的，皆聞風而起，聲勢立刻浩大；趙爾豐便不得不出兵西向，鞏固溫江、郫縣，以防萬一了。及至新津圍城，邛州殺官，巡防軍被迫與同志軍開火了。但巡防軍早已腐化，且中間士兵素通哥老，當然不敵，隨即成都便被同志軍團團圍困住了。

及至武昌革命前後，趙爾豐雖尚未交出政權，但蒲、羅諸人早在八月初十已經釋放，並請其安撫民衆，而成都之困得解，同志軍的弟兄們公然入城，三三兩兩，游行市街。我親見這類年青哥老，短衣帶刀，頂上青布裹頭，還間有鬢邊斜插一支紅花者，頗類平劇中之短打武生，如三叉口、祝家莊的人物打扮。趙既已無有權威，而蒲、羅等文人又有何能力去維持社會秩序；新軍嚴守紀律，閉在鳳凰山營中照常操練不出，巡防軍又與同志軍勾結一氣，於是在成都城廂到處有賭檔，街頭呼盧擲骰之聲，不絕於耳。甚至在大街街頭，遍設「公口」（公口是幫會入會機構的特稱），招人入會，這可以說是四川哥老社會從秘密到公開，極一時之盛了！然而等到十月初七，成都反正，蒲殿俊接任軍政府都督之後，十月十八尹昌衡唆使新軍一營叛變，巡防軍與同志軍乘機大掠成都，商店富戶爲之一空，然後革命黨楊維出任巡警局，大殺大捉搶匪，這些哥老隊伍始四散逃去。

最後畧談四川省性

寫到辛亥革命在成都的末尾，我忽然想起下面兩句話：「天下未亂蜀先亂，天下已治蜀未治」；這兩句話一向爲四川知識份子所不大承認。好像一承認了，就證明四川人是好亂成性，不服王化一樣似的，但我這個四川人看法不同。在歷史上四川之所以屢出豪傑之士，據地自雄；在一個皇朝末期，往往是四川容易先脫出中央治權而獨立起來，衰頹的皇朝中央便莫奈之何。及至另一新皇朝起來，以兵力來平定天下，一時中原羣雄未服，故也讓這一個遠在西陲的邊區負固下去。因此在地理關係與人事關係兩者說來，或者尾大不掉，或者鞭長莫及，故四川始能在歷代興亡之間有一個相當長時間的獨立政權出現。這是史實，無可否認。（恕我不在此一一舉例。）不過對於「治亂」這兩個字，在今天來論史，我們必得重行審定一下它所指出的意義。中國歷代興亡，無非是一人一姓以武力去爭江山、奪社稷；誰的武力強，誰奪得帝位，而帝位一經鞏固，便名之曰治；如不服此治，便名曰亂。秦失其鹿，天下共逐；陳勝、吳廣、劉邦、項羽等，在秦二世看來，都是亂臣賊子。然而劉邦打勝了，一稱高皇帝之後，同他共平天下的韓、彭、絳、灌又變成爲亂臣賊子了！因是良史如司馬遷便不大贊成這種「勢利眼」的以成敗論英雄，而他寫史記，偏要把打敗了的項羽列於本紀，與帝王同等看待。至於說到四川，在東漢之初，公孫述稱帝於成都，劉秀稱帝於洛陽。當其勝敗未分時，兩帝並稱；如馬援傳有「卿往來於二帝間」語。一且公孫述打敗，則子陽成爲井底蛙；設使打敗的是劉秀，而打勝的是公孫述，則井底蛙便不會再有，而文叔不過是騎牛的一個謹厚書生而已。

這是一種歷代史家的正統觀念在支配中國政治史的安排法，這種安排，如要以治亂二字來做標準，便欠公正，且不合史實。如陳壽寫三國志而以魏爲正統，後世譏之，這且不說；但如以治亂來做衡量，則諸葛亮在四川的治績，又豈亞於曹魏嗎？正統之見，還有一個偏向，便是注重在中原的割據之雄，而置於首要，往往便把邊區之雄放在次要去了。如唐五代史，正宗的系統是梁、唐、晉、漢、周、稱之五代；而前蜀、後蜀便只在十國之列。其實以治亂來作標準，則在王建以至孟知祥這兩個朝代中，四川在其統治下，人民安居樂業，中原的知識分子多避亂來蜀，且備受優遇。因此唐五代時，蜀中人文特盛，有今日尚流傳的「花間集」與「尊前集」兩本詞選，可以作証。所以史家的治亂觀點，並無定評，只是勢利眼的正統思想在那裏作祟而已。我覺得今日治史，應另換一種眼光，要談治亂，則應深究治與亂的眞象，不能說據有中原的政權雖亂亦治，而據在邊省的政權雖治亦亂，那就不公正了。

至於近百年來，無論變法維新，或者排滿革命，四川人參預其事而有名於紀載，也確乎不少。大抵說來，四川民性（或應稱省性，因爲中華民族本在文化薰陶上已融爲一體，只是地域廣大而在省性上有些差別罷了），比較起來，屬於狂放且急進的一派。這是用自然環境因素去說明文化時，須重行加以分析一下的。今日治一民族的文化史，通常要應用人文地理學的觀點來探索的。這不是地靈然後人傑那種神秘的看法，這是第一要探索文化在地理上的交流情形，第二要解說山川形勝所孕育的風尚情勢，所以在人文地理的結論上，有河流開啓文化，山險阻礙文化，而又有島國文

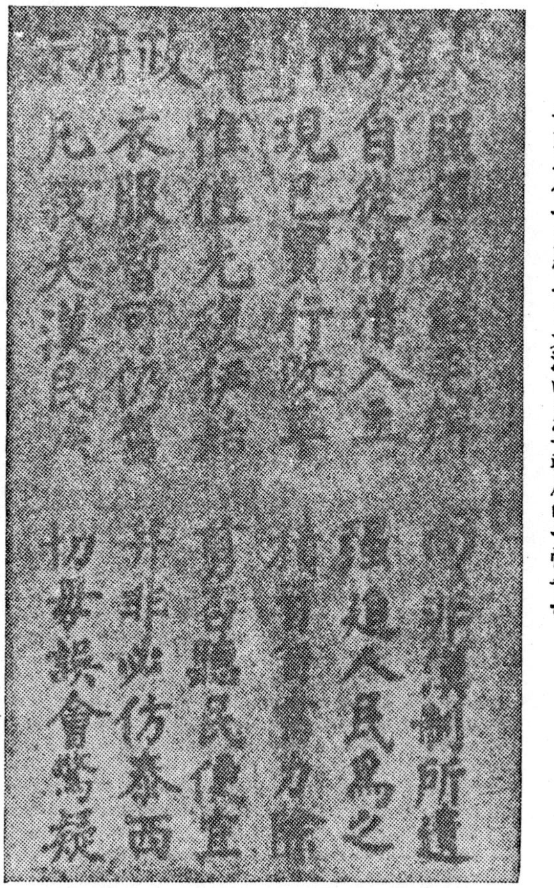

辛亥革命十月初七日大漢四川軍政府的一幅告示

化與大陸文化種種差別之分。這種論點應用到四川省性上來作分析，則要說四川人文的格調，必須稍稍留意一下四川的地理。固然談文化離不開人才，人才之不世出，半靠天生，然而其才的格調，也半靠地成；否則天地生才應是一律，而何以中與西，以至中國的各省，所特出的人才或產生的文化，竟會各有其表現之不同與特殊呢。

談到文化的交通，有人說蜀道難，甚至李太白這位大詩人更過甚的形容，蜀道難於上青天。似乎四川自古以來，出入這個省區大為不便，於是想像起來，四川的文化應該是風氣閉塞，習俗固陋，民性保守，文風純樸。然而不然，四川自古以來的文化模樣都不合這四點的想像的。原來四川的東路交通，固然有夔巫的山險水惡，在輪船飛機未通之前，大為不便；然而四川與外省在北道的交通上，則從秦惠王使司馬錯伐蜀取之（西紀前三一六），從隴西沿嘉陵江而下，大得蜀的積粟之利；此後，楚漢之間，漢王引兵東定三秦，蕭何發蜀漢米萬船，接濟軍食，這就不能不說早已暢通了。且兩漢以至三國，政府都在用力打通川陝的陸路交通。於是除了嘉陵江的水道之外，在漢代自陝通蜀，史稱有褒斜、陳倉、儻駱、子午各道，並辨認其間行程之短長與難易，足見軍事與商旅均平常經過，以溝通川陝，北道並不閉塞。唐以後，則驛站注重陳倉道，唐明皇入蜀便循此道。陳倉即今日之寶鷄縣，正是川陝公路鐵道的中心點。此道向東，與渭河平行，而至咸陽，是最為便利的。憶我幼年時，聞我的老師與前輩談到他們上京赴試，即自成都走大北道，八天行程，就在廣元縣的神宣驛出川入陝，又用八天行程經寧羌、南鄭、褒城、鳳縣、寶鷄，沿渭河而至西安，後半行程時有騾車可坐，並不艱險。因是四川的北道交往早就暢通，而四川與古文化中心的長安本是容易交流的。以十六天行程來說，則江南人要往秦中，在古來恐怕費時費力還比四川人大些。因此，我以社會學的見地，也不承認以文翁一人之力，而便可以化蜀的！

並且四川這一省區確是膏腴之地，山雖多，而是水成岩，到處可以種植，且盆地之中，河流四達，農產特盛。禹貢所稱：「華陽黑水惟梁州，岷嶓既藝，沱潛既道」，即指的川西川南地土好，灌溉也好，五穀因而茂盛；何況還有一個川西壩子，成都府屬十六個縣的沃野千里，號稱天府之國！在這一自然環境之下，四川的老百姓應當是大多數吃得飽穿得暖的；能吃飽穿暖，然後文化才會發達，這乃是事理之常。我不相信大家餓起肚皮而能誇稱文化普遍進步的！

再說以四川山形之崔巍，水流之湍急，有時幽深到邐迤入雲，有時奔放得一瀉千里，氣象絕不平凡；人在其中，大有鷹隼凌霄，蛟龍赴海的感想，於是狂放之氣以生，急進之性以啓。因之在四川人文傳統的特性上，無論揚雄、司馬相如、李白、蘇東坡及其父弟，他們的文章都有一種奔放雄瑰的格調，並不平淡或純厚，而他們的信行也大抵狂放而急進，容易在專制皇朝的拘束下遭到坎坷。降及近代，還有明之楊愼（升庵），清之張問陶（船山）等，茲不具論。即以我年青時候所尚及請益的四川名流學者而言，經學家如廖季平（平）、文學家如趙堯生（熙）、版本學家如傅沅叔（增湘），所治固各有專精，足以為蜀中人文生色；但以我個人的接觸雖淺，然而總感到他們均具有一種名士的超脫氣，而甚少道學家的拘謹之習；臨老還好與後生輩天南地北的談論不休，才情並不內歛，仍是狂放而急進一流。等而下之，一般四川人都喜歡高談濶論，相習成風已久；並不是有了茶館，大家才愛去擺龍門陣的。（龍門本四川俗稱田間莊子的大門，老農工餘喜在門前談天，後生輩圍而聽之者成陣，故曰擺龍門陣，並無何高深意義存乎其中。）在後漢書上即已說到：「成都俗尚文辨，好相持長短」，足見這種好發議論的省性，其來源甚遠也。

（註）「……居重慶約一月，厲上清寺陶園內之農村，與川中軍政界及教育界新聞界人士相接觸甚多，覺川人之穎慧活潑，實勝於他省，而沉着質樸之士，殊不多覯，模仿性甚强，亦頗思向上，然多疑善變，凡事不能從根本致力，卽軍人官吏，亦均文勝與質，志大而氣狹。……」

「……在成都又半月餘，曾往謁方鶴齋、徐子休、尹仲錫、周紫池、徐申甫諸老，此數君者，成都所謂五老七賢，乃一般人所認為方正不阿者也。……」

辛亥革命的遺聞軼事

——中華民國六十週年紀念——

馬五先生

今年十月十日，是中國人民推翻數千年來的君主專制，創建民主共和的中華民國六十年周甲紀念日，全中國的民衆無論其政治思想與背景如何，然對於這項偉大的節日，沒有不表示歡慶的，否則便不是中國人了！

關於此役的經過情形，當代人士已有許多詳盡的專著和筆記流行於坊間，恕我不再贅述，今就自己目擊的，以及聞諸親預其役的前輩人物口述的若干遺聞軼事，綴撰成篇，藉資紀念。

先輩所述的革命事實

我的叔父雷瀛（號叔海），清末以秀才肄業武昌「文普通學堂」，參加了鄂省革命黨人組織的「文學社」。辛亥革命軍起，他加入學生隊，担任武昌城廂的巡邏職責。革命成功後，以勞績由湖南都督府斥資派赴日本留學，他回家來準備出國時，跟先父暢談在武昌學生隊服務情形綦詳，那年我十五歲，從旁聽到叔父所說的一些革命行動，印象甚深，至今不忘。當時他們學生隊在市街上巡邏之際，遇着行人即要他大聲唸「一二三四五六」的數目字，凡有唸「六」爲「流」字上聲的，即指爲滿洲人，舉槍射殺不貸。叔父認爲這其間有些幽燕之地的漢人，亦不免枉遭殺身之禍，但當時由於痛恨滿清王朝的心理極强烈，又在兵荒馬亂之中，別無可以鑑別滿人的方法，只有使用這種手段了。黃克强先生在漢陽指揮革命軍作戰時，武昌學生隊亦調到漢陽作預備軍，叔父的身材短小，克强先生聽說他是個秀才，乃教他專幹文書工作，軍中不但是沒有公文紙，連筆墨亦缺乏，臨時要向黎元洪都督報告軍情，倉皇用草紙疾書送去，無所謂格式與體裁。漢陽之戰，湘鄂軍皆參加，但以援鄂的湘軍人數較多，然軍械陳舊，不足以抵擋北洋新軍的猛烈進攻，戰敗後，克强先生以革命軍實力損失過半，無法補充了。回到武昌與黎元洪商戰守之策，黎主張撤離武昌城，避往六十里外之王家店。克强先生纔化裝東行赴上海的。後來鄂省軍人指克强先生爲「逃將」，反對他作「大元帥」，而克强先生亦堅辭不就，推舉黎元洪承其乏，即爲此故。

湖南於辛亥陰曆九月初一日响應革命而獨立的，主持人是黨會首領焦達峯。我的另一叔父洪畊在長沙肄業「農業學堂」。據他說：焦都督就職後，所有舊日巡撫衙門的官吏，逃走一空，焦都督號召一班知識青年報名參加革命，不問資格，一律委以文武官職。有個以賣水營生的人，走到都督府求差使，焦都督問他對革命有何功勞？賣水人答道：「大人進城的時候，我在城樓上吹號。」也就委派爲都督府的副官之類的職員，其凌亂可知。我的叔父害怕造反有滅門之禍，始終不敢去報名，住在長沙，看熱鬧而已。

焦達峯這時年齡不過卅歲，從不曾處理過行政事宜，一旦躍居都督職位，舊有的官吏又星散了，對於日常政務，乃不知如何措手，弄得亂七八糟。但他對於派兵援鄂一事，不特劍及履及，積極進行，而且把自己可以掌握的精銳部隊，掃數派往武漢，省內只留下少數的殘兵，藉以維持秩序。副都督陳作新主張酌留可用之兵在長沙，以備不虞，焦認爲武漢革命如失敗，則湖南雖有重兵，亦必歸於消滅，不願爲個人利害計而不竭力援鄂，充分表現着革命黨人大公無私的磊落精神，殊堪讚許。往後焦陳二人即因武力微弱，被立憲派人士煽動一個營長梅馨謀叛而殘害了！

所謂立憲派也者，即宣統三年赴北京要求提前成立國會，實行君主立憲制的各省諮議局局長及其同路人，如湖南的譚延闓、江蘇的張謇、浙江的湯壽潛、湖北的湯化龍等是也。焦達峯做了八十多天都督，政治上凌亂無紀，秩序騷然，在立憲派份子看來，固認爲太不像話，即一般社會人士亦多不以爲然。於是，立憲派乃煽動當時駐在省城附近醴陵縣的巡防營長梅馨，暗遣百餘士兵，化裝爲地方民衆代表，前來省城請願，焦都督跟這班人在督署見面談話時，被殺在座上，副都督陳作新騎着馬從城外彈壓米市風潮歸來，在路上被亂兵槍殺，旋由諮議局議員公推譚延闓爲都督。當時漢口遭北洋軍攻下，燒成一片焦土，武昌的黎元洪且已避往鄉間，對於湖南事變，自然沒人過問。繼而南北停戰，逐漸入於議和階段，迨南京臨時政府成立，國父孫公就任總統後，正式任命各省在任的都督，譚延闓更取得合法地位，成爲名正言順的湖南軍民兩政首長了。

民十六年秋間，我在南京國民政府作秘書，每天中午陪侍主席譚延闓、常務委員李烈鈞午餐。某日飯後，譚對李談到湖南辛亥革命時的往事，

譚延闓撰書「燕京舊聞」手蹟

據說：當時清軍駐守長沙的統領黃忠浩，原係科甲出身的漢人，革命事變發作之際，巡撫俞誠恪（廉三）聞警潛逃，而防軍的士兵們多已受黨人運動，不願出來平亂，但黃統領仍効忠清廷，拒任都督，這纔由焦達峯坐上都督之位。一夕，黃忠浩到譚宅訪談，譚素來見着黃的眼光特別銳露，這在相法上是遭凶之貌，譚氏曾委婉諷示黃不妨順應大勢，然黃仍不肯變易初衷。是夜深更，黃赴城樓上巡查，即被部下刺殺殉職，他所統領的軍隊，由焦都督收編改爲援鄂軍，派往武漢作戰了。湘撫俞廉三平日與諮議局譚局長相處很好，迨譚氏接任都督後，俞隱居上海作寓公，曾在上海報紙上刊登「湖南大都督譚公鑒」的啓事，說他自己倉皇離湘，有若干私人的行李和書籍皆未帶走，希望大都督派人檢察一下，是否尙在公廨中？譚認爲俞氏是向他開玩笑，亦照樣在滬報啓事，首稱「前湖南巡撫俞中丞公鑒」，聲明俞氏遺下的私有物，仍封存督署內，請派人來湘具領可也。然俞并未派人去領。譚先生說，俞氏的行李書籍確未損失，可見當時革命黨人的風格，跟後人迥然不同，頗爲感慨。他說俞廉三如不聞警出走，指揮黃忠浩對付革命黨人，以黃氏的死硬派作風，焦達峯未必那末容易成功吧？

李烈鈞自委江西都督

民十五年我隨李協和上將軍在張家口西北軍于役。某日我跟他閒談，他說：「你們青年人要想出頭，遇事就得敢作敢爲，不怕闖禍，像我辛亥年出任江西都督，就是自己委派的！」我聞之詫異，叩詢其詳，他侃侃叙述經過云：「辛亥年我原在雲南講武堂作提調，是年清廷訂期八月間在河南彰德舉行新軍秋操，各省皆派遣軍官到場參觀，雲貴總督李經羲就派我去，八月初先到上海，知道秋操停止舉行了，即與中部同盟會幹部居正、宋教仁等人周旋，籌劃長江革命運動，往來於皖贛之間。迨八月下旬武昌革命軍起，我即在安徽策動響應，旋於九月十八日宣告獨立，推舊任巡撫朱家寶爲都督，但他無心革命，藉故辭退，改由我接任。這時各省紛紛獨立，我們江西亦已繼起響應，就分成南昌、九江兩個都督府，情形很混亂。我非安徽人，常惦記着本省的事情，而南昌都督彭程萬（凌霄）是老友，他來信希望我回江西去，把九江的分裂局面統一起來。於是，我辭去皖督職務，先往武昌謁見黎元洪，黎元洪挽我作參謀長，而南昌彭都督被迫下台，由九江都督馬毓寶担任之，馬係滿清舊官僚，江西人皆反對他。彭凌霄來武昌跟我商量好，由他逕返南昌去策動各界領袖人物，聯名呈請黎元洪大元帥任命我爲江西都督。這時南北兩方正在暫行停戰期間，黎對革命前途幷無信心，關於江西各界的呈文，擱置未理，我向他催促了幾次，最後他說：『你自己擬好委令，教都督府掌印官蓋印就是了』，意思仍在推宕，我便不客氣，把委任令寫好，蓋上都督府大印，再當面請黎加蓋私章，他情不可却，祇好勉强照辦了，這江西都督不是我自己委的嗎？」

「我拿到委令後，乃以參謀長關係，請黎元洪特派一艘停泊在武漢的兵艦，送我赴九江。我全副戎裝，腰掛指揮刀——這把軍刀是日本買來的，很鋒利——只隨帶十幾個衛士出發，心裏揣想馬毓寶如果拒絕我入贛，那就很麻煩。迨到九江時，馬適在潯，他聽說我坐的是兵艦，即帶着幾名衛兵親來艦上見我，表面說來歡迎，實際是查看我是否帶有隊伍同來？他的部隊就駐在岸上，認爲無虞。他登艦後，我請進艦長室談話，等他說過一段客氣詞令後，我抽出指揮刀即席將他劈死，他那幾個衛兵當然不敢動。我即刻上岸向部隊講話，說明馬毓寶原係假革命的滿清官員，極不可靠，我奉黎大元帥命令，回江西接任都督，你們都是我的部屬，大家安心供職好了，官兵皆表示服從。次日我坐火車到南昌，因有彭前都督凌霄在南昌活動，各界人士對我熱烈歡迎，這時我的實際年齡纔二十九歲呢！」

李公又順便談到民二湖口起義討袁之役，証明他是敢於搗亂闖禍的。當時他被袁世凱免職後，原已交卸職務到了上海，嗣以袁世凱又將粵督胡漢民、皖督柏文蔚一律免職，旅滬黨人大譁，主張反抗，李首先贊成，急潛回九江組織討袁軍，而以湖口要塞爲根據地，揭出反袁旗幟。袁世凱派旅長李純南下進攻，因李純所部團長耿毅（鶴生，曾任國府監察委員）係同盟會員，臨陣倒戈助李，所以開始就打了一次大勝戰，全國人士莫不知道李烈鈞了。最後李公笑謂：「今天同樣的話，教你對社會人士說，就不及我說的引人注意，原因就是我在青年時代敢於搗亂啊！」這些故事，李公在其自傳中并未叙述，大概是晚年的心情已由絢爛歸於平澹了。夷考辛亥革命初期的各省都督，盡係臨時推舉的，但如李協和先生這樣自委的情形，却沒有第二個，這不能不說是革命史上的一項珍聞了。

自委江西都督的李烈鈞

我亦參加了辛亥革命

辛亥年我在家鄉（湖南嘉禾縣）的官立高等小學堂讀書，同學們十之八九都是考過童生科塲的人，年紀皆在二十歲以上，我是最年幼的。是歲八月初，原在武昌陸軍小學畢業歸來的邑人李雲杰（後來他在保定軍校畢業，曾任國軍第廿三師師長），受任爲我們的體操教員，由縣府領來步槍三十枝，沒有子彈，教我們以步兵操典，每星期上操三次，訓練甚勤，學生們大家年青，覺得好玩，并不以爲辛苦。到了是年九月下旬某一深宵，李老師傳令我們集合，每人發給步槍子彈兩粒，有些同學託詞不應命，我以頑童性情，樂於參加，即由李老師統帶入城——學堂在北門外——教我們馳赴縣衙門守衛，不許裏面的人出來，大家不知道是怎麽回事，遵命而往，但李老師入城後却不見了（他家在城內），由年長的一位同學督隊指揮。我們走進縣署，只見大堂上聚集着百餘名羣衆，拿着刀或鐵棍，不斷地叫囂。縣令鍾麟（滿人）正其衣冠，高坐堂皇，雙手各持一枝短槍，口中唸唸有詞，却聽不懂他說的甚麽？他有兩個兒子原在長沙「明德中學」求學，湖南宣佈獨立後，兄弟二人回到縣裏來了，我們都認識的。這時，鍾令的大兒子要走出縣衙門，我持槍阻攔之，他轉身到公案前，對他父親說了幾句話，鍾令即開槍將大兒子打死；次兒覩狀驚駭，亦走到父親面前要說甚麽似的，鍾令又是一槍把他擊斃了！我持着槍站在人羣的前線，根本不明白縣太爺爲甚麽鎗殺兒子？覩狀既怪且懼，却不敢走開。少頃，衙門後花園起了火，另有一批人爬在後院的墻上大呼「捉拿滿韃子」，於是，鍾令站立在大堂上，先對媳婦二人和一丫頭一孫兒開槍，慘呼之聲不絕於耳，然後舉鎗自戕倒地，而前後院的人羣即呼嘯散去了。

其時天色已曙，我們這羣揹着步槍的學生，未得李老師命令，不敢撤退。俄而李老師來了，聞有倒在地下流着血的一婦人（即鍾麟的長媳及其子，受傷未死），和小孩呻吟聲，即命人抬出縣署外的民家樓上安置，派我去担任看守之責。我在守衛時，聽那婦人吱哩咕嚕說了許多話，一句也不懂，但心裏對她和那小孩的痛苦情狀，感到十分難過，不忍再看了。乃走下樓來查詢同學們是否遄返了學校？有人領我到城北李氏祠堂，說同學們都在那祠堂內開會。我走進去，即見本邑富紳李國柱（我們那李老師的叔父），正向大家演說，聲言他是奉孫文之命，從日本回來搞革命的，現在已將本縣的滿洲官鍾麟全家幹掉了，革命任務完成了一部分，別無他事，先用他的名義佈告安民，再派人赴桂陽州拍電致湖南都督府報告經過情形因本縣不通電報，請委新知縣來接任云云。這纔知道昨夕之事原係李國柱先生策動的，而他的侄兒李雲杰來作我們的體操教師，練習步兵操，又向縣署領取步槍使用，都是他預定的革命計劃。幸而原駐在嘉禾縣城的巡防營兵一哨（即一連）早調走了，否則我們這些未使用過步槍的幼年學生隊，難免不遭殃吧？

李國柱是本縣的富家子，清末自費留學日本，即參加了同盟會，他的加盟書次序爲第十號，足見其資格之老。嗣後他在湖南稽勳局任職，旋又棄官而去。二次革命時，斥資在粵邊招收土匪（號稱民軍）反抗袁世凱，自任旅長，隸屬程潛麾下，家產完全爲革命蕩盡，連住宅亦被湯薌銘充公拍賣了。所以，國父遺墨中即有「湖南志士李國柱毀家革命」之語，信有徵也。

鍾麟縣令全家的屍體，即掩埋在我們的高等小學堂近側荒野中，他那未死的媳婦和孫兒，由桂陽州官査太爺接去療傷，不知所終了。這便是我莫名其妙地參預了辛亥革命運動，當時對於「革命」的意義懵然不悉所解。可是，因此而對國民黨奠立了信仰的心情，成人之後，在大學讀書時即加入了國民黨。二次革命失敗後，前述我的叔父瀛，由日本奉孫總理命回國從事反袁運動被害，我家產業曾受到湯屠戶薌銘査抄之禍，抄家的命令上且註有「全家皆亂黨」的罪名呢？

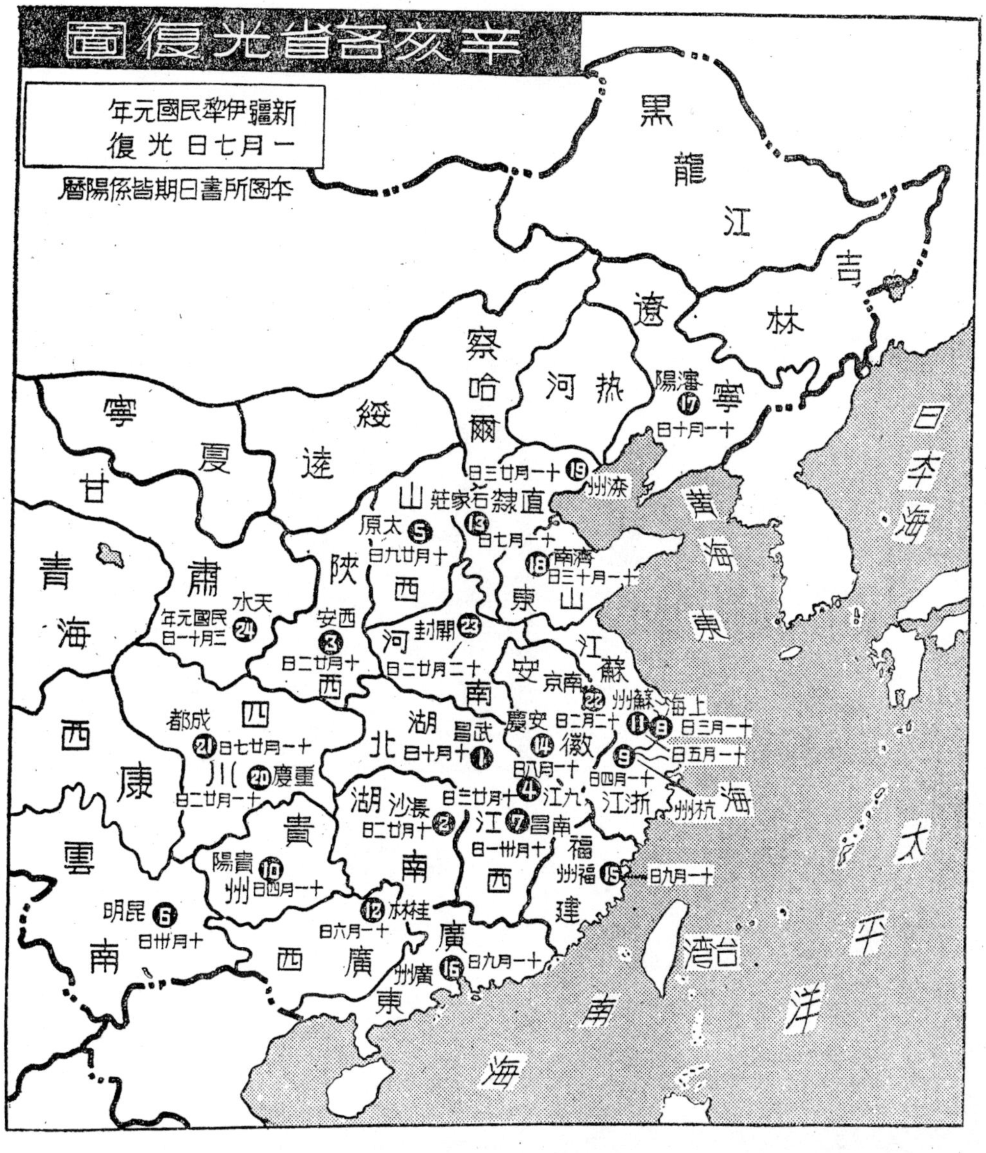

辛亥當年的幾項軼聞

當革命軍與清廷初步暫行停戰時，各獨立省份代表集合上海，決定組織統一的軍政府，選舉大元帥、副元帥各一人綜持全局，并選出黃興、黎元洪爲正副元帥，然湖北軍人表示反對，浙江省代表和之，黃堅辭，推薦黎元洪爲大元帥。軍政府尚待正式成立，南京已光復，擬改設臨時政府於金陵，製訂約法，選舉大總統。是時孫中山先生尚未回國，以宋教仁爲首的「同盟會」一般人士暨憲政派張謇等人，皆擁護黃興作總統，各省代表有些人贊成，亦有些人反對，黃仍表示遜謝，主張推戴孫公，而宋教仁擁黃如故。既而孫公回來了，衆望所歸臨時總統一席匪異人任，然宋氏力倡內閣制，頗爲同盟會籍的臨時參議員所不滿，因而宋氏在臨時政府各部首長的仕版中，名落孫山，最後由黃興疏通，任命他爲印鑄局長，宋頗怏怏不樂，依然鼓吹內閣制不已。一日，在總統府與馬君武爭論政制問題，兩人竟至動武，宋被馬揮拳打腫了眼睛，曾進醫院療養，當時若不是黃克强謙退爲懷，革命陣營很可能趨於分裂也。

章太炎原係同盟會要角，對革命甚著勞績，他和浙人陶成章組立「光復會」，擁有一部分羣衆，自認臨時政府各部首長必有他的一席——尤其是教育部長，應該非他莫屬，然結果僅受聘爲「國師」，位雖崇高，却無實權，他大爲失望。繼而陶成章在上海被刺殞命，他更遷怒於民黨人士，乃對南京政府大事詆譭，曾撰聯語刊之於報端云：

滿朝鼠竊狗偷，死者不瞑目；
此地龍蟠虎踞，昔人之虛言。

從此他即轉捧黎元洪，與舊有的民黨等於脫離關係。後來袁世凱委任他一個「東北籌邊使」的空銜，他亦樂於就職，親赴關外視察後，知道沒有搞頭，又對袁表示怨望，形諸文字，致召幽囚之禍，可見這位國學大師的政治慾殊爲强烈，跟我們湖南王闓運是同一類型的書生啊！

胡漢民以廣東都督隨孫公赴南京，担任臨時政府秘書長，暫以副都督陳烱明代理粵督。這時孫大總統的令兄孫眉在羊城，粵省議會有意選舉他繼任廣東都督，敎他先往南京向孫公商量決定，再行正式選舉，請總統任命。孫公聞之甚不謂然，即電粵省議會制止，說是「毋誤粵局」，一片天下爲公的心情，永垂世範，而乃兄亦恬然自安，終孫公在生之日，從不過問政治，可謂兩難也矣！

未幾，孫公讓位袁世凱，回粵省視，胡漢民偕行至羊城，陳烱明請他復職，胡拒之，陳乃寫好一封信留在督署，然後託詞有要事相商，請胡氏來公廨，稍事寒暄畢，陳將房門反鎖住，使胡不得出，他潛至香港了。留書聲明胡若不復職，他即不再回粵。這時的陳烱明，對同志何等誠摯而光明，誰也不會料想他後來因與胡氏失和，爲着權位之爭，竟至對孫公謀叛，且居心加以危害呢！人的歷史是自己創造的，亦是自己纔能夠毀滅，陳氏有焉。

湘桂大撤退親歷記：從桂林到重慶

·范基平·

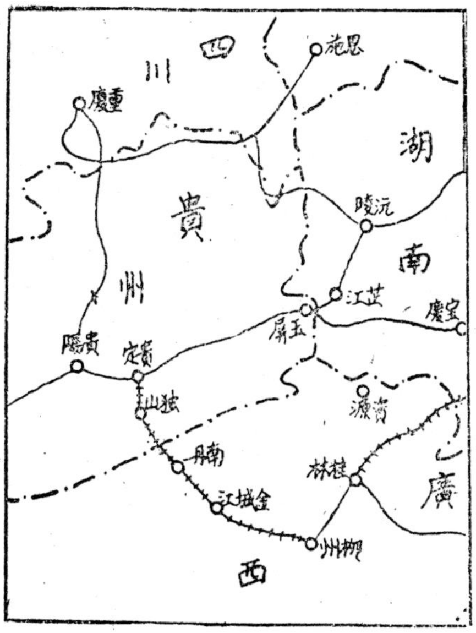

抗戰結束，時間已經超過四分之一世紀，回想當年，眞像一場大夢，對我個人，八年抗戰奪去了我生命中最精壯的一截——從二十七歲到三十五歲；也使我從一個涉世未深的青年而迫近中年。在這一段時期之內，我逃難三次，移家四次，却得到了不可勝數的生活經驗。所以，如果說損失，則我所遭受的損失，未必比所得到的收獲更多；因爲我本屬空手而來。雖然至今還是兩袖清風，但兒女均漸長大，對人對事，我都無愧於心，而若干年來，以生活遭遇而言，這個世界實在也無負於我。

湘桂撤退，是廿五年前的舊事，也是八年抗戰中我同胞顚沛流離、苦難最深的一齣悲劇，作爲大悲劇中的半個小角色，現在執筆追記，我有說不盡迴憶與感懷。這齣大悲劇的小角色，少說些也在三千萬人以上；我之所以自稱爲「半個」小角色，是因爲那時我家居桂林，不在湖南，桂林以前的事，毫無體驗，我所親歷的只是湘桂大撤退中的一半，而這「一半」，其驚險百出，却已超過我生命中其他全部經歷之總和而有餘。

長沙陷落　桂林動搖

長沙經歷四次會戰，敵我兩軍均曾在此三進三出，是對日抗戰史上最大戰役之一。衡陽苦守多時，全城盡毀，最後雖然終告陷落，但將士奮戰，已盡全力，所以方先覺軍長也雖降無罪。

長沙最後一次陷落，是一九四四年六月十八，此後日軍攻勢直趨衡陽。衡陽劇戰之初，桂林即呈動搖，稍有辦法之人，七月初便已開始逃難避亂。我以家室繁重，人口衆多，決定非至最後關頭，決不妄動。想不到衡陽之戰，由於三軍用命，苦守甚久。七月中旬，一部份逃離桂林到達柳州因爲無車而不能西上之人，又重回桂林，甚至希望戰局重新穩定，不必再動。但是他們後來終於發現，當初雖然走得早了一些，但既已到了柳州，實在不該再回桂林，因爲重回桂林而走得署遲，受創之鉅，遠出意外，因而後悔不迭者，大有人在。

綜觀大勢，當時戰事雖有一時膠着，但欲局好轉，却無可能，我雖不能以「有辦法」之人自居，走在許多人的前面，可也不能聽天由命，落在所有的人的後面。有幾個很好的朋友，他們原籍湘西，在故鄉還有老家，長沙、岳陽、衡陽，相繼失守時，據他們經驗所知，湘西一帶，歷來向爲戰事所不及，而日軍攻勢，又係沿湘桂鐵路西上，乃於研究再三之後，決定避鐵路，走小路，前往湘西故鄉，該處既無戰爭危險，生活又甚廉宜，預備在那兒鄉下避它那麽三年五載再說，這也是一種採取守勢的消極長期計劃，以時間來等候戰局變化。這計劃出於熟諳湘西地理環境與風俗習慣之人，決非全無理由，承他們熱誠照顧我這一家來自上海香港的異地遠客，邀我同行，並以多方面的協助相許，盛意拳拳，至爲可感。聽了之後，初則躍躍欲試，終則欣然同意，並約定於七月下旬的一個清晨，於桂林郊外祝勝里聚集，一起出發。

湘西計劃　行前變更

這是一個決定我們今後全家命運的日子，隔夜收拾行李細軟，第二天一清早，大家便起來，吃好早點，又買了六十副燒餅油條，準備作爲最初三天的乾糧。

六點半光景，大家把行李揹的揹，提的提，全都拿好，並且和大孩子說好，這次出門，乘車坐船的機會不多，大部份要靠步行。但在出發的前五分鐘，我一個人在院子裏，踱着方步，前前後後的再三考慮，就在這十來分鐘的時間之內，我發現了這條路對別人可能是上策，對於我却是下策，不能盲目跟隨，理由如下：(一)他們是回故鄉老家，比在桂林大有憑藉；(二)我們是路愈走愈遠，錢愈用愈少，地方愈來愈生，而且我根本沒有足夠一家八口逃幾個月，吃三五年閒飯的準備；(三)我的工作職業離不開報紙出版，必須在都市中謀發展，去到窮鄉僻壤的地方，無法生產，終難免餓死一途。

想到這裏，立刻和妻商量，經過一番考慮，她也連聲說是，認爲此行欠妥，不可冒險，遂即中止啓行，決定重新研究，再作決定。謝過了友人的好意，那六十副大餅油條，則作爲了送行的禮物。

先到貴陽 再去重慶

那時我在桂林力報工作，既作主筆，又當經理，負責廣告部之外，還兼編兩個綜合性和文藝性的副刊。在內地報館做事，常有向官方分嘗一杯羹的念頭，戰時更以官民之間的一種特殊階級自居。才過一兩天，好消息果然來了，說是報館裏分配到一節鐵篷車，稍爲過幾天即可掛上一列黔桂鐵路的車頭，直駛金城江，一路全部免費，到了金城江，再想去重慶的辦法。報社同人不勝雀躍，紛紛都把箱籠行李搬上停在桂林北站那節車皮，由兩人輪流看守，以待佳期。本來已經人心慌亂的，至此不覺心境爲之一寬，覺得最困難的交通問題等於已告解決，都高高興興的繼續出報吃飯。至於那一天可走，則一方面寄希望於路局方面之特別幫忙，一方面自以爲消息靈通，無論如何總不至於措手不及。

不料一等便等了好多天，毫無動靜，而戰局却日見緊張，但是誰也不好催，因爲車頭太忙，催也徒然，而且全部免費，怎麼好意思去催呢？

報社工作同人，膳宿向來均由社方供給，我一家八口，是報社同人中的第一「大族」，佔房三間，開飯七客，平時無所謂，戰爭一天天逼近，報社經濟跟着緊張起來。我雖一人身兼五職，但有此待遇，不能不承認這是老板客氣，如今情形特殊，我便不免聽到些閑言閑語。其一是說我家人口衆多，對報社負担太重；其二是說由於我家人口衆多，分去了一部份同事的福利。這種見解，各有其是，我便想：「如果有辦法的話，我該先走，而不賴在他們一起。」

於是我加緊張羅旅費，爲單獨行動作萬一之計。我底財路只有兩條，一條是得自胡好資助，一條是變賣一切細軟。從桂林到重慶旅程三千里，人口衆多，旅費昂貴，所籌得的款項，算來算去，至多只能到貴陽；但我仍痛下決心，即使只能到貴陽，如果必須要走，還是非走不可，決不戀棧。

清晨醒來 決定啓程

走的日子終於到了。八月九日清早醒來，報紙第一版上看到了「衡陽失守」的大標題。我搖醒了尚在睡夢中的妻子說：「起身吧，今天我們要走了！」我們走的計劃，幾天前已經和她談過，但她想不到這樣快，快到「今天就走！」

較大的箱籠行李早已搬上車皮，現在要拿的只是些衣服細軟、沿途中用品，所以準備工作簡單不少。首先是告訴報館當局和同事，他們想不到我決心先走得這樣快，當然也表示了客氣一番。我趕着通知了胡好，並且相約在重慶見面。四個大人和四個孩子，隨身只有一些包裹衣服，四輛人力車解決了交通問題，下午三點鐘便到了桂林北站。

這是桂林第一次緊張和第二次緊急疏散之間一個小小的空檔，衡陽失守的消息當然不免引起震動，但是大部份人的反應，遠不及我來得快和敏感。桂林北站買票等車的人羣比我理想中少，把行李從車皮上搬下來當然免不了一番忙亂，妻一人照顧四個孩子，三個大人去搬行李。到柳州去的特別快車啓行時間是下午五時，票房要四點鐘才開。未到車站之前，心理上曾作今天將在月台上過夜的準備，因爲我預料特別快車車票一定買不到——或者即使買到了也未必上得了車。意外的是最壞的打算中，碰上了最好的運氣，我們不但買到了車票，並且立刻上了車。列車當然裝得滿滿，但不算擠得要命。車上聽說，許多桂林去的「難民」都滯留在柳州，車站上塞滿了人，要買一張到金城江的車票可不是件易事，想到了柳州我一個人要買六張車票，不免暗暗着急。

巧遇貴人 車票到手

我已記不得特別快車是什麼時候到柳州的，却是清清楚楚的記得柳州車站的候車人數的確超過桂林北站好幾倍，絕大多數是要搭黔桂鐵路車去金城江和獨山。往金城江去的火車也是五點開車，遠在票房門未開之前，票房面前已被圍得水泄不通，要擠得靠近票房些也沒有可能。每一個等候買票的人都像熱鍋上的螞蟻，焦急是每一張面孔共有的表情，我們三個大人分三路鑽，可是一個也鑽不進去。

我實在運氣，在票房附近遇見了一個熟人，他那時是柳州車站的稽查主任，抱歉之至，現在我已記不起那位先生的尊姓大名，只記得是沈秋雁兄在桂林介紹我相識的一位朋友，一同打過好幾塲麻將，而且我每一塲都輸。打過好幾塲麻將就不能算不熟，請他幫忙設法車票的話自然也不會說不出口。他問清楚我們共要六張車票，便叫我先把妻兒和行李搬到靠鐵路的月台旁邊，我則跟他前往票房後門去拿車票。這位朋友是個好好先生，打牌時我曾面不改色的包過他一副雙辣，可是他這次幫我的忙，實在比連放我三副清一色還要得力。

拿到車票，連「謝」也沒有多說一聲，我便到月台旁等候上車，得天時、地利、人和之助，我們果於列車開進月台時，在最早一批人羣之內登車，佔到了靠窗口的六個座位，兩個最小的孩子老三老四則分別一人一個放在膝頭。擠是擠的，但只要上得了車，只要能到獨山，擠一些又有什麼關係呢？

一節火車 六層搭客

中國的鐵道車輛載客向來不限人數，何況現在又在戰時？讓可以上車的人儘量上車，這是鐵路當局的原則，至於車上有沒有座位或者立足之地，已經無暇兼顧。人像潮水一般湧上來，老的少的，男的女的，沒有一個不身手矯捷，跳躍似飛，因爲這不是普通的「搭車」而是「逃命」，逃命的時候還會有腿跑不快？還會見洞不就鑽嗎？

外國人喜歡用「沙甸魚」來形容人羣擠擁，一九四四年八月十一日我在柳州上車的黔桂西行車，當是我生平所看到的罕有的奇觀，是世界上最長串的沙甸魚匣，一點也不誇張，我親眼看到，我這節車廂共有六層搭客：最高的一層是在車頂之上，第二層是車廂上面的行李架上，第三層是車廂中原有的座位，第四層是車廂中的地板上，第五層是車門外面的兩步踏級上面，第六層是車廂底下火車的橫檔之上。我們所佔有的六個座位，後來雖然被擠進了兩個外人，但以舒適的等級而言，仍不失爲特等頭等。我們這節車這樣，整個列車的全部車廂當然也全都這樣。

吃飯拉屎 均成問題

當時的黔桂鐵路，全長四百六十六公里，合九百華里，東起柳州，西迄都勻。由柳州起至金城江的一百八九十公里，東段是平地，到了西段方逐漸上升，可是坐在車上一路還不大覺得。過金城江至六甲、拔貢，地勢便陡得厲害，每列車僅掛車廂四節，雖有兩個車頭一拖一送，速度之低，猶在台灣阿里山的小火車之下。傳說有時因煤斤缺乏而改燒木柴，火力不足，無法爬行，全車搭客常須下車協力合推，我們總算還沒有輪到，實屬大幸。金城江至獨山，沿途須經六甲、拔貢、側嶺、牛欄關、南丹、新店、芒塲、六寨諸站，過六寨即入貴陽省境而至獨山。金城江至獨山之間共有隧道二十四個，長度自五十公尺至三百三十五公尺不等，建築工程，至爲浩大。獨山以上至都勻的一段鐵道，建築已竣，但尚未正式通車。

車上搭客的肚皮問題，除自携乾糧者外，都要每到一個車站方能解決。每一車站都有人攀就車窗，售賣飯與鷄蛋、包子等點心，以供車上難

黔桂路上的火車奇觀——人山人海等候開車

民果腹。有人祗提茶壺一把，專售茶水，也一樣可以大做生意。坐在車上的人，普通都是把買來的飯，倒在漱口盅裏，然後等車開行後，慢慢享用。

搭客的另一個問題是大小便問題，由於車廂塞滿，寸步難行，大家非至萬不得已，不去厠所。有小孩子的自然更加麻煩，有時小兒便急，而車廂又無法移動，便不得不另想辦法。有一次我底大女兒便急，既無痰盂盆缽之類可以盛載，又沒有辦法擠往厠所，我只好用兩手把她抱住，將手臂擱於窗口，讓大小便隨風而去，飄落荒郊。當時萬一失手，眞是不堪設想，今日想來，猶有餘悸。廿七年後的今天，女兒已經做了母親，聽我追述這樣的緊張塲面，不免咋舌！

雖然這樣緊張，能夠搭上火車的還是運氣，當時如果能在金城江上車，坐上煤堆到獨山，代價是黃金一兩。那時卡車帶人，謂之「黃魚」，至於坐在火車煤堆之上，既悶又熱，自然一條條都變成了「燻魚」。

車行遲速毫無標準，中途時有停歇，有時爲了缺煤，有時爲了缺水，也記不清是某天黃昏方到獨山。總之到了就算，何必知道是何月何日？

席地而睡 心滿意足

獨山是沿廣西邊境進入貴州省的第一個小城，由於戰事關係，這時已成黔南重鎭，湘桂難民之意圖前往貴陽、重慶者，若非經過此地，便是暫住於此，所以一時熱鬧非凡。

我們於夜色蒼茫中抵達獨山，第一件事是找旅店。旅店是有的，但是房間都已滿了。遇到桂林一位報館同業，他與獨山的警察局長有親戚關係，於是便去找他請爲設法。警察局長親自帶我們接連跑了好幾家旅店，可是每一家都滿坑滿谷，躺滿了人。最後碰開了鐵路賓館的大門，掌櫃的陪我們巡視一週，許多房間，都已一間當作兩間之用。最後看到走廊盡頭，有一塊大約八呎濶十六呎長的磁磚空地，足堪權充一張大地舖的舖

位，乃由這位局長先生說情，答應給我們暫住。掌櫃的堅持不收房租，我則堅持非付不可，所付不算房租，當作小帳。因為經過了火車上幾天的勞頓，全體家人已疲乏極點，找到這個地方，正像跨進天堂，雖是走廊地舖，却比若干旅店的房間還乾淨舒服，豈能再揩他人之油？為了我們還要趕路，而又不知那一天才能動身，所以非有一個比較舒服的地方休息不可，而不化錢心裏未免不安，從我的眼睛看出去，假使當年的香港大酒店是香港最好的旅店，那末鐵路賓館便是獨山的香港大酒店；而香港大酒店的走廊，它的環境自然要比千諾道中的小旅店的私家房還要好些，因此我也不能不認為相當滿意，不過由於大家都疲倦，誰也沒有精神對這間「香港大酒店」細心欣賞，胡亂吃了一些東西，倒頭便睡。

第二天一早，家人都還睡着，我已起身。使我早起的原因有二：一是責任感在督促我，我應該首先起身，看看情形，作些準備，二是肚子餓了，要吃一頓早餐，暖暖身心。

街頭景色　見所未見

一跑出鐵路賓館，原想看到早點便吃，可是一個從未見到過的偉大場面把我呆住了。原來從離開旅店不遠的地方開始，大街整整齊齊排列着五六十個的木架，每一個木架上放有一個面盆，面盆裏放着一條乾淨毛巾，還有漱口盅、肥皂、牙粉之類，此外，最重要的當然還有一個水壺，水壺裏面是熱水。這是預備給逃難的人用的。你跑上前去，檔口主人便替你把水壺裏的熱水倒在面盆裏給你洗臉，水在面盆裏有七八成滿，毛巾泡得熱騰騰的，揩在面孔上眞是舒服。在逃難途中，可以洗到這樣的熱水臉，確屬一種享受。這樣一來，自然我也要先洗把臉，然後再去吃早點了。

與熱水洗臉服務相配合，不論小店攤位，到處都是大餅油條，豈漿粢飯，這幾樣正是我最愛吃的早點。自己吃好之後，又趕着買了一大包大餅油條與粢飯回去，面有得色的交與家人，而豈漿自然只好叫他們用洗乾淨的漱口盅再去買了。

從獨山到重慶去的必然途徑是先到都勻，都勻之後到馬塲坪，到了馬塲坪便可到貴陽。至於如何去重慶，則要等到了貴陽再說。

都勻在獨山之北一百五十華里，是獨山與馬塲坪之間的一個市鎮。那時黔桂路的獨山都勻段工程已經完成，但尚未正式通車，路局方面雖時有工程車、貨車行駛其間，定期班車或客車却從未有過。當他人告訴我們，最近數日內，曾有火車數列由獨山駛往都勻，既不售票，亦不正式載客，好像只是運貨或試車性質，詳細情形，亦不明瞭，我們只好到處探聽，以便決定行止。

當然，從獨山到都勻，也可以走公路，但是如有火車，自較公路方便可靠。我則雙管齊下，同時探聽，準備有車即走，但求安全可靠，不問其為公路卡車或鐵道火車。

我們在獨山也躭擱了幾天，先遇見了沈秋雁兄。秋雁說：「姚蘇鳳已經過獨山前往重慶，我告訴他你也快來，他當時便打了電報給新民報，叫他們預備請你」。第二天胡好也到了，他說他到了重慶要在那裏設虎標藥廠，製造萬金油，希望我能早到。

我之想去重慶，其情甚切，但是搭什麼車，以及什麼時候有車，却一些把握也沒有。我從小生長在上海，二十六歲到香港，在此以前，到過南京、鎮江、蘇州和杭州，再遠的地方從未去過，妻子也和我一樣。至於長途遠征，從上海坐船到香港不算數，所以從香港到桂林是第一次，這次桂林到獨山是第二次。第一次遠征的交通方法包括搭小輪、民船、小艇偸渡、坐轎和步行，沿途除了偸渡緊張之外，未有困難，所以雖是逃難，却有心以旅行的心情出之，盡量領畧沿途的景色人情，藉增見聞。有過上次經驗打底，胆子大了，判斷也較為準確，一切情況，自信均能從容應付。而幾個孩子，小的尚未懂事，大的覺得天天在變換新環境，一切均為前所未見，因此，也都忘記了逃難之苦，感覺到新鮮可喜。尤其是這一段時間，他們所看見的千百人羣，一個個都和我們一樣，有的甚至比我們吃得更壞，過得更苦，不知不覺的以為這多年一次的逃難，就是人生必須經歷的階段，一個個都乖乖聽話，毫無怨言。空下來的時候，我便幻想未來，告訴他們再過幾天便又可以上車動身，什麼時候可到貴陽，什麼時候可到重慶。我告訴他們重慶是我國最富省份四川的省會，現在是戰時首都，那裏要什麼有什麼，到了重慶，我們便可以安頓下來，不再逃難，舒舒服服的過日子。他們都聽得津津有味，問這問那，問個不已，我呢，能答則答，答不出則把話頭岔開，另外談些別的事情來滿足他們的好奇與求知之心。

事實上我們一共在獨山躭擱了沒有幾天，但旅人之心，均有一日三秋之感，我們夫婦二人，心裏面焦急萬分，表面上却不能不裝作狀若無事，以安人心。當然我們後來終於到了都勻、貴陽，但最大的虛驚，却就發生於獨山，因為意想不到的意外事件，使我與妻兒兩地隔絕，達三天兩晚之久，於六十小時之後，方於都勻重叙。

桂柳淪陷　獨山告急

獨山是黔南小城，在我國地理歷史上，向來藉藉無名；可是湘桂撤退之役中，獨山為進入貴州必經之地，且因黔桂鐵路，獨山以上尚未正式通車，抵達獨山的難民，多數在此改道公路，繼續前行。因車輛稀少，北上不易，不免在此逗留若干時日，難民雲集的結果，竟替獨山帶來了一小段難得的繁榮。

以戰局而言，當時緊接於湘桂大撤退之後，便是黔桂撤退，而越過廣西邊境六十公里便到獨山，所以事實上，獨山可以說是黔桂撤退的起點。不過我們到獨山時，廣西省內的戰事尚未迫及桂林，獨山局勢未呈動搖，所以它雖然不是逃難者的終極目的，至少也有些可以在此中途站稍為

貴州獨山爲日軍所至最深入地帶

休息，補充一下然後重新開始的感覺。但爲時未久，日軍沿着湘桂路線，勢似破竹，初則桂柳淪陷，繼以宜山失守，接着金城江、六甲亦陷敵手。至於獨山告急，則更是突如其來，緊急情況之蒞臨，幾乎是數小時內的事，那時逃難軍民（我們在獨山時，那裏還祗有難民，沒有難兵），其狼狽不堪之狀，猶十倍於湘桂途中，許多人放下了孩子，丟掉了行李，走爛了腳底，軋破了足趾，方抵都勻，而這時我們全家都早已到了重慶，只是在報紙上讀到這樣的記載。而後來在重慶見面的幾個桂林力報社同事，他們都只因爲貪那一節鐵篷車皮可以免費乘搭，比我們遲了三四天從桂林撤退，躬逢獨山告急之盛，在「半死亡行列」中，吃足苦頭，甚至有人途中遇匪，除了財物被刧之外，肩膀還挨了一刀。

但是在獨山，我們全家也面臨過一次十分緊張、驚慌萬狀的場面，雖然邀天之倖，幸獲有驚無險，可是在我們生命史上，依然值得加以追述，尤其是對於當時親臨其境而年幼無知的兒女們，應該讓他們知道，當時曾有過這樣一番經歷。

車站露宿 候赴都勻

我們在獨山勾留，目的是在等車。鐵路賓館離火車站甚近，從旅店裏去搭車可以說是再也方便不過。但是什麽時候有車却誰也不知，因此只能一日數次的前往車站打聽，探測動靜。月台上等車的人不少，有的還帶了行李。我立刻想到，鐵路賓館雖近，但如有火車突然到來小停數分鐘立即啓行，那末我們即使馬上趕回旅店拿行李也勢將不及，而且一家八口，裏面還有四個是孩子，爭取時間大成問題，我乃決定把全部行李搬到車站，堆在一起，即以月台作家，決心候車，前往都勻，直至上車而後已。因爲我已探悉，那時雖未有正式班車，但無論如何每天必有一兩列火車經過獨山北上，或爲貨車，或爲空車，雖然不售客票，但是許多人都不顧一切，盡力攀登，隨車而去，鐵路人員也從不阻攔干涉，這大概是因爲大家都是逃難，心照不宣的予以默許，我們也下了決心，等待機會。

那天我們全家長幼把全部行李搬到月台，選定有利陣地駐守，時間是下午二時，暗暗的許下了心願，那怕等它三天三晚，也非要等到上車不可。在車站上兜來兜去的打聽，聽說那天上午已有一列空車北駛，我們當然爲了失去機會而深深懊喪，但是列車既已經開走，當然無可奈何，因此更覺得把行李搬到月台上「死等」是唯一的方法。但直到下午五點多鐘，沒有第二列車到來，看看希望甚微，我們也準備吃過晚飯之後，就在車站過夜。

火車忽開 全家分散

等車等得心焦，孩子們臉上流露出來的不耐煩表情已跡近痛苦。來車既全無影踪，我們便帶了孩子從月台上跨下兩步石級準備散步。月台下錯綜交义的鐵道上是空蕩蕩的，好像只有我們這幾個人尚有此閒情逸興。放眼看去，看到沿着鐵路前面百餘碼處，却有一列車廂在最最靠左的一條軌道上停着，我們的散步本無目的，便漫不經心的往列車走去。我們一共是八個人，這時尚留着家人常珍一人在月台上看守行李，我和妻，與以前從家父習畫、多年來和我們一家相處的方樹德等三人，則帶了四個孩子，在路軌與路軌之間，一步步地向列車走近，四個孩子裏面兩個還小，妻和樹德，一手抱了一個，我則挈了兩個大的。我們先經列車車旁，目覩車中闃無一人，也沒有一點動靜，孩子嚷着要上去，我們便跨上了列車車廂。車廂共有四節，却看得出是二等客車，却沒有注意到車廂前面有沒有掛上車頭。孩子們前幾天坐慣了沙甸魚式的火車，這次看到如此清靜整潔的火車，有說不出的高興，尤其是兩個大的女孩，都放開了腳步在車廂裏開始奔跑。我身在獨山，心在都勻，立即對這列客車作出了許多幻想，幻想我們能坐在這節裏廂裏面，舒舒服服的到達都勻，那可多好？

一邊在想，忽聞汽笛一聲，車身微動，像是火車頭的掛鈎碰上了車廂，我放開孩子三腳兩步地立刻下車，想去看個究竟，連本來想對妻說的「我去看看」也來不及出口。依我習慣所知，即使眞是接上了車頭，這列空車也不像跟着就會開動，因此很希望它先退回車站。不料我下車後兩足方行站定，列車忽然立即開動，向前駛去。

最初我還自作聰明，以爲它一定會更換軌道，向前駛了一陣，會得馬上回來，滿不在乎的站着等，却不料那列車竟越駛越快，竟然一去不囘。

這一來，眞把我嚇得非同小可，對自己的大意與自作聰明，痛悔不已，眼看列車載着她們全體六人，嗚嗚疾駛而去，我在路軌旁呆了好一會，祇好在暮色蒼茫之中，獨自趕囘月台。

這幾分鐘的步行眞不好受，因爲一百種幻想與恐懼，向我同時襲來，使我簡直無法招架。人遇危急，總是越想越怕。在這種情形之下，我不免想到我們這一家人竟會如此分離，永不重晤。當初不去湘西等死而此刻在獨山生離，難道這也是命中註定？我嘲笑自己的無能，也痛恨命運的弄人。跑囘月台這一段路程，決不會超過二百碼，但我已出了一身大汗，常珍見我一人獨自囘去，面色慌張，忙問何事？我把經過情形一五一十的告訴了她。兩人呆了好一會，無話可說。

就當時實際情形而言，除了希望她們安全到達都勻，等我們去會合之外，還有什麽別的辦法呢？

種種疑懼　不一而足

由於關懷太甚，疑懼亦多，種種問題，湧上腦海。例如：那列空車是否駛往都勻？中途停車會不會有其他搭客上車？她們所帶的錢財能否無恙？到都勻之後，找不找得到旅店？她們這六個人裏面，會不會分離失散？如果久等不見我們到達，會不會派樹德到獨山來找我，而他到獨山時我們又已離開獨山……？

除此以外，別的問題還多着，她們都是空手走的，每一個人連一套替換的衫褲也沒有，這怎麽辦？我和常珍兩人，今天晚上如何看守這二十多件的大小行李？明天有沒有車？即使有車，單憑我們兩人如何能把廿多件行李搬上火車？

難解決的問題和關口，一個個正多着，無論如何，這些問題和關口，非一一加以解決及闖過不可。我與常珍商量的結果，由於行李多而人少，晚上露宿車站，非特別小心不可，一個睡時，另一個必須睜開眼睛，由兩人輪流看守，其他一切，且待天亮再說。

我們鄭重約定，這天晚上，我守上半夜，她守下半夜，她點頭稱好，說完立刻呼呼睡去。我則左思右想，只覺得這也不好，那也不好，心既不定，因此就通夜沒有辦法閉上眼睛。順便必須帶上一筆的是此行路程千里迢迢，交通雖然困難混亂達於極點，但是沿途治安却相當良好；至少是我們一家，從未因遇見任何宵小流氓而遭損失。事實上像我們這樣帶着四個孩子，幾十件行李，在任何地方丟掉那麽一兩件，均屬不足爲奇。尤其是獨山車站之晚，兩個人要照顧二三十件大小行李，如果有人看出弱點，圖謀不軌，的確是有機可乘的。那晚在月台上過夜，通宵燈光黝暗，人影幢幢，當然不免有點提心吊胆，但是所担心的，主要仍舊不在其他而在明天有沒有火車，以及行李有無辦法上車之類。

長夜漫漫，心事重重，這一晚過得好不容易。別的不打緊，天亮時肚子却實在餓得有點吃不消，光是燒餅油條，已經提不起我的興趣，於是祇好把本來答應祇睡上半夜的常珍叫醒，好讓我去吃一碗熱騰騰的荳漿與粢飯，而她底早點則由我負責帶囘。大街上的熱水洗臉檔，陣容浩大，一如往日，我則早已成爲其中老主顧之一。拿出自備毛巾，胡亂的擦了臉，吃好了早餐便趕囘車站，準備從上午六時開始，到下午六時，作連續不繼的十二小時的偉大等待。

貨車到來　拼命擠上

和我們一樣在月台上過夜的人，昨晚也有二十來個，其他挽着行李，抱着孩子的，亦正繼續而來，他們的目的也是要去都勻。

細節是記不盡的，心情也寫不勝寫，現在我只能簡畧一切，集中我的腦力去囘憶火車如何到來，以後如何上車那一段。

皇天不負有心人，一列火車終於從南面駛來，規規矩矩的靠着月台面前停下。那不是客車，所以根本沒有乘客；也不是普通貨車，所以也未裝貨物。那是一列無頂無蓋的高高的鐵皮車廂，一連七、八節，既無車門，更談不到窗口。車廂高過人頭一兩尺，要上車，唯一的辦法是攀登車廂外面半呎高一級的鋼條，一級一級的爬上去，到達車頂時，向裏面縱身一躍而下，一旦置身其間，便從此祇見車內，不見車外。但既然祇有這樣一個辦法，我們自然也只好採取此一辦法。行李少的還好，像我們人少而行李又多可困難極了。商量之下是先把行李搬到車旁，由常珍先行上車，我在車外遞傳行李，由她接應，只要把行李送到車上，不論抬也好，拋也好，擲也好，任它鬆散損爛，一切在所不計。許多行李比我們少的人，早已登車，我則因爲行李無法搬運之故，落得最後。落後也有落後的好處，因爲這時常珍在車廂內已經想到了辦法，她把別人的行李暫時墊高了身子，站在上面可以伸出她底頭部和兩手來對我遞上去的行李加以接應。我這時咬緊牙關，忽然力大似牛，費不了幾分鐘，把二十多件行李一起送到她手中，拋落車廂，跟着自己也十分身手矯捷的爬了上去。看到那一大堆行李居然毫無遺留損失，不覺有點顧盼自豪。那時我纔三十出頭，正是所謂年青力壯的時候，易之今日，老大臃腫，不要說什麽身手矯捷，攀登以上即可一躍而下，恐怕即使有人肯爲我抬轎也抬不上去了！

除了後來者外，我差不多是最後上車的一個，七八節鐵皮車，情形全差不多，誰也沒有車票。聽說它是去都勻，但是誰也不敢担保它必去都勻，可是大家心裏想，既然上了車，總有一天可以到都勻。運氣總算不錯，中午時分上車，祇等了一個多鐘頭便開車，方向是朝都勻，目的地是去定了。大家心裏在暗暗感激，這是政府對於難民的照顧，也是鐵路當局的一項德政。

從獨山到都勻，沿鐵道線的距離是一百五十華里，以每小時速率四五十里計，應於四小時左右到達。可是這列車，駛得既慢，沿途又時行時歇，而且歇的時候比走的時候更多，時而加煤，時而加水，又時而加柴，停停歇歇，看樣子是由於燃料不足，走了十里八里，必須到預定的地點「添食」之後方能繼續向前。當天下午，祗有中途一個小站是有意停歇的。那裏有鄉民羣集車站，售賣食物，以供車上難民果腹。因爲車廂甚高，大家爬在行李上把臂膀向下伸去，一手交錢，一手交貨，匆匆的往口中塞，不論其爲燒餅、饅頭、鷄蛋、白飯，無不香甜可口，非同尋常。

晚上停車 荒郊渡宿

晚飯過後，天色漸黑，消息自不知何處傳來，說是爲了安全起見，夜晚停止行車，而且也不駛進什麼車站，就在荒野中過夜。由於隔夜通宵不眠，我這時已倦極欲睡，胡亂加了件衣服，埋頭尋夢，夜半隱隱聽得類似犬吠狼嗥之聲，忽而自遠而近，或而自近而遠，但既不擾及列車，也就懶得理會。將近黎明，北風刺骨，寒冷難熬，也只好不顧一切，決心硬挺，可是天不作美，又來一陣大雨，夢中措手不及，所有難民都被淋成一羣落湯之鷄，車中積水，行李盡濕，更是不在話下。

不久雨停，東方的一線曙光，替大家帶來一絲絕處逢生之感，生之慾望，蠢然而動，及至天色大白，火車又重新啓行，列車中人，才大家嘆了一口氣，準備迎接新的一天。可是列車的行駛方式不改，依然時駛時歇，偶然於下坡之時，疾駛片刻，接着又像一頭喘息的老牛，其慢無比。

次日下午 車抵都匀

距離在牛步中縮短，希望隨時間而增加！這樣行行重行行，列車終於駛進了都匀車站，一看手錶，正是下午一點五十八分，屈指一算，在車上時間共廿三小時有餘，廿四小時不足。

目的地既已到達，車站上和車中人一片喧擾之聲，混成一片，洋溢耳際。下車時又是一陣忙亂緊張，我與常珍又是最後下車的兩個，趕着把行李堆在月台，準備設法找尋家人重聚。

絞盡腦汁，我想不出妻兒們此時正在旅店安歇，還是已與樹德前來車站迎候。都匀地方不大，一列火車的到達足以驚動全體居民，預料她們決不會錯過這重要機會，但是四面張望，每一張面孔無不陌生，看不到她們六人中的任何一個。我在月台上，車站附近來回奔走，不禁有點失望，準備再等半小時若無所見，便去一家家旅店按室查訪。正在猶豫躊躇之時，却見樹德口啣香烟，匆匆趕來，一顆焦急的心，立刻平靜了十分之九。從他口中，得知所有的人都安全無恙，她們在一家小旅店住了兩晚，睡得好吃得也好，只是我妻放心不下，晚上有一半時間失眠。我們急不及待，忙着僱了幾名脚夫，連同我們三人，一次過的搬了全部行李同往旅店。

失散重逢 興奮難忘

旅店離開車站祗要過一座小橋便到，踏進旅店，把行李暫時丟在店堂，樹德一馬當前的奔上樓梯，高呼「他們來了！」接着一陣雜亂的脚步聲，由樓梯上面而下，妻子手裏抱了一個孩子，後面又跟了兩個，下樓相迎，妻於欣慰不勝之中，禁不住的淌下眼淚，孩子則高聲大叫「爸爸！」那難忘的場面，至今猶在眼前。

興奮歡笑之中，大家無心詳談，妻的第一件事是替我們兩人叫了兩客客飯，兩菜一湯之中，一味是魚，其味鮮美，確爲離開桂林以來若干時間所未嚐，妻告訴我，這裏的魚特別好，燒法也上乘，大有江南風味，所以這幾天午晚兩餐，每餐都離不開魚。

接着她又叙述那天離開獨山的情形，原來那天火車開後，一路直駛，晚上八點多鐘到都匀。她們起初是焦急萬分，後來認爲事已至此，只能隨遇而安，便找了靠近車站的一家旅店住下，以便火車一到，即來迎接，現在逢凶化吉，反覺慶賀猶恐不及，再想到我們一天一晚在露天鐵皮車中的狼狽不堪之狀，更認爲這是上帝對於她們的一種特別愛護與安排，使她們這一小撮婦孺得以少受一些苦難。

後方汽車免費運送難民下鄉

都匀小住，是獨山虛驚高潮的結束，這是一個值得慶祝的日子，晚上我們除了吃客飯之外，還叫了一隻鷄，排場之大，菜肴之豐，像在香港一樣，大家心裏樂觀，精神煥發，吃得津津有味。我更養精蓄銳，準備明天另外一段新旅程的開始，自從離開桂林以來，一路順利，且以暗中似有神助而驕傲，加以經驗日增，隨之對應付一切事態也更富自信，樂觀的結果，對於逃難一事，有時竟以「旅行」視之。

搭車順利 首途貴陽

次日上午，起身之後，即往街頭躑躅，一面吃東西，一面找駛往貴陽的便車，至於行李則早已包紮妥當，隨時可以出發。都勻的情形比獨山還要安閑一些，小城風光，別有滋味，甚至有人想留此住下，以觀戰爭發展，再定行止。我則計劃已定，非早日去貴陽不可，所以找車找得比任何人積極，在「不惜重金」之下，果然於一小時內把全部行李搬上一輛卡車，向貴陽進發。

都勻之北的馬塲坪，自昔爲兵家必爭之地，卡車到了馬塲坪，折回西行至貴定，其地距都勻一百二十華里。沿途車輛疾馳，塵灰飛揚，越龍里、圖雲關等處，中間全無停歇，當晚八時前便到了貴州省城貴陽。

貴州居雲貴高原西部，地勢高亢，古稱鬼方地，是我國大西南一個貧瘠的省份，地理上的位置，却是湘、桂、黔、滇、川五省的交通中心。貴州的窮向來有名，俗語「天無三日晴，地無三寸平，家無三兩銀，人無三分情。」把貴州嘲笑得體無完膚。但抗戰期間，它是西南重鎮之一，西上陪都，非先經其省會貴陽不可。我到貴陽，當然是因爲它是去重慶的必經之路，同時也因爲我必須在這裏看一個朋友，他也是我從桂林出發以前預先寫信通知，將於這三千里的艱辛旅行中特往訪問的唯一朋友。

初中同學 城隍後代

那位朋友是我上海初中時的同學秦之晋，雖然遠道隔絕，但是多年以來，音訊從未中斷。他一直知道我在新聞界工作，我也一直知道他從事建築事業，此刻家居貴陽。他接到我信後曾立即作答，歡迎我一到貴陽即去他處，以敍濶別。我們到貴陽時在夜晚，找到了一家旅店安頓下來之後，便要吃飯休息，一切活動，均須明天開始。這是離開桂林以來所到的第一個大都市，雖然黑夜中看不出這個大都市的眞面目，幻想明天早晨所能看到的一切，必然另有一番說不出的興奮。

在這種情形之下，第二天一定不會遲起是毫無問題的。我們一早就從旅店出來瀏覽貴陽風光，並且以之與桂林相比，覺得它與桂林不相上下，但是比桂林還要樸實。十字路口一家以冠生園爲招牌的粵式茶樓，引起了我們的親切之感。冠生園是上海著名的粵式酒樓之一，但是自從離開上海以後，在任何地方，包括廣州、香港、桂林在內，我再沒有見過一家酒樓用此同一名稱，所以一看見十字路口有家冠生園，便毫不猶豫的走上樓梯，要吃叉燒飽、蝦餃、燒賣之類當作點心。冠生園的規模佈置與香港的粵式酒家當然不能相比，但和桂林的「西園」、「東坡」之類，則頗有相似之處。這是離開桂林之後第一頓最佳早餐，大家都吃得十分高興。吃完早點，讓樹德、常珍帶了孩子先囘旅店，我則弄清楚了地址，和妻兩人僱了一輛三輪車同去南明湖先找那位老同學。

兩大問題 迎刃而解

南明湖是貴陽近郊的一個住宅區，三輪車二十分鐘可到。那位，朋友是我初中時代的同學，姓秦，是浦東陳家行巨族，父親原是北洋政府國會議員，以曹錕賄選憤而掛冠，鬱抑以終。上海城隍廟原是他們的家廟，老上海可能知道，上海的城隍老爺便是姓秦的。他與我同年，初中同學時素稱莫逆，一二八淞滬之戰，我家居與北火車站相去甚近，日軍進閘北時，形勢緊張，臨時遷居法租界。其後應秦君之邀，全家赴其陳家行故居，小住數月，直到戰事結束，纔遷回原處，在陳家行小住的數月，在我當時也算是「逃難」。

這次到貴陽找他，又是在逃難之中，但以規模而言，則相去不知若干倍。蓋一則具體而微，僅是黃浦江一水之隔；一則輾轉千里，備嘗顚沛流離的滋味。

全面抗戰爆發以後的六七年間，我久居香港，他則從事營造生涯，大部份時間都在後方西南各地，雙方沒有機會見面，却藉魚雁偶通，互知近況。我在桂林時他是從雲南囘來，定居貴陽。我離開桂林前曾有一信給他，告訴他決作重慶之行，途經貴陽必欲一晤，俾能暢叙別後，同時想從他那裏知道些抗戰大後方西南各省的情形。

南明湖一帶，景色宜人，郊外的天然環境裏面點綴着一幢西式樓宇，前有小徑，後有流水，一切似在畫中。我們到時，他們恰在午餐，我們正好作了不速之客。時隔多年，我們都已結婚且有兒女，好在他本來認識我太太，我和他底兩個妹妹也十分相熟，祗有他的太太是初見。

作爲一個遠道訪客，應該先給主人知道此行目的，好讓主人心理上作個準備。於是我便告訴他，此行目的是去重慶，因恐公路車購票不易，所以準備讓家人在貴陽先住旅店，躭擱一個短時期，慢慢買票，再行登程。我則先行赴渝，預作安排，由於他們早抵貴陽，對於此間一切情形較爲熟悉，所以在此期間，希望他們夫婦二人對我家人加以嚮導和照顧。

當時後方各大都市的情形都差不多，第一是交通困難，第二是覓屋不易。我在貴陽因爲只是路過性質，找到旅店已經心滿意足，祗要買到車票，便可立刻動身，不料我言方出口，兩個最大的問題立刻得到了解决。原來秦君的一位師兄，先幾個月拜託秦君在貴陽購地造屋，最近方告落成，地址即在秦君隔鄰。那是一幢兩層樓的西式屋宇，下面還有一層地下室，膳廳、客廳、休息室之外，至少有六七個臥室，以當時貴陽標準而言，儼然等於一九四〇年時代的九龍塘花園洋房。新屋落成將近一月，隨時可以入住，但主人要過一兩個月才來貴陽，因此秦君說，他可以代他師兄作主，先借給我們住一個月左右。由於該屋與他處緊貼鄰，所以一切十分方便，這樣一來、不僅可以省去一筆旅店開支，而且可以自營伙食，比天天上飯館經濟實惠甚多。我們聽了，當然喜出望外。

至於交通問題之得到解決，更出意外。原來秦君的妹妹四寶那時正在西南公路局任職。她說：車少人多是事實，買車票有黑市也是事實，但她因工作其間，對家人親戚可有特殊方便。於是她許下諾言，保証我等一行於一星期左右全部成行，我個人則要那天走就那天走，一點也不用等候。這句話聽到耳朵裏，像是中了馬票頭獎，也等於吃了一顆定心丸，深感一切問題，全部解決，精神上立刻輕鬆萬分，拜謝之後，馬上趕回旅店，當天下午便把全部行李搬入新屋，做起南明湖的臨時寓公來。

貴陽三日 印象不惡

屋子是新的，尚未有人住過，裏面當然也是空空如也，連一張櫈、一把椅也沒有，更談不到甚麽床或桌子。但對於我們這樣千里逃難的人，算得什麽？獨山鐵路賓館中，地舖已經睡慣，那裏是瓷磚，現在有了地板。向秦家借兩三張櫈椅是輕而易舉，急於添置的是一些爐鍋碗碟廚房用具，有此居住環境，大家心裏都非常高興，久違了自己煑的飯菜，吃來也特別香甜。除了自己欣賞之外，妻還煑了她的的幾味拿手好菜請客，我也覺得這樣的生活十分新鮮有味。

經過考慮後，我決定自己在貴陽的勾留，以三天爲期，而她們全體則於我離開貴陽後十天左右動身跟着就去重慶。

在貴陽遇到了不少桂林朋友，沈秋雁兄是其中之一，他在中國旅行社招待所，也因爲買不到公路車票，一時走不掉。我替他介紹了秦君，答應在車票方面幫忙，事後知道，這點忙是幫到了的。在貴陽那幾天，總算天公作美，沒有下雨，使我們可以瀏覽街頭景色，上上小吃店一試當地風味，我對於貴陽的粥店和麵店特別欣賞，前者專售白粥，備有數十種的葷素菜肴，裝在小碟之中饗客，可以隨便選擇，價廉物美，情調亦佳；後者所售餛飩，鮮湯瘦肉，每一碗餛飩上面都有一兩匙羹的紅燜「小肉」，有若麵的「交頭」，風味之美，亦爲全國各地所無，所以貴陽給我的實際印象，遠較「傳說」與「想像」中爲佳。但因爲有打頭陣的重任在身，無法久留，只能在第四天清早，告別貴陽，隻身登程。

隻身登程 朝行夜宿

貴州位居我國南部，地勢高亢，爲雲貴高原之一部份，湖南在其東，廣西在其東南，四川在其北，雲南在其西。省會貴陽，執湘桂黔滇川五省交通樞紐。到四川去的公路是向北直行，從貴陽出發，第一天經過息烽、烏江。息烽以設有大規模的特工訓練基地和政治犯集中營著名，但車行公路，一無所見。

從貴陽到烏江，沿路地名如狗園、白馬洞、黑神廟、青龍寨，均甚怪異，山路陡削，一如其名。烏江一名黔江，位於貴州北部，是黔省主川之一，貫省境中部，到了四川入長江。烏江地名，準確應稱烏江渡，江在深谷之間，低於公路數百呎，俯瞰絕壁，驚險萬狀，居然見有當地兒童嬉水其間。

由貴陽到重慶，公路行車共四天三晚，三晚歇宿的地方是烏江、遵義和松坎。沿途我抱定宗旨，吃的東西不妨馬虎一些，住的地方却非舒服不可。所以每天傍晚停車，我總是第一個搶着去中國旅行社招待所找房，因爲經驗告訴我，如果當地有中國旅行社，便必然是當地設備最佳的旅店。至於吃飯，我力求省儉，最濶氣是吃一頓客飯，此外則一碗麵、幾個鷄蛋，都可以當一餐。

有一天到松坎，記不清那裏是沒有招待所呢，還是找到了招待所而已告客滿，迫得投宿小客棧。那小客棧設備簡陋之至，床褥破爛骯髒，空氣汚濁，門前多懸方形明燈，上糊白色靱皮土紙，書有「客店」二字，以供趕路之人投宿，門口還貼着副「未晚先投宿，鷄鳴早看天」的對聯，筆力雄健，宛若出於名家之手。此種末等客店，老於行旅之人多稱之爲「鷄毛店」。這一晚，我連衣帶褲，蜷縮一團，無法入睡，苦則苦矣，但也終算看到了內地一景，足供四分之一世紀後之今日，作爲談助。

七十二彎 驚心動魄

松坎是在桐梓之北，桐梓之南，則有遵義。遵義是黔南大縣，舊時有城，建於明萬曆間，西南倚山爲嶺，東北臨溪爲壕，依山據水，高二丈，廣九百五十丈，有四門。全縣重山複嶺，陡澗深林，婁山聳峙於北，萬峰插天，中通一線，爲自黔入蜀的要隘，形勢險要，爲兵家所必爭之地。當地物產極豐，絲綢、紙張、銀耳均甚著名，聲聞全國的茅台酒，亦產於此。一九三五年一月，中共曾在此舉行會議，鬥爭清算張國燾等。

桐梓到松坎這條公路上，最出名的地方是「七十二彎」，其地本名「花秋坪」，公路車抵此，便像爬在一枚螺絲釘上盤旋而上，慢如蟻行。車駛其間，司機與搭客莫不噤若寒蟬，連咳嗽也都不敢，提心吊胆的等它爬過七十二個圓彎，偶一不愼，連車帶人，粉身碎骨，不知魂歸何處。故而「七十二彎」之大名聲震西南，而原名「花秋坪」也者却反而湮沒不彰。花秋坪至松坎，尚有二三十華里，沿途盡是斜坡絕谷，深不見底，自車窗外望，足令魂魄俱喪，因此車中閉目而坐，身上冷汗直冒，聽天由命者大不乏人。

桐梓去松坎一百三十里，越松坎即入四川省境，離川南綦江縣界三十里。松坎舊稱松坎塲，位居婁山脈北部，清代駐有把總，形勢險要，也是川黔兩省的物資轉運站。

四日三晚 抵達重慶

最後一天的公路，行程是清早從松坎啓行，因地勢下傾，車行較速，晌午抵綦江，即在綦江午飯。聽說下午可到重慶，心中十分興奮。從綦江到重慶，沿途祇有廣興場、龍崗場、一品場等幾個小站，在一品場通過檢查，即抵公路車終點位於長江南岸的海棠溪，總計在途共四日三晚。

重慶當嘉陵江長江之口，三面環水，狀如半島，位居長江北岸，公路車到海棠溪，必須渡江方至重慶，略似到了九龍尖沙咀之後，必須渡海方至香港。渡江後，發現江岸高達數百呎，攀登頗爲費力，但當時因爲最後目的地經已到達，混身是勁，毫不在乎，不久便找到了早我約三個月先離桂林寄居於朋友家中的母親和長男敏爾。

和母親略談旅途經過，洗了把臉，吃了些東西，便去大十字口的都郵街瀏覽陪都風光。但見樓高多層，車似流水，行人如織，熱鬧異常，和看慣了的桂林、貴陽相似，的是氣象不凡，具有大都市的氣派。

重慶一年 抗戰結束

第二天早晨便去大田灣新民報社，因爲在獨山時，已先有人見告，陳銘德聞我將去重慶，託姚蘇鳳邀我參加該報工作。我到重慶，原無預定計劃，但求隨遇而安，將就一個時期再說。見到姚蘇鳳，據說確有其事，前幾天陳銘德還在問起我何時可到？當時陳銘德亦在報社，立即表示歡迎我參加他們編輯部工作，以主筆名義，初任編譯室主任，繼兼任新民晚報副刊「西方夜譚」編務。我當即表示接受，待遇不計，但必須供給全家住所，且以市區爲佳。巧不過的是陳銘德的新住宅方告落成，原有中一路若瑟堂的寓所，尚未有人遷入，問我有兩個房間和客廳是否可以應付？我即點頭稱然。我記得那天是八月二十九日，他希望我九月一日開始辦公。我也即刻購置枱櫈傢俬，於八月三十一日遷入新居。

九月一日起，我開始在新民晚報工作，並以「上官大夫」筆名，爲大公晚報寫「晚窻偶語」。八月中，勝利蒞臨，我即行向新民報辭職，後知「西方夜譚」由封鳳子與吳祖光先後接替，「晚窻偶語」則脫胎換骨，變成了「無事不登」的「三寶殿」。

九月中旬，妻兒自貴陽抵渝，過了中秋的一兩個月之後，若干桂林友好，陸續到達。他們離開桂林，時間不過遲我一星期，但到達重慶却遲於我們兩三個月以上，沿途困難，更十倍於我，有的是受盡了虛驚，有的損失了行李財物。對於我當時之毅然改變計劃，不等報社的鐵皮車而一家單獨先行，不勝羨慕，對於我說來，當時實在也不免有點負氣，但一路機緣巧合，因此樣樣佔了便宜而已。

在大後方防空洞中印刷報紙

不久虎標永安堂在渝設廠，我應胡好之邀襄助其事，未經又奉命籌辦星島畫報，爲勝利後星島日報在港復刊預作佈置。再一年，日本投降，抗戰結束，胡好偕我乘貨車兼程趕返，自海棠溪啓程，九月下旬抵廣州，十月初抵香港，趕辦星島日報復刊改版事宜。其時戰前舊人戴望舒、葉靈鳳均在，前者極力求去，挽之不得；後者留至今日，成爲星島日報之「三朝元老」。我則於一九四九秋赴曼谷，參加「星暹」「星泰」建報工作，至一九五〇年底始重返香港。（完）

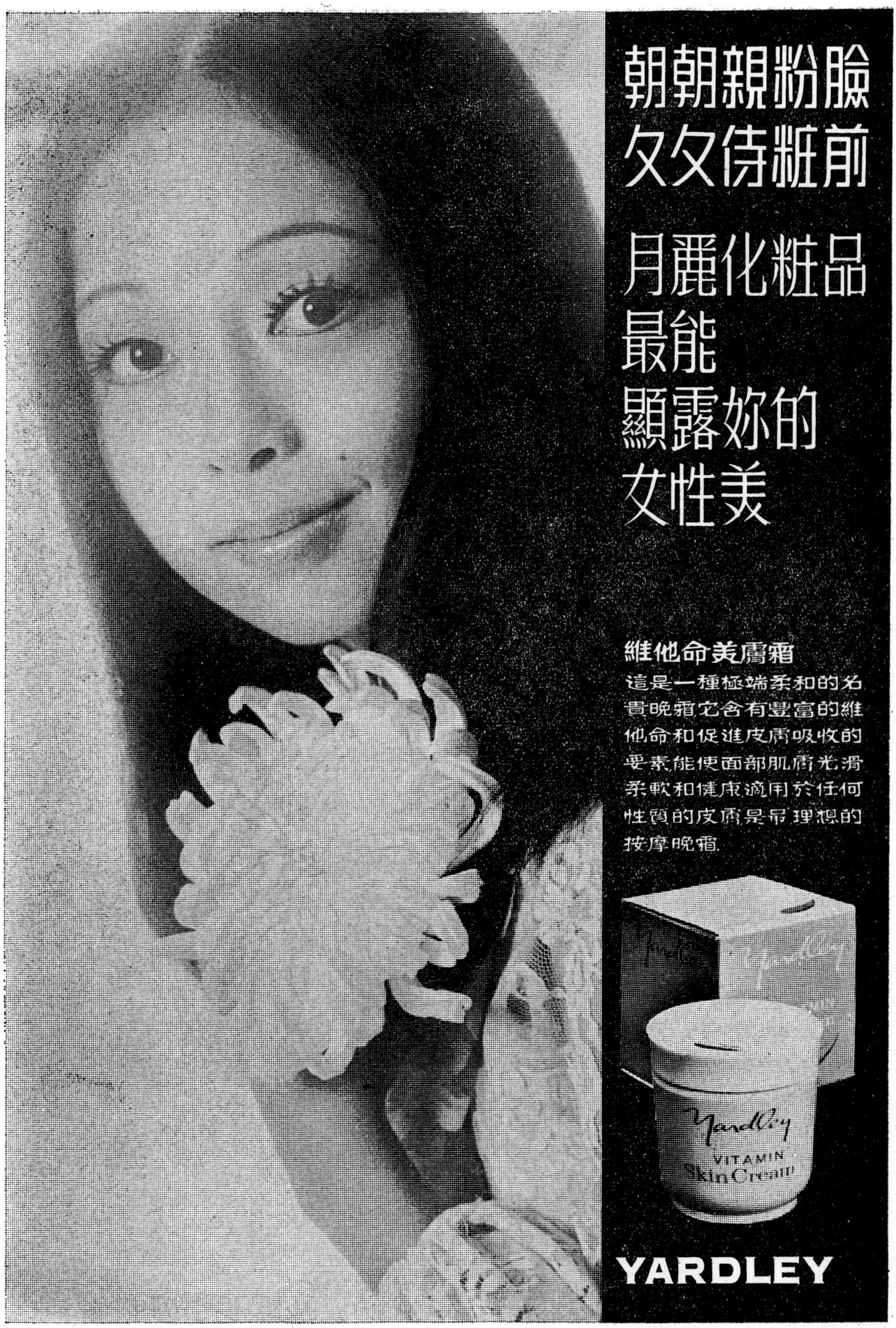
朝朝親粉臉
夂夂侍粧前
月麗化粧品
最能
顯露妳的
女性美
維他命美膚霜
這是一種極端柔和的名貴晚霜它含有豐富的維他命和促進皮膚吸收的要素能使面部肌膚光滑柔軟和健康適用於任何性質的皮膚是最理想的按摩晚霜.
Yardley
VITAMIN
Skin Cream
YARDLEY

老赫在聯合國會場上「大聲夾惡」

小記：赫魯曉夫

· 史如棋 ·

赫魯曉夫在一九七一年九月十一日因心臟病逝世，享年七十七歲。

赫魯曉夫執政的時候，有十年時光是世界視聽的焦點。他的言行舉止被公認為頗有「特色」的，尤其在聯合國脫鞋拍桌，叫一般人反而忘了他動人的演講和政治家的狡詐。

一九六〇年聯合國大會的時候，英國代表哈洛·麥美倫發表演說。赫魯曉夫向來對英國人有偏見。聽到此公侃侃而談，盡是些不入耳的論調，他就脫下一隻皮鞋大敲議桌，表示抗議。

這一敲，敲出他的泥土氣息和血性。麥美倫在事後說：「我覺得他是個有人情味的傢伙。即使他用皮鞋敲桌子，這也是一個眞情流露的舉動。」

他去印尼訪問，蘇卡諾總統帶他參觀印尼古跡。他足足看了一個禮拜印尼廟宇以後，問蘇卡諾：「你這兒難道沒有一件新的東西嗎？」他自以為說得很幽默，那曉得蘇卡諾聽了當堂臉色大變，只是不便發作罷了。

在丹麥訪問的時候，由於某種跡象，記者們推測赫魯曉夫和他的妻子妮娜曾經吵過嘴，赫魯曉夫心裏明白。他碰到一個丹麥小鎮的市長，擺出了「夫子入太廟，每事問」的態度，問那市長替不替人証婚？當地的婚禮儀式如何等等。

「你的意思是？」市長說：「要我現在讀給你聽？」

「是的。」赫魯曉夫拿起妮娜的手，隨着市長唸唸有詞，兩人又誦讀了婚誓。妮娜本來鐵青着臉在嘔氣，到那時候，感動得眼淚汪汪。市長唸到：「你願嫁此人……」她垂下眼皮說：「願意。」

赫魯曉夫不是一個死守教條的人。他是個徹底的共產黨徒。問題發生的時候，別人往往走到辯証的死胡同裏去，他却有敏捷的共產直覺來應付問題。

他對人性的完美，有無限的信心。他用一句最簡單的話來表達無神的觀念：「把魔鬼趕走，教士就都失業啦！」

「人之患在好為人師」，赫魯曉夫也有這個毛病，他向來很喜歡教訓人。講起肥料，他說：「肥料該撒在大山上，不該撒在小丘上。」講起人生，他說：「人生苦短，所以痛痛快快的過吧。盡量看，盡量聽，盡量遊歷四方。」講起勸說的技巧，他說：「要是一頭聽不進去，從另一頭試試。」這倒和孔夫子所說的「叩其兩端」，不謀而合。

他在還沒有發跡的時候，有許多行動已經可以看出他不平凡的適應能力。一九二五年，他第一次離開烏克蘭到莫斯科去開十四屆黨代表大會。那時候，他才三十一歲，每天犧牲早飯去搶最近台前的位子，以便接近史太林。

老赫說：「儍大姐，妳好嗎？」

如果政治是赫魯曉夫的生命，那在赫魯曉夫生命中最重要的女人不是他的母親，不是他的兩位妻子，而是史太林的續紘夫人妮地亞。

他的母親是個虔誠的鄉婦，他和前妻格林娜相處的時間並不長，因爲婚後不久他就去參戰，加入紅軍。等到他打完仗在一九二二年春裏回來，格林娜已經在一九二一年大飢荒裏餓死了，只剩下兩個小孩連尼亞和朱地亞。一九二四年，他娶妮娜爲續紘夫人。

史太林的續紘夫人妮地亞是赫魯曉夫在莫斯科進工專進修時期的同學，妮地亞是小組長，赫魯曉夫是區委，常常指導她。她就同去一五一十的全告訴史太林，因此史太林對他有一個特別的印象。

蘇聯真理報在老赫死後兩天，才沉痛地在第一版宣佈他的死訊，並提醒蘇俄人民，他曾是蘇聯共黨和蘇聯國家的首腦。

老赫從一九四六年十月十五日失勢後，就坐在這張公園長椅上看報紙，習以為常。

赫魯曉夫自稱並不知道妮地亞在史太林面前稱讚他。一直到後來他進了高階層，常和史太林吃飯，才知道自己在鬥爭中屹立不倒，部份是妮地亞的功勞。

妮地亞是個很有教養的女人，生了現在在英國的史薇拉娜以後，一九三二年被史太林逼死了。

這不是笑話。

一九五九年，艾克和赫魯曉夫在大衛營相聚時，有過這麼一段對白。

「赫魯曉夫先生，你怎麼決定軍備費用的？我先告訴你我們怎麼決定的吧。」

「好啊，你們是怎麼決定的呢？」

他們相互微笑一下。「是這樣的。我的將領來見我，要錢去發展某某計劃。我說：對不起，沒錢。他們說有可信的情報，蘇聯已經撥出經費發展某某計劃了。我只好投降，他們就這樣的搾取我。你呢？」艾克說：

「一樣的，有人說，赫魯曉夫同志，你看，美國人已經在發展某某計劃了。我說沒錢，結果我們商量了好久，還是給了他們的錢。」

艾克說：「我們眞該有個協議免得他們再搾取我們。」

赫魯曉夫說：「我們眞該有個協議了。」

但是據赫魯曉夫自己說：他不會聽艾克的話，什麼協議，他是死也不會同意的。蘇聯該在軍事、科學上搶先，一定要「先下手爲强」，美蘇所以到今天還在鬥「快」。

赫魯曉夫大殮之日，蘇聯革命委員會僅送了一個花圈，黨政首要，無一到場，以視昔年史太林之喪，該說有天壤之別了。

老赫墳前的照片是他身爲最高領袖時所攝，但至十月七日被人換下。

一九五三年，史太林去世後，蘇共巨頭，聚集一堂，自右起：米高揚、卡加諾維泆、赫魯曉夫、布加寧、馬林可夫、貝利亞、佛洛西洛夫、莫洛托夫。

訪問香港的安妮公主

・萬念健・

今年十月十八日，英國安妮公主將隨其母后伊麗莎白女皇和父親愛丁堡公爵訪問土耳其。該項訪問將以一星期之時間結束，屆時安妮公主將與其父母分道，二十六日單獨前來香港作為期六日之友好訪問，而於十一月一日飛返英倫。在港期間各項節目，均已妥為安排。

安妮公主於二十六日抵港，將下榻於港督府，是日為陰曆重陽，各項活動即於是日開始。據事前安排，公主在港活動將包括為新荔枝角醫院主持奠基典禮，參加九龍痙攣兒童宿舍，因公主為英國救助兒童會會長，故此來活動，多與兒童福利有關。安妮公主同時亦為英皇直屬二十旅騎兵名譽團長，故在訪港期間，將赴石崗英軍營與駐港二十旅騎兵團官兵作半日之盤桓。此外公主在港之另一活動為應大東電報局之邀，為香港第二個人造衛星地面轉播站主持開幕禮，並將巡視東華三院文武廟及九十四年來第一次由女性担任主席以保赤安良救助婦孺為職志之保良局。

安妮公主為查里士王子之妹，方於今年八月十五渡過其二十一歲誕辰。公主身高五呎六吋半，亭亭玉立，蜷髮長垂其肩，色似蜜糖，笑時甚美，平時貌甚嚴肅。在生活態度方面，她畧如他的姨母瑪嘉烈公主，輕快活潑，個性外向，但在必要場合中，頗顯得有點威風凛凛。

她畢業於著名的本能登女校，學業成績平平。在學校裏，讀書不算用功，但對公務活動却頗具熱情。她自從一九六九年三月開始出入公開場合後，她底性格便顯示她是歷來英國王室中最逍遙自在的公主。有此一說，某次，她親往牛津街一間商店購物，挑了件價值美金三元六角的藍色運動衫，往身上比比是否合身，並將身上所穿的對襟短外套的鈕扣解開，由店員替她度身之後，方行决定購下，成交的時候才認出這位年青的顧客，原來就是安妮公主。

她常常登上一輛車子，由白金漢宮駛出，一點也不擺排場。有一次她**觀賞「毛髮」一劇之後，立刻自己登上舞台，與演員們作普通朋友式的招呼，並且與他們翩翩起舞。**但擺架子的時候也並非沒有，傳說她曾在某次舞會中，對一個失禮的舞伴予以當面的斥責。據王室中人說，這就有點維多利亞的作風。

一九六九年，她應邀出席倫敦購物週揭幕禮，發表過一篇演說，演說中提到幾家她曾光顧過的商店的招牌，當時曾引起許多人的批評，查問是誰利用機會，為安妮公主擬撰演說稿的時候，作此商業性的宣傳？一查之下，方悉原稿係公主親自撰述，而事前還經過女王和王夫過目，這樣一來，大家自然也就無話可說。

一九七〇年間，她數度訪問國外。是年三月，她啓程訪問斐濟、澳大利亞和紐西蘭，歷時兩月。七月間，她訪問加拿大，並與查理士王子同去美國華盛頓，並與尼克遜總統家人於白宮中同渡週末，此行旨在回拜德麗茜亞・尼克遜於前年曾往倫敦及威爾斯，參加查理士册封為威爾斯王子的盛典。

安妮公主的騎馬跳欄姿態

今年，英國廣播公司為安妮公主攝製了一部在肯尼亞狩獵的紀錄片，在該片中，英國人民看到了安妮公主海外活動的情形，她底態度十分高貴，舉止十分自然，甚至談吐聲音也十分和柔悅耳，顯出英國公主的雍容華貴，落落大方，一切確如其份。

她住在白金漢宮三樓，她底套房包括臥室、浴室和起居室。她常在自己房裏吃了些簡單的東西，然後出門去跳舞或看電影。她起居室中佈置，和她母親的小客廳有所類同，書架上有關馬匹與騎術的書甚多，因為她本身便是一位出色的騎師，此外還有許多珍藏的家庭照片。她房裏裝有電話和電視機，與白金漢宮宮中各處均有專線可通，習慣於每日早晨起身後即與母后通話問候。

在音樂方面，她喜歡傳統的爵士音樂、輕快的古典音樂與芭蕾舞，她不喜歡披頭四樂隊和他們的歌唱，也不喜歡過份繁音促節的南美音樂。

她對於服裝的口味相當高級，對於白色的衣料似有偏嗜。她對帽子特別重視而且設計甚佳，且已被奉爲服裝界的典範，風行上流社會之中。她對女王服裝設計師爲女王設計的服裝並不十分欣賞。在這方面，她有她自己的口味與見解，但常尊重女王的意見，她底身材比女王高達二吋半以上，穿起長袍來，身材比女王還要好看。

她底嗜好，大概可以騎馬來代表。一九六九年一年間，她在各種賽馬中，曾贏得六個頭獎。她底馬術教官奧利弗說：「她在這方面不僅喜愛，而且的確有天才。」

今年九月，安妮公主又於林肯郡布治里所舉行歷時三天的騎術錦標賽中榮獲冠軍。此舉給予她以一個絕佳的機會，使她可能成爲明年八月在西德慕尼黑舉行的奧林匹克世運大會中四名英國騎師選手之一。

即將訪港的安妮公主近影（本圖片由香港政府新聞處供給）

她底經常的一匹坐騎是今年八歲的「孖寶叻」，那是女王送給她女兒的一項禮物，也是她父親的阿根廷種木球馬的下代，騎在這匹英姿煥發的馬背上，安妮公主深得歐洲耐力賽騎師的奧秘。

在九月以前的兩個月裏，她曾經一次外科手術，所以騎馬機會不多，這是她第二次完成一項國際大賽，但她是以私人資格參加，而非以官方英國隊隊員名義參加。

安妮公主平日致力於健身運動，既不抽烟，亦不喝酒，早年便醉心於馬匹，她說她認爲最足令人心曠神怡的事有二，一是泛舟，另一便是騎馬，她每天早晨七點鐘便起床，常常作一次晨操練馬，或者至少要到馬廐去看一看她底愛駒。一到馬廐，她往往精神百倍，除了摸摸牠們拍拍牠們之外，還和牠們有說有笑，好像會晤了最好的朋友。

她對於出席奧林匹克國際騎術比賽的確頗有興趣，假使此舉實現，她將是英國王室中人參加世運的第一位成員。

也有人曾把她之愛好騎術，和她底羅曼史扯在一起。她目前似乎尚未有肯定的戀愛對象，她曾和前奧林匹克騎術冠軍米德同遊，也曾與一位濶公子哈潑爾有過約會，他們兩人都曾被邀參加愛丁堡的五十壽辰宴會，顯然是經過家庭中人一致通過贊成。

關於她底婚訊，王室方面一點消息也沒有，但是倫敦職業星相家伍德拉夫今年八月間曾對英國廣播公司記者表示，公主將於一九七三年成婚，對象將不會是王室中人。他又說一九七二年對於安妮公主說，是運氣相當好的一年，她將會於是年獲獎，但是並未說明獎品的性質。

這位星相家的預言在倫敦社交界中頗爲流傳，原因有二，因爲名字曾被與安妮公主連在一起的幾個青年男子，的確均非歐洲王室中人；而另一方面，唯一與安妮公主有所往還的王室中人是瑞典國王的孫子卡爾王子，但是他說他與安妮公主之間沒有愛情。

今年二十五歲的瑞典卡爾王子不久前曾作客英倫，在接受「每日鏡報」記者的訪問中，他說：他的祖父加斯達夫國王當然非常高興他能娶得一位公主，尤其是安妮公主，他們每年雖有見面機會，而且數度同遊，互相觀察，但是除了這樣見面之外，就從未通過信或電話。他對鏡報記者說：「人們以爲他們已在戀愛，但是事實上並未，也許有人因此失望，但這是無可如何的事。」

大八小語

犬馬當道

香港澳門形勢特殊，「十·一」「雙十」，各有一番熱鬧。但是「十·一」不如「十·二」，因爲「十·二」賽狗；「雙十」不如「十·九」，因爲「十·九」馬季開始。

十月十七

十月十七日港督榮休，將有盛大歡送會。名流注意，是日夏令時間結束，晨起應將手錶撥慢一小時，免得等人心焦。

課外作業

香港大學生忙於兩事，一爲寫情書，一爲寫大字報。

情書讀者少而成本重，「大字報」讀者多而見效微，其爲課外「作業」則一。

人命之賤

青年身懷百元，被人謀財害命。人心之毒，早有所聞，人命之賤，而今方知。

倫敦大橋

倫敦大橋，目前不在英國而在美國。粵式酒家，吃的却不是廣州炒飯，而是揚州炒飯。

白人世界

世界十大通緝犯，全是白種人。

粵語稱犯法作惡爲「做世界」，這個世界，正是白種人的世界。

夕陽雖好

時代曲夕陽雖好，已近黃昏，姚蘇蓉決定從此息影。

明春三月，春秋劇團再度應聘赴美，粉菊花與姚蘇蓉之不同，其在斯歟？

參觀廟宇

安妮公主來港，參觀「文武廟」爲招待英國王室前所未有的新節目之一。

不參觀「觀音廟」「黃大仙」而參觀「文武廟」，乃因「文武廟」屬於東華三院物業之故。

天天登高

十月廿七日重陽，宜於登高。

九龍有許多大厦，樓高八層而無電梯，住在那裏的人天天都在登高。

麥帥與日皇

英女王招待日皇，蒙巴頓伯爵未曾出席。

麥克亞瑟今日再見裕仁，朝南坐的不知應該是誰？

不做王后

今年十月爲伊朗建國二千五百年紀念，本月十一至十八日一星期間，將有五十個國家元首或代表，前往德黑蘭參加慶祝典禮。

伊朗國王的離婚王后現在是電影明星，她拍片合約中最重要的一條是：「在任何影片中，決不飾演王后。」

愛憎不一

世界惹人討厭人物名單中，教皇保祿六世亦在其列。

大部份神父與修女的討厭之處，也往往是他們的可愛之處。

每人一個

全港中秋月餅消耗，共約二千萬元。約畧計算，全港四百萬人口，每人吃雙黃蓮蓉一個有零而已。

一之爲甚

日本代外相透露，日皇裕仁暫時不會訪問亞洲。

荷蘭之行已經不堪，他還敢去星加坡和馬尼拉嗎？

不變應萬變

一九四五年十月勝利歸來，香港稿費千字二元。

其時筆者主政某報，首創千字十元。不意廿年來百物皆漲，唯此項價目，依然未變。

崇尚孝道

法國一青年，因被其父親迫剪長髮，引火自焚。

香港學生崇尚孝道，他們從英國或者美國渡假回港，下機第一件事，是先去理髮店把頭髮剪短。

百貨公司

百貨公司愈開愈多，百貨公司的生意也愈來愈好。

有些人是因爲買東西而進百貨公司的，更多的人因爲跑進了百貨公司才買東西的。

春秋之筆

夜總會小廣告：「聘請新舊小姐，負責來賓」。

小姐有「新」「舊」之分，已經甚妙，「負責來賓」四字，尤爲可圈可點。

·上官大夫·

精工表

自動星期日曆鬧表

祇要依你的約會時間預先在表上將紅針較準
到時，一個愉快的聲音會提醒你！

SEIKO

精工表服務中心

九龍尖沙咀疏利士巴利道星光行三樓西座 電話：K-六七二〇八一至五

GA 20

南游散記

——我們姓易的——

易君左

我到星加坡以後，廣泛的接觸了舊友新知。舊友之中，與「三敎授」常相來往而且唱和，三敎授即星大的饒宗頤先生、南大的黃勗吾先生和錢歌川先生。歌川先生的三個哥哥是我在湖南明德小學中學時期的同學，我們同班進中學時，歌川還讀小學，所以我們是總角之交。

現任星加坡友聯書店董事兼經理的陳稚農先生自然也是老友之一，他是以前我們掃蕩報後來改爲和平日報的老同事。友聯書店在星加坡的小坡大馬路，地當交通要衝。這一家書店的生意非常發達，則由于經營得很好，這恐怕是全星加坡的唯一的大書店，「大人」雜誌就在這裏發售而暢銷，我的幾本著作也在這裏發現。

在這些新舊朋友中和我接觸比較頻繁的是我們姓易的宗親了。我們姓易的是以水爲氏，即以易水爲氏，遠在春秋就有氏族的存在，後來漸漸由中國西北部入中原，再南下入沿江沿海各省，而以閩、粵、湘、贛等地，支族較多。在北方的山西，中原的河南，南方的福建、廣東、湖南和江西，都各有一個易氏總祠，湖南的易氏總祠在長沙嶽王街。總之，天下姓易的都出一源，都是同宗，但是在百家姓的比例上，其數字是比較少的，正因其少，所以愈覺可親可貴。

在我重來星加坡的最初一週中，已與大量的同宗會見了兩次，各別接談的還不在內。我現在把這一份珍貴的親情簡記下來，藉「大人」雜誌發表，一來可以看出海外尤其南洋僑胞重視我國倫理道德的眞精神所在，以此類推，這種人間的眞愛是廣大無邊的；二來也可以看出：在作爲一個遠客百忙中的我，尚能抽出時間爲我們大家所愛讀的「大人」雜誌寫稿，旅遊的情趣並沒有由于時事的動盪而減退。親愛的讀者先生們：請你們化幾分鐘看完我這一份通訊式的報導吧。

鴻運樓頭歡宴

海外的宗親組織是非常普遍的。但像我們姓易的，在國內比較少，在國外更少。去年我到菲律賓講學，熱情的僑胞們看見馬尼拉沒有易氏宗親會，覺得非常可惜，有些姓楊的、姓湯的，就要求我加入他們的宗親會，雖然在姓氏上只佔了一半，但總比沒有的好。我祗有報以一笑，誠懇的向他們婉謝了。

十年前我來星加坡，最令我感動的一件事，即諸位宗親先生對我的熱忱欵待。在我的日記上永遠不會忘記留下這一些宗親的名字；當然，當時和我接觸的宗親不止這幾位，不過保存在我日記上的是：崢嶸、金陵、毓昆、丕成、奇文、添福、成業、維夏、維然、德才，共十位。

十年後的今天我仍然偕同內子重來星加坡。這一個巍峨的峙在南天的小島國已經有了顯著的進步和自立自强的開國建國新氣象，似乎一切都變了，但永遠不會變的將是人間的眞情。

果然，一九七一年八月二十九日的盛大家宴又出現于星加坡小坡的鴻運樓頭，當晚從七時起到十時止，有半邊樓都被我們姓易的舉杯聯歡和談笑風生的氣氛所籠罩。我一坐下來便從襯衫口袋裏掏出一份在名片上預先寫好的十年以前的那十位宗親名字而加以探問，這裏面便有七位宗得以重逢，一位宗親尚未見到，而最令我哀悼的是奇文宗親和毓昆宗親都先後去世了。這十年不算太長也不算太短，不算久別也不算小別，星加坡的好友便已作古了好幾人，例如李俊承、黃曼士、謝雲聲、曾鐵忱諸先生，我再不能看到他們了。他們死了，我也更老了。奇文和毓昆都年小于我，而我們姓易的人又少，少一個就是一筆大損失。

幸喜同我們坐在一席的有奇文宗親的夫人林雪嬌女士和他們的幼子最小的宗親振强。奇文是一位卓越的教育家，夫人也是文教界傑出的人物，故能保存家風于不墜。毓昆宗親的兩子裕星春星和一姪耀輝都已長成而且都有成就，坐在另外兩席上，我望望這些優秀的青年宗親，心裏非常喜悅。

坐在我右邊而頻頻照料我的是宗親崢嶸，他告訴我一別十年來的生活實況。他說這十年來有了改變：我們的宗親以前多是從事工商業和文教，現在有些已參加政府工作了，特別是出了一位文化部長易潤堂宗親。他說十年前住在星加坡的宗親不過一二十人，現在有一百多人了，今天參加宴會的就將近五十人。

坐在崢嶸右手的就是易潤堂部長的尊翁景清先生，看年紀還不上五十多歲，那麼，潤堂部長不過三十幾歲吧。星加坡國的政府首長，自總理李光耀以次都是年青的。景清宗親健談健食，一口廣府話，問我的家世甚詳。

同席對面的是一位面如滿月的壯年宗親維然，帶來了他的愛女麗華。宴會上的所有宗親簽名及住址，以及引我到每一宗親前緊緊的握手，都偏勞了他。他是南風洋服公司的總經理，經理也是我們本家名叫乾芬。

還有一對可愛的青年夫婦便是添福宗親和他的太太黃金碹女士。添福是星加坡一家大公司的經理，工作很忙，抽出時間帶我們同車到鴻運樓。他知道了我患傷風咳嗽及水土不服，買了兩大包有名的源吉齡藥茶送我飲服。像這些地方，都說明了僑胞社會一般的熱情以及對同一姓氏的特別尊重。再說添福宗親也是我十年前日記中記下之一人，那時他還在南洋大學讀書。南大出來的學生，近幾年來已在社會服務上奠定了光榮的基礎。在這一次盛會上，如果序齒，最老的當然是我，最小的是五歲小畫家振强。

訪問家門部長

照星加坡政府的規定，凡是要會見政府的高級官員，需要寫一封信先給他的秘書，然後約期相晤。你即便是一名販夫走卒，你有正當的事要去面見政府的高級官員，一樣是會被接受的，這表示民主國家的風度，同時也表示法治的紀律。現任星加坡國文化部長易潤堂先生是我的同宗，因爲天下姓易的都是一族。我既然到了星加坡，在禮貌上應該訪問他，因爲我是一名文化人；在族誼上更應該訪問他，因爲我也姓易。

恰巧住在吉隆坡的好友彭勿奴、梅笑櫻伉儷在星加坡，彭先生是南洋一位卓越的電氣工程師，過去馬來西亞的電氣設計全由他主持，被稱爲「馬來西亞之光」；梅女士是一位海內外聞名的女畫家，今年會在台北參加十個太太聯合舉行的「十秀畫展」，載譽而歸。那天，他們兩夫婦約我和內子秋慧到郊外的高爾夫球塲玩了半天，我偶然談到打算見見易潤堂部長，他非常贊同，我把我預先寫好了的給易部長的一封信給了他，第二天他就另外打了一封英文信給易部長的秘書，加封寄去了。

九月二日中午我有一個約會。老友黃光明先生是長住星加坡的一位閩籍僑領，同夫人新從香港飛回。因爲我另有朋友早已約定在九月二日吃晚飯，所以他提前在午間開車來接我們去吃飯。我說：「對不住，我還要先到一個地方去。因爲剛才接到了一個電話：我們的宗親文化部長易潤堂先生約我十二時半在他的辦公室見面。」光明先生連聲說：「好好好，我就送你去吧。」這時已接近約會時間，車子開到政府大厦，由光明先生用馬來語告知一遍，即有一職員帶領乘電梯上樓。我看見有兩個會客室，佈置簡潔。我請光明先生坐入另一個會客室等我，他說：「不可以。星加坡的規矩，沒有被約會的人是不能隨便坐在政府機關的客廳的，我在樓下等你就是。」我笑說：「這眞麻煩你了。我想：現在已接近下班時間了，我最多不過十分鐘就會下來的。」于是光明先生一人下了樓。

只見一位職員走出來，大約就是文化部的秘書先生吧？很謙虛的，用華語請我進入一間小型會客室，壁間掛着三幅油畫，一套普通沙發椅。一會兒，迎面進來一位個子高高的，不肥不瘦、只穿着襯衫、堆着滿臉親切的笑容、看來不過三十多歲的男子，趨前和我緊緊的握手寒喧，這不就是家門部長還是誰？幾年來我酷想見面的人物終于見面了。我狂喜，我想不到他的華語遠比我的國語爲流利，于是，我們同坐在一件長沙發上，開始傾談。

這位英俊青年的宗親部長首先關切我近年來的生活，他似乎對我早有認識，不過沒見面罷了。他也有些驚歎和惋惜于我們姓易的太少，但却又帶有幾分矜持和驕傲的氣氛，因爲人少並不足以代表一個族氏的衰落；相反，直到今天還能有一個在一個新興的國家裏担任重要的部門像他那樣，也能有一個在近半世紀的文壇裏放射了相當的光采像我這樣。

他的談鋒甚健。當我叩問他：「星加坡爲什麽能夠這樣安定、清潔和富庶呢？」歸納他的答復是這樣的：任何國家都有社會問題，越是大國，越是大都市，社會問題越多。他指出美國爲例，美國就是一個社會問題最多的國家，他舉出自己在美國時所目睹的驚人的刼殺事件，尤其在華盛頓和紐約。他說：我們要面對這些社會問題，予以嚴正的處理。中國的古話：「治亂世用重典」是一點不錯的。在星加坡，如果政府發覺有壞人做壞事，在旁的地方，例如香港吧，一定要找到人證物證等等，然後才能定罪，但許多人都不願意作證，以免橫受牽連，結果對這壞人，明知其作壞事，却毫無辦法；在星加坡則政府有權處理，至少處刑二年，使冥頑之徒，絕不敢作奸犯法。但有一點：我們決不可寃枉好人，而且要保障好人。這也就是中國的古訓：「賞罰嚴明」，好人必賞，壞人必罰，絕不含糊。他向我一笑道：爲政之道，大概也不過如此吧？

我也還沒有想到這位年青的政府首腦竟是一位老成而又富有行政經驗的政治家，而且對中國線裝書似乎也讀過不少。

他向我移近一點坐着，繼續說：星加坡是一個法治國家，這一點與其他國家沒有什麽不同，但可以奉告的是星加坡政府是一個絕對守法的政府，所以它需要絕對守法的人民。站在法的立場上，人民與人民，人民與政府，全是絕對平等的。他雖沒有標榜他們的政府是廉潔的政府，但這份令譽早已被全世界稱讚着。有兩件關于易部長的小事，由星加坡的友人告訴我，即可見一斑：其一是在電視上和在報刊上發現有一名軍人參加正規的軍事操練大行列，動作敏捷，精神奕奕，彷彿小兵一樣，那軍人便是易潤堂部長；另一是易部長的「老太爺」（父親）要想領購一層簡單的組屋（廉價屋），也嚴格的執行了申請、登記、調查等手續，而這位「老太爺」（即易景清先生）的名片上是印着「景興洋服」四個字的。就是說：兒子當部長，父親作洋服商，一樣受着社會的重視。我想：這就是「公」的眞正意義。

星加坡政府的工作幹部，自李光耀總理以次全是青年人，易潤堂部長即其一證。青年人在政府內執行工作，有勇氣，有訓練，有熱忱，有決心，更有爲人民服務的勤奮的精神，所以星加坡政府能率之高，也受着世界的讚美。從潤堂部長的談話裏，充分可以了解專心壹志的仍然是我們中國古老教條的那個「誠」字，同樣是星加坡建國方畧之一。

我和家門部長談來談去，覺得上面所說的那幾個大字：嚴、明、公、誠，可能就是今日星加坡國的政治守則。我的下意識提醒我：這一個新興的雄踞天南的島國，有些像我們春秋時代的兩個國家：一是齊國，一是鄭國。齊以管仲而霸，鄭以子產而興，李光耀總理可能就是今日的管仲和子產。

我和我們的家門部長最後談到近年來突飛猛進的星加坡的建設，最主要的是組屋的示範，我對這件事感到非常有興趣。從這次談話裏，我們已經知道星加坡政府對於解決人民的住的問題，即「居者有其屋」的政策是怎樣澈底的實現出來了。前幾年還不過在四十五分鐘就可以造成一個住的單位，到今年一九七一年則只須三十六分鐘了。史無前例亦世無前例的建屋運動已在星加坡如火如荼的展開。試舉一個簡單的數字來說明：一九六三年星加坡的建築工事共計九千八百萬元（坡幣），一九六四年爲一億七千萬元，一九六九年增至四億八千四百萬元，一九七〇年一月至六月計五億八千八百萬元，到去年底全年約在八億元至十億元左右。從上面的簡單統計數字，就可以看出星加坡建築業是怎樣的繁華，其中組屋的大量添建佔着全部數字百分之八十以上。

這樣，家門部長和我竟談到了下午一點多鐘了，我恐怕躭擱了他的寶貴時間，才表示告辭。他問我：「家門先生，你是不是有朋友帶來的？」我答：「是的。那個朋友在樓下等着我。」他笑說：「那就把他等得太久了。」我說：「不要緊，等我的是我的好朋友。」於是他再同我親切的握手，送我到電梯前，然後再握手，進入了辦公室。

等我下樓來，黃光明先生還兀立在大廳中，我眞對不起他，想不到一談就談了四五十分鐘，光明先生笑着對我說：「只要你們談得好，我再等幾十分鐘都可以。」好友畢竟能原諒我，使我非常慚愧，又非常安慰。十餘分鐘後，我和內子都作了新開張一家大餐廳的座上客，請我們吃午飯的友人就是黃光明先生伉儷。

奇文嫂的家宴

宗親奇文嫂林雪嬌女士在鴻運樓家宴時即已公布：約定各位宗親到她家裏吃一頓便飯，作第二次的歡迎我。

九月三日是一個晴明的天氣，却在下午下了一陣雨，感到有些清涼。星加坡的人吃晚飯一般比較遲，大約在七點半到八點，宴會時間也如此。

我正在十二層樓的露台仰望天心的明月，季節告訴我：這已是農歷中元節了，古老的燒包遺習還在星加坡僑民間認眞的保存，到處一片熊熊火光，街邊演戲和飲宴也相當熱鬧。我不覺吟出「遠地猶爲客，流光忽入秋」的詩句。

正在這時，家門崢嶸上樓來了，我們一同匆匆下樓，就由他駕車，把我們帶到奇文嫂所居的三樓一大層。

我們易氏宗親已擠滿了一屋，看見我來了，或鼓掌，或握手，情緒熱烈。賢明的女主人引着她幾個兒女出來相見，這些青年男女都是易氏後起之秀。其中有三個女孩學音樂，她們的媽媽也是一位女高音。女孩兒們彈鋼琴，拉小提琴，並唱歌，媽媽則唱了一曲：「敎我如何不想他？」其音激越而哀婉。我爲讚美並勉慰這一位宗親的遺孀，寫了一首小詩帶來，便送給奇文嫂：

吾宗一士比前賢，掛劍重來淚欲泫，
賢嫂撫兒宏敎化，家風不墜慰雲天。

首先是由宗親崢嶸致辭，說明今天奇文嫂重行招待的誠意。接着由宗親維然補充，希望在星加坡的宗親多多與東南亞的宗親聯繫，而且常常和我通訊，於是向每人發了一張表格，重新登記姓名住址及職業等，我也領到了一份。

大家期待着我說幾句話，於是我說了一大段。我首先報告了近年我的生活及服務近況，再回憶到十年以前第一次與諸宗親相見的情景，然後再談到重來以後所獲得的宗親的關切而引爲無上的榮幸。

然後，由幾位宗親把我隨身帶來的二十多張畫，陳列在大客廳內，讓大家「欣賞」，實際上是我請大家批評和指敎，並請他們挑選幾張作爲我的贈與，但是被他們婉謝了。因爲我已把我所繪的一巨幅雙松圖贈與星加坡易氏宗親會，這裏叫做「新嘉坡易氏家族聯誼會」，在畫上我已詳加題識，留爲永久紀念，所以宗親們不便以私人名義再要我的畫件。

不過，他們需要我爲自己的家族會所寫一塊招牌，和一副對聯，給我一卷「月宮殿」的日本紙，幾天後，我照辦了，那副對聯是：

源長流遠，易水高風榮氏族；
民安國富，獅城新政顯門楣。

當晚的氣氛是極其融和的，眞彷彿一個親熱的大家庭。因爲我年長，宗親們都以阿叔相呼。崢嶸和維然致介紹辭時都稱我爲「君左叔」，我雖受之無愧，但總覺得他們眞是情深義重。

爲添加全場的音樂情調，在奇文嫂的幾個千金演奏和她自己的唱歌表演以後，我在掌聲中自動的唱了京戲兩段：一段是捉放曹的陳宮，即「聽他言，嚇得我」那一段慢叔；一段是空城計的司馬懿，即「有老夫，在馬上」那一段原板，一段鬚生，一段黑頭。許久不唱了，也沒有功夫吊嗓子，當然不會動聽，不過嗓音尙宏，而且決不會像褚民誼那樣的司馬懿殺進城去了。可惜沒有胡琴配奏，如果我的外甥程京蓀同來，以他的琴藝多帶我一點，相信比現在唱的還要好些吧。

家族是我國社會組織的單位，擴大一點即氏族、即宗親，把這種組織儘量擴大下去，就可以漸漸達到世界大同的最高境界。所以宗族觀念決不是偏狹的，治國平天下必以齊家爲起點。

六十年前舊辛亥

・林熙・

中國人從前是以干支紀年的。干是：甲、乙、丙、丁、戊、己、庚、辛、壬、癸，叫做十干，又叫天干（干亦作幹，意即樹幹）；支是：子、丑、寅、卯、辰、巳、午、未、申、酉、戌、亥，叫做十二支，又叫地支。（支亦作枝，意即樹枝）。干和支相配，如干的「甲」和支的「子」相配起來，就是甲子，乙配丑，丙配寅……這樣一直巡廻配下去，可以有六十個不同的配合，配到癸亥完了，又從甲子開始，這就叫甲子一周，干支紀年法是這樣的。

筆者現在爲本刊寫「六十年前舊辛亥」，辛亥是清宣統三年（西曆一九一一年），爲了使讀者了解干支紀年是什麽，得先說明一下。

干支最先是用來紀日而非紀年的，其用以紀年，根據以前的史學家考証，是始於西漢時代王莽（劉恕「通鑑外紀序」所說）。唐代史學家劉恕在他的「通鑑外紀」說：黃帝的老師大撓，創造甲子，甲、乙、丙、丁叫「幹」；子、丑、寅、卯叫「枝」。那麽自黃帝時代起，中國人即以干支紀日了，其事始於西曆紀元前二千五百五十六年。準此，以干支紀日，起碼已有四千五百年的歷史了。而干支紀年，也將近二千年。干支紀日，在四五十年前已不通行，（到底紀日的甲子、乙丑，不如初一、初二易記），而紀年則至今尚沿用不替。

中國古代以干支紀年，就知道日子久了，必有雷同之弊，於是就要另用一種輔助法來陪襯着它，使不致混亂。例如唐太宗即帝位後，改元貞觀，其年干支爲丁亥（西曆六百二十七年），人們在文字上就會寫作「貞觀元年丁亥」，這也是一種紀年的方法。

清代末朝皇帝的宣統三年，干支是辛亥，因爲這一年中國老百姓起來推翻了滿洲的統治，成立了一個「共和民主」的新國家，所以人們就有「辛亥革命」這一個名詞。

幾千年以來，中國都是厲行專制政體的，辛亥起義，是中國歷史的劃時代，在六十年後的今日是值得我們紀念的。這樣一個偉大的辛亥年，我們回顧一下，是相當有意思的事。我這篇文章的內容，包含宣統三年這一年內發生的事情，大而軍國大事，小而社會趣聞，皆可作爲材料，雖未必可以使人温舊知新，若作茶餘酒後的談助，似亦賢乎博奕也已。

宣統三年辛亥（一九一一年）到今一九七一年，已是六十周年了，上一個辛亥的農曆八月十九日（陽曆十月十日），在湖北活動的革命份子，聯絡了當地的駐軍起義，炮聲一响，清廷嚇慌了，全國人民也知道大家統治中國，比一個人——皇帝——來統治中國好得多了。於是在短短的百日內，就推翻了專制政體。不過，這一革命是不澈底的，其實革命尚未成功，孫總理早已喊出「同志仍須努力」的口號了。一九六一年，北京舉行辛亥革命五十年紀念會，有很多參加過辛亥革命的老人都寫了回憶錄，其中有位楊玉如在起義後參加推舉黎元洪爲湖北都督的。他的回憶錄中的跋語說：

「吾人以爲對辛亥革命，不必過爲誇張；雖辛亥革命之始，民主之花，似已開放，民主共和，似已肇基。然三民主義，多未實行，而不旋踵軍閥繼起，狐鼠滿衢；清帝雖已放逐，而封建毒根猶在。是以民主光輝，實黯然無色。宜乎先總理臨終時，猶諄諄不忘，以「革命尚未成功，同志仍須努力」相囑也。

雖然，吾人對辛亥革命，亦不必過事貶抑，蓋易君主爲民主，摧毀中國數千年君主專制，乃爲辛亥革命最大收穫。自先總理組同盟會領導革命以來，明揭主義，確定目標，前仆後繼，歷時已久，至是始底於成。是辛亥革命爲期雖甫及一年，而植根則固於千載。莊生云：「作始也簡，將畢也鉅。」豈其然乎？

武昌起義，歷時太短，首義諸人，控制不穩。軍政兩界，皆如曇花一現，一切建設雖畧見規模，奈變亂紛乘，未達理想。

說者謂武昌首義黨人，均無赫赫之名，不免才難之歎；但此不足爲首義黨人之病，因革命目的是爲祖國爲人民，非爲個人功名計也。且革命事業係集體事業，非個人事業，個人事業太渺少了，集體事業乃可成爲偉大。惟武昌起義是革命黨集體行動，而功與名乃爲黨外黎元洪獨享，此亦突出之事，不可不特別一談。因爲黎元洪是清朝軍中統領，湖北新軍，都對他無惡意。那時，黨人倉卒起義，與敵血戰中宵，雖得了初步勝利，而敵燄猶張，援兵可慮。黨軍預推的指揮，事前或傷或逃，幾成羣龍無首之象，乃藉黎元洪名義發號施令，鎮定人心，力籌守戰。

軍中有主，士氣益奮，不特挽回武昌革命的危局，並奠定了全國革命的基礎。自此清廷聞黎元洪之名而震動，各省聞黎元洪之名而興起。無如黎氏思想太舊，自以未與聞革命，故對於民黨終不免氣味不投。

黨人於此，可得一深刻教訓，即革命事業決不可付於不革命之人。如黎元洪本無革命思想，彼雖受人推戴，勉強披上革命外衣，而其本性正如飢鷹就食，飽即遠颺。故轉爲袁世凱誘惑，即投向反革命一邊而破壞革命。無怪乎世人嘗謂辛亥革命不澈底、未成功的。」

楊玉如這番話說得很客觀，而又很正確。武昌起義因爲在預定期間先被清政府官廳破獲，故改期舉事。事出倉卒，未免有些手忙脚亂之象，幸喜黨人個個都很興奮，充滿視死如歸爲國犧牲的精神，所以才能以少敵衆，炮聲一响，把那個湖廣總督瑞澂嚇跑了。（八月二十日，清廷有電諭給瑞澂云：「據電奏：探知革命黨潛匿武昌，定期十九日夜間起事，正飭防拏，旋據齊耀珊電稱，於漢口拏獲要匪劉耀章一名，起獲僞印、僞示、僞照會等多件。遂與統制張彪等督派弁兵，在省城內先後拏獲匪目匪黨三十二名，並起獲軍火炸彈多件，內有劉汝夔開槍拒捕，楊宏勝私藏軍械，彭楚藩語尤狂悖，當將該三犯訊明正法等語。該革匪在鄂創亂，意圖大舉，實屬目無法紀……除劉汝夔三犯業經正法外，其餘已獲各匪，即着嚴行研鞫，盡法懲治……。」）

黎元洪

湖北的革命黨，當時有文學社、共進會等幾個組織，（上文之楊玉如就是共進會的幹部。他是湖北沔陽縣人，原名寶珊，後來文學社、共進會合併政治籌備員，武昌起義，黎元洪任都督，他是都督府秘書長），原定八月十五中秋之夕起義，因事機不密，爲清廷第八鎮統制（約等於後來的師長）張彪派兵鎮壓，並派員追捕在逃的志士，所派的馬兵中，有同志參加，故意放人逃走，所以沒有拿到一個，張彪恐怕事態擴大，不易收拾，未加深究，但暗中仍加戒備，時時派出特務暗訪，因此八月十五舉義的消息洩漏了。

八月十八日（一九一一年十月九日），孫武在總機關部配製炸藥（總機關部設在漢口俄租界寶善里，孫武常駐在這裏的。孫武是湖北夏口人，字堯卿，共進會的主持人，與文學社合併爲參謀長、政治籌備員，起義後爲軍務部部長），準備起事時應用。十八日上午十點多鐘，劉公的弟弟劉同抽紙烟，一時大意，烟火觸着炸藥爆炸，孫武的手和面都受了傷，由同志扶他從後門走出，連忙送往同仁醫院救治。其他同志見洩漏了秘密，也紛紛走避，等到俄方警察查到肇事地點，屋中已無一人，俄警便把黨人名冊、徽章、印信、旗幟、文告、彈藥及新印製的中華銀行鈔票等盡行拿去。

劉公的住宅就在寶善里一號，俄警按圖索驥，到一號搜查，把劉同、劉一、王炳楚等人捕去。剛巧鄧玉麟外出得免於難，他立刻渡江至武昌小朝街八十一號機關部報告經過。這時候，蔣翊武已從岳州歸來，劉復基、彭楚藩、楊宏勝等認爲箭在弦上，不得不發，非馬上行動不可，於是議定於八月十八日夜間十二點，以南湖炮隊八標鳴炮爲號，各營同時行動。鄧玉麟等到南湖炮隊八標，準備行事，但因爲出文昌門時，城門已戒嚴緊閉，不能通過。他們繞路到了南湖，已經十二點了，而營門也關閉，他們又繞路從營外的濠溝攀竹籬入營，已經過十二點鐘了，未聞有炮聲，起義之事就沒有舉行。（蔣翊武一名伯夔，湖南澧縣人，第四十一標三營左隊，文學社共進會合併革命軍總指揮。劉復基字堯澂，在軍隊中名汝夔，湖南常德縣人，第四十一標，文學社共進會合併政治籌備員，武昌起義三烈士之一。彭楚藩原名潭藩，字青雲，湖北武昌縣人，憲兵營代表，他是文學社社員，殉難三烈士之一。楊宏勝湖北穀城人，殉難三烈士之一。劉公，字仲文，湖北襄陽人，在革命集團中貢獻最多力量的一個，文學社共進會合併政治籌備員，起義後任軍政府總監察。劉同，字登泉，他被捕後，義軍起事勝利，光榮出獄。）

八月十八日，楊宏勝運炸彈往工程八營，恰好碰着該營的值日司令官黃坤榮，黃見他形跡可疑，便喝止他不得行動，並嚴問他幹什麼？宏勝見不對頭，拔脚便跑，衛兵從後追逐，宏勝邊走邊拋擲炸彈，阻擋追兵，被彈片所傷，但他仍然強自支持，扶傷走往在工程第八營附近的住宅，衛兵偵查追到，搜出他家中有炸彈，於是被捕。

這時候，蔣翊武、劉復基、彭楚藩等人在小朝街的機關部等候舉事的消息，一齊行動，但大批官軍警察已到了大門前，破門而入。劉復基馬上擲炸彈拒敵，不幸誤中樓梯，反爲彈片所傷，於是劉復基、彭楚藩、蔣翊武等皆被捕。初時解往巡警總局，在半路上，掙扎不得，祗有蔣翊武乘黑夜防範稍鬆，跳牆越屋逃脫，走往京山。劉復基等人則被轉解往總督衙門大堂下的東西官廳，聽候審訊。

八月十九日，瑞澂派軍事參議官、督練公所

總辦鐵忠（張之洞在湖北任上時，創設一所特別學堂，考選新軍中之優異士兵與正副目充學兵，三年畢業，復回原營，選充下級幹部。新軍中潛伏有革命分子，亦種因於此。張之洞入京做大學士、軍機大臣後，特別學堂停辦。宣統二年，鐵忠任湖北督練公所總辦，在武昌設立講武堂，考選各標營隊正、副目受訓，六個月畢業）、武昌府知府雙壽、漢陽府知府陳樹屏審訊。

當審訊時，彭楚藩、劉復基（在軍中化名劉汝夔）、楊宏勝三烈士當面斥罵滿清官員。三烈士各有供詞，現在根據章裕昆所作的「文學社武昌首義紀實」所載，摘錄大意于左：（按：章裕昆是湖南寧鄉縣人，字德藩，隸第四十一標，與任重遠等組織軍隊同盟會，又是羣治社的發起人，文學社組織時，他出力最多。）

清政府的官員因爲彭楚藩是憲兵，因此先提他訊問。到了堂上，彭烈士不肯跪下，鐵忠問：「你爲什麽見了本官不跪下？」彭烈士叱他道：「你是什麽東西！好大的狗臉，我堂堂中國男子，豈肯向你下跪！」於是有親兵上前把彭烈士推坐地上。鐵忠又問：「你叫什麽？」答：「我是彭楚藩。」鐵忠問：「你是革命黨嗎？」答：「是！」鐵忠問：「你爲什麽要革命？」彭烈士瞪着鐵忠道：「我且問你，我們漢族江山被你們滿奴蹂躪這些年代，爲什麽不要革命？」

問到這裏，鐵忠轉了口風，有意要爲彭楚藩開脫罪名，這並不是鐵忠厚愛于革命黨，而是完全爲了私人關係。因爲憲兵營的管帶梁清河，是鐵忠的親戚，如果彭烈士罪名成立，梁清河會得到失察之罪，前途大有影响的。

於是鐵忠就說：「我看你是憲兵，不是革命黨吧？」其意在暗示彭烈士，叫他不要認造反。但彭烈士答道：「我只知以排滿流血爲宗旨，並不知道是革命黨、不是革命黨。」鐵忠怒道：「你們有多少黨人？」彭烈士也厲聲答：「有同胞四萬萬，你還不知道嗎？」鐵忠又問：「你們幾時起事？」彭烈士說：「就是今晚。可惜我沒有殺死你們！」鐵忠怒曰：「你這種東西，只有殺罷了！」彭烈士說：「要殺便殺，何必多問。唉，只是你們這些滿奴啊！」鐵忠本是個兇橫殘暴的滿清軍人，聽了彭烈士這番慷慨激昂、詞嚴義正的話，也無從開口答一句，只得拿起筆來寫：「謀反叛逆一名彭楚藩，梟首示衆。」彭烈士仍罵不絕口，從容就義。

瑞澂

第二個提訊的人是劉烈士復基。鐵忠問：「你是劉汝夔嗎？」答：「是！」鐵忠又問：「擲炸彈，又拒捕就是你嗎？」答：「是！」鐵忠對陳樹屏說道：「這也不是好東西，結果了他！」劉烈士便說道：「滿鬼呀！你們殺我倒也爽快，我們不再受你們壓制了。……」還未說完，鐵忠已寫好了：「謀反叛逆一名劉汝夔，梟首示衆。」劉烈士見了大笑。親兵把他推出堂外，到了大廳，見有多人圍着，劉烈士就大叫道：「同胞們，大家努力！可憐我這些遭虐的同胞呵！」一路呼出大門外。

楊烈士宏勝被提到堂，鐵忠問過他的姓名後，見楊烈士面上血跡模糊，便冷笑一聲：「你這個樣子也要革命麽？哼！我今日只怕要革你們的命呢？你們炸彈還有沒有？」楊烈士昂然答道：「用了又造，造了又用，那裏沒有？」雙壽接着問道：「你們的黨羽在學堂的多？還是在軍隊中多？」楊烈士說：「你說在學堂多就學堂多，你說在軍隊多就是軍隊多，我一時難以查明。」這時，鐵忠已寫好了：「施放炸彈革命黨一名楊宏勝，梟首示衆。」楊烈士斥他道：「好，只管殺我，只怕你們也有那一日呢！」

這樣，彭劉楊三烈士乃于八月十九日早八點鐘以前，均在總督衙門外從容就義。

清政府殺了三位烈士後，即提訊劉同等人，一直到下午三點鐘才完事，先把各志士監禁起來。瑞澂和張彪閱讀供詞後，才知道黨人起義的計劃是這樣的龐大，而列名黨籍者，幾乎盡是陸軍官兵，於是嚴加防備。

自八月十九日彭、劉、楊三烈士就義後，各軍即於十九日夜間七點多鐘起義，由工程隊第八營總代表熊秉坤（字載乾，原名炳昆，湖北江夏人，與彭楚藩同爲日知會會員，起義後任第五協統領，當時的陸軍編制。「軍」之下有「鎭」、「協」、「標」、「營」、即軍、師、旅、連、營也。鎭之首長稱統制，協的首長稱統領，標之首長稱統帶，營的首長稱管帶。）先發第一槍，全營革命志士羣起响應。該營督隊官阮榮發，及右隊隊官黃坤榮、司務長張文濤拔刀阻止，但均爲兵士所殺。

起義的志士先佔據楚望台軍械所，奪取武器，各軍遂紛紛响應義擧，進入城內，佔領總督衙門，和整個武昌城。這一晚，張彪在文昌門住宅裏，聽到城外混成協輜重工程兩隊兵變，還以爲這和自己無關，後來聽聞城內工程第八營起事，連忙用電話吩咐各營，竭力維持，不使事態擴大。最後聽說炮隊全體响應，這才嚇慌了。

督署附近火起，炮又猛烈，瑞澂逃命要緊，親自帶了衛兵一排，携家小細軟，洞穿督署後花園的圍牆，由文昌門逃上「楚豫」號兵艦；鐵忠、梁清河諸人隨行。這時候，守督署之騎兵隊長朱明超帶了馬隊二十騎，逃到張彪住所，報告督署已被革命黨佔領。張彪聽說總督已逃，還作頑抗，命輜重第八營督隊官安祿華，及朱明超二人，帶馬隊和全體衛兵，護送出城到輜重營。張彪同該營管帶蕭安國會商結果，令輜重全營渡江，到劉家廟集合。

這樣，武昌的一文一武最高長官都逃走了。

瑞澂即晚在兵艦上電奏清廷云：

革匪創亂，拿獲各匪，正在提訊核辦。革匪餘黨勾結工程營、輜重營，突於十九夜八鐘響應，工程營則猛撲楚望台軍械局，輜重營則就營縱火，斬關而入。瑞澂督同張彪、鐵忠、王履康分派軍隊警察，隨時佈置，並親率警察隊抵禦。無如匪分路來攻，其黨極衆，其勢極猛，瑞澂退登「楚豫」兵輪，移往漢口。已電調湘豫巡防隊來鄂會剿，並請派大員多帶勁旅，赴鄂剿辦。

清廷接到瑞澂的電奏，滿廷大臣都嚇到魂飛魄散，因爲這次武昌起義，不同於前時黃花岡之役。武昌首義，是有革命思想的新軍爲骨幹的，他們有新式的武器，而且又是受過嚴密訓練的優異軍士。清廷隨於八月廿一日降諭云：

瑞澂電奏：等語，覽奏殊深駭異。此次兵匪勾通，蓄謀已久，乃瑞澂毫無防範，預爲佈置，竟至禍機猝發，省城失陷，實屬辜恩溺職，罪無可逭！湖廣總督瑞澂，着即行革職，帶罪圖功。仍着暫署湖廣總督，以觀後效。即責成該總督迅收省城尅期克復，毋稍延緩。倘日久無功，定將該督從重治罪。並着軍諮府陸軍部迅派陸軍兩鎮，陸續開拔，赴鄂剿辦。一面由海軍部加派兵輪，飭薩鎮冰督率前進，並飭程允和率長江水師即日赴援。陸軍大臣廕昌，着督兵前往，所有湖北各軍及赴援軍隊，均歸節制調遣。並着瑞澂會同妥速籌辦，務須及早撲滅，毋令匪勢蔓延！（以上兩電，均見「大清宣統政紀實錄」。）

我們須知道辛亥武昌起事，**義旗一**舉而全國響應，不到百日而清王朝就垮台，當時領導這一股革命力量是以新軍爲骨幹的共進會、文學社，而同盟會未與焉。事實上，那時候的同盟會在新軍中的力量還有限的很，兩湖的最高長官是滿洲人瑞澂，總督有節制文武之權，在湖北的武官中，以張彪、黎元洪兩人爲最高，張彪是第八鎮統制官（即第八師師長），黎元洪是第二十一混成協統領官（即第二十一混成旅旅長）。黎元洪軍紀嚴明，絕不扣尅口糧，即服裝費亦不沾染，極爲部下愛戴，他與張彪同駐武昌城（黎的司令部在賓陽門內，張的司令部設在城內大都司巷），但張彪的作風恰與黎相反，軍士畏而惡之。一個清官和一個貪官是同袍，貪者自然有相形見絀且自慚形穢之感。張彪就時時向瑞澂說黎元洪的壞話。瑞澂本是胡塗透頂的人，因爲同載澤是郎舅關係，而又與隆裕太后間接有關係，所以他在宣統元年五月以江蘇布政使投江蘇巡撫，十月十一日就升湖廣總督，其陞遷之速，人皆嘖嘖稱奇。（瑞澂字莘儒，滿洲正黃旗人，琦善之孫，貢生出身。一九一五年逝世。戴澤是嘉慶帝曾孫，隸鑲白旗貝子銜鎮國公，官度支大臣，工詩，自署遜志齋主人，一九二九年才逝世，其妻爲隆裕后之妹。）瑞澂最講究官場排場，喜歡人巴結，他見黎元洪樸直不善逢迎，一向就不高興了，加以張彪在他跟前搗鬼，便越加不喜歡黎元洪了。辛亥年春間，瑞澂準備要參黎的官，事爲大清銀行副監督兼漢口分行總理黎大均（湖北黃陂人，光緒九年進士，久官戶部，爲尙書翁同龢所賞，光緒三十一年，外簡山東兗沂曹濟道。其子黎澍，與黎元洪有深厚交情。民國二年，得掌湖北財政，及黎元洪爲大總統，他便成爲公府中之智囊團人物，與哈漢章、饒漢祥爲黎元洪心腹，常代表

張彪

黎元洪與各方重要官僚會議。一九三四年，我在漢口遇見過他一面，後來就聽說他謝世了。）所聞，在一個偶然的機會，黎大均問瑞澂是否有這件事？瑞澂承應。黎請問何故？瑞澂說黎元洪不服命令。大均愕然曰：「大公祖的命令，他敢不遵嗎？」瑞澂說不是不服他的命令，是不服張統制（張彪）的命令，大均說：「大公祖誤會了。依照陸軍官制，混成協是一個獨立協，本不應受張統制官節制的。」經黎大均這一說之後，瑞澂對黎元洪的印象大大改變，不特沒有參他的官，反看重他，於是元洪在湖北的聲望遠在張彪之上。湖北新軍起義後，立刻找黎元洪出來領導，以期成大事，這是很合情合理的。

黎元洪是湖北黃陂縣人，父名朝，官遊擊。元洪卒業北洋水師學堂，任「廣甲」號砲艦大車，甲午中日戰爭，他在「定遠」艦任駕駛之職，憤水師失敗，在大東溝投海，得救。張之洞做湖廣總督時頗賞識他，委充護軍馬隊管帶，派往日本見習，回國後升管帶。其後湖北擴軍，升常備軍第三協協統，兼護第十一鎮統制，後來因爲軍餉不敷，將第十一鎮改爲第二十一混成協，任協統。辛亥起義時，他在清政府的官階是這樣的。

近人陶菊隱的「六君子傳」，說新軍起義後，因軍中無主，捧黎元洪上台，衆志士到了黎元洪的寓所，把他從床底下拉出來，硬要他就職。此說不十分可信。十年前，陶君作「北洋軍閥統治時期史話」，已改爲黎躲在牀後，但終於被迎接他的人搜查到了。不過黎元洪于義軍炮聲一響後，要置身事外，躲在朋友家中却爲事實。其有「牀下都督」之雅號，恐係不滿意於他的人造謠，但胡漢民的自傳中且譏之爲「牀下部督」，則無怪人信以爲眞了。（鄒魯的「中國國民黨史稿」也說黨人從其寓所床下搜索得之。）陶菊隱記此事云：

黎在革命爆發後，匆忙地躲藏在黃土坡他的參謀劉文吉的家裏。他派回家取行李的火夫，被找他的人發現，威逼着火夫把黎躲藏的地點說出來，並且威逼着他引路到劉文吉家。黎聽得門外嘈雜的人聲，又匆忙地躲在後室的牀後，但終於被迎接他的人搜到。當由劉賡藻說明諮議局選舉都督的經過情形，叫他不要害怕，請他出來担任革命軍的軍事領袖。他十分堅決地說：「你們的人才很多，你們不要找我，我幹不了這件大事。」

馬榮、湯啓發先後發言，勸他以民族和國家爲重，並且告訴他此時已經沒有脫身的機會，不接受大家的意見是辦不到的。但黎總是搖頭不答應，甚至連話也懶得再說。此時蔡濟民等得不耐煩了，就突然地拿出手槍來威逼着他，大家也都做好做歹地勸他不要再說不接受的話。黎十分勉強地說：「你們要我上那裏去呢？」劉賡藻說：「我們先到諮議局談談。」

黎不得已拖着十分沉重的腳步，在這群人的前後左右監視下由黃土坡步行到諮議局來。他看見那位進士出身的諮議局局長湯化龍也在那裏，還有很多熟面孔的當時的大紳士和知名之士也都在那裏，他的心情就不像剛才那樣緊張了。但是他還是搖頭不肯担任鄂軍都督。他說：「你們不要抬舉我吧，我不是革命黨，我沒有做都督的資格，夠資格的是孫文。你們何不迎接他到湖北來担任這個職位？」

當時有人回答說：「孫文嗎？他馬上就到。」這只是一句信口說出來的話，但是這句話立刻傳遍了武漢三鎮，使人心爲之振奮。還有屬於共進會的孫武，大家以訛傳訛，都說他是孫文的兄第，被派到湖北來進行聯絡工作的，這對當時的穩定人心也起了一定的作用。

湯化龍勸黎順從多數人的意見，參加革命對個人對國家都是很好的事情。黎看見這位君主立憲派也同情民主革命，他的心思才漸漸地活動起來。他說：「武昌靠近大江，海軍那樣厲害，恐怕不容易守得住吧？」

鄧玉麟說：「守得住就守，守不住我們就退湖南。」黎說：「湖南，怎樣好退呢？」鄧說：「那邊有我們很多的同志。」黎說：「餉呢？」鄧說：「餉？打開了藩庫用了再說。」

經過了這番問答之後，黎就不再開口說話，像是木雕泥塑一樣。有人擬好了都督安民布告，請都督畫上一個「行」字，黎又搖頭不肯答應，那個性子急的蔡濟民又拿出手槍來，於是大家從旁做好做歹地勸黎執行。黎低低地吁了口氣說：「好吧。」就提起筆寫了一個「行」字。

自辛亥（一九一一年）閏六月以後，湖北的革命運動，已屬成熟，文學社和共進會合併爲一，消除意見，爲了急於起義，推定文學社的社長蔣翊武爲革命軍臨時總司令，孫武爲參謀長，劉公爲都督。後來又臨時把黎元洪抬出來做招牌。黎元洪本非革命黨人，他是被逼才接受都督職位的。不過，他初時堅拒，後來又答應了，這是什麼緣故呢？欲明瞭其心理的變遷過程，可于其後來寫給他老師薩鎮冰的信裏窺見之，今摘錄如左：

元洪當武昌變起之時，所部各軍，均已出防，空營獨守，束手無策。當黨軍驅逐瑞澂出城後，即率隊來洪營，合圍搜索，洪換便衣，避匿室後，當被索執，責以大義。其時槍炮環列，萬一不從，立即身首異處，洪祗得權爲應允。吾師素知洪最爲謹厚，何敢倉卒出此？雖視事數月，未敢輕動，蓋不知同志究竟若何，團體若何，事機若何，如輕易着手，恐至不可收拾，不能爲漢族雪恥，轉增危害。今已誓師八日，萬衆一心，同仇敵愾。昔武王云「紂有臣億萬，維億萬心，予有臣三千，維一心。」今則一心之人，何止三萬？而連日各省紛紛之士，大多留學東西各國，各種專門學校，及世代簪纓，各有專長，閱歷極富，並本省官紳人等。故外交着手，各國已認爲交戰團體，確守中立。黨軍亦無再侵外人及私人財產之事。不但在中國歷史上，視爲創見，即各國革命史，亦難有文明若此。可知滿清氣運已衰，不能任用賢俊，致使聰明才智之士，四方畢集，此又豈洪一人之力所能致哉！（其時薩鎮冰正率「楚有」、「楚同」等十餘戰艦援鄂官軍。鎮冰福建人，一九五二年四月十日死於福州，享年九十四歲。）

可見黎元洪自己也不諱言「避匿室後」，不過不敢明言走避參謀長家中，被黨人搜索所得，這是恐怕有棄職潛逃證據也。據張國淦的「辛亥革命史料」中說：在宣統三年三月間，黨人推舉黎元洪爲都督，據熊子貞與丁實存書云：『萬迪麻書論推舉黎元洪爲都督，自係實錄，黎公被推，說者皆謂偶然，此乃大誤。試思如此大事，可以偶然爲之否？黎之被推亦自有故。』云云。玆錄萬迪麻與曾省三書如左：「辛亥年春三月，洪山寶通寺召開各標營隊代表大會，蔣翊武囑劉九穗約迪麻一同赴會，走至長春觀門時，蔣翊武細語曰：『今日之首腦會，爲推舉黎元洪爲臨時都督。』我當答：『黎非同志。』……在休息間，劉告迪麻云：『革命黨人均係士兵或正副目，下級官不多，中級無人……黨人知識，不是不如黎元洪，但不夠號召天下，誠恐清廷加以叛兵或土匪罪名，各省不明眞相，響應困難，且黎平日待兵較厚，愛惜當兵之人，又屬鄂籍將領，只要推翻滿清，革命成功，似無不可。』……言畢，行至洪山廟內……塔內先有着便衣者三人（張振武、孫武、一人佚名），知爲聯席會議，蔣翊武推黎元洪爲都督，間或有代表反對，或詢問黎元洪是否同志？劉九穗一如前說，各代表輕輕拍手，點頭贊成，開會毫無儀式，亦不簽名，並無會議紀錄，迪麻回營，仍抱不安，以爲推一不革命之人爲革命領袖，將來作事，必難得心應手。越日，各同志在操場集合，迪麻將劉九穗、蔣翊武扯至一旁，提出疑問：「蔣爲文學社首領，本社人數又多，何以不推爲都督？」蔣先答云：「湖北舉義，以湖北人爲領袖，最爲適宜。」「然則如此說法，蔡國楨亦可爲之。」蔣鄭重告迪麻曰：「革命團體前有日知會、共進會以及群治學社等，孫武、劉公、季雨霖均可推爲都督，革命黨人之不爭權奪利以免將來發生裂痕也，我始恍然大悟。」迪麻在陪都晤許靜庵先生，據云：『辛亥年蔭昌率兵南下，路過項城，語袁世凱曰：「武昌爲烏合之衆，無人主持，不難撲滅。」袁世凱答曰：「湖北以黎元洪爲將，何謂無人？」足徵我黨人當年預定計劃之不謬』云云。

萬氏所述劉九穗這話，確實是當時的形勢如此，軍情急如星火，孫文、黃興（孫在美國，黃在香港）都不在湖北，怎能等待十多天後他們趕回國呢？黎元洪一上台後，民軍就佔領漢口、漢陽，於是全國響應，黎元洪本是清朝一個混成協協統，一旅長耳，與革命黨亦無淵源，竟一躍而成爲革命人物，亦進而得任副總統，再而出任大總統。一九二八年五月，國民黨的北伐軍將打入北京，張作霖退出關外，黎元洪即於六月三日在天津逝世，享年六十五歲。章太炎與黎元洪交厚，亦素知其爲人，黎死後，挽以聯云：

『繼大明太祖而興，玉步未更，綏寇豈能干正統？
與五色國旗同盡，鼎湖一去，譙周從此是元勳！』

下款署「中華民國遺民章炳麟挽」。太炎筆下之「綏寇」、「正統」、「五色國旗」、「譙周」等字樣，皆有弦外之音。太炎所作「大總統黎公碑」有云：「十七年夏六月，蔣中正以兵攻張作霖，時公病已亟，南軍薄天津，公薨。詰旦，北畿皆改樹青天白日旗矣。」

中華民國鄂軍政府成立後，黎元洪爲軍政府都督，即於武昌起義之次日（即八月二十一日），以都督黎元洪名義，照會駐漢口各國領事，宣示革命宗旨，各國領事公派英人盤恩持公函到武昌軍政府，面呈黎元洪，說明各國甚歡迎中國民軍之勇武文明，保護外僑，極爲感激，故此特承認民軍爲交戰團體，各國嚴守中立。這樣一來，革命軍在外交上就獲得了成功，而清廷亦爲之震驚不已。因爲滿洲王朝的大小官員都是懼外媚外的，現在各該國領事得到各該國政府的指示，採取中立政策，滿清統治者怎不着了慌呢。湖廣總督瑞澂逃到「楚豫」號兵艦後，武漢相繼爲革命軍攻取，八月廿一日，清廷派陸軍大臣蔭昌督師赴鄂「剿辦」，蔭昌是滿洲正白旗人（字午樓，年青時留學德國，習陸軍，但從未打過仗。民國成立後，因袁世凱、黎元洪、馮國璋等皆與他有交誼，委他做總統府侍從武官長，午樓亦樂意爲之，謂大丈夫能屈能伸也。當馮國璋任代總統時，曾强之爲參謀總長，但不久即讓與張懷芝，仍爲其侍從武官長。午樓在光緒末年，名位與資望，皆與袁世凱相等，袁任大總統後，每遇祭天祀神，午樓追隨袁後，殷勤扶掖，甚稱侍從之職，見者異之。）他爲人庸碌，派他去負起這個重任，他是萬萬挑不起的，但當時滿洲籍的武官中，他的地位最高，而且還被認爲他是有現代陸軍知識的人，派他去最爲適宜，若派別的軍人帶兵去「剿辦」，恐怕有變。

清廷自光緒三十二年（一九〇六）改兵部爲陸軍部後，厲行中央集權制，陸軍大臣一職，完全以滿人担任，三十三年起，陸軍大臣爲鐵良、蔭昌，從無漢人厠身其間，與從前兵部中有漢人担任尚書、侍郎不同，可見滿洲統治者對漢人擁兵權有點不放心了。據張國淦在「辛亥革命史料」中，述華世奎對他所說的一段話云：

> 據華世奎言：「武昌失陷，內閣集議，一致主剿，由陸軍部派陸軍兩鎮，陸軍大臣督率赴鄂剿辦。當擬議時，協理那桐謂武昌一隅蠢動，奚必以陸軍大臣親臨前線。乃一再審度，在京又無適當統帥全軍之人選，故暫派蔭昌，蔭旗人，其實漢人中並非無人，余（華自謂）提議江北提督段祺瑞率清江浦混成協乘重艦到鄂，爲時甚快，彼等不納，乃滿漢之界甚深也。」

段祺瑞是宣統二年十一月署江北提督的，派他就近往武漢督師本是最理想的辦法，但內閣的執政大員都不放心重用漢人，所以要派到陸軍大臣親自出馬了。華世奎字璧臣，天津人，舉人出身，軍機處領班上行走；三品章京，宣統三年五月任內閣閣丞時，張國淦爲內閣統計局副局長，局長爲楊度。華世奎工書，榜書甚見雄渾有力，晚年以賣字爲活，一九四二年逝世，年七十九。

清廷於八月廿一日派蔭昌督師南下，但二十三日，忽然又起用袁世凱爲湖廣總督，督辦勦撫事宜，其間經過頗爲曲折，原來蔭昌督師，編調軍隊，甚感爲難，因爲此項軍隊，均是北洋舊部，心目中只知有袁宮保，不知有他人，於是造成袁世凱東山再起，蓋亦自有由來的。

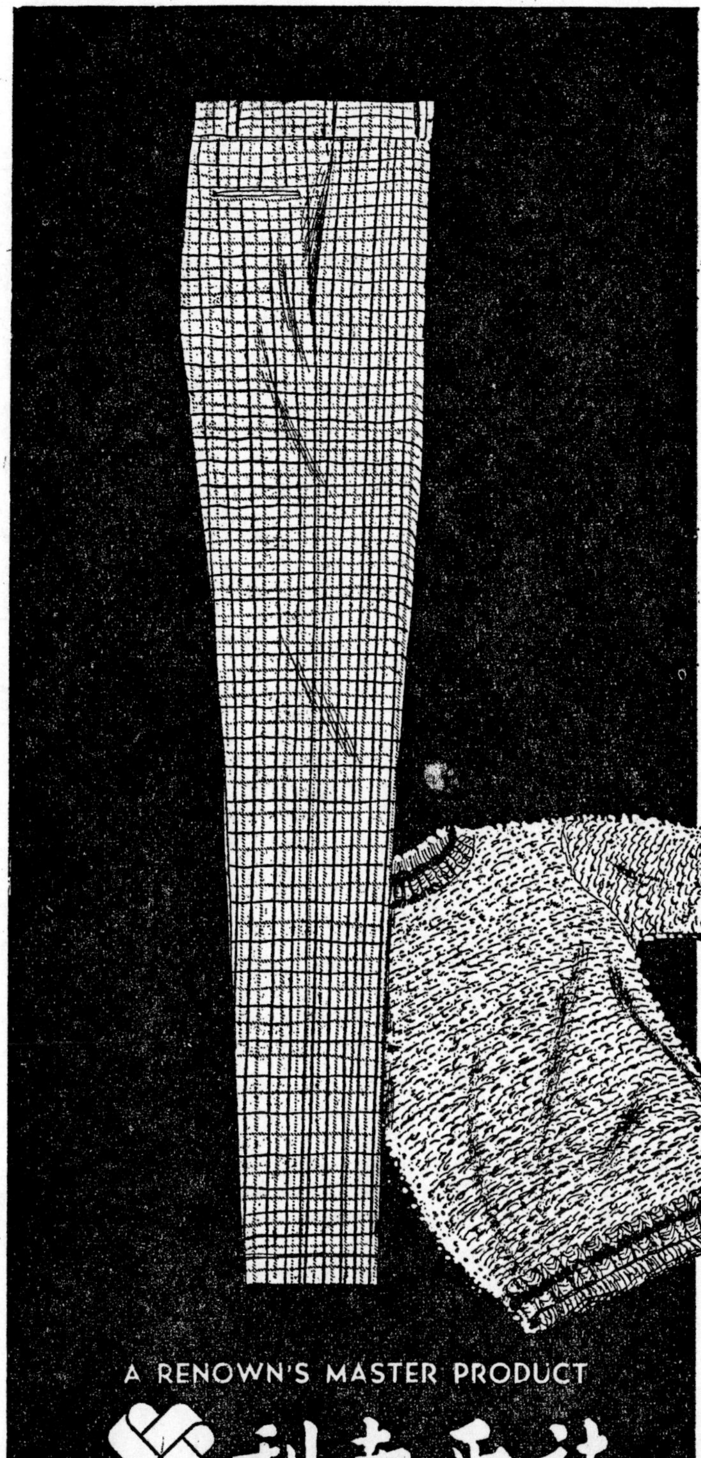

大人合訂本

精裝每冊十二元

第一集（第一期至第八期）
第二集（第九期至十四期）
均已出版

九龍旺角彌敦道六一〇號
香港銅鑼灣怡和街一號
大人公司文具部
香港租庇利街十一號二樓
吳興記書報社
有售

戲劇界參加辛亥革命的幾件事

梅蘭芳述　許姬傳記

在辛亥革命時期，我們戲劇界中曾經有許多前輩和同行以他們的英勇鬥爭實踐和卓越的藝術創造，爲這次革命作出了不可磨滅的貢獻，其中有不少人還因此獻出了他們的生命。他們的英雄事績，在近代我國史冊上佔有光輝的一頁；他們的愛國主義思想和崇高的革命品質永遠值得我們後人學習。多少年來，我一直想把我所知道的關於這些前輩和同行的革命事迹寫出來，用來紀念他們，同時借以鞭策自己。然而由於種種原因，這個願望始終沒有能夠實現。直到現在，爲了紀念辛亥革命五十周年（撰寫本文當時），我才下定決心這樣作，實現了這個宿願。這裏所寫的，有些是我目睹的，有些是親身經歷的人告訴我的，也有些是他們的家屬供給我的材料。雖然材料經過核對，但事隔半個世紀，在時間、地點上難免有出入，希望得到讀者的補充和糾正。

武昌起義後北京見聞

辛亥年陰曆八月二十一日的白天，我正在北京煤市街南口文明茶園（即現的華北戲院）演出。忽然看見台下觀衆手持報紙，互相傳觀，交頭接耳，紛紛議論。卸裝時，有幾位京師譯學館的朋友如言簡齋等到後台來告訴我說：「武昌發生『兵變』，被革命黨『佔領』了。」我說：「此地不是講話之所，回頭到飯館裏再談。」我們就約定在致美齋（在煤市街北口）見面。在吃飯時，這幾位朋友把當天的政治官報的單片給我看，上面登着八月二十一日清廷關於鎭壓武昌起義的「上諭」。這道「上諭」，我現在查得原文是這樣的：「據湖廣總督瑞澂電奏，革匪創亂，十九日猛攻楚望台，省城失陷，瑞澂退登楚豫兵艦，移往漢口。……覽奏殊深駭異。此次兵匪勾通，蓄謀已久，乃瑞澂毫無防範，竟至禍機猝發，省城失陷。湖廣總督瑞澂着即行革職，帶罪立功。……並着軍諮府陸軍部迅派陸軍赴鄂剿辦，海軍部加派兵輪飭薩鎭冰督率前進，陸軍大臣廕昌着督兵迅速前往……。」我當時看完了這道「上諭」，就說：「這個事情可不小，結果如何，且聽下回分解。」大家表示今後有何消息，彼此要特別留意，互相轉告。

以後，我就隨時打聽這方面的消息。我的姨夫徐蘭沅對我講過這樣一件傳聞：廕昌請訓（按當時制度，大臣奉命離京前，要面見皇帝請訓，那時宣統年幼，由監國攝政王載灃代見）後，大理院正卿岳柱臣、鴻臚寺正卿英杰臣等在觀音寺福興居給他餞行，席間大家祝他旗開得勝，馬到成功。廕昌却用『戰太平』裏華安的詞兒打着哈哈說：「……又道是，母子好比同林鳥，大難來時各自飛，嘻嘻嘻，哈哈哈，哇呀……。」

據軍諮府的朋友告訴我：「武昌兵變」的消息到京後，監國攝政王載灃馬上召集御前會議，各部大臣都列席。會議開始，載灃面色陰鬱，半天說不出一句話，大家面面相覷，誰也不敢先開口。這樣僵持了許久之後，內閣總理大臣慶親王奕劻才用低沉的語調說：「還是請午樓（廕昌號）辛苦一趟吧！」載灃表示贊成，這次御前會議就這樣草草收場，那天的「上諭」就是這樣下來的。

幾天後的某晚，譚鑫培、楊小樓在實禪寺街慶升茶園合演名劇『連營寨』。當譚先生唱到劉備哭靈牌的時候，電燈突然滅了，滿園漆黑，只得散戲。緊接着，以倉場侍郎而新署民政部大臣的桂春叫京師巡警總廳通知戲園停演夜戲，前門大街每逢三六九日的夜市也勒令停止。入夜後，熱鬧街市的飯莊、鋪戶都沒有電燈，路少行人，景象蕭條。同時謠言紛起，傳說桂春從城外調來三營旗兵準備殺漢人，人心更爲恐慌。大清銀行（在西交民巷，後改中國銀行）發生擠兌，門口人聲嘈雜，車輛擁擠，都是拿鈔票來兌現洋，準備拉回家的。大老富商們更用銀元兌換赤金，金價飛漲到四十幾換。

有錢有勢的還把家眷送到天津租界內，於是外國人趁機大發其財，日租界的「德義樓」、奧租界的「春滿樓」旅館的房金猛漲幾倍，花旗、滙豐、道勝、正金等外商銀行以存欵驟增，對新存戶採取不付利息的方法。南方籍貫的京官，紛紛携眷離京，北京東車站的站台上行李堆積如山，兒啼母喚，失物尋人，紛亂不堪。京奉鐵路慢車停開，快車只賣頭二等票，京漢車票只賣到黃河北岸，而且開車鐘點也沒有一定。各戲院的營業情況，一般都不振，演員們人心惶惶，担心生計要受影响。我所搭的雙慶班，白天還照常演出，因爲這裏的角色多（鬚生王鳳卿、賈洪林、李鑫甫、李壽峯，武生俞振庭，小生朱素雲、德珺如，花旦王蕙芳，武旦九陣風、朱桂芳，老旦謝寶雲，青衣是我，花臉金秀山、李壽山、李連仲，丑角王長林等，全都在雙慶班），戲碼硬，所以上座還不壞。

這時候，譯學館的朋友又來告訴我，他們的許多同學都感到這次「武昌事變」，民黨推黎元

當時的陸軍大臣廕昌

洪做了湖北都督，恐怕其他各省都要起來响應。他們又在京師大學堂宿舍裏聽到許多人在談：「革命爆發，來勢兇猛，大清朝恐怕保不住了！」

桂春的魯莽措施，不獨漢籍官員反對，即親貴中如載濤等也不贊成。御史趙熙上奏參劾桂春說：「……桂春平日杳無才識，甫任民政大臣，即乖謬失政，誤聽謠言，以赴試留學生解樹强爲革命黨，捕送法庭，及經大理院訊，乃毫無証據，隨奏請釋放。該大臣以毫無証信之事，擅行逮捕，以致上勞慰諭，失政實甚。且現當各省亂機竊發之時，京中人心亦極惶惑，該大臣決不足保護治安，維持秩序，請另簡賢員，以利民政……。」這時，袁世凱已被清廷起用，代替慶親王做了內閣總理大臣，軍政大權一把抓，就把桂春調回倉場侍郎，以趙秉鈞署民政大臣。警廳傳知各戲院開演夜戲，廣德樓、天樂園首先恢復夜戲，前門大街的夜市也照常擺攤，市面秩序漸漸安定下來。

上海伶界與光復之役

到了九月中旬，北京的報紙上接連幾天登載着上海「失守」的消息：高昌廟江南製造局、吳淞炮台先後被革命黨佔領，上海道劉燕翼、上海縣田寶榮均避居租界，革命黨照會各國領事團，已得到領事團的承認，並出示安民，公推李平書爲總理，伍廷芳辦理外交，沈縵雲辦理財政，王一亭辦理商務事宜，正在力圖恢復秩序等等。

同行中傳來消息說，攻打製造局有梨園行夏月珊、夏月潤、潘月樵等在內。這是我第一次聽到同行參加革命的消息，感到很興奮。當時，南北音訊阻隔，京津一帶的報紙在袁世凱的壓力下，對於革命的事實不敢着力描寫宣傳，所以關於上海伶界參加革命的事，從報上幾乎是看不到的。民國初年我去上海演戲時，畧知大概；最近又訪問當時參加的一些人，各方面供給了有關資料，才了解得比較詳細。

上海光復，對辛亥革命的整個局勢，有很大影响，而製造局的佔領則是上海光復的關鍵。這是因爲民軍當時在武漢的戰事既處於不利形勢，而在上海方面又械餉兩缺，在這種局面下，把這個江南規模最大的軍火廠拿下來，就有很重要的作用。

攻打製造局的基本隊伍是商團，商團是當地各行各業組成的，志願參加，屬於地方保甲性質，夏氏兄弟和潘月樵是伶界商團的負責人，夏月珊又是伶界救火聯合會的會長。救火員大半是劇團裏的武行——精壯少年，他們大部分都參加了商團。他們在夏氏弟兄和潘月樵領導之下，成爲這次攻打製造局的先鋒。

夏月珊昆仲和潘月樵

在叙述上海伶界參加攻打製造局的詳細經過以前，我想先介紹一下夏氏兄弟和潘月樵的身世和他們的爲人。

夏氏弟兄原籍安徽懷寧，他們的父親夏奎章是與譚鑫培、俞菊笙、黃月山同時期的武老生，拿手戲是『反西涼』『戰渭南』『冀州城』『賺歷城』，有「活馬超」之稱。據說『冀州城』由二簧改西皮，就是他的創造；楊小樓演『冀州城』，也是根據他的路子唱西皮的。夏奎章的四個兒子都是梨園行。夏月恒大排行老二，初唱老生，曾在北京玉成班陪黃月山唱『溪皇庄』的尹亮，『虮蜡廟』的黃天霸；在『反五關』裏黃月山扮黃滾，月恒扮黃飛虎，父子對打一場，極爲精彩。月恒後來隨父親到上海，當戲館老板，改武丑，就不常登台了。月珊行三，唱老生兼文丑，氣度從容，能戲甚多，以編演諷刺社會的新戲見長。老八月潤，唱武生兼紅生，演關戲宗王鴻壽（三麻子）一派，他是譚鑫培的女婿，譚先生到上海演戲，大半是他的關係。老九月華，是唱武淨的。

夏氏兄弟到上海是在光緒年間，當時上海租界裏已經是洋奴流氓世界，他們勾串巡捕房的包探狼狽爲奸，在地面上張牙舞爪，無惡不作。開戲館的必須找幾個流氓來保鏢，無論什麼權利，他們總要佔先，後台同行敢怒而不敢言。有一次，幾個流氓在戲園子前台樓上賬房裏吵鬧，要支用預備發包銀的錢。夏月恒抽了一把刀，攔着樓梯向流氓大罵，嚇得他們不敢下樓。有一年夏氏弟兄在漢口演出，因爲不許流氓看白戲，幫會的「龍頭」邀他們過江吃茶講理來恐嚇他們，以爲他們決不敢來。可是，出乎這班流氓意料之外，月珊、月潤以單刀赴會的氣魄準時過江，理直氣壯地解決了一場糾紛。

夏氏弟兄就這樣和流氓鬥了幾十年，替梨園行爭過許多氣，同時他們還替社會上做了不少公益事。當年上海的消防隊，被老百姓稱爲「斧頭黨」，因爲有些救火員往往趁火打劫，先用斧頭劈開被害人家的箱櫃，搜括一番，然後才去救火。夏氏弟兄和新舞台的演員們非常痛恨這種趁火打劫的行爲，就組織了伶界救火會。有一次某新婚人家失火，新婚夫婦倉皇避火，抽屜中的首飾都沒有來得及拿走，夏月珊前去救火時發現，便用手絹包好，收入衣袋中。事後這對新婚夫婦到新舞台詢問首飾下落，月珊經過詳細對証，全部交還。新舞台救火員勇敢正直、臨財不苟的行爲，大大受到了上海居民的贊揚。

辛亥革命前夕，夏、潘等在十六鋪經營新舞台，由於受了王鐘聲等在上海演出白話新戲宣傳愛國思想的影响，開始排演新戲。夏月潤還親自到日本，通過歌舞伎名演員市川左團次的介紹，約請日本佈景師和木匠同回上海，佈置新式舞台佈景。當時上海從事舞台美術的張聿光會向他們學習，以後張聿光一派的舞台美術，成爲主要流派，對電影事業也有貢獻。上海從茶園式的帶柱方台演變到半月形的舞台，並且採用了佈景轉台，是新舞台開其端的。

夏月珊（楊雄）夏月潤（石秀）合演「翠屏山」劇照

夏氏弟兄和潘月樵在新舞台積極編演了像『新茶花』『黑籍寃魂』那樣有進步思想的新戲。『黑籍寃魂』深刻地反映了當時社會受鴉片毒害的眞實情況，引起了上海中外烟土商人的仇視。這齣戲上演後，新舞台收到多次恐嚇信和炸彈警告，然而他們絲毫沒有因此畏怯退縮。夏月珊登台對觀衆演說，公開答復恐嚇者說：「戲要演，毒要抗，決不退讓！」

潘月樵原籍揚州（他娶妻朱氏是常熟人，後台都稱她爲常熟奶奶，有些記載上說他是常熟人，不確），月樵的父親是木匠，死後，長兄恩榮帶了月樵、少棠兄弟逃荒到天津，舉目無親，生活很苦；後來恩榮入贅到陳家，才安定下來。長嫂陳氏花錢請先生教兩個弟弟學戲，以資謀生。月樵初學梆子文武老生，後改皮簧。少棠先學花臉，後改唱青衣。陳氏的兒子潘桂勝、桂芳以後也跟着叔叔們一同學戲，投身梨園行。

光緒年間，月樵藝已成熟，搭上海老天仙茶園，雖然吃調高，嗓微帶「左」，但文武兼長，做工念白都非常出色，周信芳當年就受過他唱做的影响。我也看過他的戲，他的確是一位有本領的演員。老天仙毁於火後，與老天仙打對台的老丹桂茶園台柱子夏氏弟兄就約他一同加入新建的十六鋪新舞台，共同排演針砭社會現象的新戲。在『黑籍寃魂』裏，潘月樵扮老太爺，描寫當時的富翁故意叫兒子抽鴉片烟，以爲用一根烟鎗拴住他，就可以保住萬貫家財的守財奴心理。夏月珊扮大少爺，從翩翩少年變成鳩形鵠面的烟鬼，一直墮落到最後拉黃包車爲生，並且發現坐車的妓女竟是自己親生的女兒！他們大聲疾呼地在舞台上宣傳了吸鴉片的害處，對當時的社會有很大影响。潘、夏兩家的關係，從藝術創造到革命活動都是志同道合的。

商團智取江南製造局

武昌起義時，孫中山先生還在歐洲，黃克强先生從香港趕回來，九月上旬才經過上海，到達武漢。上海光復的事，由陳其美等負責進行。陳由民黨沈縵雲介紹，與李平書等開明士紳發生關係。李平書在中法之戰時任廣東遂溪縣知縣，率領民團，追擊法寇，保住縣境，但清廷媚外，反而將他革職。他這時任南市工程局局長、江南製造局提調兼商團會長。沈縵雲是同盟會會員，任信成銀行協理，一向以振興滬南市面與租界對抗爲目的，夏、潘等辦新舞台，就曾得到他的大力幫助。潘月樵是伶界商團負責人之一，他積極奔走於陳其美、李平書、沈縵雲之間，出力甚多。

商團攻破製造局，潘月樵的功勞是不小的。江南製造局創設於同治初年，地址在黃浦江邊，專製槍炮，供應各省。武昌起義後，製造局將軍火絡繹運往南京，供清軍對民軍作戰之用，李平書勸該局總辦張楚寶（士珩）停止續運，並諷示他人心思漢，早作良圖，張楚寶不聽，於是民黨決定用武力佔領。

製造局中的衛隊，事先曾由陳其美派人接洽，據說辦妥了，但實際上居間人並沒有和衛隊長接上線。九月十三日下午三時，陳其美向商團公會借得步槍四十枝，率敢死隊二百餘人由南市出發，乘局中啓門放工一湧而入。局內駐軍先放空鎗一排，敢死隊不顧，蜂擁向前進攻，投擲炸彈。駐軍乃實彈應戰，敢死隊死傷各一人，就往後退下來。陳其美在後督戰，拿出兩個炸彈，交與敢死隊，不料被駐軍察覺，就把他逮住，綁在花廳院子裏桂花樹上。

商團方面並不曉得攻打製造局失敗和陳其美被拘的事，仍照預定計劃佔領了各公署。上海道劉燕翼、上海縣田寶榮逃匿租界，各城門都掛起了白旗與革命軍旗幟，羣衆鼓掌歡呼，商店照常開市，並由上海軍政分府和上海民政長官李平書貼出安民告示：

一、上海軍政分府示：照得武昌起義，同胞萬衆一心。凡我義旗所指，罔不踴躍歡迎。各省各城恢復，從未妨害安寧。上海東南巨埠，通商世界著名。今奉軍一經大兵雲集，損害自必非輕。今奉軍政府令，但令各界輸誠。玆已紛紛歸順，具見敵愾同情。惟願親愛同胞，仍各安份營生。洋人生命財產，切勿乘此相侵。轉瞬民國成立，人人共享太平。

二、上洋巨埠，保護華洋。免受兵火，獨立主張。凡我同胞，切勿恐慌。照常營業，痞棍宜防。如有鬧事，軍法照行。本軍府示，各各傳揚。

中華民國上海民政長官李

這時李平書到製造局去保釋陳其美，張楚寶不准。上海道署的幕友密告李平書說，兩江總督張人駿電告上海道，已命寧、松兩路進兵，無論革黨商團，擒獲者一律正法。李平書趕到南市毛家弄商團公會，召開緊急會議。有人認為，商團人數雖衆，但槍械不足，又從未打過仗，而製造局則武器精良，如繼續進攻，恐難得手。王一亭說：「進或亦死，退則必死，與其伸頸待戮，無寧為國殉身，若事有濟，則與民國前途裨益良巨。」這時庭中商團團員羣起鼓噪，大呼：「若不發動，我們願流血階前，決不散隊。」商團總司令朱少沂就請李平書簽發總攻擊令。當由王一亭起草，向大家宣讀，並將商團編為兩隊，一隊攻製造局正門，一隊攻後門，定夜間十一時出發。

午夜，商團開始圍攻製造局，製造局用機關槍掃射，火力甚猛，無法攻入。夏月珊、月潤兄弟就沿墻根繞到製造局邊門，看見旁邊有一間木匠住的房子（這些木匠是專替製造局做裝軍火的箱子的），裏面堆着許多刨花碎木。夏氏弟兄就想用火攻，馬上派表弟薛壽齡（老藝人薛瑤卿的兒子，瑤卿是月珊的妻舅）騎馬到附近烟紙店買來兩箱火油，由夏月潤親自動手倒在刨花堆上，頃刻間燃起熊熊烈焰。為了防火勢蔓延，他們還準備了救火員，以便到適當時間救火。商團看見火光，就四面八方吶喊起來，聲震天地。這時，有位商團總部的基本隊員范耕莘扶墻摸壁地走到製造局的鐵柵門邊，從一個小洞裏鑽進去，用大石塊砸開鐵柵門的鎖，大聲嚷道：「我們得勝了！」局裏的總辦、會辦等，在火光燭天殺聲四起時，以為外面的火力很猛，被這種聲勢嚇慌了，

上海新舞台入場券，演劇人名有吳稚暉、戴天仇（季陶）、潘月樵、劉藝舟等人。

就倉皇登舟逃往浦東，衛隊亦紛紛散去，商團一湧而入，就找到綁在桂花樹上的陳其美，把他放下來。

那天，松江綠營統領帶兵到上海鎮壓革命黨，走到半路聽說製造局失守，即停止不前，觀望風色，不久也投降了。

十四日晚間，民軍五十餘人由上海到蘇州和楓橋新軍標營取得聯絡，次日天明整隊進城，並推派代表見江蘇巡撫程德全，推他為都督。程表示接受，就任都督，各衙門官吏原職留任，秩序很好。只有藩司左孝同（左宗棠的兒子）起先主張抵抗，後來見到人心傾向革命，勢難挽回，只得在衙門裏痛哭了一場，携眷到上海租界做「遺老」去了。

接着，浙江、福建、安徽、江西先後响應，南方局勢整個變了。只有南京方面因為提督張勳負嵎頑抗，袁世凱又電令固守，並聲言派第五鎮南下助戰，所以戰事至為激烈。潘月樵因攻克製造局有功，經陳其美給以少將名義，並參加了民軍攻打南京的戰役。當時北京方面會傳說他在十月初七日麒麟門一仗中陣亡，後來才知他並沒有死。

上海軍政府草創期間，百務紛集，一時未易羅致若干人才分門担任，其中機要事務，多由商團團員臨時協助。同時，招募的新兵，需餉甚殷，商團紛紛解囊相助，潘月樵、毛韻珂各捐一千元外，還聯合商團票友在新舞台演劇籌餉，售價兩元，在五十年前是很高的票價，每場客滿，得欵甚多。陳其美曾寫信向潘月樵、毛韻珂道謝：

月樵大志士惠鑒：素知足下獻身說法，以改良社會為己任，深佩。不意製造局一役，又親見閣下躬冒矢石，奮勇前進，為驚訝者久之。而來書耿耿，猶以足受敵彈，未獲南征為憾，具見愛國熱忱，有加無已。比又概捐千金，當仁

不讓，實爲難能可貴。第英雄事業，本無盡期，創口未痊，諸維爲國珍衞。不宣。

陳其美頓首

韻珂志士惠鑒：接讀惠書，知君以戲劇攸關風化，靈心妙手，觸目感懷，識見既超，志願尤大。家國思想，流露行間，千金助餉，出自熱誠。如君深明大義，曾不數覯，尚其勉旃。順頌起居！

陳其美書

民國元年（一九一二年）春天，潘月樵經滬軍都督陳其美委充調查部部長，潘即照會商團公會會長沈縵雲，同時還寫信向他滙報工作情況。這兩個文件由沈縵雲先生的兒子沈煥唐保存着，現在抄錄在下面。

中華民國滬軍調查部長潘月樵爲照會事：案奉滬軍都督委任樵充滬軍調查部長，并頒發鈐記一顆，文曰：「中華民國滬軍調查部長之鈐記」。謹于二月初九日奉到後即行啓用，暫就南市合興里三號爲辦公處，中國電話一百零四號。……右照會商團公會會長沈

縵云先生大人台鑒：樵自投入商團，深荷培植。今幸蒙都督委充調查部長，進爲人民公僕。樵之得進步，實由先生大力提携，造就末才，稍知時務，樵之榮譽，皆先生所賜也。……再樵前日赴寧晋謁大總統（按即孫中山先生），當蒙接見，痛陳一切，蒙允許爲關外民軍借來大炮六尊，并同機關部諸君懇准發來現洋伍萬元，愛國債票壹百萬元，以充關外民軍之用。現銀及先生所捐之伍千元均已兌至大連接濟軍需。昨得來電，機關槍准于初三、四日到滬。又擬倡辦中華劇界共進會，前已面禀大總統允許立案，俟章程擬妥即行呈報開辦。……

潘月樵敬啓。二月十九日

這封信是潘月樵到南京謁見孫中山先生後回來寫的，信內所稱爲關外民軍借來大炮、現金、債券一事，大約是接濟藍天蔚的。『潘月樵先生碑記』上說：

……藍天蔚者，奉天之革命健兒也起事失機，來滬籌募餉械無着，憤欲自裁。君于報端見之，踵逆旅求見，坐談一炊黍頃，沆瀣如舊相識，立斥己產，質三萬金畀之，俾圖大舉。迨君遭項城名捕，流離顛沛時，藍亦自新大陸遄歸，盡力營救。……鄭汝成秉承項城意旨，以五萬金生購君之頭顱，時君家常熟，盡室作瓜蔓抄。君先數小時易僧服潛逃而免，然家業自此傾矣。……

從上面這些事實來看，上海光復時，夏月珊、月潤弟兄和潘月樵先生以及伶界商團參加攻打製造局諸君，都對辛亥革命運動作出了貢獻，而潘先生不避艱險、不顧身家地爲革命而奮鬥的精神，替戲劇界樹立了好榜樣，更是值得我們欽佩的。

最近老友胡恨生告訴我，當年他以米業商團成員參加攻打製造局的一些情景：辛亥年九月十三日早八點鐘，商團在南市滬軍營操場上操時，民黨代表李英石對商團講話說：「武漢雖下，北洋隊伍還有一都分勢力，（按據黃克强從武昌給宋教仁的信說：『……敵人佔漢口下之劉家廟，倚租界設立炮兵陣地，昨日風起，漢鎮房屋中炮起火，全市被焚，我軍退守漢陽……。』——這封信是九月十一日發的，可見當時形勢很不好。）上海是中國通商口岸，如能光復，可壯武漢聲勢，外交方面影响也大。所以希望商團協助民黨，佔領製造局。」會後他發命令：下操後不散，各業商團回本部聽候調遣，胡恨生回到本部，下午四點後吃飯，九點鐘被派往小南門看守救火會鐘樓，並規定撞鐘爲號，如攻破製造局，即連續撞鐘九下，再連撞十三下，表明九月十三日。黎明前胡恨生調防到南市毛家弄商團司令部，看見潘月樵正在向司令朱少沂、參謀高一涵等報告前方戰況。他的裝束很特別，黑布包頭，身穿黑緞衣袴，耳邊掛兩條白彩綢，外罩黑斗篷，腰佩指揮刀，就像戲台上的太平軍裝束一樣。他口講指劃地述說攻打製造局的情況，口齒清楚，精神飽滿，很能吸引大家。他說完了，向司令等立正行軍禮，就走出大門，縱身跳上一匹白馬，又到前方督戰去了。後面許多人追着看他，他回過頭來揚鞭對大家說：「你們等着聽好消息吧！」少時，小南門鐘樓上鐘聲大作，大家拍手歡呼，上海宣告光復。

胡恨生說：那次伶界參加戰鬥的商團，除了潘月樵、夏月珊、月潤以外，還有張順來（武生，張德祿之父），馬飛珠（武丑，李春來的下手）、邱治雲（即小寶成，早年唱銅錘花臉，後改丑）、薛壽齡、夏月華以及潘月樵的兒子小黎青、小六子和他的兄弟潘少棠等。

胡恨生參加了攻打製造局戰役後，米店老板大不滿意，勒令他寫悔過書，要他表示以後不再有軌外行動。胡不服，即被開除出店。後由王一亭介紹他到製造局所辦半工半讀的藝徒學校（製造局所辦的兩個學校之一，另一個是兵工學校）讀書，和他因受到同樣遭遇而入學的共有六個人。以後他就轉入劇界，做了演員。

我和胡恨生談起，一九一三年我第一次到上海時曾和汪優游、陳大悲、張雙宜等照過相，還和胡恨生合照過旦角時裝相這件事。他說：「你寫的『舞台生活四十年』裏談過這件事。有一年我的生日，錢化佛來拜壽，他拿着一個紙包說：

「這雖是秀才人情，可是你一定喜歡。」打開來看，原來就是我們二人合照的相。可惜這張相片我弄丟了。」

錢化佛也是攻打製造局的商團團員，他最近曾對許源來談過那次經歷。據他說，他的隊長是水果行的老板，姓江，福建人。當時各商團並非點名出發、整隊前往，而是三三兩兩，或先或後地去的，只有少數在前面打沖鋒的商團手裏有武器，其餘大部分都是徒手助威。他又談到，當時潘、夏等放火燒木匠的房子是起了很大作用的，可以說是「智取製造局」。以後民軍攻打南京，錢化佛任先鋒隊庶務科長，籌劃糧秣給養。入民國後，他退伍改業，曾做過新劇演員、電影演員，與莫悟奇等到南洋表演過魔術，並且對繪畫一道，也下過工夫，曾做過圖畫教員。

汪優游，初名仲賢，是新劇運動中的健將。早在一九零五年，他就在上海組織了「文友會」，演出了「捉拿安得海」「江西教案」兩個反映社會現實的戲。以後，他所編演的劇目，大半是針對時事，有的放矢，在當時是很有積極意義的。他的演技好，路子寬，生旦而外還能演老旦，正派反派都能演，文明新戲（最早「文明新戲」這個名詞含有進步的意思，後來走上殖民地商業化的道路，去「文明新戲」的本來意義日遠了）而外，還能演京劇。有一年，我在上海排演「生死恨」，內中有一個老尼姑是串通惡少胡公子、出賣韓玉娘的反面人物，汪優游是黃金大戲院的基本演員，劇務就派他担任這個角色。排戲時，我對他說：「您扮的老尼姑雖是壞人，但不要專用出洋相、說怪話來形容這個角色，一則是這種千篇一律的演法並不高明；二來還會引起宗教界的不滿。」他笑着說：「您放心，我自理會得。」在演出中，他和扮胡公子的蕭老（長華）在定計一場的對白，工力悉敵，恰到好處，使人感到這個貪財老尼的陰險惡毒是有深度的，而且是典型的。

王鐘聲天津被害經過

王鐘聲是日本留學生，清末回國後，在上海以禁烟委員身份進行活動。他辦了一所「通鑑學校」，以包念書、包出洋為號召，科目有國文、英文、算術、歷史、舞蹈、戲劇等等。開學後，他挑選了一些有演戲條件的學生上戲劇課，有的學生說：「我們是來讀書，不是來學戲的。」王鐘聲回答他們說：「中國要富強，必須革命；革命要靠宣傳，宣傳的辦法：一是辦報，二是改良戲劇。」有的學生怕事，同時認為唱戲不是「高尚」的職業，和家庭商量後就退學了；有的則繼續學戲，但這個學校不久就停辦了。王鐘聲組織的「春陽社」演的第一齣新劇是「黑奴籲天錄」，接着與任天知排演了「迦茵小傳」，以後又不斷演出如「秋瑾」「徐錫麟」「官場現形記」等宣傳革命、諷刺親貴官僚的新戲。

王鐘聲

那時北方的伶人田際雲是有進步思想的，他在上海與王鐘聲熟識，氣味很相投。宣統元年（一九零九年）的冬天，他邀王鐘聲領導的劇團到北京，在自己的玉成班演出，地點是鮮魚口天樂茶園（現改大眾劇場）。王鐘聲的劇團演大軸，稱為「改良新戲」，不用鑼鼓場面，實際上就是話劇。前面有京劇名角如楊小樓、尚和玉、龔雲甫、黃潤甫、孟小如、王長林、張淇林、田雨農（田際雲的兒子，唱武生）等輪流演出，陣容極其堅強，這是田際雲煞費苦心地為他組織的。王鐘聲所帶的人不多，主要演員有劉木鐸（即劉藝舟）、亞方、諫民、光華等，玉成班的京劇演員如李玉桂、紀壽臣、萬鐵柱、鮑吉祥、周三元、羊喜壽等都參加在鐘聲的新劇內演出。我那時也在鐘聲演的新劇前面演過「落花園」「彩樓配」等折子戲，我曾看過鐘聲主演的「禽海石」「愛國血」「血手印」等新戲。我以後排演時裝戲就是受他們的影响，其中「宦海潮」那齣還是根據鐘聲演的新劇改編為京劇的。

王鐘聲也常常帶了劇團到天津，在河東意租界演出。那裏的幾個戲園，建築很簡陋，但因為是在租界裏，一些帶有諷刺時事的劇目比較不受限制。玉成班的紀壽臣（老生）、萬鐵柱（武丑）、羊喜壽（老生）等都跟他去過天津。鐘聲還在那裏結交過劉子良等一班共同研究改良新戲的朋友。

辛亥年的六月上旬，鐘聲還在北京演出。那時他在北方已經活動了二年，風聲也一天比一天緊，社會上都懷疑他是革命黨。他是浙江人，所以住在全浙會館，往來的人比較複雜，會館裏有人告他在會館聚賭打架，司法衙門把他拘傳到案，審判結果，將他遞解回籍，交地方官嚴加管束。他被遞解到山東德州時因遇大水覆車（按當時津浦路尚未通車，遞解犯人仍由驛站用騾車押解），公文沖沒，他被寄押在德州，由德州知州行文順天府宛平縣，重發公文，才解回浙江原籍。

上海光復時，鐘聲曾參預其事，並在會議席上，因擁護陳其美為都督，與伍廷芳等發生過爭執。滬軍都督府成立，他任參謀，不久就到天津活動。鐘聲到津，往在奧租界移風樂會會長劉子良家裏，暗中召集戲劇界同行，醞釀起事。由於他事機不密，暴露身份過早，直隸總督陳夔龍密令南段警察總辦楊以德逮捕他（當時天津的警務分南北兩段，南段管轄「三不管」及租界外團部份，北段管轄河北一帶）。楊以德和租界的領事館、警察局都是通氣的，他事先疏通了奧領事，得到同意之後，便於九月十二日晚間，派探訪局人員到劉子良家裏把王鐘聲和劉子良等六人逮捕，還搜出一顆都督印信和文件信函等等。楊以德向陳夔龍請示如何處理，陳叫他交天津鎮總兵張懷芝辦理，張懷芝就把一干人犯解到西門外疙疸窪營中，由軍法官開庭審訊。王鐘聲承認到津進行革命活動的事實，並且理直氣壯地說：「九月初九日上諭大開黨禁，非據法律，不得擅以嫌疑逮捕。我是革命黨，你們把我怎樣？」軍法官看他振振有詞，無法問下去，只得把口供交給張懷芝。張懷芝是袁世凱一手提拔起來的心腹，陳夔龍是看風使舵的巧宦，他們密商了半天，就仰體袁世凱的「憲意」，按行營拿獲奸細律例將王鐘聲處死刑，等二天就在疙疸窪執行了。

關於王鐘聲臨刑時的情形，最近訪問了老藝人李玉桂。據李玉桂說：鐘聲被捕後，還有不少戲劇界的同行也被捕去。下天仙的老板趙廣順和楊以德素有往來，他向楊求情說：被捕的人裏面眞正的革命黨恐怕只有王鐘聲等幾個人，其餘的人不過是些搖旗吶喊的龍套青袍而已，請求從寬處理。楊以德雖然接受了他的請求，但執行那天，却教這些京劇演員到刑場「陪綁」。李玉桂的師弟唱彩旦的徐來福事後回到北京，曾對李玉桂述說他在「陪綁」時，親眼看見王鐘聲犧牲的經過：「十月十三日下午，我們就被押到疙疸窪操場上跪在地下，只見幾個兵押着王鐘聲走進來。鐘聲站定後，面不改色地對大家演說，高呼『驅逐韃虜，光復大漢……』，還沒有說完，劊子手就開了槍，頭一槍打偏了，未中要害。鐘聲大罵陳夔龍、張懷芝、楊以德是奴才，一連打了十三槍，才倒下去。」

當時官方發佈的文告和消息，對王鐘聲一案是閃鑠其詞、有意歪曲的。順直諮議局、直隸保安會的紳士王邵廉、閻鳳閣、王振堯、高俊瀓、李榘曾等聽說槍決了革命黨人王鐘聲，就到總督衙門面見陳夔龍質問此事。陳夔龍說：王鐘聲出言狂悖，且自認是北軍大都督，供証確鑿，所以用軍法判决死刑。王邵廉等表示：値此黨禁初開時，誠恐外間誤會，要求總督出示曉諭，以安人心。陳夔龍不得已，就出了一張告示：

……昨據探訪局拿獲匪棍七名，訊係造謠生事，意圖乘機搏亂。當飭將供証確鑿、罪惡昭著之王宗成即王鐘聲又名王熙普盡法懲治。其劉子良、朱琦、佟堯山、吳楚湘、陸金浦、曹恩祥等六名俱係招搖撞騙，向不安分，本應嚴懲，姑從寬分別飭令監禁遞解，用示懲儆，此外概免深究。本大臣此舉，專爲除暴安良、保衛吾民起見，决不忍稍有株連，爲此示仰一體知悉，切勿輕聽謠言，誤會疑惑……。

這張告示是十月十四日貼出來的，可是當地輿論對這件事還是表示不滿，探訪局於是又給了大公報館一封信，替自己辯護：

……查敝局捕獲王鐘聲，外間頗謂對於革命黨不應如此辦法，是於敝局捕拿之原由當有所未知。查王鐘聲本以演唱新戲爲業，實則爲戲界中之敗類，宣統元年在天津與某君等合辦大觀新舞台，訛去二千餘元，涉訟有案。本年在北京唱文明戲時犯奸（按原判爲聚賭，此信改爲犯奸）有案，遞解回籍交地方官嚴加管束。不料其潛行來津，曾與下天仙戲班中人自稱係隨革命軍兵船而來，擬晋京謁見袁宮保等情（註一）。當經偵查得伊住劉子良家，常於深夜聚集多人，似有秘密之舉動。以遞解回籍之罪人竟敢來津招搖，聚衆秘會，必係欲乘亂煽惑，擾亂治安。故敝局按匪徒捕拿。至其是否爲革命黨，幷非敝局捕拿土匪之原因。祈貴報將此情節登入來函一門，以供衆覽，而免誤會。……

在這封信旁邊還登了一條王邵廉啓事：「鄙人已於十月十八日辭直隸保安會副會長之職。」接着，『大公報』又發表了華齡等「稟謝」奧國領事館的呈文：

爲拿獲土匪，保全地方，而顧大局，合津人民均感事。……竊查天津爲首善之區，近以各處警耗頻傳，全埠人心異常搖動，商業營運，滯塞不通，勢有朝不保暮之危，人民塗炭，商賈咨嗟。查各省發生風潮之原因，幷非盡屬正當革命，皆係土匪煽惑，搖動人心，乘機搶掠，借端詐財。津埠地方，幸蒙貴領事萬分保護，始終成全，現又拿獲負罪匪犯優伶王鐘聲等七名，業經分別處治，足證除莠安良，維持地方，保護商業之苦心。刻下閭閻安謐，全體感激，惟有具頌，以表愚衷……。

從上面這些資料和傳說來看，王鐘聲的犧牲，是由於清朝爲了妄圖垂死掙扎，以及袁世凱爲首的軍閥、官僚、偵探、買辦等爲了維護他們的階級利益，與帝國主義互相勾結而構成的血腥案件。由於社會輿論表示了極大的憤慨與不平，在正義呼聲的壓力下，陳夔龍等就不得不一再抹煞王鐘聲的革命黨人的身份，而誣指爲「無賴匪棍」，言詞矛盾，欲蓋彌彰。王鐘聲先生不僅爲革命事業獻出了寶貴生命，同時對北方新劇也起了推動作用。當年專演文明戲的後台，總掛着一張鐘聲的照片，可見他的影响是很不小的。

劉藝舟做都督又唱戲

劉藝舟是湖北鄂城人，原名劉必成，後來改名「木鐸」、「藝舟」，他的兒子名「雙楫」，是從包世臣的『藝舟雙楫』書名取義的。藝舟的父親是舊水師營一條炮船上的哨官，家境比較寒素。甲午中日之戰，清政府割地賠欵求和，他受了刺激，就常看像『盛世危言』一類講時務的書。十七歲那年，他給湖廣總督張之洞寫了一封信主張變法維新。張之洞接信後，就叫『巡捕』蕭某（當時總督衙門設有文、武巡捕，其性質如同後來的副官）找劉必成來談話。蕭是劉藝舟的岳父，就帶了他去見張之洞。張之洞詳細詢問了他的家世和他的志願，劉藝舟表示對洋務新政有興趣。談到後來，張之洞端起茶杯，戈什哈打起簾子（戈什哈是滿州話，就是差官的意思），這本是當年官場送客的暗示，可是劉藝舟不懂得這套官場規矩，還是坐着不動。蕭巡捕扯他的衣襟，他才告辭出來。這件事對他的刺激很深。後來，他對那次初見『大人』的情景，從大堂的兵器儀仗架，轎廳的綠呢大轎，花廳陳設，以及一呼百諾的威風，用文字作了諷刺性的描述。他看到中國雖然屢敗於外國，賠欵割地，但大官對老百姓的架子，還是那麽不可一世的。

不久，劉藝舟被派往日本留學，在早稻田大學理化專修科讀書。他起初很愛玩，功課不好。有一次他在體操場上請日本教師打球，被這位教師拒絕了，還對他說：『劉生，你們同來的十七個學生中，你的功課最壞。』劉藝舟從此上課時就專心聽講，暑假時也沒有回國，閉戶讀完了一本日本詞典。秋季開學後，他的日本語文大大進步，畢業時居然名列第二。在留學期間，他認識了黃興、宋敎仁等同盟會的領導人物。他和王鐘聲也是在日本訂交的，以後幹革命、演新劇，所走的道路差不多。

他從小就愛聽漢調、京戲，在日本看到春柳社演出的『黑奴籲天籙』『熱血』等新劇，也很感興趣，回國後就與鐘聲合演新劇，鼓吹愛國思想，揭發清朝政治的腐敗。『黑奴籲天錄』的老黑奴，他演得非常動人。宣統二年間，他和鐘聲同到北京在田際雲的玉成班演新戲，我們曾同台演出。我記得看過他的『愛國血』『張汶祥刺馬』（他演竇一虎）等戲。辛亥年，他和光華、燕士等組織一個劇團到大連、安東、遼陽、威海衛一帶演出，從事反清革命活動。劇團的成員既是演員，又是武裝別動隊。當他聽到武昌起義的消息，便對同伴們說：『黃龍飲馬，光復神州，此其時矣。』他隨即於某天率領全體團員搭乘開往烟台的一只日本輪船，佈景道具中有演劇用的大炮、炸彈、旗幟等等。半夜裏，輪船將要駛經登州（蓬萊）海岸時，他向日本船主要求在登州拋錨，船主和中國買辦都堅持不允。劉藝舟對二十位帶武裝的團員說：『你們給他一點顏色看看。』他們就拔出盒子槍，在甲板上開一排槍。迫使船主把船開到登州。拂曉時，船靠登州碼頭，汽笛長鳴，槍聲齊作。城裏的守軍從睡夢中驚醒，以爲革命黨開了兵艦來攻城，頓時慌作一團，有些人從陸路上逃出城去，一部分人在城上掛起白旗。當地潛伏的民黨開城歡迎。劉藝舟帶了隊伍整隊進城，出示安民，并派人點收軍火、倉庫、錢糧。當地的民黨和黃縣方面駐軍取得聯繫，幾天後，黃縣也光復了。劉藝舟隨即就任『登黃都督』（登州府屬轄蓬萊、黃縣、牟平、文登、福山、萊陽、海陽七縣，因當時只佔領府治所在地的首縣蓬萊和黃縣，所以稱作『登黃都督』）。

不久，藍天蔚坐了兵艦，帶着二百多名海軍陸戰隊到登州來拜訪劉藝舟，臨行時就把隊伍留在登州，充實兵力（藍香山所記藍天蔚事畧稱，藍天蔚任關東都督，馳駐烟台，曾委湯薌銘爲海軍總司令，統率海圻、海容、海琛、海籌四艦。藍天蔚這時可能從烟台坐兵艦來看劉藝舟的）。

孫中山先生就任臨時大總統後，另派胡瑛（號經武，浙江紹興人，他的岳父曾在山東做官）爲山東都督，劉藝舟改任烟濟登黃司令。南北和議達成，清帝退位，袁世凱做了總統，劉藝舟就離開登州。臨走時，老百姓送他一套講究的陸軍禮服，作爲紀念。劉藝舟原擬到廣州投奔孫中山，路過上海時，經潘月樵和夏氏弟兄邀約就搭入新舞台，同他們合作演戲。當時戲劇界都認爲這是一件盛事，『都督唱戲』這句話曾經流傳一時。劉藝舟後來和朋友們談到登州的事說：『我，以前愛聽梆子『打登州』，還能學幾句秦瓊的唱，想不到那次無意中唱了齣眞的「打登州」！』

一九一三年二次革命失敗後，劉藝舟因爲上海的黑名單中有他的名字，就流亡到日本。當時亡命海外的黨人，處境是異常艱苦的。劉藝舟就想在日本演劇來維持生活，接濟黨人。他和『松竹株式會社』訂立合同，并寫信約蘇少卿（當時藝名寄生）帶開明社的演員到日本合作演出。開明社是辛亥以後在上海成立的一個專演新劇的劇團，社長原是朱旭東，成立不久因經濟困難，幾致停辦，後得蘇州舉人顧錫林接濟，社長也經顧指定改由蘇少卿担任。一九一四年，蘇少卿和朱旭東帶了開明社的十幾個演員到了神戶，內有史海嘯、劉天華等；天華的哥哥劉半農也是開明社的人，那次因事沒有去。

在神戶大約有三個月的時間一面休息一面排戲。

劉藝舟選定的第一個戲是托爾斯泰的『復活』。劉藝舟把日文劇本翻成中文，由史海嘯飾女主角喀秋莎，蘇少卿扮涅赫遼杜夫公爵，劉藝舟自己演的是監獄裏的看守班長。第一次在大阪演出，日本文藝界和華僑都來看戲，輿論不錯。末一場戲描寫一批囚犯被押往冰天雪地的西伯利亞去，囚犯們帶着手銬，拖着腳鐐，背着行囊，女的抱着小孩，勇敢地向俄羅斯『死人之家』前進。喀秋莎隨着行列，唱着一首凄凉沉鬱的短歌。以善演喀秋莎的日本女演員松井須磨子（註二）每次唱到這首短歌時，觀舉總禁不住紛紛落淚；開明社演到這裏時，觀衆也很受感動。

另外一場戲裏，原來有涅赫遼杜夫公爵到監獄探望喀秋莎時送看守班長一點錢這樣一個情節。日本警察署向劇團交涉，認爲不應在舞台上表演行賄，所以以後改爲公爵送班長一支雪茄烟。

從大阪演畢，到東京『本鄉座』演出時，日本戲劇家島村抱月和松井須磨子夫婦曾來看『復活』，還到後台贈花。

繼『復活』之後，又排『林冲』，劉藝舟編劇，以倒拔垂楊柳起，楊志賣刀、白虎堂、起解，一直到風雪山神廟、火燒草料場止。劉藝舟自飾林冲，蘇少卿演陸謙，劇團裏有一位姓劉的女演員扮林娘子張氏（當時男女合演之風未開，且角都由男演員担任，這個女演員是跟着她父親一同到日本的）。這齣戲中有些場子，是採用京劇形式，用鑼鼓、胡琴起唱的，而行頭、道具、樂器等等劇團都沒有，只得向廣東俱樂部票房借用，票房的人也參加幫助演出，但他們不會用京劇場面，還得由開明社的人自己動手。劉藝舟搭過新舞台，蘇少卿在家鄉徐州時就學過京戲，都有些經驗，可是沒有人會打鼓，後來打聽到朝鮮某大學的中國教授李先生是京戲票友，會打鼓，就把他請了來，這齣戲才能上演。劉藝舟的林冲演得很好，他本來熟讀『水滸』，對林冲的性格深有體會；而且他流亡海外已經二年，這種現實生活更能幫助他把林冲的充軍異地的抑鬱心情充分表達出來。他還到吳服店買了一個大葫蘆，掛在槍頭上。風雪山神廟一場，林冲持槍從『花道』（按日本舞台的結構三面出入，花道在觀衆席當中）走到台上站定後，有一段獨白，劉藝舟模仿一位日本歌舞伎某名演員的神氣，念得字字有力，引起觀衆一片熱烈的掌聲。『林冲』的海報上寫着劉藝舟主演，他在日本文藝界有聲望，所以頗有號召力。但這個戲因爲借人、借東西困難不少，而那位教授李先生也不能久躭在劇團裏，所以只唱了幾次就改演別的戲了。

一九一五年，中國留日學生回北京請願，反對二十一條，劉藝舟也在其內。袁世凱就派人去應付他們，叫他們不要『輕信謠言』，一面把他們分別派到總統府和各衙門當顧問、諮議，只拿錢不辦事，企圖以此來收買、羈縻他們。等到袁世凱籌備做皇帝，蔡鍔在小鳳仙掩護下逃出北京到雲南起義討袁時，劉藝舟就被袁逮捕，關在北京，一直到袁世凱死後，黎元洪做了總統，才恢復自由。他出獄後就編寫了一齣京劇『皇帝夢』（又名『新華宮』），到漢口滿春戲院演出，他自飾袁世凱。上演那天，轟動一時。第一場是高級文武官員站立兩廂，袁世凱頭戴白纓軍帽，身穿藍呢帶金線肩章的陸海軍元帥禮服，鵝行鴨步般走出來，（這套陸海軍禮服就是登州老百姓送給劉藝舟的。）袁世凱升座後，站立兩廂的衆文武官員一齊向他勸進，當場决定籌備大典，擇日登極。

另一場，袁世凱穿着窄袖龍袍出台，劉藝舟模仿劉鴻升的腔調，唱一段西皮：『孤王酒醉新華宮，楊皙子生來好玲瓏。宣統退位孤的龍心動，哪怕他革命黨的炸彈兇。孫中山革命成何用，黃克强本領也不中用。天下的英雄雖然衆，哪一個逃出孤的計牢籠。梁士詒理財眞有用，雖然是民窮孤的庫不空。……』接着下面內侍報：『萬歲爺，大事不好了，大太子聞聽各省官民紛紛反對帝制，憂愁成病，發起瘋來了。』緊跟着內侍攙袁克定上。袁世凱對他說：『克定，你爲何這等模樣？』克定就舉拳打袁世凱，同時唱：『袁世凱休把克定來喚，我是你祖宗袁甲三。』袁世凱立刻跪在地下說：『有何吩咐？』袁克定瘋瘋顚顚地責備他不該殘殺黨人、私通外國，做了總統還要皇帝，衆叛親離，去死不遠了。袁世凱再三分辯，說是大家勸進，各人都想升官發財，因而架弄他等等。

這場戲把袁世凱的奸相醜態，形容得淋漓盡致，因此觸怒了袁世凱的黨羽湖北督軍王占元，密令夏口縣緝捕劉藝舟。幸而有人事先通了消息，他在演戲中途聽到這個警訊，來不及卸裝就逃離了漢口。

他還編演了『石達開』（又名『哀江南』），這齣戲，意在通過太平天國的內閧事件來諷刺民國初年革命黨人的爭權奪利。劉藝舟演石達開，第一場衆將站門，石達開戴『篷頭』（披髮），包紅巾，戴面牌，揉紅臉，身穿對襟窄袖素紅緞長袍，紅彩袴，紅緞薄底靴，大踏步走出來，站定念詩：『聞鷄起舞壯心雄，掃盡胡兒出漢宮。收拾中原乾淨土，好栽香草遇春風。』接着香案擺上，燒香、焚表、祭旗。石達開念一段誓師文。當他走出桌子，站到台口，慷慨激昂地念出『請看今日之域中，竟是誰家之天下』這兩句戲詞的過候，氣勢十分沉雄磅礴，特別吸引觀衆是他那威猛而凝練的眼神，這大概因爲劉藝舟做過登黃都督，有親身的生活經驗，所以很能表現一個太平軍開國大將的風度。

石達開哭楊秀清一場，他唱：『一霎時流熱血乾坤遍洒。說什麽共生死再造中華。到如今才知道人心陰詐，王兄呀，拿住了韋昌輝定要殺他。』後面怒責韋昌輝不該謀殺楊秀清的大段念白，嗓音微啞而沉着蒼凉，非常深刻地表達出石達開的那種悲憤心情和堅持正義的性格。張難先老先生曾談起，有一年在武昌請一位廣東朋友過江看劉藝舟的『石達開』，看完了，這位朋友翹起姆指說：『好！眞像個石達開。』劉藝舟每次演出這齣戲，觀衆中經常有老同盟會的人，他們看到戲中悲壯動人的情節，撫今思昔，竟至感動得流淚。

劉藝舟的表演，着重在表達人物的感情，不大拘守舞台上的成規，他說：『場面應該跟着我走。』這樣，一般的戲曲樂師就感到不易配合。有一年，他碰到一位鼓師，居然能夠隨機應變，配合他的表演，他認爲是個知己，可惜不久就分手了。

一九二二年夏天，黎元洪的秘書長饒漢祥爲母親做壽，在江西會館唱堂會戲，約我演『虹霓關』。我到會館時，看見戲台上貼着一張紅紙，上寫：『劉藝舟「化子拾金」。』我就坐在前台聽戲。昆曲的『拾金』有準詞，而京劇的「化子拾金」則和「戲迷傳」「十八扯」性質相同，每個演員的唱詞都不一樣。

劉藝舟出塲學一段京劇老演員劉景然的『鐵蓮花』：『這大雪止不住紛紛落下，……』連唱帶做，很像『叫街劉』（劉景然的外號）的味道，博得熱烈掌聲；隨後走到台口，手拿一張寫着劉藝舟三個大字的紅紙片，對台下說：『我就是劉藝舟。』接着又唱了一段現編的諷刺軍閥內戰的唱詞。這時候吳佩孚剛剛打敗了張作霖，徐世昌被閧下台，黎元洪又做了總統。他唱道：『站在長亭淚如梭，尊聲同胞聽我說。實指望革命有結果，實指望重整舊山河。犧牲頭顱千萬顆，那知道，大盜竊國，任用私人，增加國債，捐稅重重，到處淚痕多。以暴易暴百姓反遭禍，到如今依然是軍閥專橫的假共和。拚命奪來了地盤未必你的子孫眞能坐，人壽百年能幾何？勸你們放下屠刀，種福田結嘉果，大家同唱太平歌。』因爲這段唱詞非常切合當時時事，大家都喝采鼓掌。但是賀客中就有幾位大軍閥在內，我當時暗忖，這些人聽了這段唱詞，不知作何感想。

劉藝舟帶了劇團到各地演出，每個碼頭都躭不長，因爲他在演戲時，喜歡見景生情，借題發揮，諷刺軍閥官僚，因而往往觸怒當道，不得不丟下行李，化裝夜奔。有一次到長沙演出，新聞記者問他：『打算在這裏唱多久？』他笑着回答說：『我自己不知道，那要看你們地方官讓我躭多久』，他不斷地受到種種歧視、威脅和打擊，長期過着顛沛流離的困阨生活，但是他始終沒有改變他的宗旨。元老如于右任、丁惟汾等人都是他的老朋友，有人曾勸他活動個差事。他的答覆是：『我見到從前的老友，至多請他們買幾張戲票捧捧塲。像我這種脾氣，做官是不合時宜的，還是唱戲可以吾行吾素。我之喜歡唱戲，就是因爲能夠借舞台說出我心裏要說的話。』

劉藝舟在辛亥革命後，雖然沒有直接參加政治活動，但他的言行却并沒有脫離政治，這從他在大連組織勵羣社的一篇小啓裏可以看出他的這種思想傾向：

……吾心之向，提倡人權；吾志所趨，鏟除國賊。人濺之以鐵血，吾濺之以心血，同利于國，利于身。吾志未酬，吾心不死！吾國一日不強，吾舌一日不敝。有生之日，即吾奔走鼓吹之年，碎骨粉身，亦吾之所不計。豪者自豪，偉人自偉，吾行吾素而已！知我者，當在謳歌俚曲之間，而覓愛國勵群之道，則吾道不孤矣。

一九三七年抗戰前夕，我帶了劇團到漢口大舞台演出，漢劇演員吳天保請我吃飯，得與劉藝舟和漢劇前輩余洪元相見。我以前雖然認識劉先生，但一直沒有深談過，那次我們談得非常痛快。劉先生看過我的『金山寺·斷橋』，他提出對『白蛇傳』這齣戲的看法。他說：『這是一齣涵意極深的反封建的神話戲。在戲裏面，法海代表着統治階級，許仙代表着小商人動搖分子，白蛇、青蛇代表着一般被壓迫的民衆。』這種論調，在二十多年前的戲劇界裏是很少聽到的。我對他的印象非常之深，飯後，我們還合照了一張像。分手後不久，劉先生就逝世了。

我最後一次和劉先生見面時，他由蒲伯英資助，剛從四川回到漢口，劇團已經解散，生活相當困難，幸而漢劇、楚劇合辦了一個訓練班，請劉先生講授戲曲理論，聊以維持生活。但是，就

自右至左，漢劇大王余洪元與梅蘭芳、吳天保、劉藝舟一九三七年在漢口合影

在那種貧困的環境下，他還是談笑風生，仍然那麼洒脫，那麼豪邁不羈。

田際雲的政治活動

田際雲是著名的梆子花旦，藝名想九霄，與侯俊山（老十三旦）齊名。他演技好，能編戲，性格剛強，熱心社會改革運動。當時伶界有一種『私寓』制度的陋習，即一般有錢有勢的人可以去演員家裏設宴招待朋友。田際雲積極主張廢除這種壞制度，他自己首先拒絕了這種酬應。『京話日報』創始人彭翼仲創辦的『濟良所』（妓女受惡霸、鴇母虐待，或不願從事賣笑生涯者，可自投濟良所，請求收容，以便擇人而嫁），他也曾參預其事。我於一九一三年搭田際雲的翊文社時，田先生鼓勵我根據『京話日報』揭發娼寮惡霸張傻子的罪行，因而使張受到懲罰的故事，編演京劇時裝戲『孽海波瀾』，我曾在『舞台生活四十年』裏具體紀述了這個戲的編演經過。戊戌政變時，田際雲與康有爲、梁啓超等往來甚密，幷從戲箱裏夾帶大批時事新書運進宮去，供光緒帝（載湉）閱讀；又暗中帶進去一批陸海軍的軍服（據他的學生幷同他同時在宮內當差的李玉桂說，這種服裝是田老師排演新戲『征南蠻』時特地到上海定製的），光緒帝曾於無人時穿戴起來，幷且練習儀式，準備以後在閱兵大典中改穿軍服。當慈禧太后重新垂簾訓政，將光緒帝軟禁瀛台（註三），譚嗣同等六君子被殺害，通緝康、梁時，同時有諭旨逮捕田際雲。因爲有人暗通消息，他連夜赴天津，乘英商輪船逃到上海，住在夏月恒弟兄家裏躲避。事過境遷後，才回北京，仍組織了玉成班，在宣統初年邀王鐘聲、劉藝舟等有進步思想的新劇團來京演出。辛亥革命後，『精忠廟』（註四）的舊制度無形消滅，由於田際雲的號召，成立了『正樂育化會』，梨園行公舉譚鑫培爲會長，田際雲爲副會長。一九一二年黃興等來京時，正樂育化會的全體會員在貴州會館開大會歡迎，幷攝影留念，我那時才十九歲，也參加了這個歡迎會。以後，田際雲還創辦了崇雅社女科班，培養出一批女演員。我的愛人福芝芳就在十六歲那年（一九二〇年）搭過他的崇雅社，在城南游藝園演出。她是唱工青衣，也是我的老師吳菱仙教的，常演的戲是「彩樓配」「祭塔」等，和她同時搭班的還有金少梅、于紫雲、李伯濤等。田際雲在後台看芝芳的戲，認爲她有點出息。田先生那時已經年老多病，常常拄了拐杖到她家裏去閑談，鼓勵她用功學戲，幷多看我的戲。由於羅癭公的介紹，我和芝芳在一次宴會上見了面，以後，我到城南游藝園看了她的戲，她也常看我的戲，一九二一年的冬天，她就和我結婚了。

我和田際雲先生相處的日子雖不多，但覺得他是一位勇於改革社會惡習，有胆有識，不畏强禦的先進人物。他曾因結交康有爲、梁啓超、王鐘聲、劉藝舟、彭耀仲等而遭到頑固腐化的清廷的借故逮捕囚禁，這幷沒有減弱他的鬥志。田先生雖然沒有直接參加辛亥革命，但他的作風是符合當時老百姓的要求的。

一九六一年九月三十日發表遺作

田際雲演「盜花盆」劇照，此戲已失傳

（註一）當時有這樣一種傳說：王鐘聲到津時，汪笑儂從濟南演畢，也正來到天津日租界下天仙戲園演出。他們兩人是連襟，鐘聲到汪笑儂寓所探親時外罩斗篷，內穿軍服，佩帶手槍，當着生人就把到北方來活動的計劃說了出來，致被袁世凱的兒子袁克文聽見了，傳到陳虁龍的耳朵裏，因此被禍。探訪局信中所說「曾與下天仙戲班中人」云云，似乎與此種傳說有關，但尚未發現確鑿的証據。我見過汪笑儂，他是一位能編、能導、能演的戲劇家，他在辛亥前後所演的戲，是具有愛國主義精神的。

（註二）松井須磨子是島村抱月一手培養起來的女演員，以善演劇中的西洋婦女著名，成為東京「文藝協會」、「藝術座」的台柱子。當時日本新劇女演員扮西洋婦女，在言語動作上往往演得比較生硬而不很自然，松井須磨子雖然幷未離開本土，而她的演技却超過了曾經游歷歐美的森律子、川上貞奴。她最拿手是演「復活」的喀秋莎，上演後不到一月，喀秋莎黯然銷魂的惜別歌聲，流行全國。一九一八年冬島村抱月逝世，松井須磨子痛失知己，竟以身殉。以上情形是我在一九一九年春第一次赴日演出時，日本戲劇界的朋友對我講的。

（註三）據內廷供奉余玉琴告訴我：「慈禧太后當時曾派親信太監乘着小舟，在瀛台水面晝夜巡邏，嚴防外人私通消息。梨園行的人甚為不平，我和王楞仙等因為認得幾個接近光緒帝的老公，就把我們藏在船艙內帶過瀛台，慰問光緒帝，幷且清唱為他解悶。」

（註四）精忠廟在東大市，前清時是梨園行一個說公話的地方。由內務府堂郎中（按堂郎中專管宮內外有關戲劇事項）委派本行有聲望的四人為「首事人」，指定精忠廟為法堂，首事人簡稱「廟首」。

記余叔岩與丹山玉虎圖

張大千

我和余叔岩先生相識，約在民國二十年前後，記得那一年我借寓北平長安客棧，他則住在中華門外。有一天，友人鄧宇安先生來說：「今天下午，余叔岩和我約好，要來看你，請你不要出門。」我已久仰他的大名，而且看過他的戲，當下就答應在客棧等他。鄧宇安走後，我就問座上的包丹庭先生，（註一）「你們和余叔岩相熟，倒底他是怎麼樣的一個人？」包的回答很妙，包說：「余叔岩的脾氣，很像一隻猴子，要是他跟你合得來，說什麼都行；假定合不來，說什麼都不行！」余叔岩比我大九歲，我們一見如故，其時他已輟演在家，我和他就交上了朋友。

余叔岩見我在平，常年以客棧為家，曾經邀我搬到他家裏去住，他說：「你畫你的，我唱我的，一點也不礙事。」不過我習慣早起早睡，他却睡得晚起得晚，生活方式不同，祇有感謝他的美意而已。但我們仍常在一起吃晚飯；當我吃晚飯時，他是當午飯吃的，地點多數是春華樓。因為春華樓的掌櫃白永吉，知道我們兩人愛吃什麼，才一進門，便先上來張羅，接着說一連串的菜名，叔岩見白永吉往往大樂，總說：「你瞧着辦吧！」沒有一次吃得不滿意的。（註二）

余叔岩對於書畫也非常在行，精於書法，寫得一手好米字。有次還曾託張伯駒和吳幼權二位，打算買坤票呂寶棻女士家藏米芾所寫的「多景樓字帖」，結果沒有買成，讓來平小游的吳湖帆兄買去了，叔岩大為懊喪！

民國二十年，上海杜祠落成，北方名角都去演出，祇有余叔岩未去。余的好友薛觀瀾先生問他：「三哥，那你今後就不用想去上海啦？」余叔岩好像打拍子似的用手往大腿上一拍，唸了一句韻白：「那我就不去！」他們說此話時，我也在座，所以記得。

藝術家多半有特別的脾氣，余叔岩尤具不屈不撓的性格。民國二十一年，上海長城唱片公司李徵五與梅花館主二位北上請余叔岩灌唱片，事先

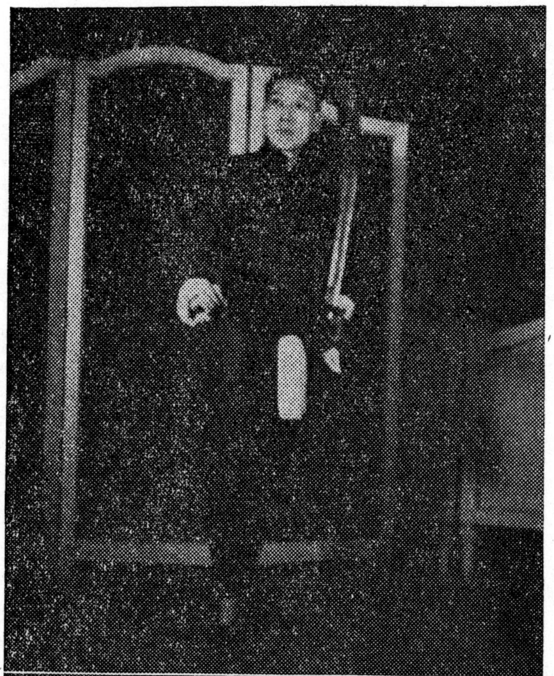

余叔岩在家練功「翠屏山」之舞刀

「翠屏山」舞刀又一式（樂詠西攝）

余叔岩（石秀）王長林（海和尚）「翠屏山」

講明灌三張唱片，代價六千元。臨時，李忽要求多唱一張，叔岩不允，經梅花館主多方轉圜，方肯奉送一張「摘纓會」，但錄唱片之前，須由余叔岩親自在片頭報告「送李徵五先生留作紀念」字樣，以誌識別。那次叔岩灌了唱片之後，就送了兩千塊錢給戒壇寺的長老，可見余叔岩並不重視銀錢，因他早已答應在灌唱片後，以一張唱片的代價送給老和尚的。

民國二十四年，我第二次在北平開畫展，展出黃山奇景，叔岩來看多次。離平之前，我和叔岩相約，他若有機會登台，一定要通知我。果然次年叔岩為救濟家鄉湖北水災，演出「打棍出箱」。我聞訊之後，特由西安趕到北平看戲，那晚的第一舞台，人山人海。叔岩在「問樵鬧府」前幾場，演得非常出色，「出箱」之時，因戲箱多年未用，身上穿的褶子被箱上的釘子鈎住，一個「鯉魚打挺」，（註三）未能順利翻出，這是我最後一次看他的戲。此後，他即未正式在戲院演出，所演者都是情不可却的堂會之類。

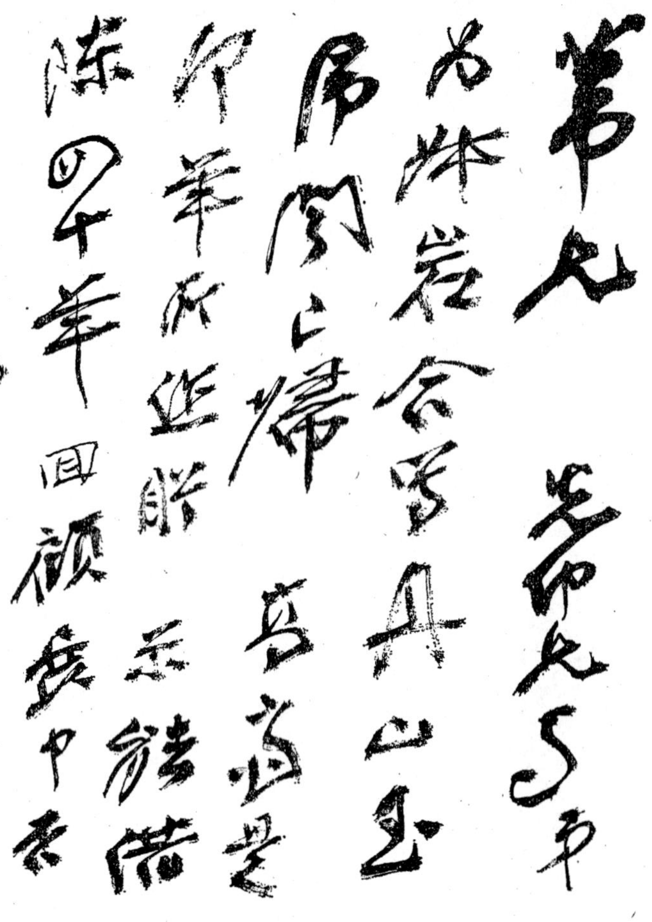

大千居士來信念念不忘丹山玉虎圖

余叔岩還有一個脾氣很怪，就是從來不爭戲碼，晚年常唱「盜宗卷」等小戲。有次，楊梧山先生生日，親友們送了一台堂會，大軸是孟小冬女士的「捉放曹」。余叔岩去拜壽，被主人挽請參加，演了齣「盜宗卷」，臨時戲提調還運動叔岩家的當差老朱回家拿髯口。等叔岩的戲唱完，孟小冬方到，聽說余老板已經演過，甚表失望！因為孟小冬曾聽言菊朋說過，當代鬚生允推余叔岩文武不擋，欲求深造，唯有拜余為師；當下楊梧山一力保証，除非余叔岩從此不收徒弟，否則一定幫你辦成此事。後來孟小冬之列入余門，楊梧山、鄧宇安二位都出了大力，其時為民國二十七年舊曆八月二十八日，但那年五月，我已離開北平了！

至於「丹山玉虎圖」，是在民國二十三年甲戌所畫。那年我在北平開第一次畫展，二家兄特為此來平，也和叔岩訂交。因叔岩肖虎，他是光緒二十六年庚寅生的。叔岩說：「我要求賢昆仲二位給我畫一幅特別的。」於是先由二家兄畫一只玉虎，再由我補上丹山碧坡，大紅大綠，見者無不讚美。畫上的詩，也是二家兄題的。二家兄長我十七歲，我們兄弟合作的畫，多數由二家兄題畫，除非二家兄屬我加題，方敢命筆。叔岩得此畫後，在家狂喜，頻說過癮，說這比「全部探母」還過癮！輕易不肯張掛，每年祗有新年正月和農曆十月他自己生日前後，才拿出來，掛了幾天，便收起來，可見得他對此畫珍視一斑。

叔岩續絃和姚女士結婚，我曾送他一幅美女。他的大女兒慧文，于歸同德醫院院長劉植源的公子，夫婦雙雙學醫，我送了他們一幅牡丹。這三幅畫中，以這幅「丹山玉虎圖」予我印象最深，因為這是我們弟兄合作得很精彩的一幅。事隔三十七年，想不到此畫會神靈呵護的在香港出現，眞是奇蹟！我要拜託葦窗向定齋致賀，並借來在我的「四十年回顧展」（註四）中陳列，再加上一個長題，以誌翰墨因緣。（陶鵬飛記）

（註一）包丹庭曾從王福壽學戲，是名票而兼書畫鑑賞家。

（註二）舊京當年曾有「唱不過余叔岩，畫不過張大千，吃不過白永吉」的諺語。

（註三）孫養農著「談余叔岩」中說：「鯉魚打挺就是人在箱內本來看不見的，等到將要出箱的時候，將腰往上一提，頭與脚同時一挺，就好像有彈簧似的，把整個人綳將出來。」

（註四）世界馳名的舊金山地揚博物館，為了推崇國畫大師張大千在藝術上的偉大成就，請他在該館舉行一次畫展，名為「張大千四十年回顧展」，內定於一九七二年九月開幕。

原稿
缺頁

原稿
缺頁

原稿
缺頁

原稿
缺頁

關良畫戲

·張仃·

關良先生，廣東番禺人，今年七十二歲。早年在日本東京學習油畫，從事水墨畫也已經三十餘年了，由於他所選擇的京戲題材，和獨特的藝術語言，故其風格鮮明，雅俗共賞。

京戲題材入畫，爲水墨擴大了表現範圍，畫京戲並無市氣，尤其難能可貴。

關良在表現方法上，繼承了中國畫的傳統，重神似而不求形似，有形無神，是表面的虛寫，抽象的追求形似，忽畧生活，作品就會變得空虛，關良重神似是從生活出發的；爲了給京戲傳神，他多年來和京戲演員打交道，與名演員蓋叫天成了知心朋友。

關良的筆墨功力很深，可以說：旣無「市氣」，亦無「霸氣」，正所謂「百鍊鋼成繞指柔」。多數的畫，像打太極拳一般，用簡練的線條淡淡描出，近於天籟，有稚拙氣，但並非軟弱無力，更沒有做作的痕跡。

關良的畫，是用了極大的匠心，而又平易出之，「不經意」處，正是由「經意」中來！構圖根據情節要求，尋求變化，爲表達人物神態，形象上常作大胆的誇張，在多數以淡墨爲主的畫面上，點染少量濃墨或艷麗色彩，統一於典雅的銀灰色的主調中。

關良的畫，在藝苑中，是一枝有特色的花，而它是從「慘淡經營」中成長起來的。

關良的初期京戲人物畫，因爲是採用了中國畫的工具，描寫人物衣摺，便沿用了傳統的中國人物畫的方式，行筆帶鈎斫轉折，線條流利，形象的變化也不大，大體上保持着向舞台作速寫紀錄的風格。可是他後期的作品，却擺脫了傳統的線條，另自發展了一套更靈活的，更富於概括力的線條，它給人以更多的聯想，使人覺得畫中人物，是在動作中，並不是快鏡頭攝得的動作的瞬間印象，而是一連串的活動含蓄在那形象中，畫中人簡直像是活在紙上的。這種奇妙的表現力，曾經風魔了柏林藝術界。那是關良在一九五九年到柏林舉行個人畫展的事，當時德國特地替他輯印了一本精緻的原色畫册，書名 KUAN LIANG Gestalten und Szenen der Peking-Oper。

關良遊歐回來，又再弄回他的油畫了。可是他說：那只是習作，用來訓練他在水墨的人物畫的表現力的，他自己也很愛他的京戲人物，因爲在那上面，容許他有較大的創作活動和精神享受。

在香港的一位畫家任眞漢，曾經目擊關良繪畫，作了如下的描述：『看畫家作畫，和在展畫會塲看畫，完全不同味兒。關良的畫具，與別人不同，簡單得叫我驚奇，只有兩枝毛筆、一塊硯、一錠墨、一杯水、一隻豉油碟子，和三兩筒顏料。他打開一個速寫簿，原來是看戲時紀錄的鉛筆速寫資料，這些資料十分精細，人物的姿勢、服裝、明暗，以至面部表情都很準確的寫了出來，並註上各人的衣服顏色、臉譜顏色等等，他是每晚都看戲作速寫的。據他說，他還時常反覆看同一齣戲，心領神會去把握那戲劇的氣氛，他憑着那速寫册上的紀錄，喚起心中的深刻印象，再提筆蘸墨，在宣紙上凝神半晌，然後下筆。我們看他的畫時總以爲是很快塗抹完成的，可是出我意外，只見他落筆慢極了，他把墨在紙上徐徐拖過，不用說，那時的水暈是很大的，他不慌不忙左手拿一塊紙向墨痕上按着，吸起一部分水份，按了十多分鐘，墨痕半乾，他又在那旁邊再徐徐添筆，他雖然用速寫資料做參考，可是作畫時却是另行安排人物的手脚身段，每一安排都費很長時間設計，用手指，用筆桿，向宣紙上作虛線，擺來擺去，到認爲妥當了，才用墨寫上。那光景眞有古人所謂「九朽一霸」之概。最特別的是他給人物點睛，這份工作多數留到最後才做，因爲他的畫，水漬淋漓，若不乾透，便不易把眼睛點得靈活。京戲的精彩在於「關目」、「眼神」，關良畫的也着重在眼神，他把人物的眼，常作一隻點圓，一隻作横的短線，這一來，人物的眼便活了，彷彿在那裏向人眉來眼去，這可說是一件絕活。當然，有時也並不是待最後才點睛的，但無論怎樣，關良的京戲人物的最精彩處，是在點睛，那就是正合了顧愷之說的「傳神寫照，正在阿堵中」了。這樣費了幾小時，關良才寫成一幅畫，如不是看着他動筆，是不易完全領會畫家藝術創作的苦心孤詣的。』

何子貞書法傳千古

張目寒

有清一代書學，皆在趙松雪、董香光兩人影響下，因兩人風格，一以溫潤勝，一以淡雅勝，每為士大夫所喜。故吾人所見到的清人書法，往往非趙即董；乾隆嘉慶間，吾皖鄧石如雖異軍突起，但只在篆隸兩體成一宗派，於行書方面，却沒有撼動趙董兩家的壁壘。自同治年間包慎伯何子貞兩人崛起，至清末五六十年中，中國書苑，幾全為包何兩家所獨佔，包慎伯有「藝舟雙楫」一書，風行一時；子貞雖無專論書法之作，然其文集中之題跋，多具精義，特為摘錄如下：

子貞於清道光十五年乙未舉鄉試第一名，是年子貞隨其尊人戶部尚書文安公寄居京師，以鄉試於六月二十二日在京首途回長沙。八月八日進場，初場試題為「季節子問政一節」「天地之道可一言而盡也」「既而幡然改曰與我處畎畝之中，由是以樂堯舜之道」，詩題為「賦得曉汲清湘然楚竹，得然字」。試後於九月七日到衡山縣，八日與友人上南嶽登祝融峯，晚在衡山縣見題名錄，上無子貞名，知已名落孫山外矣，而事實上子貞却已中了，且中的是第一名，原來這題名錄是假的，倒無意的開了子貞一場大玩笑。蝯叟日記云：

> 初十起，不甚爽快，山上受風涼也。辰已之交，稚泉攜一題名錄來，余名在第一，知昨錄係僞刻。初七日夜夢見題名錄，余名第一，父親適從外來，邀客同話，因同諸客行至一處，滿地石欄干，數十百曲折，說是陳榕門相國舊蹟，殊不可解，今科初八發榜，正夢時也。

是子貞之獲「省元」，頗離奇有趣。次年丙申聯捷成進士，時子貞三十七歲。當子貞在長沙應試時，吳荷屋（榮光）為湖南巡撫，日記云：「荷丈出金石字畫各數十件來，為題跋各件，以後按日送來，隨到隨看隨題，劇鮮暇也。」又記云：「余為作詩十餘首，題跋約三十餘事，為題衡嶽開雲圖、補梅圖、浮山觀瀑圖，皆中丞小照也。」足見子貞的詩文書法，早負盛名，故見重於吳荷屋如此。

子貞既成進士，改庶常散館，授編修，充武英殿國史館協修總纂，國史館提調。歷典福建貴州廣東鄉試主考官。咸豐二年以侍郎張文毅公保舉，特旨放四川學政，是年子貞五十三歲。以奉硃諭訪察地方一切情形，子貞俱直言無隱，於是權貴側目，謗燄熾騰，卒以條陳時事，見忌當道。從此絕意仕進，放浪山水，飲酒賦詩，蕭然世外，然書名滿天下，其文學幾為之所掩。同治十三年秋七月二十日，在蘇州病逝，得年七十五歲。子貞生前有門生林昌彝為作一小傳，獨詳於文學書法，子貞見之，以為刻劃有入木三分之妙，今節錄於下：

> 師內行出於天性，處家庭間，循循孝友。其於學無所不窺，博涉群書，於六經子史皆有著述，尤精小學，旁及金石碑版文字，凡歷朝掌故，無不了然於心。嘗論詩以厚人倫、理性情、扶風化為主。其詩天才俊逸，奇趣橫生，一歸於溫柔敦厚之旨，長篇歌行，鞭笞雷電，震蕩乾坤，騰驤變化，得詩家舉重若輕之妙。師論詩喜宋東坡山谷，自謂直合蘇黃為一手。臨桂朱蓮甫侍御，謂師詩隨境觸發，鬱勃橫恣，適如其意之所欲出，得吾師作詩之旨矣。書法具體平原，上溯周秦兩漢古篆籀，下至六朝南北碑版，搜輯至千餘種，皆心摹手追，卓然自成一家。草書尤為一代之冠，海內求書者門如市，京師為之紙貴。師作書執筆用懸臂，若開强弓勁弩，取李廣援臂彎弓之議，故晚年自號蝯叟。

這篇小傳裏，關於何氏的書法之贊美，至為扼要。茲但就何氏論書之言，加以闡明；由此可以看出他對於山陰一脈的南人簡札的理解，也就是道州書學論的一部分。何氏「東州草堂文鈔」「跋國學蘭亭舊拓本」云：

> 余學書從篆分入手，故於北碑無不習，而南人簡札一派，不甚留意。

何氏所以不甚留意「南人簡札一派」的書法，他有一種極高明的見解。其「跋文氏停雲舘刻晉唐小楷」云：

> 山陰眞面目，無從尋覓，世間紛尚黃庭，其實了不見古人意思。

又「跋崇雨舟藏智永千文舊拓本」云：

> 右軍書法，自大令已失眞傳，南朝宗法右軍者，簡櫝狎出耳。

像何氏這種說法，極大胆，極有見識，要不是他有「上溯周秦兩漢古篆籀，下至六朝南北碑版」的功力，也決不會有這樣的見識。他這種見解，不僅在當時不會有人了解，就是在現在書家中，也難免不把他作「叛逆」看待？只因何氏大名，雖無人公然反駁，也就不加以重視，漠然置之。在百年以後的今日，我們必須特為提出，作為現在書家的參考，這不是故為何氏張目，而自有理由。因為右軍書自被唐太宗提倡以後，精品俱收入內府，甚至陪葬昭陵，這是右軍書一大厄，無異於遭了一場劫火。又因皇帝提倡，士大夫崇尚，於是贋品雜出，不知其極。到了兩宋，士大夫家，甲刻一石，乙刻一石，輾轉翻刻，右軍眞面目，能不喪失無遺麽？何氏於此，曾慨乎言之。其「跋蘭亭舊拓本」云：

玩曹娥黃庭，知山陰棐几，本與蔡崔通氣，被後人模仿，漸漸失眞，致有昌黎姿媚之誚耳。當日並不將原本勒石，尚致平帖家聚訟不休，昧本詳末，舍骨尚姿，此後世律所以不振也乎？

又「跋蘭亭舊拓本」云：

褉帖傳本，大抵以纖婉取風致，學者臨摹，遂往往入於飄弱。竊疑右軍當日以鼠鬚寫蠶繭，必不徒以纖婉勝。

從右軍所用的工具證明蘭亭本來面目，不是纖婉的媚姿；玩黃庭曹娥筆意而知右軍與「蔡崔通氣」，這是極微妙的，也是書道史上的創見。尤其是曹娥黃庭久失本眞，而能於其中看出蔡崔筆意，若非對於中國書道有深切研究的人，豈能辨別出從蔡中郎到王右軍的蛻變之跡。後來曹娥黃庭兩碑，被趙孟頫輩臨寫成館閣體的鼻祖，古意全失，正因為不了解右軍與「蔡崔通氣」故也。至於右軍的草書，何氏在同一題跋中有一句極精闢的話：

右軍行草書，全是章草筆意。

昔人謂解散隸體而為章草，是章草中必保有分隸的，右軍行草，原是章草嫡派，乃因年久翻刻，波磔盡失，何氏獨能於其精神意度求之，謂「全是章草筆意」；惜歷世之嗜右軍行草者皆取其媚姿而遺其古意，能說不是右軍的罪人嗎？昔年敦煌石室中發現的晉人行草眞跡，雖非出自書家之手，然皆具極濃厚的章草意味的右軍派的行草，由此可以證明右軍草法與章草的血緣的關係，此更見何氏之目光如炬也。

右軍書法之成為偶像，由於千百年來士大夫盲目的崇拜，於是為勤於收輯，而彙帖之刻，又皆眞贋滲雜，何氏對此，更有卓越的見解，其「賈似道閣帖初拓本」云：

宋人書格之壞，由閣帖壞之；類書盛於唐，而經旨歧；類帖起於五代宋，而書律墮；門戶師承，掃地盡矣，古法既湮，新態自作，八法之衰，有由然也。懷仁聖教，集山陰棐几而成，珠明魚貫，風炬穆然；然習之化丈夫為女郎，縛英雄為傀儡，石可毀也。氈椎何貴耶？彙帖遂偭於此，重陛眊繆，更相沿襲，淳化遂成祖本，尊無二上。南渡以後，災石未已。試看彙帖中於古人碑版方重之字，不敢收入一字，非以其難，似乎簡札流傳，欹斜宛轉，以取姿趣，隨手鉤勒，可得其屈曲之意；唐碑與宋帖，低昂得失，定可知矣。「羲之俗書趁姿媚」，昌黎語豈為過哉！

曾國藩在道光二十二年（公元一八四二）致諸弟書中曰：「子貞現臨隸字，每日臨七八葉，今年已千葉矣。近又考訂漢書之譌，每日手不釋卷。蓋子貞之學，長於五事。一曰儀禮精，二曰漢書熟，三曰說文精，四曰各體詩好，五曰字好。此五事者，渠意皆欲有所傳於後世。以余觀之，前三者，余不甚精，不知淺深究竟如何？若字則必傳千古無疑矣。詩亦遠出時手之上，必能卓然成家。」曾國藩特別稱許他的字和詩，認為他的字「必傳千古無疑」，確是極具眼光的。

紹基與弟紹葉、紹祺、紹京，都善書法，被當時人稱為道州四何。何氏尊人凌漢尚書書學智永千文，每以「橫平豎直」來教子弟寫字，這四個字成為何氏書法的基本規律。他自稱「余肄書汜濫六朝，仰承庭誥，惟以橫平豎直四字為律。」他發明了懸臂迴腕的特殊執筆法，這種執筆法是極為吃力的。他堅持用這種方法寫字，竟然寫出了自已的風格。他用的是羊毫筆，所書卻能筋骨湧現，可見他功力之深厚。

他的字，主要導源於顏眞卿，他似乎對顏的大字麻姑和小字麻姑特別喜愛，在小字麻姑跋中說：「大小麻姑記，余弟兄每見即收。」他的小字無懈可擊，深得小字麻姑筆法。也喜愛學顏的錢灃（南園），曾將錢灃所寫屏聯張於壁上，朝夕觀摩。復旁及李邕麓山寺碑和歐陽通道因碑，於道因碑用功尤深。中年致力北碑，於北碑無一不學。藏有孤本北魏張黑女誌，心摹意追，深受此碑影響。他到了六十歲，才開始在篆隸方面用功。據他的孫兒何維樸（詩孫）說：「咸豐戊午（公元一八五八），先大父年六十，在濟南濼源書院，始專習八分書。東京諸碑，次第臨寫，自立課程。庚申（公元一八六〇）歸湘，主講長沙城南書院，隸課仍無間斷。而於禮器張遷兩碑用功尤深，各臨百通。」何氏道因碑跋有云：「余學書四十餘年，溯源篆分，楷法則由北朝求篆分入眞楷之緒。」康有為很推重他的隸書，認為近世寫隸書的，以何氏為能通其變。其實他無論臨摹那一種秦漢篆分，都一律是他自己的筆法。他的最大成就是行楷，尤以行書最為傑出。所以行書驚奇縱橫，妙緒環生，筆畫有如屈鐵枯籐，氣渾而韻厚，這份功力，是從苦練篆隸得來的。

他又擅長撰作聯語，像題潘仕誠海山仙館：「海上神山，仙人舊館」，以及題薛濤井：「花箋茗椀香千載，雲影波光活一樓」，兩聯極為著名。其他精采的聯語如：「古本書當十世守，清天月與九洲同」、「門前種柳深成巷，野谷流泉暗入池」，聯語和書法，相得益彰。

本期插頁為何氏題大興劉寬夫御史藏石濤畫冊，劉曾為黃琴塢覓得沈石田畫松，與文徵明畫松合成雙松圖畫卷，其始末具載本刊第五期。何氏亦稱劉之性情骨韻，皆與松似，因於題「松緣」二字齋額之後，再為題畫冊如前。

obermain

西德製男裝"奧比馬"皮鞋

大人公司 平價市場 人人百貨 大方公司 來路鞋公司有售

望平街憶舊

申報與史量才

胡憨珠

讀者們都想一覩史量才的廬山眞面目，但史氏照相，並不多見，幸獲愛好本刊讀者陳植君先生供給圖片，無任感謝。史量才生平事事出人頭地，他在獲得上海最出名的三輛名馬之一以後，駕自拉韁馬車過市，博得無限風光。此後又爲了強身起見，練習網球運動。又爲他的秋水夫人，聘得古琴名家，教授操奏古琴，怡情悅性，莫逾於此。

我們中國也是個產馬國家，所佔產生馬匹的省份地區，爲數不少。約畧言之，可以說西南地區有產生，東北的地區亦有產生，這就是我國佔了地大物博的天然利益，所以中國自立國以來，以迄於今，在數千百年間，國家與人民所需要應用的馬匹儘可取用國產，毋須外求。比較上論國產馬匹的產量之大，品質之佳，當推山海關外，東三省各地區所產的關東馬，與內蒙古各盟旗地區所產的口外馬，蓋因內蒙古所產馬匹，皆在綏遠的「張家口」地方，作爲集散賣買馬市場的交易所在地，故對內蒙古的產馬，槪稱之爲口馬，這口字即指的是張家口而言。不過位於江南濱海地區的上海地方，在未曾闢設租界以前，原爲水鄉區域，凡屬區內，無不河流縱橫，所有交通與運輸工具，全恃舟船。尤其對於馬匹的這一種牲畜，任何鄉村的貧富民家從不豢養，亦不備置。一直到中英的鴉片烟戰爭以後，簽訂了所謂南京條約，約中列有一項重要的條欵，那即以上海爲五口通商的五個港口之一，亦被列爲中國對外通商的第一個商埠。並且選擇在上海縣城城北的負郭之處，劃分闢爲英、法兩國的租界區，租期定爲九十九年。就因爲要建設租界中的商業市場關係，凡在界內舊日所有的河流浜渠，槪由租界工部局的工程處一槪予以塡平，建築馬路。更以租界當局乘清廷政府外患內憂的多事之際，一再以暗事運用最快速的工程，進行越界築路的方策。把租界地域，就現有地理形勢，盡量向前方開拓發展，造成侵畧中國土地的既成事實。偏偏當時守土有責那些地方官吏，又皆昏庸無能，既不敢出面行文阻止，更不敢聲張據理交涉，只有假作痴聾，糊塗了之，反而迎合了他們的既成事實的局面。便也因此租界對中國土地所佔的幅度，越佔越廣，對界內治權所操的權衡力量，也越來越大，更其是國人投身於租界內的人口，越聚越衆多，投資經營於市塲間的商業，也越來越閙猛了。

報業鉅子史量才（陳植君先生供給）

但不過這樣形勢的不斷演變，終於把上海的租界地區，造成爲一處特殊地方。非但名聞全中國，而且譽滿全世界，這不知中國之大幸呢？還是中國之大不幸？也就因爲上海租界地區的地方遼濶，環境特殊，居民衆多，人事繁雜，一切都在進化演變中。尤其是對於「衣食住行」的民生四大問題，有關於「行」的一項，其進化最速，演變最大。

自從上海闢設商埠，整理市容，全部塡平河浜，建築馬路。從此上海租界中的交通與運輸工具，便即廢棄舟船，改用車馬。不但行程快速，而且裝載量大，尤其以馬匹挽拖的車輛爲更甚。

就因有此交通工具的徹底大改革，馬匹成爲最重要巨大的原動力。因此，本國各地所產的馬匹，遂由各地馬販子紛紛結幫成隊，販運到上海來傾銷。就中以關東幫的馬販子所運販的馬羣最大，匹數最多，勢力也最雄厚。而銷馬去路的受主對象，便是中外商業人士所經營乘人與運貨的大小馬車行，以及跑馬廳中西人士，喜愛養馬匹作騎乘競賽的各馬廐主人。只是國產馬匹，不論對馳騁的速率，荷重的力量，都足能與洋馬相比較；祇欠缺一點而嘆弗如之處，那是洋馬的外型形態，實在生長得高大雄駿，華貴軒昂。上海當年最起初時代，乘坐以洋馬挽拖的馬車者，則爲各國駐滬的總領事。他們把車輛和馬匹，都從其本國隨帶而來赴任就職，絕無一國領事公館有個上海以後再行置辦馬車的。並且每個總領事到了共同禮節的定例要遵守，就是平日出入，乘坐的是單馬車。若逢到友好國家的喜事慶典之日，例必要乘坐雙馬車，前赴該舉行慶典國家的駐滬領事公館，代表其本國作道賀的賀客。是以「家有喜事」的該國領事公館門前，在這天濟濟盈門的，都是各國總領事。而他們無一不是乘坐着由兩匹洋馬挽拖朱輪綉簾的雙馬車施施然而來，極盡其香車寶馬的豪華風光之能事，處處顯示有些逞富鬥强的意向、小國家如此，大國家亦然。

不過，因各國駐滬領事公館有這樣備置以洋馬挽拖總領事座車的一種措施，卒白累害了現任上海道台，要多化至少四千兩銀子的購置洋馬費。原來清廷政府的官制所定，任命在上海地區承担統治任務的最高官吏，就是上海道台。若論這道台的官制品級，僅僅高於七品的知縣官一級而已。只因上海與其他的環境不同，所定的官制也較特殊，是以他的全銜爲「蘇松太上海兵備道」，而歷任上海道台的實權所操，集民政、外交、軍備、財政於一身，其權力重大，莫之與京。最最主要的中心任務，首在於外交一項，這因爲是關有英法租界的關係之故，且每日必須與各國駐滬的領事集團相往來週旋，便亦因此，特設一專理外交事宜機構的「洋務局」，起初局址就附設在江海關的餘屋中。只因當時海關的稅務和行政，亦由上海道台兼管處理，清廷政府並未另派專人前來主持關政。

當時出任上海道台的那是浙江錢塘人吳煦，號曉帆，即現寓此間已故前永華影片公司主人李祖永夫人吳紫君女士的祖父，至於洋務局的局長一席亦由吳道台自兼。是以他每天下午必去洋務局治理關政和洋務，極獲一舉兩得之便。因爲上海的道台衙門設置在城內的城南地區，俗稱其地名爲巡道街。向例，凡道台因公外出，往返官衙，於乘坐他四人摃抬的綠呢大轎以外，轎前定必導以三班六房，鳴鑼喝道的「導子」。轎後又必跟隨四名武裝「頂馬」（按：頂馬，即是頭戴白頂子的紅纓帽，身穿淺藍色的布箭衣，足登黑布薄底的快靴，高騎馬上的隨從武士），在當年的上海道台安坐轎內，前呼後擁的大隊導子，招搖徐行在租界的馬路上，正使身受者感到威儀森然。

終因這班皂隸吏胥的人多聲雜，雖休息在江海關房屋的側弄簷下，還是形成了嘈鬧煩亂的一片不安靜狀況。因此，海關管門人「紅頭阿三」的印度巡捕，上前干涉，禁止他們切勿高聲。一邊自恃是道台衙門裏人，一邊自恃是來自印度的外國人，雙方都是狐假虎威的人物。於是他們由講手，由相罵而相打，在寡不敵衆自然定律之下，這個海關管門的印度巡捕就被打破頭顱，鮮血遍流，變成眞正名符其實的紅頭阿三了。因爲這種管門巡捕都向英租界總巡捕房申請派遣而來，捕房方面自然對該印捕負有保護其行施職權的責任，於是總巡捕房當局把上海道台的全副導子的執事人員，都拘押到捕房裏去，以便訊問出誰是傷人的主犯。當時的事態情勢，鬧得相當緊張，實因有一班看熱鬧路人，在傍起轟。幸而吳煦是繼上海開埠第一任官慕久道台之後的第二任道台，也是簽訂「洋涇浜章程」的中國官方代表人。他爲人的腦筋靈敏，性格開明，更有遵行忠恕之道的精神。所以他當機立斷，決定放棄其坐轎到洋務局辦公的面子問題，即日改爲乘坐馬車。

同時，他對於本道台出入衙門的「排導子」排場，也作出了變更辦法的改革安排。就是每日午後，例由全副導子護送本道台到小東門外城門口的吊橋畔，再改換乘坐馬車到洋務局去。到了晚間黃昏時分，全副導子人馬再行集合在吊橋畔恭候本道台乘坐馬車到來，仍然乘坐綠呢大轎，開鑼喝道的，抬回衙內。這樣的日出夜歸，乘轎坐車的情形，却成了一種定規，爲後來歷任的上海道台所永遠遵行。直到光緒三十年，上海官商士紳一致主張，拆城填浜，改築馬路，因此道台可以乘坐馬車自由出入，把導子排場也廢除了。所以當年吳道台改革這一項治政之後，從此凡居住在租界裏的中外的人們，永不再見上海道台的排全副導子出入租界馬路上的舊日官儀了。

三輛名馬車佔得其一

且說吳煦道台把他自己乘坐的交通工具，作出了這樣的一個大改革，對各國外交駐滬的領事團裏却博得大大的好感。實在說，如果他沒有這一個改革，逢到友好國家的慶典之日，那上海道台例必要代表本國參加盛典，排着全副導子到人家的領事公館去道喜作賀客，這情形何等的滑稽而徒惹笑柄呢。不遇吳道台是個輕財好勝之人，他出身於杭州城頭巷吳家，原屬出名的富室，現任上海道台，又是全國第一美缺，他自己乘坐那輛馬車，據說裝備得非常豪華考究、富麗堂皇。他的座車若與各國駐總領事的座車作比，令人有鶴立鷄羣之概。就是挽拖他座車的馬匹，並不採用國產的關東馬或口外馬，却買的是中東國家產的兩匹阿拉伯馬。當他購買時代的馬價，國產最好的每匹祇有一百兩銀子左右，可是最劣的洋馬，每匹也要買到一千二三百兩銀子左右。兩相比較，洋馬要高貴到十二三倍之多，而他却不作慳吝的省錢打算，慷而慨之的購買洋馬。

怎為吳道台不提倡本國貨，採用國產馬，而要不惜鉅金，購買舶來品的外國馬呢？原來他認為各國總領事的馬車，無一輛不是由雄壯健碩的洋馬挽拖，使車中坐主增加無限風光。自念他是當地官府的最高首長，對上海發生中外任何地方事件時，與領事團的折衝接觸，周旋往來，具有代表本國的身份地位，如何把排場氣派，可以甘落人後，屈居下風。是以對他座車挽拖的馬匹問題，非要迎頭趕上不可，因此，便也購買了洋馬。後來為時不久，附設在海關的洋務局，搬遷到靜安寺路盛杏蓀公館西首的公產地方去了。從此以後，上海道台每日到洋務局的行車線，便作了刻版式的規定。就是在小東門外吊橋畔上車，沿城河浜的馬路西行，到老北門外向北改道，折入興聖街直至拋球場。而後再轉入南京路西行，直到洋務局，大概當時警務處當局為對上海道台的表示敬意之故，所以沿路站立十字街口的中印巡捕，望見他的座車遠遠而來，忙即指揮行人車輛，暫停交通，讓他先行快速過去。這樣上海道台的座車，便成為三輛著名的馬車之一。

其次，則為英租界工部局總巡麥高雲所乘坐的一輛馬車，也是非常著名的。他是居住在威海衛路、重慶路口的那一所花園洋房裏，所以每天上班落班的時刻定得萬分準確，不差分秒。同時，他的馬車行駛路線，也決不會有變更路線的日子。每次出入在總巡捕房門前上車，就沿着河南路到拋球場，而後折入南京路西行，到馬霍路轉彎回他家裏去。而麥高雲的座車在馬路上行駛時候，所佔本地風光尤為榮耀別緻，無人能及。除掉一路上由指揮交通的「立角子」中印巡捕，早為之清道讓路以外，個個還向他舉手行禮。非僅此也，每逢他馬車經過時，連之老閘巡捕房的捕頭，不是立在捕房門前，即立在五雲日升樓的路傍，向他行迎送舉手之禮。當清末民初年代，任老閘捕房捕頭的即為後來繼麥高雲總巡之位的楊格，足見麥高雲的資格之老，與任期之長。

第三輛的名馬車，該屬之於一個德國人所有的了，此人在英租界裏既沒權力，又無勢力。而他本身職業，僅僅為一家「德記」牛肉莊的老板而已。而且這家德記牛肉莊的規模不大，那是開設在外白渡橋的北堍，沿着「北蘇州河路」的一間西式店鋪房屋中。而所經營出售的商品貨物，祇有獨沽一味的牛肉，以及各種德國式的臘腸。不過德記牛肉的品質之佳，其享譽非常旺盛而廣溥，幾有無人不知之概。在當時凡中西的富有人家，若有嗜食牛肉的癖好，無不向之購買。可是該德國人老板所定牛肉售價之高，却要比之著名英商所經營的同茂、同興等外國伙食公司，還要高貴到二三成之多。不因其價貴而被摒棄不買，為因癖嗜有人爭相購買，並質美好的關係和異數了。此外，這家德記牛肉莊品於除却出賣本業的牛肉以外，在樓上還兼營一家小型的德國大餐館。奇怪的是這家大餐館在門外沒有牌號招牌的懸掛，在門內亦無宣傳說明的設置。眞的令人要非前度食客重來，誰知天台中却有胡麻仙飯餉客的詫異錯愕之想的呢。

大約這個德國人的生性，似有不大喜歡張揚名號與裝璜門面的那種觀念，所以他店鋪招牌，橫架在玻璃門框上邊的牆間，只是三尺高乘四尺濶的一方白底黑漆西文字的洋鐵牌子，左右兩邊各書「德商德記牛肉」六個中國字也寫得那麽的細小，不大引人注意。但一般老上海人的食客，幾無不知道這家德國牛肉莊的樓上，有這家「德國飯店」。這完全是有關於歷史關係與風味嗜好的兩種成因，遂有這家德國家庭式飯館的開設。原來上海自闢設商埠以後，各國商人都來這租界地區經營商業，德國人也不例外。但德國洋行開設得不多，祇有禪臣、禮和、西門子等寥寥可數的三、五家，自然德國人居留在上海的，為數也稀少之極。因此，十里洋場中的西式餐館，多為英法兩個國家式樣的菜餚滋味，就是獨獨沒有一家烹調德國式風味的大餐館，不過中外國人都生有同樣的稟性，凡遠適異域的遊子，總有一種懷念故鄉風物的思想，即中國人所謂秋風蒓鱸之思。但居留在上海的德國人何嘗不會興起他們的風味鄉思呢？

這個德記牛肉莊的老闆，却是替他們旅滬德國僑胞的療醫鄉思風味者，他的原職業為一艘德國輪船上屬於庖廚部門的海員。當輪船運貨物商品到上海時，就辭去職務跳上了岸，從此不再落船做海員。因為他早已飽聽着中國的上海地方，為「冒險家的樂園」那句傳言所誘惑，所以他一心一意地想做個「冒險家的樂園」中的冒險家。須知道當年各國到上海來的輪船，船中海員偷跳上岸，不願落船的很多。這班人十九是窮光蛋，一身之外無長物，要找職業事非容易。但他們有一個共同行為，就是日夜流浪在這條百老滙路的街頭巷尾，吃的是嗟來之食，臥的是街邊道傍，身邊如果有酒錢的話，便流連在小酒排間裏，作其醉鄉之客，不再出門了。所以曩歲美國人華爾為幫助滿清政府要攻打洪楊軍，在上海組織洋鎗隊的「常勝軍」。所有應募入隊的外籍軍人，就全是當時流浪在百老滙路上的各國失業海員。因此，華爾要招募常勝軍的一聲號召，他們紛紛應募，隊伍立即成功，全是這種跳上碼頭的失業海員所變。

也許德國的人種是較為優秀一點吧，這個跳上岸了的青年海員，雖也在百老滙路這一地段流浪了幾天，每天對馬路上所有大小的中西各業店舖，總是東看看，西望望的做着審察和思考的謀生計劃。但終因他在輪船工作時期，手中積蓄了一些錢鈔，由於無法尋獲得一種生活職業。便即出資在「北蘇州河路」路上，租下一間西洋式的店面房屋，開設一家專售德國牛肉作號召的德記牛肉莊。其實那裏來這麽多的德國牛隻，可能多數是中國的產牛，不過他却向虹口的殺牛公司訂就了長期合約的。那就是每日所供銷的必定是高價格的黃牛肉，決不要低價值的水牛肉，售價雖然較貴，貨物非常認眞。而他又是親站砧前，操刀割肉，這正是一塊最眞實出售德國貨牛肉的活招牌。因此，極獲得中外主顧們的一致信任，所以他的營業蒸蒸日上，興旺異常。非但發了大財，而且揚了名氣，幾乎中外人士無不知有這個德國人的牛肉莊大班。在不久之後，自有他同國籍的人士知道，同時，也有知道他是輪船上厨房間燒大餐的大餐司務出身。只因他們客居異地，遠離故鄉，戀念於祖家的風物食品與菜餚。是以有些德國人竟慕名而來，便要求他烹製幾味以饜所欲，藉療鄉思。

這個牛肉莊大班倒也鄉誼情深，慷慨好客。對同國籍來客的要求，竟爽然答應，歡然入厨，以現存牛肉烹製成兩三樣的食品相餉。果然他的一班老鄉，經吃過了食品之後，倒是人人滿意，個個讚美。從此，便由熟客人帶同生客人，熟朋友領陪生朋友，紛紛的前來要一嘗異味的德國大餐，却也生意興隆。該牛肉莊大班志不在經營這門德國大餐館的生意。是以一切對座上的器皿傢具的佈置，厨房食物原料的準備，無不因陋就簡。試想言人人知的這家「茄門」飯店（按：該大餐館始終無名號招牌，這茄門飯店一詞，還是由中國食客們口頭叫喊出來的）樓上只有安排七張小四方的枱子，慕名而來的食客又多，便因此天天要發生後至的食客有抱向隅之嘆，料想不到這樣一家簡陋不堪、菜式單調的德國大餐館。竟會受到最講究氣派排場的史量才所垂愛，他也不時與他親密朋友如黃炎培之流，來做座上食客，得弗訝異。

駕自拉韁馬車成名手

原來史量才自從接辦申報，且把申報館的牌子改爲德商以後，似乎他對德國人特別發生良好的感情和興趣。所以他要理髮時，便必要到四川路青年會的理髮室，去就該室的一個德籍理髮師爲他作剪髮理髮的整容工作。倘若以此作爲忖測，他心理觀點的依據，他時時過外白渡橋到德記牛肉莊樓上去吃德國大餐，這也該是愛屋及烏的情理所當然之事，是以說穿了，實覺不值得發生有訝異之感的。就因爲史量才常去作食客關係，從而店主與食客間有頗多接觸的講話機會。雖然史量才是不會得講德國話的，但該牛肉莊大班却能聽能說中國話，而且所操說的那是道地十足的上海浦東話。當德記牛肉莊的德國大班要回國時，他把所有的動產物件，凡輕便値錢的一概打成行李携回國去，把笨重不值錢的紛紛出賣，不管多少，變成現金，帶在身邊使用。不過到了最後有一樣心愛的動產物件，却使他發生捨取兩難的困惑干擾，那即是他一輛出名的馬車。

原來他於德記牛肉莊開業一年多後，已經賺錢獲利，經濟環境非常寬舒適意。在偶然的機會遇到他一個舊日輪船的同事海員，此人已經跳換別船，在另一艘的運貨船上工作。因爲此次從德國裝運貨物到非洲國家去，再從非洲裝運貨物到上海來，自然，貨物之中也有一批非洲所產的洋馬，其中有一匹那是該海員所有的私貨。原本他要想帶歸本國去供作家用，只因被船主查出這隻馬匹爲海員的私貨，却要他依遵規章繳納運費。逼得該海員衹有窮途賣馬了，正在四出探聽如何出貨求財，恰巧相逢路上，一經敘說情事，遂由該牛肉莊大班慷慨幫忙，化了一千二百兩銀子，買了過來，裝成一輛德國式的「自拉韁」馬車，即由此馬挽拖，起初認爲是一匹平凡的洋馬，誰知却是一匹不常有的名駒，非但馳騁穩快，而且深通靈性。只要縱轡弛韁，毋須揚鞭吆喝，該馬就會展開四蹄飛奔而去。尤其是牠有一種天賦特性，凡發現有一輛馬車在牠前邊，則非於剎那之間，趕上扒頭不可。而且深曉避人讓路之法，牠挽車展蹄得快，停蹄止輪也快，所以從不闖禍惹非。一班職司指揮交通的華印巡捕，只要遙聞牠的蹄聲和輪聲，忙要爲之淸道讓路，這就是該德國人也以駕馭快車而出名了。

史量才對於這個德國人的一輛馬車，却是萬分喜愛的。既喜其馬的英駿，又愛其車的輕快，大有非得之而甘心之概。因爲在淸末民初，於此前後二十餘年的時代裏，上海十里洋場中最最出風頭的一事，那是乘坐「自拉韁」的馬車。所謂自拉韁即車主人自己拉執韁繩之謂。這種小型的馬車，一般人對這種馬車叫做「亨斯美」。須知亨斯美馬車車身的整體結構，固屬小巧玲瓏，而車輪的左右裝置，亦衹相輔兩輪。至於車間的座位只能容納兩人乘坐，無法安排得下三人享同車共乘之樂的。是以乘坐自拉韁馬車之人，例不使用車夫駕馭，概由車主人自己執韁。因此當年乘坐自拉韁馬車，不管年青年老的人都對之喜歡，却成爲一時風尙。史量才對之免不得見獵心喜，也想要備置一輛乘坐。而且，他的常識豐富，知識高超，深識所有自拉韁的馬車，必需洋馬挽拖，方足以睥睨一切，獨步洋場。

於是，史量才便着眼於德記牛肉莊大班的那隻洋馬，當得知該德國人要離滬回國的消息，便即向他接洽情商，願意備價收買。雖然，初時該德國人對於他的那輛馬車取捨之間，還成未曾決定問題。嗣經史量才的解釋導說之後，才把他這一匹心愛名馬決定捨去出賣，比之化用運費裝回國去，所佔利益較爲重大。不過他對史量才不肯講出馬的售價，堅要交龍飛馬車行委託魯意斯摩拍賣洋行，予以公開拍賣，說這是歐洲國家所奉行最公平合理的買賣方式。於是該匹洋馬，遂由史量才以二千兩銀子拍買下來，同時，馬車車身只化五十二兩銀子，也以拍賣方式拍得。但史量才購置了這輛自拉韁馬車，的確給增光不少。處處場合總是他的馬車跑在前邊，後去先到，似乎成了駕馭自拉韁馬車的第一名手。其實他所交往的朋友之中，有兩人的駕馭技能，也都相當高明。那兩人一爲華商的華安人壽保險公司大班浦東人呂岳泉，另一人爲英商的鄧祿普橡皮輪胎公司買辦寧波人蔣仰山，他們兩人在當時於全上海乘坐自拉轀馬車的名人之中，早已成爲第一流高手，誰知史量才一出，沾了那匹名馬之光，居然後來居上，他倆都要瞠乎其後，退避三舍了。

準時準刻練習打網球

史量才就是有這種爭趨時尚的領先崇洋思想，在民國初葉年代，他所穿着的四季衣服，衣式服樣雖屬仍舊中裝，可是大部份所購買的衣料，多數爲來自外國的毛織品，而以英國產品的呢絨之類尤爲他所喜愛。在當年當時上海的任何富有之人，對這種四季衣服的衣料，大部份採用英國貨的毛織品，雖有不會多見！但史量才却毫不珍惜金錢，大事選購衣料，僱工剪裁縫製，隨時「換季」穿着，這種豪情勝慨，實可壓倒一班慳吝成性的守財奴。

到了民國十年以後，史量才的時來運轉，經濟狀況轉變到大好的美滿之境，尤其是他所有的各行事業之中，向來被認爲風浪百出，愁思萬端的申報這門新聞事業，此時亦已變得風浪不興的平穩局面。更其有關於報館營業方面的收入，財源滾滾，如水長流，因此，史量才於躊躇滿志，欣喜得意之餘，倒又想出一種趨向時尚，尋找快樂的事情來。其事維何呢？就是打網球。要知打網球必需要有網球場的場地備置，但是他要打網球的網球場，却毋需外求，他家的住宅面前，早已闢建成一所端端正正的長方型網球場。而場址佔地計有三畝之大，這是根據秋水夫人携帶來的一張地皮舊仿單所更換道契的丈量紀錄，諒不致有不情不實、或多或少的丈量錯誤。蓋當將要建造住宅房屋時候，史量才忽然間變更建築計劃。定要承包營造工程的豐盛實業公司厲大班，於打樣繪畫藍圖的屋前留出三畝空地，闢做網球場。料不想於入居新屋以後的數年，他竟然自己要打網球，網球場恰巧成爲他的英雄用武之地了。

因爲史量才於起初時期，對於體育方面的一切球類運動之事，並不感覺嗜好和興趣。這大概基於他體質孱弱的這一個觀念太深之故。原來在早年期間，他患過咯血病症，久醫未愈。後來還是由一個日本醫生名叫「中野貢」的，替他醫治痊癒，而且根治到永不再發。但是他的內心總念念不忘於本身的質地單薄，體力欠健。所以一向以來，始終不敢想望參加體力運動之事，恐怕用力過度，會引起舊病復發。自從乘坐自拉轀的馬車之後，雖沒有若何的勞動。但一鞭在手，飛舞不停，兩轀緊握，操縱未息。這種輕微式的勞動結果，毫不使他感到身體受累，兩臂消乏，相反的覺得神清氣爽，餐量增加，於是，把體質孱弱的一種惴測觀念，爲之一掃而空。更有些熱心於體育運動的朋友，不時對他進以導誘之語。尤其是一班喜歡打網球，或者是喜歡打哥爾夫球，以及或者是喜歡打枱球的人士，各以所好作規勸。因此，史量才閒得感到無聊之時，遂作出了打網球的抉擇。

須知道這打網球的一種玩意，不管是單打或雙打，必須要有相配對象的球侶。終於給史量才找得一大一小的兩個球侶，解決了第一難題，才使他所願獲遂。因爲這打網球是有閒階級中人的玩樂之事，所以尋找球侶的對象，亦非有閒階級中人不可，大概一般的職業階級中人於治事之餘，趁落班的空閒時間，相約二三知己朋友，玩打若干時刻的網球。作爲活動血脈、舒展筋骨的體力運動，既不蒙有劇烈過度的損害，却有療治案牘勞形的益處。史量才所找得的兩個球侶，這個大的球侶就是亞細亞火油公司買辦陶定瑤，若論買辦本屬職業階級中人，只因他資格一老，手下助理人多，無形之間，變成爲有閒階級中人。每天他坐寫字間坐到下午三點半鐘過後，就自動下班離開寫字間了。其有閒的階級成份，實同史量才一模一樣，所以他們兩人配合練打網球之初，所訂口頭的君子協定，其條件爲每天下午四時，雙方必要在網球場的草地上見面，立即展開戰局，打到六時收場。陶定瑤決不再流連片刻，便即跨上汽車就走，因他要尋找另一種的娛樂之事，那是趕到雅歌集票房去唱戲了。

史量才另行所找得年少的一個球侶，只是個後備球侶的的資格身份，要他與他配合打球的機會，實在稀少之極。不過他球藝甚好，足能與自視甚高的史量才打成平手，辦事又極細心，認識喜歡打球的青年學生又衆多，因此史氏索性把這個網球場全權委託他代爲照顧，主持處理，而且對他非常信任，認爲有前途的青年人。此人的名字叫做鄭讓予，他的父親就是鼎鼎大名的書家鄭孝胥，鄭家卜居南洋路海藏樓，距離史量才的住宅甚近，鄭讓予又是喜愛打網球之人。在史家未造住宅以前，此間原是無人管理的一片草地，他和他同學以及相識的青年人，就佔領爲網球場，及史氏造建住宅，正式闢設網球場，環牆設門，雖不能像以前的來去自由，但對鄭讓予來說，未曾受到妨礙，因爲他是鄭孝胥的兒子，對史量才屬於父執之儔。所以他獲得史量才的特許，任其與友人自由來去打網球。終因居住滬西方面的青年太多，尤其是那班讀書於梵皇渡聖約翰大學的青年學子，十有其九愛打網球，現被擯拒門外，認爲遺憾。史量才覺得獨樂樂，不若與衆樂樂，於是，他就組織一個網球會。凡是入會的會友，都可享受打網球之樂，不過四時到六時，却歸他自己與球侶享受。他非常認眞打球，因爲他自打球以來，覺得精神越健好，體力越强壯了。

秋水夫人任琴壇盟主

史量才眞正是個懂得盡情享樂之人。在早歲時代，他與友人各言其志，嘗說：「我若有錢，應該讓錢給我差遣使喚，却不能叫我給錢去使喚差遣」。僅僅這兩句話就說明他的賦性如此。打從民國十一年起，他的抱負已展，他的雄心已達，對於他事業的治理，非但得以垂拱而治，他事業的成果，而且可以坐享其實。因此，每天忙於應酬朋友的遊讌之外，就是打打網球，學學擊劍，力向尋樂健身的方面之途邁進。不過他對自己本身的尋求快樂之事全已達到願望，儘情享受。但如何慰藉他寂處深閨的秋水夫人呢？可是他亦有一個清高絕俗雅人深致的辦法，給他思想出來，就是導致秋水夫人學彈古琴。

史量才的導致秋水夫人學彈古琴，其動機和立意也有一種標新立異、志在勝人的作用成份，包涵其中。因爲在這時期的上海地方，雖有不少豪門巨室，名紳遺老。可是他們家中，却多帶些洋化了，在廳堂書房之中，所陳設的總有一架外國樂器的鋼琴點綴其間，那裏還尋找得出一張中國樂器的古琴呢？至於他們的後人，無問男女，對古琴一物，可能說從墮地入世以來。壓根兒見都沒有看見過，更談不到古琴所奏出聲調的琴音和琴韻是怎樣的了，這國粹的六藝云亡，殊堪浩歎呢！

史量才要他的秋水夫人學彈古琴，不但適合於她的身份地位，也適宜於她的幽靜性格，遂作出由她學彈古琴的共同决定。不過他們兩人雖有此心此志，但當前最困難解决的就是師資問題，遍爲尋訪不得一位教彈古琴的出名老師。當時全上海所聞知的，似乎祗有一個常州人名叫鄭覲文的，專以教授演奏古代樂器爲生。其家住在法租界嵩山路的一間小洋房裏，門前懸掛一方「大同樂會」的招牌，入門即是他教授弟子們的絃歌之所了。但向他執禮就教的門生爲數甚多，而他亦作水長流式的執教，這可說是鄭覲文分分鐘都在任教中。不過師生間授受所演奏的樂器，除二三人學習箜篌與古箏以外，餘則皆爲學習琵琶與笙簫，胡琴與羌笛之類而已。

當是時，鄭覲文的年事已高，鬚眉蒼白，滿頭皤然。諒因年老力衰故，他最畏怕外出任教，是以對史量才一再請他去教秋水夫人彈琴，此老却概予以堅執地辭謝不就，因此秋水夫人的古琴教師問題，仍然無法解决。後來於赴杭州度假的偶爾機會中，竟被史量才夫婦在西湖的孤山路畔，邂逅一位遊客四川人吳純白。於接觸詳談之下，却知他是個精通五音、深曉六律的琴學家。於是一經史量才說出請他教琴之話作試探，料不想這個吳純白竟會毫不推辭，慨然允諾。這眞合上了「踏破釘鞋無覓處，得來全不費工夫」的那兩句成語，世間巧合之事就是如此。從此，吳純白便躭在上海靜安寺路的史公舘裏，榮任秋水夫人的教琴老師，東主與西賓相處融洽無間。據說秋水夫人學琴的悟性之高，進展之速，殊不多見。因她未滿半年的學習時日，居然能像模像樣，能彈奏五六個曲調之多。被她一舉而突破「千日琵琶萬日琴，叫化二胡一黃昏」那兩句俗語的範圍以外了。

吳純白此人是一個第一流的淸客人才，醫卜星相，琴棋書畫，無不涉獵，而且講出話來頭頭是道，娓娓動聽。其人身材高大，常年載一頂瓜皮帽，晚年流落本港，甚爲潦倒。張大千每次來香港小游，輒見吳純白在座，他是以同鄉之誼來作大風堂座上客的。初時，他時向張大千作將伯之呼，大千不是一個吝嗇之人，每次爲他揮灑幾幅，供他作爲家用；但有一次他又向張大千要求，大千却向他說：「我可以送錢給你老鄉長，却不能再爲你繪畫了！」吳純白聽了此話，便低下頭來，原來吳純白拿了張大千的畫，三錢不當兩錢的去賤賣給外行人，事爲大千所聞，大千是素來珍惜羽毛之人，就寧願送錢給這位老鄉長，而不願再爲他繪畫了。

某年大千來港，有人來說：吳純白病倒在瑪麗醫院，形勢危殆！大千急忙驅車去探望，塞了美金兩百元在吳純白枕頭底下，並安慰他說：「你的病不要緊，只要好好養息，就會安然無恙的。」果然三天之後，吳純白霍然而起，又作了大風堂的座上客了。吳純白後來死在香港，臨終前將他心愛的古琴，賣給了女畫家馮璧池。

當年吳純白每與友人談及秋水夫人的學琴情形，總是力繩其慧，譽不絕口。其實秋水夫人的天然本身，生得蘭心蕙質，冰雪聰敏，固是最大的因素。而她後天所受教養的督促嚴厲，訓導的善誘有方的關係，所獲輔助的力量甚大，所沾上進的利益尤多。她的出身，是姑蘇城外的壓黛橋畔，那裏爲著名的風月淵藪，往昔年代凡屬此間的金粉門第，無不有一種改造和訓練的特殊教才、專有技能。尤其對於娛客之道，如音樂的播絲弄竹，如歌唱的曲調聲腔，更屬督教得謹嚴萬分。秋水夫人生當淸代末葉，還是舊時體制。是以她雛年的倡門生活，亦當如白司馬所吟的「十三學得琵琶成，名列教坊第一人」了吧？因此，她對於音樂方面，不但有深厚的基礎，而且有精湛的研究。此即是她學彈古琴，自然要比任何的一位璇閨淑女，名門貴婦，其進步快速得多了。

便亦因此不久，秋水夫人就與她幾個所相識、所要好的大家閨秀們時常談說起關於現代高尚婦女界的娛樂問題。同時，她也宣佈她對這個問題的最高尚、最善美的解决方策，莫如提倡研究與學習古琴的演奏琴藝。並且提出她的主張，凡對古琴的琴藝有未會而有學習興趣的，或者有已會而有研究精神的，便聯合起來，組織一個類似研學古琴琴藝的學術團體。只因贊成秋水夫人主張的人多，於是這個組織就很快速的宣告成立，即以靜安寺路史公舘作爲聚集研學琴藝之所。秋水夫人還被與會的女友們，公推爲這個琴壇組織中的盟主。據說當時加盟與會的盟友，人數相當衆多，史公舘裏形成非常熱鬧。今日此間海隅，尚有一位能証實當年秋水夫人主盟琴壇的情形，尚有一位宋心冷詞人。因爲宋詞人有位表嫂就是該琴壇的忠實盟友，據詞人告稱：他的表嫂彈得一手好古琴，時詞人尚在讀書的學齡時代，常見他表嫂炷燃一爐淸香，然後正襟端坐，演奏一曲，以解塵俗。有時則見她打扮一番，携婢抱琴，乘車去史公舘與會娛樂，自然她亦會演奏琴藝，以供盟友們的欣賞和觀摩云。（十八）

馬場三十年

老吉

上期講到日本馬在日本人佔領香港時代的香港競馬會大出風頭，那時候，騎師之最出風頭者，便是郭子猷。計算時候，迄今二十多年，現在的郭子猷，雖不及三、四年前輝煌，可是寶刀未老，但看他上季尾騎「寵兒」，與兩屆馬王「堅橋」爭霸之時，在最後直路，過意讓「堅橋」追過了「寵兒」，令到「堅橋」的騎師鄭棣池以為「堅橋」贏實；然後郭子猷出其不意地在最後一百碼出盡八寶，將「寵兒」鞭催兼施再衝前爭雄，令到鄭棣池措手不及，結果「寵兒」偷襲成功，映相贏了「堅橋」半馬位，打破了「堅橋」蟬聯三屆馬王的美夢。憑這一點，便可知郭子猷騎齡雖老，却仍有他令人所不可及之處。今屆馬會大轉變，取銷業餘賽馬，改為職業賽馬，郭子猷已轉為職業騎師，上陣雖不會太多，但有二十六、七年騎師資格的老將郭子猷，一定仍有驕人的傑作可見，是無可疑義的。

寫到這裏，忽然想起了有一次「做」中國馬「做」出了大毛病，嚇得我魂不附體，贏了馬不敢拉馬頭，回到家裏，一夜睡不着，直到第二天，接了一個電話之後，胸中方纔放下了一塊大石，現在回想及此，覺得「做」馬實在不是一件容易之事。

事情要從頭講起，當年日本軍隊佔領香港之後，維持治安的，大家都知道便是最最可怕的憲兵隊了！憲兵隊的管理者，官階不大，可是權力極大，他們將跑馬地改名青葉峽，設立了一個憲兵分處，地點就在馬場對面黃泥涌道的天主教聖保祿小學那裏。市民們一個不對，便可以給他們拉進憲兵隊，一拉進去，便變成兇多吉少。聽說當年裏面有許多人拉了進去之後，從此不見，他們如何處置，當然不言而喻，所以在這個時候，我們祇要一聽見「憲兵隊」這三個字，便頭痛得不得了！

日本人是好賭的民族，尤其是軍人，馬場在青葉峽憲兵隊範圍之中，憲兵隊中的曹長、軍曹、伍長等等，多數是好馬之人。

其中有一位曹長，叫做神谷清，講起此人，我要說他是一位大大的好人，當年他專管老百姓離開香港的「渡航証」，有人住在這一區的要想離港歸鄉，渡航証上非由神谷清曹長蓋上圖章不可。

神谷清最喜歡騎馬，和郭子猷做了朋友，住在這一區的人，（青葉區範圍頗大，幾乎從灣仔到筲箕灣，完全由這區管理，原因是當初居民不多）。如果想離開香港而怕申請不准的，便千方百計托人介紹郭子猷，郭仔是有求必應的好人，所以當年離港他去的人，對郭子猷幾乎當菩薩拜，還有些人被關入青葉峽憲兵隊，祇要求得到郭仔肯去講一句好話，無有不立即放人的；當然犯了大罪而講不通的，郭仔也不會去冒這個險的。

神谷清在香港住久了，認識了一位能講日本話的容姑娘，容姑娘的日本話，講得非常之好，不久便和神谷清結了同居之愛，他們的金屋，便在黃泥涌道憲兵隊部的左右。

神谷清十分中意騎馬，因為覺得每天早晨到馬場去向馬主們借馬騎，雖然他們不能不允，也歡迎借給他去騎，俾得和他接近一些，可是他總覺得自己沒有馬不大方便。但因憲兵是軍人，不能自己買馬做馬主的，和容姑娘一商量，容姑娘眉頭一皺，便對神谷清說：可以用她的名義買一匹，其實就是神谷清的，神谷一聽，善哉善哉，於是立刻為容姑娘設法買馬，當然貴的不要，便宜一些的，祇有中國馬。

經過大家和他們探消息，便有人將一匹中國馬「北斗」以平價買給了容姑娘，於是乎神谷清得其所哉，每天早晨便駕了「北斗」馳騁馬場，這樣一來，不必求人，到每一兩個星期出賽之時，由容姑娘請了李世華兒，為「北斗」執轡。每次雖然贏不到頭馬，跑跑第二、三，一樣可以拿獎金，因為當時中國馬的第一流者有「金鷄」、「壽星」、「飛霜」、「母獅」等，「北斗」是二、三流馬，跑第一是輪不到它的。

神谷清這樣的好人，應該多逗留一些時候，不料東京憲兵總部有公文來，要調他回去考「准尉」。講起上來，准尉比少尉小半級，可是做了准尉，再想升少尉，又要隔一個時期。當時，神谷清十二分不願意，可是這是總部的命令，他那裏敢違背呢。

因為神谷清就要離港，所以他對容姑娘授意，在他未離港以前，想穿上西裝拉一次馬頭，當然最好能給「北斗」跑一次頭馬，那使他可以拍一張紀念照也。

可是「北斗」不是中國馬中能贏頭馬者，如果照現在來講，「北斗」是第七、八班馬，而「金鷄」「壽星」等，則是第三、四班馬，就算「壽星」讓「北斗」二十磅，跑任何一種路程，都不夠「壽星」跑，原來當時中國馬，祇有十二、三匹，實在無法再分班次之故，因為，每次跑馬，中國馬祇有一塲也。

容姑娘當然想神谷清拉一次頭馬，可是中國馬中，有幾匹比「北斗」好的馬在，於是便和我商量，因爲中國馬之最好者「金鷄」與「壽星」，馬主都是我也。

我對容姑娘的提議，那裏會反對，又何況我有許多朋友歸鄉，多得神谷清幫忙不少，爲了怕多麻煩，我們講妥之後的第二個禮拜日賽馬日，中國馬跑一哩，我將「金鷄」留起不報名，祇報名「壽星」一匹。

「壽星」的騎師是劉榮，（因爲謝文玖不想騎），我不便對他講明詳細情形，但又不能不講，於是便對劉榮說：「容姑娘的『北斗』想贏這一塲馬，我已經答允了她，如果『北斗』行頭，就讓牠去贏第一，『壽星』贏得多了，輸一塲也無所謂」，劉榮聽了，也心知肚明。

我急的是在賽馬這一天早晨，「壽星」的小馬伕「老湖北」又對我講：『「壽星」昨晚上又唱歌了，老闆，今天你又要同老闆娘拉馬頭了』，我想，這倒是一個大問題，不能不再關照劉榮，千萬不可「拆爛汚」，因而在頭塲未跑的前兩個鐘頭，我先到馬塲，尋到了劉榮，再關照他一聲：「讓『北斗』贏」，劉榮還答我一聲：「知道啦，唔駛咁長氣嘅？」我纔放了心。

在開賽之前，我先通知我內子，再向老友李士華兄關照，同時說明容姑娘想神谷清拉頭馬的意圖，因爲他們知道容姑娘和神谷清的關係的。

同時，我還去問騎「母獅」的騎師吳祥輝兄，（吳兄戰後是吳文廣君的主任騎師，已退休掛馬靴十多年了，他是廣東人，上海話講得極好，現在我在中環，有時會遇見這位老友記精神抖擻，論年齡，他也差不多在花甲左右了），吳兄話：「母獅」口輕，容易拉，倒是「壽星」口重，不容易攪得怗，祇要「壽星」肯讓「北斗」，「母獅」是決無問題的。我也對他話「早已通知劉榮了。」

開賽之時，大家緊張非常，尤其是我，就怕劉榮拉不住「壽星」也。

不料，眞的俾吳祥輝「一言道着」，一開閘「壽星」便第一個搶出，帶頭而去，但見鞍上的劉榮，拉到身都側，都無法拉慢一些，「母獅」跟第二，「北斗」跟第三，可是跑到對面山之時，「壽星」已贏了十個馬位有多，劉榮拉到完全用完了氣力，祇能伏在馬上讓「壽星」自已跑。

跑到直路上，「壽星」依舊有力，可是在衆目睽睽之下，劉榮不能拉「壽星」，祇有任得「壽星」自已，結果，「壽星」第一，在八馬位之後，方纔是「母獅」第二，「北斗」第三，已在「母獅」後面四馬位了。

這一下，我「面青」了，將來如何對容姑娘交代呢？神谷清雖是好好先生，可是他一反面我就不得了啦！

「壽星」贏馬，我和內人都不敢走下去拉頭馬，叫李士華兄拉，他也不肯，無可奈何祇有讓「壽星」由馬伕拉進大門來就算數了。

謝文玖完全不知道這一件事，他在馬廐傍看見我和內人都沒有下來，馬要進大門了，他便一個箭步代我拉了這塲的頭馬，練馬師亞簡見一邊是謝文玖，另一邊空着，他便拉了那一邊，兩人喜氣洋洋進大門，那裏知道我的苦衷呢？

爲了這一塲賽事，擺了一個不大不小的「烏龍」，以後的五塲賽馬，我那裏還有心思，想想神谷清不知要如何對付我，越想越驚了。

兩夫妻拖着無精打彩的步伐回家，晚飯也吃不下，預備明天「吃苦頭」了。

當晚當然睡不着，猶如待罪羔羊，聽候處決，到明天早晨，電話來了，一聽是「容姑娘」，我想「糟」了！

容姑娘講了「早晨」之後，出乎意料之外地話：『沈先生，對唔住，我昨晚未打電話俾你，眞眞唔好意思，昨日跑完第一塲馬，連我都驚，估唔到神谷先生若無其事，但係又唔出聲，我當然唔敢問佢，到夜晚佢憲兵隊返來，佢話，眞唔好意思，要劉榮拉「壽星」拉到咁辛苦，呢的唔係沈先生同埋劉榮之過，我看左全塲賽事，我知道沈先生同劉榮的確係想拉慢「壽星」讓「北斗」贏，但係「壽星」馬高一皮，又「弗」過頭，「北斗」唔係個皮，請你同沈先生話，叫佢唔好介意，重替我多謝沈先生同埋劉榮。』

我聽了容姑娘這幾句話之後，一天風雲，完全消散，過了兩天，神谷清還在容姑娘家中，請我們吃晚飯，而且非常客氣。因爲他是自己會騎馬的，知道這一塲賽事，我們已盡了全力，不能怪我們，祇能怪他自己的「北斗」不爭氣；同時還請了劉榮，而且更特別敬劉榮一杯，對他拉「壽星」拉到身都側，眞是對不起劉榮，其實劉榮後來對我講，他兩隻手臂足足瘦了好幾天呢。

又過了兩個月不到，神谷清要回日本受訓，我們還請他吃一餐晚飯。那天晚上，他喝了很多的日本清酒，喝到七八分醉，講起他回國，在我們敬他一杯祝他一路順風時，他忽然流下眼淚來，並且說他今次瞞不了我們，他此次回去，能不能回得到日本，尙且是一個疑問？當然他希望自己能平安歸國，可是太平洋戰事，日本節節敗退，這是瞞不了我們明眼人的，所以今晚說是惜別酒，也是永別酒，給他這樣一講，這餐晚飯吃得大家都在沉重心情之下道別。

像神谷清這樣的憲兵曹長，我相信不是容易撞得到的，後來過了幾個月，據容姑娘說，始終沒有收到神谷清的平安信，看來是兇多吉少了。

還有一件事，也是關於憲兵隊方面的，幾乎又一次把我嚇壞。

當時是施行燈火管制，每晚日落之後，家家戶戶的電燈，都要用黑布來罩住，燈光不能四面射開，按日本軍法是如有破壞燈火管制者殺無赦，所以，當時家家戶戶，一到着燈之時，最最注意的便是燈光必須遮掩，千萬不能射出窗外。

大約在一九四三年十一、二月的時候，天氣

仍舊和現在差不多，未見大冷，那時候我們的五兒維信剛剛出生，他是在養和醫院出世的，接生醫生是梁田新老兄，他非常喜歡賽馬，戰後與陳煥章（怡和洋行已退休的華經理）何柏（澳門殷商）兩位老兄，合夥養馬，他們的「飛俠」，由郭子猷贏過「打比」。維信由醫院回家之後，由女工人阿蓮服侍他，當然，維信的一切便交給了阿蓮。

阿蓮在我家做了四五年女工，她的本性，非常喜歡清潔，平時，她自己打大鬆辮，白衫黑褲，黑鞋白襪，完全是當年香港的典型女工打扮。

阿蓮服侍了維信之後，出過了兩件大事，維信在不到兩個月大的時候，因爲阿蓮最歡喜潔淨，每天幾乎爲維信洗兩三個浴，那一天晚上替他洗了浴，維信着了凉，在半夜裏忽然大發熱，熱度高到手一摸就覺得，當時我因爲養馬，買了好多罐的「敷肺膏」，（敷馬脚發熱用的），維信半夜發熱，我便用「敷肺膏」爲他敷肺，三點鐘敷一次，到五點鐘換敷一次，等到八點鐘，立即坐三輪車到養和醫院去看梁田新醫生，（梁醫生當時是養和醫院的院長，他的日本話講得極好），梁醫生一看就話是「急性肺炎」，幸虧用了敷肺膏，要不然，小孩子在三個鐘頭以後便會「冇命」，住了四天醫院，維信痊癒返家。

我早已關照阿蓮對維信在冷天冲凉要特別小心，無奈阿蓮好潔，因此過了一個多月又出了大事，幾乎連我的命都「冇」。

事情出在有一夜晚上十點鐘左右，忽然外面有日本人大拍鐵閘的聲音，而且叫得十分急，我那時不能不硬硬頭皮開門出去看看鐵閘外面是甚麽人？（我當時住在禮頓道九十一號地下，兩個門口八疊樓，由一座樓梯走下去同出一個大門，大門當然時時鎖鐵閘，而這八層樓的「話事人」，也就是我），我一到鐵閘口，外面電筒照進來，原來是四五個日本憲兵。

我當時嚇得「成個人震晒」，但却也不能不理他，憲兵們叫開閘，我便開閘，開閘後，他們便走進了我家裏，一位帶頭的是「伍長」，他一進門便直向後面房裏衝，看見阿蓮正在替維信穿衣服，原來她爲維信冲凉，房裏的電燈她忘記了下罩，燈光射出到禮頓道的馬路上。

這位伍長一看見黑布罩未下，立即對阿蓮嘰喱咕囉的大罵，一方面他將布罩放下來，然後拿手電筒對我照着，與我一齊走到外面廳上，開燈，（廳上的燈是罩好的），然後他在沙發上坐下，還有四個憲兵則一齊站在門口。

他坐下，我當然祇能站着，他將電筒對我照，再向廳中四面牆上掛的照片照了又照，照過之後，再站起來拿電筒對我照着，然後開口對我話：「沈樣」、「民望」、「壽星」……。

他居然客氣起來，當時把我嚇了一跳，原來我的客廳牆上掛了十幾幅拉頭馬照片，其中，當然免不了有「民望」和「壽星」的贏馬照片，這些照片，當時也是由名苑照相館拍攝的，（名苑照相館，是香港專拍賽馬照片的一家老字號相館，拍馬場照片，有數十年的歷史。戰前是他，日本人時代也是他，現在的主人溫卓明、石明兩位，是我的老友，石明兄以前既是馬主，又是騎師，司馬克墜馬喪生的「滿堂春」，便是石明兄的寶駒，我已在前文講過。司馬克死後，溫石明兄便也高掛馬靴，而且以後不再養馬，可是他是馬迷，我現在在馬場，時時都遇見他的。至於卓明兄，因爲年事高了，以前也是愛馬之人，現在却連馬場都不進去了。）而且照相是貼上四面有空白的硬卡上，硬卡上印着：「香港競馬會，一九四二或三年某月某日某某賽，路程長短，馬名，馬主名，騎師名，當時我這十幾張掛在牆上的照片，馬主名都是「沈某人」，而且我這大近視因爲眼怕光，所以帶上了墨晶近視眼鏡，現在已有近五十年，（在當時也有二十多年），我這個商標，幾乎一望而知，這位伍長一看見照片，再對我面部用電筒一照，當然知道我是沈某人，原來他也是一位馬迷。

他知道我正是「民望」與「壽星」等馬主之後，便叫我也坐在沙發上，兩人拿筆來談天，我此時方才知道他的名字叫「羽東」，也能夠講幾句廣東話，却不能多講，所以講不通的，便借重筆談。

原來他是由廣州調來的，來了已有一年多，他最歡喜跑馬，而且是每個星期日除了當值之外，多數穿便服進馬場的。他對「壽星」最喜歡，因爲這匹白馬鬥志好，他還想有一天早晨能夠到馬場裏試騎一下「壽星」，我當然祇能講歡迎；可是我對他話，「壽星」口很重，如果他要騎，我可以叫小馬伕拉住嚼口圈，怕一放手馬會溜韁，可是結果他沒有來騎過，大約他後來也問過了神谷清，知道「壽星」不是普通人所可以騎得「**掂**」的關係。

對於燈光外射之事，他說爲了公事，他不能不向上司報告，好在我們不是有意的，祇是女傭爲小孩洗澡疏忽所致，好在上司是神谷清，必無問題，不過明天上午十時，我非要到憲兵部去見一見神谷清，方能了結此事，因爲羽東帶了四個憲兵來，不打報告他不能交代也。

我請了他們飲了杯茶和吃了些餅乾，羽東纔興辭而去，臨行時他還和我話，在下次馬場見到我要問我貼士，他說你的貼士一定很靈，贏了這許多頭馬，當時的我「一身鬆晒」，當然幾大都話「一定，一定」了。

第二天上午十時，我到憲兵隊部，羽東帶我去見神谷清，我站在傍邊，羽東向神谷清報告之後，便行禮出去。神谷清然後再同我拉手，請我在傍邊椅子坐下然後對我話，這是違反軍法的事，好在羽東也是馬迷，否則我和阿蓮都不得了，並且告誡我關照家中各人，以後千萬不能再犯，否則便難以饒恕了。

一天風雲，幸虧是養了幾匹馬，方能化爲烏有，現在寫出來，猶有餘悸呢！（十七）

漫談美國

朋友的三個兒子

·林慰君·

我很高興我沒有兒子。因為住在美國而有兒子，實在是很頭疼的事！為什麼呢？因為美國現在許多年輕人都留長頭髮，而我對於長髮披肩的男人或男孩子，總覺得看着不順眼，所以我如果有一個要留長頭髮的兒子，眞想像不到會有什麼樣的結果！

我的多年老友韓福瑞夫婦（與前副總統韓福瑞毫無關係，特此聲明），膝下無女，却有三個漂亮的兒子。這三個兒子，都是我看着他們長大的。他們都很聰明，而且愛乾淨，喜歡穿整潔的衣服。一個現在已經二十歲，在大學裏唸書；一個十九歲，正在服兵役期間；最小的才十六歲，還在高中唸書。

當兵的老二，就在他家附近的一個兵營裏服役，所以他有時可以回家。一年來，我看見他很多次，每次他都會讓我覺得有一個問題要問他，而不好意思說出口。有一天我實在忍不住了，我看着他那長到頸脖的頭髮，開口問道：

『賈克，這一年以來，我看見你許多次，有的時候你的頭髮很短，有的時候相當長。忽長忽短，變化莫測，不知這是什麼道理？』

『當然為的是要好看啊！長頭髮時興些。』他有點覺得我太笨，連這麼簡單的道理都不懂。

『我知道軍隊裏是不准留長髮的，你怎麼能這麼隨便，忽然留，忽然又不留？難道他們對你特別優待嗎？』我禁不住把心裏蘊藏很久的問題一口氣說出來。我想雖然他父親是已經退休的少將，但是軍隊大概不會對他這樣優待。……除非他有甚麼特別的任務……但他才十九歲……？

這時，只見賈克對我笑了一笑，突然用力把頭髮往後一拉，那個假髮整個被拉下來，裏面那光滑柔輭短髮立刻呈現在我的目前。

『啊！你原來是戴着一頂假頭髮！』我止不住大笑起來！

『可不是嗎！』他母親一邊織毛衣一邊不好意思的笑着說：『他覺得長頭髮好看，可是平常在兵營裏，又不准留長髮，所以回家時，常常戴這假頭髮。』

『但是賈克，我喜歡你現在這個短髮式，我覺得這樣顯着乾淨俐落，非常漂亮！』我仍想盡力勸他不戴那個假髮，雖然明知不會有什麼用！

『可惜你不是我的女朋友！』他毫不猶疑的說：

『如果你的女朋友喜歡你現在這樣的短頭髮，你就不戴那假頭髮了吧？』我還不甘心，一直要問到底。

『那是不可能的事！沒有「女孩子」喜歡短髮的！你知道嗎？我從前老找不着女朋友，就是因為頭髮短的緣故。我買了這假髮以後，立刻就找着女朋友了。』他一邊理直氣壯的說，一邊很得意的又把假髮小心的戴上。在他心目中，我是個食古不化的老骨董，自無問題！

我還有什麼可說的呢！只好心中自認失敗，決定再也不勸他不戴那個假髮了！他母親怕我不好意思，趕快轉移話題，問我對時局有什麼感想。我們剛剛談了兩三分鐘，賈克的女朋友從外面回來了，原來她現在就住在韓家，因為她自己的家在紐約，她因與繼父不和，所以獨自在加州上學。

韓太太給我們介紹了以後，我心裏又覺得不大舒服。這個女孩子只有十八歲，高中還沒有畢業，長得本來是五官齊整，並不太難看。可是她把那滿頭的長髮，散在胸前、背後，和臉的兩旁，只把一個臉露出三分之一，那窄窄的一條臉，上半節又被從中間平分而垂下的頭髮，蓋住了三分之一，所以我和她說話時，她必需把頭整個轉向我，才看得見我，因為她的頭髮把她左右兩旁的視線完全擋住了。她使我想起馬所帶的兩塊擋住視線的東西，使牠不能往旁邊看，只能看前面，我不懂她為什麼要這樣自己虐待自己！

除了她的頭髮披在臉上令我覺得不順眼外，她的化裝我也不敢恭維。因為她的嘴唇上擦着白而亮的唇膏，眼睛的四週，也都抹了白而發亮的眼膏，皮膏晒得又粗又紅，看過去一點美的感覺也沒有！好好的一個人，偏要打扮得這麼讓人不舒服！

這一對年輕人，看着我當然也不會順眼，他們過了一會兒就攬着腰一塊兒出去了。韓太太知道我不會讚成這一對年青人的打扮，等他們一出去，就搖頭嘆息對我說：

『我眞沒法子！這些年輕人的舉動和他們的頭髮，我都看不慣，可是現在的父母都管不了！』

我不敢說什麼，因為美國人多半認為父母不應當干涉孩子們的自由，所以今日的社會上才會有許許多多奇裝異服和奇形怪狀的人！

韓太太的大兒子狄克從前本來也是長頭髮，而且留了一臉的鬍子，原來相當漂亮的臉，竟變得毫無意思了！可是今天我看見他，却令我大吃一驚，他的頭髮也剪短了，臉上的鬍子也刮掉了。我問他何以忽然改變了態度？他氣呼呼的說：

『我倒霉而已！』這時他母親接過來對我解釋：『他在大學讀書，不靠家裏供給，所以必須做事。他留着長頭髮和長鬍子時，找工作很不容易，即使找到了工作，做不了幾天，就被辭了。他們不好意思也不敢說是因爲他的頭髮和鬍子，其實就是因爲他們不喜歡長髮長鬚，所以他一生氣，就把頭髮剪短，把鬍子也剃光了。』

『現在他的工作穩定了吧？』我很高興的問：

『是啊！現在他在一家肉店裏担任切肉的工作，一個月有六七百塊錢的收入呢！』

『啊！切肉也能賺那麽多錢？眞不錯！』我有點驚訝。

『切肉並不容易，我學了很久才會的。而且切肉的人，都必須加入切肉人的工會，…肉不能隨便亂切，都有一定的規矩……』他很得意的告訴我。我們正在談話，韓太太的小兒子羅勃特從外面進來。他的頭髮比老二的假髮還長一點，幾乎快披到肩膀上了。

他進了門以後，一句招呼也不對任何人打，立刻就走到他母親面前對他母親說：

『愛莉絲，請你借給我十塊錢？』他向來叫父母都是叫名字。

『你要做什麽？昨天不是剛借五塊錢給你嗎？』他母親很客氣的問。

『昨天的錢，我和南茜看電影、吃飯，都用完了。明天是她的小狗的生日，今天我要買一件禮物送給它。』

『你送一件四五塊錢的禮物不行嗎？何必送十塊錢的禮物？』

『反正月底我一得到報館給我的錢，立刻就還你，別怕！我一分錢也不會少給你，下禮拜我就領到錢了。』他理直氣壯的瞪着他母親。

韓太太沒法子，只好從皮包裏拿出十塊錢來，遞在他手中，他只說了一聲『謝謝』，就走出去了。

『他現在送報，每個月也有五六十元的收入呢。』這位母親很得意的告訴我。其實我早已知道，她家的老大和老二，都是從十一二歲起就開始送報了，這老三因爲從前總是給鄰居們推草、剪花；工作沒有送報那麽累，而收入每月也有三四十元，所以他以前沒有送報。

『現在他需要的錢比以前多了，所以現在他也送報了，對不對？』我問韓太太：

『可不是嗎？他現在有女朋友了，有的時候得花不少錢呢！』

『那個女孩子多大？』我有點愛管閑事，自知這問題問得不算太好。

『她才十三歲半。』

『才十三歲半！』我心裏幾乎有點隱隱作痛！但是嘴裏只好勉强繼續說：『現在的孩子們都比咱們小的時候懂事得多，所以十三四歲就交男朋友，並不稀奇了。』

『是呀！現在的孩子們什麽都懂！性教育是學校裏必修的課程，不懂還不行呢！』

我們又談了一會兒，韓太太請我在她家吃了飯，我才回來。在路上我一直想着那個才十三歲半就已有了男朋友的小女孩子……

其實我太儍了！在美國，十三四歲就已經作了母親的女孩子時有所聞。每個大城市裏，都有專爲未結婚而生孩子的女人服務的機關，其中有不少未成年的女孩，我又何必爲這僅僅是在交男朋友的女孩子而担心呢！

一九七一年九月　寄自美國

美國通訊

芳容何處？　王澤作

打詩謎

·大方·

本文作者大方先生，少時有「條子小盧」之號，請他談打詩謎，無異夫子自道，聽他娓娓道來，不勝「白頭宮女話天寶」之慨！

詩謎之戲 由來甚古

五十年前，上海推中國最大商埠，人口凋密，商業旺盛，有許多新興事業，常在上海產生，有許多怪異現象，也常在上海首先發現；舊的過去，新的便代之而興，這情形眞好似海裏的潮水一樣，一潮纔退，一潮又起，許多年來，也不知發生了若干希奇古怪的事，也不知淘盡了幾許風流人物。記得那時有一位小說作者朱瘦菊，化名爲「海上說夢人」，寫了一部長篇小說，書名爲「歇浦潮」，傳誦人口，和當時的另一部小說「海上繁華夢」齊名。

「繁華夢」的作者，眞名孫玉聲，筆名「海上漱石生」，是個世家子弟，曾留學日本，雖然文筆不俗，但對低層社會，未能深入，因是他的作品，比較缺乏眞實感；朱瘦菊則是一個洋場才子，也是一個喜愛白相的朋友，對各階層人物，接觸得很多，他的作品，遂富於眞實感，也富於揭發性，而大爲讀者所歡迎，認爲他不單是社會小說，更可算是一種揭發黑幕的小說。上海灘新的狂潮，生生不絕，「歇浦潮」的資料，自亦寫之不竭。本篇所述，祇是歇浦潮小說中所不遑提及的一股小小浪潮，那便是所謂「詩謎潮」，雖然是一種小玩意兒，但在當時，確也曾十分哄動，爰爲追述其盛衰始末，以供一般人的談助。

考詩謎之戲，又稱「詩龍」，發源於宋代，我曾在本刊第六期「大世界新世界小世界」一文中提及，蘇東坡、蘇小妹、秦少游、佛印四人作塡字游戲，可稱詩謎的濫觴，也可以說是由來甚古了！

科舉時代 五韻游戲

從此以後，民間便發現了一種文藝化的遊戲，方式是拿一句舊詩，挖去中間一字，配上四字，連原句共爲五字，以誰能猜中原句之一字爲勝，號曰「五韻遊戲」，這項遊戲，數百年來一直流傳不替。

科舉時代，據說考場外設「五韻遊戲」的人很多，供人猜射，以現金下注，似已帶有賭博性，參加者稱那個小檔曰「詩謎攤」，更稱這種遊戲曰「打詩謎」。筆者學齡時代，值放學歸來，每見街頭巷尾，有這種詩謎攤發現。業此的人，用幾塊木板連在一起，板上用紅紙劃分一二三四五的界線，打中者一賠三，展開枱板，鋪上詩箋，便可讓顧客下注，興盡結束，拿木板摺起來，挾了便走，因爲是流動性，業此的人，絕無什麽開支。當時社會情形安定，下注者雖都是些角子和銅元，沒有銀元發現，但生意很好，意味着業此者收入不菲。筆者記得那時在法租界東新橋的電車站左右，有一個詩謎攤，每晚經常擠滿了射謎的人，稱盛一時。

半淞園中 最先設攤

民元以後的詩謎攤，都是屬於流動性，其以固定性姿態出現的，始於上海南市的半淞園。但半淞園地址偏僻，生意並不理想，有人靈機一動，改向法租界的大世界遊戲場謀取發展，果然一經開設，生意興隆，每天擠得人山人海。在游戲場中的詩謎攤，其先祇是以糖菓和玩具作爲贈品，其後，鑒於糖菓等不適實用，改爲聽裝或包裝香烟。設在大世界內的，一部份以大世界門券爲贈品，這些東西，雖曰贈品，但一出門口，在外邊的烟紙店內，即可換到現錢，其性質便成爲變相的賭博。由於生涯興旺，業此者無不收入可觀，利之所在，爭相設立，光是大世界，已由一家增至四十餘家，其他遊樂場，如「新世界」、「先施樂園」、「天韻樓」等紛紛繼起設立，傍及茶樓彈子房等處，五步一樓，十步一閣，祇要遊人雲集的所在，無不有詩謎攤發現。全盛時代，整個上海的詩謎攤，不下一百餘家之多，稱之爲詩謎潮，初非誇大之語。

別小看了這樣一個面積祇有幾方尺大的詩謎攤，當時在大世界的租金是每日大洋二十元，每月六百元。大世界共有詩謎攤四十餘個，每月共得租金兩萬餘元，一年可達三十萬元，這在當時，眞是一個驚人數字，大家曉得大世界主人黃楚九，事業做得很大，但虧空也很大，他欠了別人好多錢；感到壓迫很重，幸而有詩謎攤的收入，使他還淸許多欠債，挽救了他經濟上的暫時危機，否則，他的事業，早已一蹶不振。

老芝詩社 此中巨擘

爲了詩謎可以賺錢，有些人靈機一動，認爲詩謎攤設在遊戲場中，迹近低級，地點有欠高尚；於是繼便進一步改絃易幟，另在俱樂部中進行，於是繼詩謎攤之後，更有詩謎社的發現。詩謎之道，脫不了文人，故詩謎社最初也是由文人發起，筆者記得第一家詩謎俱樂部名曰「逸廬」，設在大世界對面的育仁里，是由鎭海倪軼池所主持。接着便有趙赤羽的嘉禾俱樂部、陸澹盦的樂社俱樂部、李雋青的來青館俱樂部和江子誠的老芝俱樂部等。多得也像雨後春筍，不過其間比較人才不足和設備簡陋的，開設不久，大都宣告結束。

上述那些詩謎俱樂部，以江子誠所創的老芝詩社，設備最佳，往來的人也最爲高尚。江氏是位青衣名票，行四，人稱江四爺，也即是著名律師江一平的尊翁，在上海是個鼎鼎大名的吃得開人物。筆者那時，也屬老芝常客，在那裏認識了好多朋友，除畫聖張大千係筆者舊友外，其餘如後爲江蘇僞省長的陳羣、烈士蔡公時、杜月笙初期秘書柯筱亭、革命前輩方聲濤、民國四公子之一的盧筱嘉，及程派青衣名票高華等，均在老芝經江氏介紹而相識；同時又認識了一位頗具傳奇性的女性「菱花老七」，她那時是江氏的篭室，在老芝管理着來賓籌碼之職，其後離開江氏，轉而經營貴族屠門，馬立師新村的艷窟，便是她一手造成的基業，極爲冶遊人士所樂道。

射謎高手　兩大兩赤

在詩謎初期發現時代，製謎者技巧尚淺，凡屬文人，對猜謎便比較有優勝把握，此中高手雖爲數甚多，唯推「兩大」「兩赤」爲具有特出射謎專家。所謂兩大，係號稱大總統之李雋青，和號稱大英牌之盛徵祥，所謂兩赤，爲筆名紅柳村人之趙赤羽，及新劇巨子夏赤鳳。李雋青本是一個富家子弟，精於國學，他和老牌導演卜萬蒼交誼甚篤，萬蒼常跟着他打詩謎，李出手敏捷，喜打孤注，來時常帶一批朋友，他打十元，萬蒼跟注要打二十元，往往一擊而中，因李是此中領袖人物，故有大總統之號。至於大英牌，國學並不十分好，而以戰畧高明取勝，一擊而中，再接再厲，人皆認爲勁敵。緣因當時之紅錫包香烟，俗稱大英牌，其廣告上有一大盛字，故相識對這位盛先生均呼爲大英牌而不名。至於趙夏二君稱爲二赤，因其名字中各有一赤字之故，除此之外，當時文藝中人，浸淫於詩謎者，不在少數，約畧計之，有鴛蝴派鼻祖徐枕亞、小說家陸澹盦、名醫惲鐵樵、作家徐哲身、詞章家奚燕子等，莫不曾在此道內，迷戀過一個時期，但盡爲客串性質，並未進入於職業階段。

在初期謎壇健將中，李雋青不失爲一突出人物，詩謎凌替後，忽然從事於撰寫時代歌曲，筆意生動，措詞雅俗共賞，號稱此道大家。二十餘年前，南來香港，隸永華公司，爲各公司撰寫歌詞，頗獲佳譽。其後亦撰寫劇本，以歌唱片爲主，邵氏出品巨片，由林黛主演的「江山美人」和「貂蟬」等，均出李君手筆，不幸於數年前病逝香港，聞者除悼念外，既感歌詞作者繼起無人，並感謎壇舊友又弱一個之歎！

詩謎集團　鳴社最久

總觀上海的詩謎潮，自半淞園開始，轉入遊戲塲，更自遊戲塲而進入俱樂部，由衰而盛，復由盛而衰，以至於全部消歇，先後亦達三十年之久。在此三十年中，詩謎本身起不了什麽作用，另一作用，却是啓發了上海人好賭之心，過去上海租界法律，公開賭博是屬於禁止之列的，但詩謎却是變相的公開賭博，由於詩謎的啓示，隨之滬市郊區，便有小型賭塲的發現，追本窮源，海上詩謎，是難辭其導人於賭博之罪的。

上海小型賭窟，既在秘密狀態下產生，一般賭徒，對詩謎多不感刺激，於是詩謎之戲，遂也爲之消歇多年。直到抗戰興起，上海許多文藝界人士，都感無事可爲，便有人發起以詩謎消遣；惟知每日舉行，不能持久，便改爲每星期六舉辦一次，此一組織，題名「鳴社」，其先雖祗是藉聚餐方式，從事消遣，不想其後上海市面畸形發達，其間亦有暴發戶參加，輸贏之數愈來愈大，遂使消沉已久的詩謎遊戲，造成了中興局面。這一組織，因係每星期一次之故，變成一個帶有賭博性的聚餐會，時間延續得很久，自抗戰開始至勝利後期，始告結束，其生命幾乎相近十五年。

高手分析　詩謎技巧

鳴社創始，雖非詩謎全盛時代物，但中堅份子都是資格深老的人物，經驗豐富，差不多已成爲此道專家，外來人士，是絕不能和這般好手爭勝的。其間關鍵，由於打詩謎之能取得勝利，不在學問，而在戰畧，鳴社的一位高手，嘗分析打詩謎之如何取勝，必需於「打詩謎」三字的意義，加以個別的研究。首先說打字，打者即襲擊之意，切忌無的放矢，貴乎坐待時機；用奮力的一擊，使對方受到重創，故某些人士，在十條中打中七八條，但並不贏錢，而利害朋友，祗需於十條中打中一條，即可大獲全勝，此即所謂打的策畧。其次談詩字，即是說此人於詩道富有修養之意，遇自己明瞭而他人不懂之詩典，自可取得勝算，但此並不重要，因鳴社會員都爲好手，能授人以柄的機會，實在不大多也。最後再談謎字，謎者，具猜度心理之意，因製謎人之風格各有不同，打謎者必需猜度製謎人之意向，針對其披露之字面而捉捕之，故心思比較老實的朋友，往往爲狡獪者所擊敗，明乎此，可知詩謎雖小道，其間亦大有文章，學問在乎次要，貴在隨機應變，和有料敵之明，乃可無往不取。執此之故，有許多詩壇名宿，來鳴社觀光，均遭慘敗，而鳴社健者，對舊詩根底，倒並非盡是富於研究之人。

撰製詩謎　切忌濫調

舊日詩謎，以至初期時代之詩謎，其製法均近於粗製濫造，至進入俱樂部，詩箋內容，比較進步，至鳴社更爲嚴格，其所用配字，避免用亭台樓閣、江河湖海、東南西北、春夏秋冬等字樣，因上述配字，均無法推敲，使射者索然無味，故鳴社謎箋，必需全從詩眼着想。試舉其例，初期詩謎，隨意於詩中挖去一字，如處處聞啼鳥，挖去鳥字，可配以鶯、鴉、鳩、鵑等四字，顯得平凡。鳴社製箋，則極講究，如酒滴銅槽夜有聲句，挖去「酒槽」二字，配以「水壺」、「淚人」、「露盤」、「雨龍」等字樣，如此則不僅著者煞費功夫，猜者亦需多用腦力。又過去詩謎之所配四字，可隨意取用，鳴社則改一種花樣，必需所配的四字，連同原來的一字，可以湊成一句通順的句子，這種謎條，撰製便比較不易，必需於偶然間得之，但亦有做得不惡者，試舉幾則如下云：「思情更比此情多」，挖去思字，配以「想我才郎」四字，其傍五字，成爲「思想我才郎」。又如「不轉廻腸萬斛愁」，挖去不字，配以「怕輪盤賭」四字，其傍五字，成爲「不怕輪盤賭」。又如：「相限分明不可移」，挖去「相」字，配以「白大世界」四字，成爲「白相大世界」，雖屬雕虫小技，具見作者頗具巧思，皆比舊日謎條爲饒有興趣，像上述那種謎條，當時做得不少，日久大率遺忘，偶錄二三則，以誌鱗爪。

詩壇名宿 不堪一擊

參加鳴社的會友，對於這一種玩意，至少都有二十年以上的經驗，深得其中三昧，同時身經百戰，已到達精鍊的階段，他們的造詣，自非一般偶然嘗試的人所可望其項背的。自鳴社成立，數年來所向無敵，名氣很大，海上有幾位詩壇耆宿，如況蕙風、冒廣生、夏劍丞、姚虞琴（著名畫家）、虞和欽、紅豆舘主（溥侗）等，聞而不信，均到鳴社來列席參預，其間姚虞琴且自製了一封詩謎嘗試，不想放上去，如風捲殘雲，不堪一擊，自此上述諸老，纔相信後生可畏，非他們所可力敵，除參預射謎行列外，本人再不敢以自製詩謎嘗試。

大抵撰製詩謎之關鍵，其開出之字，貴在避生就熟，切忌多開怪字，也有人開極熟的成句的：譬如「處處聞啼鳥」句，其實除了鳥字，其他字都是不通的，但別人以爲你那鳥字是故佈疑陣，絕不敢開，下注都在別的字上面，但你偏偏開出鳥字，這就同於「打沙蟹」中的「偷鷄」，雖然冒一些險，祇要不被人家捉住，便會大有所獲；不過偷鷄亦祇能偶一爲之，如果一再表現，那便會變成『偷鷄不着蝕把米』了。又譬如『相限分明不可移』句，配了白、大、世、界四字，界限大限都是熟句，相限便比較陌生，容易給人捉住，但幸爾又配了一個白字，白限比了相限更生，於是打的人便放棄了界限和大限，拿目標都着重在白限、世限上去，減去了相限的壓迫，便成爲輕鬆的局面了。當然這一條詩謎，如開大限，便也成爲偷鷄，但鷄不可常偷，故開相限，雖然畧有冒險性，還不失爲中庸之道。明乎此點，可知詩謎雖小道，欲求制勝，也非易事，誠如鳴社某高手所言，打詩謎者，必需在打的方面和謎的方面有其獨特技巧，詩的方面，反屬次要。基此理由，無怪有許多詩壇名宿，其所製謎箋，在鳴社諸人的圍攻下，均不堪一擊，主要關鍵是他們祇懂得做詩，而不懂得下注輕重的技巧，和不懂得猜度射謎者心理之故。

詩謎舞弊 梅花古本

詩謎以文字遊戲而淪爲變相賭博，就風格而論，已落下乘，但其間有一優點，便是沒有舞弊，因爲撰製詩謎的所有詩句，都是在前人印就的詩集上採取下來的，原詩上用那一句，詩謎開出的亦必需那一個字，當時的詩謎攤有一規定；如果猜者對所開出的字，感到懷疑，可以要求主人取出原詩集來對証，謂之「對証古本」；如果拿不出來，規定需十倍處罰，並且規定所用詩集，必需爲木刻本，由於鉛印本可臨時趕排，而木刻本不但成本昂貴，且非短時間所可辦到，這便是防止作弊之意。比了其他賭博，較爲安全。舉例來說，人們賭牌九，會碰到牌九老千，用吸鐵石和灌鉛骰子一類器具，莊家可以穩操勝算。又譬如賭搖攤，莊家也能在骰子中做手腳，開出的寶，可以避重就輕，但詩謎便不同了，他的謎底爲某一字，早已寫好在謎箋之上，你打中了無論如何也無法更換。故平心而論，如言賭局，打詩謎畢竟比上賭場要安穩得多，如果你不過份沉迷，則偶然打打詩謎，倒也不失爲閒中消遣之道。

不過你如要說詩謎之戲完全沒有弊病，那也並不盡然，詩謎格律，重在對証古本，每一句詩，祇能開原詩上的一個字，但老於此道的職業賭徒，便別闢蹊徑，另行特製一種古本，那種古本分爲五冊，所配的五個字，除原本外，其他四個字都可開，因爲五數同於梅花之瓣，故這種古本，內行稱之爲「梅花古本」。此種五字均可開出的詩謎條子，多數流行於遊戲場間，由於詩謎初起時，攤位甚多，供給詩謎的人較少，謎箋供不應求，往往負責詩謎的人，需供給幾家攤位應用。他所有的詩謎；下午供應甲家開，晚間又供應乙家去開，如果這一封詩謎，有人曾在下午打過，他勢必一敗塗地，於是便利用所謂梅花條子，雖然謎面一樣，謎底已換了別個字，遇見這種情形，對原字拚命下着重注，開出來却是別一個字，非特不中，反受重大損失。你如要看古本，他也照樣拿得出來，這種梅花條子的作用，主要是使人上當，次要則是使人懷疑，即使你開的仍是原句的字，打的人也不敢猛下重注。不過上述情狀，以發現於遊戲場爲多，俱樂部中，則比較少見。謎箋是雅稱，口頭上便叫詩謎條子。

曇花一現 詩謎尾聲

海上詩謎潮，自民國十餘年開始，初發現於半淞園，漸蔓延於各個遊戲場，更旺盛於各個俱樂部；其後由盛而衰，由天天舉行之公衆集團，改爲一星期一次之私人約叙，數十年來不絕如縷。論謎壇健者，前之「老芝」，後之「鳴社」，可謂集高手之精英，此一集團，直至二十餘年前，上海人紛紛遷港時，始宣告結束。

當筆者初蒞香港時，港地市容黯淡，許多人都感無事可爲，筆者亦因無聊之故，曾招邀文壇舊友多人，假九龍何文田道北平李麗家中，屢次舉行詩謎之會。當時參加人士，老友有卜萬蒼、李雋青、大英牌盛君諸人，新交則邱訪陌、劉以鬯、南宮搏、楊易文諸人，居然頗爲熱鬧，不久筆者遷居台北，在台亦遇見昔年謎友數人，因亦偶然舉行詩謎之戲，惟情況不若港地之熱烈。

其後，香港商業狀況，漸漸繁榮，各人均獲致固定工作，職業所在，初乏餘暇更從事此等推敲之戲。近年來，謎友李雋青、沈孟平二兄先後逝世，往日謎壇健者之僅存者，除筆者外，餘祇卜萬蒼與大英牌盛君二人，偶然遇見，思欲召開一次詩謎雅集，藉聯舊雨之情，但無論如何，已湊不起一席的人數來，三十餘年間，上海不絕如縷之詩謎遊戲狂潮，到了七十年代的香港，始實行壽終正寢。放眼前途，賭博正陸續產生新的花樣，而詩謎之戲，必需懂得文藝的人，方有興趣，對象較少，故預測關於此道，今後不會再度盛行。筆者今以作客之身，偶憶前塵影事，草爲短文，亦正是所謂發其「思古之幽情」而已。

我所見到的堂會好戲

李北濤

平劇在上海，雖然由來已久，但眞正發達，要算民國以後。北方名角，漸多南來，票房林立，人才蔚起，而租界聞人，如黃（金榮）張（嘯林）杜（月笙），工商鉅子如王曉籟、袁履登等，對之發生興趣，提倡鼓舞，自辦票房，開設戲院，張杜有時自己客串，粉墨登場，除名伶教師侍候照料之外，金少山、苗勝春等名角，亦樂於受邀陪演。以是巨紳富室，商場名流，家有喜慶，常有平劇堂會助興，邀集伶票，歡樂連宵。票界之中亦頗有精彩傑作，不輸內行，如俞振飛（彼時尚未下海）羅曲緣、孫鈞卿的「羣英會」，裘劍飛的「獅子樓」，李白水的「桑園寄子」，馮叔鸞（筆名馬二先生）之「烏盆計」，富春樓老六的二本「虹霓關」，高第老七的「賀后罵殿」等，皆是其中之佼佼者。但亦有逢場作戲，自我陶醉之滑稽演出，如有一位沈田莘老人，致仕居滬，自命「長板坡」爲拿手戲，杜月笙特煩請楊小樓爲其指點糾正，逾日堂會登台，楊小樓把場子，金少山捧茶壺，隨時照料，結果，台上沈愈賣力，台下觀衆愈哄堂。又如王曉籟演「空城計」之司馬懿，竟殺進城去，嚇得城樓上之孔明逃入後台。特此種堂會，完全二三好友，臨時玩笑之舉，並非常見。若問海上堂會，則有兩次，名貴特殊，値得一提者。一爲前清遺老陳筱石每年舉行之小型堂會，一爲浦東杜氏宗祠落成的三天盛大堂會。今就記憶所及，將其見聞拉雜寫出，以誌眼福。

孟德蘭路陳宅堂會

貴陽陳筱石先生，在前清歷任封疆大吏，清末年老退休，隱居滬上，住孟德蘭路自宅。平生最喜聽戲，如逢戲院有京中名角登台，正廳三四排座位，必見此老由人陪同入座，唯一標誌，爲紅結小帽及棗紅馬褂。彼時戲院，皆用「案目」，（經銷戲票的人）好的座位，皆分掌在此等案目手中，案目各有其熟客大戶，如遇好戲，必事先報告，代留若干好座，戲價毋須現付，逢時過節，始來收賬，額外之費，當然從豐。有時案目來借一筆整數，將來在戲價中陸續扣還，這筆賬亦只好聽其隨便算算，不能過份計較，否則遇到梅蘭芳、馬連良等紅角來時，招呼即不靈便。孟德蘭路陳公館，自然是案目的大主顧，彼時距清朝時代尚近，一般人對於這位庸庵老人，仍多呼陳大人，或稱陳筱帥。

陳家居滬，向不與時流往來，每年老人生日，祇其至親好友，來家慶祝，如興致好，則發起小範圍的堂會，概由江子誠四爺號紫塵（江一平兄之尊翁）爲戲提調，由京中邀聘紅伶名票，即在住宅內搭台演唱，屋既不廣，客亦不多，惟齣齣皆是名角佳劇，靜心視聽，誠足以悅性怡情。某年，張嘯林忽來向陳筱帥拜壽，並請加入串演，主人再三遜謝而罷。余以與陳氏有世誼，又與其令姪子培，在交通銀行同事，每年幸能躬逢其盛，惜常以事冗，漏去好戲不少。但尚有幾齣，印象未泯，憶述如次。

一、孫履安姜妙香之連陞店

孫履安老先生爲孫養農兄之尊翁，其丑角戲極有來歷，曾得名丑羅百歲指授，內行亦多佩服，如馬富祿等，皆事以師禮，一齣「老黃請醫」，是其一絕。是晚演「連陞店」，妙趣橫生，有一處，將壽翁庸庵老人一生之官銜，由少至老，整套背出，揷入戲詞內，博得滿堂彩聲。又有一處，引姜妙香尋房住，姜指問一房，孫答曰：「這是南京新貴老爺們住的，你哪配」！原戲詞本無新貴二字，孫在此時加入，正是針對現實，如非胸中有物，臨時何能道得出。

二、程艷秋王少樓之御碑亭

王少樓彼時正紅，嗓音不高，而跌宕有致，調門正可與艷秋配合，故演來珠聯璧合。王少樓之身上，邊式好看，最受歡迎，此戲後段演到向妻下跪賠罪時，先灣身向門外一張，探望有人無人，其身段與表情，至爲美妙，果然滿堂叫好。此人上海人緣甚佳，聞其倒嗓，淪落天橋，滬人士頗多婉惜？其後某年，譚富英膺聘南下，忽與王少樓同來，海報登出，甚受歡迎，打泡戲「羣英會」，譚飾孔明，王少樓飾魯肅，不料王一出場，已無昔日之台風，衣帽陳舊，面目黝黑，嗓音沙啞，一無韻味，雖有捧場彩聲，始終未見出色。第二天即未見出演，從此絕跡滬上，祇其所灌之幾張唱片，至今尚有人愛聽。

三、程君謀之空城計及探母

程君謀爲武漢有數之譚派名票，心儀已久，此次在陳宅堂會，始獲相識。其人洵洵儒雅，學養功深，聆其「失街亭」之引子及原板，譚味盎然，嗓音清逸蒼勁，近似早年之譚，尤其念白，湖廣音韻，超越時流，知其於譚三折肱矣，更能六場通透，琴鼓皆精，又可見其博學多能也。

民國十九年，君謀曾爲孟小冬女士邀往天津伴奏。其時孟尚未拜余叔岩之門，常從王君直、陳彥衡等請益，專習譚派，已享盛名，因與君謀同派，至是請其同行。所演爲「捉放曹」，飾曹操者，爲淨角馬連昆，此人在內行中，即以狗戎著名，今聞程君謀係南方票友，乃存心不良。向來北方內行，對於票友，已經輕視，對於南邊人，更外瞧不起。馬連昆之曹操，唱原板時，不等到胡琴之過門，即開口唱「恨董卓專權亂朝綱……」，程冷不防，爲之一驚，到第二句又是如此，程又一驚，繼乃知其黔驢之技，不過如此，乃鎮定照拉下去。事後程責問馬云：「你要學劉永春的玩藝，不是這麽學的」，馬被拆穿，乃始拱服，以上係孟女士爲余所言。

勝利後，在上海陽春社，得與君謀又時相晤，老友王仲鈞、楊畹農等均常在座，當年好景，不堪廻首矣。

四、張伯駒之打棍出箱

張伯駒鼎鼎大名，一向是被稱爲唯一余派票友，應該是余叔岩親傳。聞其秉性怪僻，在余叔岩家，如有他人吊嗓，每以兩手掩耳，唯恐聽到，汚了他的耳朶。他一腦子的思想，只是「我有的是錢，有何事辦不到」，所以他演「空城計」，特用天大名角余叔岩、楊小樓、王鳳卿、程繼仙等爲配，以示豪濶。張父爲前清直隸總督張鎮芳，與袁世凱爲表弟兄，宦囊甚豐，投資鹽業銀行，有財有勢，乃生出這樣的狂妄子弟。此次來陳宅堂會，出演「打棍出箱」，隨帶配角錢寶森（錢金福之子，飾煞神）王福山（王長林之子飾樵夫），聲勢浩大，我以爲他或許有點眞本領，特地抽暇，前往聆聽，不料張之聲音，竟聽不到一字，我特站台口，仍聽不見，看其口，似在念「八字門牆……」，再看其與樵夫比劃之身段，則手足僵硬，頻抖水袖，王福山好似在台上耍猴子，如此大名票，只得倒抽了一口冷氣而出。事過境遷，幾已淡忘之矣，不意數年之後，竟與此君發生一小小惡因緣。

抗戰勝利次年，西藏活佛貢噶喇嘛，由川蒞滬，住在小沙渡路阜豐麵粉廠經理孫君家中，我係在重慶的皈依弟子，白天無暇，每於晚間前去問安。有一晚傳授密宗大法，至夜一點方畢，外面大雨傾盆，一時叫不到許多汽車，主人請我車中，帶一位師兄同行，送到東亞旅社。我乃邀其人登車開行，途中二人默然良久，我乃請問貴姓？其人回答「我是張伯駒」，說罷又默然不語，並不回問我何姓，我想，原來就是那唱不出一聲之狂妄名票，到這時還要如此的「顚而又狂尊而又大」，何必再對他客氣，我亦效陸炳之「撤坐」，命車夫停車，開車門，讓這人下去，雖仍大雨滂沱，也顧不得他了。

五、紅豆館主之三次好戲

紅豆館主乃滿清皇室，名溥侗，人稱侗五爺，或侗五將軍。能書畫，精鑒賞，能歌，文武崑亂，無一不精，曩在都中堂會，看過他的「風箏誤」之醜小姐，有人說他能演「金山寺」之崑旦。來滬住在江紫塵四爺家中，因之得以識荆，每與縱談梨園掌故，書畫源流，深爲合契。余不懂戲，而喜聽戲，得聆高論，獲益良多。江四爺爲早年青衣名票，曾在亦舞台客串，用江夢花之名，演「二度梅」等老戲，古色古香，聞者無不擊節嘆賞。

紅豆館主之戲，在陳宅堂會，先後看過三次，（一）搜山打車（崑曲）；（二）奇雙會（吹腔）；（三）割髮代首。

「搜山打車」，館主飾程濟，徐烈丞飾建文帝，君臣二人，逃避江湖，老臣孤忠，維護幼主，我參看曲譜「綴白裘」一書，以聆其歌，眞是字正腔圓。其後對于追來兵將，慷慨直陳，辭嚴義正，卒令其感動而得逃脫。

「奇雙會」今多貼「販馬記」，館主飾趙寵，梅蘭芳飾桂枝，館主用大嗓唱念，而腔調做表，悉守官生典型。與蘭芳一切舉動，絲絲合縫。記得多年前，在九龍看過姜妙香與張君秋合演此戲，即有多處，姜在等待張君秋，彼時姜已七十二歲高齡，此戲與蘭芳不知演過多少次，一切皆有準繩，張君秋似尚不能合拍，今館主與蘭芳演得合式，足見館主之高明。飾李奇者爲徐子權，乃凌雲先生之次子，自然演來令此劇生色不少。

凌雲先生即徐園主人，與俞粟廬（俞振飛之父）齊名，而凌老武工更爲卓爾不羣。韓世昌崑班來滬時，侯益隆演「鍾馗嫁妹」，其後在陳宅堂會中，凌老亦演「嫁妹」，腿脚輕健，美妙絕倫，而今思之，此等名劇，俱已成廣陵散矣。

「割髮代首」即「戰宛城」，館主飾曹操，荀慧生飾嬸娘，李萬春飾張繡，劉奎官飾典韋。自「馬踏青苗」演起，館主着厚底靴，口念牌子，手持令旗，登高指揮，其氣派之大，不可一世，以一瘦削老人，不知何以能演得如此威重。及其後來敗逃，倉皇中仍不失身份，眞見功夫。曾見袁世海演此戲，前半尚合，後半猶似小丑，即不知顧全身份。戲完後與館主閒聊，荀慧生不錯，李萬春不行，當晚場面亦打得不對，此演戲之所以不容易也。

浦東杜祠落成堂會

杜月笙出身鄉農，任俠好義，重然諾，輕施與。光復及北伐諸役，杜率其徒首先響應，功在國家。成名以後，交游滿天下，朝野多歸之，人謂其以布衣雄士，俠儒兼資，信非虛譽。

民國二十年，杜氏特斥巨資，在其家鄉浦東，建立家祠，肯堂肯構，輪奐有容，乃擇定六月十日，爲落成之日，廣發請柬，招待佳賓。於是上自政府大吏，名公鉅卿，遠至各省軍政長官，工商鉅子，致送扁額屏聯，鴻文鉅製，或派代表，或親自來賀，上海市伶界聯合會，發起義演佳劇，以申慶賀。北平伶界，亦聞風興起，集體南來，報效義演，爲酬杜氏歷年德惠。於是商定，在落成之日及前後各一日，共演堂會三天，南北名伶，薈聚一堂，分演佳劇，以謝來賓。北方名角，除余叔岩外全部南來，三天所演之戲，固屬皆是拿手，又因主人方面，多是此中行家，不容敷衍塞責，故各人奮勇當先，個個賣力。風聲所播，遠近來賓，蜂擁而來，事後估計，賀客竟超過十萬人之多，故有謂此三天堂會，空前絕後，確不誣也。

此次堂會前一日，主人曾在範園設宴，全體名伶合攝一影，推龔云甫、李吉瑞、楊小樓等坐于中間，四大名旦坐于兩旁，主人等立于後。

浦東乃一小小鎭市，此數天，車水馬龍，擁擠不堪。交通方面，由上海金利源碼頭乘小輪到浦東，備有小火輪及汽油艇數十隻，浦東碼頭到杜祠，有七八里之遙，備有黃包車百多部及小奧斯丁汽車多部，來往接送。但是人山人海，何能夠用，鄉民將其獨輪木車，推來送客。北方客人，路途不熟，言語不通，聞有幾位名角，即乘此車前往。姜妙香搭不到車，只得步行，隨衆走到杜祠，好在姜六每天練習八段錦，這點路程，尙不覺得吃力耳。三天戲碼列後：

第一天——六月九日

徐碧雲、言菊朋、芙蓉草、金仲仁、「金榜題名」，荀慧生、姜妙香、張春彥、馬富祿「鴻鸞禧」，雪艷琴「百花亭」，尙小雲、張藻宸（票友）「汾河灣」，華慧麟、蕭長華、馬富祿「打花鼓」，李吉瑞、小桂元「落馬湖」，程艷秋、王少樓「蘆花河」，梅蘭芳、楊小樓、馬連良、高慶奎、譚小培、龔雲甫、金少山、蕭長華「龍鳳呈祥」。

第二天——六月十日

王曉籟、袁履登「八百八年」，劉宗楊「安天會」，程艷秋、貫大元「賀后駡殿」，楊小樓、高慶奎、雪艷琴、劉硯亭「長板坡」，王少樓、金少山、張春彥「捉放曹」，徐碧雲「彩樓配」，尙小雲「三擊掌」，麒麟童、王芸芳「別窰」，郭仲衡、芙蓉草「趕三關」，梅蘭芳、譚富英、言菊朋「武家坡」，譚小培、雪艷琴「算糧」，荀慧生、譚小培、姜妙香「銀空山」，梅蘭芳、荀慧生、馬連良、龔雲甫「大登殿」，「全本紅鬃烈馬」。

第三天——六月十一日

金碧玉、楊鼐儂、彭春珊「滿堂全紅」，小楊月樓、小奎官「岳家莊」，言菊朋「瓊林宴」，荀慧生、麒麟童、劉奎官「戰宛城」，馬連良、金少山「取滎陽」，高慶奎「取帥印」，徐碧雲「花木蘭」，尙小雲、龔雲甫、貫大元「馬蹄金」，劉宗楊「挑華車」，梅蘭芳、譚小培、金少山「二進宮」，李萬春、藍月春「夜奔」，雪艷琴、姜妙香、雪艷舫「弓硯緣」，李吉瑞「臥虎溝」，程艷秋、譚富英、王少樓「忠義節」，楊小樓、馬連良、劉硯亭「八大鎚」，梅蘭芳、荀慧生、程艷秋、尙小雲、金少山、高慶奎「四五花洞」，麒麟童、趙如泉、劉漢臣「慶賀黃馬褂」。

一天的戲有如此之多，故劇場分兩處，一在祠內大廳，一在祠外廣場，兩邊皆是好戲，二者不可得兼，此爲憾事。每天午後三點開鑼，演至翌晨黎明，劇場內擠得水洩不通，座無隙地，好容易捱到坐位，便不能起身，如遇吃飯或小便離座，則無法再進入，是以來賓只好忍尿挨餓。幸得招待人多，擲送麵包蛋糕汽水等，張嘯林王曉籟站在台上指揮，二位擅唱黑頭，黃鐘大呂，招呼周到。好在戲迷專心來聽好戲，此等苦中作樂，亦所情願。筆者固亦是戲迷，但一連三天，亦吃不消，只得偸空休息，擇尤欣賞，放棄許多佳劇，徒呼負負。

一、徐碧雲言菊朋之御碑亭

徐碧雲此時正紅，嗓音亦佳，唱腔甚多學梅，避雨之滑步，因其爲武旦底子，走來甚好看，徐一度有加入四大名旦成爲五大名旦之呼聲，惜其臉龐不美，未能如願，後染嗜好，又被桃色官非，聲譽跌落。抗戰時在漢口相遇，烟容滿面，形容憔悴，屢捧不紅，可爲太息。言菊朋同陳十二到過上海後，人緣不壞，譚味頗醇，嗓音未怪，極爲耐聽，惟扮相身上，嫌不邊式，旁座有北方口音者說，扮相太貧。

二、荀慧生姜妙香之鴻鸞禧

此爲荀慧生之拿手好戲。記得昔年，藝名白牡丹，隨楊小樓等初次來滬，稱爲三小一白，在天蟾舞台演倒第三四齣，打泡戲即「鴻鸞禧」，小生係名小生李桂芳（李麗華之父）配搭甚好。荀之扮相秀媚，做工細膩，先飾小家碧玉，一路演來，活潑伶俐，及至夫婿得中赴任，將上官船，荀仍是故態，得意搶先，不料夫婿擺起官架，扳臉抬手一攔，不讓先登，荀此時身微後仰，轉身向外，將右臂搭到其父肩上掩袖嗚咽，此一身段表情，美妙之至。一剎那間，將自己救錯人、嫁錯人之一股怨恨、委屈，全都表達出來，如何不叫聽衆同情叫好。余即料定此子必紅，乃與同好鄂呂弓等，挽其留滬，在亦舞台與王又宸同演。時程艷秋郭仲衡正在天蟾演唱，竟與之打對台，而賣座不衰，期滿回京果紅，遂改今名，而躋身於四大名旦之列矣。

三、雪艷琴之百花亭

雪艷琴爲尙小雲之徒，嗓音圓潤清亮，唱尙派，無其剛而得其柔，故甚好聽。其人碩長，中人之姿，面帶微麻，但一登台，扮相極美，頗有滬上人士爲之傾倒。回京後，間與余叔岩同台，藝乃大進，遂成名角。

四大名旦之一荀慧生早年演出之「鴻鸞禧」

四、全本龍鳳呈祥

馬連良之喬玄台風瀟洒，服飾悅目，「勸千歲殺字休出口……」一段，街頭巷尾，正在流行。譚小培之劉備，有譚家傳統之好嗓子，大路唱工，聽不出味道。蕭長華喬福，劉宗楊演趙雲。

招親時，梅蘭芳之孫尙香出場，雍容華貴，美麗端莊。劉備換了高慶奎，一絲不苟，自具風範，有人做得滑稽，未免有失身分。趙雲叩宮，劉宗楊顯出身手，他是楊小樓的外孫，劉硯芳之子，乾淨俐落，幾句道白，亦帶楊味。

蘭芳別宮，龔雲甫之國太，老態龍鍾，門簾揭開，由一青布長衫之檢場人，攙扶而出，彩聲雷動。（彼時不行拍手）其實檢場人扶出，演劇氣氛不好，爲何不用宮女扶持以合劇情，不知主持者何以未想到此。龔雲甫之嗓音，仍甚淸越，口勁亦佳，與蘭芳問答對唱，並不含糊，蘭芳一段別母之唱句不多。偶憶民國十八年在北平舉行山西賑災義務戲，亦有「龍鳳呈祥」，程艷秋之孫尙香，與龔雲甫演「別宮」，艷秋有大段唱工，悲愴動人。尙憶是夕蘭芳係與余叔岩演「戲鳳」，眞是絕唱。

回荊州時，趙雲換了楊小樓，與梅高二人，走「三挿花」時，小樓手持長鎗，一馬當先，氣概之佳，我不禁低聲念出好一員虎將！尤其三人步伐整齊，尺寸不亂，脚下有板，令人叫絕。事後，杜氏在上海酬賓，我特坐在蘭芳、小樓一席，可以聊天，我問那天的回荊州，你們何以跑得那樣好？是不是脚底下眞帶着板？蘭芳笑說不會不會，這戲唱得多就熟了，我陪楊老板，也不知有多少次了，跟着走，還會錯嗎。小樓亦說，演得久了，就會有了快慢尺寸，倒是小樓很贊美高慶奎，說他武功有底子，所以三人能夠合拍也。時隔不久，大舞台挽留蘭芳演十天，蘭芳即約高慶奎同演云。

龔雲甫演「四郎探母」之佘太君

五、程艷秋之賀后罵殿

此爲艷秋出名之戲，是日嗓音甚好，特別冒上，故聽來覺得音韻鏗鏘，一句一彩。後來艷秋自己，亦承認那一晚的「罵殿」，是其生平得意傑作之一，老生爲貫大元。

六、楊小樓之長板坡

楊小樓此戲，南北齊名，况且搭配整齊，有高慶奎之劉備，雪艷琴之糜夫人，劉硯亭之張飛。存心要去好好的欣賞，不意趕到，已成尾聲，乃往後台慰問，只見小樓正在懊惱，據其自己說：「抓帔」的動作，未曾做對，心中不快，此可見老輩名伶之演戲認眞也。

七、麒麟童王芸芳之投軍別窰

此係全本「紅鬃烈馬」之一折，麒麟童以做工老生擅長，「別窰」乃武生及小生之戲，似不對工，觀其所演，迎合新潮，不合老路，心不謂然。不料多人宗之，竟成範型。許多老戲變質，絕藝失傳，流風所被，可勝太息。

八、荀慧生之銀空山

慧生飾代戰公主，功架甚好，與穆柯寨場子相同，圍獵走邊，轉身射箭，腰腿有功夫，秦腔花旦出身，武功自具根底，一口京白，流利動聽。梅演下一齣大登殿，有這位代戰公主，足使全劇生色不少。

九、麒麟童荀慧生之戰宛城

民國八年，在北平，友人皆是梅黨，邀往新明大戲院，看梅蘭芳之「醉酒」，忽見前面有余叔岩之「戰宛

「四五花洞」自右至左：趙榮琛、程硯秋、梅蘭芳、楊畹農，勝利後在上海天蟾舞台演出。

城」，配角有白牡丹、（即荀慧生）錢金福、王長林等，不覺大喜，因此戲爲我所歡喜看，而余叔岩尚未聽過，此尚是第一次。此戲須文武並重，前後場紮靠開打，中場文扮，做表要好。余氏出場凝重，與典韋對打，身段邊式，戰敗下場，及其餘下場使的槍花，前後有好幾個，每個不同，不意余叔岩有如此的武功。及投降後，改穿官衣紗帽出場，神氣又不同。校場操演，分別送曹操、許褚、典韋下場，對於三人的神情表現，各各不同，均有分寸，然後跺腳飲恨，轉身背手將令旗徐徐捲起，搖頭下場，此一表情姿態，美妙之極，台下彩聲四起，果然名下無虛。余氏已息影多年，其時嗓音恢復，格外聚精會神落力演出，我倒是無意中得到一大收獲。友人見告，小余這齣戲，完全是老譚的路子。由此我乃常偕友人到新明戲院，他們專門捧梅，我則兼注重看余。

今觀麒麟童演此，路子不同，無法比較，惟麒在中段文場的表演，如觀操之受氣，見春梅丫環之驚呆，稱曹操爲叔父之勉强，亦有其獨到之處，所以能獨樹一幟，自成一家，「戰宛城」亦爲麒拿手好戲之一也。

十、四大名旦之五花洞

此爲三天堂會戲之結晶，在此前「四大名旦」，曾合灌過一張唱片，即係「四五花洞」，今則各人本身，親到舞台，共在一堂，獻露色相，各逞歌喉，鬥麗爭妍，即此已足夠當得起「空前絕後」四字。所有賀客來賓，多在等待此最後之結晶，以一飽幾生修得來的眼福。台上台下擠滿人羣，主人杜氏，亦只好遠立竚觀，喜笑欣賞，可謂盛矣。

此次北方各名伶南來，自稱報效，但杜氏仍各致送程儀，頭等名角五千元，其次三千元不等，三天堂會，盛况空前，亦可稱難乎爲繼的了！

談起「四五花洞」，有兩次特別的配搭，附記於此。一次爲張嘯林六十生日，在上海大滬花園演堂會，因程硯秋赴四川演出，不及返滬，乃由四大名旦中之尚小雲、荀慧生與四大坤旦中之章遏雲、新艷秋合演的「四五花洞」，兩男兩女，別開生面。張嘯林與陳筱石先後生日，均在五月初，角兒趕包演堂會，賀客趕包看好戲，場面衣箱，均忙得不可開交。又一次爲宋慶齡發起之救濟義務戲，因尚小雲、荀慧生均不在上海，乃由梅蘭芳、程硯秋及名票楊畹農、趙榮琛合演一次「四五花洞」，楊曾師事蘭芳，趙爲硯秋弟子，程少時又曾執贄梅門，成爲三代師生同台，足稱佳話。「四五花洞」之眞假金蓮，應穿襖袴，因硯秋肥碩，乃由蘭芳設計，改穿天藍色帔，罩元色馬甲，腰繫汗巾、白裙，一如上圖云。

高慶奎（四郎）雪艷琴（公主）「盜令」劇照

廣東手托木偶戲

呂大呂

木偶戲，又稱傀儡戲，相傳始自漢之陳平。漢高祖被冒頓圍困在白登城，沒有救兵，形勢危殆。陳平知道冒頓妻閼氏是個妬婦，便造了許多傀儡，憑這些眉目如畫的木偶美人，引起閼氏的妬念，使她阻止冒頓的攻城。他訓練了幾個人，高舉着這些木偶，在城樓上歌舞；由於栩栩如生，給閼氏見了，以爲城中多佳麗，如果城破，冒頓勢必爲這些美人着迷，也可能盡納爲妾。當即阻止冒頓攻城，力主退兵，陳平便以此而解了高祖這白登之圍，後世因之才有木偶戲之作。

照這樣說來，木偶戲倒是源流很早的了。但這只是傳說，并沒有可靠的證明。不過木偶戲的流傳，却是全國都有的一種民間藝術。相沿下來，其中分兩大類，一是扯線，一是手托。以廣東而論，有個時候很流行，堂會、神功戲都有演木偶戲。到了現在，粵劇本身衰落了，自然木偶戲就更衰落。五十年來，盛衰迭見，本文由它的黃金時代，說到現在的情形，也算得是廣東民間藝術史的一頁吧！

全盛時代共十八班

粵劇全盛時代，每年組班一次，每次有例是三十六班。所謂「眞欄眞欄，埋齊三十六班」是也。當時的木偶戲，省港合計，也有十八班之多，剛巧是粵劇所組班的半數。居然以木偶演戲，來和眞人演戲相比，且能達到一半之數，可見其鼎盛一斑。當時的十八班木偶戲，廣州由于有四鄉可演，自然比之香港多了好幾班，但香港這一隅之地，也佔了五班之多。這五班的「班牌」是「富榮華」、「永中興」、「勝如意」、「攀丹桂」和「樂民樂」。此中也養活了七八十人，原因每一班木偶戲，連音樂的「棚面」計算在內，一共需要十五人，但省港全行十八班計算，他們的從業員便有二百多人了。

廣東的木偶戲，和粵劇的戲班是息息相關的。戲班稱「師傅班」，木偶戲也稱「師傅班」。戲班的先師是奉華光，奉田竇二師，木偶戲也一樣的奉華光，奉田竇二師爲先師。本來木偶戲既相傳始自陳平，就應該奉陳平爲他們的先師才是；但却不然，不知這是不是木偶戲要自擠于粵劇戲班之列，因而和戲班看齊。戲班「埋齊三十六班」省港班，它也「埋齊十八班」省港班，以半數來向戲班看齊。因而所奉的先師也就和戲班一樣，要奉華光，奉田竇二師，甚至戲班稱「師傅班」，他們也稱「師傅班。」

扯線手托各有千秋

木偶戲分兩大類，這便是扯線和手托。外省的木偶戲以扯線爲多，廣東的木偶戲却以手托爲多。此中最大的分別，扯線的從上面來扯着線，使木偶活動演出，藝員全在上面，俯着身子，扯着繫在木偶的線，因此扯線的木偶戲，便得遮着上面，好得台下觀衆看不見上面的藝員。另外，扯線木偶戲的戲台，比手托木偶戲的細小許多，同時這些木偶也比手托木偶細小一半。因此它沒有手托木偶的逼眞，但却比手托木偶爲靈活。多年前，此間荔園遊樂場曾由北方請來一班扯線木偶戲，演「大泗洲城」，居然木偶也能打脫手北派，又居然會翻觔斗，顯然其靈活處，遠非手托木偶戲所可及。

廣東的木偶戲，并不是完全沒有扯線的。戰前，香港的五班手托木偶戲之外，另有一班扯線木偶戲，班牌名「永康年」。但由于木偶細小，不及手托的逼眞，結果這班扯線木偶戲就被淘汰了，從此，廣東的木偶戲便完全成爲手托木偶戲的世界。

手托木偶戲和扯線木偶戲不同的地方固然在木偶的大小不同，尤其不同的是扯線木偶戲是要遮掩着上面，手托木偶戲是要遮掩着下面。原因藝員在下面手托着木偶，和藝員在上面扯線的剛好相反。兩種木偶戲都不能讓觀衆看到藝員而只能看到木偶，因此便扯線遮上，手托遮下。兩相比較，似乎是後者比前者來得自然，來得比較順眼。

木偶戲分成了扯線、手托兩大類之外，又分爲兩小類。這兩小類是屬手托木偶戲的，原來手托木偶戲也有兩種不同的手托法，一種稱爲「揸竹」，一種稱爲「揸頸」。揸是廣東話，也就是拿的意思。換言之，「揸竹」的一派是拿着木偶下邊的幾枝竹來演出；「揸頸」的一派，是把手伸進木偶的戲服裏，拿着木偶的頸項來演出。這兩派各有師承，海水不犯河水。也由于木偶的構造不同，「揸竹」的藝員，可不會接「揸頸」木偶戲做；「揸頸」的藝員也不會接「揸竹」木偶戲班做，楚河漢界，各自不同。

揸竹揸頭互有長短

手托的木偶戲，此中既有「揸竹」和「揸頸」的分別，他們在表演的功夫上又有什麽分別呢？這可以說是互有長短，「揸竹」的長處，他們可使木偶的手腳較爲靈活，開出來的距離，也顯得廣濶，諸如「開山」、「起霸」，都能盡顯所長；但他也有短處，這短處說來也便是「揸頸」派的長處。

木偶戲在台上演出「八仙賀壽」

由于「揸竹」派手托着木偶，雙手都拿着木偶下邊的竹，因此他可沒法子使到那個木偶不顯出了「硬身」，手腳雖較靈活，身形可不靈活。如果他在木偶表演着跪下來，他就不能鞠着躬而變了直挺挺的跪下，木偶頭和木偶脚成直形而不是弧形，看起來就不像一個人的動作了。

「揸頸」這一派，他們的木偶，那條頸項做得特別長，頸下邊有着一大段長長的柄，深入戲服裏。這一派的表演，是一手伸進戲服裏拿着這條「頸柄」，一手拿着下面的竹。爲了這個原故，他們可以使到木偶不動而能左顧右盼。尤其在跪拜這一下動作，木偶的身段是弧形而不是直形，這就逼眞多了！譬如他們唱着「低下頭來把計想」，他就可以配合動作，使木偶頭低下來。這樣在比較上來說，「揸竹」和「揸頸」就互有長短。「揸竹」派可使木偶雙手特別靈活，短處是身型硬直。「揸頸」派可使身型靈活，短處是雙手在張直時不夠濶度。因此開一個山，起一個霸，他會比不上「揸竹」派的威武。

揸竹派曾有絕招戲

木偶戲在香港全盛時代，「揸竹」派和「揸頸」派競爭得相當劇烈，爭取「主會」，爭取觀衆，不遺餘力。由于是競爭，「揸竹」派在那時候曾經匠心獨運，在戲塲上發明了許多絕招，使觀衆驚奇。不只觀衆莫名其妙，便是「揸頸」派當時看到了「揸竹」派的絕招也感到自嘆不如。

當時「揸竹」派中，以「勝如意」班爲牛耳。這絕招便是「勝如意」發明的。當時的粵劇在表演吐血的塲口，已經不是象徵式的吐血表演，而是眞的從口裏吐出血來。或是屈打成招，受刑的時候，演員穿上一件白袍，一棍打下去，裏邊便有血湧出，使到白袍現出了一處處的猩紅，這在粵劇班的術語稱爲「吐紫標」。吐血的先把其紅如血的「紫標」含在口裏，到咯血的時候，便把這「紫標」吐出來。被打出血是先用一塊海綿蘸了「紫標」，放在胸前，受刑的時候，他用手按着心胸，海綿被壓，「紫標」便變了血染白袍了，這是粵劇當時的「新綽頭」。「勝如意」這班「揸竹」班，居然也可以演出這「紫標」的「新綽頭」來，因而使到觀衆耳目一新，認爲他們能追得貼粵劇。却是他們還不止此，還推出了一齣「絕招戲」來，這齣絕招戲也是血淋淋的。

「勝如意」班有齣戲，名「父子封王」，演至「煞科」的一塲，這雙封王的父子要凌遲處死。其中絕招便是把劇中人凌遲的時候，每凌遲到身上一處地方，便有血隨着下刀處出來。凌遲是逐塊肉割的，以木偶而能演出逐塊肉割，已經十分令人稱奇，加上每割一塊肉便有血出，這畢竟如何做法呢？不只是觀衆莫名其妙，給「揸頸」派的人知道，看過後也感到這眞的是絕招；便是戲班的「大老倌」看了也難以明白他們這個「綽頭」是如何出法，他們這絕招戲便哄動了一時，造成了這班「勝如意」大收旺台之效。

「勝如意」還有一齣戲是表演三上吊的，這更非木偶戲可能表演得來，偏偏他們演來使人覺得他們的三上吊比眞人表演還好看。原因眞人表演要顧慮到會失手有危險，木偶戲可少了這一層顧慮。但這是手托的木偶戲，由着藝員在下邊操縱，他怎樣來表現出三上吊的技巧呢？當時這班「勝如意」就爲了這些表演，而成爲木偶戲最旺台的一班。

塘西花酌演木偶戲

當香港未禁娼時，香港的木偶戲最多花酌堂會。好些妓院裏的紅牌阿姑，她們也很喜歡看「木頭公仔戲」。「木頭公仔戲」是廣東人對木偶戲的統稱，最「文雅」的稱謂也不過稱「手托戲」，絕少稱木偶戲和傀儡戲的。由于當時花事繁榮，更加上阿姑們喜歡看木偶戲的關係，不少人在開筵坐花的花酌廳中請一班木偶戲來開演。一般來說，這時候的木偶戲班，他們在塘西花酌酒樓演出堂會台腳，長年計算，比起了街坊會的神功戲還要旺。

在花酌酒樓演出堂會，由于酒樓沒有戲台，這只能臨時來佈置，一般的木偶戲班，他們都置有一幅很大的圍幔，把這圍幔張開來。圍幔高與人齊，便恰可把藝員遮掩着。圍幔以內，前台後台也都在一起。看戲的在圍幔外邊，由于木偶戲是由藝員高舉來演唱的，這就等如在高高一個戲台上演出了。

當時演一晚木偶戲，戲金是五十元，這是根據平日接神功戲計算出來的。一台神功戲是九套，數爲三百餘元。在花酌酒樓中的堂會演的是一套戲，因此便取價五十元。他們一共需要十五人才可以開演，這便所得有限；不過在這時候，生活程度低，只一晚功夫有這樣的收入，在一般來說，也算不俗了，那時的花酌堂會，幾乎是每晚也有演出木偶戲。

戲金箱担今昔比較

木偶戲全盛的時候，香港有五班手托木偶戲，一班扯線木偶戲。他們的「台脚」，單是堂會已可養得起他們。石塘咀花事最盛，不只開筵坐花的飲客，還有殷商富戶的喜筵，由于當時的大酒家不多，他們的婚姻喜筵，往往也席設石塘咀的花酌酒樓間。因而也就常有演木偶戲堂會來娛賓，這便做成木偶戲在石塘咀花酌酒樓中的旺台。其次是神功戲，街坊打醮，也少不免來一台木偶戲。最妙的是恭祝孔聖誕，香港的南北行街、花布街也分別慶祝，而南北行街就經常在街頭巷尾也演木偶戲，花布街也有一台，孔聖誕也這樣大演木偶戲，其他的神誕就更多了。照當時的情形，如果還增加多一兩班，也未嘗不可。但木偶戲的一担「箱」，所值不貲，要組織一担「箱」，才可以起得一班，「班底」太重了，「世界」雖好，還是沒有人新起班；另外一個原因，便是人材缺乏，新血不多。

老藝人高舉木偶，在後台作示範表演

在當時，一台神功戲，共演四日五夜，稱爲九套戲，戲金大約是三百元至三百五十元之間。那担「箱」，包括戲服，道具和木偶頭，非三千元以上不可。這是三四十年前的價目，到了現在如何？他們的圈內人，說起來也不勝滄桑之感。

全盛時代是五班戲，從業員將近一百人，現在呢，可以說，全香港只得一班，全行的從業員不足二十人，反而戲金和一担「箱」的價值，比起前時却貴得多。

現在的木偶戲，可以說已經絕無堂會的演出，只有神功戲的台腳。這些神功戲也很少，統計每年只不過得十台八台。這說明了作爲演木偶戲的藝員，一年無非只得一個月的工作。因而目前的木偶戲藝人，他們年紀雖然老，平日也得另有職業，到有台脚時才來賺這一份工錢。但現在一台的戲金，從前是三百餘元戲金演九套，現在却是四千多元戲金演七套，相差是十幾倍。而一班木偶戲的戲箱班底，非有二萬元不辦。算你一年有十次台腳，戲金的收入全年也無非四萬餘元，這叫他們焉得不喟然長嘆呢！

木偶戲亦曾演新劇

粵劇經常演出新劇，每一伶人也總會有他們的「首本戲」：像薛覺先的「胡不歸」、馬師曾的「佳偶兵戎」、白玉堂的「黃飛虎」、新馬師曾的「萬惡淫爲首」等都是。木偶戲一直也演出傳統粵劇，不是「江湖十八本」，便是古老的傳統戲，像「三氣周瑜」、「狄青三取珍珠旗」、「平貴別窰」之類，這類戲，在戲班裏已經許久沒有演出了。

由于木偶戲，它有好些地方都要向戲班看齊，因之曾有一個時候，有幾班木偶戲，就要像戲班一樣，不演這些古老傳統戲而演新戲。當然他們不會像戲班的設編劇部來編演新劇，而是把時下的名劇，大老倌的首本戲來開演。首先是演馬師曾的「佳偶兵戎」，後來另一班木偶戲却演薛覺先的「胡不歸」。自然如此一來，倒使觀衆耳目爲之一新，也可以算得是木偶戲推翻了傳統的劇本而來一個大革新。

這一革新，行內人只是一種嘗試，但行外的觀衆，買戲的「主會」都感到新奇。行內人對于這個革新，只是抱着嘗試的態度而觀衆對之並不看好，其故在第一是藝員都習慣了傳統的動作，一旦改變，未必勝任。第二是藝員們唱慣了古老腔，一旦要模仿薛調、馬腔，自然唱來會非驢非馬；而觀衆聽慣了薛馬本人所唱，忽然聽到別人的模仿，當然聽不入耳，也當然吃力不討好。第三，薛演「胡不歸」，有幾場戲是以做工細膩著譽的，木偶沒有面目表情，不能「駛面口」，當然大打折扣。但爲了迎合「主會」和觀衆心理，只好作爲一種嘗試。

觀衆抱着滿懷希望去看他們演時下的老倌首本戲，只有一面看一面失望。新戲往往有一支「主題曲」，主角站在台口唱上半小時，不但要唱工，還要看表情，木偶戲藝員的模仿大老倌唱工，固然大大的追不上，加上木偶無面口可駛。倒不如過去演出那一類古老傳統戲，不必注重表情唱工，一味動作多，這正合着木偶戲的演出。爲了這樣的關係，台下反應不佳，主會買戲也不要這類「東施效顰」的劇本。木偶戲這一大革新，便成爲曇花一現，很快便又復古。

傳統的收入和支配

一班木偶戲的組織，說來很妙。作爲班主的人，必然也是藝員一份子，也必然大家分一份薪金，妙在他們可無須拿出什麽資本來，他只是相等于一個召集人。原來，班底那一担箱，照例是向別人租來，全盛時候五六班木偶戲，却有足夠的五六担箱租賃，一援了台脚，便來租箱，租了箱便有班底，召集了藝員，便馬上可以開鑼了。

每一台的木偶戲，從前是三百多元九套，現在是四千多元七套，這是木偶戲援到一台戲的收入。支出是怎樣呢？完全用在箱担和藝員身上。作爲箱主的是佔總收入的三成，其餘的七成便是班主和藝員均分。怎樣來均分法？由藝員自認，而不是由班主支配。藝員衡量所分担的責任輕重來認，爲的他們的技術幷沒有等級，個個可以做主角，也個個可以做配角，每逢演出，一個主角幷不指定由那一個藝員來担當。打個譬喻，像那天演出的戲是「平貴別窰」，主角當然是薛平貴和王寶釧。但那個藝員去托起這兩個主角來演出呢？這便沒有指定，也許在演出中，每一個藝員都有手托着薛平貴和王寶釧。由于這個關係，作爲藝員的便根據自己的時間，準備多演出的便認領多點薪水，準備少演出的便認領少點薪水。這樣妙的制度，相信也只有木偶戲班才會這樣，但不能不說他們的公道，也難得他們的團結，幷沒有爲了這個而起過爭端。

這個制度，從前全盛時代是這樣，現在衰落到全香港只得一班木偶戲也是這樣。尤其現在，這個制度對于他們更適合。這是爲了現在僅存的十多位老藝人，他們一個個都有着另外一份職業，對于演木偶戲，他們只能視爲業餘，因而參加演出的就幷不是一個個也可以拿出同樣的時間來。有了這個可輕可重的自己支配自己的制度，這就最適合不過了。

木偶戲的今昔比較

木偶戲的全部「行頭」，大都全是保守的。目前的木偶戲，等于四十多年前的戲班。雖然曾經一度改演戲班新戲實行維新，但由于徹頭徹尾的失敗，便又馬上回復傳統的一切了。他在開演前，先發「報鼓」，打一輪鼓，最後還用鑼鈸。這是從前戲班的規矩。戲班演「千斤戲」（即落鄉搭棚演出的神功戲），由于這個「千斤」是在郊外的多，因而要在開演之前發一輪「報鼓」，以使各地的人聞聲而集。現在粵劇戲班是沒有這個了，存下來的就只有木偶戲依然奉行。另外，開演的第一晚，例演「六國大封相」。以後凡開演之先，也都會演「跳加官」，或「八仙賀壽」，或「仙姬送子」。這都是粵劇戲班的舊「行頭」，木偶戲時至今日還一樣的保守這傳統。

一班木偶戲的藝員，從前連「棚面」是十五人，現在却只得十三人。從前每一個藝員可以演幾個角式，現在却生、旦、丑、末、淨、武生、小武淸楚分開。但反而過去要用十五人，現在就十三人便可以，不是爲了要去繁就簡，而是爲了人材零落的關係。

木偶戲所用的木偶，一共要用三十個木偶才夠應用。過去和現在都一樣。不過過去一個木偶頭的成本和現在却大大不同了。這些木偶頭有八成以上是會轉動眼睛的，除了在演出時「駛關目」以外，表演發怒或是氣倒時的「鬥鷄眼」，它也可以把兩隻眼睛集中起來，以鼻樑爲焦點多演出「鬥鷄眼」。這一生動的表演，在三十年而前全盛時代所發明，到現在還是一樣。

一個木偶的構成，第一是木偶頭的雕刻。木偶頭的大小和眞人差不多。生、旦、紅面、花面都齊，還安上雙可以活動的眼睛，眼睛內有機構，由藝員按鈕來「駛關目」。第二得說到「髯口」，這便是木偶所掛的鬚，長短黑白，花白的，紅的也都齊備。這只有一個名喚謝日福，渾號「公仔福」的人承造，他做這一行業已經五十多年了，現在年過七十，木偶的「髯口」還是出自他

穿上戲服的木偶，排列着掛在後台右邊，全是女角

親手製造。第三是戲服，包括頭盔，種種的巾帽。以現在來說，雖然這些戲服頭盔是具體而微，但平均也要二百元一襲。好在木偶戲却慳了一樣，沒有靴和鞋；他們是「顧上不顧下」的。不然，一個木偶的裝備就更費事了。

過去一個木偶頭大約是二十餘元便可以做到，現在就非一百元以上不可。做這樣木頭的工匠，也就是做神像的人，他們都集中在長洲，只有長洲才有這些神像雕造店。木偶用的木是樟木，不容易爛，要是舊了祗須另用油漆刷新便行。

現存木偶戲和台脚

香港的木偶戲，現在就只得一班，這一班木偶戲，班牌名「勝利年」。班主名麥少棠。他是用「中國廣東手托木偶藝術劇團」的名義來接戲的。演出時候，台上所見到的顧繡班牌，可能是這担戲箱的班底招牌。原來現在木偶戲的人材，無非僅是一班之用，因此只能有一班木偶戲，同時擁有一担戲箱的也就只得一人，這便無論在何處演出，也都用「勝利年」班牌了。

這位麥少棠班主，他的年紀超過了六十歲，他已經有上了四十多年的「班身」。十五歲時入行，木偶戲由盛而衰，他都身歷其境。難得他維持着現在僅存一班的木偶戲來使到這民間藝術不至湮沒。不過，照他說，這民間藝術在香港也快要完全湮沒了，原因是現存的藝員一個個也超過了六十歲的年齡，一直也沒有人來學師入行，後繼無人，如何還可以維持下去？

現存的木偶戲，全靠神功戲。除了神誕演出外，潮州人在七月的盂蘭勝會，也會開演一台七本的木偶戲，因而計算起來，全年的台腳最多不過十一二台，一台演三日四夜七本，合算起來一年就無非只得四十天的演出。這就使到每一個藝員都不能不另謀別業，他們經常都是有工做的，只到了有台腳時便離開了本身的工作來參加演出，從前以此爲業，現在却以此爲一種外快了。

穿上戲服的木偶，排列着掛在後台左邊，全是男角

與外界的人才交流

木偶戲的藝員，他們除了手托木偶演出的基本藝術外，他們必須另外具備兩個條件，這便是唱工和台步。原來每一個藝員的演出，木偶的台步身形，便是藝員的台步身形。而木偶的唱出，白口，都是發自藝員的口。因此每一個藝員，他們都要懂得唱做。當木偶戲全盛時代，藝員不少，這些藝員的成員，往往就和戲班的伶人、歌壇的「唱脚」，來一個人才交流。

除了戲班一些失意的伶人加入來演木偶戲外，木偶戲的藝員也有加入戲班作爲戲班的人，不過他們加入戲班，他們最多只能做個「拉扯」，大都還是做「跑龍套」的所謂「兵卒」的多。戲班裏說：「行就行先，死就死先，企就企兩邊」，這便是形容這類「跑龍套」的「兵卒」的。

至于歌壇的「唱脚」會加入木偶戲，十多年前有一位，現在也有一位。換一句話說是始終是這一位，她是唱旦喉的女角。木偶戲手托着花旦木偶，他們的演技可能會有着崇高的表演，他們的唱工就往往不敢恭維，因而便想到從歌壇中找個「唱脚」來加入，但是這不是容易，爲的木偶戲是傳統的古老戲多，所唱都是「古腔粵曲」。歌壇裏的「唱脚」，大都是很少能多唱這類「古腔粵曲」的人，因此十多年來就只有一位「唱脚」能勝任，這位唱脚現在也老了，但還在這現存僅有一班的木偶戲來作爲一個主唱人。

她在十多年前投入木偶戲班，以爲這只是短暫的嘗試，却不想木偶戲的藝人越來越老，越老越不能唱旦喉，因而她就成爲木偶戲代唱人十多年「班身」的人。目前雖然只得一班木偶戲，但她更成爲吃香人物，爲的現存的老藝人沒一個不是六十高年，叫他們唱旦喉可眞不容易，這便更少她不得了，這位代唱人的女角，姓陳，名婉珍，也是一位四十歲以上的人了。

木偶戲到今日僅得一班，是事實，台脚只限于神功戲、盂蘭勝會也是事實。近年雖然加上了市政局舉辦的康樂節目和電視演出，却是，可以說，木偶戲是已經日暮途窮了，每一個藝員都有上了這一把年紀，後繼無人，除非會出現奇跡，能夠有一班「青年志願軍」入伍，由這班老藝人來傳授「揸頭」和「揸竹」手法，大量製造新血，這才會有希望。但香港的青年，誰會去把這門決不會發達的藝術學上手呢？結論還是可以斷定手托木偶戲這民間藝術的命運也離結束不遠了。

「韓青天」坐堂審案

（相聲小說）

郝履仁・文
嚴以敬・圖

郝履仁先生的「相聲小說」一出場，就得了個「滿堂好」，讀者對之俱有「新鮮」之感。眞人眞事，確與傳說的「韓青天」故事不同；既然大夥兒叫好，少不得煩他「再來一個」，並特請嚴以敬先生繪製插圖，豈止「格外生色」而已！

・編者・

大老爺証婚

俗語說人命關天，所以死了個人是大事，殺死一個人，叫犯了命案，判一個人死刑，在早年可不能隨便，說句「該死！」就像殺雞宰鴨子似的，引頸一刀，放出毛毛血，死了了事，那可不行！早年判處一個人死刑，須要三推六問，在戲裏「按律當斬」，這才能判個「斬，監，候。」照我想，這斬監候，應當是死刑，監押，候到秋決的時候才提出監來，押赴市曹，明正典刑。其中手續繁多，秋決了，把死囚提出監來，第一須要在獄官的公案之前，照着點單，問過姓名年齡籍貫，說明案由，判决日期，這有個名堂，叫「驗明正身。」也就是說：「不錯，是他。」這不是開刀割盲腸，錯不得，所以必須問清楚，然後五花大綁，插上招子，招子上寫着犯人的姓名，押赴市曹。到了刑場，由獄卒押到監斬官的公案之前，拔下招子，呈在案上。監刑官依照名單，再問一遍，用朱筆在文告之尾，寫一個特大的「戒」字。在招子的頂端，點一個大紅點子，連招子帶朱筆，抓將起來，猛力的向前一扔，扔得越遠越好。這表示從此以後再也用不着了，這套官式的儀註，是爲了「戒除不祥」而訂定的，所以要寫一個「戒」字，你說殺個人夠多麻煩。

在戲裏像「鬧江州」、「一捧雪」、「六月雪」，好像真的一樣，兩名劊子手，高舉鬼頭刀，架着演員，出場之後掙扎幾下，場面起慢叫頭，「天哪！天——！」然後邊走邊唱，凡是名角準能演的聲淚俱下。戲迷們搖頭幌腦，拍着板眼，閉目凝神的擊節欣賞。聽到滿意的時候：「哦——好——！」

嘻嘻……各位，我看過一齣跟這些大不相同的戲。年份記得不大清楚了。「記得當時是穿着夾制服，北方的氣候，應是春末夏初，「主席問案——」，我們理應「站堂伺候——」。容我先把這件案情敘述一下。

在院前街有家鞋舖，有一位上鞋的匠人，四十餘歲，辛苦多年，憑媒撮合，娶了一個二十幾歲的妻子。喜事那天，自然要請請櫃上的同事，老掌櫃的少掌櫃的也去道喜，喝盅喜酒。

三天假滿，鞋匠照常回櫃上開工，不知道是怎麽回事，少掌櫃的就乘虛而入，不時的在鞋匠的辦公時間，上鞋匠家中蹓躂蹓躂。

過了些時候，就有閒言閒語傳出來了，原來那位新娘子愛上了少掌櫃的啦。

鞋舖少掌櫃有的是錢，總覺着上人家裏不夠過癮，乾脆另外租了一間房，作爲金屋藏嬌，少掌櫃的把人家的老婆，整個兒的給「接收」啦。鞋匠失妻，一急之下，找了媒人打官司，告到公安局。經總局通令各分局隊所，在新報戶口的住戶中查了出來。沒想到韓青天的耳朵像芭蕉葉子，一聽說：「嘻嘻：：花案兒？我問。」所以全案解到省府，因爲原被告一共只有三個人，省府大堂很清淨。

韓青天穿着毛藍布的長袍，照例把打官司的叫到他公案之前，先一個個相面，接下來就一問一答：

「你……你們誰是原告？」

「我是原告。」鞋匠答。

「你……你告誰呢？」

「他。」鞋匠指着少掌櫃的。

「爲……爲啥呢？」

「他拐俺老婆。」

「你成家了沒有？」韓青天問少掌櫃的。

「沒有合適的。」

「這就是你不對，沒有合適的，你可以找啊，你……你你怎麽拐別人的老婆呢？」

「主席，俺沒拐她，是她自己願意的。」

「你願意跟跟他嗎？」

「俺願意！」小婦人還眞夠大

胆的。

「你看。」對鞋匠說：「你老婆都不願意跟你啦，你還要她幹啥呢？捨了算了。」

「那不行啊！她不願意跟俺，俺還不願意捨她呢。」

「我不是叫你白捨啊，我作主，叫他斷給你些錢，你再娶一個，不好麼？」

鞋匠正猶疑的時候，少掌櫃的急忙就說：

「主席說的對，俺給錢就是了。主席，叫俺給他多少錢？你老說吧。」

「這洋錢沒有假的嗎？」

韓青天也沒料到少掌櫃的這麼爽快，他一楞，看了看鞋匠，看了看婦人，再看了看少掌櫃的。笑了笑說：「我說了可得算哪。」

少掌櫃的說：「主席說了俺一定算。」

韓主席伸出兩個指頭：「現大洋兩百塊！」

「那行！俺給，俺家就在院前街，主席派人跟着，俺去取去。」

「你去取吧。」韓主席一揮手，少掌櫃轉身就走，果然來去如風，轉眼之間，手上托着四封洋錢回來了，說：「主席，這是兩百塊」

「這洋錢沒有假的嗎？」

「錯不了，主席你驗。」

韓主席對着我們一使眼色，我們上去四個，每人一封，蹲在地上，打開一數，不錯，每封五十塊現大洋。主席說：「聽聽有悶板的嘛。」

瞬時，省府大堂變了裕民銀號啦。叮叮噹……叮叮噹。大敲一陣，這通兒亂呀！

在我點驗完畢，剛要包封的時候，韓主席示意，叫我們即刻放在公案上。各位，桌子是光的，這洋錢是滑的，放在桌上，唏哩嘩啦就成四堆銀子啦。韓主席叫鞋匠近前來說：「拿回去，置房置地，再娶個老婆吧，夠你倆口子吃幾年的。」說實話，以當時的生活程度，足可以辦到。鞋匠看着桌上，精光嘩亮的四堆洋錢，白花花的繞眼。想拿，抓不起。

「兜着走吧。」主席一言提醒，鞋匠撩起衣襟，兜了起來。剛要走，主席又說：「喂！你收了人家的錢，可不能再告人家拐你老婆啦我……我作主，我是証人哪！」鞋匠點點頭走了。

這時候少掌櫃的與婦人，眞是心花怒放，笑逐顏開。韓主席一看就問：「你你你們樂什麼？」那婦人說：「主席給俺証婚，俺以後可不怕咧！」

韓主席說：「你們今天滿意咧。」對男的說：「從今以後，不能再偷人家老婆啦。」又對女的說：「你可也不准再勾搭小白臉啦。」

「主席您放心吧，這輩子，俺死都跟他死到一塊呢。」婦人非常堅決的說：

「怎麼？死都跟他死到一塊兒麼？」韓主席臉上，由紫變青。

「是啊！主席，俺倆死都死到一塊兒呢。」男的又找補了一句。

韓主席開始冒汗：「哦……好……好……」伸手直在腰裏掏，我以爲是掏紅包給小倆口子作見面禮呢，沒想到是手絹。我心想：「要幹，要幹。」果然，主席脫了帽子，直擦汗。執法隊此時往前直湊手，等主席擦着擦着往下一捋！「得！玩兒完。」執法隊三個伺候一個，細起活兒來。

「哎哎，主席！大老爺，你不是替俺証婚嘛？」

「証婚？槍……槍斃！」

「啊！俺可是花了兩百塊大洋的啊？」

「我……我……可沒有要你一個小錢！」

「主席，您老你老？……」

「是你們自己說的，死……死都死……死到一塊兒。死都……死……死到一塊兒嘛。」主席一轉身，不理啦。

「立正——」主席退堂。你再看那二位，綁上卡車，執行槍決！正是：雖不同生願同死，候家大院有新魂，既非槍斃閻瑞生……又非槍斃小老媽兒。你……嘻嘻……你說這算那齣呢？

主席不看戲

在三國演義上，有一節是說曹丞相患頭痛，請醫聖華佗醫治，華佗要給他洗腦，曹操一聽，洗腦？嚇一跳，把華佗給殺了。是否如此，祇是小說家言；但是韓主席經常也頭痛，倒是事實，不過韓主席的頭痛並不爲政務繁忙，是爲一個人。誰？程希賢。提起此人確實是好樣兒的。在馮玉祥訓練出來的將領之中，不但資歷深，而且學術兩科都極優秀。尤其田徑運動更是出類拔萃。可惜右手被手榴彈炸斷了。所以終其身不得志，因此也就放浪形骸，不拘小節。韓青天對這位老大哥，當然不能不照應，但是他是個殘廢人，無法給予實職，弄個「高參」玩玩，閒散閒散，也就算啦。

程希賢的嗜好，喜歡吊吊嗓子，清唱幾句，無非散散胸中鬱悶之氣。不想吊嗓子越吊越上癮，吊着吊着把戎裝卸下，整個兒票友打扮啦。北方的票友，經常是白紡綢的衫褲，夏天多數是豆青色的綢大掛，緞兒鞋，絲襪子，翻着白袖口。冬天是駱駝絨的袍子，獺皮領子的大衣，爲的是圖個「帥」。

這種打扮在平津滬漢，司空見慣並不爲奇，只是在濟南可不行，慢說是軍人，紳商各界軍民人等，誰敢哪？

唯一的例外——程希賢。不僅此也，照規矩軍人是一律推光頭的，不，程希賢留的是小平頭，也就是此地所謂的陸軍裝。

在種種方面都令韓青天看着「蹩扭」。你「蹩扭」？他更「蹩扭」！有一天，我在商埠查崗，遇上了小學同學——高維廉。彼此一招呼。他說：「我很久聽說你在濟南，原來作了官兒啦！」

「嘻嘻，好說，我作什麼官兒？我這叫芝蔴綠豆的門插棍兒。」我仔細的一看他週身打扮。就問：「什麼時候來的？幹那行兒發財啊？」「你不知道？我跟荀老板來的。」「荀老板？」眞的出乎我意料之外，「你？……」「我拜了金仲仁爲師，學文武小生。今兒晚上在進德會漏，得空兒來捧捧。晚上園子見，你值公，我有點兒事。」「請便。」說完，他上了「包月兒」辦他的事。我仍然查我的崗。一路走一路想，人的變幻和際遇，眞不可思議。現在人家高維廉，成角兒啦。再看咱，臭腳巡……！

記得當天的下午，我猛催大廚房替我先開飯，換了身新制服，到了進德會冒充值勤，爲了好去聽蹭兒戲。

程希賢以第三路軍高級參議的名份，不僅掌理前後台，簡直像掌班兒的。古銅色的綢長袍，外罩元青團花對襟銅扣的小坎肩，不僅是緞兒鞋、絲襪子，腳脖子上還扎着絲帶，實足地道的地痞流氓像。韓主席與參謀長劉書香到的很早，程希賢點頭啊腰的裝作出前台經理的姿態，伺候帶位。端菓盤，送手巾，脅肩諂笑的遞嘻哈兒，韓青天面色陰沉，坐立不寧，沒等開鑼就跟劉書香說：「你看戲吧，我回去。」程希賢說：「主席，這就開鑼啦，今天戲好啊，『香羅帶』呀！」「不行，我……我頭痛。」

程希賢送走韓復榘之後，回來陪着劉書香說：「哼哼他頭痛？他不頭痛該我頭痛呢！」

「怎麼？」劉書香微微含笑的回說：

「他一來，又不讓抽烟，又不准喊好，這是來聽戲啊是來受罪呢！他看我頭痛，我看着他才眞頭痛呢！」

不久打通開鑼，帷幕拉開，燈光閃耀，照着全新的桌圍、椅帔，那幅守舊在當時少說也得四千塊。

等荀老板出台，程高參在上場門打簾子。荀老板進場，程高參在下場門打簾子。別看他是一隻手的票友，不但內行而且「帥——」。幸而韓青天走的早，程高參哪，程高參！您太難啦，怎麼可以擠的主席連戲都沒法兒聽呢！

青天開當舖

韓青天的「特立異行」眞不少，有人以爲在下跟主席有蹩扭，其實人是主席，我是龍套，相差天淵，您可千萬別誤會。但是韓青天也確確實實有德政。舉例來說，他開當舖這碼子事吧，這眞是德政。該好——咱就得說好。寫稿雖無人見，存心自有天知。

提起當舖，不由我勾起許多往事，港九兩地叫大押店，北方通稱當舖。早年沒有電燈，商家舖戶作買賣的，夜間出門，都用白紙燈籠。燈籠上帖着紅紙剪的字號，例如「全聚德」「瑞蚨祥」「寶華春」等等。惟有開當舖的出來走夜路，那兒黑往那兒溜，爲什麼呢？他們實在是不得人緣，被人認了出來，他在前邊走，背後很可能就挨一磚頭。不是在下造謠，我寫一段在天橋聽盧三兒說的相聲，給各位解解悶。因爲目前港九各押店，已經沒有這種怪現象了，青年讀者很可能都不相信，在下談的是早年間的眞情實話。

北方天氣冷，寒風一起，重裘不暖。所以人人最低限度，要有件皮襖，否則過不了冬。但是在春夏秋之間，一時經濟困難需要點錢用，上海人名爲「娘舅家」，北方人老老實實就叫「當當」，斯文點兒「稱作舉鼎觀畫」。這時候你無論是「紫羔」，是「灰背」、「狐腿」，那怕是「猞猁猻」、「金絲猴兒」都不行，怎麼呢？因爲一進當舖，看見先生就氣你個半死！港九稱朝奉，北方人說話和氣，尊他爲先生；這先生高高在上，愛理不理的，斜着綠豆眼先冲你相面，然後翻開皮襖，前看後看，上看下看

「韓青天」開當舖

，裏看外看，左看右看，您越急，他越慢。看了半天，拉開長腔：「當多少——？」比如一件蘿蔔絲兒的吧，新的皮筒就值十四五塊大洋，加上面子手工，通常要二十四五元，才能辦到。但是你如果照當舖的行規三分一的數說：「當八元錢。」他先不說話，把皮襖慢慢的一疊，往外一推，然後才拉開長腔：「當五塊——」「我這是新的，連裏帶面化了二十五塊，連八塊錢都當不了？」無論你說多少句，有天大的理由，他只是拉開了腔兒，四個字：「多了不要——」。縱然你氣的半死，錢的問題非解決不可呀！因此一狠心，一咬牙一跺腳：「媽的——當」。可是先別高興，經先生一唱，血壓高的，準能躺下！何以呢？您聽啊：「老羊皮襖一件——沒領兒斷袖兒——缺底襟兒——少紐絆兒——虫吃鼠咬——光板兒——沒毛兒——寫五塊——」。任你有天大的涵養，也氣的哆嗦半天，挺好的皮襖這一唱成癩狗啦！等到拿着五塊錢跟那張龍飛鳳舞與鬼畫符不相上下的當票，一路回家一路三字經百家姓的罵，眞有擦汗連淚都擦下來的。您說他人緣能好的了嗎？至於相聲演員對於當舖連挖苦帶損的段子，很有幾段絕活這且不言，接着談談山東的當押業情形。這當押業在山東外縣很少見到，惟有濟南有不少當舖，但是在這些當舖之中，以我們的「芳鄰」日本人開的最多。

照我所知道的，中國人開的當舖，珍珠寶石，古玩字畫，不當。雖然您在「三笑」裏，看見有唐寅當扇面的一段風流佳話，但是我所看到的，乾脆說吧，我進過不少次當舖。都掛有木框鑲玻璃的鏡屏，「本號珍寶翠石古玩字畫不當」。至於唐伯虎的畫當不當呢？我沒試過，因爲我沒有。眞有？我發財啦，何必再進當舖呢。

中國人的當舖，珍寶翠石古玩字畫不當，日本人的當舖可不同，只要是件東西，那怕是本書呢，他看着可當，就能當錢。只是一樣，中國人的當舖，當時是十二個月爲期，過了十二個月，不交利，不贖取，決不客氣，死當。日本人的當舖叫「小押店」。錢呢可能當的稍稍多點，但是十天滿期，十天不贖，死當。也有七天的，同時利錢高的很，北方人有句笑話：「養孩子不叫養孩子，那叫下人」，一般破落戶，他們經常去日本人的押店，貪圖當的多點，因此許多文玩字畫、珠寶翠石之類，很便宜的落入他們手裏。同時有些鄉愚，初到濟南的，一時有急用，把衣物當押，因爲贖期短促而死當的，也不在少數。聽說最可怕的，竟有把房地契拿去抵押的。不過以山東百姓，歷年來在北洋軍閥的橫征暴斂之下，很有可能。韓青天本取之於民，用之於民之道，因此面諭財政廳長王向榮，把省庫節餘項下，撥出一部份的錢，免息貸予全濟南市中國人開的當業，提高押質，減少利錢，延長贖期爲廿四個月。這下子把日本人的小押店，頂的兩眼上翻作欲死狀。讀者之中，有那位是戲迷的，一定會來一嗓子：「喲——好——」。韓青天更把全濟南市的當舖，統一改名爲「裕魯當」。就這一件事，是他的「德政」。

那位說：「你對當舖很熟習啊。」嘻嘻過獎！君不見四書上有這麼一句：「君子『常當當』。」可惜有許多東西，因爲「小人窮？『死當』矣！」

偷吃烟升官

鴉片之爲害，也不必我說啦。林則徐老先生爲了焚毀鴉片，不但丟了官，還發配新疆，清廷又把香港割讓給英國。有這麼一說，太后老佛爺在地圖上找了半天，才看見在海的邊兒上，似乎有個小黑點，笑了笑，「給他們吧。」就她老人家這麼一點頭，誰能想到百年以後的今日呢！至於鴉片這玩藝兒，據傳說，吸有定時，吸有定量，只要不上流水癮，是確有提精爽神，延年益壽之功。是否如此？我不敢說。但是根據韓主席的情形，想必是有點兒道理，否則何以主席會稱之謂福壽膏呢！

韓主席跟膠濟鐵路局的局長葛光庭，非常要好。他們二位交深莫逆，是有原因的。山東的海口，可以算的出來的，一龍口、二煙台、三威海衛、四青島。龍口雖是海口，可是沒有適當的碼頭，運輸不便。煙台屬膠東，當時有劉珍年雄據一方，韓主席無權過問。威海衛名義上屬外交部，首任行政專員是徐祖善，號叫燕謀，海軍出身，韓主席又不能染指。惟有青島可以動動腦筋，青島的海上防衛力量，是東北的海軍艦隊，司令是沈鴻烈兼青島市長。當時的東北軍，久不久的跟中央得談談，因此韓主席如果能跟葛局長搭上手兒，哥兒倆一揑窩窩兒，辦事方便的多。膠濟路的總局在青島，但是濟南是終點站，如果韓主席經常肝火發旺，葛局長連帶着也會鬧點頭痛。不如彼此彼此，由今天天氣哈哈哈……哥兒倆的交情越來越近。韓主席所屬第三路軍修械所的兵工器材，因此就源源不絕的運了進來。葛局長身強體健決不吸煙，但是欲談心腹事，盡在不言中，又趕上主席午膳以後，要提提神，躺着聊聊，多有意思。

說也奇怪，眞是人要是走運哪！城牆都擋不住。這天午飯以後，韓主席送葛局長出來，一直送到省府大禮堂門口，等葛局長上車之後，主席的辦公時間已到，忽然想起有件東西忘帶在身邊。因此返回公館，進門一看……「哈！渾……渾……渾蛋！你……你……你怎麼抽……抽鴉片煙呢？啊！」原來他的貼身的衛士，躺在主席他鋪上抽上啦。

「報告主席，我把你抽剩的那半口我抽啦。俺沒嘗過福壽膏是啥滋味兒呢？嘻嘻……」

韓主席上去就一鍋貼，「滾滾滾……滾出去！」沒想到這衛士出得門來，高高興興的打了個飛腳。韓主席看在眼裏記在心裏。「嗯！

俺……罵了他，他一點不怨，出門口還打飛腳……，這……這人不壞……不記仇，得賞！」不多的日子，由主席的衛士，昇任為外縣的民團排長，福壽膏的佳話傳遍內外，嘻嘻……您說怪不怪？

以上的一節，我雖然沒有親眼瞧見，但是我們同學之中，凡是實習日久沒放外縣的，彼此開開玩笑，就會說：「你小子不走運，誰叫你遇不上抽剩下的那半口福壽膏呢。」敢說不是空穴來風吧——打句官腔，這叫做：「事出有因，查無實據。」

「渾……渾蛋！你你……你怎麼抽……鴉片煙呢？」

Manhattan

銀海滄桑錄

「長春樹」李麗華

蝶衣

「英烈傳」不拍又拍

李麗華主演「三笑」一砲而紅，當年上海放映「三笑」的電影院，開設在愛多亞路，戲院名曰「大滬」，「三笑」紅了！「大滬」亦成爲國語片著名院線之一，接下來「千里送京娘」一片有特技鏡頭，迎合了觀衆的好奇心理，又創下了良好的賣座紀錄。從此就被藝華影業公司倚爲台柱，由她領銜主演的新片陸續開拍，這裏且根據統計，將片名開列於後：

「隱身女俠」：吳文超導演，鄭重、楊柳（楊志卿之妹）、關宏達合演。

「啼笑因緣」：孫敬導演，梅熹、余琳、文逸民、賀賓合演。

「新茶花女」：岳楓導演，張翠英（即名導演李翰祥夫人）、鄭重、嚴化、范雪朋合演。

「玫瑰飄零」：吳文超、文逸民聯合導演，張翠英、上官雲珠、曹娥、楊柳合演。

「薄命佳人」：文逸民導演，傅威廉、嚴化、孫敏、楊柳合演。

「紅蝴蝶」：吳文超導演，嚴化、楊志卿、楊柳合演。

「復活」：魏如晦編劇，梅阡導演，鄭重、張翠英、狄梵合演。

「魂斷藍橋」：梅阡導演，鄭重、楊柳、關宏達、譚光友合演。

「女人心」：嚴幼祥導演，陸露明、孫敏、嚴化合演。

「奇女子」：文逸民導演，陸露明、梅熹、韓蘭根、孫敏合演。

「花月良宵」：葉逸芳導演，上官雲珠、嚴化、文逸民合演。

以上的出品攝製於一九四〇年至一九四二年共計十一部，再加上「三笑」續集及重拍的「英烈傳」，產量之多，可說是相當驚人。

其中最使李麗華得意的是「英烈傳」一片之重拍。過去負責執導此片的李萍倩，曾一怒而扔過劇本。想不到的是李麗華在銀幕上大紅特紅起來，於是「藝華」老闆嚴春堂舊事重提，「英烈傳」的劇本又被找了出來，而李萍倩也終於接受了導演的任務。

「英烈傳」攝製於一九四一年，由李麗華領銜主演，男主角是梅熹、鄭重二位；第二女主角是范雪朋。

事後透露：當年李萍倩之扔劇本，是另有原因的，實際上是爲了李萍倩已接受了張善琨的聘請，要爲新華影業公司開新戲，是以不得不找個藉口放棄「英烈傳」，却並非對李麗華的演技有所不滿。

但在剛踏進電影界的李麗華來說，當時對她的情緒打擊畢竟不輕。幸而她受到難堪之後並不氣餒，反倒加强了她的上進之心；李萍倩之扔劇本，成了對李麗華的鼓勵之動力。等到李麗華日益走紅，「英烈傳」不拍又拍，李麗華欣然接受了出任女主角的通知而踏上了攝影場，也就是她揚眉吐氣的日子了！

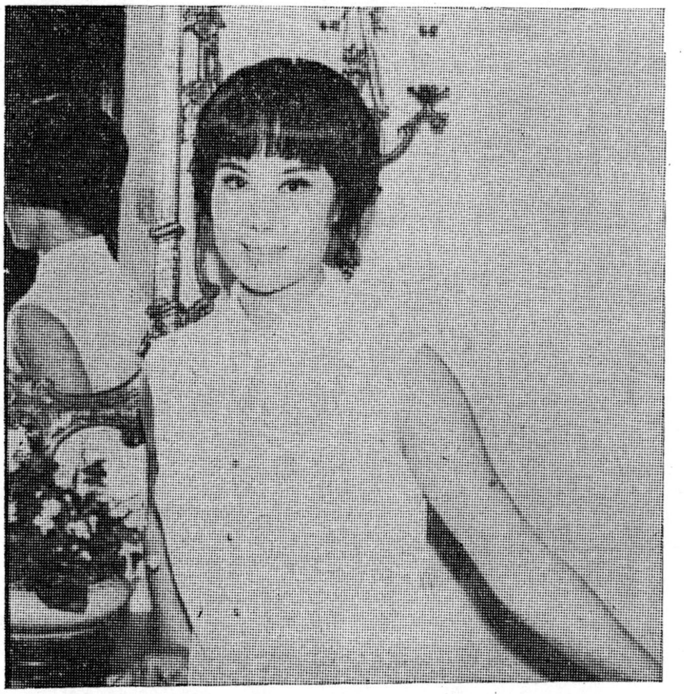

手采依舊，小咪還是小咪！

「賣花女」險付一炬

不久，太平洋戰爭發生了！上海的電影界起了一項大變動。

原有的「新華」「藝華」「國華」三家製片機構，合併爲一個組織，命名爲「中國聯合影業公司」，簡稱「中聯」。其後又改爲「中華電影公司」，簡稱「華影」。此一「敵僞時期」的電影王國，由張善琨出任總經理；從日本奉派到上海統籌全局的川喜多長政，則担任了董事長的名義。丁香花園成了前「中聯」後「華影」的大本營，所有未及撤退留在上海的男女影人，都歸納在同一旗幟之下，李麗華亦不例外。

「藝華」籌備攝製的「賣花女」一片，原定由李麗華領銜主演。由於電影界有了合併的大變動，「藝華」方面便把「賣花女」的劇本移交「華影」，由「華影」負責拍攝。

此片攝成後，曾引起了一番不大不小的風波，原來日本的「報道部」首腦看了此片的試映之後，認爲片中的「外國人」一句對白另有作用，因而大表不滿，差一些要把拷貝付之一炬。

張善琨爲了此事大傷腦筋，最後還是通過了董事長川喜多長政的關係，由他建議把「外國人」的「外」字改爲「英」字或「美」字，作爲「反英美」的電影，這纔獲得日本「報道部」的諒解，「賣花女」一片始能在上海大光明戲院正式公映。

那時候，上海的文化、新聞事業，包括電影在內，都在日本「報道部」的控制之下，有志之士想要在文學藝術作品中「皮裏陽秋」一番，如被發現即有不測之禍。幸而川喜多長政青年時期，曾在我國北方受教育，對華夏有一份深厚的感情，爲人比較開明，與張善琨更是一見如故，甚爲器重，纔能一次又一次的渡過許多難關；「賣花女」事件僅是其中之一而已。

「小山東」奪得小咪

在「華影」一統銀色天下的時期，由李麗華領銜主演的作品還有「寒山夜雨」與「秋海棠」，兩片都是馬徐維邦執導，前者的男主角是由話劇舞台跨上銀幕的黃河，後者的男主角則是優孟世家的呂玉堃，他是已故名伶呂月樵之子，坤伶呂美玉之胞弟。

此外還有一部歌舞片「萬紫千紅」，也是由李麗華領銜主演，執導者則是歌舞片權威導演方沛霖。

李麗華在「華影」時期，青島張裕釀酒公司的小主人張緒譜，因參觀片場而在丁香花園認識了李麗華，自此即成了她的裙邊蝶，對這位宜嗔宜喜的小咪，追求不遺餘力。

小咪初進「藝華」時年僅十六，次年十七歲即享盛譽。由於出身梨園，自幼在戲班子裏躭慣，加上了生性穎慧，因此很會講笑話，特別是北方相聲的所謂「黃段子」，（即粵人口中的鹹濕古仔）講來娓娓動聽，往往使人絕倒。更兼她一口京片子，語音宛似出谷黃鶯，使人聽了不僅忘倦，而且免不了要爲之陶醉。她既擅辭令，又會逗人；缺少情場經歷的小夥子，每伺眼波，罕有不爲所迷惑者。當年「藝華」的當家小生鄭重、青年導演陳煥文，即曾先後爲了她而徘徊於棄事遺身之幻境。

愛在虛無飄渺間，可望而不可即，惡作劇式的愛情遊戲，襯托了小咪在少女時期的慧黠。之後，「小山東」張緒譜的累獻殷勤，感動了正在成熟時期的小咪，於是姣服極麗，姁媮致態的光景，乃歸之於張緒譜一人領畧、享受。

惜乎這位「小山東」少爺，畢竟是膏粱子弟，徒豐於財而終乏涵養，在「蜜運」成功，娶得小咪爲妻以後，「兩小」未能無猜；對一位正在當紅時期的女明星，「管頭管腳」變成了最愚蠢的御妻術，自然也極容易引起反感；繼之又因事業方面遭受了挫折，使夫婦間的感情更難保持；最後終於取得了協議而宣告仳離。

「假鳳虛凰」女主角

經歷了八年長期的抗日戰爭，僥倖獲得了最後勝利。上海的電影界，又起了一番新陳代謝的大變動。

李麗華於勝利後主演的第一影片是「春殘夢斷」，此片由孫敬、馬徐維邦聯合導演，男主角是劉瓊；此外還有喬奇、沈揚、歐陽紅櫻參加演出。現在的「百萬導演」羅維，亦曾在此片中担任一個角色。

此片故事脫胎於屠格湼夫的「貴族之家」，由唐紹華編劇，是獨立製片機構「中企影藝社」的出品，攝於一九四七年。

「春殘夢斷」攝製時期，爲了要趕着拍戲，在「中電」一廠攝影棚裏關緊了門，上下四週水銀燈大放光明，熱度高達一百二十度以上，外加夜以繼日的不停拍攝，一連熬了幾個通宵，李麗華曾因支撐不住而在片場暈倒。

其時，小咪還沒有與張緒譜離婚，「春殘夢

本文作者為李麗華編劇的「萬里長城」劇照

斷」全片告竣後，張緒譜曾勸小咪到青島去憩養一個時期。青島是避暑勝境，也是張裕釀酒公司大本營的基地，在那邊有不少範圍廣濶的葡萄園，都是張家的產業。張緒譜希望小咪去住上一個時期，當然也有炫耀一下家業的意思在內。

李麗華從上海淪陷到抗戰勝利，這一段時期中也曾受到一些精神上的困擾，去往青島憩養一下，正符合了她的心願，但却給另一件事阻止了！因爲就在「春殘夢斷」攝竣以後，顏料巨商吳性栽主持的文華影業公司宣告成立，正在積極延攬各方面的人才，李麗華也是「文華」所要爭取的目標。

「文華」急於要開拍一部新片叫「假鳳虛凰」，由桑弧編劇，黃佐臨導演，男主角已請定了石揮，女主角則屬意於李麗華。

石揮是上海淪陷時期崛起的「話劇皇帝」，黃佐臨是當年劇運的中堅份子，而「文華」則是一個具有相當規模的製片機構。李麗華在衡量情勢之下，覺得加盟「文華」對鞏固自己的銀色地位不無幫助，於是很快就接受了聘請，成了「文華」的演員之一。

拍攝「假鳳虛凰」時期的李麗華

在「假鳳虛凰」一片中演出的，除了李麗華、石揮之外，還有路珊、葉明、史原等著名的話劇演員。

爲了要演「假鳳虛凰」，李麗華只得把去往青島憩養的心願暫時擱置。

理髮師大動公憤

「假鳳虛凰」攝製完成後，在上海大光明戲院推出公映，意外地引起了上海全體理髮師的抗議，掀起了險些不可收拾的大風波。

原來此片的劇情，是叙述一位三號理髮師（由石揮飾演），冒充富家少爺與小咪談戀愛，而小咪所飾的富家小姐，也是一位修指甲女郎冒充的。由於這是一部喜劇，演出不免稍有誇張之處，於是理髮師動了公憤，認爲是蓄意侮辱；在一唱百和之下，出現了理髮師大鬧戲院的武鬥場面，非要戲院當局把影片燒掉不可。此外，還聲言要找石揮與李麗華算賬，向二人問罪，嚇得這兩位男女主角只好躲藏起來，暫時避難。

「文華」主持人吳性栽眼看「假鳳虛凰」闖了大禍，這一驚非同小可。因爲此片在上海如果不能放映，其它地區必然也會依樣畫葫蘆，發生同樣的抗議風波，那麽此片的全部投資，豈非將擲諸虛牝？

於是，吳性栽即憑藉其平日的交遊，挽請有力者出面疏通，最後總算大事化小，小事化無，於刋登巨幅廣告道歉之後，平息了此一風波。

「假鳳虛凰」照常放映，售座反因經此一鬧而大盛。李麗華平白受了一場虛驚；幸而事過境遷，她這纔放下心來，隨着夫婿去了青島，此後，她又有事出突然的香港之行。

飛港主演「三女性」

內地戲院業鉅子蔣伯英，在香港成立了以「大中華」三字爲招牌的製片機構，用閃電手法簽妥了老牌導演岳楓，請他來港執導「上海小姐」一片，導演費是九千萬元。

同時也聘定了李麗華，請他担任「上海小姐」的女主角，片酬高達三億元，這是當時上海電影圈中最高額的片酬。

張緒譜曾擬阻止李麗華來港而不果，因爲經過了八年戰亂之後，張緒譜的經濟情況已與往時不可同日而語。上海霞飛路上的泰豐百貨公司，原是張家的產業，勝利後已出盤給別人經營；此外張裕釀酒公司的股權，亦在準備出讓之中。另一件事是：張緒譜本來也是一位馬主，他自己也善策騎，在上海跑馬廳蓄養着兩匹香檳名駒，一匹是「起夫金」，一匹是「起夫昆」；此時爲了手頭拮据，已將兩匹名駒轉讓給英國人；「小山東賣馬」的消息傳了開來，好事者擬之爲平劇「秦瓊賣馬」中的秦叔寶。李麗華爲了此事頗失面子，即以「我賺錢替你還債」爲理由而飛來了香港，張緒譜雖不願意也只好默許了。

「上海小姐」一片其後改名爲「三女性」，李麗華來港後不到三個星期，全片即在速戰速决之下宣告攝製完竣；並匆匆飛回了上海。

接着，她又回到了「文華」的水銀燈下，担任「艷陽天」一片的女主角。

「艷陽天」由鼎鼎大名的曹禺編劇兼導演，主要演員有李麗華、石揮、韓非、石羽、李健吾、林榛、丁然、崔超明、莫愁等，除了小咪之外，幾於全是清一色的舞台演員；其中李健吾且是當時著名的劇作家。

「艷陽天」的故事以一女伶爲重心，此一角色即由李麗華飾演。由於曹禺在戲劇界聲望甚高，「艷陽天」又是他第一次執導的作品，因此片成公映後賣座甚盛，身爲女主角的李麗華，其時也聲譽益隆。爲時不久，又有第二度香港之行。

爲義演擔任「檢場」

在拍攝「艷陽天」一片期間，有一件事頗堪一述，便是李麗華與石揮曾在一次義演中，共同担任了「檢場」的工作。

事緣話劇演員于飛，其時患上了嚴重的肺結核症，朋友們決定把他送入虹橋療養院醫治，而醫藥費苦無着落。此外另有一位夏天，因父親去世而短缺治喪費。於是由石揮、韓非等一夥「苦幹」同人發起，在一九四八年三月四、五兩日，假座蘭心戲院舉行了兩場籌欵義演。

當時演出的劇目有兩個，第一齣是平劇「法門寺」，第二齣是話劇「正在想」。

「艷陽天」中的李麗華與石揮

「法門寺」所演的是廟堂一場，由嚴俊飾劉瑾，韓非飾賈桂，藍馬飾太后，楊薇飾宋巧姣，韓濤飾趙廉，上官雲珠、汪漪、歐陽紅櫻等飾宮女。其中只有楊薇、韓濤，過去曾學過平劇，其餘全是「羊毛」。

李麗華、石揮義不容辭，負責「檢場」工作。石揮搬桌椅，李麗華捧茶壺，石揮穿了藍布大褂，李麗華也穿了藍布旗袍，未之前聞的女檢場在平劇舞台上是第一次有，而李麗華因韓非與嚴俊在演唱時笑話百出，也忍不住背着觀衆而笑不可仰，台下亦跟着爲之笑聲大作。

嚴俊的劉瑾，上場時台下有人大喊「好劉瑾！」嚴俊受寵若驚，格外「卯上」，唸引子居然全部加尾音，引得台下觀衆哄堂大笑。「法門寺」將成尾聲時，嚴俊忽然問韓非：「幾點鐘了？」台下又是一陣大笑。「檢場」的李麗華笑到彎了腰，臉都脹紅了。

其時，我是後台的「探班者」之一，曾目覩「法門寺」與「正在想」演出的種種趣劇，因憑記憶而追錄如上。

——未完・待續

連載

「銀元時代」生活史

—六十年來的物價追想—

陳存仁

我從北平歸來，親戚朋友紛紛向我問長問短，因爲從前上海喜歡旅行的人，多數不出乎蘇州杭州，從北平歸來，好像是一件大事情。我囘來的時候，帶了『德州燻鷄』二十隻，滿滿的裝了一大竹簍。又買了棗莊的『鷄心紅棗』四簍，用來分送親友。拿到的人皆大歡喜，足見那時全國各地的土產，運輸不易，並不普遍。

囘到了上海以後，本來上海銀元兌換的市價，還不過一百八十枚左右（俗稱一千八百文），那時節又發行兩種輔幣，稱作大洋，是十進制的，形式上看來是銀角子，實際上銀質較少而鎳質較多，銅元也改爲十進制的分幣，不是純銅製的，使用雖然方便，但是生活程度，却又提高了不少。

丁翁教導　初次置業

我從北平囘來的第二天，拿了一些紅棗和天津大白菜去送給丁福保老先生，丁翁是吃長素的，見了這兩樣東西，歡喜得很。他說：『自從你離開了我兩個多月，我還在編纂「古錢大辭典」，有許多關於編排的問題，缺少了一個人商量，眞好像缺少了一隻手。你現在的經濟情況雖然很寬裕，每月仍希望來七八次，談談就走。我支給你的月薪八元，請你不要嫌少，還是要接受的。』我說：『你老人家指點了我不少生財之道，這個月薪就可以免了吧！』他說：『不對，你不收這八塊錢，就是看不起我。』我說：『你老人家既然這樣說，那麽我祇有照常受薪，仍和以前一樣辦事。』他聽了這話，很是高興。

丁翁又說：『我早年也到過北平，所費不過六十元，包括購到不少古錢，現在價值高漲，所值至少超過四百元，所以你這次收購書籍，也是一個很好的計劃。』接着他又輕輕的問我：『到底你現在手頭有多少現金？我想對你還有些貢獻。』我盤算了一會，方才坦白說出：『銀行中的存欵接近萬元』，他說：『好極了，我認爲銀行儲蓄雖是安全，但是只計利息仍不上算，我爲你着想，不如去買一塊地皮，地皮漲起來，比什麽都快，明天起每天早晨，我陪你到英大馬路浙江路轉角一樂天茶樓，那邊有不少俗稱「地鱉虫」的人，即是買賣地皮的掮客，我們坐在那裏，有許多人認識我，就會來攬售地產的。』我聽了甚表贊同，認爲這種場合也應該去見識見識。

於是由次日起，每天一早就到『一樂天』會面，那時節每一壺茶是銅元八枚，茶葉很不錯，我們一面談談「古錢大辭典」的編印計劃，一面就有不少地產掮客上來攬搭，有時還拿出幾張小白紙，叫作『白單紙』，上面寫明地皮幾畝幾分，坐落何處？開價幾何？丁翁總是看上一囘，搖搖頭說：『這些白單不合心意，如果還有好的，儘管拿來。』如是者看了一個月的『白單紙』，才看中一張，丁翁說：『這張白單不妨談談。』

原來這張『白單』的地產坐落靜安寺路愚園路西段，佔地共有三畝七分，索價六千元，單上祇寫『幾圖？幾保？幾甲？』而沒有馬路名稱的。那個掮客說：『明天早上去看看如何』？丁翁說：『好』，於是次晨我們一行三人坐了一架出差汽車，直駛那裏，車資是一元二角。

到了那邊，見到愚園路面建築得很好，但是兩旁房屋不多，其餘都是耕地，上面還種着菜，那掮客就指明了『四止』（即該地的東西南北四個界限），丁翁就問：這塊地皮，有沒有『道契』？那掮客說：『這是鄉下人的田產，沒有道契的。』丁翁就說：『我們不妨約個日子和業主當面談談價錢。』

到時，那掮客偕同業主到曹家渡一家小茶館見面，業主共有四兄弟，一起到齊，同時還來了一個保長，談話時亂七八糟，好久才談定了價格爲五千二百元。丁翁說：『我們照規矩辦，先付定洋二百元，需由保長簽收。』業主四兄弟同意了。談完之後，他們拿出十幾張『田單』，這種田單，是極厚的桑皮紙寫的，尺寸有三尺高，一尺半濶。上面是一張『讓予契』，既無官廳的鈐記，又沒有地皮的圖形，祇是寫着東至……南至……西至……北至……，讓予契上面，畫着一條小河，兩傍再畫着幾株樹，下面簽着讓予人的姓名，受讓人是四兄弟已故父親名字。就在姓名下畫一個押，因爲鄉下人多數不識字，祇會劃一個『十』字。

我認爲這種東西，既非官廳文書，看來一無價值，對買進的人也毫無保障，丁翁祇問歷年的稅單全不全？那位保長說：『全的』。丁翁就叫我把定洋付訖，由保長簽收，收條是木版印的，上面有保長的鈐記，這樣就算初步成交了。

當時茶資照例應由我付，而且還買了十幾塊『定勝糕』，送給業主四兄弟，作爲祝賀交易成功。業主和保長走了之後，我就和丁翁說：『這樣的讓予契，作僞極爲容易，假使買定之後，日後會不會發生糾葛？』丁翁說：『本來糾葛一定是很多的，但是有保長簽字，是靠得住的，我還要爲你到會丈局去查一查，查清了之後，由會丈局來打四個木樁，確定了「四止」，初步問題就解決了。要是這塊地有道契的話，加一倍錢都買不到。』我就問：『什麽叫作道契？』他說：『上海的地皮，除了縣城中的地皮有官廳地契之外，城外的都是「田」，祇有買賣「讓予契」就算契約。信用的保障是靠當地的保長，這是世襲的半官方人員，祇要有十幾年的地稅單，就算靠得住。但是一部分鄉下人壞得很，往往串通了保長，重做一張賣買契，又說是稅單遺失，保長明知都是假的，由他向官廳再領一份地稅單，本領大的可以一而再的補幾份十幾年的地稅單，因此糾葛就來了。自從有了租界之後，外國人對地稅單，認爲靠不住，一定要有中國官廳的証明文件，証明書由「上海道台衙門」發出，所以名爲「道契」。但是從前政局不安，上海道台也常常更換，所以一切地產買賣，除了道契之外，還要由外國律師証明，那末這塊地皮就確實有了保障，這些手續別人不懂，我全懂，你這件事由我一手包辦好了。』我就深深的向他道謝。

接着就到會丈局去調查這塊地皮四止的地圖，會丈局中人對丁翁很是恭敬，經過三天，會同了幾個人到那塊地皮的四止釘了四根木樁，於是再作申請道契的手續。那時，上海道已經取銷了，祇有上海的道台衙門還設在大東門巡道街，裏面有一個華洋交涉使的辦公室，公文由上海的縣知事蓋過印，再由靜安寺路成都路口華洋交涉署發出，手續快得很，不出一個月，並沒有化費額外費用，所謂『道契』就做好了，於是由保長約定到英租界穆安素大律師公館簽字。

那四個兄弟，到穆安素寫字樓來簽約的時候，隨帶子侄十多人，個個赤腳，挑了幾個舊衣服担子，擠滿了整個會客室，我看了覺得很不雅觀。在簽約時，那四個兄弟表示莊票支票不收，一定要收現銀，因爲他們祇相信銀元，其他都不接受。所以付欵時，便向福康錢莊商量把現欵送到律師樓來，因爲我和福康相當熟，他們也同意，由幾個老司務推了一輛老虎車把銀元送來。

穆安素對這種情況見得多了，待到收清了銀元再簽字。四個兄弟慢條斯理的分配好，交給等在會客室中的一羣子侄。他們拿到了就放在舊衣服担子裏，銀元放在担子底下，上面蓋着舊衣服作爲遮蓋，這些子侄們高高興興挑了担子揚長而去，足見他們對銀元的重視，莊票支票，都有所不及。

道契手續辦妥之後，我和丁翁說：『這幅地皮，將來建築費用浩大，我那有資格造房子自住。』丁翁說：『買地皮是作爲置業，不一定要動工興建房屋，擱置幾年再講，必然會漲價的。』

我初次擁有一些產業，欣欣自得，有時到滬西出診，常到那幅地皮上去徘徊一下，心裏覺得有無限的快樂，也曾陪着母親去盤桓些時，她老人家心裏也感到有說不出的愉快。一次，我的嗣父由安徽盱眙關歸來，我又陪他去巡視一下，老人家很相信風水，他看了這塊地皮，讚不絕口說：『這塊地皮正在青龍頭上，尤其是旁邊有條小河，源遠流長，大吉大利，我眞佩服丁老先生眼光好，你要知道朋友及師長，是每一個人的無窮的財富，你應該好好的報答他。但是你還年輕，斷斷不可以張揚開來，要記得小舟不可以重載，張大了篷遇到狂風，就會抵擋不住的。』因爲那時節上海綁票風氣極盛，所以他老人家這幾句話，眞是金石良言，我買了地皮之後，矢口不提。

嗣父又對我說：『我在盱眙關當會辦，月薪三百元，整理稅收，所獲比前任加多六七倍，財政部長下令嘉獎之外，還要升我做安徽蚌埠稅局監督，看來月薪會提高到六百元。我想想我家破產之後，認爲前途茫茫，料不到子侄們受了十多年的艱苦，個個都很爭氣，現在你的堂兄七哥哥（名陳洪，號叔耘），在財政部紅極一時，新近被委任爲航空奬券發行處處長，這是暫時職務，不久會升爲簡任職，前途未可限量。阿興（即是我的大哥）現任上海市政府秘書，還有伯陶侄現任滬寧滬杭兩路總工程師，我現在想想，幸虧那時綢緞舖關了門，否則你們這班弟兄不會自己奮鬥，最多是做一個綢緞店老板而已！』我聽了他老人家的話，也感喟不置。

我的嗣父說罷了這些話，他想要在附近找一家麵店或小茶館，和當地父老們談談，也許能得到一些資料；可是那時的愚園路，除了若干花園住宅和別墅之外，田地很多，荒涼得很，不但麵店找不到，連小茶館也找不到一間。等了好久，有一個賣餛飩的担子走近來，我們就在餛飩担旁各吃一碗餛飩。交易不過十個銅元，賣餛飩的老頭兒是法華鎮口音（即是愚園路以西，大西路中段，法華鎮土生的人），嗣父很客氣的和他交談，因爲彼此都上了年紀，談得很投機。談到那塊地皮，那老頭兒說：『現在這塊地皮已經賣掉了，原主是四兄弟，向來在此耕種，一年收成有限，現因地皮漲價，他們便賣給夷場上的一個客戶，成交之後，他們在法華各買了一所住屋，而且合開了一個糧食舖，這四兄弟爲人規矩得很，得到了這樣的結果，也是他家祖上的積德。』

接着他忽然講出，這塊地皮上的一條小河，河東是一幅吉地，河西的一塊凶地，從前傳說河西地上幾個墳墓曾有殭屍出現，幸虧那位新買主，買的是河東的一塊，這是站在青龍頭上，將來是大吉大利的，要是買了河西的一塊白虎地，那末風水就大不相同了。

嗣父很歡喜看有關風水（堪輿）的書，聽了他的話，就走到那條小河邊上，踏勘好久，嗣父說：『就現狀來說，還看不出什麽區別，最好你有暇約丁老先生再來看一下。』

不久，我就懇請丁翁再到那裏去看一看，丁翁說：『不必去，我早已知道，你這塊地，方方整整，好得很，河那邊的一塊就差得遠了。』

隔了三年，愚園路地價飛漲，有一位顏料商謝筱初（按即後來當選上海二小姐謝家驊之父），調查到這塊地皮的業主是我，就派人來和我商量說：『這塊地皮的地價，目前值二萬二千元，謝先生肯出二萬六千元向你購買，不知道你肯不肯讓給他？』我當時心中就動搖起來，我說：『讓我考慮考慮，再給你答覆。』我和丁翁商量，他說：『從短線來看，實在可以賣出，但是從長線來看，愚園路的地價還會再上漲的。』不料謝筱初一連三次邀宴，大有非買不可之勢，末一次我說錯一句話，說：『如果你添到三萬元，我就賣給你。』謝筱初毫不考慮，立刻和我握手說：『拉拉手，一言為定』。而且當時就開了一張三千元面額的莊票作為定銀。幾天之後，又到穆安素大律師處辦了手續。丁翁說：『照短線而論，你做得很對，賣掉也就算了，以後的漲跌，你從此不要放在心上。』。

事隔多年，地價果然漲得很快，某年漲到十萬，後來更是漲得驚人，但是我服膺丁翁之敎，講求心理衛生，置若罔聞。

不過有一件事情，令我百思而不得其解，認為巧合得出奇。就是河西的那塊地皮，由國民政府初期的交通部長王伯羣買下了，送給他的新夫人保志寧女士。保志寧原是大夏大學的「校花」，當時王伯羣是大夏校長，師生結合，傳為一時新聞。該地由王建造住宅，造得美奐美輪，不料鄒韜奮辦的「生活週刊」大肆攻擊，還把這座住宅的照片也刊載出來，並質問王伯羣何來如許建築費？國民政府為此下令澈查，王伯羣因此撤職，從此在官場中一蹶不振，不久也就死了。保志寧認為這座住宅不吉利，出租於人。後來汪政權登場，很早就接收了這座住宅，他們許多重要會議都在這座住宅中舉行，這些都是後話了。

愚園路這塊地，脫手之後，我輕輕鬆鬆的賺到了兩萬多塊錢，因此我益發相信丁翁所說『以錢賺錢』的話，確有至理。一天，我懷着一張一千元面額的支票去見丁翁，準備送給他作為酬謝，相見之後，我言語之中先透露了一些意思，不料丁翁已經知道我的來意，他說：『你是我多年的幫手，每月拿我八元月薪，工作很好，我也希望你能多賺些錢，假使你今天是預備來酬謝我的話，那末你就錯了。』我被他一語道破，不敢再提酬謝的話。

生財之道　預定方針

我說：『我在你老人家這裏服務，學到了不少人生經驗和理財之道，衷心非常感激，能不能揀出一個日子，我準備一桌酒，正式拜你為師。』丁翁展顏大笑說：『你本來是我的伙計，但是我對你沒有賓主之分，已經可以說介乎師友之間，我向來不收學生，所以希望你打消這個念頭，將來還要和你出一本書，我們兩個人名字並列在一起，我準備着着實實的捧你一下。』我連忙說：『你老人家太看得起我了。』說罷，他又大笑一陣，顯得很高興的樣子。接着他又說：『從前我指點你「理財」，現在我要進一步和你研究生財之道了，等你有空，再到我這裏來談談。』

一天，我特地去拜訪丁翁，他見到我就大談生財之道。他說：『你的「康健報」辦得成績很不容易，我現在還要教導你一個生財之道。凡是策劃一件事情，先要像看病一樣，看清了病情之後，需要訂下一個治療的方案，有些祇是短期內可以痊癒，有些不是一時可以獲愈的，就要逐步的預定治療方針，初步該怎樣？有了進步又該怎樣？最後應該怎樣？辦事也是如此，先要有一個方案，準備的情況要有百分之二百的程度，預備這件事情隨時發生變化。要是能夠有對折收穫，就是百分之一百的成功；要是只得到三折的成就，也還有六十分的希望，如果你方案定得好，可能達到一百二十分的成績，那就更好了，這是一切生財之道的基本方畧。』我說：『領敎，領敎！這是書本上看不到讀不到的處世箴言。』

丁翁接着又說：『我現在要考考你，我先出一個題目，現在我的「古錢大辭典」有人看了這部書，一切古錢，依着筆劃，就像查字典一般查出來，因此玩古錢的人，漸漸的多起來，但出版之後，銷數不廣，畢竟這是一種專門性的書，買的人不會多的。這部書從搜集、編輯開始，直到印刷完成發行之後，收回來的本錢，還需要一個很長的時間，祇是有許多人拿了古錢要我鑑別，也有人向我買古錢，也有人拿了古錢來賣給我，倒令我賺了不少錢。我發覺這是一種生財之道，你可不可以為我想出一個全盤計劃？我祇是看到這些冷僻的古錢，有光明的前途。要怎麼樣來處理這件事情？把這件小事發揮成為一件大事，請你回去替我想想，像開藥方的辦法，一張張的開出來，給我看看。』

我說：『好的，讓我來動動腦筋看，看我有沒有辦法。』幾天之後，適逢星期

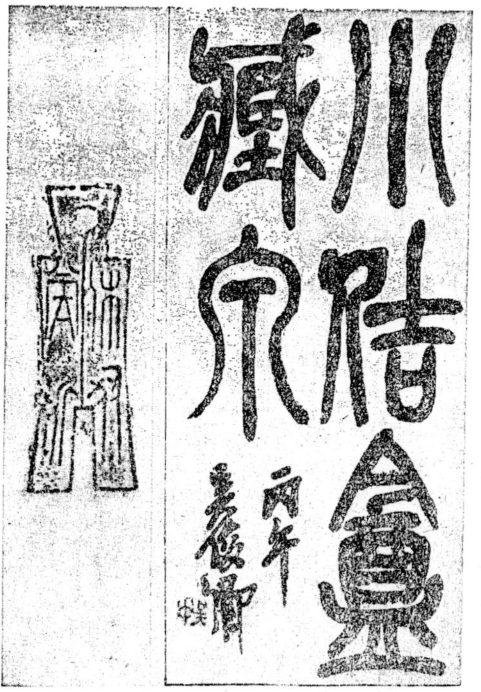
吳昌碩題三井家藏刀泉原拓本

布錢

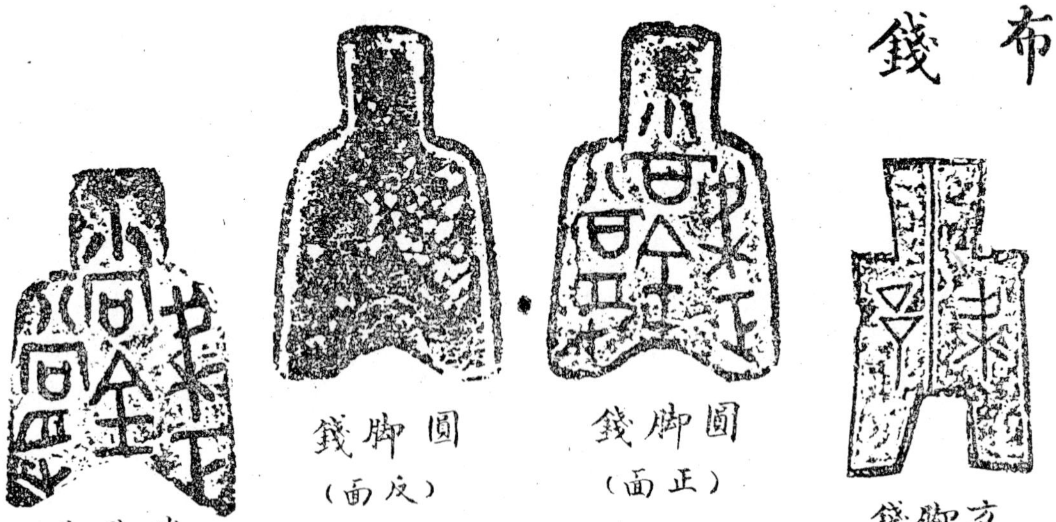

尖脚錢　圓脚錢（反面）　圓脚錢（正面）　方脚錢

日，我先打電話問他：『今天有沒有事？』他說：『好的，我們兩人一同到康腦脫路徐園去飲茶談談。』我便準時而去，就把全盤計劃告訴了他，他聽了之後，操着一口無錫話說：『究竟倷年紀輕，思想週到，這個方案，好極了，我準定照你的方法去做。我從前教你理財之道，我現在覺得你不但是一個書生，也很有生財之道呢！』

我說：『這件事首先第一步：要大規模有計劃的去做，由我出面，請你陪我到五馬路古玩市場巡視一次，你祇算是介紹人，從旁論價，我要把整個市場的古錢幣，全部買下來。』丁翁說：『妙極了！』

從前古玩舖門前，必然有一個專賣古錢的攤子，（按：現在香港摩囉街亦有，但規模太小，不能相比。）這是對古錢不重視之故，一般人對古錢也不認識朝代，因此，很少人光顧，那時價錢很便宜，唐、宋、元、明、清的古錢混在一起，到處可見。到了古玩市場之後，丁翁對這些人都相熟，他說：『這位年輕朋友，要大量的收購古錢，無非白相性質，價錢要用特別計算方法。』古玩舖老板笑逐顏開說：『買賣古錢是小生意，你說怎麼辦呢？』我說：『我是不認識古錢的，我現在不論名目，不論眞假，要全部買下來。』老板說：『也好，現在銅價每斤是五角二分，你要這樣的買法，就照銅價加一倍。』我說：『好』。於是把那舖子的古錢全數買下。

古玩市場的攤檔共有幾十家，別家聽到這個消息，大家都來拉生意，於是逐一攤檔都全數買下來，而且眞的假的布泉，刀泉，圓泉，無孔泉，祇要是又古又綠的都買下來，一共買到幾十斤，全部送到我的診所。丁翁展顏大笑，認爲這樣做法很好。

第二步：這一項消息傳開來，古玩舖繼續不斷的收古錢，天天有電話打來，連到城隍廟後花園四美軒的古玩茶會中人、北京路的銅錫舖、滿庭坊的舊貨店，都把古舊爛錢送來，由我再轉手送到丁翁家中。因爲丁翁名氣大，若是不採用這個方式，成交就難了！

第三步：丁翁親自鑑別，竟有眞的唐、宋、元、明、清各朝代的銅錢隱藏在內，當然唐宋元的不多，明朝已不希奇，清代有十三朝，從順治到光緒，可以分清朝代、分門別類的排起來，他一邊整理，一邊還有古錢陸續送到。其中有一個槍頭，又爛又綠，並不是古錢，也混在爛銅堆中，丁翁鑑定之下，認爲一定是古代的戰爭武器，正想查書考証，有一位金石鑑賞家宣古愚，一見這個槍頭，便對丁翁說：『你不必查書了，我願出五十塊銀元，請你讓給我。』丁福保一想說：『我買這一大批古錢，所費也有限，你要，就成交吧，不過我想知道這是什麼東西？』宣古愚說：『這是戰國時代的矛頭，也是希見之物。』

第四步：用同樣方法，託朋友在北平、西安、雲南、四川等處，搜集古錢，論斤論担的收買，這一個步驟，時間費得雖多，而收穫很大，有許多古錢一部份朝代年號遍查不得，原來這些古錢，是日本、高麗、安南、暹羅等國流傳到中國的。所以在中國書的記載上查不到這些年代。丁翁喜出望外，於是分類排比，每套裝成二十四個錦盒，定名爲『泉品寶鑑』。

用這個『鑑』字，幾經推敲，因爲大部份是眞正的古錢，小部份是複製品、摹製品，另外有一本詳細的說明書，眞的標明是眞的，複製品是按照着古籍複製的，商代秦代漢代到唐代，全是照書摹製，說明是仿古的示範之作，所以用這個『鑑』字。從前翻砂，極爲簡便，先將做出來的新錢，烹煑三度，用酸醋浸三天，埋在地下三尺，泥土中還要加適度的硫磺、硝酸、硫酸、鹽酸，經過適當時間，銅質被其腐蝕，就會呈現出古色古香蒼翠斑斕的模樣。（按後來隔了三十年，某地有人舉行過一次歷代錢幣展覽會，丁翁複製和摹製的古錢，佔了大部份，但是眞的假的，早已沒有人能鑑別得出來了。）

重寶圓錢

當五、當十
當百、當千

（按：古錢的濫觴，始於周代，盛於秦漢，直到清代，都有各式各樣的銅錢，至民國肇始，才停止鑄造。周代有「六泉」，是六種不同形式的銅錢，又稱爲「十布」，這是十種「布錢」，布錢分方脚、圓脚、尖脚三種。

戰國時代，各國都有鑄品，竟有人全部不缺的保藏着拓本，可惜古時印刷不便，拓本流傳很少。也是「金石學」的一門，這裏面包括着歷代食貨史、歷代文字變遷史、歷代地域變遷史，以及各代皇朝興衰史，比了玩舊郵票，另有一種趣味。

到了秦始皇時代，才有圓形的銅錢，稱爲「圓錢」，有些有孔，有些沒有孔，最初鑄造，以銅質重一錢爲一枚，所以古錢兩字的「錢」字，就是由此而定。但是秦朝款式多得很，有些重半兩有些重三兩，有些重五兩，還有些重一兩十二銖等等。

「布泉」，最初是用以來調換布的，等於近代所謂的「布票」，因爲布錢價值高，一個布錢往往可以換十多個圓錢。到了三國時代，鑄造大錢，有些當十，有些當百，有些當千，有些當萬，實際已經成爲銀元的雛形了。

六朝時代，有四十四種銅錢，名目亂得很。由唐朝開始，官家訂立規例，一代鑄一款式，由「開元通寶」起，到「順天元寶」止，有十二種款式。五代時期，又亂得很，有銅錢四十二種。到了宋朝，因爲時局混亂，著錄的銅錢共有一百〇四種。元代也有四十二種，明朝祇有二十二種款式。到清朝還有二十一種款式。這些數字，已經與朝代的數字不同，因爲其中包括太平天國時期也鑄造了好幾種。）

第五步：丁翁問我怎樣處置？怎樣脫手？我說：『要考証各朝古錢，查出凡是我們所沒有的，都要翻鑄範本，爲了避免做假古董的嫌疑，在說明書中說明這是示範性質的複製品，是同樣有考據的價值的。』

本來歷朝的古錢，全由官家依照『法制』製造，所以名爲『制錢』。民間應用不敷，地方當局也可呈准仿製，都是翻沙複製，所以名爲『砂殼子』。清代初期的錢幣是很厚的，自從太平天國之後，軍需浩繁，銅錢的份量又薄又輕，俗稱鷄眼錢、腳皮錢。所以每一朝代的錢幣，也有各種各式不同的形態，其中又有所謂『壓勝錢』、『支錢』、『馬錢』，這是一種皇帝或者王朝的紀念幣，本來是作爲賞賜用的，後來也廣泛流行民間，不過價值很高。

由此看來，古錢之學，比之搜集郵票還要複雜，待到眞錢排列完畢，整然成序，複製品造成功，分門別類，眞是洋洋大觀。於是將古錢用紅色絲線釘在紫紅絲絨布底版上，其中有幾枚是眞金的『金錢』，金光燦爛，教人看了古趣盎然，而且在每一個金錢下面，均有丁氏撰述的簡單說明，極具考証價值。

紫紅絲絨的底版，共有二十四大張，於是再用紫檀紅木製成錦盒，盒面鐫刻的『泉品寶鑑』四字，用石綠逐字塡色，這樣一來，不但外形古雅，而且也烘托出內容的高貴和歷史考証價值。

全部工作完成之後，丁翁歡悅不已，說是：『我本有這個意圖，而且蓄心已久，苦於沒有具體的辦法，如今你想出的辦法，還在我意想之上，眞是畢生快事！』

第六步：是開始推銷工作，先將十二套泉品寶鑑送到五馬路古玩市塲去上市，標明價格每套銀元二百四十元，祇有三天，就銷售一空，獲利之厚，出乎意外。此後每隔兩月又取出十套八套，聲明這些成套古錢，供應是有限度的，過了限度，千金難買，因此購者爭先恐後，價值也逐漸提高。

第七步：再向外國博物館去推銷，從前外國究竟有多少博物館？向無調查，丁翁雖是早期日本留學生，但也不清楚日本有多少博物館，我就建議丁翁，向各國領事館贈送古錢大辭典一部，並發出一份公函。請他們調查自己國內有多少博物館，聲明每一博物館送古錢大辭典一部，這樣一來，就獲得了世界各國博物館的地址。記得其中以日本博物館數字最多，英國次之。那時全世界博物館已有四五百家，於是第二度再各送古錢大辭典一部，并附『泉品寶鑑』圖樣一份，每份價格提高到四百銀元。這一下子，就把泉品寶鑑遍銷到全世界。這「泉品寶鑑」究竟銷去多少？我不便細問，不過我知道，丁翁在虹橋路買進的一塊地，就是賣古錢的收穫，後來建了一座規模極大的虹橋療養院。

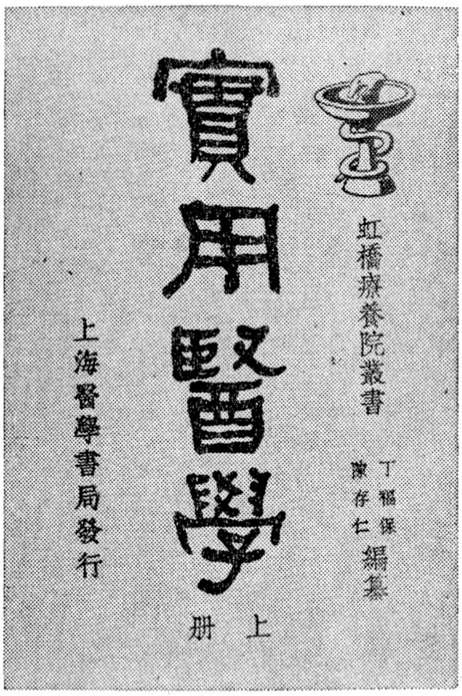

丁福保陳存仁合編「實用醫學」封面

這次全部計劃是我出的主意，泉品的鑑別和摹鑄全是丁翁自己做的，他認為我對生財之道已獲得了門徑，並屢次在他的兒子丁惠康前提到我足以傳他的衣鉢，這是丁惠康親口和我說的。

丁翁事後問我：『應該怎樣酬謝你？』我說：『你教了我生財之道和理財之方，我已一生受用不盡，那敢領酬！』他封了一包紅封袋，我堅決不受，後來，他除了送我一套『泉品寶鑑』之外，以後每年農曆新年，我去拜年，他總是用紅紙包好銀元若干枚，作為我的利市，最多一次給我二百塊大洋，要我捧了回去，我因為取於『利市』的好兆，也歡歡喜喜的接受。大約受了數年之後，我才堅辭而罷。

虹橋療養院落成的一年，丁翁未忘當年的諾言，要我做一部『實用醫學』，書成之後，他親自為我增訂，由他辦的『上海醫學書局』出版，書面上印出『丁福保陳存仁編纂』，兩人名字是並列的，這是他存心獎掖我，要是論年齡與資望，我是望塵莫及的。

一九四九年春，我離開上海到香港，我到丁翁那裏去辭行，那時丁翁依然精神健旺，面色紅潤，美髯飄飄，我向他說明決意離開上海，到香港去謀生，他老人家深深的嘆了一口氣說：『照你的智慧和能力，到處都有飯吃，可惜我老了，不中用了，否則我一定要和你一同去。』言下似有無限惆悵！接着就走進內室，捧出兩套『泉品寶鑑』送給我，說：『這是你花了很多心血完成的，現在餘剩兩套，我就送給你作為彼此之間永久紀念。』我說：『你的盛情很可感，但是這兩套東西重達一百多磅，飛機祇限帶四十四磅，現在飛機乘客非常之多，超額行李概不接受，所以這兩套東西祇能心領了。』丁翁悵然不發

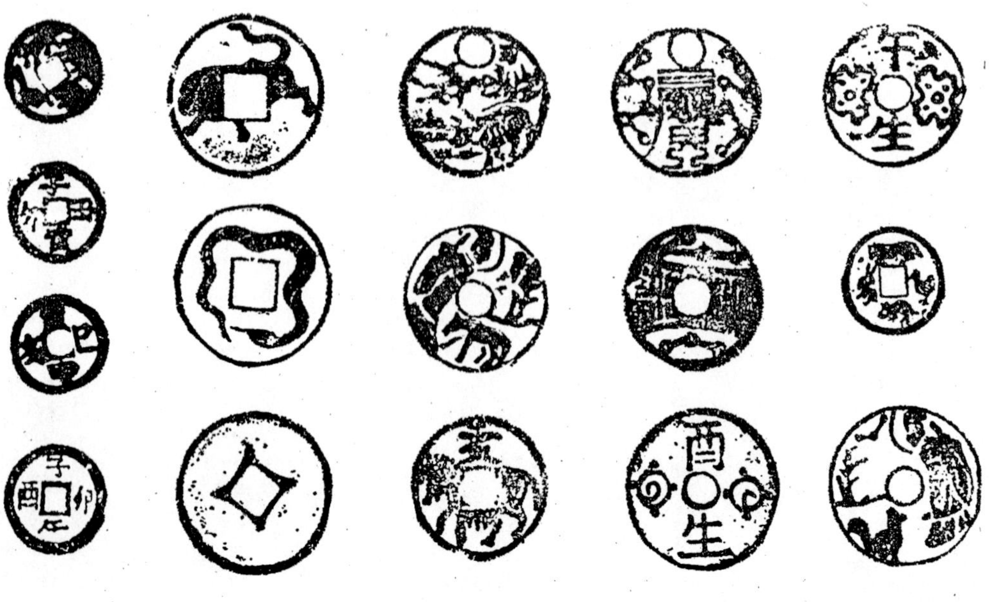
壓勝錢　有生肖圖形及圓孔方孔

丁翁送給作者的康熙通寶

一言，又從袋中摸出兩個銅錢，一個是乾隆通寶，一個是康熙通寶，這兩個銅錢，既厚且重，而且他自己曾經把它厚厚的鍍上了一層金，放在手中摩挲爲樂。他說：『這兩個錢，雖沒有多大價值，不過因爲是我日常玩弄之物，送給你，日後你也可以睹物思人，留作紀念。』我說：『那好極了』，就拜受而別。（按一九五五年，有人回上海，我還託人帶一些小禮物送給他，那時他已年逾八十，精神還是很好，而且說他還在研究養生之道，一定要活到一百歲，才算盡其天年，可是從這次以後，就聽不到他的消息了。）

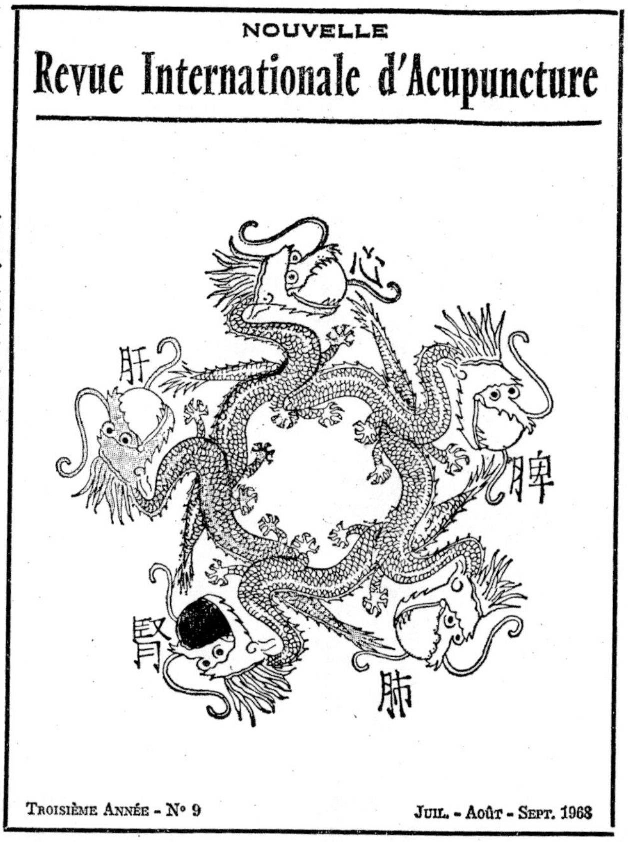

法國針灸理療雜誌封面

我在香港開業之後，一九六七年，有一位法國針灸家泰馬史嘉（Tymowski）來港訪問我，問起我中國人除了針灸之外，還有一種刮痧方法，究竟是什麽一回事？我說刮痧是中國古老的『理學療法』，刮痧功能，推動血液循環，引起鬱血性的抗病作用，可以袪除病毒，退發熱開胸膈，說時我就拿出丁翁給我的古錢，告訴他舊時民間是用這種古錢蘸一些油來刮磨肌膚，現在銅錢已很罕見，多數改用瓷質湯匙或光滑的輔幣，效果也不相上下的。

泰馬史嘉經過我說明之後，把這個金色燦爛的古錢把玩不已，問我：『這一個古錢是什麽年代製造的？』我指着這個康熙錢說：『這一個是清代康熙年間，即1662——1722時代鑄造的。』外國人對於兩三百年前的東西，都認爲是有價值的古玩，堅持要我讓給他，我因爲這是丁翁給我的紀念品，表示不能轉讓，不料泰馬史嘉夫婦倆苦苦的要求，並且拿出一本旅行支票說：『你要多少代價？就給你多少。』我說：『這不是價值的問題』。正在僵持之間，一位通譯員說：『陳先生，他們夫婦倆既然這般央求你，你就讓給他們一個吧，要是你不肯接受銀錢，他們有一具徠卡照相機，欵式極新，香港還沒有見過，你不妨和他交換？』通譯員就同泰馬司嘉用法語談話，他們夫婦二人當場在皮篋中取出壹具徠卡相機送給我。我一想當時徠卡的代價，值港幣一千幾百元，似乎不好意思收受，正在推讓之間，他們夫婦已經把那個古錢放入袋中，這宗交易就算成功了，這樣的交易我想想實在好笑，不料就在同一天，另外一個乾隆錢却遍尋無着也丟失了！

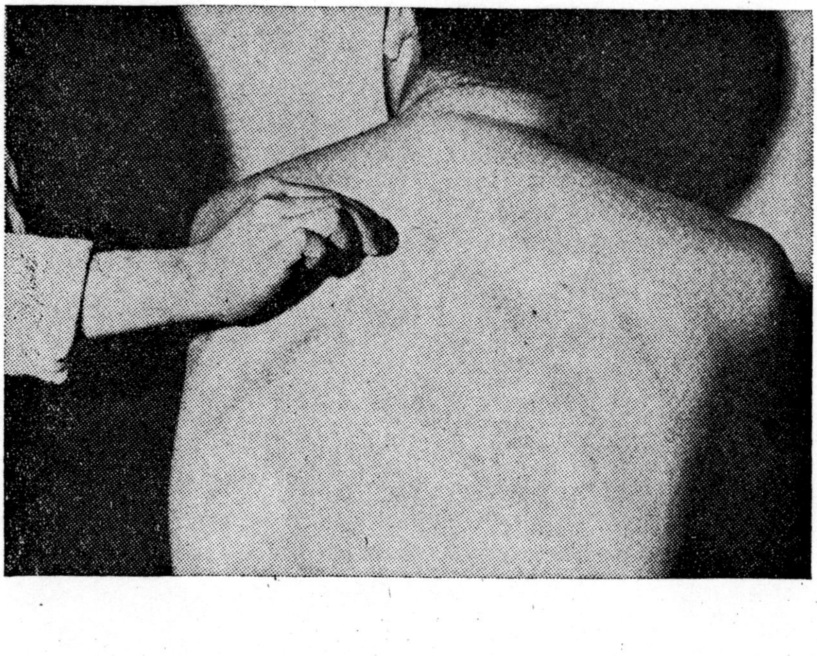
法國醫生拍攝的中國刮痧療法

泰馬史嘉是一位醫學家，回國之後，便寫了一篇關於中國刮痧療法的論文，並且把這個古錢同時刊出，他也寄了一份給我。至今我逢到懷念丁翁時，便把這幅圖翻出來追思一下。當年朝朝聚首，現在却要覓幅丁翁的照片都不可得！

一九五一年，我到英國『大不列顛博物館』去參觀，果然還見有一套『泉品寶鑑』保存着，我深深感到莫大的歡愉。（五）

令你不能不相信的事實

請閣下耐心往下看一遍·········

你便明白“雅佳”1720 W的優點
爲什麼與其平凡的外表，並不相配！

名貴桃木機身1720W 型

“雅佳” AKAI 廠出品的錄音機及擴音機早已爲 Hi-Fi 玩家所一致公認爲世界一流音响器材。而且“雅佳”廠每一型號錄音機或擴音機皆有其附帶獨特性優點，就如“雅佳”廠的近期面世經過改良的新產品之 1720W 它的外型雖然嬌小玲瓏，但它內部的精密配置及優良程度，令你使用時簡直嘆爲觀止。“雅佳”1720W 機內所裝配的原子粒，全部皆以“矽”爲原料精練鑄造。故此，它的內部機件壽命特別長久可靠，尙有 1720W 的機頭附設有清潔系統，它的作用不但可保持錄音帶和機頭不受塵埃的污垢所染，而亦可防止錄音帶本身所發出的附帶雜聲，它的身歷聲响程度達百份之一百，而且 1720W 是四聲跡身歷聲以及單聲道錄音兼播音系統，及三速度驅動馬達，它的盾型錄音頭可以得到非常高的 S/N 比率。它的双槓桿系統，是可靠耐用操作的保証，有自動停關，馬上停止控制器，它有 5"x7" 的播放器及隱藏的檢數器，與及世界通用的電壓選擇器（由一百伏特至二百四十伏特）尙有高頻率反應 40-15,000Hz (-3dB)at 7-1/zips 機身可任意垂直或躺臥擺放。以上所列。只不過是“雅佳”1720W 錄音機的部份優點，尙有更佳者需要閣下親自試聽才能體驗。

AKAI/雅佳

高度原音身歷聲錄音機

總代理：恒裕公司

電話：H-245005

大人合訂本 第一集 總目錄

第六期　目錄　一九七〇年十月十五日出版

第七期目錄一九七〇年十一月十五日出版

第八期目錄一九七〇年十二月十五日出版

大人合訂本 第二集 總目錄

第九期 目錄 一九七一年一月十五日出版

第十期 目錄 一九七一年二月十五日出版

第十一期目錄 一九七一年三月十五日出版

第十二期目錄　一九七一年四月十五日出版

第十三期目錄　一九七一年五月十五日出版

第十四期目錄　一九七一年六月十五日出版

狗仔嘜猄皮鞋

大人公司　平價市場　人人百貨　大方公司　來路鞋公司有售

大人總目錄

第一期（一九七〇年五月十五日）：

第二期（一九七〇年六月十五日）：

第三期（一九七〇年七月十五日）：

第四期（一九七〇年八月十五日）：

第五期（一九七〇年九月十五日）：

第六期（一九七〇年十月十五日）：

第七期（一九七〇年十一月十五日）：

第八期（一九七〇年十二月十五日）：

第九期（一九七一年一月十五日）：

第十期（一九七一年二月十五日）：

第十一期（一九七一年三月十五日）：

第十二期（一九七一年四月十五日）：

第十三期（一九七一年五月十五日）：

第十四期（一九七一年六月十五日）：

第十五期（一九七一年七月十五日）：

第十六期（一九七一年八月十五日）：

第十七期（一九七一年九月十五日）：

第十八期（一九七一年十月十五日）：

第十九期（一九七一年十一月十五日）：

第二十期（一九七一年十二月十五日）：

第二十一期（一九七二年一月十五日）：

第二十二期（一九七二年二月十五日）：

第二十三期（一九七二年三月十五日）：

第二十四期（一九七二年四月十五日）：

第二十五期（一九七二年五月十五日）：

第二十六期（一九七二年六月十五日）：

第二十七期（一九七二年七月十五日）：

第二十八期（一九七二年八月十五日）：

第二十九期（一九七二年九月十五日）：

第三十期（一九七二年十月十五日）：

第三十一期（一九七二年十一月十五日）：

第三十二期（一九七二年十二月十五日）：

第三十三期（一九七三年一月十五日）：

第三十四期（一九七三年二月十五日）：

第三十五期（一九七三年三月十五日）：

第三十六期（一九七三年四月十五日）：

第三十七期（一九七三年五月十五日）：

第三十八期（一九七三年六月十五日）：

第三十九期（一九七三年七月十五日）：

第四十期（一九七三年八月十五日）：

第四十一期（一九七三年九月十五日）：

第四十二期（一九七三年十月十五日）：

大人（四）

數位重製・印刷　秀威資訊科技股份有限公司
http://www.showwe.com.tw
114 台北市內湖區瑞光路 76 巷 65 號 1 樓
電話：+886-2-2796-3638
傳真：+886-2-2796-1377
劃　撥　帳　號　19563868　戶名：秀威資訊科技股份有限公司
讀者服務信箱：service@showwe.com.tw
網　路　訂　購　秀威網路書店：https://store.showwe.tw
網路訂購：order@showwe.com.tw

2017 年
全套精裝印製工本費：新台幣 30,000 元（不分售）

Printed in Taiwan　ISBN: 978-986-326-369-2　CIP: 078

本期刊僅收精裝印製工本費，僅供學術研究參考使用

ISBN 978-986-326-369-2
9 789863 263692 30000

讀者回函卡

感謝您購買本書，為提升服務品質，請填妥以下資料，將讀者回函卡直接寄回或傳真本公司，收到您的寶貴意見後，我們會收藏記錄及檢討，謝謝！
如您需要了解本公司最新出版書目、購書優惠或企劃活動，歡迎您上網查詢或下載相關資料：http:// www.showwe.com.tw

您購買的書名：________________________________

出生日期：________年________月________日

學歷：□高中（含）以下　□大專　□研究所（含）以上

職業：□製造業　□金融業　□資訊業　□軍警　□傳播業　□自由業
□服務業　□公務員　□教職　□學生　□家管　□其它_____

購書地點：□網路書店　□實體書店　□書展　□郵購　□贈閱　□其他

您從何得知本書的消息？
□網路書店　□實體書店　□網路搜尋　□電子報　□書訊　□雜誌
□傳播媒體　□親友推薦　□網站推薦　□部落格　□其他__________

您對本書的評價：（請填代號　1.非常滿意　2.滿意　3.尚可　4.再改進）
封面設計____　版面編排____　內容____　文／譯筆____　價格____

讀完書後您覺得：
□很有收穫　□有收穫　□收穫不多　□沒收穫

對我們的建議：________________________________

____

____

____

請貼
郵票

11466
台北市內湖區瑞光路 76 巷 65 號 1 樓

秀威資訊科技股份有限公司 收

BOD 數位出版事業部

(請沿線對折寄回，謝謝！)

姓　　名：＿＿＿＿＿＿＿＿　年齡：＿＿＿＿　性別：□女　□男

郵遞區號：□□□□□

地　　址：＿＿＿＿＿＿＿＿＿＿＿＿＿＿＿＿＿＿＿＿

聯絡電話：(日)＿＿＿＿＿＿＿＿＿＿(夜)＿＿＿＿＿＿＿＿＿＿

E-mail：＿＿＿＿＿＿＿＿＿＿＿＿＿＿＿＿＿＿＿＿